Weinatlas Deutschland

Dieter Braatz · Ulrich Sautter · Ingo Swoboda · Fotos von Hendrik Holler

Weinatlas Deutschland

VORWORT VON
HUGH JOHNSON UND JANCIS ROBINSON

Hallwag

Vorwort

Hugh Johnson

Mit großer Freude lege ich heute allen Lesern, die die wunderbare Vielfalt deutscher Weine schätzen, diesen neuen Weinatlas aus dem Hause Hallwag ans Herz.

Seit nunmehr fast fünfzig Jahren erkunde ich mit allergrößtem Genuss die unendlichen Feinheiten der Duft- und Geschmacksnuancen, die Deutschlands Weinberge ihren Gewächsen mitgeben. Die Freude liegt in der Vielfalt: Manchmal ist sie erahnbar, dann wieder völlig rätselhaft. Es galt einmal als hochnäsig, einer Lage den Vorzug vor einer anderen zu geben – zum Glück ist das nicht mehr der Fall. Unterschiede zu genießen, Eigenheiten zu würdigen und Qualität zu begrüßen ist zugleich Pflicht und Vergnügen des Weinliebhabers. Ich ziehe den Hut vor der Fachkenntnis und der Sorgfalt, mit der dieses wertvolle Buch geschrieben wurde.

Jancis Robinson

Seit über einem Vierteljahrhundert liebe ich guten deutschen Wein. Da freut es mich besonders, dass heute eine ganz neue Generation von Weinliebhabern meine Begeisterung teilt. In der schlechten alten Zeit, als mit Leidenschaft angebaute und bereitete Gewächse wesentlich seltener waren, konnte man andere nur mit Mühe davon überzeugen, wie gut deutscher Wein tatsächlich sein kann. Das hat sich grundlegend geändert: In Deutschland gibt es derzeit zahlreiche ehrgeizige, qualitätsbewusste Erzeuger. Viele von ihnen, wenngleich nicht alle, sind sehr jung. Es steht ihnen also eine lange Zukunft bevor, in der sie noch Großes leisten werden.

Auch das Wetter meint es gut mit dem deutschen Wein, denn er zählt zu den wenigen Nutznießern des Klimawandels. Die Trauben erreichen heute volle Reife, was früher nicht selbstverständlich war. Die tiefgreifendste Veränderung der deutschen Weinlandschaft aber hat mit ihrer Ausdehnung zu tun: Spitzenqualität entsteht nicht mehr nur an der Mosel und im Rheingau, sondern in allen Anbaugebieten. Umso mehr Grund also, einen fundierten, hochaktuellen, äußerst umfassenden und verblüffend detaillierten Atlas deutscher Lagen herauszubringen. Sie halten ihn gerade in den Händen.

Inhalt

8 Einleitung
11 Was einen Weinberg besonders macht
19 Weinbaugeschichte
26 Rebsorten
30 Kartenübersicht

33 **Ahr**
43 **Mosel**
60 **Saar**
68 **Ruwer**
75 **Mittelrhein**
83 **Rheingau**
101 **Nahe**
117 **Rheinhessen**
133 **Pfalz**
153 **Hessische Bergstraße**
159 **Baden**
185 **Württemberg**
198 **Taubertal**
203 **Franken**
216 **Sachsen**
222 **Saale-Unstrut**

227 Lagenregister
263 Ortsregister
270 Die wichtigsten Produzenten
278 Dank und Impressum

Einleitung

Der vorliegende Weinatlas war für alle, die daran mitgewirkt haben, eine große Herausforderung. Zum einen enthält er Übersichts- und Detailkarten aller deutschen Anbaugebiete. Zum andern gliedert er die 2658 deutschen Weinberglagen in vier qualitative Gruppen: in Weinberge, die als »besonders privilegiert« anzusehen sind, in »privilegierte« und in »gute« Lagen sowie in eine Mehrheit weiterer Weinberglagen ohne spezielle Auszeichnung. Eine solch starke Differenzierung erwies sich während der Arbeit an diesem Projekt als sinnvoll. Einerseits gestattet sie es, den Naturgegebenheiten in ihrer ganzen Vielfalt gerecht zu werden. Andererseits sahen sich die Autoren bei der Beurteilung zahlreicher Lagen genötigt, menschlich bedingte Faktoren mit in die Klassifizierung einzubeziehen: Weinberge können auch darin, wie sie bearbeitet werden, und auch in der Art, wie ihr Rang administrativ oder politisch bewahrt wird, mehr oder weniger »privilegiert« sein.

Unterschiede dieser Art schuf vor allem das deutsche Weinrecht von 1971. Im Zuge dieser Neuordnung erhielten vielerorts zweitrangige Weinberge das Recht, den Namen einer hochwertigen Lage in der Nachbarschaft anzunehmen. Andere Lagennamen wiederum verschwanden von den Etiketten, obwohl sie vor 1971 für einen kleinen, aber vorzüglichen Weinberg gestanden hatten. Angeblich der Vereinfachung halber wurden großflächig Weinberglagen zusammengelegt. Was so entstand, führte letztlich nicht zu einer Neuordnung der deutschen Weinberglagen, sondern zu Unordnung in einem zuvor nicht gekannten Ausmaß. Gerade wer die Güte von Einzellagen beurteilen möchte, sollte jedoch darauf vertrauen können, dass jede einzelne zu betrachtende Lage in sich von einheitlicher Qualität ist. Dies ist im deutschen Weinbau seit 1971 vielerorts nicht mehr der Fall.

In zahlreichen konkreten Fällen mussten die Autoren entscheiden, ob sie den hochwertigeren oder den schwächeren Teil einer großzügig umgrenzten Lage als ausschlaggebend ansehen. Um möglichst gerecht zu urteilen, war es dabei unsere Maxime, die Wertigkeit des marktbestimmenden Teils einer Lage als Grundlage zu verwenden. Das heißt, dass einige Lagen tiefer klassifiziert wurden, obwohl ihre besten Weine von »besonders privilegierter« Qualität sind, weil die Weine aus den weniger günstigen Partien des Weinbergs am Markt so präsent sind, dass sie das Bild beim Konsumenten prägen. In solchen Fällen beschreibt das Lagenprofil den problematischen Sachverhalt so präzise, dass die Entscheidung eingeordnet werden kann.

Es ist den Autoren dieses Werks ein Bedürfnis, an dieser Stelle einen ganz ausdrücklichen Appell anzuschließen: Das deutsche Weinrecht sollte zu einer Definition von Einzellagen zurückkehren, die diesen Namen verdient. Nach der Arbeit an diesem Atlas wünschen wir uns noch mehr als schon zuvor einen breiten politischen Willen, alle hochwertigen Einzellagen des deutschen Weinbaus sachbezogen und frei von Partikularinteressen in ihrer Ausdehnung festzuschreiben. Nur so ist der Charakter dieser Lagen zu bewahren und mit ihm letztlich auch ein Zugang zum deutschen Wein, der kulturell und nachhaltig ausgerichtet ist statt kurzfristig und kurzsichtig ökonomisch.

Das System einer vierstufigen Qualitätshierarchie ist dem Vorbild Burgunds nachempfunden. Dort bilden Grands crus die Spitze der Produktion. Die in diesem Werk als »besonders privilegiert« bezeichneten Lagen versprechen wie die Grands crus von Burgund herausragende Weine: Deren Typus muss zunächst eine starke, wiedererkennbare Eigenart aufweisen. Zu dieser klaren Charakteristik müssen große Harmonie, Reifepotenzial und ein vorbildliches Nebeneinander von aromatischen und geschmacklichen Merkmalen hinzutreten.

Die zweite Stufe der Pyramide bilden in diesem Atlas die »privilegierten« Lagen (die Premiers crus Burgunds). Diese Lagen erbringen ähnlich hochwertige Weine, die jedoch häufig eine einzelne Charaktereigenschaft betonen. Sie wirken oft etwas weniger komplett, können jedoch demjenigen, der genau das betreffende Geschmacksprofil bevorzugt, ebenso großes oder sogar noch größeres Vergnügen bereiten als Weine aus »besonders privilegierten« Lagen.

Auf dem dritten Platz folgen in Burgund jene »Villages«-Weine, auf deren Etikett der Name der (erwähnenswert guten) Einzellage mit aufgeführt wird. Diesem Typus entsprechen hier die »guten Lagen«. Es handelt sich um Weinberge überdurchschnittlicher (zuweilen sogar klar überdurchschnittlicher, aber inhomogener) Qualität, die den örtlichen Charakter der Weine auf eine besonders akzentuierte Weise zeigen.

Naturgemäß gehören die meisten Weinberglagen zu den einfachen Lagen ohne besondere Auszeichnung. Damit soll nicht gesagt werden, dass sich die hier tätigen Winzer etwa keine Mühe gäben oder dass diese Weine nicht kostenswert wären. Die natürlichen Bedingungen setzen indes der Güte der erzielbaren Resultate gewisse Grenzen.

DIE KLASSIFIKATION DES VDP

Die negativen Auswirkungen des Weingesetzes von 1971 wurden im VDP, dem Verband der Prädikatsweingüter, seit 1984 intensiv diskutiert mit dem Ziel, den besten deutschen Weinberglagen ihr Renommee zurückzugeben, den großen trockenen Weinen wieder einen angemessenen Stellenwert zu verschaffen und Prädikatsbegriffe wieder für eindeutige Geschmacksprofile im traditionellen Sinn zu etablieren. Dies führte zu einem Klassifikationsmodell, nach dem die Weine in einer Qualitätspyramide eingestuft werden: Guts- oder Ortsweine – klassifizierte Lagenweine – VDP Erste Lage.

Voraussetzung für diese Klassifikation war eine genaue Abgrenzung der besten Parzellen, die von den VDP-Mitgliedern in ihren Weinbergen durchgeführt wurde. Als Basis für die Lagenklassifizierung zog man historische Weinbergkarten heran, in denen die Lagen bereits nach Wertigkeit (Höhe der Grundsteuer) klassifiziert waren, wie auch die Erfahrung, dass von Trauben bestimmter Weinberge über Jahrzehnte stets herausragende Weine erzeugt wurden.

Für die höchste Weinklasse aus klassifizierten Weinbergen wurde der Oberbegriff »VDP Erste Lage« festgelegt und einheitlich mit dem Logo »Eins mit Traube« auf Etikett oder Flasche gekennzeichnet. Dieses Logo markiert auch in den hier vorgelegten Karten die »Ersten Lagen« gemäß VDP. Alle Weine dieser Kategorie müssen nach denselben strengen, sich am Terroir orientierenden Kriterien erzeugt werden. Trockene Weine aus den »Ersten Lagen« werden als »Großes Gewächs« (Ausnahme für den Rheingau: »Erstes Gewächs«) bezeichnet, restsüße Weine tragen die traditionellen Prädikate von der Spätlese bis hin zur Trockenbeerenauslese.

Neben der »Ersten Lage« gibt es weitere klassifizierte Weinberge, deren Weine einen Lagennamen tragen dürfen, die also als »Zweite Lage« klassifiziert sind. Lagennamen tauchen nur noch in diesen beiden Klassifikationsstufen auf, alle anderen Weine werden ohne Lagennamen vermarktet.

Die Klassifikation des VDP hat das große Verdienst, den Blick der Öffentlichkeit zurück auf die Qualität der Weinberglagen gerichtet zu haben. Das Modell des VDP bringt jedoch auch einige Probleme mit sich. Ein vergleichsweise leicht zu korrigierender Mangel ist, dass der Verband teils sehr großzügig mit den Klassifikationswünschen seiner Mitglieder umgegangen ist. Schwerer wiegt, dass die Qualitätspyramide des VDP in Konkurrenz zum geltenden Weinrecht steht und mit diesem nicht nahtlos in Deckung zu bringen ist. In diese Kategorie von Problemen fällt der Sachverhalt, dass alle »Großen Gewächse« als einfacher Qualitätswein deklariert werden – unter einer weinrechtlichen Bezeichnung also, an die unabhängig von den Vorgaben des VDP geringe Mindestanforderungen gestellt werden und für die beispielsweise das Anreicherungsverbot keine Gültigkeit besitzt.

Eine zweite Schwierigkeit wird von den VDP-Mitgliedern mit dem Schlagwort «Lagenverbrauch« bezeichnet. Gemeint ist damit Folgendes: Produziert ein Winzer in einer »Ersten Lage« ein »Großes Gewächs«, so kann er gemäß Statut keine anderen trockenen Weine unter demselben Lagennamen in Verkehr bringen, ebenso wenig einen fruchtsüßen Kabinett. Der Lagenname ist für solche Weintypen »verbraucht«. Zahlreiche Weingüter bemängeln an diesem Statut die extrem starke Beschränkung ihrer Freiheit.

Weiterhin bleibt bei der stilistischen Betrachtung der »Großen Gewächse« und »Ersten Gewächse« kritisch anzumerken, dass es für die meisten klassischen Rieslinggebiete nicht unbedingt eine nahe liegende Wahl ist, den (potenziell) prestigereichsten Wein im trockenen Geschmacksbild zu definieren. Und selbst in den süddeutschen, traditionell zum trockenen Ausbau neigenden Gebieten scheinen die »Großen Gewächse« neue, von keiner altbewährten Qualitätstradition hinreichend gedeckten Fragen aufzuwerfen. In vielen Betrieben ist es nämlich so, dass das »Große Gewächs« derzeit den alkoholkräftigsten trockenen Wein des Jahrgangs darstellt – gekeltert aus Trauben mit der höchstmöglichen Reife, die für einen Wein trockener Ausbaurichtung noch geeignet erscheint. Ob diese Ausrichtung verlässlich dazu führt, dass die »Großen Gewächse« auch ein Maximum an Terroir-Typizität, an Mineralität und an Langlebigkeit verkörpern, mag dahinstehen.

Zu guter Letzt erfasst die Klassifikation des VDP einzig die Lagen ihrer Mitgliedsbetriebe. Zwar ist damit zweifellos mehr als nur ein guter Anfang für eine Klassifikation aller deutschen Weinberglagen gemacht. Dennoch haben die Autoren dieses Werks besonderes Augenmerk darauf gerichtet, bei ihrer Arbeit auch Lagen zu berücksichtigen, in denen keine VDP-Mitglieder tätig sind.

Die hier vorgelegte Klassifikation nimmt selbstverständlich nicht für sich in Anspruch, vollständig oder gar über jede Diskussion erhaben zu sein. Die Autoren legen jedoch Wert auf die Feststellung, dass sie in ihrer Arbeit unbefangen und unabhängig von Interessen vorgegangen sind.

Die bedeutendsten Klassifikationsmodelle, nämlich diejenigen Burgunds und des Médoc, entwickelten sich aus Listen, die Händler, Sammler und engagierte Weinkenner erstellt hatten. So haben auch die Autoren dieses Weinatlas zunächst Informationen gesammelt und dabei mit vielen Beteiligten gesprochen. Die Meinungen von Winzern über ihre eigenen Weinberge sind naturgemäß gefärbt – wer möchte es ihnen verdenken! Dennoch waren die Informationen der Winzer meistens die wesentliche Erkenntnisquelle. Ihre Ansichten sind in überdachter Form in die Bewertung der Lagen ebenso eingeflossen wie das Urteil von Weinhändlern, aber auch die Wertschätzung des Markts. Ein wichtiges Kriterium bildete die Verkostungserfahrung der Autoren mit den Weinen einer betreffenden Lage. Am schwersten wog stets ein abschließender Besuch der Weinberge, denn häufig setzten sich erst vor Ort alle Teilaspekte zu einem stimmigen Bild zusammen.

Was einen Weinberg besonders macht

Weltweit stehen knapp acht Millionen Hektar Land unter Reben. Die Menge Wein, die daraus Jahr für Jahr gekeltert wird, ist so groß, dass sie von den Bewohnern unseres Planeten nicht ausgetrunken wird. Der unverkäufliche Teil wird auf seinen technisch verwertbarsten Bestandteil zurückgeführt: Er wird zu reinem Alkohol destilliert. Und selbst von den Weinen, die zum Trinken in den Verkehr gelangen, werden die meisten wie ein Rohstoff behandelt: Sie sind gesichts- und namenlose Verschnittware, die in Großkellereien weltweit auf eine Handvoll marktgängiger Geschmacksprofile hingetrimmt wird. Wie kann es in einem solchen Umfeld des Überangebots und der Anonymität einzelnen Weinen gelingen, sich aus der Masse hervorzuheben? Wie können sie es schaffen, sich aufgrund ihrer Herkunft den Ruf so großer Eigenständigkeit zu erwerben, dass Weinkenner von weit her nach einer Flasche von genau diesem Fleckchen Erde suchen und dafür höchste Preise bezahlen?

Der Versuch einer Antwort ist unweigerlich ideologisch aufgeladen: Er wird nicht umhinkommen, für solche Provenienzen natürliche Privilegien zu beanspruchen. Damit gerät gerade ein Lagenatlas wie der vorliegende in ein Spannungsfeld zwischen der Anerkennung einzigartiger Naturgegebenheiten einerseits und dem Respekt vor menschlicher Leistung und Gestaltungskraft andererseits. Denn es ist eine Binsenweisheit, dass ein privilegierter Weinberg allein keinen herausragenden Wein garantiert. Wird die Spitzenlage schlecht gepflegt, zeigt ihr Wein zwar stets noch gewisse Merkmale des eigentlichen Rangs, er besitzt stets noch eine besondere Würde – doch es fehlen jener Glanz und jene Tiefe, die den Wert der Lage durch ein fulminantes sinnliches Erlebnis wirklich offenbar machen. Das verschenkte Potenzial lässt solche Weine gerade in der Wertschätzung des Kenners besonders tief sinken. Umgekehrt kann ein engagierter Winzer auf einer nur durchschnittlich guten Lage Weine produzieren, deren Qualität weit über den Durchschnitt hinaus- und nahe an die Weine der Spitzenlagen heranreicht. Meist übertrifft der Genusswert solcher Weine denjenigen eines gedankenlos bereiteten Weins aus einer Spitzenlage bei weitem. Die wahre Glorie des Weins indes erschließt sich dort, wo ein sorgfältiger, stilsicherer Winzer eine Lage höchster Güte bearbeitet.

Um die Wechselwirkung zwischen Naturgegebenheiten und menschlicher Bewirtschaftung besser zu verstehen, ist es hilfreich, sich die Bedeutung der natürlichen Faktoren im Einzelnen zu vergegenwärtigen. Die nachfolgende Skizzierung orientiert sich an den Informationen, die in den Lagenporträts am Ende jedes Kapitels gegeben werden.

Der Weinberg als Arbeitsstätte: eines der typischen Weinberghäuschen bei Höhnstedt, Saale-Unstrut.

DAS KLIMA: TREIBSTOFF DER TRAUBENREIFE

In den 1970er-Jahren warb das Anbaugebiet Baden mit dem Symbol einer lachenden Sonne, die ein Glas Wein schwenkt. Viel Sonne – guter Wein, so die eingängige Botschaft dieses Logos. Heute ist das Sonnenmännchen aus den Prospekten und von den Etiketten verschwunden, und auch sonst hat sich einiges verändert. Zunehmend setzt sich die Erkenntnis durch, dass der Einfluss des Klimas auf den Wein weitaus komplexer ist. Unabhängig von der Beobachtung, dass das Klima momentan großen Veränderungen unterworfen ist und Mitteleuropa sich zu erwärmen beginnt – eine möglicherweise weiter voranschreitenden Entwicklung –, hat die Weinwelt inzwischen ein feineres Verständnis von der Bedeutung des Klimas hervorgebracht. Denn der Rebstock ist kein passiv dem Wetter ausgesetzter Gegenstand. Die (guten) Winzer haben verstanden, dass es Teil ihrer Arbeit ist, der Rebe ein möglichst harmonisches Umfeld innerhalb des jeweiligen Klimas zu schaffen.

Natürlich ist die Anzahl der Sonnenstunden für die klimatischen Bedingungen im Ganzen – man spricht auch vom »Makroklima« – ein wichtiger Faktor: Das Licht der Sonne ermöglicht die Photosynthese und damit den Stoffwechsel der Rebe, den sie benötigt, um reife, gesunde Früchte hervorzubringen. Doch ein (scheinbares) Defizit an Sonne lässt sich kompensieren, indem etwa die Anzahl der Trauben pro Stock verringert wird. Eine Sonnenmenge, die nicht ausreicht, um zehn reife Trauben hervorzubringen, ist vielleicht genau richtig, um dem Rebstock Energie für vier reife Trauben zu geben.

Hat an den Steilhängen der Mosel Tradition: Pfahlerziehung mit bogenförmiger Fruchtrute.

Zu den großklimatischen Bedingungen zählt weiterhin die Länge der Vegetationsperiode. Tendenziell sind Gegenden, in denen der Austrieb der Reben zeitig beginnt, auch solche, die im Sommer viel Licht und Wärme aufweisen – in denen also ein frühes Ausreifen der Trauben wahrscheinlich ist. So sorgenfrei sich ein solcher Wachstumszyklus anhört, ideal ist er nicht. Manche Aromastoffe, durch die der Wein erst Vielschichtigkeit erhält, bilden sich nämlich nur bei verzögertem Reifeverlauf. Für Spitzenweine würde man sich also einen frühen Austrieb wünschen und danach Wachstumsbedingungen, die ein langsames Ausreifen der Trauben begünstigen – die Quadratur des Kreises! Solch ungewöhnliche Bedingungen lassen sich zwar annähernd finden, allerdings meist in Zonen, die mit erheblichen Risiken behaftet sind. Typischerweise liegen etwa Weinberge, die einen vergleichsweise frühen Austrieb und eine späte Reife aufweisen, in der **Höhe**. Dort aber steigt das Risiko, dass nach dem Austrieb der Reben im Frühjahr nochmals der Frost zurückkehrt und den Fruchtansatz zerstört. Hier wie in vielen anderen Kleinigkeiten zeigt sich: Das Ensemble aus Rebsorte, Großklima und Weinbergarbeit stellt ein fragiles Gleichgewicht dar: Je qualitätsorientierter man arbeiten möchte, desto unausweichlicher sind die Risiken.

Zum Makroklima zählen zwei weitere Faktoren: die Wärme der Sonne und mit ihr der Niederschlag. Trocknet die Sonne überschüssige Feuchtigkeit ab, ist dies ein willkommener Effekt. Trocknet sie jedoch die Luft, das Laub und den Boden in einer regenarmen Periode aus, kann die Rebe unter Trockenstress geraten und ihr Wachstum blockieren. Sonnenwärme und Niederschlag zur gleichen Zeit begünstigen das Auftreten von Pilzkrankheiten. Höchstens im Spätherbst sind solche Wetterlagen willkommen, wenn die Trauben bereits ausgereift sind und die im feuchtwarmen Klima entstehende Edelfäule die Erzeugung edelsüßer Weine gestattet.

Im engeren Umfeld einer Weinberglage werden die großklimatischen Bedingungen durch »Mesoklima« und »Mikroklima« ergänzt und variiert. Als Mesoklima bezeichnet man diejenigen Faktoren, die in einem Bereich von einigen hundert Metern von Bedeutung sind. So nehmen etwa Flussläufe, Seen und mögliche Windkanäle in der Umgebung des Weinbergs Einfluss auf das Mesoklima. Auch ein in der Nähe liegender Bergrücken, der Wind- und Regenschatten gewährt, gehört in diese Kategorie. Nicht zuletzt tragen die **Exposition** – also die Himmelsrichtung, in die der Weinberg ausgerichtet ist – und seine **Steilheit** am Hang zu den mesoklimatischen Bedingungen bei. Der Steilheit und der Exposition kommt im deutschen Weinbau besondere Bedeutung zu, denn vielerorts wird nur an steilen Südhängen die gewünschte Intensität der Sonneneinstrahlung erreicht.

Das Mikroklima schließlich entsteht in der kleinsten Einheit des Weinbaus: in der Umgebung einzelner Rebstöcke – sei es durch topografische Merkmale des Geländes, beispielsweise durch wärmestauende Mulden, sei es durch Mauern, die Wärme reflektieren, sei es durch Büsche, die den benachbarten Reben Windschutz gewähren. Auch die bei der Anlage des Weinbergs gewählte Ausrichtung der Rebzeilen trägt zum Mikroklima bei. Beispielsweise verändert sich die Luftfeuchtigkeit je nachdem, ob die Rebzeilen entlang der vorherrschenden Windrichtung oder quer zu dieser angelegt sind. Im ersten Fall trocknen Laub und Trauben nach Regengüssen schneller ab. Allerdings wird sich der Weinberg auch nie so stark erwärmen wie im zweiten Fall: Stehen die Zeilen und demzufolge die Laubwand der Reben quer zur vorherrschenden Windrichtung, kann sich Wärme zwischen den Zeilen sammeln, ohne weggeblasen zu werden. Weitere Einflussfaktoren sind die Wahl des Erziehungssystems und die Pflanzdichte der Rebstöcke: Ein geringer Stockabstand wirkt als natürliche Ertragsbeschränkung, es kann jedoch ein kleinklimatischer Nachteil sein, dass die Laubwand der einen Zeile Schatten auf die benachbarte wirft.

Der wechselseitige Beitrag von Makro-, Meso- und Mikroklima zur Weinqualität ist komplex. Der Tendenz nach gilt: Ein Weinberg mit hervorragendem Meso- und Mikroklima in einem schwierigen Makroklima wird interessantere Weinqualitäten hervorbringen als einer mit nur durchschnittlichem Meso- und Mikroklima in einer makroklimatisch günstigen Zone. Es kommt auf die Details, auf die **Besonderheiten** an – nicht zuletzt daher bezieht ein Lagenatlas wie der vorliegende seinen Reiz.

DER BODEN

Der Boden wird mystifiziert. Besonders folgenreich geschah dies in einem ideologischen Zusammenhang, den die Autoren dieses Atlas nicht unkommentiert lassen möchten. Die Ideologie von Blut und Boden, die im Dritten Reich auch dem deutschen Weinbau als Staatsdoktrin verordnet war, beschreibt eine Perversion von Landwirtschaft. Auf politischer Ebene bereitete die Idee, dass besondere Erde als Widerpart ebenso besondere menschliche Erbanlagen benötige, den Boden für Gräuel und Gewalt. Doch schon der gedankliche Kern dieser Idee ist unhaltbar. Den einzig »passenden« Menschenschlag und Winzertypus für einen bestimmten Weinberg gibt es nicht. Im Gegenteil: Gerade die mühselige Bearbeitung hochwertiger Böden verlangt eine Kontinuität, die nur durch Friedfertigkeit zu erlangen ist, und überdies Ideenreichtum, also Pluralismus. Die Erkenntnis, dass geologische Vorgänge in Jahrmillionen Landschaften, Gesteine, Erden geformt haben, ist eine Schule der Demut, kein Ansporn zu Kriegsgebell. Der berechtigte Stolz des Winzers, einen privilegierten Weinberg sein Eigen zu nennen, ist stets auch Stolz darüber, aktiv an einem Moment der Erdgeschichte teilzuhaben. So verstanden, haben Böden – und hat vor allem der Geschmack, den sie im Wein hinterlassen – in der Tat etwas im höchsten Maß Faszinierendes.

Die Bodenkunde unterscheidet zunächst grob zwischen Skelett und Feinboden. Zum Skelett zählen alle Bestandteile, die nicht verformbar sind. Je nach Größe (und Form) sprechen die Geologen von Grus, Kies, Steinen und Blöcken. Der Skelettanteil gewährt oft einen direkten Zugang zur geologischen Geschichte der Region, in der ein Weinberg liegt. Im Großen und Ganzen lassen sich fünf verschiedene Gesteinstypen unterscheiden.

Zunächst gibt es zwei Sorten von **Erstarrungsgesteinen**, die sich als Folge von Vulkantätigkeit gebildet haben: Vulkanisches »Tiefengestein« ist kilometertief in der Erde entstanden. Schichten der Erdkruste, die unter dem Einfluss der Vulkantätigkeit geschmolzen, aber nicht ausgespieen worden waren, erkalteten wieder – langsam und unter Druck. Erst sehr viel später gelangte dieses Gestein an die Oberfläche, entweder durch tektonische Bewegungen oder durch das Abtragen höherer Gesteinsschichten. Eine solche Entstehungsgeschichte weisen einige besonders harte Gesteine auf, beispielsweise Granit. Die sogenannten »Ergussgesteine«, etwa Rhyolith und Basalt, haben ihren Ursprung in ähnlicher Tiefe, wurden jedoch als Gesteinsschmelzen an die Erdoberfläche transportiert, bevor sie erkalteten. Durch besonders schnelles Erkalten von Magma nach einer Eruption – und beeinflusst von Gaseinschlüssen – entstanden die porösen Formen von Vulkangestein, beispielsweise Tuff.

Auch bei den **Sedimentgesteinen** lassen sich zwei Typen unterscheiden. Wind, Wasser und Eis bildeten durch Transport und Ablagerung »Trümmergesteine«. Sandsteine entstanden beispielsweise, als im Zeitalter der Trias (vor etwa 250 Millionen Jahren) flache Meere große Sandmengen vom Festland aus an die späteren Ablagerungsorte transportierten. Der Quarzsand wurde dabei unter der Einwirkung von Mineralien verkittet. Löss – ein sogenanntes Lockersediment, das die Geologen jedoch als Gestein ansehen – entstand durch Flugsand, der vom Wind an Hängen abgelagert und mit der Zeit mancherorts zu vielen Meter hohen – im Jargon der Geologen: mächtigen – Schichten aufgetürmt wurde. Durch Verwitterung wird der Löss übrigens (unter Beibehaltung eines hohen Sandanteils) häufig zu Lösslehm. Kiesböden findet man dort, wo Flussläufe Steine angeschwemmt haben oder wo ein Gletscher nach dem Ende der Eiszeit sein Geschiebe zurückließ (Moränen). Ein Sedimentgestein, das unter Beteiligung von Organismen entstand (ein »biogenes Sediment«), ist der Kalkstein. Er entstand als Überrest großer Meere, die – vor allem durch die Anwesenheit von Lebewesen (Korallen, Muscheln, Schwämmen) – den Grund und das sie umgebende Land mit Kalk bedeckt zurückließen. Mergel entsteht, wenn ausgefällter Kalk auf Tonablagerungen trifft. Dort, wo in einem Zeitalter mit schwankenden Meeresspiegeln große Temperatur- und Feuchtigkeitsunterschiede herrschten, wurde Kalkgestein häufig zu Gips umgeformt.

Die fünfte Klasse von Gesteinen sind die **Umwandlungsgesteine**: Sie verdanken ihre Entstehung einem sogenannten metamorphen Umbau der Mineralstruktur durch physikalische Prozesse. Devonschiefer etwa findet sich an Orten, wo zunächst vor etwa 400 Millionen Jahren Tonsedimente verhärteten und später ein Faltgebirge entstand. Am Rand einer solchen Auffaltung wurden durch Druck und thermische Prozesse die vorhandenen Tonsteine und Mineralien zu geschichtetem, typischerweise leicht spaltbarem Schiefer zusammengebacken. Auch Gneis ist ein solches metamorphes Gestein: Er zeigt eine deutliche Schichtung, ist jedoch nicht spaltbar. Gneis kann aus vulkanischen Gesteinen (Orthogneis) oder Sedimentgesteinen (Paragneis) zusammengesetzt sein.

Als **Feinboden** bezeichnet man, was sich in der Hand kneten lässt – oder was man zumindest durch die Finger rieseln lassen kann. Er kann auf verschiedenen Wegen entstanden sein: durch Verwitterung von Gestein, durch Humusbildung (also die Anreicherung mit organischen Stoffen) oder durch den Eintrag von Erdreich mit oder ohne menschliches Zutun. Der Bodenkundler unterscheidet die einzelnen Bestandteile des Feinbodens nach ihrer Partikelgröße: Sand ist das gröbste Partikel (weniger als zwei Millimeter Durchmesser, man spricht von körniger Beschaffenheit), etwas feiner ist Schluff (auch Silt genannt, Partikel kleiner als sechs Hundertstel Millimeter, mehlige Konsistenz), und bei Partikelgrößen von weniger als zwei Tausendstel Millimeter hat man es mit Ton zu tun, der sich in der Hand schmierig anfühlt. Lehm ist ein Feinboden, der aus diesen Bestandteilen in beliebigen Gewichtungen gemischt ist.

Die Bedeutung des Bodens für den Weinbau und die spätere Weinqualität besitzt zahlreiche Facetten. Zunächst nimmt der Boden Einfluss auf das Mikroklima des Weinbergs. Erwärmt sich ein Boden schnell (beispielsweise ein Boden mit kalkreichem Skelettanteil), fördert er dadurch den Fortschritt der Vegetation. Schwere, von nichts anderem als Lehm und Ton geprägte Feinbodentypen können so »kühl« sein, dass sie die Traubenreife verzögern. Im deutschen Weinbau ist dies in der Regel nicht erwünscht, in wärmeren Regionen kann es jedoch ganz anders aussehen. Steine im Allgemeinen haben die Eigenschaft, nachts Wärme abstrahlen zu können, die tagsüber gespeichert wurde.

Ein besonders wichtiger Beitrag des Bodens zum Wachstum der Reben und zur Weinqualität ist die Steuerung des Wasserhaushalts. Böden mit hohem Skelettanteil weisen gute Drainage-Eigenschaften auf. Die Reben haben nicht unter Staunässe zu leiden, andererseits sind sie in Zeiten des Wassermangels in besonderem Maß von Trockenschäden bedroht. Die Fähigkeit verschiedener Feinböden, Wasser zu speichern, ist ein spannendes, vielschichtiges Kapitel der Bodenkunde. Tendenziell sind vor allem kleine Partikel besonders gut dafür geeignet, Wasser zu binden. Ein Tonklumpen etwa besitzt eine solch große »innere Oberfläche«. Wie ein Schwamm aus Mikroporen ist er in der Lage, das Wasser zu halten. Der Nachteil des Tonklumpens ist, dass er das Wasser auch dann speichert, wenn zu viel davon da ist. Und im Umkehrfall hält er es nur, sofern er nicht allzu lange der Trockenheit ausgesetzt bleibt. Nach dem Austrocknen wird der Tonklumpen mit einem Schlag steinhart – ein höchst unwirtliches Substrat für einen Rebstock. Ähnlich einseitig reagiert auch der Sand: Weil sein Speichervermögen sehr gering ist, rinnt Wasser fast ungehindert in tiefere Bodenschichten. Dementsprechend selten findet man im Weinbau Feinböden, die ausschließlich aus Ton oder Sand bestehen.

Hochwertige Böden sind stets hinreichend durchlässig für Wasser. Bei Bedarf speichern sie es jedoch gut und erhalten sich dadurch in Zeiten der Trockenheit ein Mindestmaß an Elastizität. Konstruieren lässt sich ein solcher Boden nicht, zu vielfältig sind die Wechselwirkungen mit dem Muttergestein, das unter dem Boden liegt, mit dem Klima und der topografischen Beschaffenheit der Lage und nicht zuletzt mit dem Leben im Boden. Von den Würmern bis zu den Hefen und Bakterien leitet dieser meist unsichtbare Teil der Bodenbeschaffenheit einen bedeutenden Beitrag zur Charakteristik, die die Weinberglage dem Wein verleiht. Dass sich der ideale Weinbergboden nicht konstruieren lässt, heißt aber nicht, dass der Mensch nicht versuchen könnte, das Vorgefundene in seinem Sinn zu verändern. An der Mosel, der Ruwer und der Saar ist die Oberfläche mancher Weinberglagen nicht zuletzt darum so dicht mit Schiefersteinen bedeckt, weil diese von Generationen von Winzern herangetragen und zwischen den Rebzeilen verteilt wurden. Die Weinberge wurden »geschiefert«, um zusätzliche Wärmespeicher in den Hang einzubringen. In manchen Gegenden Württembergs haben die Winzer aus ähnlichen Überlegungen heraus eine vergleichbare Gewohnheit: Sie »mergeln« ihre Weinberge.

Allerorten ist es üblich, magere, skelettreiche Böden mit Humus und anderem organischem Material anzureichern. Diese Maßnahme verbessert nicht nur die Nährstoffversorgung vor allem junger Reben, sie kann – speziell an Steilhängen – auch der Gefahr von Erosion entgegenwirken. Überdies spielt speziell im Weinbau das tief greifende Umbrechen von Böden (das sogenannte Rigolen) eine so wichtige Rolle, dass es einem eigenen Bodentyp den Namen gab: Die Bodenkundler sprechen vom Rigosol als einem vom Menschen in oft jahrhundertelanger Bearbeitung hervorgebrachten »anthropogenen« Bodentyp, der bis in eine Tiefe von gut einem Meter reichen kann. Beim Rigolen wird typischerweise oft nicht nur versucht, tiefere Bodenschichten aufzubrechen und umzuschichten (häufig zur Abwehr von Staunässe), sondern gleichzeitig auch am Hang abgerutschte Bodenbestandteile in den Weinberg zurückzubringen oder komplett fremde Bodenbestandteile einzuarbeiten.

Speicher für Wasser und Wärme: Der Weinbergboden beeinflusst das Wachstum der Reben und die Qualität des Weins.

Ein besonders drastisches Beispiel, wie menschliche Eingriffe den Boden verändert haben, kann man in der Ortenau besichtigen: Manche Parzellen des Durbach Plauelrain wurden erst durch Sprengungen und das Kleinklopfen der Steine zu fruchtbarem Weinbergboden. Zweifellos würde man diesen Parzellen nicht anders als den Nachbarweinbergen Granitverwitterungsboden bescheinigen. Manchmal steht am Beginn der Verwitterung eben auch das Werk eines Homo sapiens.

MINERALITÄT

Eine unter Weinkennern unbestrittene Auswirkung des Bodens auf den Wein ist wissenschaftlich nach wie vor schwer zu greifen: die Frage, ob aus dem Boden in besonderem Maß Mineralstoffe in die Trauben und somit in den Wein gelangen. Wissenschaftliche Versuche, die Wanderung von Mineralstoffen exakt nachzuvollziehen, haben bislang keinen stringenten Nachweis erbracht. Das kann jedoch auch an der Untersuchungsmethode liegen. Sensorisch gibt es auf die Frage nach der Mineralität guter Weine jedoch eine eindeutige Antwort: Riesling vom Schiefer riecht und schmeckt nicht nur deutlich anders als solcher vom Vulkanboden oder Kalk, die verschiedenen Weine rufen auch unterschiedliche Wahrnehmungen von Salzigkeit hervor. Es ist unwahrscheinlich, dass diese Differenzen ausschließlich mit den Auswirkungen des Bodentyps auf das Mikroklima der Lage oder auf den Wasserhaushalt des Bodens zu tun haben.

Plausibel ist folgender Erklärungsansatz: Alte Reben mit ihrem tiefen und weitverzweigten Wurzelwerk, so die Annahme, könnten Mineralstoffe aus dem Untergrund lösen. Bei hinreichend niedrigen Erträgen fänden sich diese Mineralstoffe (als Salze oder zu Aromastoffen umgewandelt) in wahrnehmbaren Konzentrationen im Wein. Für diese Theorie spricht beispielsweise, dass Weine aus dem Ertrag junger, flach wurzelnder Reben selten mineralisch schmecken. Reben, die bewässert werden und deren Wurzeln kein ausgeprägtes Tiefenwachstum zeigen, weisen ein ähnliches Manko auf. Andererseits können Reben mühelos weiche Gesteine wie etwa Kreide durchwurzeln. Dass dies ohne Konsequenz für die Aufnahme von Nährstoffen bleiben soll, ist kaum glaubhaft. Und selbst in Granitfelsen sollen schon Wurzeln alter Reben nachgewiesen worden sein: Offenbar sind sie in der Lage, entlang von Ritzen selbst in solch harte Gesteine vorzudringen.

TERROIR

Im Weinbau war *terroir* der Modebegriff der Jahrtausendwende. Doch weil ein Begriff, auch wenn er ursprünglich viel Gehalt besaß, bei inflationärer Verwendung an Kontur und schließlich an Gebrauchswert verliert, ist die Terroir-Welle bereits wieder am Abebben. Dennoch soll hier der Kern des Terroir-Begriffs nochmals verdeutlicht werden – mit der Absicht, ihm beizupflichten. Bezieht man sich auf den Begriffskern, dann bezeichnet Terroir das gesamte zu den Wachstumsbedingungen der Reben beitragende Umfeld einer Weinberglage: in erster Linie Klima, Boden und Relief; ebenso sehr aber auch traditionelle Formen der Bewirtschaftung, also die Wahl von Pflanzdichte und Erziehungssystem, die Art des Rebschnitts, der Bodenbearbeitung, des Pflanzenschutzes und der Laubarbeit. In gewissem Sinn kann man selbst die Wahl des Lesezeitpunkts und die faktische Durchführung der Lese (von Hand oder mit dem Vollernter, in einem oder mehreren Durchgängen) als Funktion des Terroirs ansehen. Nicht zuletzt ist die Idee, die der Winzer vom »typischen« Wein der Lage besitzt (legitimiert durch seine eigene Erfahrung oder generationenübergreifende Tradition), ein Teil des Terroirs: Die Winzer werden bei allem, was bei der Gestaltung und Bearbeitung der Lage innerhalb ihres Einflussbereichs liegt, stets diesen Weintyp vor Augen haben – und sie werden darauf aus sein, dass das Ergebnis ihrer Arbeit der Reproduktion dieses Weintyps möglichst entgegenkommt.

Wertvolle Arbeitshilfe in Steillagen: Die Monorackbahn bringt die Lese sicher zu Tal.

KELLERTECHNIK, WEINSTILE, AUSBAURICHTUNGEN

Das Paradebeispiel für die Vielfalt von Weinen, die sich aus einer einzelnen Rebsorte gewinnen lassen, ist der Riesling. Er kann burschikoser Zechwein in der Literflasche sein, fruchtig-liebliche Spätlese, kernig-eleganter trockener Kabinett, würzige Auslese oder hochverdichtete, vor Süße-Säure-Spannung berstende Trockenbeerenauslese – für den Kenner ein unerschöpfliches Spielfeld, für den Laien ein Irrgarten. Unrühmlicherweise sind die Bestimmungen des Weinrechts nicht wirklich hilfreich, um das Durcheinander aufzuklären.

Eine der grundlegenden Eigenschaften deutscher Weißweine ist ihr Gehalt an Süße – oder auch das Fehlen derselben. Weine mit der Bezeichnung »trocken« enthalten idealtypischerweise keinen Zucker mehr: Während der Gärung wurde der ganze Traubenzucker im Most zu Alkohol umgewandelt, bis auf einen Rest von etwa einem Gramm pro Liter, den auch die perfekteste Gärung nicht weiterverarbeitet. Doch auf diese Weise wirklich durchgegoren sind nur die wenigsten trockenen Weine. Das deutsche Weinrecht gestattet für trockene Weine entlang der Formel »Säurewert +2« einen Restzuckergehalt von bis zu 9 Gramm pro Liter. Dies führt dazu, dass sich auch ein Silvaner mit 6,5 Gramm Restzucker und einer milden Säure – beispielsweise 4,5 Gramm pro Liter – noch »trocken« nennen darf, obwohl er vom Geschmackseindruck her sehr mild, beinahe schon lieblich wirkt. Umgekehrt verliert ein säurereicher Riesling von der Saar, dessen Gärung vielleicht ohne weiteres Zutun bei 12 Gramm Restzucker zum Erliegen kam, das Anrecht auf die Bezeichnung »trocken«, obwohl er geschmacklich durchaus trocken wirkt.

Wie aber kommt die Süße in den Wein? Grundsätzlich kann bei der Weinbereitung auf zweierlei Art und Weise Zucker im Spiel sein. Zum einen gibt es den Zucker, den die Trauben mitbringen. Deutsche **Prädikatsweine** dürfen ausschließlich mit solchem Zucker bereitet werden. Ist der fertige Wein noch süß, dann entweder, weil der Gärvorgang gestoppt wurde oder von selbst zum Erliegen kam, bevor die Hefe allen Traubenzucker in Alkohol (und eine beträchtliche Menge Kohlensäure) umgewandelt hatte, oder – was für Prädikatsweine ebenfalls gestattet ist – weil einem durchgegorenen Wein Süßmost derselben Herkunft zugesetzt wurde. Diese sogenannte Süßreserve wird vor der Gärung dem zu vergärenden Most entnommen, geschwefelt und bei tiefer Temperatur eingelagert, bis sie zum »Abschmecken« des Weins wieder zum Einsatz kommt. Als das hochwertigere Verfahren gilt übrigens das Stoppen der Gärung. Meist verwendet man dazu eine kleine Dosis Schwefel. Der Einsatz von Kältetechnik ist weniger handlich, der von Filtern weniger schonend. Edelsüße Spitzenweine, also Beerenauslesen, Trockenbeerenauslesen und Eisweine, beenden ihre Gärung oft von selbst zu einem Zeitpunkt, wo noch sehr viel Zucker vorhanden ist. Die Hefe ist sozusagen satt vom überreichen Nahrungsangebot. Droht die Gärung dennoch zu weit zu gehen – sodass das Verhältnis von Zucker zu Alkohol auf unharmonische Weise zum Alkohol hin verschoben würde –, greift auch hier der Kellermeister ein und beendet den Prozess, um die Süße zu bewahren.

Eine völlig andere Verwendung von Zucker ist für **Tafelweine** und **Qualitätsweine** ohne Prädikat gestattet: Hier darf dem Most vor Beginn der Gärung gewöhnliche Zuckerraffinade zugegeben werden mit dem Ziel, in der Gärung einen höheren Alkoholgehalt zu erreichen. So erlangen auch Weine aus nur mäßig ausgereiftem Traubengut eine gewisse Statur. Die geschmackliche Wirkung hat jedoch nichts mit Süße zu tun, sie bezieht sich ausschließlich auf die Alkoholstärke! Dieses Zuckern ist übrigens nicht prinzipiell verwerflich. Bereits Graf Jean-Antoine Chaptal, der unter Napoleon Bonaparte Frankreichs Innenminister war, beschrieb und empfahl seine Anwendung. Zwar sind »chaptalisierte« Weine stets etwas weniger subtil als diejenigen, die ohne fremden Zucker auskommen – ein Umstand, der in Deutschland anfangs des 20. Jahrhunderts für Letztere die Bezeichnung »naturrein« hervorbrachte und der Grund dafür, dass in der gegenwärtigen Weingesetzgebung Prädikatsweine als die hochwertigsten Weintypen gelten. Doch das Zuckern des Mosts oder der Maische kann in Jahren mit schlechter Reife geradezu unumgänglich werden. Überdies hat das Chaptalisieren zum richtigen Zeitpunkt bei der Rotweinbereitung auch noch einen Effekt, der unverfänglicher positiv ist als die Vermehrung des Alkohols: Es kann unter anderem dazu dienen, die Intensität der Gärung und damit auch die Extraktion von Farb- und Aromastoffen aus der Beerenhaut zu lenken.

Abseits der gesetzlich definierten Bezeichnungen eröffnen sich die Fragen der Weinstilistik. Die Angaben auf dem Etikett (Jahrgang, Herkunft, Rebsorte, Qualitätsstufe und Geschmacksrichtung) benennen ja nur einige wenige Grundinformationen, während sie in Bezug auf das konkrete Geschmacksbild und den Einsatz der Kellertechnik vieles ungesagt lassen. Es ist eine alte Streitfrage, ob die Machart des Weins nicht doch wichtiger sei als die Eigenschaften, welche die Trauben aus dem Weinberg mitbringen. Zur Beantwortung kann man sich an die Faustregel halten: Je einfacher der Wein ist, desto mehr hängt er von der Kellertechnik ab, desto mehr ist er »im Keller gemacht«. Je wertvoller ein Wein ist, desto maßvoller werden in der Regel die Möglichkeiten der Kellertechnik gehandhabt. Beim hochwertigsten Lesegut, das aus einer charaktervollen Spitzenlage stammt, akzentuiert die Kellerwirtschaft den Weinstil nur noch, statt ihn zu prägen.

Dennoch ist es hilfreich, sich vor Augen zu halten, dass die Weine aus ein und derselben Weinberglage niemals gleich schmecken. Die Persönlichkeit des Winzers, der den Wein bereitet, schimmert stets durch. Deshalb ist es notwendig, nicht nur auf den Namen der Lage, sondern auch auf den des Erzeugerbetriebs zu achten. Was aber trennt die guten von den schlechten Stilisten? Auf diese Frage gibt es nicht einmal eine Faustregel als Antwort. Alles hängt von den persönlichen Vorlieben ab. Zwar werden sich erfahrene Weintrinker meist schnell darüber einig, welcher Stil für welche Rebsorte oder welche Region besonders angemessen ist. Doch im Prinzip gilt: Ob zum Ausbau ein Stahltank verwendet wurde, ein großes Holzfass oder ein Barrique, ob der Rotwein mit viel oder wenig Gerbstoff gekeltert wurde und ob der Weiße eher mit Duft und Feinheit reizt oder aber ein kraftvolles Gaumenschauspiel darbietet – *anything goes*. Erlaubt ist, was gefällt.

Es gibt einzig eine »Stilistik«, die mit Skepsis betrachtet werden sollte, nämlich Weine, die einer Marketingidee folgen statt einer Weinidee. Designerflaschen, Sonderetiketten, pompöse Auszeichnungen und das Schmücken mit allerlei selbst definierten Zusatzbezeichnungen sollten vorsichtig stimmen. Mit Wein und seiner Herkunft haben solche Einfälle, die aus einem billigen Seminar für Unternehmensführung stammen könnten, wenig zu tun.

Seit den Achtzigerjahren auch in deutschen Kellern heimisch: Barriques aus französischer Eiche.

VOM WERT EINER KLASSIFIKATION UND VOM UMGANG MIT IHR

Man könnte in der Sprache der Logik sagen: Die begünstigte Weinberglage ist eine notwendige Bedingung dafür, dass Spitzengewächse entstehen – eine allein hinreichende Bedingung ist sie nicht. Leider werden also auch die als »privilegiert« bezeichneten Lagen in diesem Atlas nicht in jedem Fall zu einem beglückenden Weinerlebnis führen. Andererseits ist die Arbeit eines verantwortungsbewussten Winzers meist eine ausreichende Voraussetzung dafür, einen mehr als nur ordentlichen Wein im Glas vorzufinden – auch wenn die Lage, von der ein bestimmter Wein stammt, nur zum Durchschnitt zählt.

Dennoch ist es sinnvoll, Weinberge zu unterscheiden: solche, die gerade eben geeignet sind, von solchen, die wirklich gute Lagen sind, und diese wiederum von solchen, die einzigartige Naturbedingungen mitbringen und sich über Jahrzehnte hinweg oder länger als die besten ihres Gebiets erwiesen haben. Zum einen macht es Spaß, auf eine Karte zu blicken und die zugehörige Beschreibung der Eigenschaften einer Weinberglage zu lesen – und dann zu versuchen, diesen so abstrakt scheinenden Informationen im Wein nachzuspüren, sie sinnlich zu erfahren. Zum anderen dient es der Weinkultur als ganzer, die Aufmerksamkeit für solche Unterschiede wachzuhalten. Denn dies bedeutet auch: den Winzern Ansporn zu geben für die weitere Pflege gerade der am schwierigsten zu bewirtschaftenden Weinberge.

Das Unternehmen Klassifikation stößt aber auch an seine Grenzen: einmal darin, dass das deutsche Weinrecht von 1971 an vielen Orten historische Lagen großzügig neu umgrenzt und letztlich ihren Namen dazu missbraucht hat, um zweitrangigen Weinbergen in der Nachbarschaft einen Marktvorteil zu verschaffen. Oft standen die Autoren bei der Recherche zu diesem Buch vor einem Dilemma: Stuft man eine solch ausgeweitete Lage als »privilegiert« ein, wertet man auch diejenigen minderen Weine auf, die gar nicht in den klassifizierungswürdigen Parzellen gewachsen sind. Verweigert man andererseits einer solchen Lage die Bezeichnung »privilegiert« oder »besonders privilegiert«, wird man dem ursprünglichen Weinberg, der das Prestige des Namens begründet hat, nicht gerecht. In Zweifelsfällen, in denen die zweitrangigen Weine marktbeherrschend sind, haben wir dennoch auf die jeweils höhere Bewertung verzichtet – der Weinberg wurde also eine Klasse tiefer eingestuft, als es für die besten Parzellen angemessen wäre. In jedem Fall wird dieser Umstand in den Lagenporträts erwähnt.

Die zweite Begrenzung unserer Klassifikation liegt darin, dass es hier und dort Weinberge gibt, die zwar hervorragende Naturgegebenheiten aufweisen, deren Weine jedoch durch das Fehlen eines engagierten Betriebs kaum überregionale Bekanntheit erlangt haben. Wir sind uns sicher, dass es nicht mehr viele solcher unentdeckten Perlen im deutschen Weinbau gibt. Ebenso gewiss ist, dass es noch welche gibt. Sie eines Tages kennenzulernen und in der Hand engagierter Winzer zu sehen würde die Autoren darin bestätigen, dass die Arbeit an diesem Atlas nicht vergebens war.

Weinbaugeschichte

Wann die ersten Reben von Menschen bewusst gepflanzt und ihre Trauben zu Wein verarbeitet wurden, ist nicht genau zu datieren. Erste Nachweise für einen systematischen Weinanbau finden sich bereits mehrere Jahrtausende vor Christus in den damaligen Hochkulturen des Nahen Ostens, die weitgehend den heutigen Staatsgebieten von Ägypten, Iran oder Israel entsprechen. Die bei Damaskus gefundene, etwa 8000 Jahre alte Frucht- und Traubenpresse und das rund 6000 Jahre alte sumerische Rollsiegel zur Kennzeichnung von Weinamphoren sind die ältesten Zeugen einer gezielten Weinbereitung. Die Phönizier haben zunächst in Griechenland und später in Italien Weinreben kultiviert. In beiden Ländern gibt es vorchristliche Nachweise für den Weinbau. Vor allem in Griechenland, wo der Wein ursprünglich als Heilgetränk galt, wurde er im Lauf der Jahrhunderte zum Volksgetränk, sodass die Hellenen als Urväter der Weinkultur in die Geschichte eingingen. Mit der Gründung griechischer Kolonien im westlichen Mittelmeerraum breitete sich die Weinkultur um etwa 600 v. Chr. auch nach Frankreich und rund hundert Jahre später nach Sizilien und Italien aus.

RÖMISCHE ANFÄNGE BEGRÜNDEN DIE WEINBAULICHE ENTWICKLUNG

Auf der Suche nach dem Ursprung und Beginn des Weinanbaus in Deutschland stößt man unweigerlich auf die Römer, die das Wissen um die Weinproduktion von den Griechen und Etruskern übernommen haben. Im Zuge der Eroberung germanischer Gebiete durch römische Heere erreicht der Weinbau ab etwa 50 v. Chr. den deutschsprachigen Raum. Nachdem Wein zunächst als Handelsware aus dem Hafen Massilia, dem heutigen Marseille, über die Flüsse Rhône, Saône, Rhein und Mosel nach Germanien transportiert worden ist, kommen zu Beginn des ersten Jahrtausends die ersten Rebstöcke nach Deutschland. Im 3. Jahrhundert fördert der sogenannte »Weinkaiser« Probus (276–282) den Weinbau in den römischen Provinzen und lässt per Dekret neue Weinpflanzungen an Rhein und Donau vornehmen.

Schloss Johannisberg: Mitten im Schlosshof steht das Denkmal, das an die Entdeckung der Spätlese im 18. Jahrhundert erinnert.

Der Niedergang Roms und die Wirren der Völkerwanderung verhindern eine weitere Ausbreitung der Weinkultur, und das römische Wissen um Rebenanbau und Weinbereitung verschwindet weitgehend im Dunkel der Geschichte. Erst mit Karl dem Großen (748–814), der mit dem Kaisersitz in Aachen den Mittelpunkt seines Reichs in den Norden Europas legt, erlebt der Weinbau in Deutschland eine erste Blüte. Der weitsichtige Herrscher lässt den Anbau der Reben und den Verkauf regeln, verbietet die Lagerung von Wein in Tierhäuten und erlässt gängelnde Vorschriften zur Weinproduktion, die ihre Vollendung in den strengen weinbaulichen Richtlinien der Europäischen Union finden – eine erstaunliche Kontinuität, die Weinbauern seit Jahrhunderten mit Langmut ertragen. Dank gilt Karl dem Großen auch deshalb, weil er vor mehr als 1200 Jahren in seinem »Capitulare de villis« den Weinausschank regelte und damit als Erfinder der Straußwirtschaft (Besenwirtschaft) ganzen Winzergenerationen ein ordentliches Zubrot sicherte.

Während der Regierungszeit Karls des Großen wird die Weinanbaufläche in Deutschland erheblich ausgedehnt, gleichzeitig nehmen sich die nach und nach entstehenden Klöster und Abteien des Weinbaus an und verbessern die römischen Techniken im An- und Ausbau. Damit beginnt die eigentliche deutsche Weinkultur, die Klöster werden Zentren und treibende Kraft des Weinanbaus und schaffen sich damit eine nicht unerhebliche wirtschaftliche Einnahmequelle. Obwohl der Anteil des Weinbaus an der gesamten landwirtschaftlichen Fläche eines Klosters in der Regel weit unter zehn Prozent liegt, macht der Weinverkauf teilweise drei Viertel der gesamten Einkünfte aus. Der lukrative Weinbergbesitz der Klöster wächst durch Schenkungen und Stiftungen, die Gläubige zu ihrem Seelenheil an das Kloster geben, sowie durch Tausch und Zukauf, aber auch durch Mitgift, die von Mönchen und Laienbrüdern beim Eintritt ins Kloster eingebracht wird. Anfangs noch für den Eigengebrauch und die christliche Eucharistie im Kloster vorgesehen, wird Wein in Deutschland immer mehr zum Handelsgut. In der alten Bischofsstadt Köln befindet sich im Mittelalter der größte Umschlagplatz für Wein, die Zisterzienserabtei Eberbach im Rheingau unterhält einen eigenen Wirtschaftshof mit sieben Kellern, weitere elf werden zeitweise angemietet.

Ein geschicktes Pacht- und Lehenssystem der Klöster und adeligen Güter ermöglicht auch den Bauern den Zugang zum Weinbau. Im Mittelalter ist von einer Ausbreitung des Weinbaus in ganz Deutschland auszugehen. Nach Aufsplitterung des Fränkischen Reichs im 9. und 10. Jahrhundert wird der Weinbau durch die Ottonen auch in Mitteldeutschland gefördert, selbst an der Ostsee wird Wein angebaut. Qualitativ hat das Gros der mittelalterlichen Erzeugnisse mit dem heutigen Verständnis von Wein nur wenig zu tun. Vor allem in den bäuerlichen Kleinbetrieben wird Wein aus einer mehr oder weniger zufälligen Mischung von Trauben, gemeinhin als »gemischter Satz« umschrieben, schnell vergoren und im Fass verkauft. Damit gelangt der Wein zunehmend in das Alltagsleben und wird, wenn auch in einfachster Qualität, zum Volksgetränk. Gleichzeitig werden für bessere Weinqualitäten aus den exponierten Weinberglagen der Klöster und adeligen Güter, die meist einen direkten familiären Bezug zur Geistlichkeit haben, respektable Summe gezahlt. Neben dem Image als einfacher Hausschoppen und Wirtshaustrunk erwirbt sich der Wein auch das Renommee eines Luxusgetränks für Feste und Feierlichkeiten – eine Zwitterstellung, die der Wein in Deutschland durch alle kommenden Jahrhunderte behalten wird.

Vom 11. bis zum Ende des 16. Jahrhunderts erfährt der deutsche Weinbau mit rund 300 000 Hektar bestockter Rebfläche seine bis dahin größte Ausdehnung. Übrig geblieben ist davon rund ein Drittel. Vor allem die Verwüstungen des Dreißigjährigen Krieges (1618–1648) und der Pfälzische Erbfolgekrieg (1688–1697), der ganze Teile der Pfalz entvölkert, wirken sich auf den Weinbau in Deutschland verheerend aus. Anbaugebiete in Bayern sowie Nord-, Ost- und Mitteldeutschland werden völlig ausgelöscht. Hinzu kommen Missernten, die zu einer ständigen Reduzierung der Rebfläche beitragen und das Weinland in eine andere landwirtschaftliche Nutzung überführen. Darüber hinaus erschweren hohe Abgaben und Zölle den Handel. Die wachsende Konkurrenz durch andere Getränke wie Bier, das den Wein im 17. Jahrhundert als Volksgetränk ablöst, aber zunehmend auch Spirituosen und sogar Kaffee verdrängen den Wein selbst in den Anbauregionen aus seiner Vorrangstellung. Gleichzeitig schießen die Preise für die immer rarer werdenden Weine in die Höhe: Mitte des 17. Jahrhunderts kosten 1200 Liter Rheinwein rund 300 Goldtaler. Anfang des 18. Jahrhunderts stabilisiert sich die wirtschaftliche Lage kurzzeitig. Der deutsche Weinbau entwickelt sich in den Regionen am Rhein und seinen Nebenflüssen allmählich zu einer festen Größe und bekommt zunehmend einen professionellen und systematischen Rahmen. Im Rheingau tauchen erstmals Bezeichnungen wie Kabinett, Spätlese und Auslese auf. Die deutschen Weingüter setzen zunehmend auf Qualität, sortenreine Weine und der Riesling beginnen ihren Siegeszug durch die deutschen Weinanbauregionen. Noch immer ist der größte Teil der Rebfläche in geistlichem oder adeligem Besitz.

BLÜHENDE WEINKULTUR UND RÜCKSCHLÄGE

Das Jahr 1803 steht für eine einschneidende Veränderung der bisherigen Besitzverhältnisse. Im Zuge der Säkularisation werden die geistlichen Fürstentümer, Reichsabteien, Grafschaften und Ritterschaften aufgelöst, Kirchen und Klöster geplündert, ihr Besitz verschleudert und die Nonnen und Mönche vertrieben. Damit erlebt der Weinbau in Deutschland zwar zunächst einen erneuten Rückschlag, gleichzeitig ist dies aber auch die Geburtsstunde vieler bis heute renommierter Weingüter, die auf den ehemaligen klösterlichen und adeligen Weinbergen ihr Qualitätsfundament begründen. In den folgenden Jahrzehnten erlebt der deutsche Weinbau eine Renaissance. Immer mehr Weingüter konzentrieren sich auf den Qualitätsweinbau, und deutsche Gewächse – vor allem edelsüße Rieslinge – gewinnen zunehmend an Reputation, auch im Ausland.

Erst die Reblauskatastrophe im ausgehenden 19. Jahrhundert bringt den Weinbau in weiten Teilen Europas nahezu zum Erliegen. Zunächst verkümmert das Laub, die neuen Triebe zeigen keine Kraft, die Frucht bleibt unreif, und zwei

Dormagen: Mit Schiffen transportierten schon die Römer Weinfässer in ihre entlegenen Provinzen.

Riesling: die deutscheste Rebe

Wie bei den meisten Rebsorten, so wird auch beim Riesling über seine Herkunft gerätselt. Sowohl das Elsass – Riesling wurde erstmals beim Besuch von Herzog René II. von Lothringen 1477 schriftlich erwähnt – als auch Deutschland nehmen für sich in Anspruch, die Heimat des Rieslings zu sein. Auch der Ursprung des Namens bleibt unklar. Vermutlich stammt er aus dem 15. Jahrhundert und könnte sowohl von Rußling (Rus = dunkles Holz) wie auch von Rissling (rissig = reißen) abgeleitet sein.

Im Weinbaulexikon von 1930 steht zum Thema Riesling kurz und bündig: »Heimat: Deutschland. Wahrscheinlich ein Sämling aus dem Rheingau.« Grund für diese Annahme scheint die Tatsache zu sein, dass im Rheingau schon 1392 der Übergang vom ehemals vorherrschenden Rotweinanbau zur Kultivierung weißer Sorten stattgefunden hat. Die Zisterzienserabtei Eberbach im Rheingau forcierte diese »weiße Bewegung« und forderte von ihren Pächtern die Pflanzung von Weißweinreben. Ob es sich dabei auch um Riesling handelte, ist nicht überliefert, aber es darf zumindest angenommen werden, denn auf einer Kellereirechnung aus dem Jahr 1435 geht es um »seczreben rießlingen in die wingarten«.

In ihrer heutigen Schreibweise wird die Rebsorte erstmals 1552 im lateinischen Text des Kräuterbuchs von Hieronymus Bock erwähnt. In der deutschen Fassung von 1577 heißt es: »Rieslinge wachsen an der Mosel, Rhein und im Wormser Gau.« Doch bevor sich die Rebsorte durchsetzte, bremsten Missernten und Kriege den Aufschwung der Weinwirtschaft in allen Teilen Europas. Erst Mitte des 17. Jahrhunderts setzten Bemühungen um die qualitative Verbesserung des Weinbaus ein und damit gleichzeitig der Siegeszug des Rieslings. Das Mainzer St. Clara-Kloster verfügte 1672, dass die roten Weinstöcke auszuhauen und durch gutes »Rißling-Holz« zu ersetzen seien. Der Anbau des bis dahin beliebten weißen Elblings wurde untersagt. 1695 ließ das Kloster St. Maximin bei Grünhaus an der Ruwer neue Reben pflanzen, und es ist anzunehmen, dass darunter auch Rieslingstöcke waren. 1720 wurden in den Weinbergen der alten Benediktinerabtei Johannisberg, die heute der Fürstabtei in Fulda untersteht, rund 294 000 Reben gepflanzt, wobei der »Rißling« die erste Stelle einnahm – eine Initialzündung, die den letzten Kellermeister der Abtei Fulda, Odo Staab, notieren ließ: »In dem ganzen Rheingau darf keine andere Traubensorte zur Verfertigung der Weine gepflanzt werden, als nur Rüßlinge.« In manchen Anbaugebieten der Neuen Welt ist bis heute »Johannisberger« ein Synonym für Riesling.

Kloster Eberbach: Zentrum deutscher Weinkultur.

Nach und nach sorgten Erlasse für die Einführung und Verbreitung des Rieslings von der Mosel bis an den Rhein, vom Elsass bis in die Wachau. Der Fürstbischof von Speyer, Kardinal Franz Christoph von Hutten, verfügte am 11. Januar 1744 für sein Deidesheimer Territorium, »man solle keine Alben (Elbling) mehr anbauen, sondern edlere Sorten, darunter den Riesling«. Im Elsass ließ 1756 das Jesuitenkolleg in Schlettstadt Rieslinge pflanzen, und der Trierer Kurfürst Clemens Wenzeslaus befahl per Erlass am 8. Mai 1786, »alle minderwertigen Rebsorten auszuhauen und durch Riesling zu ersetzen«. Neben kirchlichen und adeligen Besitzungen existierte aber auch ein bürgerlicher Weinbau. Eigentümer waren Städte und Gemeinden oder wohlhabende Kaufleute und Grundbesitzer.

Dennoch blieben die Klöster die Initiatoren für Neuerungen im Weinbau. 1712 tauchte im Kloster Eberbach zum ersten Mal der Begriff »Cabinet« für besonders hochwertige Weine auf, und 1775 wurde im damaligen Kloster Johannisberg die Spätlese entdeckt. Zwar hatten Chronisten schon 1730 berichtet, dass manche Winzer »gern eine kleine Fäulnis abwarten, um zur größeren Süßigkeit der Trauben zu gelangen«, und 1753 und 1760 wurde aus faulen Steinberger Trauben im Kloster Eberbach »ein extra gutes Stück Wein« gekeltert. Trotzdem gilt 1775 als Datum für den Beginn einer planmäßig späten Lese von edelfaulen Trauben.

bis drei Jahre nach dem Auftauchen des Schädlings stirbt die Rebe an der Wurzel vollends ab. Die aus den USA eingeschleppte Reblaus vernichtet in den deutschen Anbaugebieten ganze Weinberge und lässt viele gebietstypische Sorten gänzlich aus dem Portfolio der Winzer verschwinden. Zu dieser Zeit stehen etwa 150000 Hektar Rebfläche im Ertrag. Alle direkten Bekämpfungsmittel erweisen sich gegenüber der Reblaus als unzureichend, erst mit sogenannten Pfropfreben auf reblausresistenten amerikanischen Wurzeln – diese wurden später zwingend vorgeschrieben – beginnt die Wiederaufrebung der Weinberge. Fast gleichzeitig mit der Reblausplage erleidet der deutsche Weinbau durch den Echten Mehltau und die Rebkrankheit Peronospora weitere katastrophale Schäden. Unter dem Eindruck dieser Einbrüche erlebt die Rebforschung ihre Feuertaufe. Weinbaulehranstalten und Weinbauversuchsinstitute übernehmen Ende des 19. Jahrhunderts die intensive Beratung und Schulung der Winzer, um mit neuen Erkenntnissen aus der Weinbauforschung, insbesondere einer geordneten Rebzucht und Schädlingsbekämpfung, das System zu stabilisieren. Zur selben Zeit führen soziale Unruhen unter den Winzern zur Gründung von Winzergenossenschaften, die nach den Vorstellungen des deutschen Sozialreformers und Kommunalbeamten Friedrich Wilhelm Raiffeisen (1818–1888) aufgebaut werden. Der Zusammenschluss kleiner Betriebe soll die Winzer vor allem vor den gefürchteten Herbstschwemmen und ihren verhängnisvollen wirtschaftlichen Folgen schützen und gleichzeitig die Qualität der Weine angleichen und verbessern.

Bis zum Ende des deutschen Kaiserreichs 1918 sind deutsche Weine, vor allem Rieslinge aus dem Rheingau, der Pfalz und von der Mosel, an allen fürstlichen Tafeln Europas vertreten. Mit der Abschaffung der Adelsprivilegien nach dem Ersten Weltkrieg, der einsetzenden Weltwirtschaftskrise und nicht zuletzt dem Einfuhrboykott der Siegermächte Frankreich und England verliert der deutsche Wein wichtige Märkte, deren wirtschaftliche Bedeutung mit der Inlandsnachfrage nicht kompensiert werden kann.

WEINBAUKRISEN IM 20. JAHRHUNDERT

Im Jahr 1930 erhält das deutsche Weingesetz von 1901, in dem die erste gesetzliche Definition von Wein, die Trennung von Weinkontrolle und Lebensmittelkontrolle, die Einführung von Buchführungspflichten der Winzer und die Festlegung bestimmter Anbaugebiete festgeschrieben war, eine neue Fassung. Darin wird unter anderem der Verschnitt von deutschen mit ausländischen Weinen grundsätzlich untersagt und die Zugabe von Alkohol und Zucker zum Wein verboten. In weiteren weingesetzlichen Neufassungen wird jeweils den sich wandelnden Verhältnissen in der deutschen Weinwirtschaft Rechnung getragen. Standen die ersten deutschen Weingesetze aus den Jahren 1892, 1901 und 1909 noch ganz

Messbare Qualität

Während in anderen europäischen Ländern die geografische Herkunft des Weins für die Qualitätseinteilung maßgeblich ist, orientiert sich die weinrechtliche Einstufung in Deutschland am Mostgewicht der Trauben. Damit stehen anders als in den mediterranen Ländern jedem Winzer alle Qualitätsstufen offen. Das Mostgewicht wird in Grad Oechsle (benannt nach Christian Ferdinand Oechsle, 1774–1852) gemessen und gibt anhand des Zucker- und damit auch des potenziellen Alkoholgehalts den Reifegrad der Trauben an. Die Oechslewaage (Aräometer) zeigt an, um wie viel Gramm pro Liter die Dichte des Mostes über der von Wasser liegt. Wiegt ein Liter Most beispielsweise 1100 Gramm, dann beträgt das Mostgewicht 100 Grad Oechsle, da ein Liter Wasser exakt 1000 g schwer ist. Je höher die Oechslegrade, desto höher die Qualitätsstufe, beispielsweise Kabinett oder Auslese. Die für die einzelnen Qualitätsstufen vorgeschriebenen Oechslegrade schwanken je nach Anbaugebiet. In Österreich wird der Most nach derselben Methode mit der sogenannten Klosterneuburger Mostwaage in Grad KMW gemessen, in Frankreich und Australien in Baumé-Graden und in den USA in Grad Brix. Ob ein höheres Mostgewicht immer eine bessere Qualität widerspiegelt, kann insbesondere bei ausgereiften Trauben in Frage gestellt werden, während ein Most mit 90 Grad Oechsle stets ein höheres Potenzial besitzt als einer mit nur 65 Grad Oechsle.

Mindestmostgewichte in Grad Oechsle für Qualitätswein und Qualitätswein mit Prädikat

Qualitätswein: 51–72
Kabinett: 67–82
Spätlese: 76–90
Auslese: 83–100
Eiswein/Beerenauslese: 110–128
Trockenbeerenauslese: 150–154

im Zeichen der Weinherstellung und galten als »Sondergebiet des Lebensmittelrechts«, entfaltet erst das Weingesetz von 1930 eine wirtschaftspolitische Lenkungsfunktion, indem es die Einfuhr von ausländischem Wein beschränkt.

Der Zweite Weltkrieg (1939–1945) bringt für die deutsche Weinwirtschaft einen erneuten tiefen Einschnitt. Der Mangel an qualifizierten Arbeitskräften, Bombenschäden in vielen Weinbergen und die Zerschlagung des Weinhandels, der sich zum größten Teil in jüdischer Hand befindet, sind die unmittelbaren Hemmnisse, mit denen die deutschen Weinproduzenten in den Kriegsjahren konfrontiert sind. Die Nachkriegsjahre sind dagegen zunächst geprägt von einer weitgehenden internationalen Boykotthaltung gegenüber deutschen Produkten, zu denen auch der Wein zählt. Als Folge dieser Erschwernisse befindet sich im Jahr 1950 die Weinbaufläche in Deutschland mit rund 49 000 Hektar auf ihrem geringsten Stand.

Als Mitte der 1950er-Jahre die Euphorie des Wirtschaftswunders einsetzt, erlebt die alte Idee der Landwirtschaft, vor allem Menge zu produzieren, mit Hilfe der fortschreitenden Technisierung auch im Weinbau eine völlig neue Produktionsdimension. Gleichzeitig arbeitet die Wissenschaft intensiv an der Züchtung ertragreicher neuer Sorten, die zumindest Quantität garantieren. Angesichts dieser Produktionsperspektiven löst man sich sukzessive von den althergebrachten handwerklichen Herstellungsmethoden, die menschliche Arbeitskraft entpuppt sich plötzlich in vielen Bereichen als zu teuer. Dagegen erscheinen die Möglichkeiten der Technisierung und Automatisierung in allen Bereichen des Winzerhandwerks grenzenlos.

Der Winzer kann jetzt zum aktiven Weinmacher werden. Mit der systematischen Kontrolle der Gärung bietet sich ihm die Möglichkeit, in den Weinstil einzugreifen, was man bis dahin der Natur und den Launen der Gärhefen überlassen musste. Jetzt wird produziert, was der Verbraucher vermeintlich trinken will, zu einem Preis, den er zu zahlen bereit ist. Und das sind nach entbehrungsreichen Jahren vor allem süße und billige Weine, die mit der Tradition restsüßer und edelsüßer Gewächse nur das Attribut »süß« gemeinsam haben. Fortan gilt süß als Synonym für billig, einfach, deutsch. Bis heute hat sich der deutsche Wein davon nicht gänzlich erholt, und die Idee, dass deutsche Weine zu teuer seien, sobald sie die Zehn-Euro-Grenze überschritten haben, ist ein Vermarktungsproblem, das eng mit dem alten Image zusammenhängt. Es mangelt an der reellen Wertschätzung handwerklich produzierter Lebensmittel.

NEUORDNUNG UND QUALITÄTSAUFBRUCH

Im Jahr 1969 wird ein neues Weingesetz verabschiedet, das die veralteten Regelungen aufheben und gleichzeitig eine Anpassung an die bisherigen EWG-Weinrechtsnormen vornehmen soll. Da die EWG aber erst am 28. April 1970 mit ihren Verordnungen 816/70 und 817/70 endgültig die Errichtung eines gemeinsamen europäischen Weinmarkts beschließt, tritt das Gesetz nie in Kraft. Stattdessen muss ein neues, den EWG-Verordnungen Rechnung tragendes Weingesetz erarbeitet werden, das im Juli 1971 in Kraft gesetzt wird. Wichtigste Neuerungen dieses Gesetzeswerks sind die Einführung der drei Güteklassen Tafelwein, Qualitätswein und Qualitätswein mit Prädikat – wobei sich die Güte nach Oechslegraden bestimmt –, die amtliche chemische und sensorische Prüfung für Qualitätsweine und die damit verbundene Erteilung einer amtlichen Prüfungsnummer. Ein weiterer wichtiger Punkt ist die Reduzierung und Zusammenfassung von Lagen. Damit verschwinden alte Gewanne und Weinbergbezeichnungen, die teilweise über Jahrhunderte Geltung hatten, aus der Weinbergrolle.

Doch die Idee, aufsteigende Prädikate zu schaffen, die sich allein über die zunehmende Zuckerkonzentration in den Trauben bei der Lese definieren, kann letztendlich keine Qualität garantieren. Mit der Neuordnung der alten Lagen und der damit verbundenen Schaffung von Großlagen und Fantasienamen können nun auch einfache Qualitäten unter dem Label berühmter Lagen angeboten werden. Hinzu kommt

Oestrich: alter Weinverladekran am Rheinufer.

Klassifizierung deutscher Weine

Mit dem deutschen Weingesetz aus dem Jahr 1971 wurde eine neue Einteilung geschaffen, welche die Qualitätsstufen und Prädikate an die Mostgewichte zum Zeitpunkt der Lese knüpft. In der Messeinheit Grad Oechsle ist festgelegt, ob der Most später als Qualitätswein oder als Kabinett, Spätlese, Auslese, Beerenauslese oder Trockenbeerenauslese angeboten werden darf. Die Mindestmostgewichte variieren von Region zu Region (siehe auch Kasten Seite 22).

Im Rheingau dürfen seit der Ernte des Jahrgangs 1999 Weine aus offiziell klassifizierten Lagen als »Erstes Gewächs« bezeichnet werden. Auf dieser Grundlage haben die im Verband deutscher Prädikatsweingüter (VDP) zusammengeschlossenen Erzeuger im Jahr 2002 ein Statut zur Klassifizierung für das sogenannte »Große Gewächs« beschlossen. Dies betrifft in erster Linie trockene Rieslingweine aus Spitzenlagen. Die Bezeichnung »Erste Lage« kennzeichnet dagegen nicht einen trockenen Typenwein, sondern unterscheidet lediglich zwischen erstklassigen und einfachen Weinberglagen, aus denen Weine verschiedener Qualitätsstufen und Geschmacksrichtungen stammen können. Die Diskussion, wie weit diese Einteilung gehen soll und welche genauen Abgrenzungen für alle Mitgliedsbetriebe des VDP verbindlich sein sollen, ist aufgrund der unterschiedlichen Standpunkte in den deutschen Anbaugebieten bislang noch nicht abgeschlossen.

Jeder deutsche Wein muss mit einer der folgenden Güteklassen beziehungsweise Qualitätsstufen deklariert werden:

Tafelwein

Deutscher Tafelwein muss ausschließlich aus deutschem Lesegut zugelassener Rebflächen und Rebsorten stammen. In Deutschland werden im Vergleich zu anderen Anbauländern nur kleine Mengen an Tafelwein erzeugt. Die Anreicherung (Chaptalisierung) zur Erhöhung des Alkoholgehalts ist erlaubt.

Landwein

Deutscher Landwein ist eine gehobene Stufe des Tafelweins. Beim Landwein muss auch die Landschaft, aus der die Trauben stammen, auf dem Etikett angegeben sein. Landwein ist stets trocken oder halbtrocken. Anreicherung ist erlaubt.

Qualitätswein bestimmter Anbaugebiete (Q. b. A.)

Dies ist die größte Gruppe deutscher Weine. Qualitätsweine müssen zu 100 % aus einem der 13 deutschen Anbaugebiete stammen. Für jeden Qualitätswein sind, je nach Rebsorte und Anbaugebiet, untere Grenzwerte beim natürlichen Alkoholgehalt festgelegt. Qualitätsweine dürfen ebenso wie Tafelweine angereichert (chaptalisiert) werden.

Qualitätswein mit Prädikat (Q. m. P.)

Amtlich geprüfte Weine höherer Qualität, die nicht angereichert werden dürfen. Die vorgeschriebenen Mindestmostgewichte variieren je nach Rebsorte und Anbaugebiet.

Kabinett

Prädikat für feine, leichtere Weine aus reifen Trauben mit relativ geringem Alkoholwert.

Spätlese

Prädikat für Weine aus vollreifen Trauben. Die Ernte darf frühestens sieben Tage nach Beginn der allgemeinen Lese beginnen.

Auslese

Prädikat für hochwertige Weine aus besonders vollreifen Trauben, die sowohl trocken als auch restsüß ausgebaut werden können.

Beerenauslese

Prädikat für edelsüße Weine mit hohem Restzucker, hergestellt aus überreifen, edelfaulen, botrytisbehafteten Trauben. Die Beeren werden von Hand einzeln ausgelesen.

Trockenbeerenauslese

Prädikat für edelsüße Weine aus rosinenartig eingeschrumpften, handverlesenen Beeren, die noch selektiver ausgelesen werden als bei der Beerenauslese.

Eiswein

Prädikat für Weine aus Beeren, die im gefrorenen Zustand – bei mindestens –7 °C – gelesen und gekeltert werden und aus denen dann nur das Fruchtkonzentrat ausgepresst wird. Die Qualität der Trauben muss derjenigen einer Beerenauslese entsprechen.

Erstes Gewächs Rheingau

Gut ein Drittel der Gesamtrebfläche des Rheingaus ist als klassifizierte Lagen ausgewiesen, die ausschließlich mit Riesling oder Spätburgunder bestockt sein dürfen. Die Lagenkarte berücksichtigt nicht nur die Qualitätskontinuität des Weinbergs, sondern auch dessen klimatische Bedingungen und Bodenverhältnisse. Weitere Kriterien sind eine strenge Selektion (maximal 50 hl/ha sind zulässig). Die selektive Weinlese per Hand ist zwingend vorgeschrieben, ebenso die sensorische Prüfung des Weins auf Farbe, Geruch und Geschmack. Alle »Ersten Gewächse« tragen im Etikett die drei romanischen Bogen auf schwarzem Balken. Die Weine dürfen erstmals ab dem 1. September des auf die Ernte folgenden Jahres angeboten werden.

VDP Großes Gewächs

Ähnliche Kriterien verlangt der VDP für die Klassifizierung der geschmacklich trockenen »Großen Gewächse«. Die Weine müssen aus klassifizierten, eng eingegrenzten Lagen stammen, in denen nachweislich über lange Zeit Weine mit nachhaltig hoher Reife erzeugt wurden. Die »Großen Gewächse« dürfen ausschließlich aus regional festgelegten Rebsorten in Spätlesequalität mittels traditioneller Produktionsverfahren erzeugt werden. Die Erntemenge ist auch hier auf 50 hl/ha begrenzt. Die Weine dürfen erst ab September des auf die Lese folgenden Jahres vermarktet werden, rote »Große Gewächse« sogar erst im zweiten Jahr nach der Lese. VDP-Betriebe, die »Große Gewächse« erzeugen, verzichten deshalb auf die Bezeichnung »Auslese trocken« aus gleicher Lage und Rebsorte.

ein Bezeichnungsrecht, das mit seiner verwirrenden Vielfalt die meisten Verbraucher – vor allem im Exportmarkt – schlichtweg überfordert.

Der schleichende Imageverlust des deutschen Weins und der Verlust an Marktanteilen vor allem im eigenen Land kann mit dem Weingesetz von 1971 jedenfalls nicht aufgehalten werden. Unterstützt wird diese Entwicklung durch die geschmackliche Entdeckungslust und Experimentierfreudigkeit der Nachkriegsgeneration und die damit einhergehende offene Ablehnung deutscher Traditionen, unter die auch der Wein subsumiert wird. Für das verstaubte Image einer längst überkommenen Weinromantik ist in einer neuen, weltoffenen und toleranten Gesellschaft kein Platz mehr. Deutschland wird denn auch konsequent zum weltweit größten Importmarkt für ausländische Weine. Hinzu kommen deutliche Schwächen in der Qualität. Ist 1976 noch ein Spitzenjahr, folgen danach schwache Jahrgänge mit mittelmäßigen Qualitäten.

Trotz all dieser Hindernisse und Hürden gibt es am Ende der 1980er-Jahre einen spürbaren Aufbruch in Richtung Qualität, der bis heute anhält und der in den vergangenen Jahren erstklassige Weine hervorgebracht hat. Die neue Popularität des deutschen Weins ist ein Gesamtwerk aus konsequent arbeitenden Winzern, einem engagierten Fachhandel, einer aufgeschlossenen Gastronomie und letztendlich auch einer interessierten Presse, die deutsche Weine für die Öffentlichkeit thematisiert.

AUSBLICK UND POSITIONIERUNG IM WELTMARKT

Die Chancen und Perspektiven des deutschen Weinbaus für die kommenden Jahre sind längst nicht mehr allein aus nationaler oder gar regionaler Sicht zu beurteilen. Vielmehr ist der Weinbau – wie die gesamte Landwirtschaft – in ein internationales Wirtschafts- und Handelsgeflecht eingebunden, das von teils restriktiven, teils lobbyistischen Vorschriften beherrscht wird und in einer zunehmend internationalisierten Weinwelt der Industrialisierung Vorschub leistet, an deren Ende ein einheitlicher Massengeschmack steht, der vor allem günstige und damit lukrative Produktionsmethoden ermöglicht. Dem Mut zur Individualität, die das Natursystem Weinbau zulässt, ja geradezu verlangt, und die dem Winzer einen höheren Arbeitsaufwand bei gleichzeitig höherem betriebswirtschaftlichem Einsatz abverlangt, steht allzu oft die mangelnde Qualitätstransparenz und -kontinuität im geltenden Prädikatsweinsystem entgegen. Die Suche nach einer klaren, verständlichen und nachvollziehbaren Definition des deutschen Spitzenweins, die sich aus dem verschwommenen Qualitätsbegriff der Spätlese lösen kann, hat gerade erst begonnen. Ob das Heil in einer Klassifizierung der vermeintlich besten Lagen zu suchen ist, sei dahingestellt. Es ist jedenfalls ein löblicher Anfang, die Qualität in ihren primären Komponenten dort zu suchen, wo sie die Natur versteckt hat und wo sie durch Einsatz und Energie ans Tageslicht treten kann.

Sollte aber das Klassifizierungssystem ausufern und sich nicht tatsächlich auf außergewöhnliche Weinqualitäten konzentrieren, die ohnehin nicht unabdingbar von einer großen Lage abhängig sein müssen, wird das System konterkariert und auf den Kopf gestellt. Der Versuch, möglichst viele Weinberge – selbst in einer parzellenscharfen Abgrenzung – in ein elitäres und transparentes Modell zu packen, das Spitzenqualität bedingungslos garantieren soll, ist aus der Sicht eines Verbands durchaus nachzuvollziehen, schadet aber letztendlich, vor allem im internationalen Vergleich, der Ernsthaftigkeit der Bemühungen. Die Chancen des deutschen Spitzenweinbaus, der sich vor allem gegenüber den Weinbauländern in Übersee auf kleinen Flächen abspielt, liegen in einem klar umrissenen, gelebten und durch Qualität untermauerten positiven Elitedenken, das mehr verlangt als den zufälligen Sitz auf einer privilegierten Lage. Es bedingt vielmehr, dem ökologischen System Weinberg mit handwerklich sauberen Methoden zu begegnen und deren Anwendung auch streng zu kontrollieren. Dass dabei der Faktor Mensch die entscheidende Rolle spielt, ist Schwäche und Stärke zugleich. Insoweit können Regeln und Verordnungen nur empfohlene Regulative sein, die Schlupflöcher offen lassen oder nicht zu Ende gedacht sind. Letztendlich entscheidet der Winzer selbst über die Qualität seines Produkts und der aufgeklärte und qualitätsbewusste Verbraucher über den Erfolg der Winzerkunst.

Die gegenwärtige Kaprizierung auf den trockenen Geschmacksstil als Inbegriff des großen deutschen Weins verkennt überdies die Tatsache, dass in den nördlich gelegenen deutschen Weinanbauregionen spielerisch leichte Weine mit relativ geringem Alkoholgehalt produziert werden können, die weltweit keine ernsthafte Konkurrenz haben und schon deswegen zu den Aushängeschildern des deutschen Weinbaus gehören. Wird die Definition des deutschen Spitzenweins an diesen Gewächsen vorbeigeführt, ist zumindest eine Chance vertan, die Einmaligkeit und Exklusivität deutscher Weine herauszustellen.

Rebsorten

Mehr als 140 Rebsorten von Acolon bis Zweigelt sind in den deutschen Anbaugebieten im Ertrags- oder Versuchsanbau zugelassen, aber nur ein gutes Dutzend hat größere wirtschaftliche Bedeutung. Allein Riesling und Müller-Thurgau (Rivaner) besetzen zusammen ein Drittel der bestockten Rebfläche von rund 102 000 Hektar. Bei den roten Rebsorten nehmen Spätburgunder und Dornfelder inzwischen mehr als 20 000 Hektar in den Weinbergen Deutschlands ein.

Bei den weißen Sorten geht der Anteil der Neuzüchtungen seit Jahren zurück, nur Müller-Thurgau, Kerner, Bacchus und Scheurebe haben noch größere Bedeutung. Dagegen konnten die klassischen Rebsorten wie Silvaner, Grauburgunder (Ruländer) und Weißburgunder ihre Position halten oder sogar wieder Boden gutmachen. Auf dem Vormarsch befinden sich internationale Sorten wie Chardonnay und Sauvignon blanc. Der Rotweinboom der letzten Jahre hat – neben dem Klassiker Spätburgunder – vor allem die Neuzüchtung Dornfelder in fast allen Regionen nach vorn gebracht. Aber auch andere neue Rebsorten für Rotweine wurden gepflanzt: Regent, Acolon, Domina, Cabernet Dorsa und Cabernet Mitos. Von den internationalen Rotweinreben stehen Merlot und Cabernet Sauvignon mit kleineren Anteilen in deutschen Weinbergen.

Im Folgenden werden die wichtigsten weißen und roten Rebsorten, dazu die Württemberger Spezialitäten Samtrot und Tauberschwarz sowie der beliebte Rieslaner im Kurzporträt vorgestellt.

Acolon

Herkunft: 1971 in Weinsberg aus Blauer Limberger × Dornfelder gekreuzt, seit 2002 in Deutschland zugelassen

Eigenschaften: Reift früher als der Lemberger und bringt höhere Mostgewichte.

Rebfläche: 460 ha

Weintyp: farbintensiver Rotwein mit feinen Fruchtaromen und dezentem Gerbstoff, harmonisch und füllig

Höchst ertragreich: Bacchus.

Auxerrois

Herkunft: Mitglied der Burgunderfamilie, vermutlich aus einer spontanen Kreuzung von Weißer Heunisch und einer Burgunderrebe entstanden. Bringt in Baden zum Teil sehr gute Ergebnisse.

Eigenschaften: früh reifend, empfindlich gegen Spätfröste

Rebfläche: 167 ha

Weintyp: körperreicher Weißwein mit milder Säure

Bacchus

Herkunft: 1933 von Peter Morio und Bernhard Husfeld im Geilweilerhof aus (Silvaner × Riesling) × Müller-Thurgau gekreuzt

Eigenschaften: früh reifend, höchst ertragreiche Sorte, hohe Mostgewichte auch in weniger bevorzugten Lagen

Rebfläche: 2113 ha

Weintyp: fruchtige, aromatische und süffige Weißweine mit leichtem Muskatton, aber oft wenig Säure

Cabernet Dorsa

Herkunft: 1971 in Weinsberg aus Dornfelder × Cabernet Sauvignon gekreuzt, seit 2004 in Deutschland zugelassen.

Eigenschaften: hohe Ansprüche an die Lage, gute Winterhärte, relativ hohe Erträge

Rebfläche: 214 ha

Weintyp: dunkelfarbener, vollmundiger Rotwein mit typischer Cabernet-Note

Cabernet Mitos

Herkunft: 1970 in Weinsberg aus Lemberger × Cabernet Sauvignon gekreuzt, seit 2001 in Deutschland zugelassen

Eigenschaften: spät reifend, gute Winterhärte, hohe Mostgewichte möglich

Rebfläche: 317 ha

Weintyp: blauroter, körperreicher Wein mit kräftigen Tanninen, geschmacklich dem Cabernet Sauvignon ähnlich

Cabernet Sauvignon

Herkunft: aus dem Bordelais stammend, spontane Kreuzung aus der roten Sorte Cabernet franc und der weißen Sauvignon blanc, seit 2002 in Deutschland zugelassen

Eigenschaften: spät reifend, kleine Beeren mit dicker Schale

Rebfläche: 274 ha

Weintyp: Schwarzrote Farbe, viel Tannin, Aromen von Schwarzen Johannisbeeren und Brombeeren, dazu Noten von schwarzem Pfeffer, Eukalyptus, Minze und Zeder, langlebig. Wird bevorzugt im kleinen Eichenholzfass (Barrique) ausgebaut.

Chardonnay, in Österreich *Feinburgunder* oder *Morillon*

Herkunft: Gehört zweifelsfrei zur Burgunderfamilie, vermutlich eine spontane Kreuzung aus Pinot noir und Gouais blanc, seit 1994 in Deutschland zugelassen.

Eigenschaften: sehr anpassungsfähige Rebsorte (Böden, Klima)

Rebfläche: 1087 ha

Weintyp: Körperreich und häufig alkoholkräftig, wenig charakteristisches Aroma (Melone, exotische Früchte, reife Stachelbeeren). Eignet sich besonders für den Ausbau im Barrique.

Domina

Herkunft: 1927 in Deutschland aus Portugieser × Spätburgunder gekreuzt

Eigenschaften: Stellt mittlere Ansprüche an die Lage und geringe an den Boden, garantiert hohe Erträge.

Rebfläche: 395 ha

Weintyp: dunkelfarbiger Rotwein, als Deckrotwein oder Cuvée-Partner eingesetzt

Dornfelder

Herkunft: 1955 von August Herold in Weinsberg aus Helfensteiner (= Frühburgunder × Trollinger) × Heroldrebe (= Blauer Portugieser × Lemberger) gekreuzt

Eigenschaften: anspruchslos gegenüber der Lage, zuverlässig hohe Erträge (bis 150 hl/ha), bessere Qualität nur durch Ertragsbegrenzung möglich, empfindlich gegen Frost und Pilzkrankheiten

Rebfläche: 8231 ha

Weintyp: dunkelrote Farbe, oft sehr fruchtbetont und moderat im Gerbstoff

Dunkelfelder

Herkunft: vermutlich anfangs 20. Jh. in Edenkoben durch Gustav Adolf Froelich aus Blauer Portugieser × Färbertraube Teinturier du Cher gekreuzt

Eigenschaften: geringe Lagenansprüche, bevorzugt tiefgründige Böden, schwankende Erträge

Rebfläche: 372 ha

Weintyp: Dunkelfarbiger Rotwein, der vor allem als Deckrotwein eingesetzt wird, gelegentlich auch als Cuvée-Partner.

Elbling, Weißer Elbling

Herkunft: Eine der ältesten Rebsorten in Deutschland, bereits von den Römern im Moselgebiet angebaut. Gilt als älteste Weinsorte Europas.

Eigenschaften: früher Austrieb und frühe Reife, ergibt zuverlässig hohe Erträge, extrem anfällig für Pilzkrankheiten

Rebfläche: 583 ha

Weintyp: leichter, spritziger und fruchtiger Weißwein mit kräftiger Säure

Frühburgunder, Blauer Frühburgunder, auch *Clevner,* frz. *Pinot Madeleine*

Herkunft: vermutlich eine Mutation des Spätburgunders

Eigenschaften: früh reifend (etwa zwei Wochen früher als der Spätburgunder), dicke Schale

Rebfläche: 243 ha

Weintyp: Ziegel- bis dunkelrote Farbe, samtig, mit vollem Körper und Aromen von Kirsche, Schwarzer Johannisbeere, Brombeere und Himbeere. Die besseren Qualitäten eignen sich für den Ausbau im Barrique.

Gewürztraminer, auch *Roter Traminer*

Herkunft: Stammt von der uralten Sorte Roter Traminer ab.

Eigenschaften: durch frühen Austrieb anfällig für Spätfröste, wegen später Reife hohe Lagenansprüche, geringe und unstete Erträge

Rebfläche: 832 ha

Weintyp: Goldgelbe, aromatische Weißweine mit viel Körper und niedriger Säure, die trocken, halbtrocken, süß und edelsüß ausgebaut werden. Zum Teil sehr alkoholreich.

Charaktervoll: Lemberger.

Grauburgunder, Grauer Burgunder, auch *Ruländer,* frz. *Pinot gris*

Herkunft: Entstand im Mittelalter durch Knospenmutation aus der roten Pinot-noir-Rebe.

Eigenschaften: Stellt hohe Ansprüche an die Lage, bevorzugt tiefgründige, kräftige Böden, ertragreich (bis 120 hl/ha).

Rebfläche: 4382 ha

Weintyp: Häufig kupferfarbene Tönung, kräftig und mit wenig Säure ausgestattet, aber oft extraktreich, mit mächtigem Körper und hohem Alkoholgehalt. Die Bezeichnungen Grauburgunder und Ruländer haben vor allem in Baden viel Verwirrung gestiftet. Ruländer ist traditionell ein üppiger Wein, während der Grauburgunder in der Regel schlanker, säurebetonter und vor allem trocken ist.

Gutedel, Weißer Gutedel, frz. *Chasselas*

Herkunft: Gilt als eine der ältesten Rebsorten, Ursprung vermutlich in Ägypten, kam um 1780 aus der Schweiz nach Baden.

Eigenschaften: Verlangt eine mittelgute, windgeschützte Lage und tief-

Alte Sorte: Sauvignon blanc.

gründige, nicht zu trockene Böden. Mittlere bis große Erträge.

Rebfläche: 1123 ha

Weintyp: Blassgelbe Farbe, leichter, lebendiger Weißwein mit frischer Säure. Auf das Markgräflerland beschränkte Spezialität, die außerhalb des Gebiets kaum vermarktet wird.

Huxelrebe

Herkunft: 1927 von Georg Scheu in Alzey aus Gutedel × Courtillier musqué gekreuzt

Eigenschaften: enorm ertragreich

Rebfläche: 677 ha

Weintyp: Blassgelbe Farbe, fruchtiges Bukett mit Aprikosen- und Maracuja-aromen, aber auch Honig und Jasmin, milde Säure und voller Körper. Kann hochwertige edelsüße Weine erbringen, lagerfähig.

Kerner

Herkunft: 1929 von August Herold in Weinsberg aus Trollinger × Riesling gekreuzt

Eigenschaften: frosthart, reift früher als der Riesling und stellt geringere Ansprüche an die Lage, krankheitsanfällig

Rebfläche: 4004 ha

Weintyp: Feine, rassige Weine mit deutlicher Säure, die an Riesling erinnern, manchmal mit einem leichten Muskatton.

Lemberger, Blauer Limberger, in Österreich *Blaufränkisch*

Herkunft: vermutlich im Mittelalter als Zufallskreuzung aus Heunisch und fränkischen Sorten entstanden, von Österreich nach Württemberg eingeführt

Eigenschaften: spät reifend, hohe Lagenansprüche, mittlere Erträge

Rebfläche: 1664 ha

Weintyp: dunkelfarbener, gerbstoffreicher und nachhaltiger Rotwein, charaktervoll und langlebig

Merlot

Herkunft: Aus dem Bordelais stammend, vermutlich aus einer Cabernet-Sauvignon-Kreuzung entstanden, mit welchen Partnern, ist noch nicht geklärt.

Eigenschaften: Ertragreiche Sorte, kleine Beeren mit dicker Schale, reift früher als Cabernet Sauvignon, hat weniger Säure und mehr Alkohol.

Rebfläche: 416 ha

Weintyp: Dunkelfarbene, weiche und geschmeidige Weine, sortenrein abgefüllt, aber auch als Verschnittpartner in einer Cuvée nach Bordeaux-Vorbild.

Müller-Thurgau, auch *Rivaner, Riesling × Silvaner*

Herkunft: 1882 in Geisenheim nicht etwa aus Riesling × Silvaner, sondern vermutlich aus Riesling × Madeleine Royale (Chasselas de Courtillier) von Hermann Müller aus dem Schweizer Kanton Thurgau gekreuzt.

Eigenschaften: geringe Ansprüche an die Lage, zuverlässig hohe Erträge (bis 200 hl/ha), aber selten hohe Mostgewichte

Rebfläche: 13 988 ha

Weintyp: blumige, leicht parfümiert wirkende Weine mit mäßiger Säure

Muskateller, Gelber Muskateller

Herkunft: Alte Rebsorte, stammt vermutlich vom Muscat blanc à petits grains ab.

Eigenschaften: mittelspät reifend, lockerbeerige Trauben mit dickschaligen Beeren

Rebfläche: 139 ha

Weintyp: leichter, säurebetonter Weißwein mit kräftigen Muskataromen und relativ wenig Alkohol

Portugieser, Blauer Portugieser

Herkunft: um 1840 aus Österreich oder Ungarn nach Deutschland gekommen

Eigenschaften: geringe Ansprüche an die Lage, früh reifend und zuverlässig ertragreich (bis 160 hl/ha)

Rebfläche: 4683 ha

Weintyp: hellrote Farbe, leichter Körper, samtig, milde Säure, süffig und vollmundig, beliebt als Rosé

Regent

Herkunft: 1967 von Gerhardt Alleweldt im Geilweilerhof aus Diana (Silvaner × Müller-Thurgau) × Chambourcin, einer roten Neuzüchtung, gekreuzt, 1995 in Deutschland zugelassen

Eigenschaften: pilzresistente Sorte, früh reifend, hohes Mostgewicht, frosthart

Rebfläche: 2183 ha

Weintyp: farbintensiver, kräftiger und gehaltvoller Rotwein mit moderater Säure

Rieslaner

Herkunft: 1921 von Dr. Ziegler in Würzburg aus Silvaner × Riesling gekreuzt

Eigenschaften: Hohe Lagenansprüche, mittlere bis geringe Ansprüche an den Boden, Ertragsniveau wie Riesling, neigt zu Stielfäule und zum Verrieseln.

Rebfläche: 85 ha

Weintyp: Rieslingtyp mit duftigem Bukett und rassiger Säure

Riesling, Weißer Riesling, in der Ortenau (Baden) auch *Klingelberger*

Herkunft: ungeklärter Ursprung, vermutlich aus einer Wildrebe entstanden, seit 1477 urkundlich nachgewiesen

Eigenschaften: Braucht für höchste Qualität eine lange Vegetationsperiode sowie bevorzugte Lagen und Böden, gehört zu den edelsten Weißweinsorten.

Rebfläche: 21 197 ha

Weintyp: Chakteristische, aromatische Weine mit rassiger Säure. Sowohl große trockene wie auch fruchtige Weine sowie Beerenauslesen, Trockenbeerenauslesen und Eisweine.

Samtrot

Herkunft: eine Mutation der Müllerrebe (Pinot meunier), 1928 in einem Heilbronner Weinberg entdeckt

Eigenschaften: schwankende Erträge, höheres Mostgewicht als beim Spätburgunder

Rebfläche: 372 ha

Weintyp: burgunderähnlicher, samtiger Rotwein mit harmonischer Säure

Sankt Laurent

Herkunft: stammt vom Pinot noir ab, um 1850 nach Deutschland eingeführt

Eigenschaften: früher Austrieb, sehr anfällig für Botrytis cinerea

Rebfläche: 673 ha

Weintyp: dunkelfarbige Rotweine mit samtigen Gerbstoffen, Duft nach Waldbeeren und Schwarzkirsche

Sauvignon blanc, in Österreich *Muskat-Sylvaner*

Herkunft: sehr alte Sorte, von Frankreich (Bordelais, Loire) aus weltweit verbreitet, seit 2001 in Deutschland zugelassen

Eigenschaften: früh reifend

Rebfläche: 260 ha

Weintyp: Weißwein mit pikanter Würze und Aromen von grüner Paprika, Brennnesseln und Stachelbeeren

Scheurebe, in Österreich *Sämling 88*

Herkunft: 1916 von Georg Scheu in Alzey aus Silvaner × Riesling gekreuzt

Eigenschaften: spät reifend, hohe Ansprüche an die Lage, geringe an den Boden

Rebfläche: 1781 ha

Weintyp: Säurebetonter Weißwein mit rassigen Grapefruit- und Cassis-Noten, die an Sauvignon blanc erinnern. Oft hervorragende Qualitäten im edelsüßen Bereich.

Schwarzriesling, auch *Müllerrebe,* frz. *Pinot meunier*

Herkunft: vermutlich aus einer Pinot-noir-Mutation entstanden

Eigenschaften: mittlere Ansprüche an Lage und Boden, geringe Krankheitsanfälligkeit, mittelhoher Ertrag

Rebfläche: 2424 ha

Weintyp: Rubinrot mit fruchtigem Aroma, in manchen Jahren fehlt die Säure.

Silvaner, Grüner Silvaner, auch *Sylvaner*

Herkunft: Vermutlich eine natürliche Kreuzung aus Traminer × Österreich Weiß, die 1659 aus der Steiermark nach Deutschland gelangte.

Eigenschaften: später Austrieb, große Erträge, wenig pilzanfällig

Rebfläche: 5314 ha

Weintyp: oft neutral im Geschmack, im besten Fall aber elegante, stoffige trockene Weine mit Charakter und feiner Frucht

Spätburgunder, Blauer Spätburgunder, auch *Blauer Burgunder, Blauburgunder,* frz. *Pinot noir*

Herkunft: Kam etwa um 850 aus Burgund nach Deutschland.

Eigenschaften: sehr anspruchsvoll gegenüber Boden und Lage

Rebfläche: 11 435 ha

Weintyp: Der moderne Typus des deutschen Spätburgunders ähnelt dem französischen Pinot noir. Er ist farbkräftig, tanninbetont, gehaltvoll und körperreich und gut geeignet für den Ausbau im Barrique.

Tauberschwarz, auch *Blauer Hängling* oder *Blaue Frankentraube*

Herkunft: keine gesicherten Erkenntnisse, seit dem 16. Jh. in Tauberfranken angebaut

Eigenschaften: dünne Haut, botrytisanfällig

Rebfläche: 14 ha

Weintyp: leichte, fruchtige Rotweine mit heller Farbe, in guten Jahren auch granatrot und mit würzigen Aromen

Trollinger, Blauer Trollinger, in Südtirol *Großvernatsch*

Herkunft: vermutlich Südtirol oder Trentino, schon von den Römern aus Italien eingeführt und an Rhein und Neckar angebaut

Eigenschaften: wuchsfreudig und ertragreich, großbeerig mit dünner Haut

Rebfläche: 2518 ha

Weintyp: Rubinroter, samtiger Wein mit viel Frucht, frisch und saftig. Auf Schwaben begrenzte Spezialität, außerhalb Württembergs kaum vermarktet.

Altbekannt: Weißburgunder.

Weißburgunder, Weißer Burgunder, auch *Klevner,* frz. *Pinot blanc*

Herkunft: vermutlich aus einer Mutation des Grauburgunders hervorgegangen, seit dem 14. Jh. bekannt

Eigenschaften: Stellt hohe Ansprüche an die Lage, bevorzugt tiefgründige Böden mit guter Wasserhaltefähigkeit, mittelspäte Reife.

Rebfläche: 3491 ha

Weintyp: kräftige, aber auch sehr feine Weine, oft mit herzhafter Säure und einem zarten Birnenaroma

Zweigelt, Blauer Zweigelt, früher *Rotburger*

Herkunft: 1922 von Fritz Zweigelt in Klosterneuburg aus Blaufränkisch × St. Laurent gekreuzt

Eigenschaften: anspruchslos gegenüber Boden und Lage, früh reifend und ertragssicher

Rebfläche: 96 ha

Weintyp: dunkelfarbener, samtiger Rotwein mit viel Frucht, mittlerer Tanninstruktur und feiner Säure

(Hektarangaben laut Statistischem Bundesamt 2006)

Kartenübersicht

Ahr
Gesamtkarte Seiten 36/37

Mosel
Obermosel Seite 46
Mittelmosel Seiten 48/49, 50/51, 52/53
Untermosel Seiten 54, 56/57

Saar
Gesamtkarte Seite 62

Ruwer
Gesamtkarte Seiten 70/71

Mittelrhein
Detailkarten Seiten 76/77, 80/81

Rheingau
West Seite 85
Mitte Seiten 86/87
Ost Seite 89

Nahe
Gesamtkarte Seite 104
Oberhausen/Niederhausen Seiten 106/107
Münster-Sarmsheim Seite 114

Rheinhessen
Nord Seiten 120/121
Nackenheim/Oppenheim Seite 123
Wonnegau Seiten 124/125

Pfalz
Mittelhaardt Nord Seiten 136/137
Mittelhaardt Süd Seiten 138/139, 141
Südliche Weinstraße Seiten 142/143

Hessische Bergstraße
Gesamtkarte Seite 155

Baden
Badische Bergstraße Seite 162
Kraichgau Seiten 164/165
Sulzfeld Seite 165
Ortenau Seiten 166/167
Nördliche Ortenau Seite 167
Durbach Seiten 168/169
Kaiserstuhl und Tuniberg Seite 170
Breisgau Seite 171
Markgräflerland Nord Seiten 172/173
Markgräflerland Süd Seite 175
Bodensee Nord Seiten 180/181
Bodensee Süd Seite 180

Württemberg
Remstal und Stuttgart Seiten 186/187
Württembergisch Unterland West Seiten 190/191
Württembergisch Unterland Ost Seiten 192/193

Taubertal
Gesamtkarte Seiten 200/201

Franken
Mainviereck Miltenberg Seite 206
Mainviereck Marktheidenfeld Seite 207
Maindreieck Hammelburg Seite 208
Maindreieck Karlstadt Seite 209
Maindreieck Süd Seiten 210/211
Maindreieck Volkach Seite 213
Steigerwald Seite 214

Sachsen
Gesamtkarte Seiten 218/219

Saale-Unstrut
Gesamtkarte Seiten 224/225

ZEICHENERKLÄRUNG

Orte mit

- > 1 Mio Einwohner
- > 500 000 Einwohner
- > 100 000 Einwohner
- sonstige Orte
- Autobahn
- Weinanbaugebiete

Ahr

Unter den kleineren deutschen Weinbaugebieten ist die Ahr mit derzeit 548 Hektar das größte. Die Reben stehen im mittleren und unteren Ahrtal auf überwiegend nach Süden ausgerichteten Hängen zwischen Altenahr und Bad Bodendorf, kurz bevor die Ahr nahe Remagen in den Rhein mündet. Das Anbaugebiet erstreckt sich entlang des Flusses auf etwa 25 Kilometern Länge von Südwesten nach Nordosten. Es wird im Nordwesten vom Ahrgebirge begrenzt und liegt im Schutz der waldreichen Hohen Eifel. Die Hänge bestehen überwiegend aus Tonschiefer, in tieferen Lagen auch aus Löss und Lehm. In einigen Weinbergen kommen Basalt-, Sandstein- und Grauwackeverwitterungsböden vor.

In der Topografie unterscheidet sich das das schroffe, sich mit dem Fluss windende mittlere Ahrtal mit seinen zum Teil extremen Steillagen und Felsterrassen (benannt als Anbauregion Oberes Ahrtal) erheblich vom unteren Ahrtal, das sich bei Walporzheim weit öffnet, mit überwiegend flacheren Hängen und typischen Basaltkegeln wie der Heimersheim Landskrone (Anbauregion Unteres Ahrtal). Das obere Ahrtal oberhalb der Lage Altenahr Übigberg hingegen hat keine ausgewiesenen Weinberge mehr.

Im tief eingeschnittenen Flusstal der Ahr herrschen bei guter Sonneneinstrahlung und milden Durchschnittstemperaturen äußerst günstige Bedingungen für den Weinbau, der sich hier bei teilweise fast mediterranem Klima auf den Rotwein konzentriert hat. Nahezu 88 Prozent der Rebfläche sind mit roten Rebsorten bestockt, vor allem Spätburgunder, Portugieser, Frühburgunder und Dornfelder. Den kleinen Weißweinanteil dominieren Riesling und Müller-Thurgau.

Das größte zusammenhängende Rotweingebiet Deutschlands wurde von der Weinwerbung schon früher gern als »Rotweinparadies« gerühmt. Berechtigt ist dieser Ehrentitel allerdings erst, seit auch die Qualität der Weine »paradiesisch« ist – seit die Winzer an der Ahr vor gut zwei Jahrzehnten begannen, aus ihren bevorzugten Weinbergen auch charaktervolle trockene Rotweine zu erzeugen. Nicht verwunderlich ist, dass für die roten Spitzenweine der Region inzwischen auch selbstbewusste Preise verlangt werden.

Blick über einen der steilsten und besten Weinberge an der Ahr: die Einzellage Altenahr Eck.

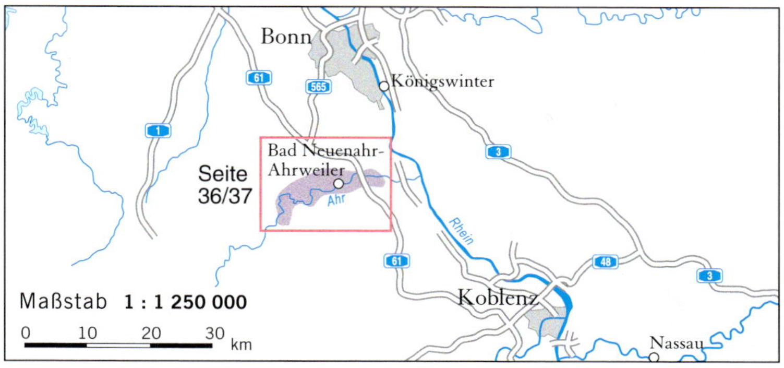

GESCHICHTE

Auch an der Ahr begann die Geschichte des Weinbaus vermutlich mit den Römern, für deren Pioniertaten allerdings bisher noch hieb- und stichfeste archäologische Belege fehlen. Andere Quellen vermuten, dass die ersten Weinberge im Ahrtal erst um 275 n. Chr. angelegt wurden, als die Franken in das Gebiet vorstießen. Urkundlich nachgewiesen und damit gesichert ist der Weinbau immerhin bis zurück in die zweite Hälfte des 8. Jahrhunderts. Gut hundert Jahre später, 893, nennt das Güterverzeichnis der Benediktinerabtei Prüm, der »Prümer Urbar«, größere Weinberge in acht Ahrsiedlungen, darunter bereits die heute noch wichtigsten Weinorte Ahrweiler, Walporzheim, Dernau und Altenahr.

Später breiteten sich die Rebflächen ahraufwärts den Fluss entlang und auch in die Seitentäler aus. Im frühen Mittelalter befanden sich die Weinberge vor allem im Besitz der Klöster und Stifte, die dem Weinbau auch die entscheidenden Impulse gaben. Im 11. Jahrhundert werden erstmals weltliche Würdenträger und Bürger als Besitzer von Weinbergen genannt. Damals standen in den Weingärten vor allem weiße Rebsorten, im späten Mittelalter allerdings eroberten die roten Sorten einen Gutteil der Rebfläche – und nach dem Dreißigjährigen Krieg setzte sich die rote Burgundertraube an die Spitze des Rebsortenspiegels.

In den folgenden Jahrhunderten erlebte der Weinbau im Ahrtal ein ständiges Auf und Ab. Mit dem Einmarsch der Franzosen 1794 und der damit beginnenden Besatzungszeit wurden für die Besitzer der Weinberge nicht nur höhere Abgaben fällig, sie mussten sich auch der Konkurrenz in Gestalt von preiswerten und alkoholreicheren Weinen aus

Frankreich stellen. Im Gegenzug entwickelten sie – begünstigt durch das französische Schutzzollsystem – einen regen Handel, der den Ahrrotwein sogar nach Belgien brachte. »Ahrbleichart« hieß dieser Wein im Sprachgebrauch, obwohl er längst nicht mehr dem blassen Schillerwein früherer Zeiten ähnelte, sondern bereits eine kräftige dunkelrote Farbe aufwies. Auch die Schaumweine, vor allem jene aus Walporzheim, hatten einen guten Ruf und wurden zu Höchstpreisen bis nach England verkauft.

Als das Gebiet an der Ahr nach dem Wiener Kongress 1815 zu Preußen kam, ging es mit dem Weinbau zunächst weiter bergauf. Teure Schutzzölle schirmten das Königreich gegen die französischen Importe ab, und der heimische Rotwein konnte den Inlandsmarkt erobern. Die kurze Blütezeit war mit dem Beitritt Preußens zum Deutschen Zollverein 1833 vorbei, gleichzeitig brach der Handel mit Belgien ein, und billiger Rotwein aus der Pfalz setzte die Ahrwinzer unter Druck. Hinzu kamen einige Missernten und mehrere unverkäufliche Jahrgänge. Die Weinberge ernährten ihre Bauern nicht mehr. In der Folge wanderten viele Winzerfamilien nach Amerika aus. In dieser Notlage schlossen sich Mayschosser Winzer zusammen und gründeten 1869 eine der ersten Winzergenossenschaften der Welt. Ende des 19. Jahrhunderts gab es bereits zwanzig dieser Vereinigungen im Ahrtal.

Kaum hatten sich die Weinpreise halbwegs erholt, machte sich in den 1880er-Jahren die Reblaus über die Weinberge an der Ahr her und vernichtete bis 1910 rund 200 Hektar Rebfläche. In den folgenden Jahrzehnten verringerte sich die Weinbaufläche im Gebiet stetig von 1087 Hektar (im Jahr 1883) auf 606 Hektar (1925). Zu dieser Zeit wurden die Weinberge von einer neuen Plage heimgesucht: Die Reisigkrankheit erfasste die Spätburgunderreben und reduzierte den Ertrag der kranken Stöcke so eklatant, dass im Gegenzug die Weißweine Ende der 1950er-Jahre wieder gut ein Drittel der Produktion ausmachten.

Durch die Realteilung bei der Erbfolge, die schon vor der französischen Besatzungszeit üblich war, hatte sich der Weinbergbesitz im Lauf der letzten beiden Jahrhunderte auf viele kleine und Kleinstbetriebe (mit weniger als 0,5 Hektar Rebfläche) verteilt. Im Jahr 1989 gab es nur neun Betriebe mit mehr als fünf Hektar Rebfläche. Auch heute noch bewirtschaften die meisten Ahrwinzer (rund 80 Prozent) ihre Weinberge im Zu- und Nebenerwerb und liefern ihre Trauben an eine der vier Winzergenossenschaften. Allerdings vermarkten inzwischen mehr als sechzig größere Betriebe ihre Ernte selbst.

Als Folge der Zersplitterung und der starken Terrassierung der Weinberge schossen die Kosten in die Höhe, sodass der Weinbau für viele Winzer unwirtschaftlich wurde. Abhilfe sollte die 1957 beginnende Flurbereinigung mit einer grundlegenden Strukturverbesserung schaffen. Zugleich wurden vermehrt ertragsstarke Spätburgunderklone gepflanzt, gerade rechtzeitig, um Tagesausflügler und Wochenendtouristen aus Bonn, Köln und dem umliegenden Rheinland, die zur Zeit des beginnenden Wirtschaftswunders zu Zehntausenden an die Ahr fuhren, mit blassroten, charakterlosen Weinen zu versorgen. Das Rotweinparadies war zu einem beliebten Naherholungsgebiet geworden.

Lange bevor der Rotweinboom weltweit und mithin auch in Deutschland einsetzte, kannten die Ahrwinzer folglich schon keine Absatzprobleme mehr. Ihre Roten ließen sich gut vermarkten, als schlichtes, süßliches Weinchen ebenso wie in der damals noch selteneren trockenen Variante. Die Notwen-

INFO *Ahr*

Anbaufläche: 548 ha

Rebsorten: Spätburgunder (61 %), Portugieser (9 %), Riesling (7 %), Frühburgunder (6 %), Dornfelder (4 %), Regent (3 %), Müller-Thurgau (2 %), Weißburgunder (1 %), Grauburgunder (0,5 %), Dunkelfelder (0,5 %)

Vorherrschende Bodentypen: Zwischen Altenahr und Marienthal Grauwacke- und Schieferverwitterungsböden. Zwischen Walporzheim und Heimersheim Gehänge- und Lösslehmböden mit Steinverwitterung, in den Steillagen auch Grauwacke- und Schieferverwitterungsböden.

Durchschnittlicher jährlicher Niederschlag: 662 mm (Bad Neuenahr)

Durchschnittlicher Niederschlag im Erntemonat (Oktober): 46 mm (Bad Neuenahr)

Jahresdurchschnittstemperatur: 9,8 °C (Bad Neuenahr)

Sonnenstunden jährlich: 1370 (Bad Neuenahr)

(Klimadaten jeweils 1961–1990, Quelle: Deutscher Wetterdienst)

Hauptgefahren für den Weinbau: späte Frühjahrsfröste

Der menschliche Beitrag zum Terroir: Die Winzerpioniere an der Ahr trugen dem Terroir erstmals ab den 1980er-Jahren Rechnung, indem sie den Ertrag im Weinberg begrenzten, das Rebmaterial verbesserten und ihre Spätburgunder trocken ausbauten.

Größter Bluff: Beim »Ahrbleichart«, der häufig als Vorläufer des Rosés oder des Schillerweins bezeichnet wird, handelte es sich wohl nicht um einen blassfarbenen, sondern um einen »entschieden dunkelrothen Wein«, wie eine Quelle aus dem 19. Jh. berichtet.

Optimaler Standort für Spätburgunder: die kleinste Einzellage an der Ahr, Walporzheim Gärkammer.

digkeit, sich über eine bessere Weinqualität Gedanken zu machen, bestand zunächst jedenfalls nicht. Dass dieses Rotweinparadies trotzdem Mitte der 1980er-Jahre aus seinem Dornröschenschlaf erwachte, ist – da sind sich seine Kollegen einig – einem Mann zu verdanken: Werner Näkel.

Der Umsteiger, der nach kurzem Gastspiel als Mathematik- und Sportlehrer das elterliche Weingut Meyer-Näkel übernahm, ließ die Rotweine auf der Maische vergären und experimentierte als erster Winzer an der Ahr erfolgreich mit französischen Barriques. Kaum hatte er mit seinem 1987er Dernauer Goldkaul Spätburgunder Qualitätswein trocken die ersten Lorbeeren geerntet, setzte auch in anderen Betrieben des Anbaugebiets ein Umdenken und – in der Folge – ein Innovationsschub ein, der bis heute anhält. Die Grundlagen für die Erzeugung von Qualitätsrotweinen – etwa die Wahl der besten Burgunderklone, die Ertragsreduzierung im Weinberg, eine moderne Kellertechnik und der Ausbau im Barrique – sind bei immer mehr Winzern an der Ahr inzwischen Allgemeingut.

In ihrer Typizität, in ihrer bei aller fruchtigen Opulenz eleganten Art sind die besseren Spätburgunder von der Ahr unverkennbar, vor allem wenn sie von den schiefrigen Böden der Spitzenlagen stammen. Aber sie zeigen in den meisten Fällen auch die individuelle Handschrift des Winzers. So haben etliche Betriebe ihre besten Weine in den letzten Jahren dem schnellen Konsum entzogen und lassen sie länger als früher im Barrique reifen. Das verleiht den Früh- und Spätburgundern nicht nur mehr Struktur, sondern auch ein größeres Alterungspotenzial.

KLIMA

Vor einigen Jahren noch, bevor die nicht mehr zu leugnenden Klimaveränderungen alle überlieferten Gesetzmäßigkeiten über den Haufen warfen, galt der 51. Grad nördlicher Breite als Grenze des Qualitätsweinbaus. Das Anbaugebiet Ahr liegt auf 50° 30′ nördlicher Breite und damit in Bezug auf weinbauliche Belange fast am Nordpol. Trotzdem konnte sich die Erzeugung von Rotweinen erfolgreich entwickeln, weil hier selbst für die kapriziöse Spätburgunderrebe ideale klimatische und mikroklimatische Bedingungen herrschen. Durch die Lage am Südrand der Kölner Bucht profitiert das Klima

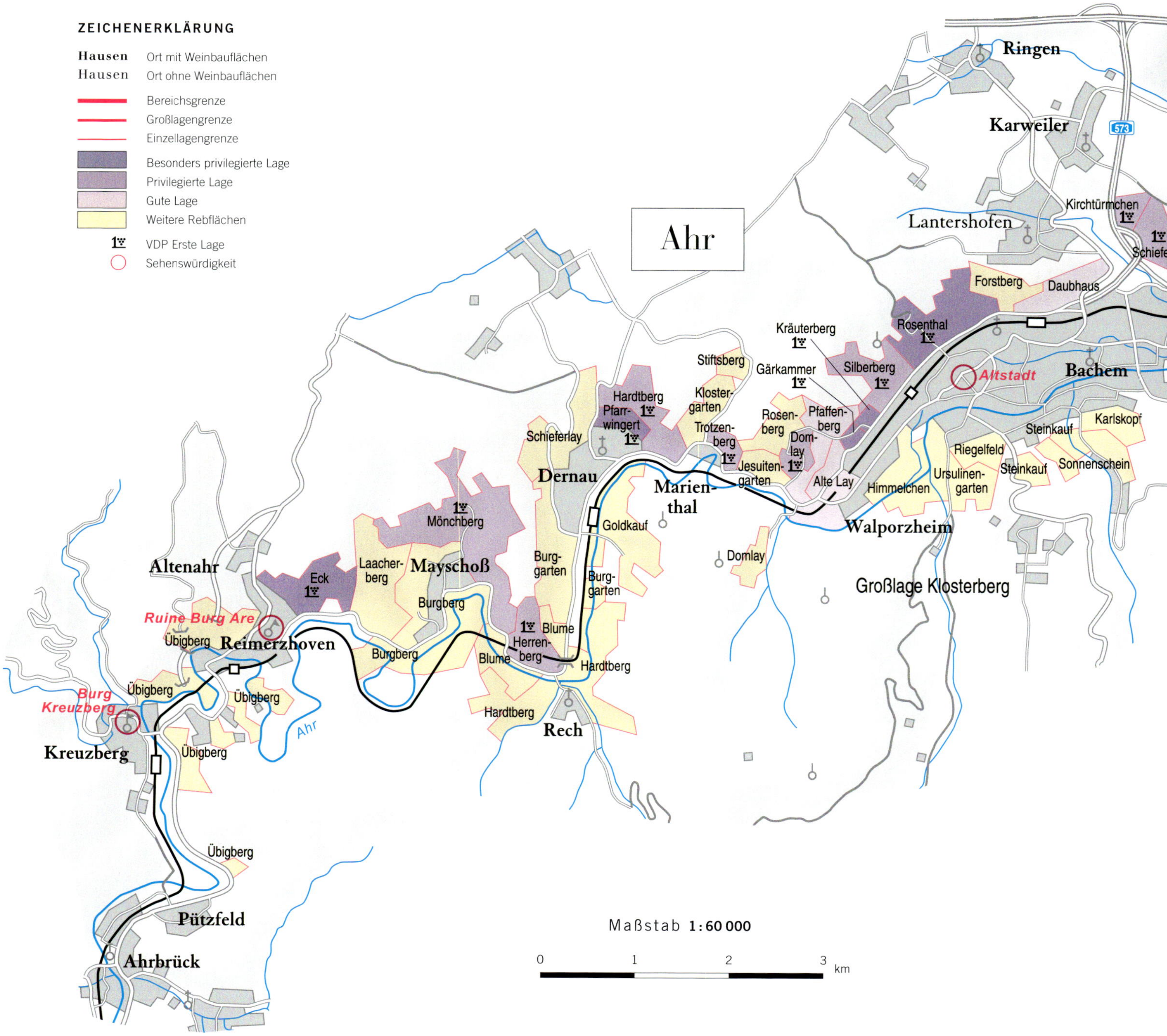

an der Ahr vom milden Einfluss des Golfstroms. Hinzu kommt, dass die topografischen Gegebenheiten im mittleren und unteren Ahrtal Kleinklimaräume geschaffen haben, die bei günstiger Exposition des Hangs die Sonne perfekt einstrahlen lassen und die Wärme im Boden, in den Felsen und Weinbergmauern tagsüber speichern und nachts an die Reben abgeben. Die relativ kleine Wasseroberfläche der Ahr gibt zwar weniger Wärme an die Weinberge ab als etwa Mosel oder Rhein, aber sie trägt zu den konstanten Klimaverhältnissen im Gebiet bei. Überraschungen drohen den Winzern hin und wieder durch Frühjahrsfröste, wenn Kaltluftmassen in das Tal schwappen und sich am Fuß der Weinberge sammeln.

Das Anbaugebiet liegt zudem im Wind- und Regenschatten der Eifel und des Hohen Venns. Die Niederschlagsmengen sind deshalb im langjährigen Mittel relativ niedrig (662 Millimeter), die Zahl der Sonnenstunden ist entsprechend hoch (1370 Stunden). Von der perfekten Sonneneinstrahlung profitieren vor allem die Weinberge auf der linken Flussseite. Die Durchschnittstemperatur der letzten Jahre von 9,8 Grad Cel-

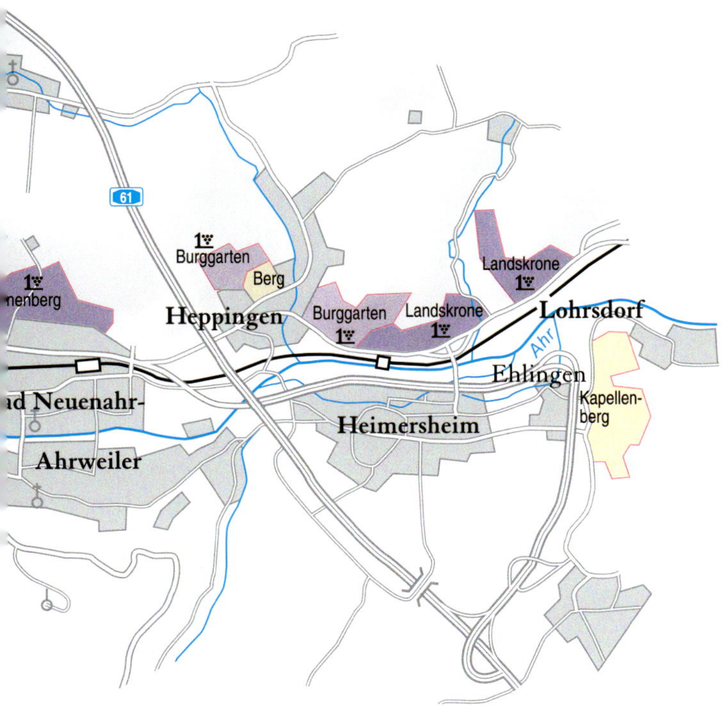

sius erreicht in etwa jene der südlicher gelegenen deutschen Weinanbaugebiete, die Winter fallen mit durchschnittlich 2,4 Grad Celsius (Dezember bis Februar) ausgesprochen mild aus. Vor den kalten Nordwinden im Frühjahr und Herbst sind die Weinberge durch die bewaldeten Höhenzüge geschützt.

Unter solch günstigen klimatischen Bedingungen hält sich die Zahl der schlechten bis mittleren Jahrgänge in Grenzen. In den letzten Jahrzehnten gerieten die Weinernten an der Ahr in der Qualität überwiegend gut bis sehr gut. Und es gab drei herausragende Jahrgänge – 1949, 1976 und 2001 –, die vom alles überragenden 2003er sogar noch übertroffen wurden. Begünstigt durch den Jahrhundertsommer, der an der Ahr von gut dosierten Regenschauern unterbrochen wurde, präsentierten sich die roten Burgunder mit einer bis dahin nicht gekannten Opulenz, allerdings auch mit hohen Alkoholgraden. Jedoch haben die letzten Jahrgänge ab 2004 gezeigt, dass sich hier auch in »normalen« Jahren hervorragende Rotweine erzeugen lassen – weniger voluminös zwar, aber von eleganter Burgunderart.

WEINLAGEN UND BÖDEN

Mit dem Deutschen Weingesetz von 1971 wurde das Anbaugebiet Ahr neu definiert. Es umfasst seitdem den Bereich Walporzheim/Ahrtal mit der Großlage Klosterberg und 43 Einzellagen, von denen 40 noch bestockt sind. Die neuen gesetzlichen Regelungen brachten allerdings weniger Veränderungen als anderswo, denn an der Ahr waren bereits 1963 zahlreiche Einzellagen zusammengefasst worden.

Geologisch und topografisch unterteilt sich das Gebiet in zwei Anbauregionen. Die Obere Region an der mittleren Ahr zwischen Altenahr und Marienthal ist geprägt durch den stark mäandernden Fluss, der sich tief in die Landschaft eingeschnitten und dabei bizarre Felsformationen geschaffen hat. Im engen Tal reichen die Weinberge oft bis fast an die Ahr heran, größere Ausbuchtungen treten nur bei den wie Parabolspiegel geformten Talkesseln von Mayschoß und Dernau auf. In den steilen Terrassenlagen, teilweise den Felswänden Quadratmeter für Quadratmeter abgerungen, herrschen die lössarmen Grauwacke- und Schieferverwitterungsböden vor.

Hinter der prägnanten Felswand der »Bunten Kuh« kurz vor Walporzheim weitet sich das Tal zur Unteren Region, deren Weinberge sich – vor allem auf der sonnenbegünstigten linken Flussseite – bis zum Heimersheim Kapellenberg erstrecken. Während sich in den steilen Terrassenlagen von Walporzheim noch die Grauwacke- und Schieferverwitterungsböden der Oberen Region fortsetzen, dominieren in den flacheren Hängen Richtung Bad Neuenahr die tiefgründigeren Gehänge- und Lösslehmböden, versetzt mit Steinverwitterung. Ein höherer Anteil an Grauwacke- und Schieferverwitterungsböden tritt dann noch einmal an der Heimersheim Landskrone auf.

Die Weinberglagen an der Ahr sind in ihrer Bodenzusammensetzung, in der Ausrichtung zur Sonne und in ihren kleinklimatischen Bedingungen sehr unterschiedlich, was eine große Geschmacksvielfalt ermöglicht. So präsentieren sich die Weine aus den Steillagen des Oberen Ahrtals zwar generell filigraner, mineralischer und feinfruchtiger, während diejenigen von den Gehänge- und Lösslehmböden aus den Hanglagen des Unteren Ahrtals eher vollmundiger und körperreicher ausfallen, aber Ausnahmen (wie etwa die fruchtbetonten Spätburgunder von den Walporzheimer Steillagen) sind an der Tagesordnung.

Nicht einmal in einer einzelnen Lage – und das gilt im Übrigen nicht nur für die Ahr – lassen sich einheitliche Bedingungen (Bodenstruktur, Exposition zur Sonne und Mikroklima) für alle Parzellen finden (Ausnahmen: Gärkammer und Kräuterberg in Walporzheim, Pfarrwingert in Dernau). Selbst die Lagen, die vom Verband der Prädikatsweingüter (VDP) 1999 für die Erzeugung von Spätburgundern mit dem Prädikat »Großes Gewächs« ausgewählt wurden und die als »Erste Lage« bezeichnet werden, weisen oft größere und kleinere Teilstücke auf, die nicht den Anspruch einer absoluten Spitzenlage erfüllen. Nur die parzellengenau abgegrenzten Kernbereiche der Lagen können die besten Qualitäten bringen.

DIE BESTEN WEINLAGEN *an der Ahr*

BESONDERS PRIVILEGIERTE LAGEN

Ahrweiler Rosenthal

▸ Seite 36/B5

Größe: 21,0 ha **Höhe:** 110–180 m
Exposition: Südsüdwest
Steilheit: 30–60 %
Boden: in der östlichen Hälfte überwiegend Grauwacke (lehmiger Steinboden), am Hangfuß sowie im oberen Teil auch Gehängelehm (schwach steiniger, sandiger Lehm), in der westlichen Hälfte vorwiegend Löss (sandiger Lehm), daneben Lösslehm und Schiefer
Wichtigste Rebsorten: Spätburgunder, Portugieser, Frühburgunder
Besonderheiten: Spitzenlage von Ahrweiler, geprägt durch die hohen Stützmauern der Umgehungsstraße und Brückenpfeilerreste eines Viadukts
Wichtigste Weingüter: J. J. Adeneuer, H. J. Kreuzberg, Meyer-Näkel, Jean Stodden, WG Mayschoß-Altenahr
Weintyp: auf Grauwacke und Schiefer feinfruchtige, lange lagerfähige Spätburgunder, auf den übrigen Böden kräftige, körperreiche bis wuchtige Weine

Altenahr Eck

▸ Seite 36/C2

Größe: 7,8 ha **Höhe:** 150–260 m
Exposition: Süd bis Südost
Steilheit: 40–60 %
Boden: Grauwacke- und Schieferverwitterungsboden mit hohem Steinanteil, im Bereich von Reimerzhoven Löss bis Lösslehm (schwach steiniger bis steiniger, sandiger Lehm)
Wichtigste Rebsorten: Spätburgunder, Riesling
Besonderheiten: Die Lage erstreckt sich von der Burgruine Are bis zum Ravenley bei Reimerzhoven. Steile Terrassen im tief eingeschnittenen, engen Ahrtal bei Altenahr. Nur zu einem Drittel bestockt.
Wichtigste Weingüter: Deutzerhof – Cossmann-Hehle, WG Mayschoß-Altenahr, Sermann-Kreuzberg
Weintyp: Auf Schieferverwitterung schlanke Spätburgunder mit deutlicher Mineralität, auf Grauwacke kräftig und kernig. Auch rassige Rieslinge mit Nerv.

Dernau Pfarrwingert

▸ Seite 36/C4

Größe: 8,8 ha **Höhe:** 125–220 m
Exposition: Süd
Steilheit: 15–60 %
Boden: steinige Verwitterungsböden, sandsteinähnliche Struktur von Grauwacke (körniges Trümmersediment) mit Tonschieferfragmenten
Wichtigste Rebsorte: Spätburgunder
Besonderheiten: Der Pfarrwingert ist das Filetstück der Lage Dernau Hardtberg und wurde 1971 als Einzellage ausgewiesen. Eine der heißesten Lagen an der Ahr mit vorteilhaftem Mikroklima durch südliche Exposition, Hangneigung und leicht erwärmbare, mineralische Böden.
Wichtigste Weingüter: H. J. Kreuzberg, Meyer-Näkel, Reinhold Riske
Weintyp: duftige Rotweine mit subtiler Frucht und feiner Würze

Heimersheim Landskrone

▸ Seite 37/B23

Größe: 15,0 ha **Höhe:** 80–170 m
Exposition: Südwest bis Südost

Besonders privilegierter Weinberg: die Einzellage Dernau Pfarrwingert.

DIE BESTEN WEINLAGEN *an der Ahr*

Steilheit: 15–60 %
Boden: Verwitterungsboden mit vorherrschender Grauwacke bis Grauwackeschiefer (stark lehmiger Steinboden), Gehängelehm bis Löss
Wichtigste Rebsorten: Spätburgunder, Portugieser
Besonderheiten: Lage auf dem mächtigen Basaltkegel oberhalb von Heimersheim
Wichtigste Weingüter: Deutzerhof – Cossmann-Hehle, J. J. Adeneuer, Nelles, Meyer-Näkel
Weintyp: charaktervolle, würzige und reife Burgunder auf Grauwacke und Grauwackeschiefer, fülligere, stoffigere Weine von Gehänge- und Lössböden

Neuenahr Sonnenberg

▸ Seite 37/B1

Größe: 26,2 ha **Höhe:** 100–150 m
Exposition: Süd, in kleinen Seitentälern auch Ost bzw. West
Steilheit: 10–45 %
Boden: skelettreiches Konglomerat aus Grauwacke und Grauwackeschiefer, versetzt mit Gehängelehm, Lösslehm und Löss (ähnliche Böden wie in der benachbarten Lage Neuenahr Schieferlay)
Wichtigste Rebsorten: Spätburgunder, Portugieser, Dornfelder
Besonderheiten: Mit seiner südlichen Ausrichtung und seinen steilen Hängen, die für eine günstige Sonneneinstrahlung und damit für ein vorteilhaftes Mikroklima sorgen, zählt der Sonnenberg zu den besonders bevorzugten Lagen an der Ahr.
Wichtigste Weingüter: Meyer-Näkel, Jean Stodden, J. J. Adeneuer, H. J. Kreuzberg, Nelles, Brogsitter, WG Mayschoß-Altenahr, Sonnenberg, Burggarten, Peter Lingen
Weintyp: auf Gehänge- und Lösslehmböden wuchtige und voluminöse, auf Grauwacke fruchtig-elegante, feine und rassige Burgunder

Walporzheim Gärkammer

▸ Seite 36/C5

Größe: 0,6 ha **Höhe:** 110–180 m
Exposition: Süd
Steilheit: 15–60 %
Boden: steiniger feinsandiger Lehm mit Grauwacke- und Schieferverwitterungen
Wichtigste Rebsorte: Spätburgunder
Besonderheiten: Kleinste Lage des Anbaugebiets, z. T. mit wurzelechten Rebstöcken bepflanzt. Boden, Hangneigung und die Einkesselung durch hohe Schiefermauern fangen Sonne und Wärme optimal ein.
Wichtigstes Weingut: J. J. Adeneuer (Alleinbesitz)
Weintyp: Kraftvolle, reintönige und elegante, nach Gewürzen duftende Spätburgunder von außerordentlicher Finesse und herausragender Qualität. Delikate Spät- und Auslesen.

Walporzheim Kräuterberg

▸ Seite 36/C5

Größe: 3,7 ha **Höhe:** 110–180 m
Exposition: Süd
Steilheit: 15–60 %
Boden: Schieferverwitterung mit Grauwacke (lehmiger Steinboden) und steinigem, feinsandigem Gehängelehm
Wichtigste Rebsorte: Spätburgunder
Besonderheiten: Uralte, steile Terrassen. Fast mediterranes Kleinklima durch die geschützte Lage im Bergeinschnitt, die Bodenstruktur (leichte Gesteinsböden), die Hangneigung und die intensive Sonneneinstrahlung dank optimaler Exposition.
Wichtigste Weingüter: J. J. Adeneuer, Meyer-Näkel, Brogsitter, Maibachfarm, Dagernova
Weintyp: bukettreiche, kraftvolle Burgunder mit typischer Kräuteraromatik, im Bereich der Grauwacke fruchtiger und pikanter, auf Gehängelehm fülliger und schwerer

PRIVILEGIERTE LAGEN

Ahrweiler Silberberg

▸ Seite 36/BC5

Größe: 13,8 ha **Höhe:** 110–180 m
Exposition: Süd bis Südwest
Steilheit: 30–60 %
Boden: vorwiegend Grauwacke (lehmiger Steinboden), daneben Gehängelehm (steiniger, sandiger Lehm), vereinzelt Schiefer (stark lehmiger Schieferboden) und Löss (sandiger Lehm)
Wichtigste Rebsorten: Spätburgunder, Dornfelder
Besonderheiten: Lage oberhalb der Römervilla
Wichtigste Weingüter: J. J. Adeneuer, H. J. Kreuzberg, Brogsitter, Sonnenberg
Weintyp: meist nicht so körperreiche Spätburgunder, je nach Bodenbeschaffenheit feinfruchtig (Grauwacke) oder füllig (Löss)

Dernau Hardtberg

▸ Seite 36/C4

Größe: 22,2 ha **Höhe:** 125–260 m
Exposition: Südost bis West
Steilheit: 10–60 %
Boden: Grauwackeverwitterung (bis 1 m starker lehmiger Steinboden), im unteren Bereich Richtung Marienthal Löss und Gehängelehm
Wichtigste Rebsorten: Spätburgunder, Frühburgunder, Müller-Thurgau
Besonderheiten: Lage im einladenden, steilen Talkessel von Dernau. Zwei Hauptausrichtungen, unterbrochen von kleinen Seitentälern: gegen Süden nach Dernau, gegen Südosten nach Marienthal.
Wichtigste Weingüter: H. J. Kreuzberg, Meyer-Näkel, Jean Stodden
Weintyp: kräftige und charaktervolle Weine auf Löss und Gehängelehm, geschliffen elegante auf Grauwacke

Heimersheim Burggarten

▸ Seite 37/B2

Größe: 14,3 ha **Höhe:** 80–200 m
Exposition: Südwest bis Südost
Steilheit: 10–50 %
Boden: Vielfältige Böden, von Grauwacke über Grauwackeschiefer (schwach steiniger Lehm), Löss und Lösslehm bis Gehängelehm, der im oberen Teil der Lage in Basalt (steiniger, grusiger Lehm) übergeht.
Wichtigste Rebsorten: Spätburgunder, Domina, Riesling

DIE BESTEN WEINLAGEN *an der Ahr*

Besonderheiten: Großteil der Lage unterhalb des vulkanischen Basaltkegels mit der Lage Heimersheim Landskrone

Wichtigste Weingüter: J. J. Adeneuer, Nelles, Deutzerhof – Cossmann-Hehle, Meyer-Näkel, Burggarten

Weintyp: Die Spätburgunder fallen wegen der verschiedenen Bodentypen sehr unterschiedlich aus: fruchtig und würzig (Grauwackeschiefer), kräftig und körperreich (Löss, Lehm), wuchtig, feurig (Basalt).

Marienthal Trotzenberg

▸ Seite 36/C4

Größe: 5,8 ha **Höhe:** 120–200 m

Exposition: Süd bis Südwest

Steilheit: 10–45 %

Boden: vorwiegend Grauwacke (1 m starker lehmiger Steinboden), im unteren Teil Gehängelehm und etwas Lösslehm (schwach steiniger Lehm)

Wichtigste Rebsorte: Spätburgunder

Besonderheiten: Die Form der Lage gleicht einem Parabolspiegel, der nach Südwesten ausgerichtet ist. Die besten Weine entstehen im südlich ausgerichteten Teil.

Wichtigstes Weingut: Meyer-Näkel

Weintyp: Weine aus dem oberen Teil kräftig und kernig, talwärts fülliger und säureärmer

Mayschoß Mönchberg

▸ Seite 36/CD3

Größe: 56,2 ha **Höhe:** 140–260 m

Exposition: West bis Südost

Steilheit: 10–75 %

Boden: steinige bis leicht lehmige Grauwacke- und Schieferverwitterungsböden, Lösslehm

Wichtigste Rebsorten: Spätburgunder, Riesling, Regent

Besonderheiten: Der Mönchberg ist keine homogene Spitzenlage: Am Ahrbogen vor Mayschoß präsentiert er sich mit Steilterrassen, fast wie in den Fels gehauen, am nördlichen Rand des Mayschosser Kessels mit flurbereinigten Weinbergen. Insbesondere die nach Süden ausgerichteten Steilterrassen gehören zu den Spitzenlagen an der Ahr. Die Schieferverwitterungsböden speichern die Wärme und geben den Weinen ihren mineralischen, feurigen Geschmack.

Wichtigste Weingüter: Deutzerhof – Cossmann-Hehle, Jean Stodden, WG Mayschoß-Altenahr

Weintyp: Rassige, kräftige und reife Rieslinge. Spätburgunder mit kräftiger Statur und Finesse von steinigen Schieferverwitterungsböden, vollfruchtige, samtige Spätburgunder von lehmigen Schieferverwitterungsböden.

Neuenahr Kirchtürmchen

▸ Seite 36/B6

Größe: 8,9 ha **Höhe:** 120–160 m

Exposition: Südost bis Südwest

Steilheit: 10–40 %

Boden: Vier unterschiedliche Böden: Grauwacke bis Grauwackeschiefer (skelettreicher lehmiger Steinboden), Löss und Lösslehm (sandiger Lehm bis Lehm, teilweise steinig), Gehängelehm (schwach steiniger, sandiger Lehm) sowie Schiefer (stark lehmiger Schieferboden).

Wichtigste Rebsorten: Spätburgunder, Portugieser, Domina

Besonderheiten: Historischer Weinberg mit besonderer Bodenstruktur. Viele Hektar wurden dem großzügig dimensionierten Autobahnzubringer geopfert, der die Lage durchschneidet.

Wichtigste Weingüter: Deutzerhof – Cossmann-Hehle, H. J. Kreuzberg

Weintyp: Spätburgunder mit pfeffriger Note, erdige Aromen, dunkle Beeren. Auch abhängig von den unterschied-

Filetstück im Hardtberg mit Grauwackeverwitterungsboden: die Einzellage Dernau Pfarrwingert.

DIE BESTEN WEINLAGEN *an der Ahr*

lichen Böden: mal mit feiner Frucht und Rasse (Schiefer), mal mit wuchtiger Fülle (Löss- und Lehmböden).

Neuenahr Schieferlay

▸ Seite 36/B6

Größe: 12,1 ha **Höhe:** 100–150 m

Exposition: Süd bis Südwest, auch West und Ost

Steilheit: 10–45 %

Boden: Grauwacke bis Grauwackeschiefer (skelettreicher lehmiger bis stark lehmiger Steinboden), Gehängelehm (schwach steiniger, sandiger Lehm) sowie Löss und Lösslehm (schwach steiniger, sandiger Lehm)

Wichtigste Rebsorte: Spätburgunder

Besonderheiten: Die Steillage hat eine südliche Hauptausrichtung, ist in den Seitentälern aber auch westlich und östlich exponiert. Einige Parzellen werden von einem Lösshohlweg gekreuzt.

Wichtigste Weingüter: H. J. Kreuzberg, J. J. Adeneuer, Nelles, Sonnenberg

Weintyp: Sehr unterschiedliche Rotweine: mit fruchtig-würzigem Charakter auf Grauwacke, eher wuchtig-samtig auf Gehänge- und Lösslehm.

Thront auf einem mächtigen Basaltkegel über dem Ahrtal: die Einzellage Heimersheim Landskrone.

Rech Herrenberg

▸ Seite 36/D3

Größe: 17,1 ha **Höhe:** 130–260 m

Exposition: Süd bis Ost

Steilheit: 25–60 %

Boden: Zwei Bodenformationen treten hervor: Löss und Lösslehm (steiniger bis schwach steiniger sandiger Lehm), aber auch Grauwacke (lehmiger bis anlehmiger Steinboden).

Wichtigste Rebsorten: Spätburgunder, Portugieser, Riesling

Besonderheiten: Auf den Terrassen der steilen, teils flurbereinigten Südlage gegenüber der Ruine Saffenburg profitieren die Reben von der optimalen Nutzung der Sonneneinstrahlung. In einer Parzelle wurzelechte Spätburgunderreben (Weingut Jean Stodden). Da nicht alle Bereiche des Herrenbergs diese bevorzugten Bedingungen bieten, kann er nicht als »besonders privilegierte Lage« gelten.

Wichtigste Weingüter: Deutzerhof – Cossmann-Hehle, Jean Stodden, Maibachfarm

Weintyp: Rassige Rieslinge mit pikanter, frischer Säure. Kräftige und dabei elegante Spätburgunder mit feiner Frucht und hohem Alterungspotenzial, auf Löss und Lösslehm breiter und wuchtiger.

Walporzheim Domlay

▸ Seite 36/C45

Größe: 9,7 ha **Höhe:** 110–250 m

Exposition: Süd bis West

Steilheit: 15–60 %

Boden: Grauwackeverwitterung mit Stein-, Skelett- und lehmigem Steinboden, in der Ebene sandiger Lehm

Wichtigste Rebsorten: Spätburgunder, Frühburgunder, Dornfelder

Besonderheiten: Nur zu knapp einem Drittel bestockt. Sehr unterschiedliche Lagenqualität, nur die steilen Rebflächen können als erstklassig gelten.

Wichtigste Weingüter: J. J. Adeneuer, Maibachfarm

Weintyp: Rotweine auf Grauwacke mit feiner Frucht und pikanter Säure

GUTE LAGEN

Ahrweiler Daubhaus ▸ Seite 36/B6, 13,6 ha, Süd, 10–35 %, vorwiegend Löss (Lehm), aber auch Grauwacke (stark lehmiger Steinboden), Potenzial noch nicht ausreichend genutzt

Walporzheim Alte Lay ▸ Seite 36/C5, 5 ha, Süd, 10–30 %, Schieferverwitterung, vorwiegend Grauwacke (Steinboden, Skelettboden)

Walporzheim Pfaffenberg ▸ Seite 36/C5, 18,7 ha, Südwest, 10–30 %, Schieferverwitterung, vorwiegend Grauwacke (lehmiger bis stark lehmiger Steinboden), größte Lage in Walporzheim

Mosel

Ob die schroffe Mosellandschaft das schönste deutsche Anbaugebiet sei, ist Ansichtssache. Eine der faszinierendsten Weinbauregionen der Welt ist sie mit Sicherheit. Tief eingeschnitten in ein uraltes Schiefergebirge zieht die Mosel – mit rund 545 Kilometer Länge der größte Nebenfluss des Rheins – ihre Schleifen, flankiert von der zufließenden Saar und der Ruwer. Sie entspringt in 735 Meter Höhe am Col de Bussang in den französischen Vogesen, durchfließt zunächst 303 Kilometer französisches Staatsgebiet, bildet danach auf 36 Kilometern von Apach bis zur Sauermündung die Grenze zwischen Deutschland und Luxemburg und mündet nach weiteren 206 Kilometern bei Koblenz in den Rhein.

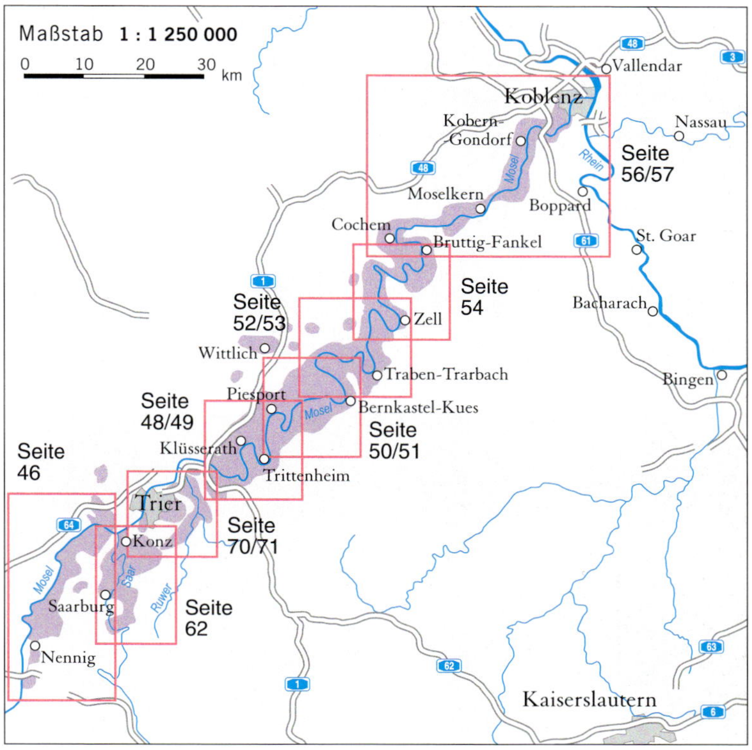

MOSELWEINBAU

An den Hängen des engen Flusstals der Mosel, das auf der Höhe des 50. Grades nördlicher Breite und damit an der Nordgrenze des Weinanbaus liegt, wird in schwindelerregenden Höhen Terrassenweinbau betrieben. In teilweise extremen Steilhängen klammern sich die Rebstöcke am steinigen Boden fest. Ohne aufwendige Handarbeit geht hier gar nichts, nur ein kleiner Teil der Weinberge kann mit Maschinen befahren werden. An manchen Stellen ist es selbst mit Seilwinden unmöglich, Maschinen und Gerät einzusetzen.

Während Jahrhunderten wurde an der Mosel die sogenannte Moselpfahlerziehung oder Bogrebenerziehung praktiziert. Erst nach 1900 haben die größeren Weingüter Drahtrahmenanlagen eingeführt, die in den meisten anderen deutschen Anbauregionen zum Standard gehören. Doch die Einzelpfahlerziehung bringt vor allem in den Steillagen klare Vorteile, denn sie erlaubt bei den verschiedenen Arbeiten in den teils gefährlich abschüssigen Weinbergen ein Kreuz-und-Quer-Gehen und bietet zudem den Reben eine gute Belichtung und Belüftung. Für die manuellen Weinbergarbeiten bedeutet dies natürlich einen deutlichen Mehraufwand. So müssen für einen Hektar Rebfläche an der Mosel rund 1500 Arbeitsstunden eingesetzt werden, in der Pfalz sind es dagegen weniger als die Hälfte.

Exponiert und renommiert: Der Würzgarten bei Ürzig zählt zu den bekanntesten Mosellagen.

Doch die Überwindung dieser natürlichen Hürden und geologischen Schwierigkeiten lohnt sich. Die Anbauregion Mosel bildet in ihrer Gesamtheit nicht nur eine sehenswerte Kulturlandschaft, sondern auch eine interessante Weinlandschaft mit einem höchst eigenwilligen Profil. Das Gebiet steht denn auch beispielhaft für einen Weinstil, der, in Perfektion umgesetzt, großartige zarte Kabinettweine und fruchtige, finessenreiche Spätlesen mit betörender Mineralität und ausgeprägter Säure hervorbringt. Außerdem ist die Mosel – neben dem Rheingau – das einzige deutsche Anbaugebiet mit einer großen Tradition edelsüßer Auslesen, Beerenauslesen, Trockenbeerenauslesen und Eisweine.

Die Rieslinge besitzen viel Ausdauer und präsentieren sich auch nach Jahrzehnten in einer erstaunlichen Frische. Denn wie extraktreich ein Moselwein auch sein mag, seinen tänzerischen Charakter bewahrt er selbst unter dem Druck fülliger und komplexer Frucht. Gelingt es allerdings nicht, das finessenreiche Spiel zwischen Frucht, Süße und rassiger Säure und dem relativ niedrigen Alkoholgehalt in der Balance zu halten, wirken die Rieslinge stumpf und klebrig – eine nicht einfache Gratwanderung, die das Gebiet von jeher in Glanz und Elend spaltete. Denn wo sich Winzer seit Jahrhunderten aufmachen, an fast unwirklichen Orten Reben zu kultivieren, steckt mehr dahinter als der reine Broterwerb und wirtschaftliche Überlegungen. Hier spielen Enthusiasmus und Leidenschaft für den Wein und seine Landschaft eine ganz entscheidende, weil motivierende Rolle. Das erkannten offensichtlich schon die Römer.

GESCHICHTE

Römische Legionen hatten um 50 v. Chr. die Region erobert, 17 v. Chr. wurde die Stadt Trier (Augusta Treverorum, spätere Kaiserresidenz und eine der Hauptstädte des römischen Reiches) gegründet. Trier hatte in der Spätantike zeitweise rund 60 000 Einwohner. Wurden für die wachsende militärische und zivile Bevölkerung anfangs noch Weine aus Gallien und Italien importiert, begannen die Römer schon bald mit dem Weinbau in den mineralreichen Schieferhängen der relativ milden Flusstäler. Entlang der gesamten Mosel fanden Archäologen die Reste römischer Landgüter, Tempelanlagen, Raststätten und Kastelle sowie zahlreicher Kelteranlagen am Fuß einiger der besten Weinberglagen, etwa die antike Kelteranlage in Piesport. Vor allem die zum Liesertal gerichteten Hänge waren sehr wahrscheinlich schon in römischer Zeit vollständig mit Reben bestockt.

Mit dem Rückzug der Römer aus den germanischen Provinzen und dem aufkommenden Christentum im 4. Jahrhundert erlangt der Wein als wesentlicher Bestandteil der christlichen Liturgie eine zusätzliche Bedeutung und damit auch ein sakrales Moment. Nach den Wirren der Völkerwanderung und ihren beträchtlichen Verlusten und Zerstörungen fördern die Franken den Weinbau an der Mosel, veranlassen Neuanpflanzungen und regeln den Ausbau bereits vorhandener Kulturen. Die älteste mittelalterliche Urkunde aus dem Jahr 634 bezeugt den Weinanbau und Weinbergbesitz an der Mittelmosel. Vor allem das Kloster St. Maximin besitzt Rebanlangen in den Weinorten Kirsch, Longuich, Pölich und Leiwen. In der Folgezeit kommt es zur Gründung zahlreicher Klöster, die mit Stiftungen und Landschenkungen ihren Weinbergbesitz über die ganze Mosel erweitern. Um das Jahr 1000 erreicht der Weinbau an der Mosel seine größte geografische Ausdehnung. Für das Kloster St. Maximin sind Weinberge an der Obermosel, an der Mittelmosel, rund um Lieser sowie an Ruwer und Saar nachgewiesen. Neben den Klöstern und Stiften ist auch das Trierer Domkapitel an Moselweinbergen reich begütert. Allen geistlichen Unternehmen ist gemein, dass sie Anbau, Ernte, Kellerwirtschaft und schließlich den Weinhandel in Statuten peinlich genau regeln. Damit bringen sie ein erfolgreiches System in den Moselweinbau und geben ihm eine wirtschaftliche Grundlage.

SOLIST RIESLING

Dass heute der Riesling das Weingeschehen an der Mosel eindeutig dominiert, ist einem langsamen, aber dennoch gezielt geförderten Prozess zu verdanken, der letztendlich anhand von Verordnungen der weißen Rebsorte zum endgültigen Durchbruch verhalf. Obwohl der Riesling seit Mitte des 15. Jahrhunderts an der Mosel bekannt war, konnte er sich erst Anfang des 20. Jahrhunderts endgültig gegen andere Rebsorten durchsetzen. Das ist erstaunlich, weil gerade der spät reifende Riesling in dem geschützten Flusstal und auf

Geschmacksprägend: Die Weinberge der Mosel stehen vorwiegend auf verwitterten Devonschieferböden.

INFO *Mosel*

Anbaufläche: 8078 ha (inklusive 112 ha im Bereich Moseltor im Saarland, der auch zum Anbaugebiet zählt, aber ohne die Bereiche Saar und Ruwer)

Rebsorten: Riesling (55 %), Müller-Thurgau (16 %), Elbling (7 %), Kerner (5 %), Dornfelder (4 %), Spätburgunder (4 %), Weißburgunder (2 %)

Vorherrschende Bodentypen: An der Obermosel Dolomitgestein mit Böden aus Muschelkalk, Mergel und Keuper; an der Mittelmosel dunkler Devonschiefer, meist Schieferverwitterungsböden mit oft hohem Steingehalt; an der Terrassenmosel kalkhaltiger Sandstein, Silt- und Tonschiefer sowie quarzitischer Sandstein, Silt- und Tonschiefer, Verwitterungsböden aus diesen Gesteinen mit häufig hohem Steingehalt.

Durchschnittlicher jährlicher Niederschlag: 706 mm (Bernkastel)

Durchschnittlicher Niederschlag im Erntemonat (Oktober): 55 mm (Bernkastel)

Jahresdurchschnittstemperatur: 10,1 °C (Bernkastel)

Sonnenstunden jährlich: 1358 (Bernkastel)

(Klimadaten jeweils 1961–1990, Quelle: Deutscher Wetterdienst)

Hauptgefahren für den Weinbau: Hagel, starker Regen (Erosion), Trockenheit (besonders für südlich ausgerichtete Steillagen mit flachgründigem Boden und hohem Steingehalt), Pilzbefall, tierische Schädlinge

Der menschliche Beitrag zum Terroir: Glanz und Elend dicht beieinander: Trotz einer offensiven Vermarktung von belanglos süßen Moselweinen im gesamten Bundesgebiet gab es an der Mosel immer eine Gegenbewegung, die mit bemerkenswerten Rieslingqualitäten überzeugte. Statt den Weinanbau in die Flachlagen entlang des Flusses und in die angrenzenden Täler auszuweiten, haben einige wenige renommierte Güter der konsequenten Anlage von Weinbergterrassen den Vorzug gegeben. Die Authentizität der Steillagen, die aufgrund ihrer geologischen Gegebenheiten kaum Veränderungen erlauben, ist bis heute gewahrt. Allein die Flurbereinigung hat an manchen Stellen zur Neuparzellierung geführt und jahrhundertealte Besitzverhältnisse im Interesse verbesserter Bearbeitungsmöglichkeiten der Steillagen verschoben.

Größter Bluff: Die Klasse der Moselweine, die nicht zuletzt von ihrer spielerisch begleitenden, eleganten Restsüße herrührt, wurde in den 1970er-Jahren durch pappig süße Weine verantwortungsloser Genossenschaften und Großkellereien demontiert. Noch immer leidet das Gebiet unter dem Image, billige süße Weine zu produzieren, wenngleich immer mehr Winzer das »süße Potenzial« erkannt haben und entsprechend elegante und harmonische Weine präsentieren.

den wärmespeichernden Schieferböden optimale Bedingungen für eine lange Reifeperiode vorfindet. Umfasst die Vegetationsperiode in der Regel rund 100 Tage, dauert sie an der Mosel, vom Schwellen der Knospen Mitte April bis zum Reifebeginn Anfang September, zwischen 120 und 140 Tage. Bis zur endgültigen Reife und dem Beginn der Lese gegen Ende Oktober vergehen nochmals rund 50 bis 60 Tage.

Das milde Kleinklima in den steilen Weinbergen verschafft den Reben ausreichend Zeit, um Mineralien, natürlichen Fruchtzucker und Extrakte in ihren Beeren zu sammeln. Zur Ernte im Oktober, je nach Jahrgang auch erst im November, stehen die kleinen, prallen Rieslingtrauben in ihrer voller Reife. In ihrem Saft verbirgt sich eine belebende Säure, aber auch eine komplexe Fruchtaromatik, die genügend Zeit für eine vielschichtige Entwicklung hatte. Hinzu kommt, dass Moselweine diese lange Reifeperiode förmlich »auf die leichte Schulter« nehmen, denn sie zeigen ihre Stärken bei niedrigen Alkoholwerten, die meist unter zehn Volumenprozent liegen. Der Anspruch Riesling ist hier in höchster Vollendung umgesetzt worden.

Zwar hatte der letzte Trierer Kurfürst Clemens Wenzeslaus durch eine Verfügung im Jahr 1786 bereits die Umstellung auf den Rieslinganbau veranlasst, da allein diese Rebsorte die den Böden und dem Klima entsprechende Qualität und vor allem Rentabilität versprach. Doch erst mit dem Aufkommen der Klonenselektion zu Beginn des 20. Jahrhunderts waren rund 88 Prozent der Flächen mit Riesling bestockt, während der bis dahin vorherrschende Elbling mit zehn Prozent Anteil auf die Obermosel beschränkt blieb. Der Einbruch der Reblaus Mitte des 19. Jahrhunderts hatte zwar auch an der Mosel die Vernichtung der befallenen Bestände und den Austausch mit reblausresistenten Stöcken zur Folge – und damit auch einen erheblichen Aufwand an Geldmitteln seitens der Weingüter. Doch die weinbauliche Katastrophe hielt sich in Grenzen: Noch heute stehen in einigen Weinbergen wurzelechte Rebstöcke. Nach dem Riesling ist der Müller-Thurgau die zweithäufigste Rebsorte. Rote Sorten – allen voran Spätburgunder und Dornfelder – gibt es seit Ende der 1980er-Jahre wieder an der Mosel. Neuzüchtungen wie Bacchus, Ortega, Optima und andere sind dagegen stark zurückgegangen.

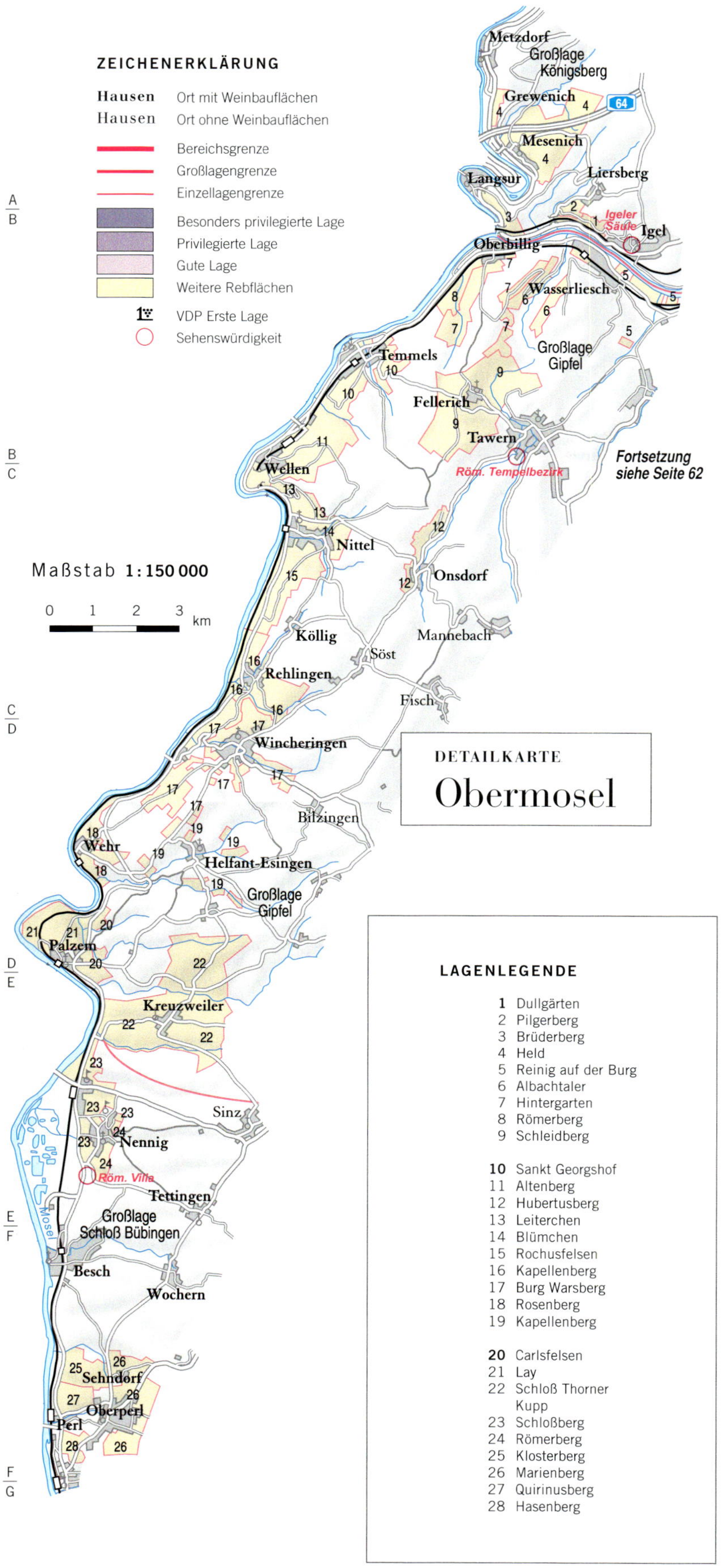

In den 1970er-Jahren wurde die Weinbaufläche auch auf die Seitentäler der Mosel und vor allem bis in die eigentlich für den Weinbau ungeeigneten Ebenen ausgeweitet. In den Weinorten der Mosel herrschte – auch durch den zunehmenden Tourismus und die dadurch entstehende Nachfrage nach billigen, süffigen Weinen – fast eine Art Goldgräberstimmung. Viele Winzer und Kellereien waren einzig daran interessiert, möglichst große Mengen Wein zu produzieren, und dies vor allem kostengünstig. Damit wurde das Renommee, das Moselweine im In- und Ausland hatten, Schritt für Schritt demontiert, die traditionellen Lagennamen verloren an Glanz. In den 1980er-Jahren sprach man nicht nur hinter vorgehaltener Hand statt vom Moselwein von Zuckerwasser. Die »Kellergeister«, die man gerufen hatte, wurden zur Belastung, die Preise sackten in den Keller.

QUALITÄTSOFFENSIVE

Jene belanglosen Moselweine gibt es bis heute, aber eine über 2000 Jahre alte Weinkultur verkraftet auch solche minderwertigen Qualitäten. Denn es gibt ein qualitatives Gegengewicht, das gerade in den letzten Jahren noch einmal deutlich zugelegt und das Profil der Moselweine im In- und Ausland entscheidend geschärft hat. Allen voran Winzer wie Wilhelm Haag in Brauneberg, Dr. Manfred Prüm in Bernkastel-Wehlen oder Ernst Loosen in Bernkastel genießen weltweit einen exzellenten Ruf und spielen seit Jahren in der ersten Weinliga mit – natürlich ausschließlich mit Riesling. Hinzu kommen Winzer wie Gerhard Grans in Leiwen, Raimund Prüm in Bernkastel-Wehlen, Johannes Selbach in Zeltingen, Theo Haart in Piesport, Reinhard Löwenstein in Winningen, Clemens Busch in Pünderich, Annegret Reh-Gartner in Morscheid und eine talentierte junge Winzergeneration mit Nik Weis vom St. Urbans-Hof in Leiwen, Eva Clüsserath in Trittenheim, Markus Molitor in Bernkastel-Wehlen, Bernhard Kirsten in Klüsserath und Thomas Haag in Lieser, die dem Riesling an der Mosel eine hoffnungsvolle Zukunft garantieren. Sie alle lassen sich nicht abschrecken von den schwierigen Rahmenbedingungen, die das Gebiet dem Winzer aufbürdet. Unter dem Motto »Zurück in die Zukunft« arbeiten Alt und Jung Hand in Hand, um den Moselrieslingen das Image zurückzugeben, das sie einst groß gemacht hat.

Doch diese Winzer prägen längst nicht ein einheitliches Gesicht der Region, sondern zeigen mit ihren Weinen mehrere Facetten des Rieslings von der Mosel. Je nach Boden sind die Weine mal rassiger und feinfruchtiger, mal kräftiger und mineralischer im Geschmack. Der Duft nach Apfel, Birne, Pfirsich, Aprikose und Zitrusfrüchten, nach Kräutern und Blumen ist typisch für Moselrieslinge. Bei hochreifen edelsüßen Weinen sind exotische Fruchtaromen – Mango, Maracuja, Feigen – sowie der Duft nach Honig und Rosinen charakteristisch. Dafür bietet der lange Flusslauf mit seinen unterschiedlichen klimatischen Bedingungen alle Möglichkeiten. Denn neben den klassischen restsüßen Rieslingen mit ihrem tänzerischen Spiel zwischen Frucht und Säure, die ihre finessenreiche Mineralität aus den kargen Schieferböden der Steillagen ziehen, werden mittlerweile dichte, reife Weine mit und ohne Restsüße produziert, die auf voluminösen Körper, relativ kräftigen Alkohol, Schmelz und Power setzen. Dennoch liegt der Anteil lieblicher beziehungsweise süßer Weine bei rund 60 Prozent, jener der trockenen und halbtrockenen Weine bei 40 Prozent der Gesamtproduktion im Anbaugebiet. Betriebe mit Direktvermarktung in Deutschland haben in der Regel einen Anteil trockener und halbtrockener Weine von mehr als 60 Prozent. Ein Drittel der Weine geht in den Export, wobei die wichtigsten Exportländer neben Großbritannien und USA vor allem Japan, die Niederlande und mittlerweile auch die skandinavischen Länder sind.

KLIMA UND BÖDEN

Dank seiner geschützten Tallage zählt das Anbaugebiet Mosel zu den wärmeren, maritim beeinflussten Klimazonen Deutschlands. Fröste werden durch die relativ gute Wärmespeicherung der Mosel weitgehend verhindert. Entsprechend sind die Temperaturschwankungen nur geringfügig, mäßig kalte Winter und angenehm warme Sommer sind die Regel. Die Jahresdurchschnittstemperatur liegt zwischen 9,1 und 10,5 Grad Celsius. Dabei erhalten die nach Süden geneigten Rebhänge im tief eingeschnittenen und stark gewundenen Moseltal im Lauf des Jahres den höchsten Wärmegewinn durch Sonneneinstrahlung. Am ungünstigsten sind die Einstrahlungsverhältnisse im Nordhang, wo ab sieben Grad Hangneigung der Weinbau wegen des Klimas eingeschränkt ist. Die mittlere jährliche Sonnenscheindauer liegt bei rund 1360 Stunden. Vor allem im Herbst bildet sich im Flusstal Nebel – durchschnittlich acht bis zehn Nebeltage –, wodurch die Osthänge mit Morgensonne weniger Sonnenwärme bekommen als die Lagen gegen Süden und Westen, die von der späteren Mittagssonne profitieren. Zudem herrschen im engen Moseltal unterschiedliche Windverhältnisse: In den weiten Talstrecken und besonders in den Höhenlagen treten vor allem in den Monaten März bis Mai größere Windstärken auf – die zur schnellen Abtrocknung der Trauben beitragen – als in den engen und stark gewundenen unteren Talabschnitten. Im Jahresmittel herrschen vorwiegend Winde aus Südwesten vor, wogegen im Bereich um Bernkastel-Kues der Wind weitgehend aus westlicher Richtung weht.

Wichtigstes Gestein in den Weinbergen der Mosel ist der Devonschiefer, der vor rund 400 Millionen Jahren aus der Auffaltung eines tropischen Flachmeeres zum sogenannten Rheinischen Schiefergebirge entstanden ist. Am häufigsten anzutreffen ist der dunkle Tonschiefer, der in rund 50 Prozent der Weinbergfläche vorkommt, sowie der rote Tonschiefer mit einem Anteil von rund 16 Prozent. Die Rebwurzeln dringen metertief in den Boden und den darunter liegenden Fels ein und versorgen die Reben mit Wasser und Mineralstoffen, die den Weinen ihre besondere, gehaltvolle Ausdruckskraft verleihen. Das Schiefergestein in den Steilhängen speichert am Tag die Sonnenwärme, gibt sie nachts wieder an die Reben ab und sorgt damit für ein milderes Klima in den Weinbergen. Der Wald auf den darüberliegenden Höhenzügen gewährt zusätzlich Schutz vor Wind und Kaltluft. Die besonders warmen, nach Süden ausgerichteten Steillagen bieten Lebensraum für Tiere und Pflanzen, die sonst nur in südlichen Breiten zu finden sind, wie Apollofalter,

Piesport Goldtröpfchen: Wie die Ränge eines Amphitheaters umrahmen die Weinberge den Ort Piesport, dessen Weinbaugeschichte auf die Römer zurückgeht.

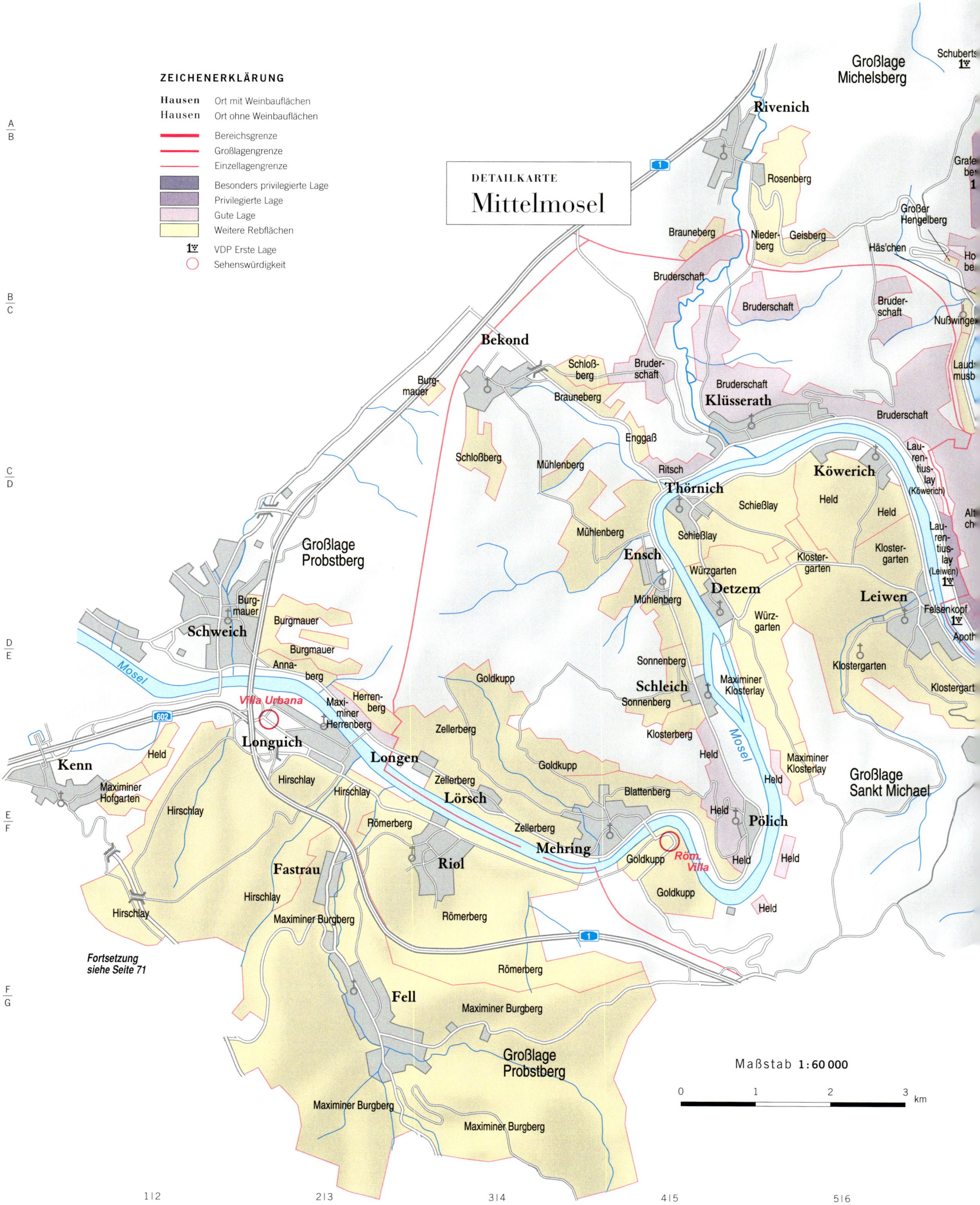
ZEICHENERKLÄRUNG
Hausen Ort mit Weinbauflächen
Hausen Ort ohne Weinbauflächen
Bereichsgrenze
Großlagengrenze
Einzellagengrenze
Besonders privilegierte Lage
Privilegierte Lage
Gute Lage
Weitere Rebflächen
VDP Erste Lage
Sehenswürdigkeit
DETAILKARTE
Mittelmosel
Großlage Michelsberg
Schuberts
Rivenich
Rosenberg
Brauneberg
Nieder-berg
Geisberg
Großer Hengelberg
Häs'chen
Bruderschaft
Bruder-schaft
Nußwinger
Bekond
Burg-mauer
Schloß-berg
Braunerberg
Klüsserath
Schloßberg
Mühlenberg
Enggaß
Ritsch
Thörnich
Köwerich
Lau-ren-tius-lay (Köwerich)
Schießlay
Held
Großlage Probstberg
Ensch
Würzgarten
Detzem
Kloster-garten
Leiwen
Lau-ren-tius-lay (Leiwen)
Felsenkopf
Burg-mauer
Schweich
Burgmauer
Anna-berg
Würz-garten
Klostergarten
Sonnenberg
Goldkupp
Schleich
Maximiner Klosterlay
Mosel
Villa Urbana
Maxi-miner Herrenberg
Herren-berg
Zellerberg
Klosterberg
Longuich
Kenn
Maximiner Hofgarten
Hirschlay
Longen
Goldkupp
Großlage Sankt Michael
Lörsch
Blattenberg
Pölich
Römerberg
Mehring
Röm. Villa
Riol
Fastrau
Maximiner Burgberg
Fortsetzung siehe Seite 71
Römerberg
Fell
Großlage Probstberg
Maßstab 1:60 000
0 1 2 3 km
A B C D E F G
1|2 2|3 3|4 4|5 5|6

Smaragdeidechse oder Zippammer. An der Terrassenmosel gibt es große natürliche Vorkommen von Buchsbaum.

DIE EINZELNEN BEREICHE

Das gesamte Anbaugebiet mit einer Größe von etwas über 9000 Hektar ist in sechs Bereiche unterteilt: Burg Cochem (Mosel von Koblenz bis Zell), Bernkastel (Mosel von Briedel bis Trier), Saar, Ruwertal, Obermosel (Mosel ab Trier bis zur Grenze der Bundesländer Rheinland-Pfalz und Saarland) und Moseltor (Moselbereich im Saarland bis zur deutsch-französischen Staatsgrenze). Das Kerngebiet Mosel, das rund 8195 Hektar bestockte Rebfläche umfasst, wird in die drei Bereiche Untermosel, Mittelmosel – hier befinden sich die meisten und vor allem renommiertesten Betriebe – und Obermosel unterteilt.

Der Bereich Burg Cochem (1475 Hektar) mit seinem engen Flusstal und den steilen Hängen an der unteren Mosel wird heute auch als Terrassenmosel bezeichnet (Karten siehe Seiten 54 und 56/57), denn die Hänge sind vielfach so steil, dass die Reben nur auf schmalen Terrassen – gesichert durch Mauern aus Schiefersteinen – Platz finden. Die sehenswerte Landschaft mit ihren berühmten Weinorten wie Cochem, Zell, Beilstein oder Winningen und den vielen mittelalterlichen Burgen ist ein beliebtes Ausflugsziel. Hier befindet sich auch der steilste Weinberg Europas: der Calmont, zwischen den Orten Bremm und Ediger-Eller gelegen, ein Rebhang mit besonders günstigem Mikroklima, der mit seinem alpinen Klettersteig auch zur touristischen Attraktion geworden ist. Geologisch geprägt sind die Böden an der unteren Mosel von Ton- und Siltschiefer, die häufig mit anderen Gesteinen wie Kalk, Quarziten oder Sandstein durchsetzt sind. Bekanntester Winzer ist hier ohne Zweifel Reinhard Löwenstein, der sich nicht nur mit seinen Gedanken zum Thema Terroir, sondern vor allem durch seine markanten und kraftvollen Rieslinge einen Namen unter den führenden Moselwinzern gemacht hat.

Der Bereich Bernkastel wird als Mittelmosel bezeichnet und bildet das Herzstück des Anbaugebiets, denn auf dem rund 50 Kilometer langen Flussabschnitt befinden sich mit fast 6000 Hektar die meisten Weinbergflächen der Region, dazu die bekanntesten Weinbaugemeinden und die berühmtesten Weinberglagen (Karten siehe Seiten 48/49, 50/51 und 52/53). Die weltweit bekannten Rieslinge wachsen vorwiegend auf blauem Devonschiefer. Rotliegendes (Ryolith und Konglomerate) – ein vulkanisches Gestein, das die Wittlicher Senke prägt – kommt an der Mittelmosel nur in Ürzig vor. Vor allem das Piesport Goldtröpfchen, eine der besten und renommiertesten Lagen der ganzen Mosel, wirkt in seiner ganzen Breite wie ein natürliches Amphitheater. Die Weine, die aus den besten Parzellen der steilen Lage kommen und von den tiefgründigen Schieferböden geprägt sind, besitzen eine kräftige und rassige Struktur.

Nur einige Flusskilometer abwärts liegen die bekannten Trittenheimer Lagen Treppchen, Altärchen, Felsenkopf und die berühmte Apotheke. Auf der Flussseite gegenüber liegt der alte Weinort Leiwen mit der Paradelage Laurentiuslay, die von Winzern wie Nik Weiss vom St. Urbans-Hof und Gerhard Grans vom Weingut Grans-Fassian mit eleganten und fein ziselierten Rieslingen, die trotz einer gewissen Zartheit erfrischend zupackend wirken, zu neuen Ehren geführt wurde. Flussaufwärts sind es die Brauneberger Lagen Juffer und Juffer Sonnenuhr, die vor allem durch die bemerkenswerten, eleganten restsüßen Rieslinge des Weinguts Fritz Haag in den Fokus der Weinszene getreten sind. Folgt man weiter dem Flusslauf, reiht sich Spitzenlage an Spitzenlage: Lieser Niederberg Helden, gegenüber auf der rechten Moselseite Bernkastel Doctor und Graach Himmelreich, dann die Wehlener Lagen, allen voran die Sonnenuhr, die mit dem

Weingut Joh. Jos. Prüm wohl den besten Interpreten gefunden hat, den man sich vorstellen kann. Seine reifen Rieslinge sind von einer Strahlkraft und Komplexität, wie sie nur selten auf der Welt zu finden sind. Etwas weiter flussabwärts folgen die Zeltinger Weinberge. Auf der anderen, linken Flussseite liegt Ürzig mit seinem massiven roten Schieferfelsen und dem roten Sandsteinboden. Der Würzgarten ist hier das Aushängeschild und bringt füllige und kraftvolle Rieslinge hervor, die sowohl vom Weingut Dr. Loosen wie auch von Markus Molitor aus Bernkastel-Kues perfekt interpretiert werden. Und schließlich die Erdener Lagen wie Prälat und Treppchen, aus denen das Weingut Dr. Loosen seine weltweit anerkannten Spitzengewächse erzeugt.

Südlich von Trier beginnt die Obermosel, heute auch südliche Weinmosel genannt (Karte siehe Seite 46). Von Perl bis Wasserliesch bildet sie die natürliche Grenze zwischen dem Großherzogtum Luxemburg und Deutschland. Dieser Bereich mit seinen rund 670 Hektar Rebfläche wird nicht durch Schiefersteillagen geprägt, hier ist das Tal weiter, die Weinberge nur selten steil. Geologisch gehört die Obermosel zum Pariser Becken und ähnelt vom Boden her eher der Champagne als der übrigen Mosel. Auf den Böden aus Dolomitgestein wie Muschelkalk, Keuper und Mergel wird vor allem Elbling angebaut, eine Rebsorte, die auch im Raum Cochem zu finden ist. Der frische Elblingwein wird häufig im traditionellen Flaschengärungsverfahren zu spritzigem Winzersekt und Crémant veredelt. Neben Elbling werden zunehmend Weiß- und Grauburgunder sowie Auxerrois und Chardonnay gepflanzt, die auf den Kalkböden hervorragende Weine erbringen.

Der Bereich Moseltor bildet einen Teil des Naturraums Obermosel, ist aber aufgrund der Zugehörigkeit zum Bundesland Saarland ein eigener weinbaulicher Bereich mit rund 112 Hektar Rebfläche.

Den Bereichen Saar und Ruwer sind in diesem Atlas jeweils eigene Kapitel gewidmet.

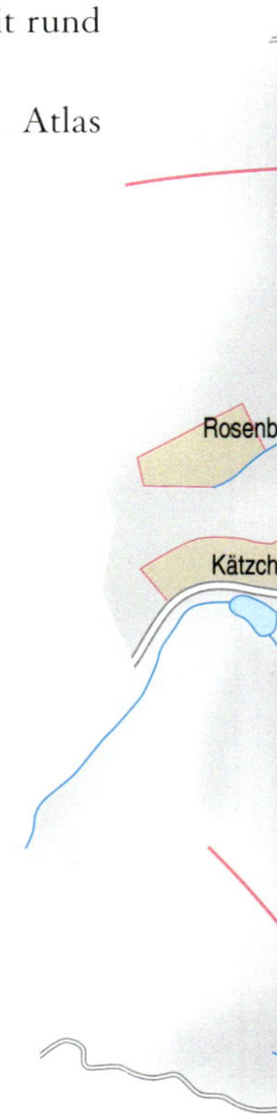

ZEICHENERKLÄRUNG

Hausen Ort mit Weinbauflächen
Hausen Ort ohne Weinbauflächen
Bereichsgrenze
Großlagengrenze
Einzellagengrenze
Besonders privilegierte Lage
Privilegierte Lage
Gute Lage
Weitere Rebflächen
1 VDP Erste Lage
Sehenswürdigkeit

Qualitätsgarant: Die exponierte Lage Erden Prälat garantiert auf rotem Tonschieferverwitterungsboden Rieslinge mit mineralischer Struktur.

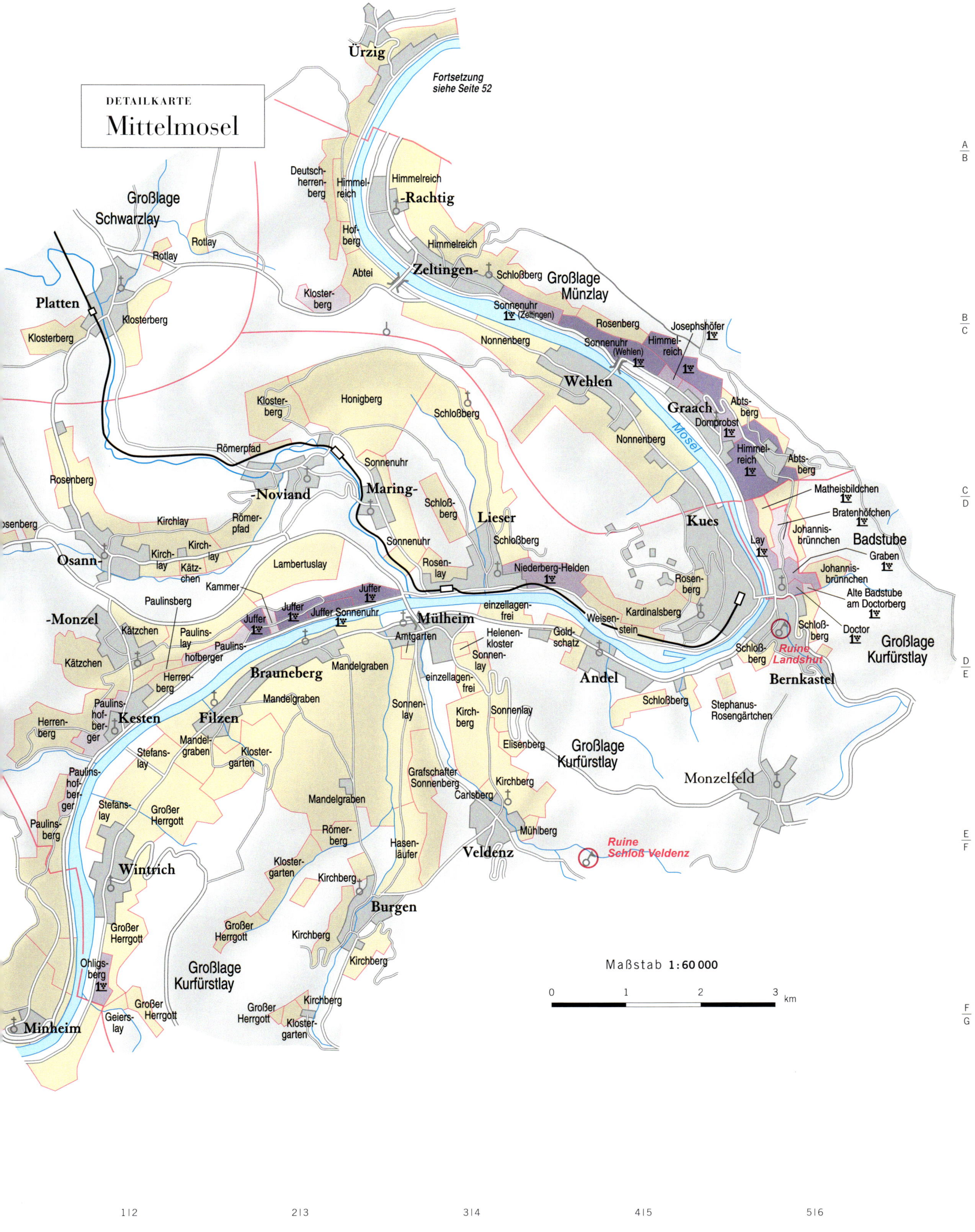
DETAILKARTE
Mittelmosel
Ürzig
Fortsetzung siehe Seite 52
Großlage Schwarzlay
Deutschherrenberg
Himmelreich
-Rachtig
Hofberg
Abtei
Klosterberg
Rotlay
Platten
Zeltingen-
Schloßberg
Großlage Münzlay
Sonnenuhr (Zeltingen)
Rosenberg
Josephshöfer
Nonnenberg
Sonnenuhr (Wehlen)
Wehlen
Graach
Abtsberg
Domprobst
Mosel
Honigberg
Schloßberg
Römerpfad
Sonnenuhr
Rosenberg
-Noviand
Maring-
Lieser
Kues
Matheisbildchen
Bratenhöfchen
Johannisbrünnchen
Badstube
Lay
Graben
Alte Badstube am Doctorberg
Doctor
Kirchlay
Römerpfad
Osann-
Kätzchen
Lambertuslay
Niederberg-Helden
Kammer
Paulinsberg
Juffer
Juffer Sonnenuhr
Mülheim
einzellagenfrei
Helenenkloster
Weisenstein
Kardinalsberg
Goldschatz
-Monzel
Paulinshofberger
Herrenberg
Amtgarten
Brauneberg
Mandelgraben
Andel
Bernkastel
Ruine Landshut
Großlage Kurfürstlay
Kesten
Filzen
Klostergarten
Stefanslay
Sonnenlay
Kirchberg
Elisenberg
Stephanus-Rosengärtchen
Monzelfeld
Grafschafter Sonnenberg
Carlsberg
Großer Herrgott
Römerberg
Hasenläufer
Veldenz
Mühlberg
Ruine Schloß Veldenz
Wintrich
Burgen
Ohligsberg
Geierslay
Minheim
Maßstab 1:60 000
0 1 2 3 km

DIE BESTEN WEINLAGEN *an der Mosel*

BESONDERS PRIVILEGIERTE LAGEN

Brauneberg Juffer

▸ Seite 51/D23

Größe: 31,5 ha **Höhe:** 110–240 m

Exposition: Südwest bis Südost

Steilheit: 60–75 %

Boden: feiner Verwitterungsschiefer aus der Devonzeit mit 60–80 % Schieferanteil, dadurch guter Wasserspeicher, jedoch keine Gefahr von Staunässe

Wichtigste Rebsorte: Riesling

Wichtigste Weingüter: Schloss Lieser, Fritz Haag, Max Ferd. Richter

Besonderheiten: sehr steile reine Südlage mit leichten Mulden, von oben geschützt durch einen Waldgürtel auf dem Kamm

Weintyp: leichte, feine, filigrane und spritzige Rieslinge mit fruchtbetonten mineralischen Noten

Brauneberg Juffer Sonnenuhr

▸ Seite 51/D3

Größe: 10,5 ha **Höhe:** 110–210 m

Exposition: Süd bis Südwest

Steilheit: 60–70 %

Boden: wie Brauneberg Juffer (siehe oben)

Wichtigste Rebsorte: Riesling

Wichtigste Weingüter: Schloss Lieser, Fritz Haag, Reichsgraf von Kesselstatt, Max Ferd. Richter, Witwe Dr. H. Thanisch Erben Thanisch

Besonderheiten: Kernstück der Gesamtlage, das auch in anspruchsvollen Jahren die Qualität der Trauben garantiert.

Weintyp: Elegant geschliffene, filigrane und facettenreiche Rieslinge, die mit einer vielschichtigen Frucht, aber auch mit deutlicher Mineralität ausgestattet sind.

Erden Prälat

▸ Seite 53/E1

Größe: 1,5 ha **Höhe:** 110–220 m

Exposition: Süd

Steilheit: 55–65 %

Boden: roter Tonschieferverwitterungsboden mit relativ hohem Gesteinsanteil

Wichtigste Rebsorte: Riesling

Wichtigste Weingüter: Dr. Loosen, Dr. F. Weins-Prüm

Besonderheiten: von Felsen eingerahmte kleine Lage, bekannt für edelsüße Spitzenqualitäten ab Auslese aufwärts

Weintyp: elegante, mineralische Rieslinge mit Charakter, komplexem Fruchtkörper und finessenreicher Säurestruktur

Erden Treppchen

▸ Seite 53/E1

Größe: 36,4 ha **Höhe:** 120–220 m

Exposition: Süd

Steilheit: 50–65 %

Boden: roter Tonschieferverwitterungsboden mit hohem Gesteinsanteil

Wichtigste Rebsorte: Riesling

Wichtigste Weingüter: Dr. Loosen, Markus Molitor

Besonderheiten: bereits zur Römerzeit aktiver Weinberg

Weintyp: feste Weine mit eigener, eleganter Strahlkraft und mineralisch geprägter Säurestruktur

Graach Himmelreich

▸ Seite 51/C5

Größe: 56,7 ha **Höhe:** 110–260 m

Exposition: Süd

Steilheit: 45–65 %

Boden: tiefgründiger Devonschieferverwitterungsboden, teilweise von Blauschiefer durchzogen

Wichtigste Rebsorte: Riesling

Wichtigste Weingüter: Studert-Prüm, Weingüter Geheimrat »J« Wegeler – Gutshaus Bernkastel, Dr. Loosen, Joh. Jos. Prüm, S. A. Prüm

Besonderheiten: Weitgehend wurzelechter Rebstockbestand und Einzelpfahlerziehung. Schnelle Erwärmung des Bodens und gute Belüftung des Weinbergs.

Weintyp: Mineralisch geprägte, elegante, aber auch rassige Weine mit Frische und Spritzigkeit, die aber auch Kraft und Volumen besitzen. Feste Säurestruktur, gutes Reifepotenzial.

Ürzig Würzgarten

▸ Seite 52/E6

Größe: 53,0 ha **Höhe:** 120–320 m

Exposition: Süd bis Ostsüdost

Steilheit: 45–65 %

Boden: roter Schieferverwitterungsboden mit hohem Gesteinsanteil

Wichtigste Rebsorte: Riesling

Wichtigste Weingüter: Dr. Loosen, Markus Molitor

Besonderheiten: Der Lagenname bezieht sich auf eine bis ins 17. Jh. übliche Methode, Weine mit Kräutern zu versetzen, die in einem besonderen »Würzgarten« angepflanzt wurden.

Weintyp: Würzige, fruchtige Weine mit feinem Säurespiel und klarer Struktur. Gutes Reifepotenzial.

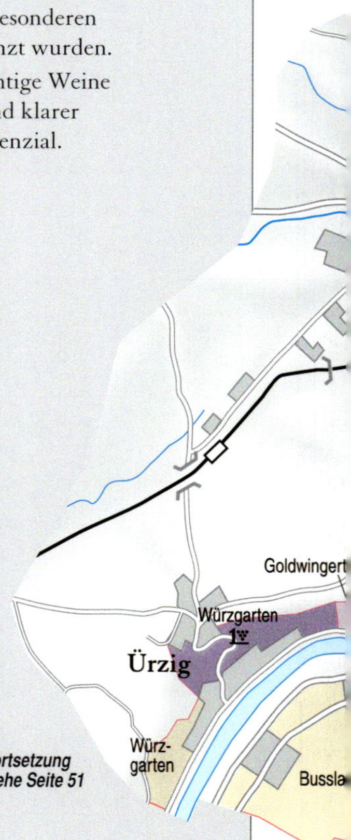

Fortsetzung siehe Seite 51

Wehlen Sonnenuhr

▸ Seite 51/C45

Größe: 44,3 ha **Höhe:** 110–195 m

Exposition: Süd

Steilheit: 65–70 %

Boden: Reiner, mittelgründiger Devonschieferverwitterungsboden mit hohem Gesteinsanteil (über 50 %). Wald am oberen Ende der Weinberge, dadurch guter Wasserhaushalt.

Wichtigste Rebsorte: Riesling

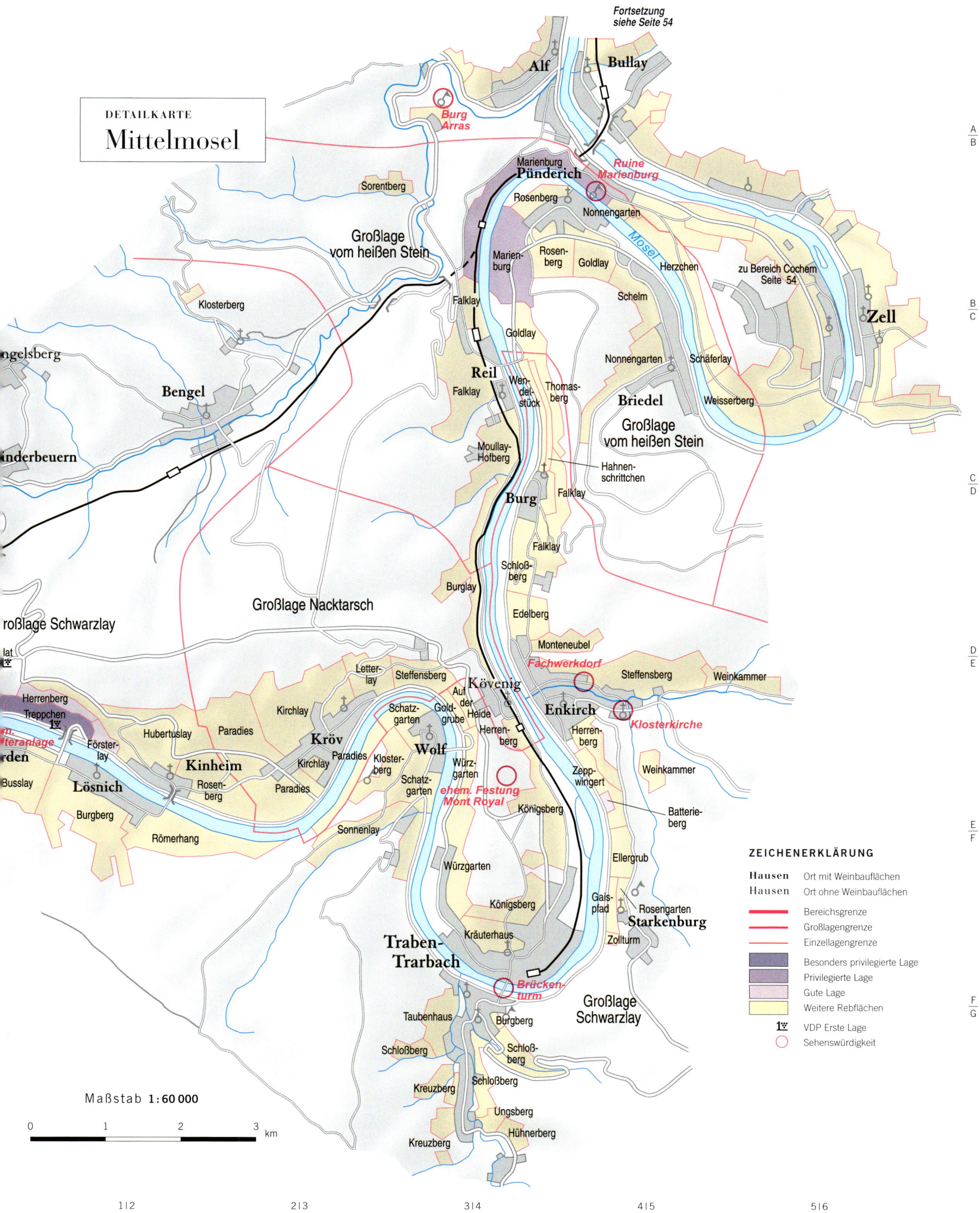
DETAILKARTE
Mittelmosel
Fortsetzung siehe Seite 54
Alf
Bullay
Burg Arras
Sorentberg
Marienburg
Pünderich
Ruine Marienburg
Rosenberg
Nonnengarten
Mosel
Marienburg
Rosenberg
Goldlay
Großlage vom heißen Stein
Herzchen
zu Bereich Cochem Seite 54
Zell
Klosterberg
Falklay
Schelm
Goldlay
Nonnengarten
Schäferlay
Reil
Falklay
Wendelstück
Thomasberg
Briedel
Weisserberg
Bengel
Großlage vom heißen Stein
Moullay-Hofberg
Hahnenschrittchen
Burg
Falklay
Falklay
Schloßberg
Burglay
Großlage Nacktarsch
Großlage Schwarzlay
Edelberg
Monteneubel
Fachwerkdorf
Steffensberg
Weinkammer
Letterlay
Steffensberg
Kövenig
Enkirch
Klosterkirche
Herrenberg
Treppchen
Kirchlay
Schatzgarten
Goldgrube
Auf der Heide
Herrenberg
Herrenberg
Hubertuslay
Paradies
Kröv
Wolf
Försterlay
Kinheim
Kirchlay
Paradies
Klosterberg
Würzgarten
Zeppwingert
Weinkammer
Lösnich
Busslay
Rosenberg
Paradies
Schatzgarten
ehem. Festung Mont Royal
Königsberg
Batterieberg
Burgberg
Römerhang
Sonnenlay
Würzgarten
Ellergrub
Königsberg
Gaispfad
Rosengarten
Starkenburg
Kräuterhaus
Zollturm
Traben-Trarbach
Brückenturm
Großlage Schwarzlay
Taubenhaus
Burgberg
Schloßberg
Schloßberg
Kreuzberg
Schloßberg
Ungsberg
Hühnerberg
Kreuzberg
Maßstab 1:60 000
0 1 2 3 km
ZEICHENERKLÄRUNG
Hausen Ort mit Weinbauflächen
Hausen Ort ohne Weinbauflächen
Bereichsgrenze
Großlagengrenze
Einzellagengrenze
Besonders privilegierte Lage
Privilegierte Lage
Gute Lage
Weitere Rebflächen
VDP Erste Lage
Sehenswürdigkeit
A B C D E F G
1 2 3 4 5 6

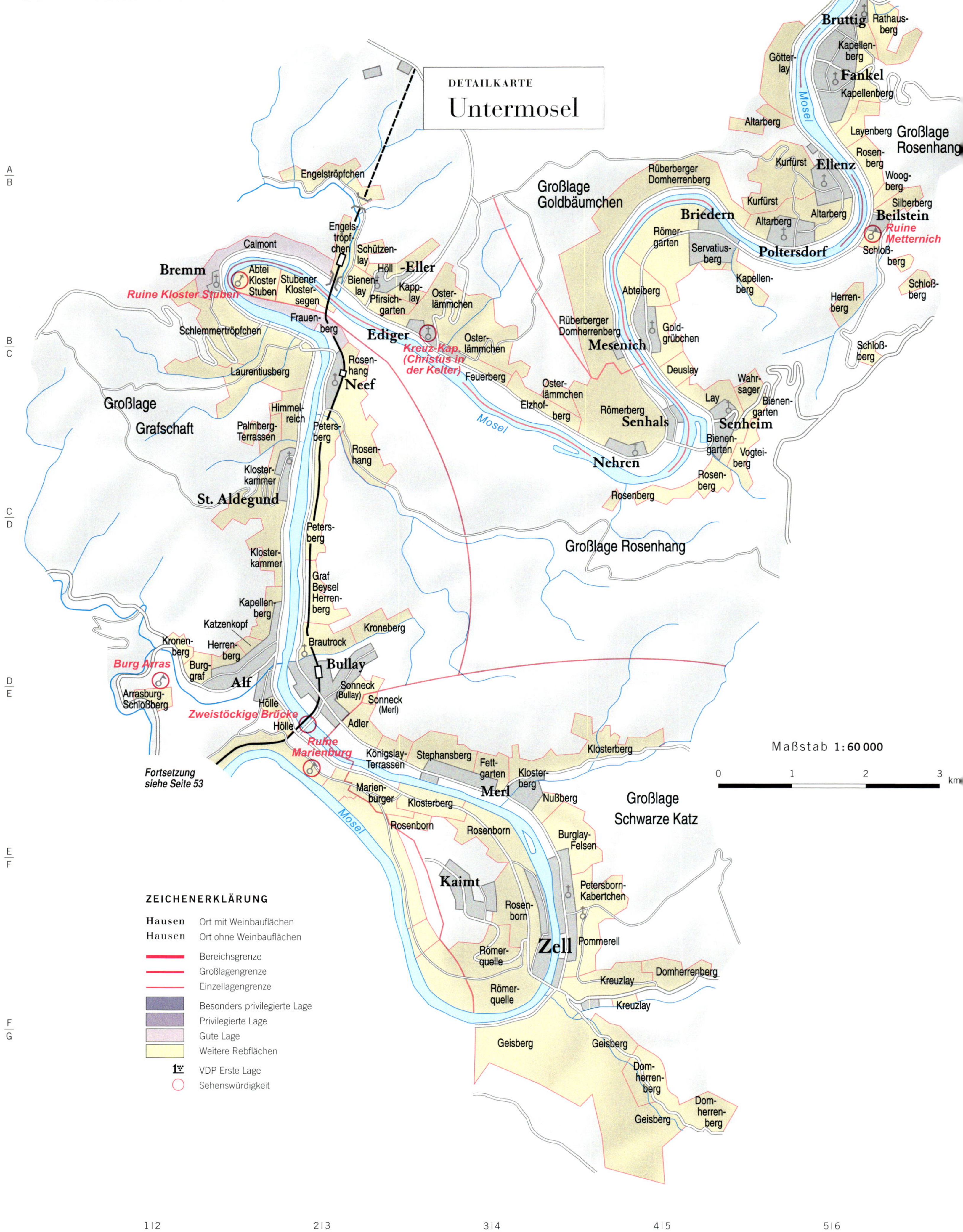

Fortsetzung siehe Seite 56
DETAILKARTE
Untermosel
Engelströpfchen
Calmont
Bremm
Abtei Kloster Stuben
Stubener Kloster-segen
Ruine Kloster Stuben
Frauen-berg
Schlemmertröpfchen
Laurentiusberg
Engels-tröpf-chen
Schützen-lay
Höll
Eller
Bienen-lay
Kapp-lay
Pfirsich-garten
Oster-lämmchen
Ediger
Kreuz-Kap. (Christus in der Kelter)
Oster-lämmchen
Feuerberg
Rosen-hang
Neef
Großlage Grafschaft
Himmel-reich
Palmberg-Terrassen
Peters-berg
Rosen-hang
Kloster-kammer
St. Aldegund
Peters-berg
Kloster-kammer
Graf Beysel Herren-berg
Kapellen-berg
Katzenkopf
Kronen-berg
Herren-berg
Kroneberg
Brautrock
Bullay
Burg Arras
Burg-graf
Alf
Arrasburg-Schloßberg
Sonneck (Bullay)
Sonneck (Merl)
Hölle
Zweistöckige Brücke
Hölle
Adler
Ruine Marienburg
Königslay-Terrassen
Stephansberg
Fett-garten
Kloster-berg
Klosterberg
Merl
Nußberg
Fortsetzung siehe Seite 53
Marien-burger
Klosterberg
Mosel
Rosenborn
Rosenborn
Großlage Schwarze Katz
Burglay-Felsen
Kaimt
Rosen-born
Petersborn-Kabertchen
Römer-quelle
Zell
Pommerell
Römer-quelle
Kreuzlay
Domherrenberg
Kreuzlay
Geisberg
Geisberg
Dom-herren-berg
Dom-herren-berg
Geisberg
Großlage Goldbäumchen
Rüberberger Domherrenberg
Briedern
Römer-garten
Servatius-berg
Poltersdorf
Abteiberg
Kapellen-berg
Rüberberger Domherrenberg
Mesenich
Gold-grübchen
Deuslay
Oster-lämmchen
Elzhof-berg
Römerberg
Senhals
Mosel
Nehren
Rosenberg
Lay
Wahr-sager
Bienen-garten
Senheim
Bienen-garten
Vogtei-berg
Rosen-berg
Großlage Rosenhang
Bruttig
Rathaus-berg
Götter-lay
Kapellen-berg
Fankel
Kapellenberg
Mosel
Altarberg
Layenberg
Großlage Rosenhang
Rosen-berg
Kurfürst
Ellenz
Woog-berg
Kurfürst
Silberberg
Altarberg
Altarberg
Beilstein
Ruine Metternich
Schloß-berg
Schloß-berg
Herren-berg
Schloß-berg
Maßstab 1:60 000
0 1 2 3 km
ZEICHENERKLÄRUNG
Hausen Ort mit Weinbauflächen
Hausen Ort ohne Weinbauflächen
Bereichsgrenze
Großlagengrenze
Einzellagengrenze
Besonders privilegierte Lage
Privilegierte Lage
Gute Lage
Weitere Rebflächen
VDP Erste Lage
Sehenswürdigkeit
A/B
B/C
C/D
D/E
E/F
F/G
1|2
2|3
3|4
4|5
5|6

DIE BESTEN WEINLAGEN *an der Mosel*

Wichtigste Weingüter: Reichsgraf von Kesselstatt, Studert-Prüm, Weingüter Geheimrat »J« Wegeler – Gutshaus Bernkastel, Dr. Loosen, Markus Molitor, Joh. Jos. Prüm, S. A. Prüm, Selbach-Oster

Besonderheiten: Starke Wärmereflexion des Bodens dank langer Sonneneinstrahlung in die reine Südlage. 1848 baute Jodocus Prüm eine Sonnenuhr in das Felsmassiv inmitten der Wehlener Weinberge, die der Lage ihren Namen gab.

Weintyp: Elegante, rassige Weine mit gelber, fleischiger Frucht und tiefgründiger Mineralität, vereinzelt erdige Nuancen. Gute Lagerfähigkeit.

Winningen Uhlen
▸ Seite 57/B34

Größe: 14,5 ha **Höhe:** 75–210 m

Exposition: Süd bis West

Steilheit: 50–70 %

Boden: sandiger, blau-grauer Schiefer, teilweise tonige Sedimente, Gesteinsanteil über 50 %

Wichtigste Rebsorte: Riesling

Wichtigste Weingüter: Heymann-Löwenstein, Reinhard und Beate Knebel

Besonderheiten: beste Parzellen im Uhlen: Blaufüßer Lay, Laubach und Roth Lay

Weintyp: elegante Weine mit kühler Struktur, dabei finessenreich und voller Mineralität

PRIVILEGIERTE LAGEN

Bernkastel Doctor
▸ Seite 51/D5

Größe: 3,2 ha **Höhe:** 125–200 m

Exposition: Süd bis Südwest

Steilheit: 65–70 %

Boden: steiniger Devonschieferverwitterungsboden mit hohem Feinerdeanteil. Gute Wasserhaltekraft.

Wichtigste Rebsorte: Riesling

Wichtigste Weingüter: Reichsgraf von Kesselstatt, Weingüter Geheimrat »J« Wegeler – Gutshaus Bernkastel

Besonderheiten: Einer der berühmtesten und einstmals teuersten Weinberge der Welt. Der überwiegende Teil der Lage ist mit wurzelechten Reben bestockt. Windexponierte Lage mit starker Sonneneinstrahlung.

Weintyp: Weine von kristallklarer Strahlkraft. Animierende Frucht mit exotischen Nuancen und deutlichen mineralischen Noten, frische Säure mit Spiel. Gutes Reifepotenzial.

Bernkastel Graben
▸ Seite 51/D5

Größe: 11,7 ha **Höhe:** 125–225 m

Exposition: Süd bis Südwest

Steilheit: 60 %

Boden: mittelgründiger Devonschieferverwitterungsboden, steinig, teilweise lehmig

Wichtigste Rebsorte: Riesling

Wichtigste Weingüter: Studert-Prüm, Markus Molitor, S. A. Prüm

Besonderheiten: Lage direkt an der Bergseite zur Stadt Bernkastel. Seitlich blickt man nach Graach und zum angrenzenden Weinberg Bernkastel Doctor.

Weintyp: feste und pikante Weine mit rassiger Säurestruktur und ausgewogener Frucht

Bernkastel Lay
▸ Seite 51/D5

Größe: 7,9 ha **Höhe:** 115–135 m

Exposition: West bis Südwest

Steilheit: 50 %

Boden: mittelgründige, steinige blaue Tonschieferverwitterungsböden

Wichtigste Rebsorte: Riesling

Wichtigste Weingüter: S. A. Prüm, Dr. Loosen, Markus Molitor, Joh. Jos. Prüm, Witwe Dr. H. Thanisch Erben Thanisch

Besonderheiten: weitgehend Einzelpfahlerziehung

Weintyp: finessenreiche Weine mit fester, eleganter Struktur, mineralisch geprägter Säure und viel Spiel

Graach Domprobst
▸ Seite 51/C5

Größe: 17,8 ha **Höhe:** 130–260 m

Exposition: Südwest

Steilheit: 50–60 %

Boden: mittel- bis tiefgründiger steiniger, verwitterter Tonschiefer, relativ hoher Feinerdeanteil

Wichtigste Rebsorte: Riesling

Wichtigste Weingüter: S. A. Prüm, Studert-Prüm, Markus Molitor, Selbach-Oster

Besonderheiten: Exponierte Lage mitten im Rebenmeer zwischen Bernkastel und Wehlen. Graach war eine der größten mittelalterlichen Weinbaugemeinden des kurtrierischen Kirchenstaates.

Weintyp: elegante, aber dennoch kraftvolle und würzige Weine von feiner Struktur und hoher, geschliffener Mineralität

Graach Josephshöfer
▸ Seite 51/C5

Größe: 5,7 ha **Höhe:** 120–170 m

Exposition: Süd

Steilheit: 50–70 %

Boden: grauer Devonschieferverwitterungsboden mit hohem Feinerdeanteil, vor allem am Hangfuß. Im oberen Hang Gesteinsanteil über 50 %.

Wichtigste Rebsorte: Riesling

Wichtigstes Weingut: Reichsgraf von Kesselstatt

Besonderheiten: Windgeschützte Lage mit relativ guter Erwärmbarkeit der Böden und guter Wasserspeicherkapazität. Blick auf das ehemalige Kloster Josephshof. Moselaufwärts sind die Weinorte Graach und Kues zu sehen.

Weintyp: Kraftvolle Weine, teilweise etwas barock anmutend, mit Nuancen von Pfirsich, Mirabellen, roten Beeren, aber auch erdigen und kräutrigen Anklängen wie Minze. Geschliffene, verspielte Mineralität. Gutes Reifepotenzial.

Hatzenport Kirchberg
▸ Seite 57/DE2

Größe: 5,2 ha **Höhe:** 80–200 m

Exposition: Süd

Steilheit: 70 %

Boden: rötlich-sandiger Schiefer, sandiger Quarzit mit Eiseneinschlüssen (Hämatit), Gesteinsanteil über 50 %

Wichtigste Rebsorte: Riesling

Wichtigstes Weingut: Heymann-Löwenstein

Besonderheiten: Typische terrassierte Steillage der sogenannten Terrassen-

DIE BESTEN WEINLAGEN *an der Mosel*

mosel, die einige Brachflächen aufweist. Auf einer der Terrassen steht die spätgotische Johanniskirche.

Weintyp: struktur- und finessenreiche Weine mit einem feinen Geschmack von Jod und salzigem Kraut

Hatzenport Stolzenberg

▸ Seite 57/E2

Größe: 1,5 ha **Höhe:** 80–200 m

Exposition: Süd

Steilheit: 20–80 %

Boden: Devonsediment »Nellenköpfchen-Schichten«, sandiger, grau-brauner Schiefer, Gesteinsanteil über 50 %

Wichtigste Rebsorte: Riesling

Wichtigstes Weingut: Heymann-Löwenstein

Besonderheiten: beste Dorflage von Hatzenport

Weintyp: feste, strukturreiche Weine mit samtigen Anklängen und finessenreicher Strahlkraft

Leiwen Laurentiuslay

▸ Seite 48/D6

Größe: 17,3 ha **Höhe:** 120–240 m

Exposition: Süd bis Südwest

Steilheit: 50–70 %

Boden: mittel- bis tiefgründiger, trockener bis feuchter Tonschieferverwitterungsboden mit teilweise höherem Feinerdeanteil

Wichtigste Rebsorte: Riesling

Wichtigste Weingüter: St. Urbans-Hof, Grans-Fassian

Besonderheiten: Heiße Lage, die jedoch gut bewindet ist. Rundblick in die weite Ebene des »Moselvierecks« bei Leiwen, Köwerich, Thörnich und Detzem.

Weintyp: vollmundige Weine mit langem Nachhall und typischen Aromen von weißem Pfeffer, Orangenschalen und Pfirsich

Lieser Niederberg-Helden

▸ Seite 51/D4

Größe: 25,0 ha **Höhe:** 120–240 m

Exposition: Süd bis Südwest

Steilheit: 60–75 %

Boden: feiner Verwitterungsschiefer aus der Devonzeit mit hohem Feinerdeanteil, 40–70 % Schieferanteil

Wichtigste Rebsorte: Riesling

Wichtigstes Weingut: Schloss Lieser

Besonderheiten: Kernlage etwas eingerundet, dadurch Schutz und Wärmekessel zugleich

Weintyp: perfekte Balance zwischen Finesse und einer hohen, strukturreichen Dichte, ausgeprägte Mineralität

Piesport Domherr

▸ Seite 49/A1

Größe: 5,0 ha **Höhe:** 120–150 m

Exposition: Süd

Steilheit: 30–70 %

Boden: weicher Devonschiefer, mit Quarz durchsetzt, hoher Feinerdeanteil, tiefgründig

Wichtigste Rebsorte: Riesling

Wichtigstes Weingut: Reinhold Haart

Besonderheiten: guter Wasserhaushalt aufgrund der ausgedehnten Waldflächen über den steilen Weinbergen und des feinerdehaltigen, weichen und tiefgründigen Schieferbodens

Weintyp: Weine mit erdig-mineralischem Charakter, würzig. Dezente exotische Fruchtaromen, unterlegt von einer cremig-saftigen Säure.

Piesport Goldtröpfchen

▸ Seite 49/A12

Größe: 65,4 ha **Höhe:** 125–160 m

Exposition: Südost bis Südwest

Steilheit: 30–70 %

Boden: Stark verwitterter Devonschiefer, mit Quarz und Mineralien durchsetzt, in einigen Parzellen hoher Feinerdeanteil, tiefgründig. Gute Wasserführung.

Wichtigste Rebsorte: Riesling

Wichtigste Weingüter: St. Urbans-Hof, Reinhold Haart, Grans-Fassian

Besonderheiten: Die Lage umfasst Flächen der Gemarkungen Piesport und Dhron. Aufgrund des nach Süden ausgerichteten u-förmigen Moselbogens wird die Lage durch den Ost- und den Westhang vor Wind geschützt. Gegen die kalten Nordwinde bieten die Felsen der Moselloreley Schutz. Lange Sonnenscheindauer.

Weintyp: Saftige, finessenreiche Rieslinge mit Aromen von exotischen Früchten und Anklängen von Pfirsich bis Cassis. Strukturelle Eleganz und hohe Mineralität, außergewöhnliches Entwicklungspotenzial.

Piesport Grafenberg

▸ Seite 48/AB6

Größe: 5,0 ha **Höhe:** 120–200 m

Exposition: Südost

Steilheit: 50–75 %

Boden: harter roter Schieferboden mit hohem Feinerdeanteil

Maßstab 1:100 000

0 1 2 3 km

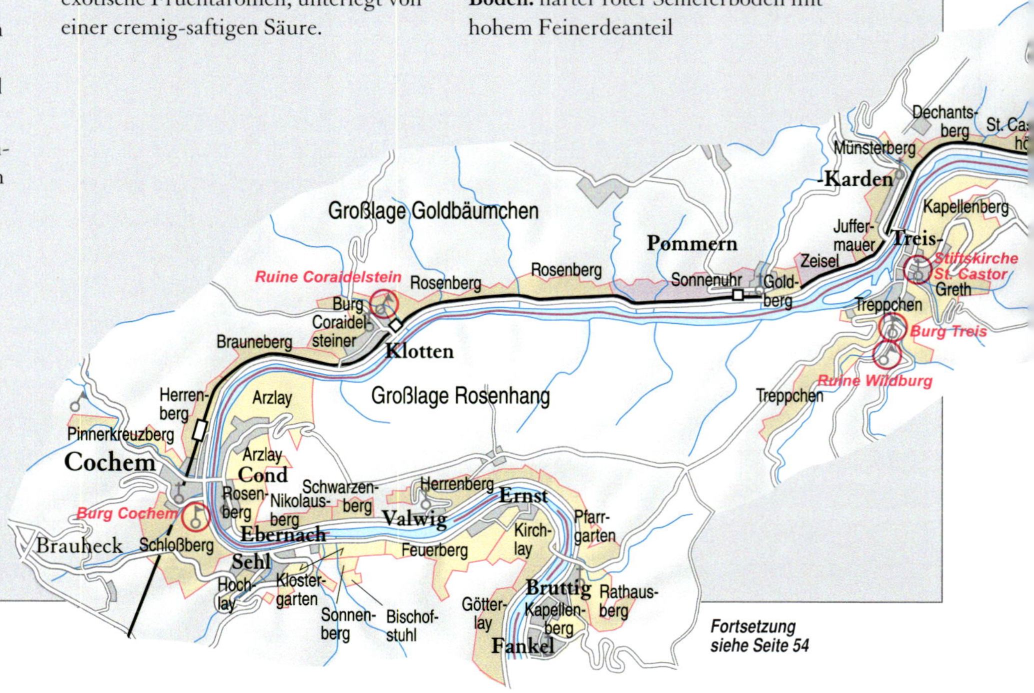

Fortsetzung siehe Seite 54

DIE BESTEN WEINLAGEN *Mosel*

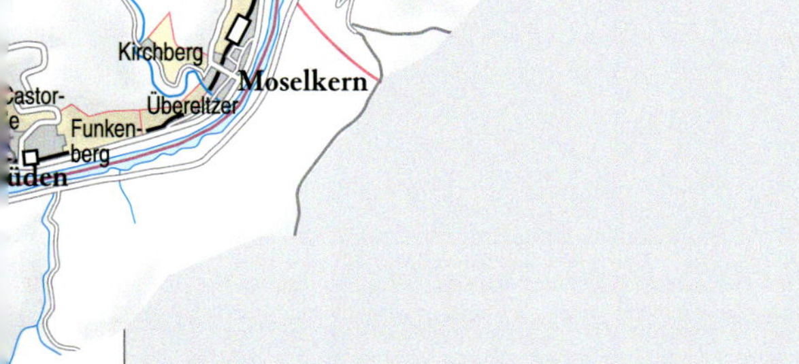

Wichtigste Rebsorte: Riesling

Wichtigstes Weingut: Reinhold Haart

Besonderheiten: In der Lagenklassifikation von 1868 zählte der Grafenberg zu den am höchsten eingestuften Lagen der Mosel. Eine steile Sandsteintreppe führt über rund 600 Stufen von der Mosel bis an das obere Ende des Weinbergs. Der Blick nach Osten zeigt Piesport und den sich nach Süden öffnenden Moselbogen.

Weintyp: intensive, würzige Aromatik, gleichzeitig Saft und finessenreiche Kraft mit fester, mineralischer Säurestruktur

Piesport Kreuzwingert

▸ Seite 49/A12

Größe: 0,1 ha **Höhe:** 150–200 m

Exposition: Süd

Steilheit: 50–60 %

Boden: tiefgründiger Devonschiefer, sehr hoher Tonanteil und Feinerde

Wichtigste Rebsorte: Riesling

Wichtigstes Weingut: Reinhold Haart (Alleinbesitz)

Besonderheiten: Kleinstlage, die einen Einzellagennamen tragen darf. In der Lagenklassifikation von 1868 zählte der Kreuzwingert zu den am höchsten eingestuften Lagen der Mosel.

Weintyp: Weine mit kräutrig-würzigen Aromen, die zudem Nuancen von roten Früchten aufweisen. Sie werden meist feinherb ausgebaut und brauchen einige Entwicklungszeit.

Piesport Schubertslay

▸ Seite 49/A1

Größe: 0,5 ha **Höhe:** 125–150 m

Exposition: Süd bis Südwest

Steilheit: 55–60 %

Boden: tonhaltiger, offener Schieferverwitterungsboden mit guter Wasserspeicherkapazität

Wichtigste Rebsorte: Riesling

Wichtigstes Weingut: Vereinigte Hospitien

DIE BESTEN WEINLAGEN *an der Mosel*

Besonderheiten: einzigartiger Terrassenweinberg mit wurzelechten Rebstöcken in der südlich exponierten Moselschleife inmitten des Piesport Goldtröpfchens

Weintyp: Rieslinge mit exotischen Fruchtaromen, die sich durch Fülle und eine feste Struktur bei harmonisch frischer Säure auszeichnen.

Pünderich Marienburg

▸ Seite 53/B4

Größe: 96,0 ha **Höhe:** 100–230 m

Exposition: Ost bis Südwest (linke Moselseite), West (rechte Moselseite)

Steilheit: 50–70 %

Boden: flach- bis tiefgründiger steiniger Tonschieferverwitterungsboden, teilweise mit Lehm durchzogen

Wichtigste Rebsorte: Riesling

Wichtigstes Weingut: Clemens Busch

Besonderheiten: Den Eingang des markanten Moselbogens Zeller Hamm bildet, sanft zum Fluss hingeneigt, der Weinort Pünderich, dessen markanteste Weilage der Steilhang Marienburg ist.

Weintyp: leichte, fruchtige Weine mit mineralischen Nuancen

Trittenheim Apotheke

▸ Seite 48/D6, 49/D1

Größe: 68,5 ha **Höhe:** 120–240 m

Exposition: Südwest

Steilheit: 50–60 %

Boden: Tonschieferverwitterungsboden, hoher Gesteinsanteil, teilweise mit Kies durchzogen

Wichtigste Rebsorte: Riesling

Wichtigste Weingüter: Ansgar Clüsserath, Grans-Fassian

Besonderheiten: Eine der bekanntesten Lagen an der Mittelmosel, die in einigen Parzellen Spitzenweine hervorbringt.

Weintyp: straffe, feste Struktur mit markanter Säure, teils verspielte Frucht und finessenreiche Dichte

Winningen Röttgen

▸ Seite 57/B4

Größe: 11,2 ha **Höhe:** 75–180 m

Exposition: Süd bis Ost

Steilheit: 40–75 %

Boden: Devonsediment mit blauem, sandigem Schiefer, nach Oxidation gelb-braun bis blau-schwarz, Gesteinsanteil über 50 %

Wichtigste Rebsorte: Riesling

Wichtigstes Weingut: Heymann-Löwenstein

Besonderheiten: Während des jährlich stattfindenden Steillagenfestes können auf rund 2 km quer durch die Steillagen Weine probiert werden.

Weintyp: individuelle Rieslinge mit kräftiger Struktur und deutlichen Fruchtnoten

Wintrich Ohligsberg

▸ Seite 51/F1

Größe: 6,9 ha **Höhe:** 120–200 m

Exposition: West bis Südwest

Steilheit: 40–80 %

Boden: Fester, grau-blauer Schieferboden, durchsetzt mit Quarz. Hoher Gesteinsanteil.

Wichtigste Rebsorte: Riesling

Wichtigstes Weingut: Reinhold Haart

Besonderheiten: Im 19. und Anfang des 20. Jh. zählten die Ohligsberger Gewächse zu den teuersten Weinen Deutschlands. Direkt unter den steil abfallenden Weinbergen liegt breit die aufgestaute Mosel mit Wehranlage und Schiffsschleuse. Moselaufwärts erkennt man den Piesporter Moselbogen.

Weintyp: Intensives Aroma von Blüten und weißen und gelben Früchten wie Limone und Grapefruit. Klare Struktur, feine, leicht mineralische Säure.

Zeltingen Sonnenuhr

▸ Seite 51/B4

Größe: 40,0 ha **Höhe:** 110–160 m

Exposition: Süd bis Südwest

Steilheit: 55–70 %

Boden: mittelgründige Tonschieferverwitterungsböden, steinig

Wichtigste Rebsorte: Riesling

Wichtigste Weingüter: Joh. Jos. Prüm, Markus Molitor, Selbach-Oster

Besonderheiten: Der Weinort Zeltingen blickt auf eine fast 1000-jährige Weinbautradition zurück.

Weintyp: körperreiche Weine mit Spiel und Eleganz, saftig und mit erfrischender Säure ausgestattet

Wehlen Sonnenuhr: eine der renommiertesten Rieslinglagen der Welt.

DIE BESTEN WEINLAGEN *an der Mosel*

GUTE LAGEN

Bernkastel Alte Badstube am Doctorberg ▸ Seite 51/D5, 1,8 ha, Süd, 45–60%, dunkler Devonschiefer, Boden aus Tonschieferverwitterung mit hohem Feinboden- und Humusanteil, gute Wasserführung. Die Lage ist im Alleinbesitz des Weinguts Dr. Pauly-Bergweiler in Bernkastel.

Bernkastel Bratenhöfchen ▸ Seite 51/D5, 17,4 ha, Südwest, 15–55 %, mittelgründige, steinige Tonschieferverwitterungsböden, teilweise lehmig

Brauneberg Kammer ▸ Seite 51/C2, 0,3 ha, Südost, 15–65 %, mittelgründiger Tonschieferverwitterungsboden mit Lehmanteilen, Alleinbesitz Weingut Paulinshof

Bremm Calmont ▸ Seite 54/B2, 18,8 ha, Südwest bis Südost, 30–70 %, sehr steiniger Schiefer- und Grauwackeverwitterungsboden

Dhron Hofberger ▸ Seite 49/BC12, 84,3 ha, Ost bis Ostsüdost, 30–60 %, lehmiger Tonschieferverwitterungsboden, teilweise steinig, flachgründig, beste Parzellen im mittleren Bereich

Enkirch Batterieberg ▸ Seite 53/E4, 1,0 ha, West bis Südwest, 20–60 %, steiniger Tonschieferverwitterungsboden, teilweise mit Lehm durchzogen

Erden Herrenberg ▸ Seite 53/DE12, 15,5 ha, Südost bis Südwest, 15–62 %, Tonschieferverwitterungsboden, steinig

Kesten Paulinshofberger ▸ Seite 51/E1, 15,9 ha, Süd bis Südost, 20–60 %, tiefgründiger Tonschieferverwitterungsboden, steinig

Klüsserath Bruderschaft ▸ Seite 48/BC46, 184,8 ha, Südsüdost bis Südwest, 25–60 %, mittelgründiger Tonschieferverwitterungsboden, beste Parzellen im oberen Mittelstück

Köwerich Laurentiuslay ▸ Seite 48/CD6, 17,4 ha, Südwest, 25–65 %, flach- bis mittelgründiger Schieferverwitterungsboden, beste Parzellen im Mittelstück

Longuich Maximiner Herrenberg ▸ Seite 48/E3, 11,5 ha, Südwest, 25–60 %, tiefgründiger Schieferverwitterungsboden mit hohem Feinerdeanteil

Lösnich Försterlay ▸ Seite 53/E1, 9,4 ha, Südwest, 15–60 %, steiniger Tonschieferverwitterungsboden

Trittenheim Apotheke: bekannte Steillage am linken Moselufer.

Neef Frauenberg ▸ Seite 54/B23, 15,6 ha, Südwest, 25–55 %, steiniger Schieferverwitterungsboden, teilweise Grauwacke

Neumagen Rosengärtchen ▸ Seite 49/CD1, 26,1 ha, Südwest bis West, 25–60 %, steiniger, teils lehmiger Tonschieferverwitterungsboden

Pölich Held ▸ Seite 48/EF5, 108,8 ha, Süd bis Ost, 10–45 %, flach- bis mittelgründiger Schieferverwitterungsboden, am Hangfuß teilweise lehmiger Sand auf Kiesschotter

Pommern Sonnenuhr ▸ Seite 56/F5, 18,6 ha, Süd, 15–60 %, steinige Grauwackeverwitterungsböden mit hohem Feinerdeanteil

Pommern Zeisel ▸ Seite 56/F56, 6,5 ha, Süd, 15–55 %, steinige Grauwacke- und Schieferverwitterungsböden

Thörnich Ritsch ▸ Seite 48/C45, 15,2 ha, Südsüdost bis Südwest, 30–62 %, steiniger Schieferverwitterungsboden, steiler Felshang

Trier Deutschherrenberg ▸ Seite 71/D2, 12,8 ha, Südost bis Westsüdwest, 15–45 %, flach- bis mittelgründiger Schieferverwitterungsboden

Trittenheim Altärchen ▸ Seite 49/DE12, 165,0 ha, Südost bis West, 10–55 %, steiniger Tonschieferverwitterungsboden, teils kiesig, am Hangfuß Schwemmlandboden, beste Parzellen im mittleren Bereich, dem Moselufer zugewandt

Trittenheim Felsenkopf ▸ Seite 48/D6, 0,5 ha, West bis Südwest, 25–60 %, flachgründig, steiniger Schieferverwitterungsboden, Alleinbesitz Weingut Milz – Laurentiushof

Trittenheim Leiterchen ▸ Seite 49/D1, 0,5 ha, West, 25–60 %, flachgründig, steiniger Schieferverwitterungsboden, Alleinbesitz Weingut Milz – Laurentiushof

Ürzig Goldwingert ▸ Seite 52/E6, 0,3 ha, Süd, 30–65 %, Tonschieferverwitterungsboden, steinig, tiefgründig, Alleinbesitz Weingut Dr. Pauly-Bergweiler

Wehlen Klosterberg ▸ Seite 51/B3, 9,9 ha, Südost bis Süd, 30–58 %, steinige, teils lehmige Tonschieferverwitterungsböden

Saar

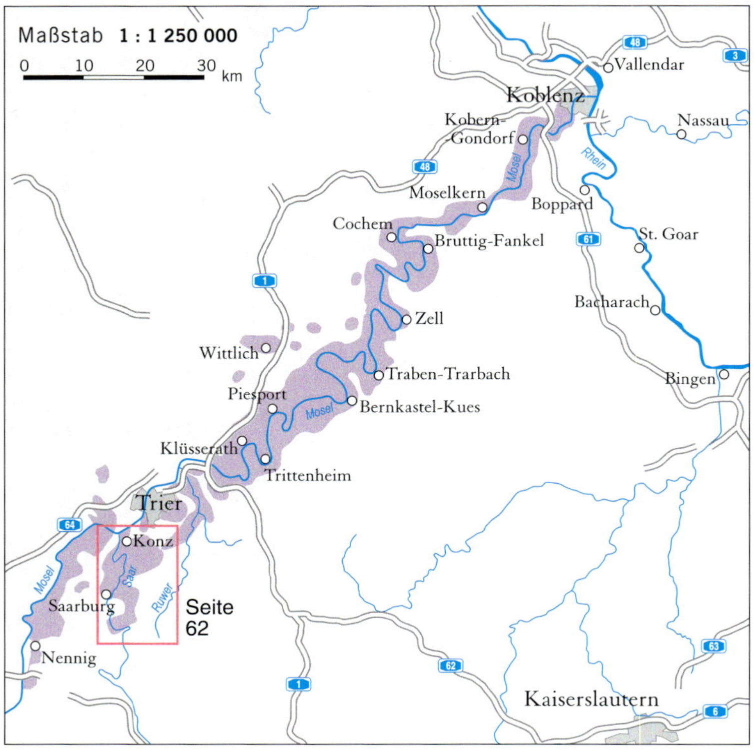

Die Saar ist ein kleines Weinbaugebiet: Ihr Weinbau erstreckt sich von Filzen unweit der Moselmündung des Flusses bis nach Serrig, in Luftline etwa zwölf Kilometer flussaufwärts. Entlang steiler Hänge säumen Reben den Flusslauf oder sie wachsen abseits der Saar in Seitentälern, die zwar nicht die kleinklimatische Unterstützung des Wassers genießen und überdies zum Wind geöffnet sind, deren Südhänge aber dennoch ein optimales Ausreifen der Trauben ermöglichen. Es ist kennzeichnend für die Saar, dass sich einige ihrer besten Lagen an solchen Orten befinden – etwa in Wiltingen, Oberemmel und Ockfen östlich des Flusses, in Wawern und Ayl westlich von ihm.

Obwohl das Anbaugebiet der Saar nur wenige Kilometer von den Weinberglagen der Mosel entfernt liegt, besitzt es eine bemerkenswerte Eigenständigkeit. Zwar ist auch an der Saar der Riesling die wichtigste Rebsorte, und auch hier ist es Schieferboden, der ihm seinen besonderen Charakter verleiht. Doch zwei Faktoren geben den Saarweinen ein markantes eigenes Profil: Zum einen liegen die Weinberge im Saartal rund fünfzig bis hundert Meter höher über Meer als an der Mosel. Zum zweiten wachsen die Reben in relativ großer Nähe zu den Mittelgebirgen Eifel und Hunsrück. Beide Faktoren führen dazu, dass an der Saar tiefere Durchschnittstemperaturen gemessen werden als an der Mosel. Die Weine bekommen typischerweise eine gewisse Strenge mit auf ihren Lebensweg und etwas mehr Säure, die ihnen in Spitzenjahren Glanz und Kraft verleiht.

INFO *Saar*

Anbaufläche: 735 ha

Rebsorten: Riesling (78 %), Müller-Thurgau (6 %), Weißburgunder (5 %), Spätburgunder (5 %), Kerner (2 %)

Vorherrschende Bodentypen: Schiefer in variierenden Verwitterungsgraden, Grauwacke. Feinboden: verbreitet Braunerde, tonhaltig, schluffig, zuweilen mit rotfarbenen Anteilen.

Durchschnittlicher jährlicher Niederschlag: 795 mm (Saarburg)

Durchschnittlicher Niederschlag im Erntemonat (Oktober): 66 mm (Saarburg)

Jahresdurchschnittstemperatur: 9,9 °C (Trier)

Sonnenstunden jährlich: 1265 (Trier)

(Klimadaten jeweils 1961–1990, Quelle: Deutscher Wetterdienst)

Hauptgefahren für den Weinbau: Spätfrost, Unterreife der Trauben

Der menschliche Beitrag zum Terroir: Der Durchstich des Saarkanals zwischen Biebelhausen und Hamm schuf einen etwa 2,5 km langen zusätzlichen Wasserweg. Zwischen dem alten Saarmäander und dem Kanal entstand eine künstliche Insel von etwa 6 km^2 Größe. Die durch den Kanal vergrößerte Wasseroberfläche der Saar beeinflusst

DIE WEINE DER SAAR

Dem Aromenspiel der Saarweine sind die hochreifen Fruchtnoten der Mittelmosel fremd. Typischer sind Aromen aus dem Umkreis der Zitrusfrüchte: Orangenblüte, Zitronenschale, Bergamotte. Ja sogar Ingweraromen sind nicht untypisch, stets gepaart mit einem scharfen mineralischen Unterton: Duftnoten von feuchtem Stein, Rauch, zuweilen sogar von geriebenem Schmirgelpapier.

Man sollte die Weine der Saar ihrer schwierigeren Reifebedingungen wegen jedoch nicht für weniger hochwertig halten als diejenigen der Mosel. Dem Potenzial nach ist vielleicht sogar genau das Gegenteil der Fall. Saarweine sind in ihrer Qualität wechselhafter, ihre Qualitätsspitzen aber sind einzigartig. Das Klima macht den Weinbau hier zu einer Gratwanderung: Ein schwaches Jahr, wie es etwa 1980 war, führt selbst penibel arbeitenden Erzeugern vor Augen, dass 60 Grad Oechsle eine schwer zu nehmende Hürde sein können. Dieses Mostgewicht ist selbst für einfachen Qualitätswein die Mindestanforderung. Die tendenziell geringe Reife des Leseguts und die höheren Säurewerte machten die Saar früher als Lieferanten für gute Sektgrundweine bekannt: Aus schlanken, spritzig-säuerlichen Weinen lassen sich süffige, durchaus harmonische Sekte gewinnen.

Inzwischen – etwa seit Ende der 1980er-Jahre – häufen sich jedoch gute Jahre, sodass die Produzenten an der Saar durchaus mit gewissen Hoffnungen über den gegenwärtigen Klimawandel spekulieren. In guten Jahren machen sich der stets ein wenig verzögerte Vegetationsverlauf und die großen Temperaturschwankungen zwischen Tag und Nacht höchst positiv bemerkbar: Die Aromatik des Riesling erreicht dann in ihrer kühlen Anmutung große Komplexität. Die saartypische Säure tritt in ihrer angenehmsten Form zutage: Statt streng zu wirken, erweckt sie selbst in »einfachen« Weinen wie Qualitätswein und Kabinett einen Eindruck von kristalliner Frische.

Eine besondere Qualität weisen in solchen Jahren auch die frucht- und edelsüßen Weine auf. Ihr Spiel ist nicht nur besonders intensiv, sondern auch von seltener Eleganz. Man wird kaum eine Auslese von der Saar finden, die einen plumpen Eindruck hinterlässt. Nicht zuletzt ist der schlanke, zentrierte Stil des Saarweins aufs Innigste mit der Mineralität des Schieferbodens verbunden. Am Gaumen halten salzige Nuancen und saftige Säure selbst edelsüße Weine höchster Prädikatsstufen im Gleichgewicht.

WEINBAU

In ihren Betriebsstrukturen ist die Saar von größeren Produzenten geprägt. Auch hierin unterscheidet sie sich vom größeren Nachbargebiet. Kleine Familienbetriebe, die auf einem oder zwei Hektar Land um ihr Überleben ringen, trifft man an der Saar selten. Typisch sind mittelgroße Betriebe zwischen zehn und zwanzig Hektar Größe, die auf eine gutsherrschaftliche Geschichte zurückblicken.

Ein wesentlicher Grund hierfür liegt gewiss darin, dass der Weinbau im Grenzklima der Saar höchste Professionalität erfordert. Mit den begrenzten Arbeitskapazitäten eines Nebenerwerbs sind nur in den günstigsten Jahrgängen befriedigende Ergebnisse zu erzielen – ein Umstand, der den Weinbau im kleinen Maßstab unattraktiv macht.

Ein zweiter, historischer Grund für die Vorherrschaft größerer Einheiten an der Saar könnte sein, dass der Weinbau hier erst im Mittelalter zu stärkerer Verbreitung fand – vor allem durch das Wirken der Klöster. Die aus ihrer Aufbauarbeit entstandenen Kirchengüter gelangten nach der Säkularisierung in die Hände des Adels oder vermögender Bürger. Die Erschließung eines der bekanntesten Weinberge, des Ockfen Bockstein – heute eine der schönsten Sehenswürdigkeiten der Saar –, geschah sogar erst während der Zeit der preußischen Herrschaft.

nicht nur die Weinberge auf dieser Insel (vor allem Wiltingen Schlangengraben und Kanzem Sonnenberg), sondern wirkt sich durch die vergrößerte Wärmespeicherkapazität auch auf das Mesoklima des gesamten nördlichen Saartals aus.

Arrondierungen der Weinberge haben an der Saar in vergleichsweise behutsamem Umfang stattgefunden. Die meisten Steillagen haben noch das Aussehen früherer Zeiten.

Bei der Bodenbearbeitung ist es heute in vielen Betrieben üblich, Humus einzubringen. So sollen die Nachteile des mageren Schieferbodens ausgeglichen und die Reben reicher mit organischem Material versorgt werden. Üblich war und ist es auch, die Weinberge oberflächlich zu »schiefern«. Dabei werden Schiefersteine in die Rebzeilen gestreut. So entsteht zum einen ein Anblick, der Touristen und Weinfreunde beeindruckt, zum anderen dienen die Steine aber auch als Wärmespeicher.

Größter Bluff: Verbreitet findet man auf dem Markt Weine aus der Großlage Wiltinger Scharzberg. Sie können aus allen, auch den am wenigsten geeigneten Weinbergen des ganzen Saartals stammen. Beim Scharz*hof*berg hingegen, an den sich der Großlagenname anlehnt, handelt es sich um die bedeutendste Spitzenlage der Saar (siehe Seite 64).

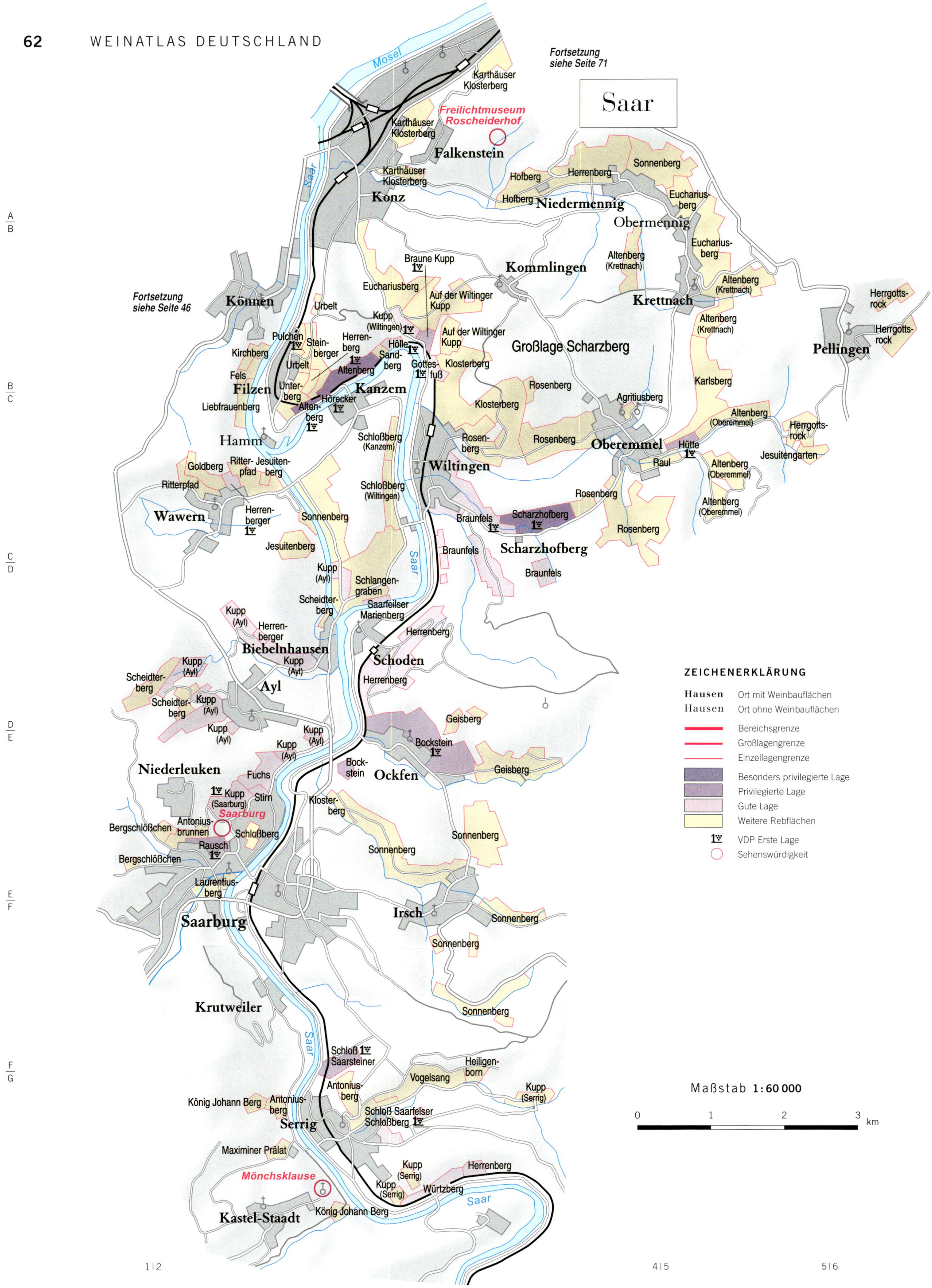
Saar
Fortsetzung siehe Seite 71
Fortsetzung siehe Seite 46
Mosel
Saar
Karthäuser Klosterberg
Freilichtmuseum Roscheiderhof
Falkenstein
Konz
Hofberg
Herrenberg
Sonnenberg
Niedermennig
Obermennig
Eucharius-berg
Braune Kupp
Kommlingen
Altenberg (Krettnach)
Krettnach
Eucharius-berg
Auf der Wiltinger Kupp
Urbelt
Können
Kupp (Wiltingen)
Pulchen
Stein-berger
Herren-berg
Hölle
Sand-berg
Gottes-fuß
Klosterberg
Großlage Scharzberg
Herrgotts-rock
Pellingen
Kirchberg
Fels
Filzen
Unter-berg
Alten-berg
Altenberg
Hörecker
Kanzem
Rosenberg
Karlsberg
Agritiusberg
Liebfrauenberg
Hamm
Schloßberg (Kanzem)
Rosen-berg
Oberemmel
Hütte
Altenberg (Oberemmel)
Jesuitengarten
Raul
Wiltingen
Goldberg
Ritter-pfad
Jesuiten-berg
Ritterpfad
Schloßberg (Wiltingen)
Wawern
Herren-berger
Sonnenberg
Braunfels
Scharzhofberg
Jesuitenberg
Kupp (Ayl)
Schlangen-graben
Scheidter-berg
Saarfeilser Marienberg
Biebelnhausen
Herrenberger
Schoden
Herrenberg
Ayl
Scheidter-berg
Geisberg
Bockstein
Bock-stein
Ockfen
Niederleuken
Fuchs
Kupp (Saarburg)
Stirn
Kloster-berg
Saarburg
Antonius-brunnen
Bergschlößchen
Schloßberg
Rausch
Laurentius-berg
Irsch
Sonnenberg
Krutweiler
Schloß Saarsteiner
Heiligen-born
Vogelsang
Antonius-berg
König Johann Berg
Kupp (Serrig)
Schloß Saarfelser Schloßberg
Serrig
Maximiner Prälat
Mönchsklause
Herrenberg
Würtzberg
Kastel-Staadt
ZEICHENERKLÄRUNG
Hausen Ort mit Weinbauflächen
Hausen Ort ohne Weinbauflächen
Bereichsgrenze
Großlagengrenze
Einzellagengrenze
Besonders privilegierte Lage
Privilegierte Lage
Gute Lage
Weitere Rebflächen
1 VDP Erste Lage
Sehenswürdigkeit
Maßstab 1:60 000
0 1 2 3 km
A/B
B/C
C/D
D/E
E/F
F/G
1|2
4|5
5|6

Dennoch reichen auch beim Saarwein die Anfänge bis zu den Römern zurück. Die berühmteste Lage der Saar, der Scharzhofberg nahe Wiltingen, leitet seinen Namen vom lateinischen Wort »sarcire« ab: zusammenflicken, ausbessern, flechten. Möglicherweise war der »Scharz«hof in römischer Zeit der Ort gewesen, von dem aus das Gelände Stückchen für Stückchen urbar und zu einem zusammenhängenden Weinberg gemacht wurde. Das erste überlieferte Dokument stammt aus dem 14. Jahrhundert: Es bezieht sich auf den Scharzhof, als sei dieser bereits seit langem unter diesem Namen bekannt.

GEOLOGIE

Wie in den Geschwistergebieten Mosel und Ruwer, so bestimmt auch an der Saar Schiefergestein die Böden der besten Weinberglagen. Geologen klassifizieren diesen grauen Schiefertyp einheitlich als Hunsrückschiefer aus dem Zeitalter des Unterdevon. In den Augen der Winzer unterscheiden sich die konkret vorliegenden Schiefer hingegen deutlich im Farbschimmer und auch im Grad ihrer Spaltbarkeit. Mancherorts, etwa im zentralen Kegel der Lage Saarburg Rausch oder im westlichen Teil der Lage Schloss Saarstein, sind die Schiefer so weich, dass sie durch leichtestes Hebeln mit dem Fingernagel zu spalten sind. Eigentümlich ist dem Saartal, dass manche Weinberge rötliche Anteile im Schiefer und im Feinboden aufweisen. Der Grund für diesen Eisengehalt ist in einer Schicht »rotliegender« Schuttsedimente zu suchen, die in früheren Phasen der Erdgeschichte über dem Devonschiefer gelegen haben muss und mit der Zeit unter dem Einfluss der Verwitterung ausgewaschen und schließlich ganz abgetragen wurde. Die Annahme eines solchen Prozesses erklärt, warum sich die rötlichen Anteile häufig in den unteren Parzellen eines Weinbergs finden. Einige Lagen, beispielsweise der Ockfen Bockstein, weisen keinerlei rötliche Anteile im Boden auf. Diese Erhebungen befanden sich im fraglichen Erdzeitalter entweder oberhalb der einstigen Decke aus Rotliegendem – oder sie konnten durch die Härte ihres Gesteins die rotfarbene Imprägnierung durch die Verwitterungslösungen nicht aufnehmen.

Eine weitere Besonderheit ist das Vorkommen sogenannter Diabas-Steine in der Lage Saarburg Rausch. Hierbei handelt es sich um Gesteine vulkanischen Ursprungs. Entstanden sind sie, indem sich Lavamassen einen Weg durch das Schiefergestein bahnten und punktuell austraten. Die Bedeutung der Diabase für den Weinbau ist umstritten. Geologen halten es für unwahrscheinlich, dass sie Einfluss auf die Weinqualität nehmen, und auch sensorisch sind vulkanische Komponenten hinter der dominanten Schiefercharakteristik kaum auszumachen. Aus weinbaulicher Sicht tragen die Diabase jedoch zumindest zum Skelettanteil der Böden bei – also dazu, dass der Boden der betreffenden Parzellen besonders mager ist.

Schiefer in der Einzellage Kanzem Altenberg: Angereicherte Eisenminerale haben das Gestein rot gefärbt.

Mythos Scharzhofberg

Der Scharzhofberg ist unter Weinkennern in aller Welt der berühmteste Weinberg Deutschlands – für seine Weine werden auf Auktionen atemberaubend hohe Preise gezahlt. Dieser Ruhm ist untrennbar mit dem Namen der Familie Müller verknüpft. Die Dynastie der Müllers ihrerseits ist so sesshaft an dieses Stück Rebland gebunden, dass der heutige Betriebsinhaber Egon Müller seinem Namen eine römische Ordnungszahl folgen lässt: Egon Müller IV. Die Familie und der Weinberg, sie scheinen seit dem frühen 19. Jahrhundert nicht ohne einander vorstellbar zu sein.

Zweifellos ist es eine glückliche Symbiose für beide Seiten. Der Scharzhofberg nämlich benötigt vielleicht mehr noch als andere hochwertige Crus eine verständige menschliche Bewirtschaftung, die seine außergewöhnliche Privilegiertheit offenbar macht und vermittelt. Der Weinberg ist zwar beeindruckend steil, wenn man ihn emporsteigt. Doch der Scharzhofberg hat nichts von der optischen Dramatik, die eine steil zu Mosel oder Rhein hin abfallende Weinberglage schon fast von selbst zum Star werden lässt. Die Schönheit des Scharzhofbergs ist von stillerer, kontemplativer Natur. Da ist kein strömendes Gewässer, es gibt wenige Kontraste, die das Auge in ihren Bann ziehen. Zu sehen sind vor allem Rebzeilen und Erde. Unten im Tal wenige Häuser, allen voran der Scharzhof mit seinem Ensemble aus Teich, Wirtschaftsgebäuden und Haus.

BODEN UND KLIMA

Der wohl größte Reichtum des Scharzhofbergs ist sein Boden. So stark wie hier ist der Schiefer kaum irgendwo anders verwittert. Die Feinerde ist krümelig, Schluff: kein klebriger, feuchter Lehm, aber auch keine extrem magere Erde. Im Boden ist Eisen, das nach einem Regen die Pfützen rot färbt. Die Harmonie dieses Bodens verleiht den Weinen ihren mineralischen Extrakt, ihre Kraft und den Tiefgang.

Die Balance kommt aus dem Klima. Die Müller'schen Weine, also die Archetypen des Scharzhofbergers, sind bei aller Extrakttiefe niemals fett. Der Weinberg befindet sich nämlich in einer tendenziell kühlen Zone: Durch das Seitental, in dem er liegt, pfeift der Wind. Schon die Parzellen am Fuß des Hangs liegen gut fünfzig Meter höher als vergleichbare Parzellen am Ufer der Saar. Dafür genießen die Reben die Besonnung einer idealen Süd-Südost-Exposition. Dies sind weinbauliche Bedingungen, die eine dauernde Gratwanderung bedeuten. Die Fähigkeit, diese schwierige Balance stets zu halten, hebt den Scharzhofberg unter allen anderen privilegierten Lagen der Saar heraus.

Bei der Neufassung des deutschen Weinrechts im Jahr 1971 wurde das Gebiet des Scharzhofbergs erweitert: Zu ihren einstmals 18 Hektar bekam die Lage weitere 10 Hektar Rebfläche zugeschlagen, überwiegend im oberen und westlichen Teil des Bergs. Es wäre sicher falsch, die neu hinzugekommenen Parzellen rundweg als minderwertig zu brandmarken. Beispielsweise ist der Inhaber des Weinguts van Volxem, Roman Niewodniczanski, von seinen Reben im kühleren oberen Teil des Bergs ganz besonders überzeugt. Sie könnten, so mutmaßt er, vom Klimawandel profitieren, der zuletzt heißere und trockenere Jahre brachte.

LEGENDE UND VERPFLICHTUNG

Dennoch hat die Erweiterung der Fläche die Streuung der Weinqualitäten im Scharzhofberg vergrößert. Dies hat zum einen mit den geologischen und kleinklimatischen Bedingungen zu tun. Zum Zweiten nahm mit der Zahl der im Scharzhofberg aktiven Erzeuger aber auch die Bandbreite der Weinstile zu. Dabei folgen – leider – nicht alle der heute im Scharzhofberg begüterten Erzeuger jenem alten, stillschweigenden Konsens, wonach sich die Effekthascherei ultramoderner Weinbereitung bei den Produkten einer so hochkarätigen Weinberglage verbietet.

Konkurrierende Stilvorbilder gab es natürlich schon vor 1971, wobei diejenigen, die Verständnis für den kulturellen Rang dieses Crus erkennen lassen, sich neben und mit dem Müller'schen Archetyp bis heute erhalten haben. Beispielsweise steht das Weingut von Hövel für besonders leichtfüßige, spielerische Weine. Das Weingut Reichsgraf von Kesselstatt ist für Scharzhofberger bekannt, die Stoffigkeit und zuweilen sogar eine gewisse Strenge mit animierender Eleganz verbinden.

Die Legende des Scharzhofbergs jedenfalls speist sich aus der Einheit, die Familie Müller aus der peniblen Bearbeitung eines außergewöhnlichen Weinbergs und aus gekonnter minimalistischer Weinbereitung geschaffen hat. Alte Reben, zum Teil noch wurzelechte Stöcke aus dem 19. Jahrhundert, ergeben bei sorgsamer Lese und überlegter Selektion ein Traubengut, das den Weintyp aus sich selbst heraus bestimmt. Der Most wird spontan in alten Holzfudern vergoren. Die Gärung kommt zum Erliegen, während der Wein noch mehr oder weniger süß ist. Fuder mit stimmiger Süße-Säure-Balance werden separat abgefüllt. Fuder mit etwas zu trockenen Weinen werden mit solchen verschnitten, deren Wein etwas zu süß geblieben ist. Vor der Abfüllung wird einzig filtriert und geschwefelt. So »einfach« und letztlich so unnachahmlich ist das Rezept, das den Mythos begründet hat.

DIE BESTEN WEINLAGEN *an der Saar*

BESONDERS PRIVILEGIERTE LAGEN

Kanzem Altenberg

▸ Seite 62/BC23

Größe: 18,7 ha **Höhe:** 145–260 m

Exposition: Südsüdost

Steilheit: 50–85 %

Boden: Grünlich-grauer Schiefer, mäßig verwittert, flachgründig und mager. Feinerde tonig-schluffig, vor allem im unteren Teil des Hangs mit rötlichen, eisenhaltigen Anteilen, im oberen Teil lehmig.

Wichtigste Rebsorte: Riesling

Wichtigste Weingüter: Von Othegraven, Van Volxem, Bischöfliche Güter Trier

Besonderheiten: Lage nördlich des Ortes Kanzem jenseits der Saarbrücke, oberhalb der hier von Nordost nach Südwest verlaufenden Saar. Lichtverstärkung und Temperaturausgleich durch den nahe gelegenen Fluss.

Weintyp: Schieferduftend, sehr mineralisch, zuweilen in der Jugend karg wirkend durch ausgeprägte Salzigkeit, jedoch nuancenreich, langlebig. Fulminante Spätlesen.

Kanzem Hörecker

▸ Seite 62/C23

Größe: 0,4 ha **Höhe:** 145–180 m

Exposition: Südsüdost

Steilheit: 60 %

Boden: grünlich-grauer Schiefer, mäßig verwittert, Feinerde tonig-schluffig, mit rötlichen Anteilen

Wichtigste Rebsorte: Riesling

Wichtigstes Weingut: von Hövel (Alleinbesitz)

Besonderheiten: eine Enklave innerhalb des Kanzem Altenbergs, im südwestlichen, tiefer gelegenen Teil des Weinbergs

Weintyp: typischer Schieferduft, mineralisch, saftig, mit Kraft und außerordentlichem Spiel, Auslesen sogar mit gewissem Schmelz, salzig, langlebig

Scharzhofberg

▸ Seite 62/C4

Größe: 28,1 ha **Höhe:** 180–310 m

Exposition: Süd bis Südsüdost, am westlichen Rand der Lage einige Parzellen Südwest

Steilheit: 30–60 %

Boden: Stark verwitterter Grauschiefer, sehr hoher Gesteinsanteil (bis zu 70 %), Feinerde tonig-schluffig, verbreitet mit rötlichen Anteilen, im westlichen Teil des Bergs vorwiegend Braunerde. Im östlichen Teil nennenswerter Grauwackeanteil am Bodenskelett.

Wichtigste Rebsorte: Riesling

Wichtigste Weingüter: Egon Müller zu Scharzhof, von Hövel, Reichsgraf von Kesselstatt, Van Volxem, Bischöfliche Güter Trier

Besonderheiten: Lage östlich des Ortes Wiltingen in einem windoffenen Quertal. Bewaldung auf dem Rücken des Bergs reguliert den Wasserhaushalt, gute Belüftung in den oberen Lagen. Der zentrale Scharzhofberg weist eine wärmespeichernde Muldenform auf.

Auf eine gewisse Weise unscheinbar und doch ehrfurchtgebietend: der Scharzhofberg.

DIE BESTEN WEINLAGEN *an der Saar*

Schwindelerregend steil: die Einzellage Kanzem Altenberg.

Weintyp: In der Jugend stets verschlossen; mit Flaschenreife markant würzige, eindringliche Aromatik, am Gaumen extraktreich bei hoher Eleganz. Für Langlebigkeit berühmt.

PRIVILEGIERTE LAGEN

Oberemmel Hütte

▸ Seite 62/C5

Größe: 5,0 ha **Höhe:** 250–320 m

Exposition: Südsüdost bis Südwest

Steilheit: 40–60 %

Boden: Schiefer, relativ stark verwittert, hoher Anteil von Grus

Wichtigste Rebsorte: Riesling

Wichtigstes Weingut: von Hövel (Alleinbesitz)

Besonderheiten: stark dem Wind ausgesetzter, hoch gelegener Weinberg im selben Seitental wie der Scharzhofberg

Weintyp: elegant, leicht, fein, deutlich mineralisch, hohe Prädikate mit viel Saft und Spiel

Ockfen Bockstein

▸ Seite 62/E3

Größe: 52,9 ha **Höhe:** 180–320 m

Exposition: westlicher Teil des Weinbergs Süd, zentrale und östliche Parzellen Südwest, östlicher Rand Süd

Steilheit: 35–60 %

Boden: Grauwacke und Grauschiefer, quarzitischer Sandstein, Milchquarz, skelettreich, grusig, steinig, stellenweise gelbliche Feinerde

Wichtigste Rebsorte: Riesling

Wichtigste Weingüter: St. Urbans-Hof, Forstmeister Geltz-Zilliken, Dr. Wagner, Von Othegraven, Dr. Fischer

Besonderheiten: Umschließt den Ort Ockfen von Nordwesten bis nach Osten. Ein Wald auf dem Bergkamm schützt vor kalten Fallwinden.

Weintyp: robust, kraftvoll, vergleichsweise körperreich

Saarburg Rausch

▸ Seite 62/E2

Größe: 8,7 ha **Höhe:** 180–300 m

Exposition: westlicher Teil des Weinbergs Südsüdwest, im Bereich des Kegels Süd bis Südost

Steilheit: 40–60 %

Boden: Grauwacke und weicher, dünnblättriger Devonschiefer, sehr steinig, aufgrund eines Durchbruchs von Vulkangestein durch den Devonschiefer auch Basaltgesteine (Diabas), rötliche Feinerde

Wichtigste Rebsorte: Riesling

Wichtigste Weingüter: Forstmeister Geltz-Zilliken, Dr. Wagner

Besonderheiten: Lage westlich bis nordöstlich des Orts Saarburg, relativ gut windgeschützt, im östlichen Teil den Ortskern als Kegel umlaufend. Die Reben im Zentralhang dieses Kegels (»Franzens Knüppchen«) genießen den ganzen Tag über Sonnenschein. Überdies wirkt sich die Nähe von Stadt und Fluss förderlich aufs Mikroklima aus. Der Name Rausch ist weiblich (*die* Saarburg Rausch) und leitet sich vom Dialektausdruck »Rusche« (= Geröll) ab.

Weintyp: Eindringliche, feine Schiefernoten, höhere Prädikate fruchtbetont. Markante, doch stets zarte Säurestruktur. Elegante und feingliedrige Weine, hervorragend lagerfähig.

Serrig Schloss Saarsteiner

▸ Seite 62/F3

Größe: 8,5 ha **Höhe:** 200–250 m

Exposition: Zum kleineren Teil West, in einer kegelförmigen Wölbung nach Südsüdost drehend. Größter Teil des Hangs Südsüdost.

Steilheit: 30–60 %

Boden: Grauwacke, Schiefer, Braunerde. Rötliche Einschlüsse im unteren, westwärts gerichteten Teil des Hangs sowie in der nach Süden vorgelagerten Nase des Bergs. Parzellen mit Ölschiefer und stärker verwittertem Schieferboden im östlichen Teil des Hangs.

Wichtigste Rebsorte: Riesling

DIE BESTEN WEINLAGEN *an der Saar*

Wichtigstes Weingut: Schloss Saarstein (Alleinbesitz)
Besonderheiten: Lage nördlich des Ortes Serrig, angrenzend an den Staatsforst, der Saarstein und Serrig verbindet. Der Wald im Rücken des Weinbergs dient als Wasserreservoir. Innerhalb des Weinbergs herrschen inhomogene Reifebedingungen. Nach Westen liegende Teile des Weinbergs sind steiler und überblicken die Saar, die östlichen Parzellen sind eher flach, profitieren jedoch von einer geschützten Muldenlage.
Weintyp: mineralisch, kühle Anmutung, Zitrusaromen, säurebetont, zuweilen streng, gute Lagerbeständigkeit

Wiltingen Braune Kupp

▸ Seite 62/B3

Größe: 4,0 ha **Höhe:** 160–260 m
Exposition: Südsüdwest bis Südsüdost
Steilheit: 50–60 %
Boden: Schieferverwitterung, hoher Skelettanteil, toniger Feinboden
Wichtigste Rebsorte: Riesling
Wichtigste Weingüter: Le Gallais, in Bewirtschaftung durch Egon Müller zu Scharzhof (Alleinbesitz)
Besonderheiten: Lage im Scheitelpunkt der Saarschleife, die Wiltingen und Kanzem verbindet. Starke Licht- und Wärmereflexion.
Weintyp: reichhaltige, fruchtige Weine, zu komplexer Würze reifend

GUTE LAGEN

Ayl Herrenberger ▸ Seite 62/D2, 4,5 ha, Südwest, 50 %, tiefgründiger roter bis brauner Tonschieferverwitterungsboden
Ayl Kupp ▸ Seite 62/DE23, 49,2 ha, überwiegend Südwest, an der namensgebenden Kuppe nach Süd und Ostsüdost drehend, weitere Lagen Ost bis Südost, 20–60 %, inhomogene Lage, beste Partien klassifizierungswürdig
Saarburg Fuchs ▸ Seite 62/E2, 7,2 ha, Süd bis Südost, 40–60 %, Grauschiefer, hochwertiges Gewann: Stirn (flussnah in einer von Süd nach Südost drehenden Kuppe)
Saarburg Kupp ▸ Seite 62/E2, 9,3 ha, Südsüdwest bis Ostsüdost, 40–65 %, Grauschiefer
Schoden Herrenberg ▸ Seite 62/D3, 7,4 ha, überwiegened Nordwest, an einem wellenförmig ansteigenden Hang West bis Südwest, 10–50 %, Grauschiefer, einzelne günstige Parzellen
Schoden Saarfeilser Marienberg ▸ Seite 62/D3, 3,3 ha, Südost bis Südsüdost, 30–40 %, Grauschiefer
Serrig Herrenberg ▸ Seite 62/G3, 6,7 ha, Südsüdwest bis Südost, 45–70 %, Grauschiefer, hochwertige Flurstücke im Zentralhang
Serrig Schloss Saarfelser Schloßberg ▸ Seite 62/G3, 6,1 ha, Südost bis Süd, 20–50 %, Grauschiefer
Serrig Würtzberg ▸ Seite 62/G3, 5,2 ha, Südsüdost, 30–60 %, Grauschiefer
Wawern Herrenberger ▸ Seite 62/C2, 3,5 ha, Südsüdost, 40–60 %, schwach verwitterter Grauschiefer, sehr gesteinsreich, auf alten Steuerkarten hoch besteuert. In den letzten Jahrzehnten durch das Fehlen engagierter Weingüter beinahe in Vergessenheit geraten. Teilweise neu aufgestockt, potenziell klassifizierungswürdig.
Wiltingen Braunfels ▸ Seite 62/CD34, 19,5 ha, West bis Südwest, 25–50 %, Grauschiefer in variierenden Verwitterungsgraden, Grauwacke, Quarzit, Ton. Beste Parzellen in westlicher Nachbarschaft des Scharzhofbergs.
Wiltingen Gottesfuß ▸ Seite 62/B3, 3,4 ha, Westsüdwest bis Südwest, 50–90 %, Grauschiefer, Wacke, flachgründig, stellenweise rötliche Imprägnierungen, spektakuläre Steillage
Wiltingen Hölle ▸ Seite 62/B3, 1,5 ha, Südsüdost bis Süd, 30–60 %, Grauschiefer
Wiltingen Kupp ▸ Seite 62/B3, 7,0 ha, Süd bis Südwest, 50–60 %, Devonschiefer, mäßig bis stark verwittert, stellenweise rötliche Imprägnierungen

Wiltinger Panorama: Blick vom Wiltingen Gottesfuß auf die Lagen Braune Kupp und Hölle.

Ruwer

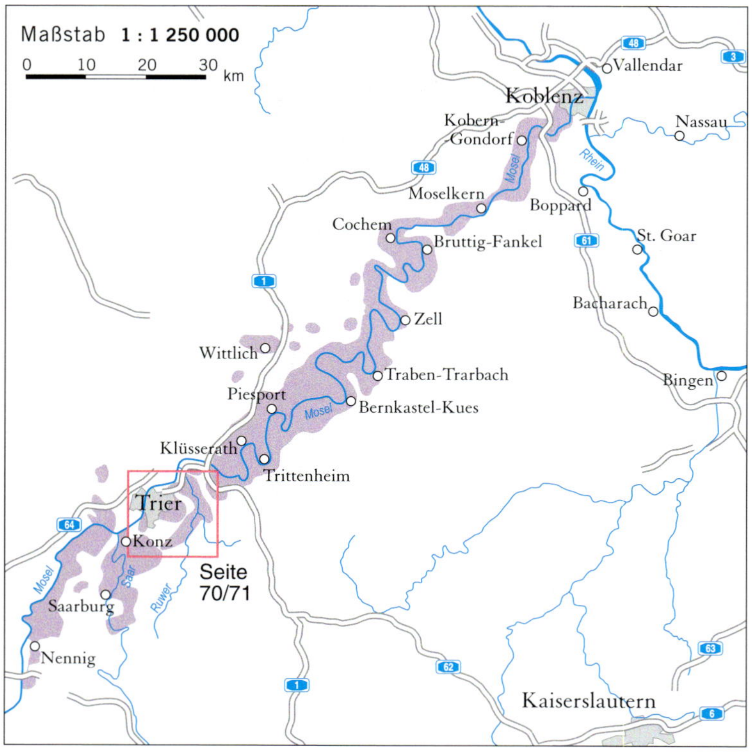

Seit Herbst 2007 sind die Teile »Saar« und »Ruwer« aus dem Namen des bestimmten Anbaugebiets Mosel-Saar-Ruwer getilgt. Auch auf den Flaschenetiketten der Saar- und Ruwerweine steht nur noch »Mosel« als Herkunftsbezeichnung. Eine entsprechende Änderung des Weingesetzes hatte das Bundeskabinett »auf Wunsch der Winzer aus der Region« am 9. August 2006 beschlossen. Damit ist eine sperrige, aber traditionsreiche Gebietsbezeichnung verschwunden, die erstmals durch das Weingesetz von 1909 festgelegt wurde und auf den Weinetiketten seit 1936 gebräuchlich war. Unter »Mosel«, so die Begründung, lassen sich die Weine des Anbaugebiets international besser vermarkten. Saar und Ruwer hingegen werden als charakteristische Weinregionen von den Konsumenten wohl in Zukunft nicht mehr so deutlich wahrgenommen, obwohl sich ihre Rieslinge in ihrer geschmacklichen Ausprägung – bedingt durch das kühlere Klima – von denen etwa der Mittelmosel deutlich unterscheiden.

Der Bereich Ruwertal (seit 1998 vom Bereich Saar getrennt) östlich von Trier umfasst eine bestockte Rebfläche von 190 Hektar (2006), die Weinberge, zumeist nach Süden und Südwesten ausgerichtet, erstrecken sich im Wesentlichen beidseits des Mosel-Nebenflusses zwischen Riveris und Trier-Ruwer. Die dominierende Rebsorte ist hier wie an der Mosel der Riesling mit neunzig Prozent Rebflächenanteil. Die Rieslinge von der Ruwer weisen häufig ebenso viel Säure auf wie die von der Saar, zeigen aber in guten Jahren und aus den

INFO *Ruwer*

Anbaufläche: 190 ha

Rebsorten: Riesling (90 %), Spätburgunder (3 %), Weißburgunder (2 %), Kerner (1 %), Müller-Thurgau (1 %), Frühburgunder (1 %), Regent (0,5 %), Grauburgunder (0,5 %)

Vorherrschende Bodentypen: Schieferverwitterungsböden; grauer und blauer Devonschiefer mit hohem Feinerdeanteil; gute Versorgung mit organischen Substanzen.

Durchschnittlicher jährlicher Niederschlag: 754 mm (Trier)

Durchschnittlicher Niederschlag im Erntemonat (Oktober): 64 mm (Trier)

Jahresdurchschnittstemperatur: 9,9 °C (Trier)

Sonnenstunden jährlich: 1265 (Trier)

(Klimadaten jeweils 1961–1990, Quelle: Deutscher Wetterdienst)

Hauptgefahren für den Weinbau: Frost im Frühjahr und Herbst

Der menschliche Beitrag zum Terroir: Die wichtigste Entscheidung der Winzer war die Umstellung der Weinberge auf Rieslingreben, die bereits im 19. Jh. begann, weil der Riesling auf den Schieferverwitterungsböden ohne Zweifel die besten Ergebnisse bringt.

Größter Bluff: In den 1980er-Jahren setzte ein ehemaliger Weinbaupräsident seinen Prädikatsweinen Zucker zu und verstieß damit gegen das Gesetz, das er selbst mitverfasst hatte.

Rieslingreben auf rotem Devonschiefer: die Einzellage Maximin Grünhaus Herrenberg.

besten Lagen eine ausdrucksvollere Frucht, gepaart mit hoher Mineralität und ausgestattet mit Aromen von reifen Pfirsichen und Schwarzen Johannisbeeren, aber auch von Brombeeren und Himbeeren. An der Ruwer wachsen große trockene Rieslinge (etwa die Auslesen vom Karthäuserhofberg), aber auch fein nuancierte fruchtige Kabinette und Spätlesen sowie Eisweine, Beeren- und Trockenbeerenauslesen. Die erste Trockenbeerenauslese von der Ruwer füllte das Weingut Maximin Grünhaus vom legendären Jahrgang 1921 ab.

GESCHICHTE

Das Ruwertal ist seit dem 6. Jahrhundert v. Chr. besiedelt, und bereits in vorrömischer Zeit sollen dort Reben gestanden haben, weshalb man sich gern als ältestes deutsches Weinanbaugebiet bezeichnet. Wichtigster geschichtlicher Bezugspunkt für die Region aber ist im Jahr 17 v. Chr. die Gründung der römischen Niederlassung Augusta Treverorum, der heutigen Stadt Trier. In den folgenden Jahrhunderten entwickelte sich Trier zu einem Zentrum des Weinbaus, zunächst vor allem gefördert durch das Benediktinerkloster Sankt Maximin, das Weinbesitz in vielen Orten an der Mosel und auch an der Ruwer hatte. Im Jahr 966 schenkte Kaiser Otto I. dem Kloster das Weingut Grünhaus, dessen ältester Keller allerdings bereits römischen Ursprungs ist. Rund vierhundert Jahre später engagierten sich auch die Karthäusermönche im Weinbau an der Ruwer, nachdem ihnen Kurfürst Balduin von Luxemburg 1335 ein Gut am Eitelsbach übereignet hatte. Diese beiden historischen Weingüter gehören heute zu den Spitzenbetrieben an der Ruwer: Maximin Grünhaus im Besitz der Familie Carl von Schubert, der Karthäuserhof unter der Regie von Christoph Tyrell.

Eine richtungweisende Entscheidung für den Weinbau im Moselgebiet traf der Trierer Kurfürst und Erzbischof Clemens Wenzeslaus, Besitzer von einer Million Weinreben und ausgewiesener Weinkenner. Er verfügte 1786 die einheitliche Bepflanzung der Weinberge an der Mosel mit Riesling, weil er auf den steilen Schieferhängen die besten Ergebnisse bringe und damit am wirtschaftlichsten sei. Doch die Umstellung ging – bedingt durch politische Veränderungen und nachfolgende wirtschaftliche Schwierigkeiten – nur schleppend voran. Später verdrängte der Riesling jedoch zunehmend die anderen Rebsorten und stand um 1910 auf 88 Prozent der Rebflächen an Mosel, Saar und Ruwer.

Während der napoleonischen Besetzung Anfang des 19. Jahrhunderts wurde der kirchliche Weinbergbesitz säkularisiert und die Realteilung eingeführt mit der Konsequenz, dass die Lagen im Lauf der folgenden Jahrzehnte kleinparzelliert wurden. Einen deutlichen Aufschwung erlebte der Weinbau, als das Gebiet 1815 zu Preußen kam. Nun hatten

Spitzenweine durch Edelfäule: Rieslingtraube mit Botrytisansatz.

die Moselweine, also auch die von der Ruwer, fast eine Monopolstellung und konnten gute Preise erzielen. Mit dieser wirtschaftlichen Blütezeit war es vorbei, als sich die Länder im Deutschen Zollverein zusammenschlossen und die Schutzzölle fielen. Die Konkurrenz durch die süddeutschen Weingebiete, eine Reihe miserabler Ernten, später auch Schädlinge und Krankheiten wie Reblaus und Peronospora (Falscher Mehltau) ruinierten die wirtschaftliche Basis der Winzer. Viele von ihnen wanderten in andere Regionen oder nach Amerika aus.

Gegen Ende des 19. und am Anfang des 20. Jahrhunderts gehörte Preußen zu den wichtigsten Abnehmern der Rieslinge aus dem heutigen Anbaugebiet Mosel, die Weine aus der Region ließen sich teuer verkaufen. Insbesondere die hochwertigen süßen und edelsüßen Gewächse fanden auch im europäischen Ausland Liebhaber, und den Weingütern ging es wirtschaftlich recht gut. Nach dem Zweiten Weltkrieg schwappte auch über Mosel-Saar-Ruwer die Welle billiger süßer Massenweine, gegen die sich die qualitätsorientierten Betriebe zunächst vergeblich stemmten. Im Gefolge dieser Entwicklung warfen selbst im kleinen Anbaugebiet Ruwer gesetzwidrige Panschereien Schatten auf den Weinbau, die aber durch individuelles Engagement der Winzer relativ schnell beseitigt wurden. Heute zählen die fruchtsüßen und edelsüßen Rieslinge aus besten Ruwerlagen, aber auch einige trockene Gewächse zu den herausragenden deutschen Weinen.

KLIMA

Der Bereich Ruwertal liegt – wie das Anbaugebiet Mosel insgesamt – im nördlichen Grenzbereich des Rebenanbaus, aber als Teil der westlichsten deutschen Weinregion auch in einer maritim beeinflussten Klimazone mit relativ milden Wintern und warmen Sommern. In Trier erreicht die Temperatur im Jahresdurchschnitt einen Wert von 9,9 Grad Celsius. Als Teil des Rheinischen Schiefergebirges ist das Ruwertal durch Eifel und Hunsrück gegen kalte Nord- und Ostwinde geschützt.

Auf den sonnigen Steilhängen der tief eingeschnittenen Täler profitieren die Reben von einer extrem langen Vegetationsperiode, die vor allem dem Riesling die Möglichkeit zum Ausreifen bietet. Im Mittel der letzten Jahre können die Winzer an der Ruwer mit mehr als 1260 Sonnenstunden jährlich rechnen. Begünstigt wird der Weinbau durch die Schieferböden, die die Wärme aufnehmen und gleichmäßig wieder abstrahlen. Die vorherrschenden Westwinde bringen, jahreszeitlich günstig verteilt, mit etwa 750 Millimeter Regen ausreichend Niederschlag in die Weinberge.

BÖDEN UND LAGEN

In den besten Steillagen an der Ruwer treten Schieferverwitterungsböden aus dem Devon auf, wobei grauer und blauer Schiefer vorherrschend sind. Nur der Maximin Grünhaus Herrenberg weist überwiegend Rotschiefer mit Rippen von blauem Schiefer auf. Die Böden sind flach- bis mittelgründig, teilweise auch tiefgründig, gelegentlich mit einem hohen Feinerdeanteil.

Die bevorzugten Lagen verteilen sich auf rechtwinklig zur Ruwer gelegene Seitentäler in südlicher, teils auch südwestlicher oder südöstlicher Ausrichtung, die eine günstige Sonneneinstrahlung garantiert.

Zum großlagenfreien Bereich Ruwertal zählen heute 22 bestockte Einzellagen.

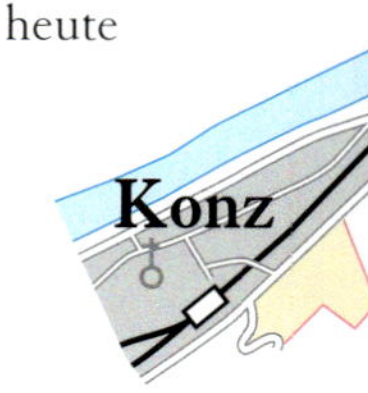

ZEICHENERKLÄRUNG

- **Hausen** – Ort mit Weinbauflächen
- Hausen – Ort ohne Weinbauflächen
- Bereichsgrenze
- Großlagengrenze
- Einzellagengrenze
- Besonders privilegierte Lage
- Privilegierte Lage
- Gute Lage
- Weitere Rebflächen
- 1 – VDP Erste Lage
- ○ – Sehenswürdigkeit

Fortsetzung siehe Seite 62

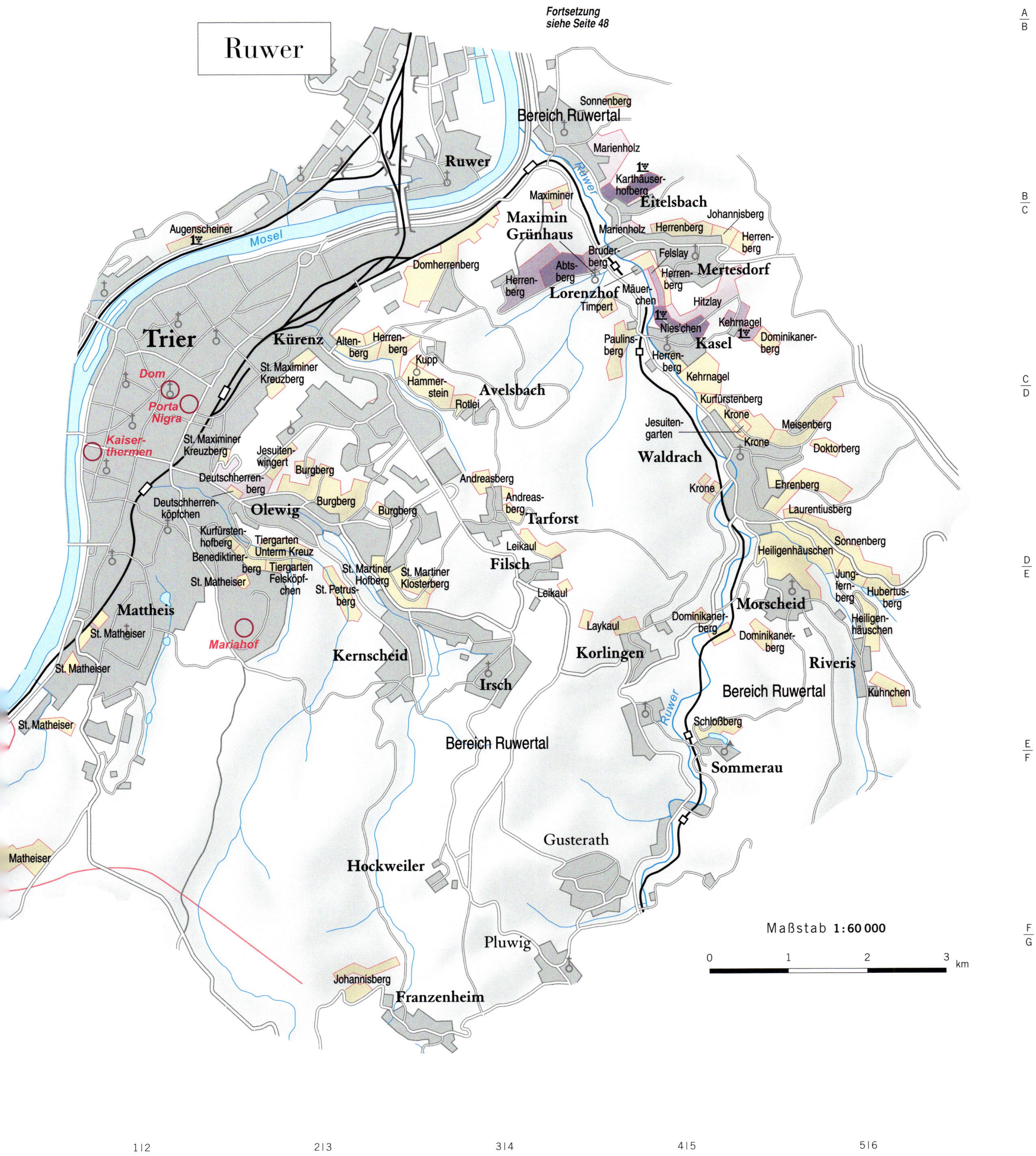
Ruwer
Fortsetzung siehe Seite 48
Sonnenberg
Bereich Ruwertal
Marienholz
Karthäuser-hofberg
Eitelsbach
Ruwer
Maximiner
Maximin Grünhaus
Johannisberg
Marienholz
Herrenberg
Herren-berg
Augenscheiner
Mosel
Domherrenberg
Bruder-berg
Abts-berg
Herren-berg
Felslay
Mertesdorf
Lorenzhof
Herren-berg
Mäuer-chen
Timpert
Hitzlay
Nies'chen
Kehrnagel
Dominikaner-berg
Kasel
Trier
Kürenz
Alten-berg
Herren-berg
Kupp
Paulins-berg
Herren-berg
Kehrnagel
Dom
Porta Nigra
St. Maximiner Kreuzberg
Hammer-stein
Rotlei
Avelsbach
Kurfürstenberg
Krone
Meisenberg
Jesuiten-garten
Krone
Doktorberg
Kaiser-thermen
St. Maximiner Kreuzberg
Jesuiten-wingert
Burgberg
Waldrach
Deutschherren-berg
Andreasberg
Krone
Ehrenberg
Deutschherren-köpfchen
Olewig
Burgberg
Burgberg
Andreas-berg
Tarforst
Laurentiusberg
Kurfürsten-hofberg
Tiergarten Unterm Kreuz
Leikaul
Heiligenhäuschen
Sonnenberg
Benediktiner-berg
Tiergarten Felsköpf-chen
St. Martiner Hofberg
St. Martiner Klosterberg
Filsch
St. Matheiser
St. Petrus-berg
Leikaul
Jung-fern-berg
Hubertus-berg
Mattheis
Laykaul
Dominikaner-berg
Morscheid
Heiligen-häuschen
St. Matheiser
Mariahof
Dominikaner-berg
Kernscheid
Korlingen
Riveris
St. Matheiser
Irsch
Bereich Ruwertal
Kühnchen
Ruwer
St. Matheiser
Bereich Ruwertal
Schloßberg
Sommerau
Gusterath
Matheiser
Hockweiler
Maßstab 1:60 000
0
1
2
3
km
Pluwig
Johannisberg
Franzenheim
A/B
B/C
C/D
D/E
E/F
F/G
1|2
2|3
3|4
4|5
5|6

DIE BESTEN WEINLAGEN *an der Ruwer*

BESONDERS PRIVILEGIERTE LAGEN

Eitelsbach Karthäuserhofberg

▸ Seite 71/BC4

Größe: 17,2 ha **Höhe:** 170–275 m

Exposition: Südsüdost bis Südsüdwest

Steilheit: 38–53 %

Boden: Devonschieferverwitterungsböden, von Eisenadern durchzogen, flach- bis mittelgründig, Feinbodenanteil nach Südwesten zunehmend

Wichtigste Rebsorten: Riesling, Weißburgunder

Wichtigstes Weingut: Karthäuserhof (Alleinbesitz)

Besonderheiten: Schutzwaldungen nach Nordosten und Süden

Weintyp: säurebetonte, rassige Rieslinge mit extrem hoher Mineralität und von feiner Art, großes Lagerpotenzial

Kasel Nies'chen

▸ Seite 71/C45

Größe: 14,2 ha **Höhe:** 170–240 m

Exposition: Südsüdwest

Steilheit: 15–70 %

Boden: Schieferverwitterungsböden mit einem Steinanteil von 40–60 %, blaue Schieferplatten, flach- bis mittelgründig, in manchen Parzellen mit viel Feinerde am Hangfuß

Wichtigste Rebsorte: Riesling

Wichtigste Weingüter: Reichsgraf von Kesselstatt, Karlsmühle, Erben von Beulwitz

Besonderheiten: Im oberen Hangbereich windexponierte Lage mit guter Sonnenreflexion durch hohen Schieferanteil, aber mit geringerem Wasserhaltevermögen. Am Hangfuß sehr hohe Temperaturen durch Sonneneinstrahlung in die windgeschützten Parzellen.

Weintyp: ausdrucksstarke, dabei hochelegante, filigrane und würzig-mineralische Rieslinge mit feiner Fruchtsäure, ausgeprägte Lagentypizität

Maximin Grünhaus Abtsberg

▸ Seite 71/C4

Größe: 13,9 ha **Höhe:** 140–270 m

Exposition: Südost bis Südwest

Steilheit: 40–70 %

Boden: mittel- bis tiefgründiger, skeletthaltiger blauer Devonschieferverwitterungsboden

Wichtigste Rebsorte: Riesling

Wichtigstes Weingut: C. von Schubert'sche Schloßkellerei (Alleinbesitz)

Besonderheiten: Lage in einem Seitental der Ruwer, Weinbau vermutlich seit dem 4. Jh. (966 erstmals urkundlich erwähnt). Auf der großen, runden Kuppe bewegt sich die Sonneneinstrahlung von Ost nach West; gegen Nordwesten ist die Lage geschützt. Natürliche Dauerbegrünung, guter Humusgehalt durch organische Düngung.

Weintyp: rassige, charaktervolle Rieslinge mit mineralischer Würze (Schiefer) und eleganter Säure, oft Cassis-Ton im Bukett, großes Alterungspotenzial

PRIVILEGIERTE LAGEN

Kasel Kehrnagel

▸ Seite 71/CD5

Größe: 11,6 ha **Höhe:** 150–320 m

Exposition: Süd bis Südwest

Steilheit: 15–60 %

Boden: mittelgründiger, schwach steiniger Schieferverwitterungsboden

Wichtigste Rebsorte: Riesling

Schieferverwitterungsboden mit hohem Steinanteil: die Einzellage Kasel Nies'chen.

DIE BESTEN WEINLAGEN *an der Ruwer*

Wichtigste Weingüter: Reichsgraf von Kesselstatt, Karlsmühle, Erben von Beulwitz

Besonderheiten: Durch Berge geschützt vor kalten Winden. Gute Wasserführung der Böden, teils tiefgründig.

Weintyp: mineralische, kräftige Rieslinge, je nach Weinberg verspielt

Lorenzhof Felslay

▸ Seite 71/C4

Größe: 3,2 ha **Höhe:** 150–210 m

Exposition: Südwest bis West

Steilheit: 45–75 %

Boden: flach- bis mittelgründiger Devonschieferverwitterungsboden mit Quarziteinlagerungen

Wichtigste Rebsorte: Riesling

Wichtigstes Weingut: Karlsmühle (Alleinbesitz)

Besonderheiten: Steilstlage, sehr warm und felsig

Weintyp: mineralische, schlanke und elegante Rieslinge mit feinem Duft

Maximin Grünhaus Bruderberg

▸ Seite 71/C4

Größe: 1,1 ha **Höhe:** 140–170 m

Exposition: Ost bis Südost

Steilheit: 50–70 %

Boden: feuchter, skelettreicher blauer Devonschieferverwitterungsboden mit sandigem Lehm

Wichtigste Rebsorte: Riesling

Wichtigstes Weingut: C. von Schubert'sche Schloßkellerei (Alleinbesitz)

Besonderheiten: Lage am unteren Fuß des Grünhäuser Weinbergs, durchquert von einer gut erhaltenen römischen Wasserleitung. Sehr gute Wasserführung auch in trockenen Jahren.

Weintyp: Körperreiche Rieslinge mit mineralischer, kräftiger Säure, perfekt für feinherbe, fruchtige Weine. Gutes Lagerungspotenzial.

Maximin Grünhaus Herrenberg

▸ Seite 71/C4

Größe: 18 ha **Höhe:** 190–290 m

Exposition: Südost

Steilheit: 20–60 %

Boden: flach- bis mittelgründiger roter Devonschieferverwitterungsboden mit Gehängelehm und Rippen von blauem Schiefer

Wichtigste Rebsorten: Riesling, Müller-Thurgau

Wichtigstes Weingut: C. von Schubert'sche Schloßkellerei (Alleinbesitz)

Besonderheiten: Lage im oberen Teil der Grünhäuser Weinberge. Nicht zu verwechseln mit dem Mertesdorf Herrenberg, der nicht im Entferntesten das Potenzial der Grünhäuser Lagen hat. Tiefgründiger Boden sorgt für beste Nachhaltigkeit in trockenen Jahren, dann qualitativ mit dem Abtsberg vergleichbar.

Weintyp: Feinduftige, aromatische und geschmeidige Rieslinge mit großer Frucht und feiner Säure, prädestiniert für feinherbe Weine. Sehr gute Lagerfähigkeit.

Kompakter Weinberg im Alleinbesitz des Weinguts Karthäuserhof: die Einzellage Eitelsbach Karthäuserhofberg.

GUTE LAGEN

Eitelsbach Marienholz ▸ Seite 71/B45, 30,5 ha, Süd bis Südwest, 20–40 %, flach- bis mittelgründiger, schwach steiniger grauer Schieferverwitterungsboden mit Gehängelehm, gut durchlüftete Lage

Kasel Hitzlay ▸ Seite 71/C5, 8,4 ha, Südsüdost bis Südwest, 15–45 %, flach- bis mittelgründiger, steiniger Schieferverwitterungsboden, sehr hoher Schieferanteil

Lorenzhof Mäuerchen ▸ Seite 71/C4, 3 ha, Südwest bis West, 30–70 %, flach- bis tiefgründiger, steiniger Devonschieferverwitterungsboden, im Alleinbesitz des Weinguts Karlsmühle

Mittelrhein

Es gibt kaum ein anderes deutsches Anbaugebiet, das die touristische Sehnsucht nach dem romantischen Weinbau so sehr erfüllt wie der Mittelrhein. Hoch über dem Fluss, auf steilen, malerischen Rebterrassen neben mittelalterlichen Burganlagen und pittoresken Ruinen, klammern sich die Weinberge an die Steilhänge des Mittelrheingrabens – eine überaus sehenswerte romantische Rhein- und Weinlandschaft, die im Jahr 2003 von der Unesco zum Weltkulturerbe erklärt wurde.

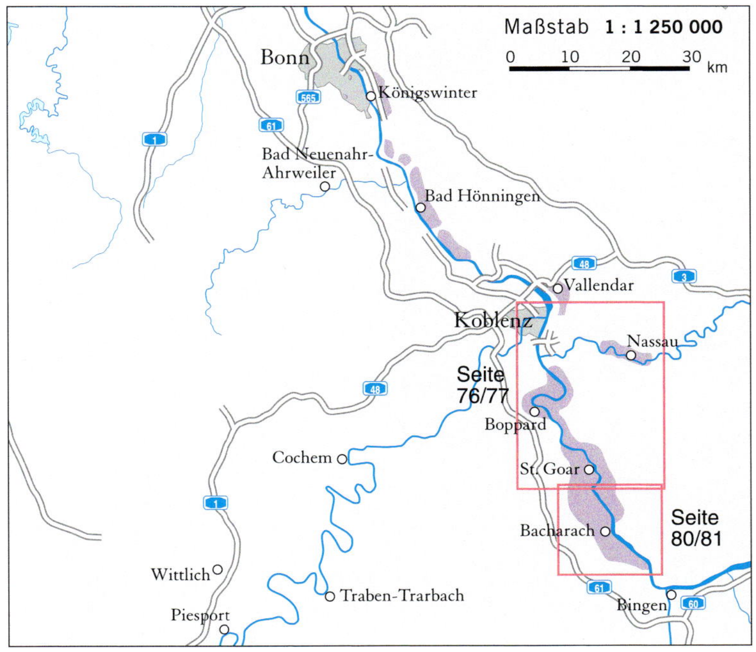

GESCHICHTE

Der kurze Blick in die Historie zeigt, dass auch am Mittelrhein – wie in allen deutschen Weinregionen – die Römer als Erste Reben kultivierten. Von der Mosel griff der Weinbau auf das Rheintal über und breitete sich zunächst in Flachlagen am Flussufer zwischen Koblenz und Bonn aus. Mit dem Niedergang des Römischen Reiches und dem Rückzug der Römer aus den germanischen Provinzen kam der Weinbau um die erste Jahrtausendwende am Mittelrhein weitgehend zum Erliegen. Allein die noch am Ende der Römerzeit gegründeten Klöster setzten die weinbauliche Tradition fort und verbesserten nach und nach die überlieferten Anbau- und Kellertechniken. Die erste frühmittelalterliche Beurkundung des Weinbaus am Mittelrhein geht auf das Jahr 643 und den Ort Boppard zurück, wo der Kölner Bischof Kunibert Weinberge besaß. Im Lauf des Mittelalters wanderte der Weinbau immer höher in die Steillagen des Mittelrheintals – ein erster und nachhaltiger Ansatz eines Qualitätsweinbaus, dessen Idee sich bis heute gehalten hat.

Erst der Dreißigjährige Krieg und die Zerstörung der meisten Burgen, Städte und Gemeinden am Ende des 17. Jahrhunderts durch die französischen Truppen Ludwigs XIV. beendeten den Aufschwung des Weinbaus am Mittelrhein. Ende des 19. Jahrhunderts brach mit der durch importierte nordamerikanische Reben eingeschleppten Reblaus eine weinbauliche Katastrophe über das Gebiet herein, sodass alle befallenen Rebstöcke vernichtet werden mussten. Dieser wirtschaftliche und soziale Einschnitt im Weinbau begünstigte vor allem den Obstbau. Auf den ehemaligen Rebhängen entstand rechts und links des Rheins von Kestert flussabwärts über Koblenz hinaus und im Neuwieder Becken eines der größten Kirschanbaugebiete Europas.

Die verbliebenen Winzer vermarkteten bis weit in das 20. Jahrhundert hinein ihre Weine vorwiegend im Fass über Weinkommissionäre und Weinhändler oder profitierten mit einem eigenen Ausschank vom aufkommenden Rheintourismus, der weniger Qualität, dafür mehr Quantität forderte. Zudem trat die Krise des Steillagenweinbaus, die am Mittelrhein bis heute nicht überwunden ist, immer deutlicher in den Vordergrund. Mehr als 60 Prozent der Rebflächen sind Steillagen mit über 30 Grad Steigung. Hinzu kommen rund 30 Prozent Hanglagen und 10 Prozent Flachlagen. Seit Jahrzehnten schrumpft das Anbaugebiet kontinuierlich, denn die aufwendige Handarbeit ist kostenintensiv und kann mit den erzielten Weinpreisen vielfach nicht kompensiert werden.

Auch Steillagenförderprogramme, Imagekampagnen und ein eigenes Marketing für den Steillagenweinbau haben in der Vergangenheit diese Entwicklung nicht aufgehalten, lediglich verzögert. Immer wieder werden Rebflächen aufge-

Panoramablick: Von der Bacharacher Lage Wolfshöhle aus zeigt sich das Rheintal als schönstes Postkartenmotiv.

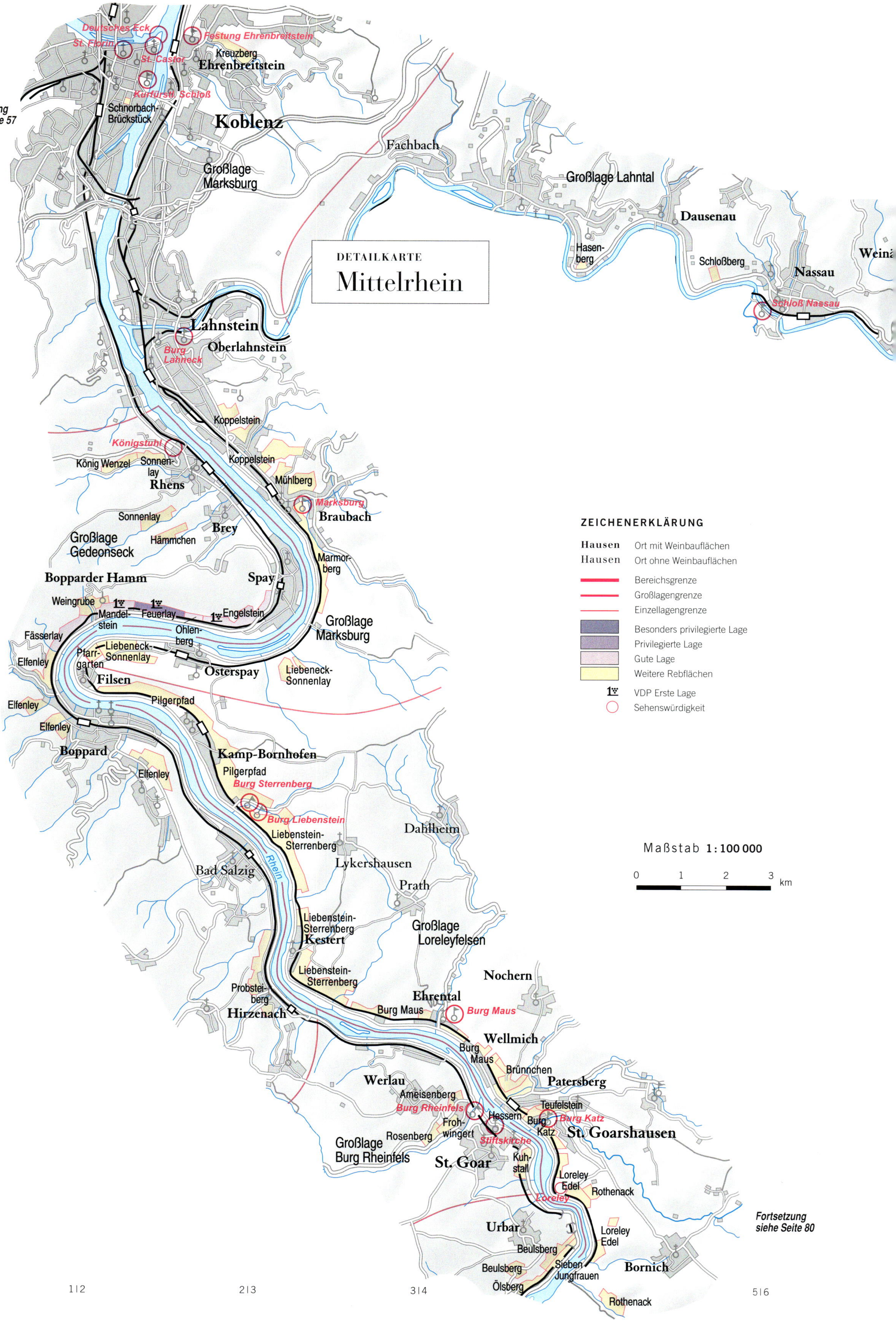
DETAILKARTE
Mittelrhein
Fortsetzung siehe Seite 57
Fortsetzung siehe Seite 80
Deutsches Eck
St. Florin
St. Castor
Festung Ehrenbreitstein
Kreuzberg
Ehrenbreitstein
Kurfürstl. Schloß
Schnorbach-Brückstück
Koblenz
Fachbach
Großlage Marksburg
Großlage Lahntal
Dausenau
Hasenberg
Schloßberg
Nassau
Weina
Schloß Nassau
Lahnstein
Burg Lahneck
Oberlahnstein
Koppelstein
Königstuhl
König Wenzel
Sonnenlay
Rhens
Mühlberg
Marksburg
Braubach
Sonnenlay
Hämmchen
Brey
Großlage Gedeonseck
Marmorberg
Bopparder Hamm
Spay
Weingrube
Mandelstein
Feuerlay
Engelstein
Großlage Marksburg
Fässerlay
Ohlenberg
Liebeneck-Sonnenlay
Pfarrgarten
Elfenley
Osterspay
Liebeneck-Sonnenlay
Filsen
Pilgerpfad
Elfenley
Elfenley
Boppard
Kamp-Bornhofen
Elfenley
Pilgerpfad
Burg Sterrenberg
Burg Liebenstein
Liebenstein-Sterrenberg
Dahlheim
Lykershausen
Bad Salzig
Rhein
Prath
Liebenstein-Sterrenberg
Kestert
Großlage Loreleyfelsen
Liebenstein-Sterrenberg
Probsteiberg
Hirzenach
Nochern
Ehrental
Burg Maus
Burg Maus
Wellmich
Burg Maus
Brünnchen
Patersberg
Werlau
Ameisenberg
Burg Rheinfels
Teufelstein
Hessern
Burg Katz
Frohwingert
Burg Katz
St. Goarshausen
Rosenberg
Stiftskirche
Großlage Burg Rheinfels
St. Goar
Kuhstall
Loreley Edel
Rothenack
Loreley
Urbar
Loreley Edel
Beulsberg
Sieben Jungfrauen
Bornich
Beulsberg
Ölsberg
Rothenack
ZEICHENERKLÄRUNG
Hausen Ort mit Weinbauflächen
Hausen Ort ohne Weinbauflächen
Bereichsgrenze
Großlagengrenze
Einzellagengrenze
Besonders privilegierte Lage
Privilegierte Lage
Gute Lage
Weitere Rebflächen
VDP Erste Lage
Sehenswürdigkeit
Maßstab 1:100 000
0 1 2 3 km
A/B
B/C
C/D
D/E
E/F
F/G
1|2
2|3
3|4
5|6

INFO *Mittelrhein*

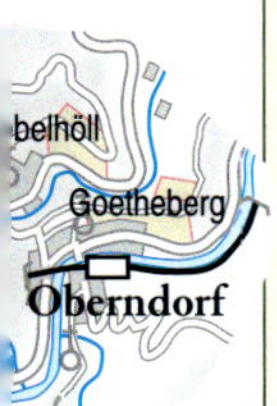

Anbaufläche: 440 ha. Der Bereich Siebengebirge wird durch die Großlage Petersberg abgedeckt und ist mit rund 24 ha Rebfläche der einzige Weinberg im Bundesland Nordrhein-Westfalen.

Rebsorten: Riesling (70 %), Spätburgunder (9 %), Müller-Thurgau (5 %), Kerner (3 %), Dornfelder (3 %), Weißburgunder (2 %), Blauer Portugieser (1 %), Grauburgunder (1 %)

Vorherrschende Bodentypen: Schieferschutt und Grauwackeverwitterung, vorwiegend aus Gesteinen des devonischen Untergrunds (400 bis 340 Millionen Jahre alt). Die ältesten Schichten bestehen aus rotem und grünlichem Schiefer. Dazu kommt Lockermaterial wie sandiger Lehm, an manchen Stellen auch Sand und Kies.

Durchschnittlicher jährlicher Niederschlag: 604 mm (Oberwesel)

Durchschnittlicher Niederschlag im Erntemonat (Oktober): 47 mm (Oberwesel)

Jahresdurchschnittstemperatur: 10 °C (Oberwesel)

Sonnenstunden jährlich: 1530 (Oberwesel)

(Klimadaten jeweils 1961–1990, Quelle: Deutscher Wetterdienst)

Hauptgefahren für den Weinbau: Spätfröste, starker Regen mit Bodenerosionswirkung, gleichzeitig Trockenheit. Dazu relativ niedrige Weinpreise bei relativ hohen Produktionskosten in den Steillagen.

Der menschliche Beitrag zum Terroir: Nach der »Gesundschrumpfung« des Gebiets durch gezielte Flächenstilllegung und Aufgabe kleiner Betriebe orientieren sich die Winzer verstärkt in Richtung Qualität, um das angeschlagene Image des Mittelrheinweins als »Touristenwein« zu korrigieren. Vor allem im aufwendigen Steillagenanbau werden vermehrt finanzielle und personelle Anstrengungen unternommen, um diese Kulturform des Weinbaus und damit den visuellen Charakter der Landschaft entlang des Rheins zu erhalten.

Größter Bluff: Wenn auch deutlich weniger als in den 1970er-und 1980er-Jahren, kommen aus bekannten und renommierten Lagen des Gebiets doch nach wie vor billige und belanglose Weine, die vor allem in den Touristenzentren ausgeschenkt werden. Es fehlt an einer ambitionierten Gastronomie, über die vor allem hochwertige Rieslinge aus klassifizierten Lagen vermarktet werden können. Die Steillagenförderprogramme erreichen leider nicht das Bewusstsein des Verbrauchers, für entsprechend produzierte Weine auch den wirtschaftlich angemessenen Preis zu zahlen.

geben. Selbst exponierte Lagen wie der Boppard Hamm sind teilweise vor einer Überwucherung nicht gefeit. Zahlreiche kleine Familienbetriebe geben die Bewirtschaftung auf, landwirtschaftliche Arbeit ist für viele nicht attraktiv und vor allem nicht ausreichend lukrativ. Hinzu kam das EU-Flächenstilllegungsprogramm inklusive Rodungsprämien für Außenlagen, die nicht zu den Kernlagen der Region gehörten. Von 1979 bis 2007 hat das Weinbaugebiet Mittelrhein rund 40 Prozent seiner Rebflächen verloren, ein Rückgang von 748 auf aktuell rund 440 Hektar. Im Jahr 1950 waren am Mittelrhein sogar noch rund 1450 Hektar mit Reben bestockt. Immer mehr kleine Weingüter geben auf. So gab es 1957 am Mittelrhein noch 1274 Betriebe, 2003 betrug die Zahl der Haupterwerbsbetriebe nur noch 77. Dazu kommen rund 130 Nebenerwerbsbetriebe.

DIE MITTELRHEIN-RENAISSANCE

Dennoch gibt es am Mittelrhein keinen Grund zur Resignation, denn die verbliebenen Winzer haben so etwas wie eine Mittelrhein-Renaissance initiiert und teilweise neue Parzellen in Spitzenlagen wieder kultiviert. Heute präsentiert sich das Anbaugebiet Mittelrhein als konstante und verlässliche Qualitätsregion, die dank einer Handvoll engagierter Familienbetriebe zeigt, was in den Böden der Steillagen steckt. Das Zentrum dieses Engagements liegt eher im südlichen Teil des Mittelrheins, zwischen Bacharach, Boppard und Spay. Ansporn und Vorbild dieser Qualitätsbewegung war Peter Jost vom Hahnenhof in Bacharach, der Anfang der 1990er-Jahre mit seinem konsequenten Qualitätsweinbau den Mittelrhein aus dem Dornröschenschlaf geweckt hat. Winzer wie Jens Didinger aus Osterspai, Dr. Randolf Kauer aus Bacharach, Jörg Lanius aus Oberwesel, Thomas Perll aus Boppard und nicht zuletzt die jungen Weinmacher Matthias Müller und Florian Weingart aus dem Weinort Spay sind ihm gefolgt und produzieren heute anstelle von Grundweinen für die Sektindustrie oder billigen Schoppen für den Rheinromantik-Tourismus vor allem Rieslinge von Format, die weit über die Region hinaus Beachtung finden. Die meisten Weine werden von den Weingütern selbst vermarktet, doch längst findet man vor allem die Rieslinge der genannten Betriebe auch im Fachhandel und in der gehobenen Gastronomie.

WEINBAU

Das Anbaugebiet Mittelrhein erstreckt sich über fast 120 Kilometer rechtsrheinisch von Kaub, die Lahn eingeschlossen, und linksrheinisch von Trechtingshausen bis zu den nördlichen Ausläufern des Siebengebirges. Nach Westen hin begrenzen die Mittelgebirge Hunsrück und Eifel das Gebiet, im Osten liegen die Ausläufer des Taunus, im Norden der Westwald und das Siebengebirge. Alle Gebirgszüge zusammen bilden das sogenannte Rheinische Schiefergebirge.

Die Anbauregion gliedert sich in die beiden Bereiche Siebengebirge und Loreley und umfasst elf Groß- und 111 Einzellagen. Der Bereich Siebengebirge wird durch die Großlage Petersberg abgedeckt, die mit rund 24 Hektar Rebfläche der einzige Weinberg im Bundesland Nordrhein-Westfalen ist. Der Bereich Loreley setzt sich aus zehn Großlagen zusammen. Die meisten Weinberge liegen zwischen 80 und 300 Meter hoch über dem Fluss. Typisch ist in diesem Bereich der Terrassenweinbau, der trotz Flurbereinigung in vielen Parzellen erhalten geblieben ist. Dagegen ist die traditionelle Einzelpfahlerziehung weitgehend dem modernen Drahtrahmen gewichen.

KLIMA

In Sachen Klima nimmt das Rheinische Schiefergebirge eine Mittelstellung zwischen dem weitgehend kontinentalen oberrheinischen und dem atlantischen nordwestdeutschen Klimaraum ein, wobei der kontinentale Einschlag mit warmen bis heißen Sommern überwiegt. Dank relativ milder Winter, frühzeitig einsetzender Frühlingstemperaturen und Vegetation sowie einer bis in den Spätherbst möglichen Hänge- und damit Reifezeit der Trauben ist das Klima des Mittelrheintals für den Weinbau ideal. Mit rund 45 bis 50 Tagen im Jahr, an denen die Temperatur die 25-Grad-Marke übersteigt, gehört der Mittelrhein zu den wärmsten Regionen Deutschlands. Inwieweit hier die vorausgesagte Klimaverschiebung negativen Einfluss auf den Weinbau nehmen wird, ist noch umstritten, doch haben die Winzer längst die Tröpfchenbewässerung im Fokus, um den Folgen der heißen und zunehmend niederschlagsarmen Monate entgegenzuwirken. Zudem könnten die wasserreichen und kühleren Seitentäler des Rheins mit ihren tiefgründigen Böden, die im Mittelalter zu den besten Anbauregionen zählten, in Zukunft für den Qualitätsweinbau wieder interessant werden.

Naturtheater: Sichelartig schmiegen sich die Lagen des Bopparder Hamm an den Rheinlauf.

BÖDEN UND WEINE

Das mittelrheinische Terroir besteht überwiegend aus Schieferschutt und Grauwackeverwitterung, vor allem aus Gesteinen des devonischen Untergrunds (400 bis 340 Millionen Jahre alt). Die ältesten am Mittelrhein aufgeschlossenen Schichten bestehen aus rotem und grünlichem Schiefer. Dazu weisen die Böden Lockermaterial wie sandigen Lehm, stellenweise auch Sand und Kies auf. Der Feinerdeanteil der Weinberge, der wichtig ist für den Nährstoff- und Wasserhaushalt der Reben, stammt hauptsächlich aus diesen Lockerbildungen. Bunter Schiefer kommt vor allem im Abschnitt Bingerbrück-Trechtingshausen vor. Darüber liegt weißer Taunusquarzit, der aus ehemaligen Sandnehrungen im Unterdevonmeer hervorgegangen ist. Die nördlich anschließenden Böden sind vorwiegend mit grauem Quarzit und sandigem Schiefer durchzogen, dazu kommen schwarze Tonschieferschichten, die primär im Rheintalabschnitt zwischen Heimbach und Oberwesel verbreitet sind. Zwischen Bacharach und Boppard herrscht blauer Schiefer vor. Im näheren Umkreis des Neuwieder Beckens, das weinbaulich betrachtet immer noch seinen Dornröschenschlaf schläft, finden sich junge vulkanische Tuffe. Daneben kommen stellenweise auch basaltische Aschen vor, teilweise als Einlagerung im Löss.

Auf diesen steinigen Schiefer- und Grauwackeböden findet vor allem der Riesling einen interessanten Untergrund, der ihm rassigen Charakter, feinfruchtige Säure und stets eine mineralische Note mitgibt. Rund siebzig Prozent der Rebfläche sind mit Riesling bestockt, auf Platz zwei steht der Spätburgunder, gefolgt von Müller-Thurgau. Weiter stehen noch Weißburgunder, Grauburgunder und etwas Silvaner sowie Dornfelder und Blauer Portugieser mit geringen Rebflächenanteilen im Ertrag. In guten Jahren glänzen vor allem die leicht restsüßen Rieslinge vom Mittelrhein mit einer mineralischen Eleganz, wie sie in Deutschland selten zu finden ist. Trocken ausgebaut wirken die Weine in der Jugend zwar etwas zurückhaltend, weil die Säure noch sehr prägnant ist, gewinnen aber mit zunehmender Reife an komplexen Fruchtaromen und einer eleganten Firne.

DIE BESTEN WEINLAGEN *am Mittelrhein*

BESONDERS PRIVILEGIERTE LAGEN

Bacharach Hahn

▸ Seite 80/CD4

Größe: 5,6 ha **Höhe:** 90–200 m
Exposition: Südsüdost bis Süd
Steilheit: 55–68 %
Boden: Devonschieferverwitterungsböden mit mehr als 50 % Gesteinsanteil. Die Böden erwärmen sich leicht. Wegen des relativ geringen Wasserhaltevermögens ist Tröpfchenberegnung notwendig.
Wichtigste Rebsorte: Riesling
Wichtigstes Weingut: Toni Jost – Hahnenhof
Besonderheiten: Steillage im Engtal des Rheins, nahe der Loreley. Unter dem Weinberg wurde bis 1936 Dachschiefer abgebaut.
Weintyp: Die rassigen, eleganten Weine glänzen in einem harmonischen Zusammenspiel von Frucht und Mineralität. Typisch sind Fruchtaromen von Ananas, Maracuja und Mango. Gute Lagerfähigkeit.

Bopparder Hamm Feuerlay

▸ Seite 76/D2

Größe: 16,4 ha **Höhe:** 75–200 m
Exposition: Süd
Steilheit: 40–65 %
Boden: graugrünlicher Tonschieferverwitterungsboden mit blauschwarzen Einschlüssen, in verschiedenen Schichten angeordnet
Wichtigste Rebsorte: Riesling
Wichtigste Weingüter: Didinger, Florian Weingart, Matthias Müller, August und Thomas Perll
Besonderheiten: Zwischen Boppard und Spay im oberen Mittelrheintal bilden die linksrheinischen Hänge als Boppard Hamm die größte zusammenhängende Rebfläche des Weinanbaugebiets Mittelrhein. Dazu gehören die Einzellagen Engelstein, Ohlenberg, Feuerlay, Mandelstein, Weingrube, Fässerlay und Elfenlay. Die Flussbiegung sorgt für die Südlage der Weinberge, der Hunsrück schirmt sie von den feuchten Westwinden ab.
Weintyp: elegante, fruchtige Weine von saftiger Fülle und Komplexität

PRIVILEGIERTE LAGEN

Bacharach Posten

▸ Seite 80/D4

Größe: 4,0 ha **Höhe:** 150–230 m
Exposition: Süd bis Südost
Steilheit: 15–65 %
Boden: reiner verwitterter Devonschiefer
Wichtigste Rebsorte: Riesling
Wichtigste Weingüter: Friedrich Bastian, Ratzenberger
Besonderheiten: Fast senkrecht aufragender Schieferfelsen des »Vierthäler-Gebiets« hinter einer Bergflanke. Die Lage ist benannt nach einem ehemaligen Wachturm der alten Stadtmauer.
Weintyp: rassige, von Mineralität geprägte Weine, elegant und voller Dynamik

Bacharach Wolfshöhle

▸ Seite 80/D4

Größe: 20,2 ha **Höhe:** 100–200 m
Exposition: Süd bis Südost
Steilheit: 50–60 %

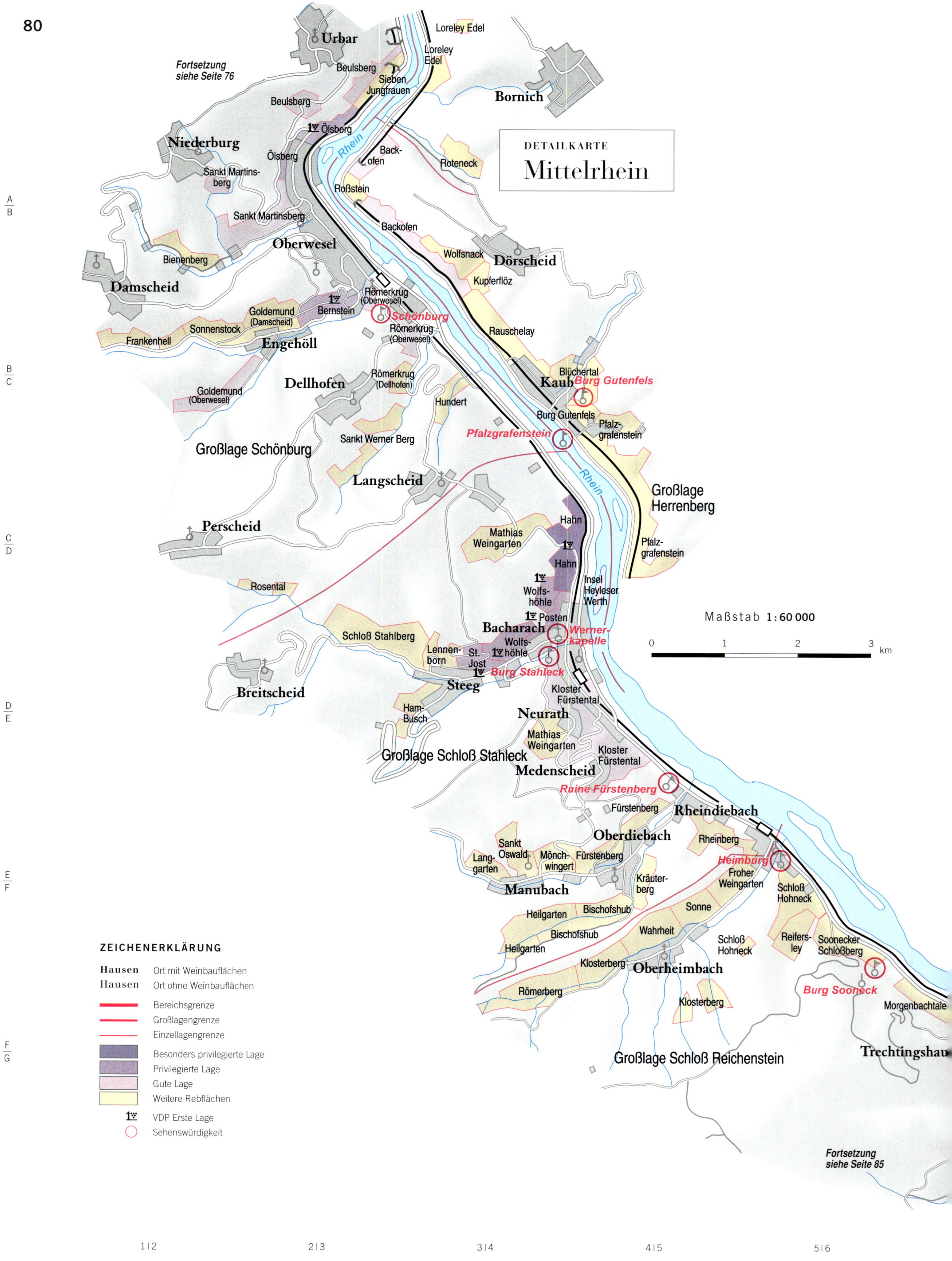

DETAILKARTE
Mittelrhein
Fortsetzung siehe Seite 76
Urbar
Loreley Edel
Loreley Edel
Beulsberg
Sieben Jungfrauen
Bornich
Beulsberg
1 Ölsberg
Niederburg
Rhein
Back-ofen
Roteneck
Ölsberg
Sankt Martins-berg
Roßstein
Sankt Martinsberg
Backofen
Oberwesel
Bienenberg
Wolfsnack
Dörscheid
Damscheid
Kupferflöz
Römerkrug (Oberwesel)
1 Bernstein
Goldemund (Damscheid)
Schönburg
Sonnenstock
Römerkrug (Oberwesel)
Rauschelay
Frankenhell
Engehöll
Blüchertal
Kaub
Burg Gutenfels
Römerkrug (Dellhofen)
Dellhofen
Goldemund (Oberwesel)
Hundert
Burg Gutenfels
Pfalz-grafenstein
Pfalzgrafenstein
Sankt Werner Berg
Großlage Schönburg
Rhein
Langscheid
Großlage Herrenberg
Hahn
Perscheid
Mathias Weingarten
1 Hahn
Pfalz-grafenstein
Rosental
1 Wolfs-höhle
Insel Heyleser Werth
1 Posten
Maßstab 1:60 000
0 1 2 3 km
Bacharach
Werner-kapelle
Schloß Stahlberg
Wolfs-1 höhle
Lennen-born
St. Jost
1 Burg Stahleck
Steeg
Breitscheid
Kloster Fürstental
Ham-Busch
Neurath
Mathias Weingarten
Großlage Schloß Stahleck
Kloster Fürstental
Medenscheid
Ruine Fürstenberg
Fürstenberg
Rheindiebach
Oberdiebach
Rheinberg
Sankt Oswald
Lang-garten
Mönch-wingert
Fürstenberg
Heimburg
Froher Weingarten
Kräuter-berg
Schloß Hohneck
Manubach
Sonne
Heilgarten
Bischofshub
Wahrheit
Bischofshub
Schloß Hohneck
Reifers-ley
Soonecker Schloßberg
Heilgarten
Klosterberg
Oberheimbach
Burg Sooneck
Römerberg
Klosterberg
Morgenbachtale
Trechtingshau
Großlage Schloß Reichenstein
ZEICHENERKLÄRUNG
Hausen Ort mit Weinbauflächen
Hausen Ort ohne Weinbauflächen
Bereichsgrenze
Großlagengrenze
Einzellagengrenze
Besonders privilegierte Lage
Privilegierte Lage
Gute Lage
Weitere Rebflächen
1 VDP Erste Lage
Sehenswürdigkeit
Fortsetzung siehe Seite 85
A/B
B/C
C/D
D/E
E/F
F/G
1|2
2|3
3|4
4|5
5|6

DIE BESTEN WEINLAGEN *am Mittelrhein*

Boden: wechselnde Bodenstruktur von mittelschwerem Tonschiefer bis zu kristallinem Schiefer

Wichtigste Rebsorte: Riesling

Wichtigste Weingüter: Friedrich Bastian, Ratzenberger, Dr. Randolf Kauer

Besonderheiten: Lage im Steeger Tal, anschließend an den Bacharach Posten.

Weintyp: Meist stahlige und süffige Weine, die durch ihre besonderen Fruchtaromen bestechen, von Pfirsich und Aprikose bis hin zu exotischen Noten von Maracuja und Limetten.

Engehöll Bernstein

▸ Seite 80/B23

Größe: 10,7 ha **Höhe:** 90–140 m

Exposition: Süd

Steilheit: 55–70 %

Boden: Reine Schieferverwitterung mit rund 70 % Steinanteil, sehr mineralstoffreich und leicht erwärmbar. Die Wasserhaltekapazität ist eher niedrig und muss laufend mit Humuszufuhr erhalten werden.

Wichtigste Rebsorte: Riesling

Wichtigstes Weingut: Lanius-Knab

Besonderheiten: Durch ihre günstige Exposition profitiert die Lage von einer langen Sonneneinstrahlung. Die hohen bewaldeten Berggipfel schützen vor kalten Winden.

Weintyp: Selbst in weinbaulich schwierigen Jahren charakterstarke, wiedererkennbare Weine, die sich auch nach der Reife durch Mineralität und feine Fruchtaromen auszeichnen.

Oberwesel Ölsberg

▸ Seite 80/A23

Größe: 5,8 ha **Höhe:** 70–120 m

Exposition: Süd

Steilheit: 60–70 %

Boden: Schieferverwitterung, in der oberen Bodenauflage Buntsandstein und durch den Rhein angeschwemmter Löss. Besonders fruchtbarer Boden, der alkalisch wirkt und trotz seiner mächtigen Bodenauflage durch Austrocknung gefährdet ist.

Wichtigste Rebsorte: Riesling

Wichtigste Weingüter: Lanius-Knab, Dr. Randolf Kauer

Besonderheiten: Im Oelsberg endet eine Bodenverwerfung, die sich quer durch Europa bis an den Rhein zieht und Buntsandstein in die oberen Bodenschichten gebracht hat.

Weintyp: sehr opulente und aromenreiche Weine mit prägnanter Säure

Steeg St. Jost

▸ Seite 80/D34

Größe: 7,0 ha **Höhe:** 100–220 m

Exposition: Süd

Steilheit: 50–60 %

Boden: Tonschiefer. In den besten Parzellen eine pastellfarbene Flugsandschicht, die von den letzten Vulkanausbrüchen vor mehr als 10 000 Jahren im Neuwieder Becken stammt.

Wichtigste Rebsorte: Riesling

Wichtigste Weingüter: Ratzenberger, Helmut Mades

Besonderheiten: Lage rund 600 m vom Rhein entfernt im Steeger Tal, benannt nach der Kapelle des heiligen Jodokus aus Aquitanien

Weintyp: Weine mit feiner Fruchtigkeit bei angenehm rassiger Säure, in guten Jahren mit nachhaltigem Schmelz

GUTE LAGEN

Bacharach Insel Heyleser Werth ▸ Seite 80/D4, 1,7 ha, zu 100 % flach, mittelschwerer Lehm- und Schlickboden

Bacharach Kloster Fürstental ▸ Seite 80/DE4, 5,5 ha, Südost, 20–50 %, Tonschieferverwitterungsboden

Bopparder Hamm Engelstein ▸ Seite 76/CD23, 2,1 ha, Südwest bis Südost, 20–65 %, Tonschieferverwitterungsboden, fast ausschließlich mit Riesling bestockt

Bopparder Hamm Mandelstein ▸ Seite 76/D2, 10,6 ha, Süd, 25–55 %, Tonschieferverwitterungsboden

Bopparder Hamm Ohlenberg ▸ Seite 76/D2, 8,1 ha, Süd, 20–65 %, Tonschieferverwitterungsboden

Boppard Fässerlay ▸ Seite 76/ D12, 13,8 ha, Südost, 65 %, leichter Tonschieferverwitterungsboden

Kaub Backofen ▸ Seite 80/AB3, 2,6 ha, Süd bis Südwest, 20–55 %, Tonschieferverwitterungsboden

Oberwesel Engehöller Goldemund ▸ Seite 80/BC2, 4,2 ha, Süd bis Südost, 25–60 %, Schieferverwitterungsboden, zu 100 % mit Riesling bestockt

Oberwesel Römerkrug ▸ Seite 80/BC3, 6,5 ha, Südwest, 20–55 %, Schieferverwitterungsboden, beste Parzellen im oberen Mittelstück

Oberwesel St. Martinsberg ▸ Seite 80/ AB2, 16,3 ha, Südwest bis Südost, 20–55 %, Schieferverwitterungsboden

Urbar Beulsberg ▸ Seite 80/A23, 3,0 ha, Südost, 20–55 %, Schieferverwitterungsboden mit Lehmanteilen

Steillagen: Bis an die Ufer des Rheins reichen die steilen Rebhänge in Oberwesel.

A/B

B/C

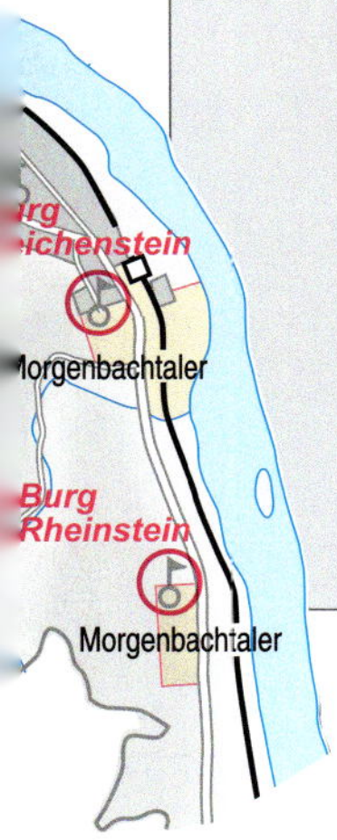

1|2 2|3 3|4 4|5 5|6

Rheingau

In keiner anderen deutschen Weinanbauregion sind wirtschaftlicher Erfolg und damit auch soziale und gesellschaftliche Strukturen so eng mit einer einzigen Rebsorte verbunden wie im Rheingau. Fast 80 Prozent der bestockten Gesamtrebfläche von insgesamt 3010 Hektar sind mit Riesling bepflanzt. Damit hat der Rheingau weltweit einen Rieslinganteil von 7,3 Prozent. Das Image und die Akzeptanz der Region als Weinbaugebiet hängen unmittelbar mit der edlen weißen Rebsorte zusammen, auch wenn längst andere deutsche Weinlandschaften mit ihren Rieslingen national und international punkten und dadurch die bis in die 1980er-Jahre reichende unbestrittene Vormachtstellung des Rheingaus in Sachen Riesling gebrochen haben.

Für viele traditionsreiche und weltberühmte Rheingauer Weingüter, die auf eine glorreiche und vor allem lukrative Rieslingvergangenheit zurückblicken, ist dies nur schwer zu akzeptieren. Allzu gern sonnt man sich im Glanz der »guten alten Zeiten«, und es scheint, als könne man davon immer noch relativ gut leben. Dennoch ist nicht zu übersehen, dass es im Rheingau auch in der Weinwirtschaft kriselt. So liegt etwa der Fassweinverkauf in der relativ kleinen Region immer noch bei rund 25 Prozent. Hinzu kommen strukturelle Verkehrsprobleme und Schwierigkeiten im Angebot bei Gastronomie und Hotellerie. Der Rheingau als Weinbauregion und Naherholungsgebiet des bevölkerungsstarken Rhein-Main-Gebiets schwankt zwischen Innovation und Stagnation, offener Moderne und teilweise lähmender Tradition. Nur am Riesling wird nicht gerüttelt. Die Euphorie der Neuzüchtungen und etwaige Moderebsorten wie Chardonnay und andere Global Player der letzten Jahrzehnte sind an der Region fast spurlos vorübergegangen. Allein der Spätburgunder (Pinot noir) hat seinen angestammten Platz verteidigt und ist mit rund 13 Prozent Anteil an der Gesamtrebfläche in den Rheingauer Weinbergen präsent. Vor allem in dem kleinen Weinort Assmannshausen bei Rüdesheim ist er die vorherrschende Rebsorte und seit mehr als 500 Jahren im Anbau.

Unbestrittene Spitzenlage ist der Assmannshausen Höllenberg, eine mittel- bis tiefgründige Schieferlage, teilweise durchzogen mit lehmigen Quarziten. Ein Großteil des Bergs wird von den Hessischen Staatsweingütern Domaine Assmannshausen bewirtschaftet, die mit ihren Spätburgundern lange Zeit das Rotweingeschehen im Rheingau bestimmten und heute, nach einem Qualitätseinbruch in den 1990er-Jahren, unter neuer Führung nur langsam wieder an die glorreichen Zeiten anknüpfen. Dagegen zeigte August Kesseler mit seinen intensiven und fruchtreichen, eleganten Spätburgundern in den 1990er-Jahren, welches Qualitätspotenzial im Höllenberg steckt, einer Lage, die immerhin zu den nördlichsten Rotweinlagen Deutschlands zählt. Mittlerweile bieten, angeregt durch die anhaltende nationale Nachfrage nach Rotwein, immer mehr Rheingauer Winzer auch Spätburgunder an. Meist sind es jedoch relativ dünne und strukturschwache Weine ohne wirklichen burgundischen Charakter. Vielfach fehlt den Winzern nicht nur die exponierte Spätburgunderlage mit dem geeigneten Boden und Kleinklima, sondern vor allem das eigentliche Know-how, um das Potenzial der sensiblen Rebsorte vollends auszuschöpfen.

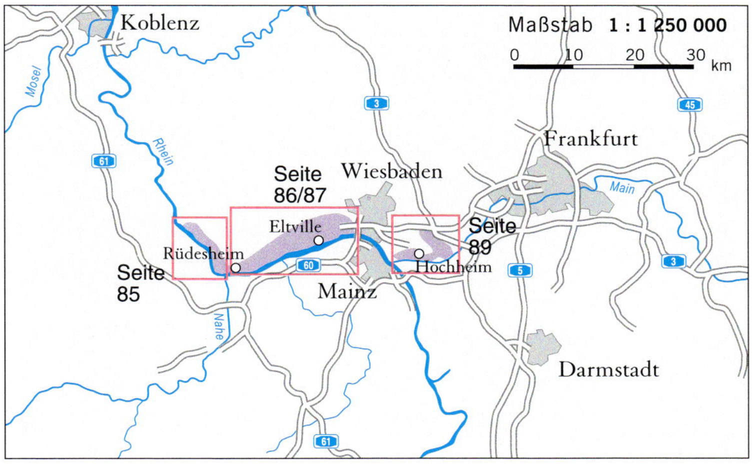

GEOGRAFIE UND KLIMA

Geografisch gehört der Rheingau zum Rhein-Main-Gebiet, einer der wärmsten und trockensten Klimazonen Mitteleuropas. Die Niederschläge im dreißigjährigen Mittel (1961 bis 1990) zeigen nur 582 Millimeter im Kalenderjahr, dagegen scheint die Sonne rund 1600 Stunden jährlich.

Rüdesheim Berg Roseneck: Teillage des Rüdesheimer Bergs, die westlich und oberhalb an die Lage Berg Rottland anschließt.

Das klassische Rieslinggebiet erstreckt sich rechtsrheinisch zwischen Hochheim und Lorchhausen, genau an der Stelle, wo der Rhein seinen gewohnten Lauf von Süd nach Nord ändert und für rund fünfzig Kilometer von Ost nach West fließt. Die Region zeigt sich im sogenannten oberen und mittleren Rheingau von Walluf bis Geisenheim in ausladenden Gefilden offen und weit, einige Flusskilometer abwärts im engen Rheintal von Rüdesheim bis Lorchhausen dagegen steil und verschlossen. Wicker, Flörsheim und Hochheim, die im Osten am Main gelegenen Enklaven, und Lorchhausen im Westen am Rhein sind die geografischen Eckpunkte des Rheingaus. Dazwischen liegen, aufgereiht wie an einer Perlenschnur, die Gemeinden und Städte mit ihren berühmten Weinbergen entlang des Rheins. Und darüber – sozusagen in zweiter Reihe – die Höhengemeinden, von Rauenthal über Kiedrich und Hallgarten bis Johannisberg.

Im Norden wird der Rheingau von den tief gestaffelten Wäldern auf den Bergzügen der westlichen Taunusausläufer begrenzt. Sie bieten Schutz vor den rauen Nordwinden, speichern das Wasser und verlangsamen seinen Abfluss. Von diesem Bergrücken fallen die Rebhänge nach Süden in Richtung Rheinufer ab. Sie genießen somit während des ganzen Tages die bestmögliche Sonneneinstrahlung. Der Rhein, der sich an manchen Stellen wie ein See ausbreitet, dient weniger als Reflexionsfläche, wie immer wieder behauptet wird, sondern vielmehr als Feuchtigkeits- und Wärmespeicher und sorgt damit für relativ gleichmäßige Temperaturen ohne extreme Schwankungen. Das jährliche Temperaturmittel des Rheingaus liegt bei rund 10,6 Grad Celsius, während der Vegetationszeit sogar bei 15,4 Grad Celsius.

BÖDEN UND WEINE

Geologisch ist der Rheingau zweigeteilt: Der obere Rheingau und die Gegend um Hochheim, Wicker und Flörsheim gehören zum sogenannten Mainzer Becken, einer Absenkung des tertiären Zeitalters. Es ist vor allem von Sedimenten geprägt, die überwiegend aus Mergeln, Kiesen, Sanden, Lehmen und Tonen bestehen, die größtenteils von Löss bedeckt sind. Der untere Rheingau gehört geologisch bereits zum Rheinischen Schiefergebirge. Hier bestimmen vorwiegend unterdevonische Sandsteine, Quarzite und Tonschiefer die meist mittel- und tiefgründigen Böden. In den höheren Lagen, vor allem in den steilen Weinbergen zwischen Rüdesheim und Lorchhau-

INFO *Rheingau*

Anbaufläche: 3088 ha

Rebsorten: Riesling (78%), Spätburgunder (13%)

Vorherrschende Bodentypen: Der obere Rheingau und die Gegend um Hochheim, Wicker und Flörsheim sind vor allem von Sedimenten geprägt, die überwiegend aus Mergeln, Kiesen, Sanden, Lehmen und Tonen bestehen. Im unteren Rheingau (gehört geologisch zum Rheinischen Schiefergebirge) bestimmen unterdevonische Sandsteine, Quarzite und Tonschiefer die meist mittel- und tiefgründigen Böden. In den steilen Weinbergen zwischen Rüdesheim und Lorchhausen dominieren Schiefer, Quarz, Kies und Sandstein.

Durchschnittlicher jährlicher Niederschlag: 582 mm (Geisenheim)

Durchschnittlicher Niederschlag im Erntemonat (Oktober): 42 mm (Geisenheim)

Jahresdurchschnittstemperatur: 10,6 °C (Geisenheim)

Sonnenstunden jährlich: 1603 (Geisenheim)

(Klimadaten jeweils 1961–1990, Quelle: Deutscher Wetterdienst)

Hauptgefahren für den Weinbau: Hagel, starker Regen mit Erosionswirkung, Trockenheit, besonders in südlich ausgerichteten Lagen mit flachem Boden und hohem Steingehalt, Rebkrankheiten, Pilzbefall, tierische Schädlinge

Der menschliche Beitrag zum Terroir: In Sachen Neuzüchtungen und international erfolgreiche Rebsorten sind die Rheingauer Winzer gegen alle Moden weitgehend standhaft geblieben und haben dem Riesling als unangefochtener Hauptrebsorte bis heute den Vorzug gegeben. Nach dem Imageverlust des Rheingauer Rieslings und den damit verbundenen wirtschaftlichen Einbrüchen in den frühen 1980er-Jahren ging mit der Gründung der Charta-Bewegung ein offensiver Qualitätsruck durch einen Teil der Winzerschaft, die damit den juristischen Weg für die Klassifizierung der Lagen als »Erste Gewächse« ebnete und gleichzeitig für die VDP-Klassifizierung »Großes Gewächs« Pate stand.

Größter Bluff: Auch im Rheingau hat das Weingesetz von 1971 traditionsreiche Lagennamen verschwinden lassen und gleichzeitig belanglose Weinberge unter der Bezeichnung renommierter Lagen subsumiert. Mit der Klassifizierung rund eines Drittels seiner Weinbaufläche hat sich der Rheingau offener Kritik ausgesetzt. Tatsächlich scheint die selbst gewählte und kontrollierte Messlatte nicht hoch genug zu liegen, um auch mittelmäßige Rieslinge von einer Klassifizierung auszuschließen. Ob zudem Spätburgunder beliebiger Herkunft, der eigentlich nur im unteren Rheingau rund um Assmannshausen traditionell angebaut wird und dort seine bevorzugten Bedingungen findet, mit dem Qualitätssiegel »Erstes Gewächs« ausgestattet werden soll, darf angesichts der Rotweinqualität in anderen deutschen Weinanbaugebieten bezweifelt werden.

sen, garantieren Schiefer, Quarz, Kies und Sandstein besonders rassige, elegante Rieslinge. In den tiefer gelegenen Rebhängen und um Hochheim am Main findet man dagegen schwere, tiefgründige und kalkhaltige Lössböden, auf denen eher stoffige und vollmundige Weine wachsen, die nicht minder elegant sind, aber über mehr Druck verfügen. Dieses geschmackliche Spannungsfeld hat den Rheingau über Jahrhunderte hinweg zur Musterregion des Rieslings gemacht.

Vor allem *eine* Spielart des Rieslings machte auf der ganzen Welt Furore und begründete über Jahrhunderte den guten Ruf der Rheingauer Weine: die edelsüßen Auslesen, Beerenauslesen, Trockenbeerenauslesen und Eisweine, deren elegante Süße von einem einzigartigen, finessenreichen Spiel der Aromen begleitet wird. Die markante Rieslingsäure macht den Balanceakt perfekt und sorgt für die Harmonie des Gesamtkunstwerks und für eine erstaunlich lange Haltbarkeit. In einigen Rheingauer Kellern schlummern Weine, die noch unter Napoleons Regentschaft auf die Flasche kamen und bis heute bei Versteigerungen für genussreiches Aufsehen sorgen. Aber auch einfachere Qualitäten haben es in sich: Kabinette und Spätlesen, die Flaggschiffe der Rheingauer Weinwirtschaft, entfalten nach zwei, drei Jahren ihre ganze Größe und verlieren dabei trotzdem nichts von ihrer jugendlichen Spritzigkeit. Bei richtiger Lagerung kann Rheingauer Riesling alt und dabei durchaus immer attraktiver werden.

GESCHICHTE

Begonnen hat die lange Weinbautradition des Rheingaus schon zur Römerzeit im 1. bis 3. Jahrhundert unserer Zeitrechnung, doch erst im Jahr 779 wurden in einer Schenkungsurkunde Weinberge in der Ortschaft Walluf erwähnt. Mit der »Veroneser Schenkung« im Jahr 983, durch die der Rheingau an das Erzbistum und spätere Kurfürstentum Mainz fiel, wurde der Rheingau geistliches Land. In der Folgezeit kam es zu zahlreichen Klostergründungen, deren bedeutendste Kloster Johannisberg (um 1106 durch die Benediktiner) und die Zisterzienserabtei Eberbach (1136) waren. Beide Klöster widmeten sich auch dem Weinbau, ließen Rebhänge roden, gründeten neue Ortschaften und brachten nach und nach System in den Rheingauer Weinbau. Bereits Mitte des 13. Jahrhunderts entsprach das Anbaugebiet im Wesentlichen der heutigen Ausdehnung. Vor allem das Kloster

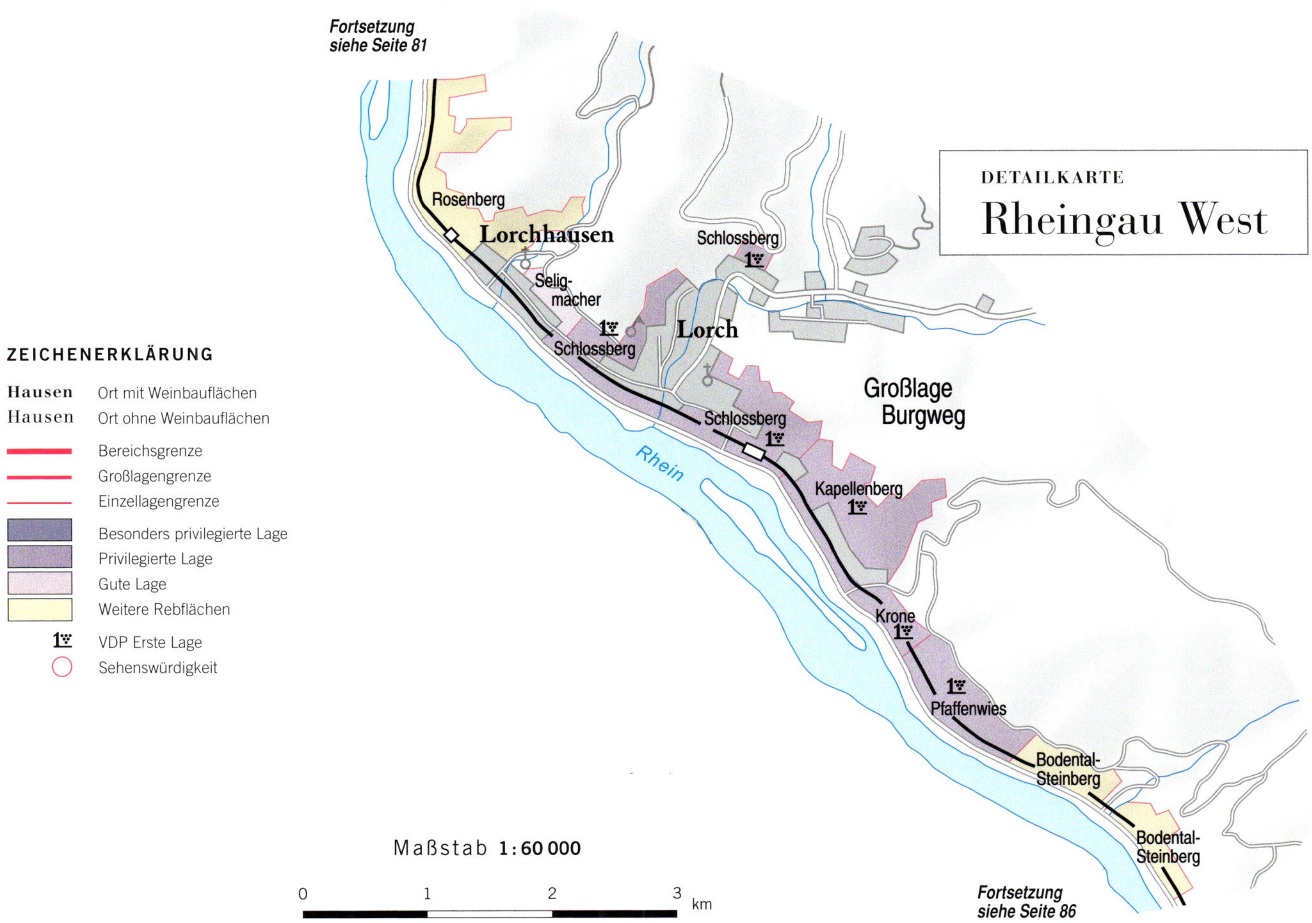

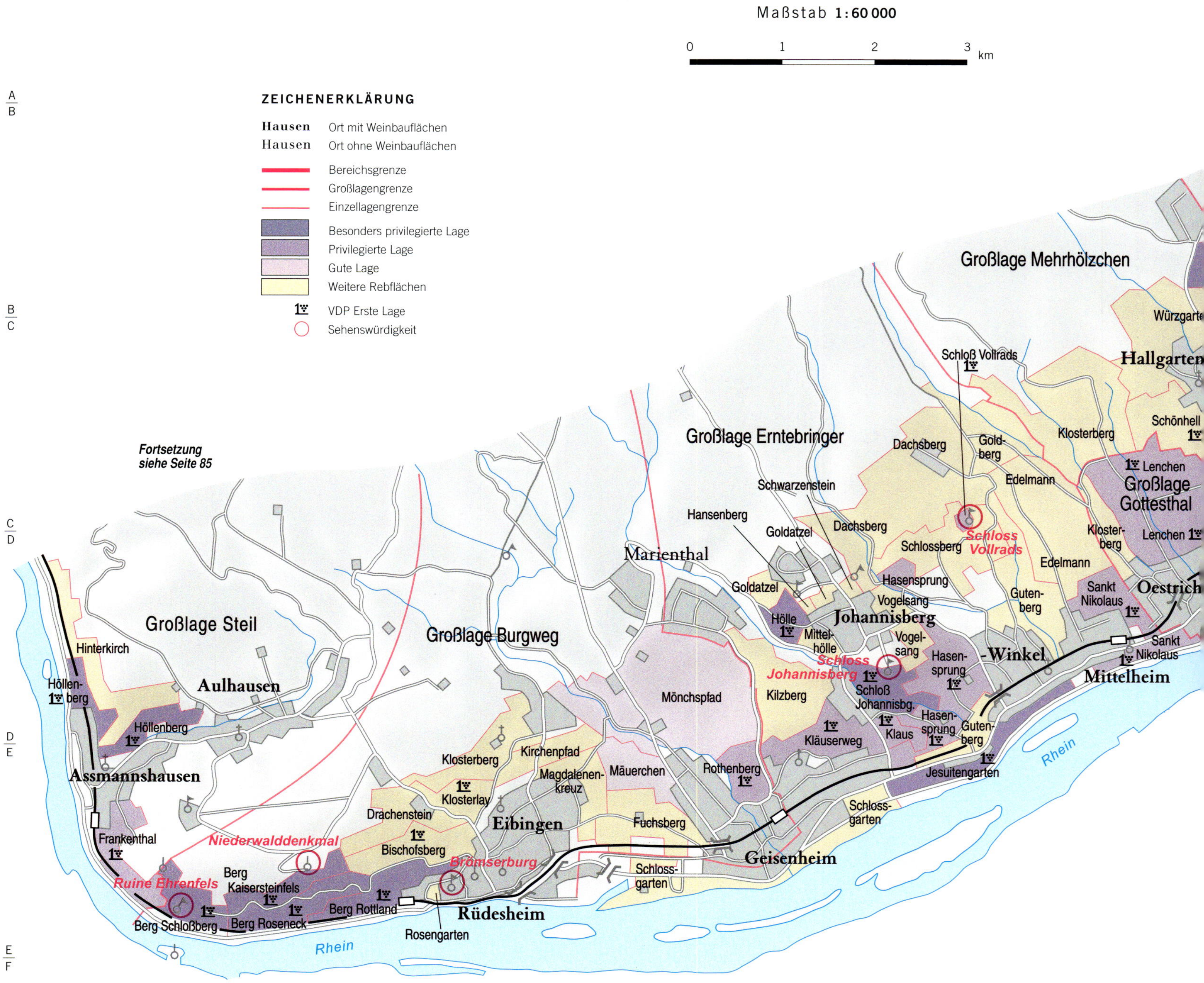

Eberbach kristallisierte sich im Lauf der Jahrhunderte immer mehr als Initiator einer »modernen« und wirtschaftlich erfolgreichen Weinwirtschaft heraus, die neben dem lukrativen Weinhandel auch kellertechnische Neuerungen umfasste.

Auch der Rieslinganbau wird von den Klöstern gefördert: Schon 1435 tauchen auf einer Rechnung des Klosters Eberbach »seczreben rießlingen in die wingarten« auf, und 1720 werden in den Weinbergen der alten Benediktinerabtei Johannisberg, die heute der Fürstabtei in Fulda untersteht, 294 000 Reben gepflanzt, wobei der »Rißling« die erste Stelle einnimmt. Bis heute steht in manchen Anbaugebieten der Neuen Welt der Name Johannisberger als Synonym für den Riesling. 1712 taucht im Kloster Eberbach zum ersten Mal der Begriff »Cabinet« für besonders hochwertige Weine auf, und 1775 wird im damaligen Kloster Johannisberg die Spätlese entdeckt. Zwar berichten Chronisten schon 1730, dass manche Winzer »gern eine kleine Fäulnis abwarten, um zur größeren Süßigkeit der Trauben zu gelangen«, und 1753 und

DETAILKARTE
Rheingau Mitte

1760 wird im Kloster Eberbach aus faulen Steinberger Trauben »ein extra gutes Stück Wein« gekeltert. Dennoch bleibt 1775 das Datum, das den Beginn einer planmäßig späten Lese von edelfaulen Trauben markiert. Gerade die edelsüßen Rheingauer Rieslinge sind es auch, die der Rebsorte in ganz Europa Ruhm und Anerkennung einbringen und an keiner königlichen, kaiserlichen, zaristischen oder fürstlichen Tafel fehlen. Zusammen mit den weißen und roten Burgundern und den Rotweinen aus Bordeaux bilden sie bis Anfang des 20. Jahrhunderts das Quartett der berühmtesten und teuersten Weine der Welt.

Mit dem Deutschen Weingesetz von 1971 wurde im Rheingau der Bereich Johannisberg geschaffen, um den historisch gewachsenen Lagenwirrwarr zu vereinfachen und dem Verbraucher einen besseren Überblick über die Region und ihre Weine zu ermöglichen. Dazu sollten fünf weitere Großlagen entstehen. Die traditionsreichen Weingüter konnten sich aber mit diesem Vorschlag nicht anfreunden und protestierten heftig. Die Weinbaupolitik ließ sich daher auf einen Kompromiss ein. Seit 1971 gibt es im Rheingau zwölf Großlagen und 120 Einzellagen, darunter viele weltweit bekannte wie etwa der Marcobrunn in Erbach, der Gräfenberg in Kiedrich, der alte Zisterzienserweinberg Steinberg, die arrondierten Weinberge von Schloss Johannisberg oder der Rüdesheimer Berg mit seinen untergliederten Einzellagen Berg Kaisersteinfels, Berg Roseneck, Berg Schlossberg und Berg Rottland.

SCHWÄCHEPHASE UND AUFBRUCH

Parallel zum klösterlichen Weinbau entstand im Rheingau so etwas wie eine adelige Weinbaukultur, von der die heute noch existierenden Adelsgüter wie Schloss Vollrads, Schloss Schönborn, Schloss Reinhartshausen, Weingut Prinz von Hessen oder das traditionsreiche Weingut Freiherr Langwerth von Simmern Zeugnis ablegen. Die beiden ehemaligen Klöster Johannisberg und Eberbach haben inzwischen weltliche Eigentümer: Schloss Johannisberg gehört zum Oetker-Konzern, und den Weinbergbesitz der Zisterzienserabtei Eberbach bewirtschaften die Hessischen Staatsweingüter Kloster Eberbach von ihrer modernen und behutsam in die Landschaft integrierten Kellerei am altehrwürdigen Steinberg aus.

Spätestens Anfang der 1980er-Jahre war es jedoch mit der adeligen Weinherrlichkeit vorbei. Viele renommierte Güter verloren mit mittelmäßigen Weinen, denen der einstige Glanz fehlte, zunehmend an Boden. Und ab Mitte der

1980er-Jahre erlebte der Rheingau mit aufeinanderfolgenden schwachen Weinjahrgängen einen qualitativen Einbruch. Traditionsreiche Weingüter wie Schloss Eltz und Schloss Groenesteyn verschwanden sogar völlig von der Bildfläche. Zur Schwäche in der Region gesellte sich die dynamische Aufholjagd der Nachbargebiete Pfalz, Nahe und Rheinhessen, die deutlich an Qualität zulegten. Erst eine neue Generation von Winzern, die alle aus bis dahin unauffälligen Familienbetrieben kamen – etwa Bernhard Breuer in Rüdesheim, Wilhelm Weil in Kiedrich, Gunther Künstler in Hochheim und Peter Jakob Kühn in Oestrich –, machte mit einer kompromisslosen Qualitätsoffensive eine Renaissance des Rheingauer Rieslings möglich. Diesen »Rieslingpionieren« folgten junge Talente wie Andreas und Bernd Spreitzer in Oestrich, Johannes Leitz in Rüdesheim und Johannes Eser in Johannisberg, die heute zu den Aushängeschildern der Region gehören.

Die Initialzündung für die Qualitätsoffensive gab die Vereinigung Charta, die unter dem Eindruck des Weingesetzes von 1971 und der damit verbundenen Schwierigkeiten einer genauen Lagenabgrenzung – bis dato für die Winzer und Verbraucher ein verlässliches Qualitätskriterium – im Jahr 1984 gegründet wurde. Ziel der in der Charta zusammengeschlossenen Winzer war es, die Tradition der Dahlen'schen Karte von 1885, die auf der Güte der Böden und dem Grundsteuereintrag der verschiedenen Lagen beruhte, aufzunehmen und die Spitzenlagen entsprechend zu klassifizieren. Auf den Flächen, die historisch als beste Parzellen bekannt waren, konnten die Mitglieder nach festgelegten Richtlinien Weine erzeugen. Dabei ging es ihnen vor allem um die Wiederentdeckung des trockenen Rheingauer Rieslings, der in der Süßwelle der 1970er- und 1980er-Jahre deutlich an Bedeutung verloren hatte. Im Jahr 1992 wurden die ersten Charta-Rieslinge mit dem Zeichen des romanischen Doppelbogens auf dem Etikett ausgezeichnet und lösten eine heftige Debatte um die Klassifizierung als solche und die damit verbundenen bezeichnungsrechtlichen Fragen aus.

»ERSTES GEWÄCHS«

Unter dem Eindruck dieser Problematik entschloss sich der Rheingauer Weinbauverband, mit der Einführung einer offi-

Eiswein: Die Trauben für diese Rieslingspezialität werden bei Minusgraden geerntet.

ziellen Lagenklassifikation »Erstes Gewächs« der Idee eine juristische Legitimation zu geben und gleichzeitig den Zugang zur Klassifizierung »Erstes Gewächs« für alle Rheingauer Winzer möglich zu machen. Die 1999 vorgestellte Lagenkarte, die nach festgelegten wissenschaftlichen Parametern Weinberge parzellenscharf klassifiziert, berücksichtigt nicht nur die kontinuierliche Qualität einer Weinberglage, sondern auch die klimatischen Bedingungen und die Bodenverhältnisse im Weinberg.

Rund 1100 Hektar Weinbergfläche sind in der Gütekarte als klassifiziertes Terroir ausgewiesen, was gut einem Drittel der Gesamtrebfläche des Rheingaus entspricht. Im Zusammenhang mit dem Elitegedanken erscheint dieser Anteil auf den ersten Blick außergewöhnlich hoch. Es ist jedoch zu berücksichtigen, dass der Rheingau ein relativ kleines, in sich geschlossenes homogenes Weinbaugebiet ist, das – begrenzt durch den Rhein im Süden und die Taunusausläufer im Norden – keinerlei geografische Erweiterungsmöglichkeiten hat und somit seit Jahrhunderten sein Lagenpotenzial in optimaler Weise nutzt. Dennoch sind einige Lagenklassifizierungen in Zukunft zu überdenken oder gar zurückzunehmen.

Das offene System »Erstes Gewächs« für alle Rheingauer Winzer hat unweigerlich dazu geführt, dass es immer wieder klassifizierte Weine aus Betrieben gibt, denen ansonsten die profunde Qualitätsbasis fehlt und deren Weine trotz sensorischer Prüfung leider nicht die tatsächliche Spitze der Region darstellen.

Weitere offizielle Kriterien für die Klassifizierung »Erstes Gewächs« sind strenge Selektion und der damit verbundene geringe Hektarertrag. Maximal 50 Hektoliter pro Hektar sind zulässig. Die selektive Weinlese per Hand ist zwingend vorgeschrieben. Eine weitere Voraussetzung zur Erlangung der Auszeichnung ist die sensorische Prüfung der Weine: Fachleute beurteilen Farbe, Geruch und Geschmack. Welche Weine von welchem Winzer sie dabei im Glas haben, wissen sie nicht, denn die sensorische Prüfung richtet sich streng nach den Regeln einer Blindverkostung. Ausschließlich Weine aus den beiden Hauptrebsorten des Rheingaus, Riesling und Spätburgunder, dürfen als »Erstes Gewächs« vermarktet werden. Wahlweise gibt es trocken ausgebaute Weine sowie edelsüße Rieslinge und Spätburgunder. Damit die »Ersten Gewächse« auf einen Blick zu erkennen sind,

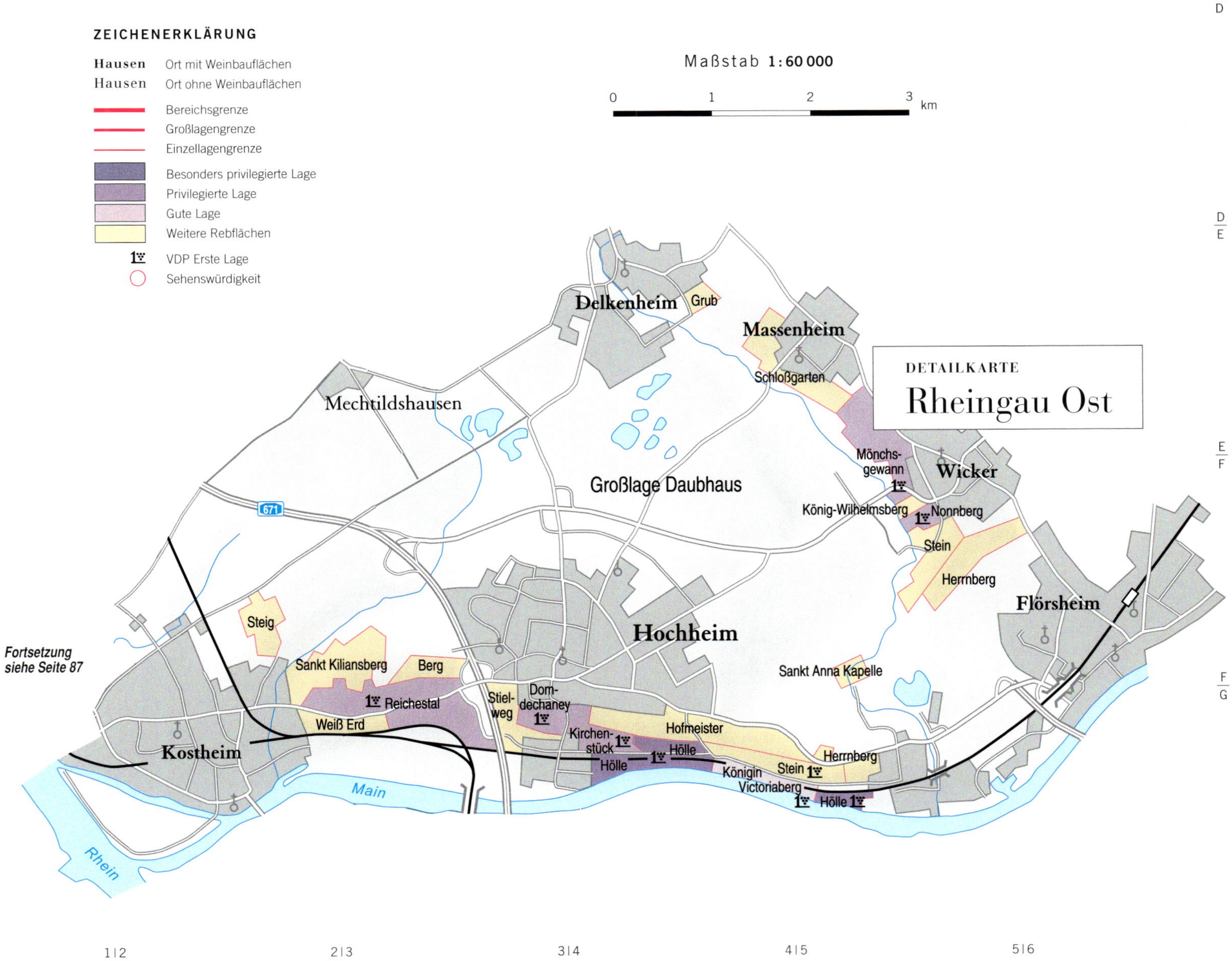

tragen sie die drei romanischen Bogen auf schwarzem Balken im Etikett. Die »Ersten Gewächse« dürfen erstmals ab dem 1. September des auf die Ernte folgenden Jahres angeboten werden.

Doch der Rheingau ist nicht nur Weinland, sondern auch Standort traditionsreicher Sekthäuser, allen voran die Firma MM. Das Prickeln oder auch Moussieren hatte es dem Eltviller Küfer Matheus Müller angetan. Bereits Mitte des 20. Jahrhunderts begann er mit der Versektung von Weinen und erzielte damit große Erfolge. Ihm taten es weitere Kollegen gleich, zum Beispiel die Kellereien Hoehl und Mumm, die heute in Hochheim ansässig sind. Eltville treu geblieben ist allein Schloss Vaux, eine feine Adresse für hochwertige Lagensekte aus Rieslingtrauben.

DIE BESTEN WEINLAGEN *im Rheingau*

BESONDERS PRIVILEGIERTE LAGEN

Assmannshausen Höllenberg

▸ Seite 86/DE1

Größe: 37,0 ha **Höhe:** 80–300 m
Exposition: Süd bis Südwest
Steilheit: 50–65 %
Boden: Grobbodenreicher, steinig-grusiger Tonschiefer mit Beimengungen von Lösslehm und Taunusquarzit-Verwitterungsböden. Mittel- bis tiefgründige Schiefer-Phyllit-Böden, die weitgehend mit Spätburgunderreben bestockt sind. In Ortsnähe vor allem Lössboden.
Wichtigste Rebsorte: Spätburgunder
Wichtigste Weingüter: Fritz Allendorf, August Kesseler, Krone, Robert König, Staatsweingüter Domaine Assmannshausen
Besonderheiten: Steillage im unteren Rheingau, oberhalb der Rotweingemeinde Assmannshausen gelegen. Seit mehr als 500 Jahren vorwiegend mit Spätburgunder bestockt.
Weintyp: stoffige, dennoch feinfruchtige Weine mit eleganter Note und typischem Mandelton

Hallgarten Hendelberg

▸ Seite 87/B1

Größe: 22,3 ha **Höhe:** 180–250 m
Exposition: Süd, Südost
Steilheit: 5–18 %
Boden: Meist mittel- und tiefgründige, nur kleinflächig flachgründige, steinig-grusige Schieferböden. In den unteren Partien vorwiegend Auenböden.
Wichtigste Rebsorte: Riesling
Wichtigstes Weingut: Fred Prinz
Besonderheiten: Eine der höchsten Rheingauer Rieslinglagen. Beste Partien im oberen Bereich.
Weintyp: Mittelschwere Weine mit teilweise markanter stahliger Säure. Sie reifen relativ langsam und zeigen erst nach zwei bis drei Jahren ihr Potenzial an Feinfruchtigkeit und Komplexität.

Hallgarten Jungfer

▸ Seite 87/C1

Größe: 68,9 ha **Höhe:** 170–210 m
Exposition: Südost bis Südwest
Steilheit: 5–15 %
Boden: Sandiger Lösslehm, mit Taunusquarzit durchzogen. Mittel- bis tiefgründige Braunerdeablagerungen.
Wichtigste Rebsorte: Riesling
Wichtigste Weingüter: Prinz, Fürst Löwenstein, Heinz Nikolai
Besonderheiten: An die Ortsbebauung angrenzende, östlich von Hallgarten gelegene Südhanglage, die in eine kegelförmige Senke mündet. Dort liegen die klassifizierten Parzellen der Original-Jungfer (vor dem Weingesetz von 1971).
Weintyp: Betonte Mineralität, klare Frucht, lebendige Eleganz und großes Aromenspiel. Gute Lagerfähigkeit.

Hattenheim Steinberg

▸ Seite 87/BC1

Größe: 37,2 ha **Höhe:** 133–235 m
Exposition: Süd bis Südwest
Steilheit: 15–38 %
Boden: Flach- bis mittelgründig, sandig-kiesig, teils durchsetzt mit tonigem Lehm. Dazu mittel- bis tiefgründige Schieferböden mit Lösslehmbeimengungen. Im oberen Teil steinig-grusiger Schiefer.
Wichtigste Rebsorte: Riesling
Wichtigstes Weingut: Hessische Staatsweingüter Kloster Eberbach (Alleinbesitz)
Besonderheiten: Paradeweinberg der Zisterzienserabtei Eberbach, bereits im ersten Drittel des 13. Jh. als Weinberg angelegt. Seit 1766 mit einer eingrenzenden Mauer umgeben, die das Einsickern von Kaltluft verhindert und für ein relativ stabiles Kleinklima sorgt. Im Unter- und Mittelhang teilweise Staunässeeinfluss, ansonsten gutes Wasserhaltevermögen.
Weintyp: rassige, stahlige Rieslinge, in guten Jahren elegant und mineralisch, nuancenreich und von delikater Frucht

Hochheim Hölle

▸ Seite 89/G45

Größe: 43,8 ha **Höhe:** 75–100 m
Exposition: Süd
Steilheit: 6–32 %
Boden: Neben sandig-kiesigen Böden aus Flugsand der Mainterrassen zeigt die Lage vor allem Löss und Lösslehm, teilweise kiesig und mittelgründig, mit schweren tertiären Tonmergelböden durchsetzt.
Wichtigste Rebsorte: Riesling
Wichtigste Weingüter: Franz Künstler, Schloss Schönborn, Joachim Flick
Besonderheiten: Die Rebhänge der Hochheim Hölle ziehen sich westlich der Hochheimer Altstadt zum Main hin. Die Lage weist zum Teil Quellhorizonte auf, die im Untergrund vom Taunus in Richtung Rhein fließen. Die schweren Böden speichern Wärme; dadurch entstehen nur geringe Temperaturschwankungen zwischen Tag und Nacht.
Weintyp: Weine von kraftstrotzender Eleganz. Seidiges Mundgefühl, große Länge und gute Lagerfähigkeit.

DIE BESTEN WEINLAGEN *im Rheingau*

Johannisberg Hölle

▸ Seite 86/D4

Größe: 18,3 ha **Höhe:** 150 m

Exposition: Süd bis Südwest

Steilheit: 8–30 %

Boden: skelettreicher, steinig-kiesiger Boden, roter Taunusquarzit, durchzogen von mittel- bis tiefgründigem Löss und Lösslehm

Wichtigste Rebsorte: Riesling

Wichtigste Weingüter: Weingüter Geheimrat »J« Wegeler – Gutshaus Oestrich, Johannishof

Besonderheiten: Geschützt im Seitenteil von Johannisberg zwischen Schloss und Ort gelegen. Der Lagenname bedeutet Halde und wird um 1180 als »helda in monte sancti johannis« erwähnt.

Weintyp: Gehaltvolle Weine mit Eleganz bei pikanter Säure. Feinste Mineralität, klassische Rieslingfrucht mit Aromen von gelben Früchten, vielschichtig und subtil, sehr beschwingt und tänzelnd wirkend. Gute Lagerfähigkeit.

Rieslingmonument: Auf Schloss Johannisberg, einer ehemaligen Benediktinerabtei, wurde Rieslinggeschichte geschrieben.

Johannisberg Schloss Johannisberg

▸ Seite 86/D5

Größe: 35,0 ha **Höhe:** 114–182 m

Exposition: Süd

Steilheit: 10–45 %

Boden: mittel- und tiefgründige Lösse und Lösslehme, steinig-grusig über Taunusquarzit, mit rotem Lehm durchzogen, hohe Wasserspeicherkapazität

Wichtigste Rebsorte: Riesling

Wichtigstes Weingut: Weinbaudomaine Schloss Johannisberg (Alleinbesitz)

Besonderheiten: Auf dem 50. Breitengrad thront der vorgelagerte Taunusquarzitfelsen über dem Rhein zwischen Oestrich-Winkel und Geisenheim. Das geschlossene Waldgebiet oberhalb des Schlosses schützt vor kalten Nordwinden. Seit 1720 wird ausschließlich Riesling angebaut, 1870 wurden die Weine bereits mit dem Aufdruck »first growth« verkauft.

Weintyp: elegante Rieslinge mit Struktur und Biss, getragen von feiner Fruchtigkeit und prägnanter, niemals überzogener Säure

Kiedrich Gräfenberg

▸ Seite 87/B2

Größe: 10,2 ha **Höhe:** 120–180 m

Exposition: Südwest

Steilheit: 40–60 %

Boden: mittel- und tiefgründige, steinig-grusige Böden aus Phylliten mit Lösslehmbeimengungen als wasserhaltende Schichten. Durch den hohen Gesteinsanteil entsprechend tiefes Wurzelwerk der Reben.

Wichtigste Rebsorte: Riesling

Wichtigstes Weingut: Robert Weil

Besonderheiten: Geschützte Südwestlage im Kiedricher Talkessel mit Hang- und Steilparzellen. Gute Belüftung durch Winde, die vom Taunus her ins Rheintal ziehen. Lange Hängezeit der Trauben bis weit in den November möglich. Ende des 12. Jh. erstmals als »mons rhingravii« erwähnt. Ende des 19. Jh. höchste internationale Reputation für Gräfenberg-Weine, als »Grand Cru von deutschem Boden« bezeichnet.

Weintyp: kleine, geschmacksintensive Früchte, dadurch hohe Mineralität und Komplexität bei gleichzeitiger Finesse und Eleganz

Kiedrich Turmberg

▸ Seite 87/B2

Größe: 3,7 ha **Höhe:** 120–200 m

Exposition: Südsüdwest

Steilheit: 50–60 %

Boden: Mittel- und tiefgründige, steinig-grusige Böden aus Phylliten mit Lösslehmbeimengungen. Der hohe Gesteinsanteil in der Schieferklippe des Bergsporns sorgt für ein entsprechend tiefes Wurzelwerk der Reben. Gleichzeitig gute Wasserversorgung durch wasserhaltende Schichten.

Wichtigste Rebsorte: Riesling

Wichtigstes Weingut: Robert Weil (Alleinbesitz)

Besonderheiten: Geschützte Höhenlage mit Steilparzellen über dem Kiedricher Talkessel, unterhalb des erhaltenen

D/E E/F F/G

DIE BESTEN WEINLAGEN *im Rheingau*

Bergfrieds der Burgruine Scharfenstein auf dem nordöstlich von Kiedrich gelegenen Bergsporn. Gute Belüftung durch Winde vom Taunus her. Lange Hängezeit der Trauben bis weit in den November möglich. Mit dem Weingesetz von 1971 ging die alte Lage in der Kiedrich Wasseros auf. 2005 wurde sie als Einzellage und Monopolbesitz des Weinguts Robert Weil in den Parzellen des ehemaligen Turmbergs wieder eingesetzt.

Weintyp: Kleine, geschmacksintensive Früchte bringen hohe Mineralität und Komplexität bei gleichzeitiger Finesse und Eleganz.

Rauenthal Baiken

▸ Seite 87/B3

Größe: 13,4 ha **Höhe:** 150–210 m

Exposition: Süd, leicht nach Südwest drehend

Steilheit: 17–57 %

Boden: Schieferverwitterungsböden, tiefgründige, steinige, meist kalkfreie Böden aus Phylliten, Quarziten und Lösslehm

Wichtigste Rebsorte: Riesling

Wichtigstes Weingut: Hessische Staatsweingüter Kloster Eberbach

Besonderheiten: Steile Lage am Südhang des Taunusgebirges in der Beuge des Rauenthaler Bergs zum Sulzbach hin. In den Sommermonaten stauende Wärme und hohe Luftfeuchtigkeit durch Bachverlauf. Überdurchschnittlich gutes Wasserhaltevermögen aufgrund mehrerer Wasseradern im Berg.

Weintyp: hochelegante, fruchtige Weine mit Würze, delikat, finessenreich und mineralisch

Rauenthal Nonnenberg

▸ Seite 87/B3

Größe: 5,5 ha **Höhe:** 110–180 m

Exposition: Süd bis Südwest

Steilheit: 30–55 %

Boden: Schieferverwitterungsböden, tiefgründige, steinige, meist kalkfreie Böden aus Phylliten, Quarziten und Lösslehm

Wichtigste Rebsorte: Riesling

Wichtigstes Weingut: Georg Breuer (Alleinbesitz)

Besonderheiten: von weitem erkennbar durch die spätklassizistische Villa auf der Spitze des Hügels

Weintyp: kräftige Rieslinge mit feinen, zum teil exotisch anmutenden Aromen

Rüdesheim Berg Kaisersteinfels

▸ Seite 86/E2

Größe: 2,2 ha **Höhe:** 170–220 m

Exposition: Süd

Steilheit: 40–44 %

Boden: Steiniger bis stark steiniger Quarzitschiefergrus, Quarzit mit vereinzelten roten Schiefereinlagerungen. Die Böden sind schwach sauer bis neutral und neigen zur Austrocknung.

Wichtigste Rebsorte: Riesling

Wichtigstes Weingut: Josef Leitz

Besonderheiten: Das spezielle Mikroklima und der mineralische Charakter des roten Schiefers und Quarzits bringen eine äußerst elegante, filigrane Säure- und Weinstruktur mit sich. Blick zur Nahemündung auf der anderen Rheinseite.

Weintyp: Aufgrund der Höhe eher spät reifende und eher säurebetonte Weine. Zarte Aromen von Passionsfrucht und Rosen mit eleganter mineralischer Länge.

Rüdesheim Berg Roseneck

▸ Seite 86/E2

Größe: 24,1 ha **Höhe:** 160–200 m

Exposition: Süd

Steilheit: 30–50 %

Boden: Schiefer-Quarzit-Böden mit Einschlüssen von Lösslehm, Gehängelehm, stark bis schwach steinig, kalkarm bis kalkfrei, schwach sauer bis sauer

Wichtigste Rebsorte: Riesling

Wichtigste Weingüter: Josef Leitz, August Kesseler, Georg Breuer

Besonderheiten: Durch den Taunuskamm vor Wind geschützte Lage (Amphitheater). Der Name leitet sich von den Wildrosenhecken ab, die noch heute auf zahlreichen Felsvorsprüngen wachsen. Aussicht auf die Nahemündung und das Rheintal.

Weintyp: Extrem schlanke Weine mit feinem Säurespiel und nahezu »austrocknender« Mineralität, die als eleganter Säure- und Restzuckerpuffer dient.

Rüdesheim Berg Rottland

▸ Seite 86/E23

Größe: 30,6 ha **Höhe:** 90–140 m

Exposition: Süd

Steilheit: 5–35 %

Boden: Steinig, skelettreich, hoher Anteil an rotem Schiefer, partiell durchsetzt mit grauem Schiefer, Quarzit und Kies. Starke Drainagewirkung, Wasserdurchlässigkeit mittel bis gering, Böden neigen zur Austrocknung. Bessere Wasserhaltefähigkeit im ersten Gewann, weil im oberen Teil der Feinerdeanteil geringer ist.

Wichtigste Rebsorte: Riesling

Wichtigste Weingüter: Johannishof-Johannes Eser, Josef Leitz, Schloss Schönborn, Balthasar Ress

Besonderheiten: Weinberg unterhalb des Niederwalddenkmals, Schenkung des Mainzer Erzbischofs an die Winzer von Rüdesheim zur Urbarmachung. Windgeschützte geschlossene Kessellage oberhalb der Brömserburg und nahe Rüdesheim. Durch Schieferböden bedingte Wärmerückstrahlung während der Nacht.

Weintyp: große Weine mit festem Körper, dominanter als der Schlossberg (siehe unten), auch fruchtbetonter mit fast tropischen Fruchtaromen und weniger mineralisch, dafür sehr saftig mit Schmelz

Rüdesheim Berg Schlossberg

▸ Seite 86/E12

Größe: 21,4 ha **Höhe:** 90–170 m

Exposition: Süd

Steilheit: 5–70 %

Boden: Steiniger bis stark steiniger Quarzitschiefer mit vereinzelten roten Schiefereinlagerungen. Trockene bis sehr trockene, schwach saure bis neutrale Böden, die zur Austrocknung neigen. Geringer Feinerdeanteil, skelettreich, dadurch geringe Wasserhaltekapazität. In extremen Jahren

DIE BESTEN WEINLAGEN *im Rheingau*

Rebenmeer: Im Rauenthal Baiken liegt eine Dependance der Hessischen Staatsweingüter Kloster Eberbach.

Wasserknappheit, daher sind tief wurzelnde alte Rebstöcke entscheidend.
Wichtigste Rebsorte: Riesling
Wichtigste Weingüter: Josef Leitz, Schloss Schönborn, Weingüter Geheimrat »J« Wegeler – Gutshaus Oestrich, Hessische Staatsweingüter Kloster Eberbach, Balthasar Ress, August Kesseler, Georg Breuer
Besonderheiten: Windschutz durch Taunuskamm. Während der Nacht Wärmerückstrahlung von den Schieferböden und Weinbergmauern. Vier Weinbaugebiete im Blick: Rheinhessen, Nahe, Mittelrhein und Rheingau.
Weintyp: opulente Fruchtaromen, vorwiegend gelbe Früchte wie Pflaumen und Aprikosen, mineralische Struktur, würziges Rückgrat

Winkel Jesuitengarten

▸ Seite 86/DE56

Größe: 23,1 ha **Höhe:** 80–110 m
Exposition: Süd bis Südwest
Steilheit: 5–10 %
Boden: Hoher Feinerdeanteil, gute Wasserführung. Im unteren Bereich Aueböden des ehemaligen Rheinufers, bestehend aus sandigem Lehm mit Kies und Sandsteineinlagerungen. Teilweise flachgründiger Kies und feuchte Lösslehme.
Wichtigste Rebsorte: Riesling
Wichtigste Weingüter: August Eser, Prinz von Hessen, Fritz Allendorf, Johannishof, Josef Spreitzer
Besonderheiten: Eine Mauer und die angrenzenden Häuser bieten den am westlichen Ortsausgang von Winkel gelegenen Weinbergen Windschutz. Früher Austrieb, lange Vegetation, fast mediterranes Klima. Eine der wärmsten Lagen des Rheingaus. Von 1606 bis 1773 im Besitz des Jesuitenkollegs in Mainz.
Weintyp: Weine mit fruchtigem Spiel, saftig und elegant, mit subtiler Mineralität und kräftiger Säure, die sich erst durch die Lagerung einbindet.

PRIVILEGIERTE LAGEN

Assmannshausen Frankenthal

▸ Seite 86/E1

Größe: 14,1 ha **Höhe:** 80–300 m
Exposition: Südsüdwest
Steilheit: 50–65 %
Boden: Meist mittel- bis tiefgründige, steinig-grusige Böden, hervorgegangen aus den Quarziten mit Schieferlagen, teilweise mit Lehmanteilen. Die Unterhänge im Nordteil der Lage sind von Löss durchsetzt.
Wichtigste Rebsorte: Spätburgunder
Wichtigste Weingüter: Weingut Krone, Robert König
Besonderheiten: Die Lage ist ausschließlich mit Spätburgunderreben bepflanzt.

DIE BESTEN WEINLAGEN *im Rheingau*

Weintyp: Die Spätburgunder ähneln den Weinen des Assmannshausen Höllenbergs, präsentieren sich allerdings etwas breiter und zeigen eine samtig-feurige Note bei intensivem Bukett. Nach zwei, drei Jahren Lagerung verfeinert sich das Aroma, der typische Mandelton tritt deutlich hervor.

Erbach Hohenrain

▸ Seite 87/C2

Größe: 14,8 ha **Höhe:** 80–120 m

Exposition: Südost bis Südwest

Steilheit: 5–10 %

Boden: überwiegend tiefgründige Lösslehme, teilweise vermischt mit schweren tertiären Mergelböden und kiesigen Lössen

Wichtigste Rebsorte: Riesling

Wichtigstes Weingut: Jakob Jung

Besonderheiten: Eine der Erbacher Paradelagen oberhalb des alten Ortskerns. Sie wird an der Westseite von einer Mauer begrenzt, die kühle Winde abhält und Wärme speichert, was sich positiv auf das Kleinklima auswirkt.

Weintyp: In guten Jahren leichtere, dennoch würzige Rieslinge von feiner Eleganz. Die Weine reifen etwas früher, dennoch ist eine längere Lagerung unproblematisch.

Erbach Marcobrunn

▸ Seite 87/C2

Größe: 7,1 ha **Höhe:** 90–100 m

Exposition: Süden

Steilheit: 5–25 %

Boden: Mittelschwere, glimmerführende, kalkhaltige tertiäre Mergel mit zum Teil lateraler Wasserversorgung. Oberkrume schnell abtrocknend, gute Wasserversorgung im Unterboden.

Wichtigste Rebsorte: Riesling

Wichtigste Weingüter: Schloss Schönborn, Baron zu Knyphausen, Hessische Staatsweingüter Kloster Eberbach, Schloss Reinhartshausen

Besonderheiten: Eine der bekanntesten deutschen Weinberglagen entlang der alten Bundesstraße von Erbach nach Hattenheim, deren wahres Potenzial seit Jahren nicht in erstklassige Qualität umgesetzt wird.

Weintyp: Meist elegante, aber dennoch körperreiche und stoffige Weine, sehr langsam reifend. Gutes Lagerpotenzial.

Erbach Schlossberg

▸ Seite 87/C2

Größe: 6,0 ha **Höhe:** 80–115 m

Exposition: Süd

Steilheit: 0–12 %

Boden: tiefgründige Lösslehmböden mit gutem Wasserspeichervermögen

Wichtigste Rebsorte: Riesling

Wichtigstes Weingut: Schloss Reinhartshausen

Besonderheiten: Direkt oberhalb des Weinguts Schloss Reinhartshausen beginnend, zieht sich die Lage nach Westen in Richtung Hattenheim, wo sie an die Lage Erbach Marcobrunn angrenzt. Der nach Süden ausgerichtete Hang wird gegen Norden durch den angrenzenden Erbach Siegelsberg und zur Rheinseite hin durch Bäume geschützt. Der Name wurde erst mit dem neuen Weingesetz nach 1971 geschaffen.

Weintyp: feine, saftige Weine mit Entwicklungspotenzial und einer angenehmen, spielerischen Säurestruktur

Erbach Siegelsberg

▸ Seite 87/C2

Größe: 14,9 ha **Höhe:** 110 m

Exposition: Süd

Steilheit: 10–20 %

Boden: Tonschichten mit Lösslehmauflage, durchsetzt mit zum Teil mittelschwerem tertiärem Mergel. Gute Wasserführung dank geringem Gesteinsanteil und hohem Feinerdeanteil.

Wichtigste Rebsorte: Riesling

Wichtigste Weingüter: August Eser, Baron Knyphausen, Jakob Jung

Besonderheiten: Die Südlage direkt neben dem Erbach Marcobrunn ist gut geschützt vor Nord- und Ostwinden und zeichnet sich durch eine verhältnismäßig frühe Blüte und Reife aus.

Weintyp: Feinfruchtige Weine mit elegantem Spiel bei gut eingebundener Säure. Gute Lagerfähigkeit.

Über Jahrhunderte im Besitz des Mainzer Domkapitels: die Einzellage Hochheim Domdechaney.

DIE BESTEN WEINLAGEN *im Rheingau*

Erbach Steinmorgen

▸ Seite 87/C23

Größe: 18,2 **Höhe:** 90–120 m
Exposition: Südost bis Süd
Steilheit: 10–20 %
Boden: tiefgründige Lösse und Lösslehme, zum Teil kiesige Einlagerungen
Wichtigste Rebsorte: Riesling
Wichtigstes Weingut: Jakob Jung
Besonderheiten: Erstmals 1211 erwähnt, beschreibt der Name die Größe eines Feldes, das an einem Morgen bearbeitet werden konnte.
Weintyp: Mittelschwere Weine, in guten Jahren mit rassiger Säure und pikantem Spiel, Anklänge an vegetative Aromen. Gute Lagerfähigkeit.

Geisenheim Kläuserweg

▸ Seite 86/DE45

Größe: 50,1 ha **Höhe:** 100–155 m
Exposition: Süd
Steilheit: 0–8 %
Boden: Tiefgründige, kalkhaltige Lösslehmböden mit mittlerem Steinanteil und Quarzit. Vielfach mächtiger Lösshanglehm und Meeressand im Unterboden.
Wichtigste Rebsorte: Riesling
Wichtigste Weingüter: Prinz von Hessen, Schloss Schönborn, Alexander Freimuth
Besonderheiten: Der Weinberg liegt westlich des bekannten Johannisberg Schlossbergs in einer lang gestreckten reinen Südlage, durch den nahen Taunus vor kalten Winden geschützt.
Weintyp: Relativ schwere Weine mit großem Volumen, meist gepaart mit einer kräftigen und stahligen Säure. Sie benötigen eine längere Reifephase, bis sie sich zu ihrer vollen Aromatik entfalten.

Geisenheim Rothenberg

▸ Seite 86/E4

Größe: 19,9 ha **Höhe:** 100–130 m
Exposition: Süd
Steilheit: 0–40 %
Boden: Grobbodenreiches Verwitterungsgestein mit Schiefereinlagen über Taunusquarzit, durchzogen von oxidiertem Ton (Eisenoxid). Gute Wasserhaltefähigkeit.
Wichtigste Rebsorte: Riesling
Wichtigste Weingüter: Schloss Schönborn, Weingüter Geheimrat »J« Wegeler – Gutshaus Oestrich
Besonderheiten: Die Abbruchkante des Weinbergs liegt geschützt direkt hinter Geisenheim. Der Name leitet sich von der rötlichen Färbung des Bodens ab. Erstmals 1145 als Einzellage erwähnt.
Weintyp: Die trockenen Weine sind Langläufer mit hohem Reifepotenzial, gleichzeitig ist der Weinberg Garant für edelfaule Trauben.

Hattenheim Hassel

▸ Seite 87/C2

Größe: 32,7 ha **Höhe:** 100 m
Exposition: Südwest
Steilheit: 20–25 %
Boden: tiefgründige Löss- und Lehmböden
Wichtigste Rebsorte: Riesling
Wichtigstes Weingut: Hans Lang
Besonderheiten: Weinberg in unmittelbarer Nachbarschaft zum Hattenheim Nussbrunnen, der nach dem Haselnussstrauch benannt ist.
Weintyp: Kräftige Weine mit feiner Frucht, elegant, jedoch gehaltvoll. Frühe Reife.

Hattenheim Mannberg

▸ Seite 87/D2

Größe: 6,1 ha **Höhe:** 80–120 m
Exposition: Süd
Steilheit: 8–12 %
Boden: tiefgründige, kalkhaltige Lösse mit sehr guter Wasserverfügbarkeit auch in trockenen Jahren
Wichtigste Rebsorte: Riesling
Wichtigste Weingüter: Freiherr Langwerth von Simmern, Hessische Staatsweingüter Kloster Eberbach
Besonderheiten: Schmaler Rebstreifen zwischen der Bahnlinie und der alten Bundesstraße vom Ortseingang von Hattenheim bis zur Lage Erbach Marcobrunn. Die Lage, benannt nach dem Tagwerk eines Mannes, ging am 27. Januar 1464 als Lehen an Johann Freiherr Langwert von Simmern zum Dank für Verdienste als herzoglicher Kanzler des Herzogs von Pfalz-Zweibrücken.
Weintyp: Die in guten Jahren körperreichen und würzigen, dennoch finessenreichen Weine zeigen vielschichtige Fruchtkomponenten, häufig mit einem feinen, an Quitte erinnernden Aroma.

Hattenheim Nussbrunnen

▸ Seite 87/C2

Größe: 9,7 ha **Höhe:** 90 m
Exposition: Süd bis Südost
Steilheit: 7–10 %
Boden: Sandiger Lehm, leichtere tertiäre Mergel, tiefgründige Lössböden. Aufgrund wasserundurchlässiger Schichten im Untergrund lässt die Lage die laterale Wasserversorgung zu und garantiert einen ausgezeichneten Wasserhaushalt auch in trockenen Jahren.
Wichtigste Rebsorte: Riesling
Wichtigste Weingüter: Schloss Schönborn, Balthasar Ress, Schloss Reinhartshausen, Freiherr Langwerth von Simmern
Besonderheiten: Der Nussbrunnen liegt auf dem unteren Hattenheimer Gewann, angrenzend an den Wisselbrunnen.
Weintyp: Volle Weine mit ausgeprägtem Bukett. Kräftige Säurestruktur mit Stoff und Extrakt.

Hattenheim Pfaffenberg

▸ Seite 87/D12

Größe: 6,2 ha **Höhe:** 80–120 m
Exposition: Süd
Steilheit: 10–15 %
Boden: einheitlicher, von kalkhaltigem, tiefgründigem Löss geprägter Boden, zum Teil mit kiesigen Abschnitten durchsetzt
Wichtigste Rebsorte: Riesling
Wichtigstes Weingut: Schloss Schönborn (Alleinbesitz)
Besonderheiten: An das Schloss Schönborn angrenzender, von Mauern umschlossener Weinberg, seit dem 17. Jh. im Besitz der Grafen Schönborn. Einige der besten edelsüßen Rieslinge des Domänenweinguts kommen aus dieser Lage.

DIE BESTEN WEINLAGEN *im Rheingau*

Weintyp: Körperreiche, stoffige und vollmundige Weine, die in guten Jahren von einer fruchtigen Säure angenehm dominiert werden. Gute Lagerfähigkeit.

Hattenheim Schützenhaus

▸ Seite 87/C1

Größe: 52,1 ha **Höhe:** 100–150 m

Exposition: Süd bis Südwest

Steilheit: 2–10 %

Boden: mittel- und tiefgründige Schieferböden (Buntschiefer), tiefgründiger Löss und Lösslehm

Wichtigste Rebsorte: Riesling

Wichtigstes Weingut: Wein- und Sektgut Barth

Besonderheiten: Lage oberhalb des Pfaffenbergs, im Osten durch die Landstraße zum Kloster Eberbach und im Westen durch die Landstraße nach Hallgarten begrenzt. Relativ lang gezogene Lage mit leichtem Westgefälle, das vor extremen Ostwinden schützt. Hohe Wasserhaltekapazität dank tiefgründiger Böden.

Weintyp: Weine mit Extraktreichtum bei gleichzeitiger Harmonie zwischen Frucht und Säure

Hattenheim Wisselbrunnen

▸ Seite 87/C2

Größe: 16,9 ha **Höhe:** 100–120 m

Exposition: Süd bis Südwest

Steilheit: 8 %

Boden: mittelschwere tertiäre Mergelböden und kalkhaltiger, tiefgründiger Lösslehm

Wichtigste Rebsorte: Riesling

Wichtigste Weingüter: Schloss Schönborn, Hans Lang, Baron Knyphausen, Josef Spreitzer

Besonderheiten: gute Wasserversorgung, warme und gut trocknende Böden, typische Bedingungen für den mittleren Rheingau

Weintyp: dank hohem Reifepotenzial elegante Weine mit feiner Frucht und einer gut ausgeglichenen Säurestruktur

Hochheim Domdechaney

▸ Seite 89/G3

Größe: 9,9 ha **Höhe:** 100–120 m

Exposition: Süd

Steilheit: 0–10 %

Boden: Sandiger bis schwerer Lehm über Tonmergel, überwiegend aus tertiären Sedimenten gebildet. Der Boden weist eine große Streubreite auf und wechselt zum Teil sehr engräumig von tiefgründigen zu mittel- bis schweren Lösslehm- und Tonmergelböden.

Wichtigste Rebsorte: Riesling

Wichtigste Weingüter: Schloss Schönborn, Domdechant Werner'sches Weingut, Hessische Staatsweingüter Kloster Eberbach

Besonderheiten: Früherer Besitz des Mainzer Domkapitels. Direkt am Südrand der Stadt Hochheim im Windschatten der Stadtmauer gelegen und dadurch gut gegen kalte Nordwinde geschützt. Kaum Frostgefahr.

Weintyp: Kraftvolle, nachhaltige Rieslinge mit viel Würze und ausgezeichnetem Lagerpotenzial. Selbst in mageren Jahren ausgeprägt blumiges und fruchtiges, an Pfirsichduft erinnerndes Bukett.

Hochheim Kirchenstück

▸ Seite 89/G34

Größe: 14,9 ha **Höhe:** 90–120 m

Exposition: Süd bis Südwest

Steilheit: 5–10 %

Boden: schwach kiesiger, sandiger Lehm, teilweise mit Lössauflage, schwerer Kalk, teilweise tertiäre Mergelböden über tiefem, wasserhaltendem Untergrund

Wichtigste Rebsorte: Riesling

Wichtigste Weingüter: Schloss Schönborn, Domdechant Werner'sches Weingut, Franz Künstler

Besonderheiten: Der nach Süden ausgerichtete Hang, früher in kirchlichem Besitz, wird durch die Stadtgrenze vor kalten Nordwinden geschützt.

Weintyp: Weine mit komplexem Volumen. Gleichzeitig schafft der Riesling hier den Spagat zwischen voller Frucht und mineralischer Dichte, nuanciert mit einer zarten Säure.

Hochheim Reichestal

▸ Seite 89/FG23

Größe: 28,2 ha **Höhe:** 90–120 m

Exposition: Süd

Steilheit: 5–10 %

Boden: sandig-kiesige Böden aus Flugsand, dazu Lösslehmböden, meist mittelgründig, durchzogen von tertiärem Mergel

Wichtigste Rebsorten: Riesling, Spätburgunder

Wichtigstes Weingut: Franz Künstler

Besonderheiten: Lage am Zusammenfluss von Main und Rhein

Weintyp: kraftvolle, nachhaltige Weine mit feiner Eleganz und großem Alterungspotenzial

Johannisberg Klaus

▸ Seite 86/DE5

Größe: 2,1 ha **Höhe:** 90–122 m

Exposition: Süd

Steilheit: 0–20 %

Boden: tiefgründige, kalkhaltige Lösse über Rheinterrassen, teilweise kiesig, gute Wasserführung

Wichtigste Rebsorte: Riesling

Wichtigstes Weingut: Prinz von Hessen

Besonderheiten: geschützte Lage am Fuß des Johannisbergs

Weintyp: feinfruchtige, elegante Weine, die ihre volle Entwicklung erst nach einiger Zeit erreichen

Lorch Kapellenberg

▸ Seite 85/EF45

Größe: 25,5 ha **Höhe:** 95–120 m

Exposition: Süd

Steilheit: 45 %

Boden: mittel- bis tiefgründige, skelettreiche, trockene Böden, im Unterboden lösshaltige Schieferverwitterungen

Wichtigste Rebsorten: Riesling, Spätburgunder

Wichtigstes Weingut: Graf von Kanitz

Besonderheiten: Relativ windgeschützter Südhang zwischen Assmannshausen und Lorch. Lage mitten im Weltkulturerbe Oberes Mittelrheintal.

Weintyp: etwas schwerere Weine, vollmundig mit einer eleganten fruchtigen Note und in guten Jahren idealen Säureverhältnissen

DIE BESTEN WEINLAGEN *im Rheingau*

Lorch Krone

▸ Seite 85/F5

Größe: 8,2 ha **Höhe:** 80–115 m

Exposition: Südwest

Steilheit: 45–50 %

Boden: Tiefgründige, leicht kalkhaltige Böden, leichte Lossböden. Lehmige und steinig-grusige Schiefer- und Quarzitböden, gebildet aus Hunsrückschiefer und Taunusquarzit.

Wichtigste Rebsorte: Riesling

Wichtigste Weingüter: Graf von Kanitz, Schloss Schönborn, Friedrich Altenkirch

Besonderheiten: Erste Erwähnungen der Lage sind 1339, 1449 und 1458 unter der Bezeichnung »an den cronen« dokumentiert. Teilweise sind bis zu 1000 Rebstöcke auf einem Hektar angepflanzt.

Weintyp: In guten Jahren saftige, nervige Weine mit gutem Verhältnis von Frucht und Säure, immer begleitet von einer markanten Würze.

Lorch Pfaffenwies

▸ Seite 85/F5

Größe: 22,1 ha **Höhe:** 90–160 m

Exposition: Südwest

Steilheit: 15–45 %

Boden: vorwiegend flachgründige und steinige Schieferböden, Quarzitböden (Hunsrückschiefer und Taunusquarzit)

Wichtigste Rebsorte: Riesling

Wichtigste Weingüter: Graf von Kanitz, Friedrich Altenkirch

Besonderheiten: Zwischen Assmannshausen und Lorch, dem Rhein zugewandt, zieht sich die relativ windoffene, gut durchlüftete Lage von der Bahnlinie steil aufwärts. Grandioser Blick auf Burg Rheinstein und den Rhein.

Weintyp: Weine von großer Eleganz mit viel Spiel und pikanter Säure bei hohem Reifepotenzial

Lorch Schlossberg

▸ Seite 85/E4

Größe: 16,6 ha **Höhe:** 100–200 m

Exposition: Südwest

Steilheit: 30–50 %

Boden: Grobbodenreicher Tonschiefer von zumeist typisch grauer Färbung. Der verwitterte Schiefer des rheinischen Schiefergebirges ist vielfach mit Löss und Quarzit, teilweise auch mit grusigem Tonschiefer durchzogen, was den Böden Nachhaltigkeit verleiht.

Wichtigste Rebsorten: Riesling, Spätburgunder

Wichtigste Weingüter: Graf von Kanitz, August Kesseler

Besonderheiten: Um die Ruine der Burg Nollig und Lorch gelegen. Der über den Weinbergen ansteigende Wald des Rheingaugebirges schirmt die Reben vor extremer Kaltluft ab. Die höheren Partien kommen in den Genuss einer permanenten Durchlüftung. Relativ früh einsetzende Traubenreife.

Weintyp: mittelschwere Weine mit feinem Säurespiel und würziger Art mit gleichzeitig blumigen Aromen

Rheintal bei Lorch: Der kleine Weinbauort markiert die Grenze zum Anbaugebiet Mittelrhein.

DIE BESTEN WEINLAGEN *im Rheingau*

Mittelheim St. Nikolaus

▸ Seite 86/D6

Größe: 38,3 ha **Höhe:** 82–128 m

Exposition: Süd bis Südwest

Steilheit: 4–16 %

Boden: tiefgründiger kalkhaltiger Löss, in einzelnen Bereichen kiesig

Wichtigste Rebsorte: Riesling

Wichtigstes Weingut: Peter Jakob Kühn

Besonderheiten: Die Lage ist benannt nach einem Bildstock des heiligen Nikolaus, der zusammen mit dem Winzerpatron St. Urban im Weinberg steht.

Weintyp: Weine mit oft sehr intensiver reifer Frucht. Vor allem in der Jugend kräftige mineralische und leicht florale Aromen.

Oestrich Doosberg

▸ Seite 87/CD1

Größe: 101,2 ha **Höhe:** 90–150 m

Exposition: Süd bis Südwest

Steilheit: 5–27 %

Boden: Überwiegend tiefgründige Lösse und Lösslehme, die von Quarzitadern durchzogen sind. Gutes Wasserhaltevermögen.

Wichtigste Rebsorte: Riesling

Wichtigste Weingüter: Schloss Schönborn, Peter Jakob Kühn, Querbach

Besonderheiten: Der östliche, höher gelegene Bereich bildet eine Kuppe, von wo sich die Weinberge nach Südwesten neigen. In diesem Teil besonders gute Bewindung, im übrigen Bereich (geschlossene Südlage) Bewindung eher sanft und gleichmäßig.

Weintyp: mineralische, fast salzige Weine von feiner Eleganz

Oestrich Lenchen

▸ Seite 86/CD6

Größe: 119,2 ha **Höhe:** 120–150 m

Exposition: Süd

Steilheit: 3–15 %

Boden: Tiefgründige Lösslehme wechseln mit schweren Mergelböden. Zum Teil durchzogen von Wasseradern, daher gute Wasserversorgung.

Wichtigste Rebsorte: Riesling

Wichtigste Weingüter: Querbach, Peter Jakob Kühn, Josef Spreitzer

Besonderheiten: Der Name leitet sich von einer zum Pfingstbach geneigten Berglehne ab, die an die Originallage Lenchen grenzt. Ein Großteil der Weinberge liegt windgeschützt in einer Mulde. Nur die Kernparzellen weisen – bedingt durch die Berglehne – ein ausgesprochen warmes Kleinklima auf. Gute Bewindung und dadurch rasches Abtrocknen des Laubs und der Trauben.

Weintyp: Aromatische und volle Weine. Die Gewächse aus dem Ur-Lenchen weisen eine stark aromatische Art auf, sehr fruchtbetont mit festem Körper, und sind vor allem für trockenen Ausbau geeignet.

Rauenthal Rothenberg

▸ Seite 87/B3

Größe: 21,0 ha **Höhe:** 120–150 m

Exposition: Süd bis Südwest

Steilheit: 20–57 %

Boden: Phyllitschiefer, geringer Gesteinsanteil, Feinboden mit Lösslehmauflage, gute Wasserführung

Wichtigste Rebsorte: Riesling

Wichtigstes Weingut: August Eser

Besonderheiten: 1211 erstmals erwähnt. Der Name stammt vom rotvioletten Phyllitschiefer im Boden. Vom höchsten Punkt aus sieht man westlich die Südhänge des Rauenthaler Bergs.

Weintyp: kräftige Weine mit markanten Zitrusnoten und prägnanter Säurestruktur

Walluf Walkenberg

▸ Seite 87/B4

Größe: 18,5 ha **Höhe:** 120–150 m

Exposition: Südwest

Steilheit: 10–18 %

Boden: Lösslehm auf kiesigem Untergrund, reich an Feinerde, dafür gesteinsarm

Wichtigste Rebsorten: Riesling, Spätburgunder

Wichtigste Weingüter: J. B. Becker, Toni Jost – Hahnenhof

Besonderheiten: Am Südhang der Taunusausläufer gelegen, dadurch nach Norden geschützt. Oberhalb dieses Weinbergs erstrecken sich die Reben noch etwa 1 km den Hang hinauf bis zum Waldsaum.

Adelsherrlichkeit: Schloss Vollrads, eines der ältesten Weingüter der Welt.

DIE BESTEN WEINLAGEN *im Rheingau*

Weintyp: Weine voller Kraft und Fülle, mineralisch, mit würziger und charakteristischer cremiger Note und den Aromen vorwiegend weißer Früchte

Wicker Mönchsgewann

▸ Seite 89/EF5

Größe: 16,4 ha **Höhe:** 80–116 m

Exposition: Süd bis West

Steilheit: 14–27 %

Boden: Tertiärer Kalkmergel, teils mit Löss und Kies durchsetzt. Hohe Wasserhaltekraft aufgrund von Kiesschichten im Unterboden.

Wichtigste Rebsorte: Riesling

Wichtigstes Weingut: Joachim Flick

Besonderheiten: Lage aus ehemaligem klösterlichem Besitz der Abtei Fulda, des Klosters St. Johann zu Magdeburg, des Mainzer St. Stephansstifts und der Karthäusermönche.

Weintyp: erdige, mineralische, sehr fruchtige und opulente Weine

Wicker Nonnberg

▸ Seite 89/F5

Größe: 2,7 ha **Höhe:** 80–116 m

Exposition: Süd bis West

Steilheit: 14 %

Boden: schwerer tertiärer Mergel mit Löss und Lösslehm, teilweise mit Kies durchsetzt, gute Wasserhaltekraft

Wichtigste Rebsorten: Riesling, Spätburgunder

Wichtigstes Weingut: Joachim Flick (Alleinbesitz)

Besonderheiten: Lage direkt unterhalb des Ortes Wicker, teilweise von einer Mauer umgeben. Dadurch gutes Kleinklima und langsame Reifung der Trauben.

Weintyp: Erdige, stoffige und mineralische Weine. Jung sind sie noch verschlossen und mit einer etwas harten Säure ausgestattet. Potenzial für Lagerung.

Winkel Hasensprung

▸ Seite 86/DE5

Größe: 97,2 ha **Höhe:** 95–140 m

Exposition: Süd bis Südost

Steilheit: bis 30 %

Boden: überwiegend tiefgründige Lösse, teilweise auch flachgründige Kiese und feuchte Lösslehme mit Ton, mittlerer bis hoher Feinerdeanteil

Wichtigste Rebsorte: Riesling

Wichtigste Weingüter: Prinz von Hessen, Schloss Schönborn, Weingüter Geheimrat »J« Wegeler – Gutshaus Oestrich

Besonderheiten: In den mittleren Lagen warmes, gut bewindetes Kleinklima. Hier sind die Böden nicht so fett wie in den Randlagen. Goethes Rheingauer Lieblingsweine kamen aus dieser Lage in unmittelbarer Nachbarschaft zum Schloss Johannisberg.

Weintyp: Voluminöse Weine mit kräftiger Säure, die sich erst durch Lagerung einbindet. Danach Vielfalt und Spiel in den Aromen, typischer Schmelz und fast rassige Mineralität.

Winkel Schloss Vollrads

▸ Seite 86/C5

Größe: 33,1 ha **Höhe:** 70–120 m

Exposition: Süd

Steilheit: 5–30 %

Boden: Überwiegend tiefgründige Lösse, durchsetzt mit flachgründigem Kies aus tertiärem Meeressand. Dazu Lösslehm, Tonerde und etwas Quarzit. Gutes bis sehr gutes Wasserhaltevermögen, auch in trockenen Jahren kaum Trockenstress.

Wichtigste Rebsorte: Riesling

Wichtigstes Weingut: Schloss Vollrads (Alleinbesitz), eines der ältesten Weingüter der Welt

Besonderheiten: Nord-Süd-Zeilung, nach Süden abfallende Weinberge, die nach Norden vom eigenen Wald (Naturschutzgebiet) gegen kalte Winde geschützt sind. Sehenswerte Schlossanlage mit Wasserturm.

Weintyp: Vollmundige, kräftige Weine mit eleganter Note und betonter Säurestruktur. Gute Lagerfähigkeit.

GUTE LAGEN

Eltville Langenstück ▸ Seite 87/B3, 51,6 ha, Südwest, 12–35 %, Lösse und Lösslehme, tertiäre Ton- und Mergelböden

Eltville Sonnenberg ▸ Seite 87/BC4, 67,3 ha, Süd, 10–25 %, tiefgründige Lösse und Lösslehme, teilweise kiesig, beste Parzellen im Mittelstück

Erbach Michelmark ▸ Seite 87/C2, 53,3 ha, Süd bis Südwest, 10–30 %, tiefgründige, teilweise kiesige Lösse, dazu Lösslehm und schwerer tertiärer Mergel

Geisenheim Mäuerchen ▸ Seite 86/E34, 31,9 ha, Süd bis Südost, 10–22 %, tiefgründige, kalkhaltige Lösse, im Grenzbereich Fuchsberg auch tertiärer Mergel

Geisenheim Mönchspfad ▸ Seite 86/DE4, 101,0 ha, davon 78,7 ha bestockt, Süd, 10–30 %, Untergrund aus Taunusquarzit, von tertiären Mergeln und Lössen überlagert

Hattenheim Engelmannsberg ▸ Seite 87/C12, 17,2 ha, Süd bis Südwest, 10–40 %, Lösslehm, leichtere tertiäre Mergelböden

Hochheim Königin Victoriaberg ▸ Seite 89/G4, 4,7 ha, Süd, 10–30 %, skelettreiche, lehmige Böden

Kiedrich Sandgrub ▸ Seite 87/BC23, 124 ha, davon nur 43,9 ha bestockt, Süd bis Südwest, 10–40 %, überwiegend tiefgründige Lösse und Lösslehme, teilweise kiesig mit tertiären Kalken

Lorchhausen Seligmacher ▸ Seite 85/E4, 22,8 ha, Südwest, 10–50 %, steiniggrusige Böden, Lehm aus devonischen Tonschichten, in Unterhängen tiefgründige, kalkhaltige leichte Lösse

Martinsthal Langenberg ▸ Seite 87/B4, 18,3 ha, Südwest, 10–45 %, mittel- und tiefgründige Böden aus Phylliten mit Lösslehmbeimengungen

Martinsthal Wildsau ▸ Seite 87/B4, 34,9 ha, Süd bis Südwest, 10–40 %, mittel- und tiefgründige Phyllitböden mit Lösslehmbeimengungen

Rauenthal Gehrn ▸ Seite 87/B3, 17,1 ha, Süd, 15–50 %, Phyllitböden, kleinflächig Serizitgneis, dazu Lösse und Lösslehm

Rauenthal Wülfen ▸ Seite 87/B3, 15,9 ha, Süden, 12–40 %, mittel- und tiefgründige Phyllitböden, tertiärer Mergelboden

Walluf Vitusberg ▸ Seite 87/B4, 17,0 ha, Süd bis Südost, 10–22 %, tiefgründige Lösse und Lösslehm

Nahe

Das Anbaugebiet Nahe gibt es in festgelegten Grenzen und abgegrenzten Lagen – wie die anderen Weinregionen hierzulande – seit dem Deutschen Weingesetz von 1971. Mit 4124 Hektar Rebfläche zählt es zwar nur zu den mittelgroßen Weinregionen in Deutschland, bietet aber aufgrund der geologischen Vielfalt der Böden eine nahezu einzigartige Geschmackspalette in seinen Weinen. Insbesondere der Riesling kann hier in seiner Typizität, je nach Bodenformation, an Weine von der Mosel, aus der Pfalz oder aus dem Rheingau erinnern. Insofern trifft der lange in der Gebietswerbung gebräuchliche Slogan vom »Probierstübchen der deutschen Lande« wohl zu, vernachlässigt aber den eigenständigen Charakter der Naheweine mit ihrer besonderen Frucht und Würze – und die Eigenheit des Anbaugebiets insgesamt.

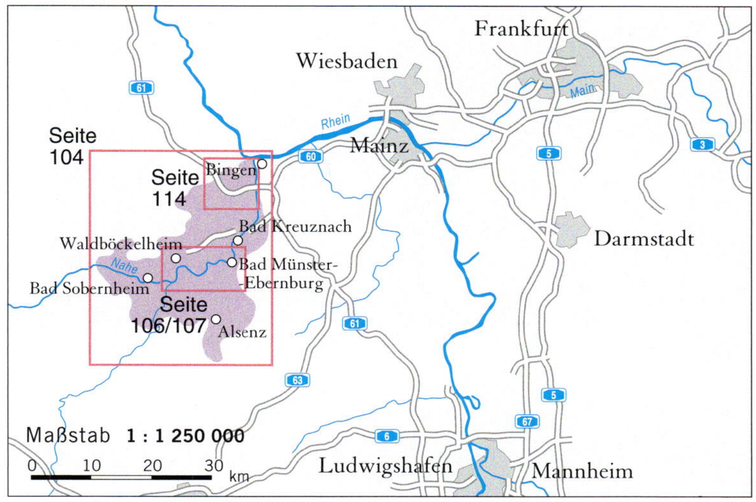

Die Weinberge erstrecken sich von Bingerbrück am Rhein längs der Nahe bis zum Soonwald sowie in den Seitentälern von Trollbach, Guldenbach, Gräfenbach, Ellerbach, Alsenz und Glan. Die Reben stehen zumeist auf Süd- und Südwesthängen, umgeben von Obstgärten, Wiesen, Äckern und gelegentlich auch von den Ausläufern der fortschreitenden Wohnbebauung. Geografisch wie stilistisch lässt sich das Anbaugebiet in drei Regionen unterteilen: die untere Nahe von Bingerbrück bis Bad Kreuznach, die mittlere Nahe von Bad Münster am Stein bis Schloßböckelheim und die obere Nahe von Schloßböckelheim bis zu den westlichsten Lagen nahe Martinstein. Spitzenrieslinge werden in allen drei Untergebieten erzeugt, wobei die mittlere Nahe mit den exponierten Lagen in Traisen, Norheim, Niederhausen und Schloßböckelheim von alters her als Zentrum des Rieslinganbaus an der Nahe gilt: Von den Vulkanverwitterungsböden in diesem Bereich kommen extrem mineralische Weine, die in Duft und Geschmack häufig mit denen der Mosel verglichen werden.

Der Riesling ist im Qualitätsweinbau auch an der Nahe das Maß aller Dinge. Seine Reben stehen in den bevorzugten Lagen, die Qualität seiner Weine hat seit jeher das Renommee der besten Weinbaubetriebe begründet und damit in jüngerer Zeit dem gesamten Anbaugebiet auch international zu großem Ansehen verholfen. Im Ausland kamen neben den fruchtsüßen Spätlesen zunächst nur die edelsüßen Beerenauslesen, Trockenbeerenauslesen und Eisweine zu Ehren, doch inzwischen können die Nahewinzer auch mit großen trockenen Weinen punkten.

Der Silvaner, der in seiner besten Zeit mehr als die Hälfte der Rebfläche an der Nahe eingenommen hat, verliert seit einigen Jahren immer mehr an Boden, ebenso der Müller-Thurgau. Zu den Gewinnern zählen die Burgundersorten, allen voran Spätburgunder und Weißburgunder, die in einigen Lagen sehr gute Ergebnisse bringen. Eher eine Begleiterscheinung des Rotweinbooms ist der Aufstieg des Dornfelders auf Platz drei in der Rebsortenstatistik.

GESCHICHTE

Bodenfunde aus der Römerzeit belegen, dass im Bereich der Nahe schon früh Weinreben kultiviert wurden. Den entscheidenden Beitrag zur Entwicklung des Weinbaus leisteten – wie so häufig – die Klöster, die im 8. Jahrhundert bereits reichen Weinbergbesitz an der Nahe verzeichneten, zum Beispiel in Norheim, Langenlonsheim und Monzingen. Auch bei Hildegard von Bingen (1098–1179) finden sich Hinweise auf den Weinbau an der Nahe. In einem ihrer medizinisch-naturwissenschaftlichen Werke weist sie darauf hin, dass der Wein von den Berghängen wertvoller sei, für Kranke jedoch

Spitzenlagen an der Nahe: Blick vom Steinberg auf die Einzellagen Niederhausen Hermannsberg und Schloßböckelheim Kupfergrube.

weniger geeignet als der aus den Flachlagen. Die Pionierarbeit der Mönche setzten im späten Mittelalter Kirche und Adel fort, die bis zum 18. Jahrhundert den überwiegenden Teil der Weinberge in ihrem Besitz hatten. Seinen ersten großen Aufschwung erlebte der Weinbau an der Nahe, gefördert durch den preußischen Staat, dann im 19. Jahrhundert.

Um die Jahrhundertwende wurden Auslesen von der Nahe, damals zumeist als »Rheinweine«, aber auch als »Kreuznacher« oder »Bacharacher« vermarktet, genauso teuer gehandelt wie Premiers grands crus aus Bordeaux. Mit der Gründung der »Provinzial-Wein- und Obstbauschule Bad Kreuznach« im Jahr 1900, die den Winzernachwuchs ausbilden sollte, gab der preußische Staat auch entscheidende Impulse, hochwertige Weine zu erzeugen. In der Staatlichen Weinbaudomäne Niederhausen-Schloßböckelheim, die zwischen 1901 und 1910 entstand, sollte dann die schulische Theorie in weinbauliche Praxis umgesetzt werden. Das staatliche Musterweingut arrondierte in der Folgezeit nicht nur zwei Weinberge, die heute zu den besten Lagen des Anbaugebiets gehören (Schloßböckelheim Kupfergrube und Niederhausen Hermannsberg), sondern es produzierte während seiner Glanzzeit bis Mitte der 1980er-Jahre auch Rieslinge, die zu den Spitzen an der Nahe gezählt wurden.

Durch die Säkularisierung der Kirchengüter im 19. Jahrhundert und die übliche Realteilung bei der Erbfolge war der Weinbergbesitz überwiegend in Klein- und Kleinstflächen zersplittert. Als dann Ende des Jahrhunderts die Reblaus an der Nahe auftrat und in der Folgezeit große Teile der Weinberge vernichtete, wurde die Neuordnung der Rebflächen notwendig. Bereits Ende der 1920er-Jahre begann die Flurbereinigung an der Nahe, Parzellen wurden zusammengelegt, um die Neuanpflanzung reblausresistenter Sorten zu erleichtern und sinnvoll zu bewirtschaftende Rebflächen auszuweisen.

In den 1960er-Jahren besetzte eine Vielzahl neuer Rebsorten die Weinberge an der Nahe, nicht nur der überall beliebte, unkomplizierte Müller-Thurgau, sondern auch Kerner, Bacchus, Scheurebe und viele andere. Das geflügelte Wort vom »Probierstübchen« bekam einen negativen Beigeschmack: »anything goes«. Mit den ertragreichen Sorten dehnten sich die Rebflächen außerdem über die klassischen Weinberge hinaus bis in die leicht zu bewirtschaftenden Flachlagen aus.

Die großen Weingüter, allen voran die Staatsdomäne, hatten schon in den 1930er-Jahren die Herkunftsbezeichnung Nahe auf die Flaschenetiketten gebracht, aber noch ohne nachhaltige Resonanz. Im Text des Weingesetzes von 1935 wird die Nahe zwar bereits als Anbaugebiet genannt. Doch selbst als die Region Nahe mit dem Weingesetz von 1971 als »bestimmtes Anbaugebiet« anerkannt und lagengenau abgegrenzt war, gelang es über Jahrzehnte nicht, ihr ein eigenständiges Profil zu geben. Zwar hatten sich die Rieslinge der aufstrebenden Weingüter Hermann Dönnhoff, Hans Crusius und Schlossgut Diel im Lauf der Zeit einen guten Ruf erworben, die wenigsten Käufer im In- und Ausland wussten jedoch, dass sie von der Nahe stammten. Einige Spitzenlagen waren Weinfreunden ebenfalls vertraut, etwa Traisen Bastei, Oberhausen Brücke oder Schloßböckelheim Kupfergrube,

INFO *Nahe*

Anbaufläche: 4124 ha

Rebsorten: Riesling (26 %), Müller-Thurgau (13 %), Dornfelder (11 %), Silvaner (7 %), Spätburgunder (6 %), Weißburgunder (5 %), Kerner (5 %), Grauburgunder (5 %), Bacchus (4 %), Scheurebe (3 %)

Vorherrschende Bodentypen: Quarzit- und Schieferböden an der unteren Nahe, Porphyr, Melaphyr und Buntsandstein an der mittleren und oberen Nahe sowie Verwitterungsböden und Tonüberlagerungen aus Sandstein, Löss und Lehm im Raum Bad Kreuznach

Durchschnittlicher jährlicher Niederschlag: 517 mm (Bad Kreuznach)

Durchschnittlicher Niederschlag im Erntemonat (Oktober): 40 mm (Bad Kreuznach)

Jahresdurchschnittstemperatur: 9,5 °C (Bad Kreuznach)

Sonnenstunden jährlich: 1512 (Bad Kreuznach)

(Klimadaten jeweils 1961–1990, Quelle: Deutscher Wetterdienst)

Hauptgefahren für den Weinbau: In extrem heißen, trockenen Jahren kann es vorkommen, dass die Reben in höheren Lagen und auf flachgründigen Böden nicht genügend Wasser bekommen und unter Trockenstress geraten, Trockenschäden sind möglich.

Der menschliche Beitrag zum Terroir: Den größten Beitrag zur Erweiterung des Terroirs leistete die Staatsdomäne Niederhausen-Schloßböckelheim, als sie Anfang des 20. Jh. den zahlreichen historischen Spitzenlagen an der Nahe mit der Schloßböckelheim Kupfergrube, einem ehemaligen Bergwerk, eine weitere exzellente Lage hinzufügte.

Größter Bluff: Bis in die ersten Jahrzehnte des 20. Jh. wurden die Weine von der Nahe zum Teil als »Rheinweine« vermarktet, weil sie unter diesem Etikett bessere Preise erzielten.

In der Einzellage Dorsheim Goldloch: Urgesteinsboden mit dünner Lehmauflage und hohem Kiesanteil.

doch das vorhandene enorme Lagenpotenzial des Anbaugebiets und die prägende Vielfalt der Böden wurden zu wenig genutzt, um den Weinen von der Nahe mehr Beachtung zu verschaffen.

Die aufkommende öffentliche Diskussion über die Bedeutung des Terroirs rückte Mitte der 1990er-Jahre auch an der Nahe die Weinberglagen mehr und mehr in den Mittelpunkt des Interesses. Deren Bedeutung war den meisten Winzern zwar immer gegenwärtig gewesen, schließlich erzielten sie mit ihren Weinen von bevorzugten Weinbergen stets die besten Preise. Etliche der in der Vergangenheit hochgeschätzten Lagen wurden jedoch nicht mehr adäquat bewirtschaftet und drohten in Vergessenheit zu geraten. Es ging nicht nur darum, diese klassischen Lagen zu erhalten, sondern ihr Potenzial auf längere Sicht wieder in Weinqualität umzusetzen. Erste wichtige Schritte in diese Richtung machten die Prädikatsweingüter mit ihrer Lagenklassifikation 1997 (siehe Seite 105) und den 2004 festgelegten Kriterien für die Bezeichnung »Großes Gewächs Nahe«, die dem bestmöglichen trockenen Riesling aus großem Terroir vorbehalten sein soll.

KLIMA

Über die Jahrhunderte haben die Winzer an der Nahe die Vorzüge der natürlichen Gegebenheiten von Boden, Exposition und Klima herausgefunden und ihre Reben vornehmlich auf den geschützten, gut besonnten Hängen angepflanzt. So entstand keine zusammenhängende Rebfläche, sondern ein weit gestreuter Flickenteppich von Weinbergen, zumeist entlang der Flusstäler. Weil das Anbaugebiet im Übergangsbereich vom kontinentalen zum ozeanischen Klima liegt, bestehen für den Weinbau günstige Bedingungen – mit hohen Temperaturen und einem Niederschlagsmaximum im Sommer sowie milden Winterperioden mit relativ wenigen Frosttagen.

Im Norden und Westen ist die Region durch Rheingaugebirge und Hunsrück mit den vorgelagerten Höhenzügen von Binger Wald, Soonwald und Idarwald gegen Wind und Regen geschützt und gehört zu den niederschlagsärmsten Gebieten in Deutschland. Zudem ist die Niederschlagsverteilung für das Wachstum der Reben äußerst günstig: Der meiste Regen fällt im Juni, Juli und August, die Erntemonate September und Oktober sind regenärmer. Als Jahresdurchschnittstemperatur werden in Bad Kreuznach weinbaufreundliche 9,5 Grad Celsius gemessen, wobei dieser Wert im Mikroklima geschützter und stark besonnter Lagen durchaus wesentlich höher ausfallen kann. Die Sonnenscheindauer beträgt ausreichende 1512 Stunden im Jahr. In Lagen direkt an der Nahe und ihren Nebenflüssen erhöht sich die Wirkung der Sonneneinstrahlung durch die Reflexion der Wasserflächen. In höheren Lagen oder bei flachgründigen Böden sind in besonders heißen Jahren (2003) Trockenschäden möglich.

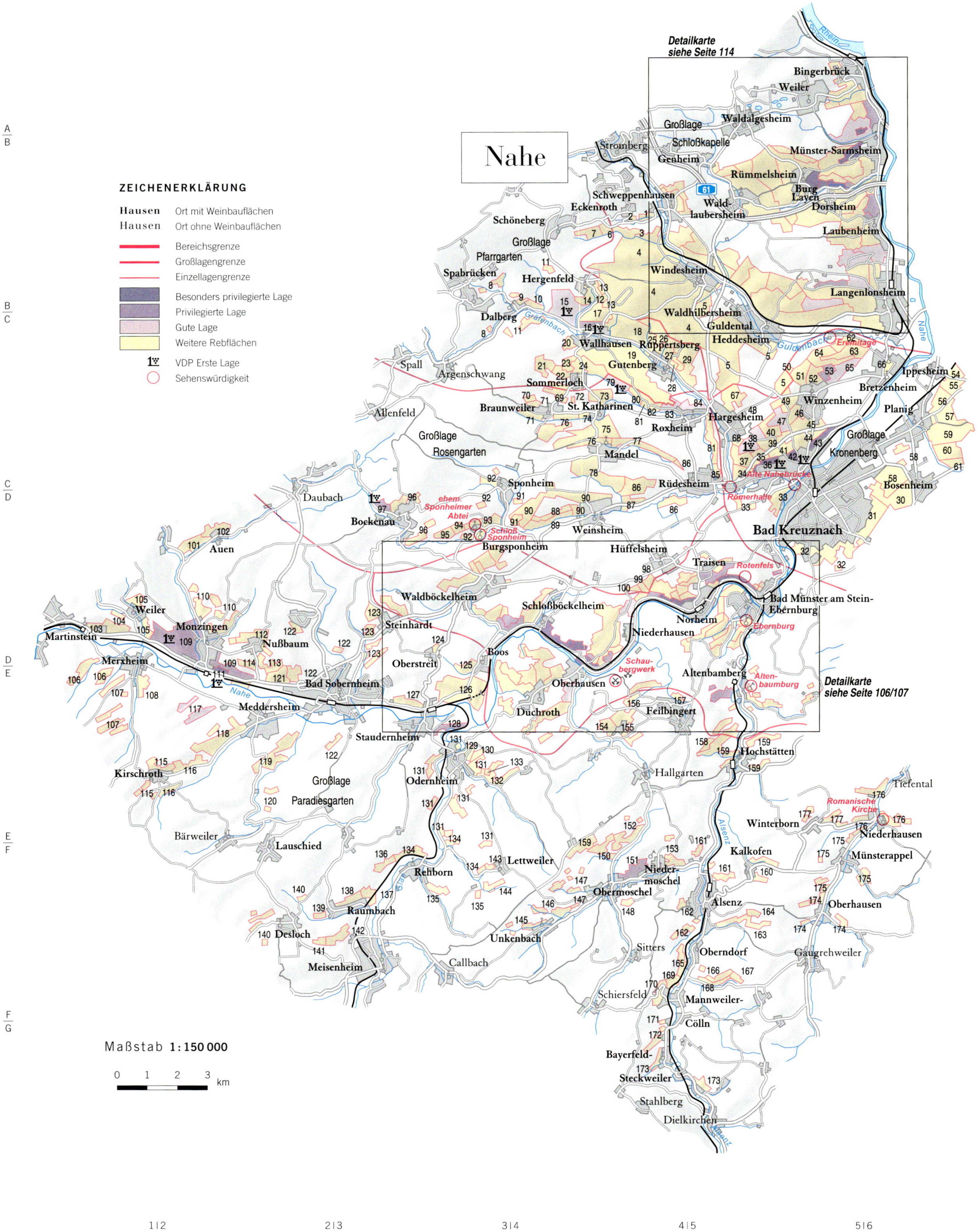
Nahe
ZEICHENERKLÄRUNG
Hausen Ort mit Weinbauflächen
Hausen Ort ohne Weinbauflächen
Bereichsgrenze
Großlagengrenze
Einzellagengrenze
Besonders privilegierte Lage
Privilegierte Lage
Gute Lage
Weitere Rebflächen
VDP Erste Lage
Sehenswürdigkeit
Maßstab 1:150 000
0 1 2 3 km
Detailkarte siehe Seite 114
Detailkarte siehe Seite 106/107
Rhein
Bingerbrück
Weiler
Großlage Schloßkapelle
Waldalgesheim
Stromberg
Genheim
Münster-Sarmsheim
Rümmelsheim
Burg Layen
Dorsheim
Schweppenhausen
Eckenroth
Wald-laubersheim
Laubenheim
Schöneberg
Großlage Pfarrgarten
Windesheim
Spabrücken
Hergenfeld
Langenlonsheim
Dalberg
Gräfenbach
Waldhilbersheim
Guldental
Heddesheim
Wallhausen
Rüppertsberg
Guldenbach
Eremitage
Spall
Argenschwang
Gutenberg
Ippesheim
Sommerloch
Bretzenheim
Braunweiler
St. Katharinen
Winzenheim
Allenfeld
Hargesheim
Planig
Roxheim
Großlage Rosengarten
Mandel
Großlage Kronenberg
Sponheim
Rüdesheim
Alte Nahebrücke
Bosenheim
Daubach
ehem. Sponheimer Abtei
Römerhalle
Bockenau
Schloß Sponheim
Weinsheim
Bad Kreuznach
Auen
Burgsponheim
Hüffelsheim
Traisen
Rotenfels
Waldböckelheim
Schloßböckelheim
Bad Münster am Stein-Ebernburg
Weiler
Monzingen
Steinhardt
Norheim
Ebernburg
Martinstein
Nußbaum
Niederhausen
Merxheim
Boos
Oberstreit
Schaubergwerk
Altenbamberg
Altenbaumburg
Nahe
Bad Sobernheim
Oberhausen
Meddersheim
Duchroth
Feilbingert
Staudernheim
Hochstätten
Kirschroth
Großlage Paradiesgarten
Odernheim
Hallgarten
Tiefental
Romanische Kirche
Winterborn
Niederhausen
Bärweiler
Lauschied
Alsenz
Kalkofen
Münsterappel
Lettweiler
Rehborn
Nieder-moschel
Obermoschel
Oberhausen
Raumbach
Alsenz
Desloch
Unkenbach
Sitters
Oberndorf
Gaugrehweiler
Meisenheim
Callbach
Schiersfeld
Mannweiler-
Cölln
Bayerfeld-
Steckweiler
Stahlberg
Dielkirchen
A/B
B/C
C/D
D/E
E/F
F/G
1|2
2|3
3|4
4|5
5|6

WEINLAGEN UND BÖDEN

Im Zuge der Lagenreform Ende der 1960er-Jahre wurden auch die Rebflächen an der Nahe neu geordnet und mit dem Weingesetz von 1971 festgeschrieben. Einige seit alters renommierte Lagen, etwa das Frühlingsplätzchen in Monzingen, wurden beträchtlich erweitert. Etliche Lagennamen verschwanden dabei komplett von der Karte, während andere Lagen unter ihrem ursprünglichen Namen und in den überlieferten Grenzen fast unverändert erhalten blieben. In Weinbergen, die bei der »Lagenbereinigung« erheblich vergrößert wurden, können häufig nur die Kernbereiche als »privilegierte« oder »besonders privilegierte« Lagen bezeichnet werden. Heute gliedert sich das Anbaugebiet mit dem Bereich Nahetal in sieben Großlagen und 328 Einzellagen, von denen nur noch 258 bestockt sind. Dabei spielen die Großlagen wie etwa Burgweg, Paradiesgarten oder Schlosskapelle auch für die qualitätsbewussten Winzer an der Nahe schon längst keine Rolle mehr. Diese Bezeichnungen wurden und werden für Weine verwendet, deren Trauben aus den unterschiedlichsten Einzellagen im Bereich einer Großlage stammten. Das Terroir lässt sich bei solchen Lagenverschnitten nicht herausarbeiten. Allenfalls können sie als ordentliche Rebsortenweine durchgehen.

Die Qualität der Einzellagen wurde an der Nahe bereits vor mehr als hundert Jahren mit einer Art Lagenklassifikation definiert. In der »Nahe-Weinbaukarte für den Regierungsbezirk Coblenz« von 1901 orientierte sich die Bewertung der Lagen an der Grundsteuer, die im 19. Jahrhundert für einzelne Parzellen zu zahlen war: 15 bis 120 Silbergroschen pro Morgen für die einfache Kategorie, 150 bis 240 Silbergroschen für die Mittelklasse und 360 bis 600 Silbergroschen für die Spitzenlagen.

Auf der Basis dieser historischen Karte entwickelten die VDP-Weingüter an der Nahe 1997 ihre Lagenklassifikation (»Erste Lage«), die zudem festlegte, dass nur Rieslinge aus den besten Weinbergen mit Lagenbezeichnung auf den Markt gebracht werden dürfen. Daraus folgt auch, dass alle anderen Rebsorten grundsätzlich ohne Lagenbezeichnung

LAGENLEGENDE

1 Felsenberg	**10** Ritterhölle	**20** Laurentiusberg	**30** Galgenberg	**40** Vogelsang
2 Hölle	11 Sonnenberg	21 Birkenberg	31 Tilgesbrunnen	41 Kapellenpfad
3 Steyerberg	12 Mönchberg	22 Steinrossel	32 Rosenberg	42 Krötenpfuhl 1
4 Rosenberg	13 Sonnenberg	23 Sonnenberg	33 Kauzenberg	43 Brückes
5 Honigberg	14 Herrschaftsgarten	24 Ratsgrund	34 Osterhöll	44 St. Martin
6 Schäferslay	15 Felseneck 1	25 St. Ruppertsberg	35 Hofgarten	45 Gutental
7 Sonnenberg	16 Johannisberg 1	26 Römerberg	36 Kahlenberg 1	46 Mönchberg
8 Höll	17 Höllenpfad	27 Schloßberg	37 Mollenbrunnen	47 Narrenkappe
9 Schloßberg	18 Pastorenberg	28 Schloß Gutenberg	38 Hinkelstein 1	48 Steinberg
	19 Backöfchen	29 Felseneck	39 Forst	49 Hunriger Wolf
50 In den siebzehn Morgen	**60** Paradies	**70** Wetterkreuz	**80** Hüttenberg	**90** Abtei
51 Honigberg	61 Hirtenhain	71 Hellenpfad	81 Sonnenberg	91 Grafenberg
52 Berg	62 Felsenköpfchen	72 Fels	82 Höllenpfad	92 Klostergarten
53 Rosenheck	63 Vogelsang	73 Klostergarten	83 Mühlenberg	93 Schloßberg
54 Himmelgarten	64 Hofgut	74 Steinkreuz	84 Birkenberg	94 Höllenpfad
55 Junker	65 Pastorei	75 Alte Römerstraße	85 Wiesberg	95 Pfaffenberg
56 Römerhelde	66 Schloßgarten	76 Schloßberg	86 Goldgrube	96 Stromberg
57 Katzenhölle	67 Straußberg	77 Dellchen	87 Katergrube	97 Felseneck 1
58 Höllenbrand	68 Mollenbrunnen	78 Palmengarten	88 Kellerberg	98 Mönchberg
59 Nonnengarten	69 Michaeliskapelle	79 Berg 1	89 Steinkaut	99 Steyer
100 Gutenhölle	**110** Rosenberg	**120** Edelberg	**130** Montfort	**140** Vor der Hölle
101 Kaulenberg	111 Halenberg 1	121 Marbach	131 Weinsack	141 Hengstberg
102 Römerstich	112 Sonnenberg	122 Domberg	132 Kapellenberg	142 Obere Heimbach
103 Schloßberg	113 Höllenberg	123 Johannesberg	133 Langenberg	143 Rheingasse
104 Herrenzehntel	114 Rotfeld	124 Auf dem Zimmerberg	134 Herrenberg	144 Inkelhöll
105 Heiligenberg	115 Wildgrafenberg	125 Kastell	135 Schikanenbuckel	145 Würzhölle
106 Vogelsang	116 Lump	126 Herrenberg	136 Hahn	146 Römerpfad
107 Römerberg	117 Rheingrafenberg	127 Goldgrube	137 Schwalbennest	147 Sonnenplätzchen
108 Hunolsteiner	118 Altenberg	128 Kloster Disibodenberg	138 Schloßberg	148 Schloßberg
109 Frühlingsplätzchen 1	119 Edelberg	129 Heßweg	139 Allenberg	149 Langhölle
150 Geißenkopf	**160** Graukatz	**170** Schloß Randeck	Detailkarten siehe Seiten 106/107 und 114	
151 Silberberg	161 Elkersberg	171 Seidenberg		
152 Hahnhölle	162 Pfaffenpfad	172 Rosenberg		
153 Layenberg	163 Falkenberg	173 Mittelberg		
154 Feuerberg	164 Hölle	174 Graukatz		
155 Königsgarten	165 Weißenstein	175 Graukatz		
156 Bocksberg	166 Feuersteinrossel	176 Graukatz		
157 Kahlenberg	167 Aspenberg	177 Graukatz		
158 Höchstes Kreuz	168 Beutelstein			
159 Liebesbrunnen	169 Weißenstein			

A/B B/C C/D D/E E/F F/G

vermarktet werden müssen, selbst wenn sie in einer »Ersten Lage« stehen. Die Trauben müssen stets handgelesen sein, aus extrem niedrigen Erträgen stammen und in jeder Qualitätsstufe von deutlich höherer Qualität sein, als es das Weingesetz verlangt. Der Nachteil dieser Klassifikation: Sie berücksichtigt nicht alle herausragenden Weinberge, denn die VDP-Mitglieder durften nur Lagen klassifizieren, in denen sie Rebflächen besitzen.

Der Charakter der Weinregion Nahe und die Vielfalt ihrer Weine wird im Wesentlichen geprägt durch die unterschiedlichen Bodenformationen, die im Gebiet zutage treten. In fast allen Gemarkungen bilden tertiärzeitliche Ablagerungen des Mainzer Beckens den Boden, am Westrand vor allem Meeressande und Kiese, in anderen Teilen auch Mergel und Tone des Oligozäns. Auch quartärzeitlicher Terrassenschotter sowie Löss und Lösslehm sind an der Nahe fast überall vertreten.

Geologisch wird das Anbaugebiet Nahe in vier Bereiche mit eindeutig vorherrschenden Bodenformationen eingeteilt:

Im nordwestlichen Bereich zwischen Bingerbrück und Wallhausen dominiert devonisches Gestein (Phyllite, Grünschiefer und Quarzite) vom Rheinischen Schiefergebirge, das nur langsam zu sandig-lehmigen, mittelschweren und meist kalkarmen Böden verwittert, die häufig Gesteinsschutt aufweisen. Von den Schieferböden kommen spritzige, rassige Rieslinge.

Die Weinbergböden im Westen, die sich quer durch das Anbaugebiet von Münster-Sarmsheim bis Monzingen ziehen, sind durch ausgedehnte Flächen mit roten Konglomeraten und Sandsteinen des Oberrotliegenden (Waderner Schichten) geprägt. Gegen Südosten, an der mittleren Nahe zwischen Bad Kreuznach und Sobernheim und in den Seitentälern von Alsenz und Glan, schließen sich feinere, mürbe Sandsteine und Tonschiefer des Unterrotliegenden mit mehr sandigen

DETAILKARTE

Oberhausen Niederhausen

ZEICHENERKLÄRUNG

- **Hausen** Ort mit Weinbauflächen
- Hausen Ort ohne Weinbauflächen
- Bereichsgrenze
- Großlagengrenze
- Einzellagengrenze
- Besonders privilegierte Lage
- Privilegierte Lage
- Gute Lage
- Weitere Rebflächen
- 1er VDP Erste Lage
- Sehenswürdigkeit

Überragt vom Massiv des Rotenfels auf einer steilen Geröllhalde aus Rhyolithgestein: die Einzellage Traisen Bastei.

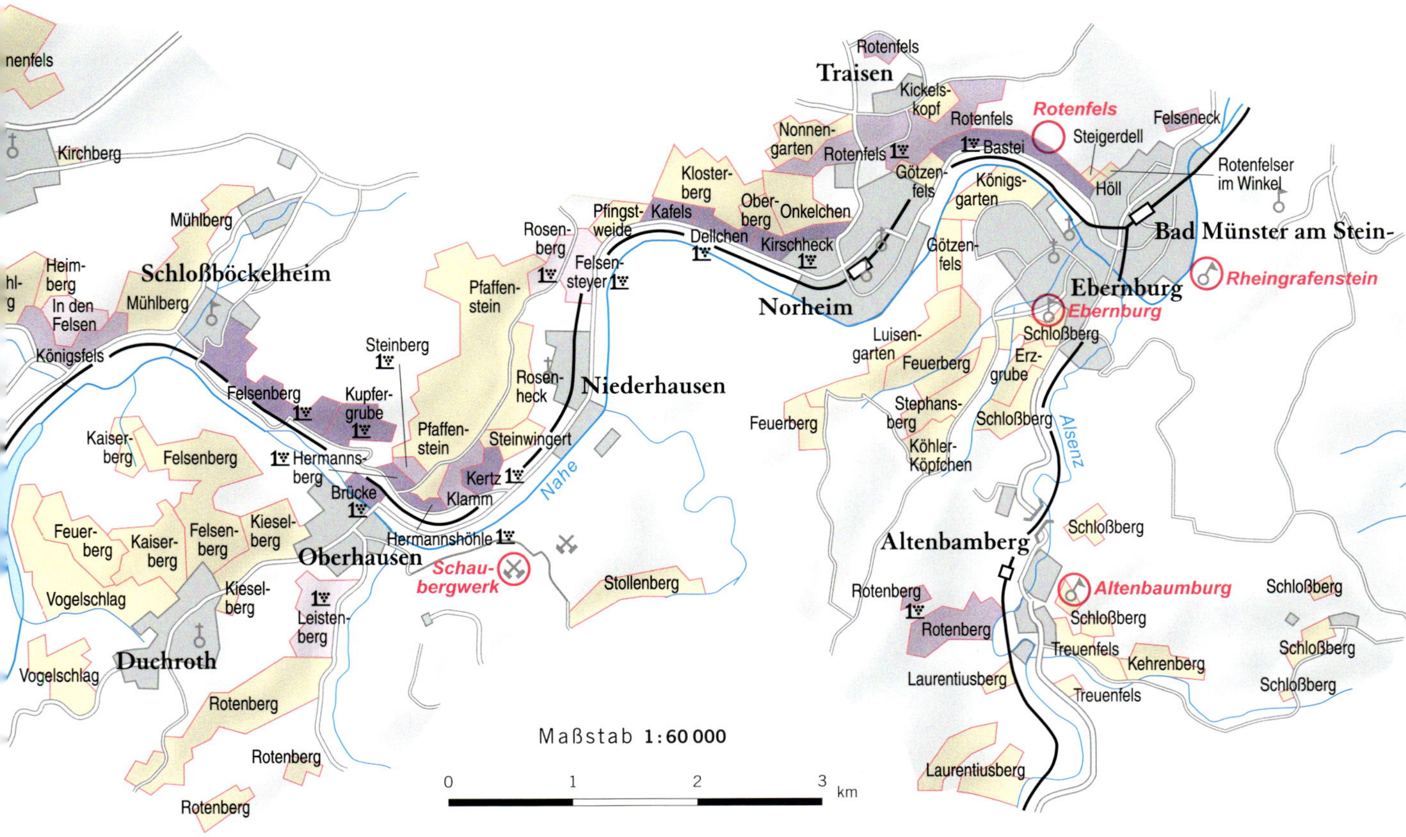

oder lehmigen Böden an; aber auch oberrotliegende Magmatite (Rhyolithe bis Andesite) finden sich als Ausgangsgestein in den Hanglagen. Bei Niederhausen und Oberhausen treten zudem hochgeschleppte Schollen karbonischen Ursprungs auf. Die Weine sind nachhaltig und blumig mit feiner, anregender Säure. Von Verwitterungsböden des Rotliegenden bietet der Monzingen Halenberg Weine mit typischen pikant-mineralischen Schiefernoten, die an Moselrieslinge erinnern.

Im Kreuznacher Hügelland und entlang der unteren Nahe bis Laubenheim bilden Ablagerungen des Tertiär und des Diluvium die Weinbergböden, im westlichen Teil mit Sanden und Konglomeraten des jüngeren Schleichsandes, östlich der Nahe von mergeligen Tonen (Rupelton) und mergeligen Sanden (Schleichsand) geprägt. In tieferen Lagen beiderseits der unteren Nahe finden sich auch Lössablagerungen. Die Rieslinge präsentieren sich elegant und feinblumig, je nach Bodentyp mal etwas zarter, mal vollmundiger. Vom Kreuznach Kahlenberg können sie rassig-elegant mit Frucht und Würze ausfallen, vom Langenlonsheim Rothenberg komplex mit markanter Säure und vom Laubenheim Karthäuser fruchtig mit einer eleganten Säure.

Südlich der tertiären Ablagerungen herrschen auf einem breiteren Streifen zwischen Bad Münster am Stein und Schloßböckelheim flachgründige, kalkarme, sandige und mit Porphyr durchsetzte Vulkanverwitterungsböden vor. Bessere Bedingungen für die Reben bestehen in den bevorzugten Lagen mit tiefgründigeren, sandig-lehmigen und gesteinsreichen Böden. Von diesen heißen Skelettböden des Quarzporphyrs (Rhyolith) und Porphyrits (Paläoandesit) kommen würzige, vollmundige und nachhaltige Weine. Hier an der mittleren Nahe finden sich die besten Lagen wie aufgereiht an einer Perlenkette: Traisen Bastei am Fuß des 200 Meter hohen Porphyrmassivs vom Rotenfels mit körperreichen, extrem mineralischen Weinen, Norheim Dellchen mit feinfruchtig-eleganten Rieslingen, Niederhausen Hermannshöhle mit rassigen und finessenreichen Tropfen, die über ein großes Spektrum an Fruchtaromen (von Apfel und Pfirsich bis zu exotischen Noten) verfügen. Kräftiger in der geschmacklichen Ausprägung präsentieren sich die Rieslinge von der Oberhausen Brücke, reichhaltig und saftig ihre Nachbarn vom Schloßböckelheim Felsenberg.

Einige an sich wertvolle Weinberglagen – etwa in Bad Kreuznach – sind in den letzten Jahrzehnten fast in Vergessenheit geraten, weil sie nur zu einem kleinen Teil mit Riesling bestockt sind oder das vorhandene Potenzial nicht genutzt worden ist. Aber es gibt auch ermutigende Gegenbeispiele. Die Rieslinge aus dem Norheim Dellchen, in dem sich einige Winzer seit einigen Jahren verstärkt engagieren, zeigen bereits nach kurzer Zeit wieder die Klasse, die ihnen die Lage mitgibt.

DIE BESTEN WEINLAGEN *an der Nahe*

Weinberg mit sehr guter Sonnenreflexion: die Einzellage Schloßböckelheim Felsenberg.

BESONDERS PRIVILEGIERTE LAGEN

Bad Kreuznach Brückes

▸ Seite 104/C5 (Nr. 43)

Größe: 5,8 ha **Höhe:** 110–145 m

Exposition: Südost

Steilheit: 5–40 %

Boden: Verwitterung des Rotliegenden, sandiger Lehm

Wichtigste Rebsorte: Riesling

Wichtigstes Weingut: Staatsweingut Bad Kreuznach

Besonderheiten: Eine der besten unter den zahlreichen Kreuznacher Lagen, 1476 erstmals genannt. Das zweifellos vorhandene Potenzial wird nur selten ausgeschöpft.

Weintyp: Rieslinge mit ausgeprägt fruchtigem Bukett

Bad Kreuznach Kahlenberg

▸ Seite 104/C5 (Nr. 36)

Größe: 16,0 ha **Höhe:** 140–155 m

Exposition: Süd

Steilheit: 10–40 %

Boden: kiesiger Lehm der unteren Naheterrasse aus dem Alluvial

Wichtigste Rebsorten: Riesling, Chardonnay, Spätburgunder

Wichtigste Weingüter: Dönnhoff, Staatsweingut Bad Kreuznach

Besonderheiten: 1499 erstmals erwähnte Spitzenlage, deren herausragendes Potenzial derzeit nur zum Teil genutzt wird.

Weintyp: Rieslinge mit Frucht, Würze und rassiger Eleganz

Bad Kreuznach Krötenpfuhl

▸ Seite 104/C5 (Nr. 42)

Größe: 6,4 ha **Höhe:** 140–153 m

Exposition: Süd

Steilheit: 5–40 %

Boden: lehmiger Kies, zum Teil Schwemmlöss

Wichtigste Rebsorten: Riesling, Kerner

Wichtigste Weingüter: Dönnhoff, Staatsweingut Bad Kreuznach

Besonderheiten: Historische Spitzenlage von Bad Kreuznach, seit 1832 unter diesem Namen bekannt. Das Potenzial wird zurzeit nur zum Teil genutzt.

Weintyp: gut ausgeprägte, fruchtig-würzige und reife Rieslinge

Dorsheim Burgberg

▸ Seite 114/E5

Größe: 3,8 ha **Höhe:** 190–290 m

Exposition: Süd bis Südost

Steilheit: 45–60 %

Boden: teilweise mit Schiefer und Kieselsteinen durchsetzter Lehmboden auf Waderner Schichten mit hohem Anteil an Taunusquarzit

Wichtigste Rebsorte: Riesling

Wichtigste Weingüter: Schlossgut Diel, Kruger-Rumpf

Besonderheiten: Windgeschützte Südlage (Amphitheater) auf der Nordseite des Trollbachtals mit gesteinsreichem Boden und gutem Wasserhaltevermögen. Im Jahr 1400 erstmals urkundlich erwähnt. Da sich die Kaltluft in frostigen Winternächten am Hangfuß staut, eignet sich dieser Teil des Burgbergs zur Erzeugung von Eisweinen.

Weintyp: sehr gehaltvolle, stoffige und rassige Rieslinge mit zartem Kräuterduft und großem Alterungspotenzial

DIE BESTEN WEINLAGEN *an der Nahe*

Dorsheim Goldloch
▸ Seite 114/E5

Größe: 10,5 ha **Höhe:** 210–290 m

Exposition: Süd

Steilheit: 45–55 %

Boden: steinig-grusiger Gehängelehm auf felsigen Konglomeraten des Oberrotliegenden aus der ersten Phase des Perm, bedeckt mit einer dünnen Lehmschicht mit einem hohen Anteil von Kieselsteinen

Wichtigste Rebsorte: Riesling

Wichtigste Weingüter: Schlossgut Diel, Kruger-Rumpf, Joh. Bapt. Schäfer

Besonderheiten: Geschützte, teilweise terrassierte Südlage auf der Nordseite des Trollbachtals mit perfekter Exposition zur Sonne und guter bis sehr guter Wasserversorgung. 1756 erstmals urkundlich belegt, seit 1819 im Lagenkataster genannt.

Weintyp: mineralische, feinfruchtige Rieslinge mit dichtem, exotisch anmutendem Aroma, großes Reifepotenzial

Dorsheim Pittermännchen
▸ Seite 114/D4

Größe: 6,1 ha **Höhe:** 220–300 m

Exposition: Süd

Steilheit: 40–55 %

Boden: Hoher Schieferanteil. Extrem verwitterter Schiefer aus den Waderner Schichten bis in den Unterboden. Der Boden ist außerdem durchsetzt mit Kieselsteinen und Quarzit.

Wichtigste Rebsorte: Riesling

Wichtigste Weingüter: Schlossgut Diel, Joh. Bapt. Schäfer

Besonderheiten: Unmittelbar an das Goldloch anschließende, geschützte Südlage mit perfekter Sonnenexposition und guter Wasserversorgung. Erscheint 1860 erstmals im Lagenkataster.

Weintyp: hochfeine, mineralische Rieslinge mit filigraner Struktur, feinen Schiefernoten, edler Würze und großem Reifepotenzial

Langenlonsheim Rothenberg
▸ Seite 114/F45

Größe: 10,2 ha **Höhe:** 160–220 m

Exposition: Süd

Steilheit: 20–45 %

Boden: rotliegende Gesteinsverwitterungsböden vulkanischen Ursprungs, sandiger Lehm, lehmiger Sand über Sandstein

Wichtigste Rebsorte: Riesling

Wichtigste Weingüter: Tesch, Bürgermeister Schweinhardt

Besonderheiten: Leicht erwärmbare Gesteinsverwitterungsböden. Im Norden und Westen durch den Langenlonsheimer Wald geschützt. Eindeutig die beste Lage in Langenlonsheim.

Weintyp: feste, mineralische und rassige Rieslinge mit markantem Charakter und eleganter Fruchtigkeit

Laubenheim St. Remigiusberg
▸ Seite 114/E5

Größe: 2,4 ha **Höhe:** 140–180 m

Exposition: Süd bis Südost

Steilheit: 10–40 %

Boden: Brauner, vulkanischer Felsverwitterungsboden. Braunerde und Ranker über Quarzit.

Wichtigste Rebsorte: Riesling

Wichtigstes Weingut: Tesch

Besonderheiten: Extrem gut geschützter Hang auf der Südseite eines kleinen Talkessels an der unteren Nahe, der maximale Reife ermöglicht.

Weintyp: feinmineralische, komplexe und dabei geschmeidige Rieslinge mit Finesse und Aromen von Majoran und Mandarinenschale

Monzingen Halenberg
▸ Seite 104/E2 (Nr. 111)

Größe: 7,7 ha **Höhe:** 160–240 m

Exposition: Süd bis Südwest

Steilheit: 25–60 %

Boden: Verwitterung des Rotliegenden, Konglomerat aus blaugrauem Schiefer mit Quarzit und Kiesel, im flacheren Teil mit Lehmbeimengungen, im Steilhang sehr kiesig bis sandig, kaum Lehm

Wichtigste Rebsorte: Riesling

Wichtigste Weingüter: Emrich-Schönleber, Schäfer-Fröhlich

Besonderheiten: Günstiges Mikroklima, leicht erwärmbarer Boden. Die nächtlichen kalten Fallwinde werden durch eine Anhöhe über dem Weinberg abgeleitet. Neigung zu Sommertrockenheit. Der Kernbereich der historischen Lage wurde kaum erweitert, sehr homogene Qualität.

Weintyp: Vielschichtige, mineralische Rieslinge der filigranen Art mit Noten von Kräutern und Grapefruit, hohe Lagerfähigkeit. Die edelsüßen Weine zeigen klare, feine Fruchtnoten.

Münster-Sarmsheim Dautenpflänzer
▸ Seite 114/D5

Größe: 4,1 ha **Höhe:** 110–180 m

Exposition: Süd

Steilheit: 10–60 %

Boden: grauer Devonschiefer, durchsetzt mit Quarziten, im Untergrund mit starker Lösslehm-Mutterbodenauflage

Wichtigste Rebsorte: Riesling

Wichtigste Weingüter: Kruger-Rumpf, Göttelmann

Besonderheiten: Lage in einem Seitental der unteren Nahe, windgeschützt durch die Ausläufer des Münsterer Waldes. Günstiges Mikroklima, gutes Wasserhaltevermögen.

Weintyp: fruchtbetonte, charaktervolle Rieslinge mit Aromen von Pfirsich, Aprikose und Maracuja

Münster-Sarmsheim Pittersberg
▸ Seite 114/DE5

Größe: 9,3 ha **Höhe:** 110–210 m

Exposition: Südwest bis Süd

Steilheit: 10–65 %

Boden: grauer Devonschiefer und Verwitterungsgestein, sehr mineralischer Boden, Lösslehm, zum Teil Staublehm über Schiefer

Wichtigste Rebsorte: Riesling

Wichtigste Weingüter: Kruger-Rumpf, Göttelmann

Besonderheiten: Sehr warmer und trockener Standort relativ nahe am Fluss. Geringe Wasserhaltekapazität,

DIE BESTEN WEINLAGEN *an der Nahe*

windgeschützt im mittleren und unteren Teil. Durch die steile Südausrichtung erwärmen sich die Schieferböden schnell und geben die gespeicherte Wärme lange an die Reben ab.

Weintyp: säurebetonte, mineralische, feine und rassige Rieslinge mit Aromen von Pfirsich, Stachelbeeren und Zitrusfrüchten

Niederhausen Hermannsberg

▸ Seite 107/B2

Größe: 5,6 ha **Höhe:** 130–190 m

Exposition: Süd bis Südwest

Steilheit: 5–40 %

Boden: im Untergrund Schieferton, darüber Lösslehm, künstlich aufgeschottert mit einem Steinanteil von 5–40 %, viel Feinerde

Wichtigste Rebsorten: Riesling, Spätburgunder

Wichtigstes Weingut: Gutsverwaltung Niederhausen-Schloßböckelheim (Alleinbesitz)

Besonderheiten: Gute Sonnenreflexion. Die geschützte Lage mit gut abfließender Kaltluft eignet sich besonders für Eiswein.

Weintyp: Sehr opulente bis cremige, dichte und fruchtige Rieslinge von hoher Eleganz und Rasse, die an Rheingauer Weine erinnern.

Niederhausen Hermannshöhle

▸ Seite 107/C2

Größe: 8,0 ha **Höhe:** 130–175 m

Exposition: Süd bis Südwest

Steilheit: 35–60 %

Boden: schwarzgrauer Schiefer mit vulkanischem Eruptivgestein, Porphyr und Kalkstein, Konglomeratböden mit 15 % Steinanteil und viel Feinerde, steinig-grusige Lehme

Wichtigste Rebsorte: Riesling

Wichtigste Weingüter: Dönnhoff, Gutsverwaltung Niederhausen-Schloßböckelheim, Mathern, von Racknitz

Besonderheiten: Perfekte Sonnenexposition; teilweise Erosionsgefahr. Die Hermannshöhle ist seit mehr als 100 Jahren die am höchsten bewertete Lage an der Nahe.

Weintyp: opulente, dabei feinwürzige und elegante Rieslinge mit Kraft, Komplexität und langer Lagerfähigkeit, lagentypische Ausprägung

Niederhausen Kertz

▸ Seite 107/BC2

Größe: 2,1 ha **Höhe:** 135–175 m

Exposition: Südost bis Süd

Steilheit: 20–70 %

Boden: Vulkanverwitterungsgestein mit Porphyrit, zum Teil auch schwarzgrundiger Schiefer. Hoher Feinerdeanteil mit Steinen (30 %), flachgründig.

Wichtigste Rebsorte: Riesling

Wichtigste Weingüter: Gutsverwaltung Niederhausen-Schloßböckelheim, Mathern, von Racknitz

Besonderheiten: Eine der steilsten Lagen an der Nahe, zum Teil Querterrassen, dort sehr gute Sonnenreflexion. Böden durch hohen Gesteinsanteil und poröse Struktur leicht erwärmbar.

Weintyp: mineralisch-würzige und rassige Rieslinge mit vielfältigen Aromen von exotischen Früchten und deutlichen Honignoten bei gereiften Weinen

Norheim Dellchen

▸ Seite 107/B3

Größe: 2,6 ha **Höhe:** 120–170 m

Exposition: Süd

Steilheit: 50–70 %

Boden: schiefrige Böden mit steinigem Verwitterungsmaterial der angrenzenden vulkanischen Felsen (Porphyr und Melaphyr), steinig-grusiger Lehm

Wichtigste Rebsorte: Riesling

Wichtigste Weingüter: Dönnhoff, Mathern

Besonderheiten: Steil aufragende Felsen direkt an der Nahe, dazwischen kleine Mulden (»Dellchen«). Lage zum Teil querterrassiert, nach Westen wie Osten perfekt geschützt, optimale Wasserversorgung. Im Schutz der Felsen erreichen die Rieslinge sehr hohe Reifegrade. Lange vernachlässigte Lage, die erst in jüngster Zeit wieder hervorragende Ergebnisse bringt.

Weintyp: Mineralisch-würzige und feinfruchtig-elegante Rieslinge mit Aromen von Pfirsich, Limette und Grapefruit, markante Säure. Dichte, komplexe und rassige Spätlesen. Großartiges Reifepotenzial.

Norheim Kafels

▸ Seite 107/B3

Größe: 1,8 ha **Höhe:** 125–216 m

Exposition: Südwest bis Süd

Steilheit: 5–60 %

Boden: feinsandige und steinig-grusige Lehme, Verwitterungen aus Porphyr und Sandstein der Tholeyer Gruppe

Wichtigste Rebsorte: Riesling

Wichtigstes Weingut: Staatsweingut Bad Kreuznach

Besonderheiten: Historische Spitzenlage an der Nahe, deren Potenzial zurzeit nicht ausgeschöpft wird.

Weintyp: markante, rassige Rieslinge

Norheim Kirschheck

▸ Seite 107/B34

Größe: 13,5 ha **Höhe:** 120–190 m

Exposition: Süd

Steilheit: 10–50 %

Boden: Porphyrböden mit Anteilen vom Tholeyer Schiefer (Schiefer mit Sandsteineinlagerungen des Oberrotliegenden)

Wichtigste Rebsorten: Riesling, Spätburgunder, Dornfelder

Wichtigste Weingüter: Dönnhoff, Dr. Crusius, Mathern

Besonderheiten: Leicht erwärmbarer Schieferboden mit guter Wasserführung, lange Reifeperiode, geringe Erträge (maximal 50 hl/ha). Hangfuß und obere Gewanne unterscheiden sich im Bodentyp und im Weincharakter.

Weintyp: fruchtig-mineralische, feine, rassige und elegante Rieslinge mit Kraft und Würze und mit Noten von Aprikose und Zitrusfrüchten

Oberhausen Brücke

▸ Seite 107/C2

Größe: 1,1 ha **Höhe:** 125–130 m

Exposition: Süd

Steilheit: 0–15 %

Boden: Grauschieferuntergrund, darüber Deckschicht aus Lösslehm

Wichtigste Rebsorte: Riesling

Wichtigstes Weingut: Dönnhoff (Alleinbesitz)

DIE BESTEN WEINLAGEN *an der Nahe*

Besonderheiten: Eine der kleinsten Weinberglagen der Nahe, an der Luitpoldbrücke gegenüber dem Ort Oberhausen. Geschützte Parzelle mit besonderem Mikroklima durch die Flussnähe, sehr gute Wasserversorgung. Frühe Rebblüte und damit lange Vegetationszeit für den Riesling.

Weintyp: Charaktervolle, strahlend elegante Rieslinge mit Struktur und Extrakt. In besonderen Jahren großartige Eisweine.

Schloßböckelheim Felsenberg

▸ Seite 107/B2

Größe: 10,6 ha **Höhe:** 130–200 m

Exposition: Südwest bis Süd

Steilheit: 25–60 %

Boden: Vulkanverwitterungsböden (Rhyolith), Porphyr mit hohem Gesteinsanteil (20 %), viel Feinerde, steinig-grusige Lehme, auch Gehängelehme

Wichtigste Rebsorte: Riesling

Wichtigste Weingüter: Dönnhoff, Dr. Crusius, Schäfer-Fröhlich, Gutsverwaltung Niederhausen-Schloßböckelheim

Besonderheiten: Der Weinberghang ist die Geröllhalde der darüberliegenden Felsen. Gut durchlüftet mit sehr guter Sonnenreflexion, früher Vegetationsbeginn und lange Reifephase, im Herbst oft Nebel. Der Felsgürtel im Hangrücken schützt vor kalten Fallwinden. Gesamtlage nur zur Hälfte bestockt.

Weintyp: Feinwürzig-mineralische Rieslinge, eher zartduftig mit Feuersteinnoten und von großer Eleganz. Reife Säure, vielfältige Aromen von Pfirsich, Aprikose und Schwarzer Johannisbeere. Ausgezeichnete Lagerfähigkeit.

Schloßböckelheim Kupfergrube

▸ Seite 107/B2

Größe: 12,9 ha **Höhe:** 140–265 m

Exposition: überwiegend Süd, kleinere Teile auch Südwest und Südost

Steilheit: 20–60 %

Boden: Porphyr-Vulkanverwitterungsböden mit Rhyolith und Melaphyr, hoher Feinerde- und Gesteinsanteil

Wichtigste Rebsorten: Riesling, Weißburgunder

Wichtigste Weingüter: Gutsverwaltung Niederhausen-Schloßböckelheim, Dönnhoff, Dr. Crusius, Schäfer-Fröhlich

Sehr gute Rieslingweinberge am Hangeinschnitt: die Einzellagen Klamm und Kertz in Niederhausen.

DIE BESTEN WEINLAGEN *an der Nahe*

Besonderheiten: Erst Anfang des 20. Jh. aus einer ehemaligen Kupfergrube entstandene Lage. Optimale Sonnenreflexion durch Felsgürtel am Hangrücken, in den extrem steilen Terrassen schlechtes, sonst mittleres Wasserhaltevermögen.

Weintyp: intensive, würzig-mineralische Rieslinge mit reifer, eleganter Säure und erfrischender bis opulenter Fruchtaromatik, lagentypische Ausprägung

Traisen Bastei

▸ Seite 107/A45

Größe: 1,4 ha **Höhe:** 120–140 m

Exposition: Süd

Steilheit: 10–60 %

Boden: Verwitterungsboden mit 20–60 % Steinanteil und wenig Feinerde. Steinig-grusiger Lehm als Gehängeschutt des Rotenfels.

Wichtigste Rebsorte: Riesling

Wichtigste Weingüter: Dr. Crusius, Gutsverwaltung Niederhausen-Schloßböckelheim

Besonderheiten: Die Bastei, ein Felskopf des Rotenfels, bietet dieser exponierten Lage perfekten Windschutz und extreme Sonnenreflexion (Parabolspiegel).

Weintyp: unverwechselbare, mineralische und rassige Rieslinge mit explosiver Frucht

PRIVILEGIERTE LAGEN

Altenbamberg Rotenberg

▸ Seite 107/C4

Größe: 5,6 ha **Höhe:** 150–200 m

Exposition: Südwest bis Süd

Steilheit: 5–70 %

Boden: Porphyrverwitterungsböden, rotliegender Sandstein und Schieferton im Untergrund, darüber karger Oberboden mit hohem Gesteinsanteil

Wichtigste Rebsorte: Riesling

Wichtigstes Weingut: Gutsverwaltung Niederhausen-Schloßböckelheim

Besonderheiten: Der Wald auf der Höhe des Bergkamms schützt die Reben auf einem Bergkegel im Alsenztal, einem Seitental der Nahe, vor kalten Winden. Lange Vegetationsperiode im oberen Teil, gut für die Ausreifung des Rieslings. Lage nur zu einem Drittel bestockt.

Weintyp: Rieslinge mit kräftiger Mineralität, großer Komplexität und Würze, feine Ausprägung des Buketts, gutes Lagerpotenzial

Bad Münster am Stein Felseneck

▸ Seite 107/A5

Größe: 0,7 ha **Höhe:** 117–167 m

Exposition: Südwest bis Süd

Steilheit: 40–60 %

Boden: stark steinig-grusiger Gehängelehm über Rhyolith

Wichtigste Rebsorte: Riesling

Wichtigstes Weingut: Jung (Alleinbesitz)

Besonderheiten: Eingebettet in eine vorstehende Felsgruppe am Ortsausgang von Bad Münster. Wärmespeicher durch geschützte Lage, kaum Frostschäden.

Weintyp: Riesling mit lagentypischer Ausprägung von Gesteinsverwitterungsböden

Bockenau Felseneck

▸ Seite 104/D3 (Nr. 97)

Größe: 8,8 ha **Höhe:** 200–300 m

Exposition: Süd bis Südwest

Steilheit: 40–60 %

Boden: Gesteinsboden des Oberrotliegenden (Waderner Schichten), Konglomerate und Fanglomerate aus blauem Devonschiefer, weißgrauem Quarzit und Basaltgeröll. Leichte Gesteinsböden mit Lehmanteilen, am Fuß der Lage Lehm über Löss.

Wichtigste Rebsorte: Riesling

Wichtigstes Weingut: Schäfer-Fröhlich

Spitzenlage gegenüber von Oberhausen: der Weinberg Niederhausen Hermannshöhle.

DIE BESTEN WEINLAGEN *an der Nahe*

Besonderheiten: Lage im Talkessel des Ellerbachs, einem Seitental der oberen Nahe. Durch Knüppelwälder oberhalb der Lage optimal vor kalten Fallwinden geschützt. Bis zum Abend günstige Sonneneinstrahlung.

Weintyp: kräftige Rieslinge mit klaren Fruchtnoten, rassiger Eleganz und vielschichtiger Mineralität, extrem lange Lagerfähigkeit

Laubenheim Karthäuser

▸ Seite 114/E5

Größe: 17,5 ha **Höhe:** 120–160 m

Exposition: Süd bis Südost

Steilheit: 20–35 %

Boden: rote Felsverwitterungsböden mit Lösslehmanteilen und Kies

Wichtigste Rebsorte: Riesling

Wichtigste Weingüter: Tesch, Montigny

Besonderheiten: Ideal geschützte Lage (Amphitheater) in einem Seitental der unteren Nahe; im Kessel wird die Wärme optimal gespeichert.

Weintyp: komplexe, markante und mineralische Rieslinge mit eleganter Säure und Extraktreichtum

Monzingen Frühlingsplätzchen

▸ Seite 104/D2 (Nr. 109)

Größe: 63,9 ha **Höhe:** 160–240 m

Exposition: Süd bis Südwest

Steilheit: 0–40 %

Boden: rote Schieferverwitterungsböden, durchsetzt mit Quarzit, Kiesel und basaltischem Geröll, dazu roter Lehm, im Steilhang kiesig bis sandig

Wichtigste Rebsorten: Riesling, Dornfelder, Müller-Thurgau

Wichtigste Weingüter: Emrich-Schönleber, Schäfer-Fröhlich, Bamberger & Sohn

Besonderheiten: Im Kernbereich der alten Lage bringen hervorragende Parzellen Spitzenrieslinge (vor allem vom Weingut Emrich-Schönleber). Die Lage ist mit dem Weingesetz von 1971 erheblich ausgeweitet worden, auch auf mittelmäßige bis schwache Weinberge. Deshalb kann das Frühlingsplätzchen nicht als »besonders privilegierte Lage« gelten. Heute nur etwa zur Hälfte bestockt.

Weintyp: stoffige, würzige Weine mit ausgeprägter Mineralität und großer Finesse und mit Noten von Kräutern, gelben Früchten und Apfel

Münster-Sarmsheim Rheinberg

▸ Seite 114/D5

Größe: 6,3 ha **Höhe:** 120–175 m

Exposition: Südost

Steilheit: 20–50 %

Boden: Quarzitverwitterung, durch hohen Steinanteil sehr skelettreicher Boden, teils auch Staublehm über Quarzit (Ranker und Braunerde). Im unteren Bereich schwarzer Schiefer, im Mittelteil eine schmale Lössbank und oben rötlicher Schieferverwitterungsboden.

Wichtigste Rebsorte: Riesling

Wichtigste Weingüter: Kruger-Rumpf, Göttelmann

Besonderheiten: Sehr warmer Standort direkt am Nahedurchbruch zum Rhein. Lage nur zur Hälfte bestockt.

Weintyp: mineralische, fruchtige und stoffige Rieslinge mit ausgeprägtem Sortencharakter

Niederhausen Klamm

▸ Seite 107/C2

Größe: 7,3 ha **Höhe:** 135–180 m

Exposition: Süd bis Südost

Steilheit: 10–60 %

Boden: Porphyritverwitterung, Lösslehm, steinig-grusiger Lehm

Wichtigste Rebsorte: Riesling

Wichtigste Weingüter: von Racknitz, Jakob Schneider

Besonderheiten: beste Rieslinglage, zum Teil sogar »besonders privilegiert«

Weintyp: fein ausgeprägte Rieslinge mit rassiger Frucht und sortentypischem Spiel

Niederhausen Steinberg

▸ Seite 107/B2

Größe: 6,0 ha **Höhe:** 145–230 m

Exposition: Südwest bis Süd

Steilheit: 25–55 %

Boden: skelettreicher Phorphyritboden mit karger Lössauflage und sehr hohem Steinanteil (10–60 %)

Wichtigste Rebsorte: Riesling

Wichtigstes Weingut: Gutsverwaltung Niederhausen-Schloßböckelheim

Besonderheiten: Der Name leitet sich aus dem hohen Steinanteil im Boden ab. Gegen kalte Westwinde geschützte Lage mit guter Sonnenreflexion. Ungeschützter oberer Teil nicht mehr mit Reben bepflanzt.

Weintyp: Extrem mineralische, fast salzige Rieslinge von markantem, nervigem Charakter. Opulente Frucht.

Obermoschel Silberberg

▸ Seite 104/F4 (Nr. 151)

Größe: 14,2 ha **Höhe:** 170–305 m

Exposition: Südost

Steilheit: 20–60 %

Boden: Schieferverwitterung mit lehmig-tonigem Boden

Wichtigste Rebsorten: Riesling, Spätburgunder

Wichtigstes Weingut: Schmidt

Besonderheiten: In einem Seitental der Alsenz am Moschelbach gelegen

Weintyp: vollmundige, ausgewogene Rieslinge mit feinem Fruchtbukett und filigraner Säure

Odernheim Kloster Disibodenberg

▸ Seite 104/E3 (Nr. 128)

Größe: 8,3 ha **Höhe:** 138–216 m

Exposition: Süd bis Südost

Steilheit: 5–60 %

Boden: Relativ feste Sedimentgesteine (Sandsteine, Siltsteine, geschieferte Tonsteine) des unteren Rotliegenden. Hoher Feinerdeanteil, teilweise geringe Bodenauflage.

Wichtigste Rebsorten: Riesling, Grauburgunder

Wichtigstes Weingut: von Racknitz

Besonderheiten: Lage auf dem Bergrücken zwischen Nahe und Glan. Vor Westwind geschützter, trockener Standort. Sandsteintrockenmauern (Wärmespeicher) sorgen für das spezielle Mikroklima auf den Terrassen.

Weintyp: rassige Rieslinge mit feiner, fruchtiger Säure und ausgeprägten Fruchtaromen, gute Lagerfähigkeit

DIE BESTEN WEINLAGEN *an der Nahe*

Besonderheiten: Lage im Talkessel des Ellerbachs, einem Seitental der oberen Nahe. Durch Knüppelwälder oberhalb der Lage optimal vor kalten Fallwinden geschützt. Bis zum Abend günstige Sonneneinstrahlung.

Weintyp: kräftige Rieslinge mit klaren Fruchtnoten, rassiger Eleganz und vielschichtiger Mineralität, extrem lange Lagerfähigkeit

Laubenheim Karthäuser

▸ Seite 114/E5

Größe: 17,5 ha **Höhe:** 120–160 m

Exposition: Süd bis Südost

Steilheit: 20–35 %

Boden: rote Felsverwitterungsböden mit Lösslehmanteilen und Kies

Wichtigste Rebsorte: Riesling

Wichtigste Weingüter: Tesch, Montigny

Besonderheiten: Ideal geschützte Lage (Amphitheater) in einem Seitental der unteren Nahe; im Kessel wird die Wärme optimal gespeichert.

Weintyp: komplexe, markante und mineralische Rieslinge mit eleganter Säure und Extraktreichtum

Monzingen Frühlingsplätzchen

▸ Seite 104/D2 (Nr. 109)

Größe: 63,9 ha **Höhe:** 160–240 m

Exposition: Süd bis Südwest

Steilheit: 0–40 %

Boden: rote Schieferverwitterungsböden, durchsetzt mit Quarzit, Kiesel und basaltischem Geröll, dazu roter Lehm, im Steilhang kiesig bis sandig

Wichtigste Rebsorten: Riesling, Dornfelder, Müller-Thurgau

Wichtigste Weingüter: Emrich-Schönleber, Schäfer-Fröhlich, Bamberger & Sohn

Besonderheiten: Im Kernbereich der alten Lage bringen hervorragende Parzellen Spitzenrieslinge (vor allem vom Weingut Emrich-Schönleber). Die Lage ist mit dem Weingesetz von 1971 erheblich ausgeweitet worden, auch auf mittelmäßige bis schwache Weinberge. Deshalb kann das Frühlingsplätzchen nicht als »besonders privilegierte Lage« gelten. Heute nur etwa zur Hälfte bestockt.

Weintyp: stoffige, würzige Weine mit ausgeprägter Mineralität und großer Finesse und mit Noten von Kräutern, gelben Früchten und Apfel

Münster-Sarmsheim Rheinberg

▸ Seite 114/D5

Größe: 6,3 ha **Höhe:** 120–175 m

Exposition: Südost

Steilheit: 20–50 %

Boden: Quarzitverwitterung, durch hohen Steinanteil sehr skelettreicher Boden, teils auch Staublehm über Quarzit (Ranker und Braunerde). Im unteren Bereich schwarzer Schiefer, im Mittelteil eine schmale Lössbank und oben rötlicher Schieferverwitterungsboden.

Wichtigste Rebsorte: Riesling

Wichtigste Weingüter: Kruger-Rumpf, Göttelmann

Besonderheiten: Sehr warmer Standort direkt am Nahedurchbruch zum Rhein. Lage nur zur Hälfte bestockt.

Weintyp: mineralische, fruchtige und stoffige Rieslinge mit ausgeprägtem Sortencharakter

Niederhausen Klamm

▸ Seite 107/C2

Größe: 7,3 ha **Höhe:** 135–180 m

Exposition: Süd bis Südost

Steilheit: 10–60 %

Boden: Porphyritverwitterung, Lösslehm, steinig-grusiger Lehm

Wichtigste Rebsorte: Riesling

Wichtigste Weingüter: von Racknitz, Jakob Schneider

Besonderheiten: beste Rieslinglage, zum Teil sogar »besonders privilegiert«

Weintyp: fein ausgeprägte Rieslinge mit rassiger Frucht und sortentypischem Spiel

Niederhausen Steinberg

▸ Seite 107/B2

Größe: 6,0 ha **Höhe:** 145–230 m

Exposition: Südwest bis Süd

Steilheit: 25–55 %

Boden: skelettreicher Phorphyritboden mit karger Lössauflage und sehr hohem Steinanteil (10–60 %)

Wichtigste Rebsorte: Riesling

Wichtigstes Weingut: Gutsverwaltung Niederhausen-Schloßböckelheim

Besonderheiten: Der Name leitet sich aus dem hohen Steinanteil im Boden ab. Gegen kalte Westwinde geschützte Lage mit guter Sonnenreflexion. Ungeschützter oberer Teil nicht mehr mit Reben bepflanzt.

Weintyp: Extrem mineralische, fast salzige Rieslinge von markantem, nervigem Charakter. Opulente Frucht.

Obermoschel Silberberg

▸ Seite 104/F4 (Nr. 151)

Größe: 14,2 ha **Höhe:** 170–305 m

Exposition: Südost

Steilheit: 20–60 %

Boden: Schieferverwitterung mit lehmig-tonigem Boden

Wichtigste Rebsorten: Riesling, Spätburgunder

Wichtigstes Weingut: Schmidt

Besonderheiten: In einem Seitental der Alsenz am Moschelbach gelegen

Weintyp: vollmundige, ausgewogene Rieslinge mit feinem Fruchtbukett und filigraner Säure

Odernheim Kloster Disibodenberg

▸ Seite 104/E3 (Nr. 128)

Größe: 8,3 ha **Höhe:** 138–216 m

Exposition: Süd bis Südost

Steilheit: 5–60 %

Boden: Relativ feste Sedimentgesteine (Sandsteine, Siltsteine, geschieferte Tonsteine) des unteren Rotliegenden. Hoher Feinerdeanteil, teilweise geringe Bodenauflage.

Wichtigste Rebsorten: Riesling, Grauburgunder

Wichtigstes Weingut: von Racknitz

Besonderheiten: Lage auf dem Bergrücken zwischen Nahe und Glan. Vor Westwind geschützter, trockener Standort. Sandsteintrockenmauern (Wärmespeicher) sorgen für das spezielle Mikroklima auf den Terrassen.

Weintyp: rassige Rieslinge mit feiner, fruchtiger Säure und ausgeprägten Fruchtaromen, gute Lagerfähigkeit

DIE BESTEN WEINLAGEN *an der Nahe*

Schloßböckelheim Königsfels

▸ Seite 107/B1

Größe: 9,6 ha **Höhe:** 143–230 m

Exposition: Südwest bis Südost

Steilheit: 10–60 %

Boden: steinig-grusige Lehme auf porphyrischen Rhyolithkonglomeraten, teils Geröllhalden vom Vulkangestein

Wichtigste Rebsorten: Riesling, Müller-Thurgau

Wichtigste Weingüter: von Racknitz, Korrell-Johanneshof, Hexamer

Besonderheiten: Der Königsfels steht wie ein Riegel im Nahetal, der den Fluss zu einer sanften Rechtsbiegung zwingt. Extrem trockener Standort.

Weintyp: gehaltvolle Rieslinge mit einer leichten Kräuternote

Traisen Rotenfels

▸ Seite 107/A4

Größe: 14,5 ha **Höhe:** 140–280 m

Exposition: Süd

Steilheit: 5–40 %

Boden: Der teilweise schwach lehmige Porphyrverwitterungsboden ist Gehängeschutt des aus Rhyolith, einer Variation des Quarzporphyrs, bestehenden Rotenfelsmassivs.

Wichtigste Rebsorten: Riesling, Weißburgunder, Spätburgunder

Wichtigste Weingüter: Dr. Crusius, von Racknitz

Besonderheiten: Der Rotenfels ist mit 327 m die höchste Felswand nördlich der Alpen. Die Rebfläche besteht aus vielen Einzelparzellen am Fuß des Felsmassivs, zieht sich aber auch großflächig bis auf das Plateau um den Ort Traisen hinauf. Erstklassige Parzellen in steiler Südlage (35–45 %

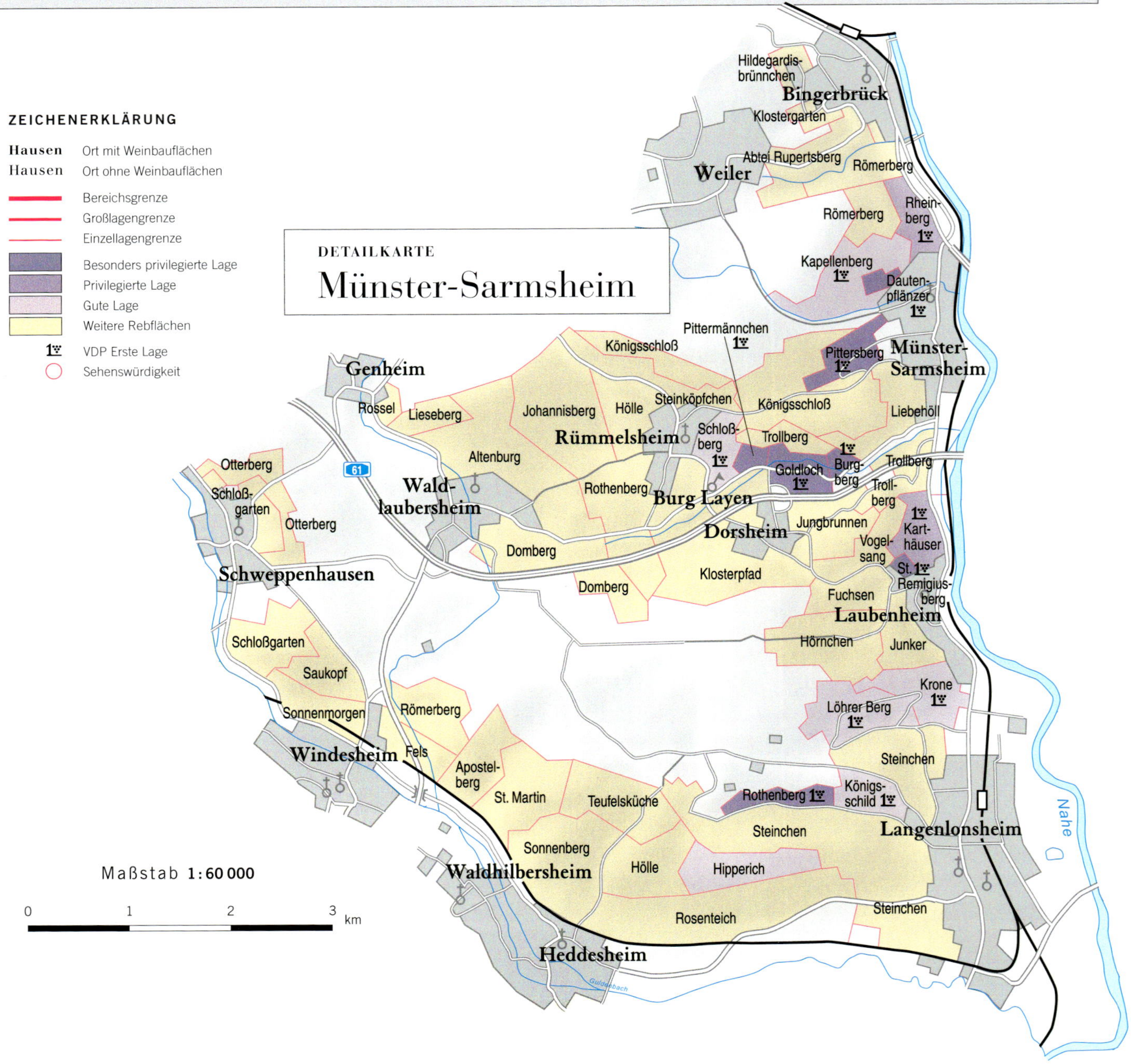

DIE BESTEN WEINLAGEN *an der Nahe*

Gefälle), schwächere auf dem Plateau.

Weintyp: Rieslinge mit viel Frucht, Eleganz und pikanter Säure, hohes Reifepotenzial

Wallhausen Johannisberg

▸ Seite 104/C4 (Nr. 16)

Größe: 6,9 ha **Höhe:** 210–280 m

Exposition: Süd

Steilheit: 10–60 %

Boden: violettrotes, kalkhaltiges Konglomerat vulkanischen Ursprungs der Waderner Schichten, steinig-kiesiger Lehm auf buntem Sandstein des Oberrotliegenden

Wichtigste Rebsorten: Riesling, Spätburgunder

Wichtigstes Weingut: Prinz zu Salm-Dalberg'sches Weingut

Besonderheiten: Einer der ältesten (12. Jh.) urkundlich nachgewiesenen Weinberge Europas. Die zum Teil über 50 Jahre alten Rebstöcke wurzeln bis zu 20 m tief im Oberrotliegenden des Gräfenbachtals, eines Seitentals der unteren Nahe.

Weintyp: Kraftvolle, komplexe und fruchtbetonte Rieslinge mit Pfirsicharomen und hoher Reife. Die trockenen Weine zeigen viel Frucht mit Pfirsicharomen, die edelsüßen Karamelltöne.

Winzenheim Rosenheck

▸ Seite 104/C5 (Nr. 53)

Größe: 12,1 ha **Höhe:** 160–200 m

Exposition: Südost

Steilheit: 10–40 %

Boden: Lehm auf Ton oder tonig-mergeliger Lehm

Wichtigste Rebsorte: Riesling

Wichtigstes Weingut: Reichsgraf von Plettenberg

Besonderheiten: Spitzenweine aus dieser Lage sind in Zukunft möglich. Potenzial wird zurzeit leider nicht ausgeschöpft.

Weintyp: rassige Rieslinge mit feiner Frucht und harmonischer Säure

GUTE LAGEN

Bad Kreuznach Hinkelstein ▸ Seite 104/C5 (Nr. 38), 42,4 ha, Südwest bis Süd, 0–30 %, lehmiger Kies auf Ton aus dem Tertiär, teils feinsandiger Lehm, erheblich ausgeweitete Lage, in ausgesuchten Parzellen mit guten Ergebnissen

Bad Kreuznach Narrenkappe ▸ Seite 104/C5 (Nr. 47), 27,8 ha, Südwest bis Süd, 5–30 %, kiesiger und feinsandiger Lehm sowie Gehängelehm, teilweise über Kies und Schotter, trotz des hohen Rieslinganteils Lagenpotenzial zurzeit nicht genutzt

Bretzenheim Pastorei ▸ Seite 104/C5 (Nr. 65), 29,0 ha, Südost, 5–30 %, sandiger, kiesiger und toniger Lehm, Potenzial der Lage zurzeit kaum genutzt

Burg Layen Schlossberg ▸ Seite 114/E4, 14,4 ha, Süd, 5–40 %, toniger Lehm, historische Lage

Guldental Hipperich ▸ Seite 114/G45, 55,4 ha, Südwest bis Süd, 5–30 %, verwittertes Rotliegendes mit rötlichem, schwach bis stark sandigem Lehm. Die besten Parzellen bringen feinnervige Rieslinge mit Frucht und Rasse.

Langenlonsheim Königsschild ▸ Seite 114/F5, 14,4 ha, Süd bis Südost, 10–30 %, leichter Lösslehm mit Beimischungen von Ton und Muschelkalk, optimal geschütztes Kleinklima

Langenlonsheim Löhrer Berg ▸ Seite 114/F5, 35,0 ha, Süd, 20–50 %, sandiger Lehm, durchsetzt mit Flusskies, lehmiger Ton, vermutlich älteste reine Rieslinglage an der Nahe

Laubenheim Krone ▸ Seite 114/F5, 26,5 ha, Süd bis Südost, 15–45 %, vielfältige leichte Böden von Lösslehm bis Sandsteinverwitterung, geringes Wasserhaltevermögen

Meddersheim Rheingrafenberg ▸ Seite 104/E2 (Nr. 117), 26,4 ha, Süd bis Südost, 10–50 %, Sedimentgestein, grober Buntsandstein mit hohem Quarzitanteil, über die Hälfte mit Riesling bestockt

Münster-Sarmsheim Kapellenberg, ▸ Seite 114/D5, 29,5 ha, Südost bis Süd, 10–35 %, Quarzitverwitterungsböden

Niederhausen Felsensteyer ▸ Seite 107/B3, 4,5 ha, Südost bis Süd, 30–60 %, Gehängelehm mit grusigen Anteilen vom Tholeyer Schiefer, steil abfallender Felsenhang direkt an der Nahe

Niederhausen Rosenberg ▸ Seite 107/B3, 6,1 ha, Südsüdost bis Südsüdwest, 30–60 %, sandig-steiniger Lehm über Buntsandstein der Tholeyer Gruppe

Oberhausen Leistenberg ▸ Seite 107/C2, 5,2 ha, Süd bis Südost, 30–60 %, verwitterter grauer Tonschiefer, toniger Lehm mit schiefrigen Bestandteilen, Lage geschützt durch den höchsten Berg des Nahetals, den Lemberg (400 m)

Roxheim Berg ▸ Seite 104/C4 (Nr. 79), 12,0 ha, Südwest, 15–50 %, Sandsteinverwitterung (roter Schiefer) aus Sand bis Lehm über anstehendem Sandstein, auch steinig-grusiges Löss-Lehm-Gemenge

Roxheim Birkenberg ▸ Seite 104/C45 (Nr. 84), 3,4 ha, Süd, 40–60 %, sandiger Lehm, lehmiger Sand, Lagenpotenzial zurzeit nicht genutzt

Roxheim Mühlenberg ▸ Seite 104/C4 (Nr. 83), 7,8 ha, Südwest bis Südost, 15–50 %, stark bis schwach sandiger Lehm, Lagenpotenzial zurzeit nicht genutzt

Schloßböckelheim In den Felsen ▸ Seite 107/B1, 6,4 ha, Süd bis Südwest, 40–60 %, sandige bis steinig-grusige Lehme über Sandstein und Rhyolithkonglomeraten, hoher Gesteinsanteil, Herzstück der Lage direkt unter einer Porphyrwand, hohe Sonnenreflexion, Rieslinge mit großem Aromenspektrum

Wallhausen Felseneck ▸ Seite 104/BC4 (Nr. 15), 13,9 ha, Süd bis Südost, 10–60 %, grüne Phyllitschieferböden mit lehmigem Ton, sandigem Lehm und stark kiesigem Grobboden. Einige Parzellen mit grünem Schieferboden (einmalig in Deutschland) bringen Rieslinge mit sehr hohem Alterungspotenzial.

Rheinhessen

Das mit 26281 Hektar größte deutsche Weinbaugebiet erstreckt sich linksrheinisch zwischen den Städten Bingen, Mainz und Worms, die als Eckpunkte ein riesiges Dreieck unterhalb des Rheinknies markieren. Im Norden und Osten bildet der Rhein die Grenze Rheinhessens, im Westen reicht es entlang der Linie Bingen–Bad Kreuznach–Worms bis an die benachbarten Anbaugebiete Nahe und Pfalz heran. Der Name Rheinhessen entstand erst im 19. Jahrhundert, genauer 1818, als das Gebiet dem Großherzogtum Hessen-Darmstadt zugeschlagen wurde – heute gehört es mit der Landeshauptstadt Mainz zum Bundesland Rheinland-Pfalz.

Für den Weinbau bietet Rheinhessen aufgrund seiner Lage, der Topografie, der Böden und des Klimas gute Voraussetzungen, wobei die Bedingungen in den einzelnen Gebietsteilen sehr unterschiedlich sind. Geschützt vor kalten Winden durch das Nordpfälzer Bergland, durch Hunsrück, Taunus und Odenwald, gehört das Anbaugebiet als Teil des Oberrheinischen Tieflands klimatisch zu den Wärme- und Trockeninseln Deutschlands: Die Sonne scheint fast 1600 Stunden im Jahr, und im Jahresschnitt sind kaum mehr als 550 Millimeter Niederschlag zu erwarten. Kein Wunder also, dass von den 136 Gemeinden Rheinhessens nur drei keine Rebflächen innerhalb ihrer Gemeindegrenzen haben. Insgesamt stehen auf etwa 20 Prozent des Anbaugebiets Reben. In normalen Jahren produzieren die rund 4700 Weinbaubetriebe mehr als 2,4 Millionen Hektoliter Wein.

Bis in die 1980er-Jahre galt Rheinhessen in der öffentlichen Wahrnehmung vor allem als Heimat des Markenweins Liebfrau(en)milch, der im Export sehr erfolgreich war und als lieblicher, charakterloser, aber preisgünstiger Weißwein das Image des deutschen Weins im Ausland bestimmte. Zur Bekanntheit, aber nicht zum Ruhme des Anbaugebiets trugen in den 1960er- und 1970er-Jahren auch schlichte Produkte bei, die massenhaft unter den Großlagennamen Niersteiner Gutes Domtal und Oppenheimer Krötenbrunnen abgefüllt wurden. Dass an der Rheinfront zwischen Bodenheim und Osthofen weiterhin zum Teil herausragende Rieslinge erzeugt wurden, fiel angesichts der Millionen verkauften Flaschen, die mit minderwertigem Wein gefüllt waren, kaum ins Gewicht.

Im rheinhessischen Wonnegau: Blick über die Einzellage Blücherpfad und den Weinort Ober-Flörsheim.

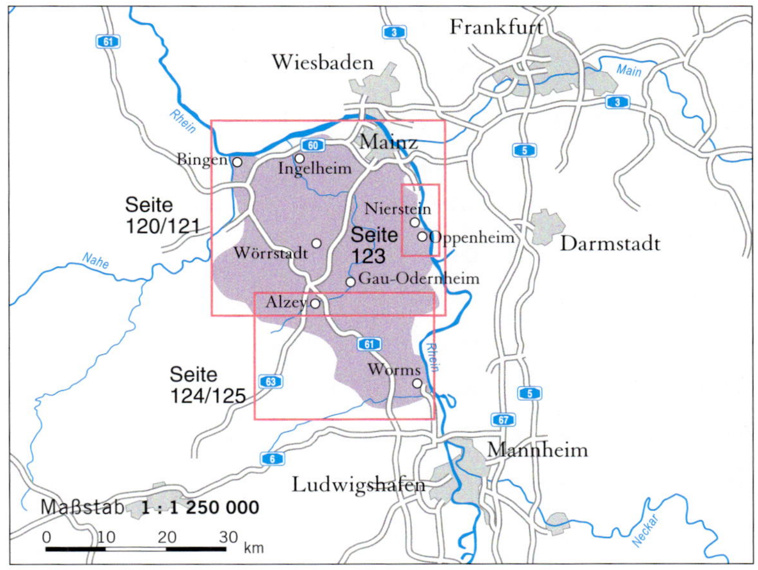

Eine Trendwende zu besserer Weinqualität setzte auf breiterer Front erst Mitte der 1980er-Jahre ein, als man mit dem »Rheinhessen Silvaner« (kurz RS) 1986 begann, dem »sortentypischen Wein aus der rheinhessischen Ursprungsrebsorte«, klassisch trocken ausgebaut, ein neues Profil zu geben. Knapp sechs Jahre später wurde die »Selection Rheinhessen« als neue Qualitätskategorie aus der Taufe gehoben, die nur Weinen aus sieben klassischen Traubensorten vorbehalten ist, welche zudem nach strengen Richtlinien erzeugt werden müssen.

Die klassisch trockenen Rebsortenweine Rheinhessen Silvaner und Selection Rheinhessen markierten jedoch nicht nur die Hinwendung zu besserer Qualität, sondern auch die Abkehr vom lieblichen Geschmacksbild rheinhessischer Weine. Das neue Qualitätsimage des Anbaugebiets wird seit den 1990er-Jahren von einer jungen Winzergeneration aufpoliert. Engagierte Erzeuger wie Klaus Peter Keller, Philipp Wittmann und ihre Mitstreiter von der Vereinigung »Message in a bottle« zum Beispiel prägen das Erscheinungsbild des rheinhessischen Weinbaus inzwischen ebenso stark wie die alteingesessenen Leitbetriebe Gunderloch, Sankt Antony und Heyl zu Herrnsheim.

Gehört zu den klassischen Rebsorten Rheinhessens: Grüner Silvaner.

GESCHICHTE

Den Startschuss für den Weinbau gaben auch im Gebiet des heutigen Rheinhessen vor mehr als 2000 Jahren die Römer, vor allem im Hinterland ihrer beiden Kastelle Moguntiacum (Mainz) und Bingium (Bingen). Zahlreiche Funde aus jenen Jahren belegen die weinkulturellen Aktivitäten der Besatzer aus dem Süden. Auf die Römer folgten die Burgunder (im 5. Jahrhundert) und später die Franken. Und als der Weinbergbesitz zunehmend an Klöster und Bistümer überging, erlebte der Weinbau in Rheinhessen seine erste große Blüte.

Aus dieser Zeit stammt die älteste Urkunde über eine deutsche Weinberglage: Im Jahr 742 schenkte Karlmann, ein Sohn Karl Martells, die Lage Glöck in Nierstein samt Kirche dem Bistum Würzburg. Karl der Große (742–814), der seine Pfalz in Ingelheim hatte, förderte den Weinbau in besonderem Maß und ließ vor allem in der Rheinebene Wälder roden und Reben anpflanzen. So gab es im 9. Jahrhundert bereits in 88 Dörfern Rheinhessens bewirtschaftete Weinberge.

In der Folgezeit ging es mit dem Weinbau mal bergauf, mal bergab, je nach der politischen Wetterlage und den Vorlieben der Herrscher, die gerade an der Macht waren. Erst gegen Ende des Mittelalters stabilisierte sich die Lage – Rheinhessen galt inzwischen sogar als »Weinkelter Europas«. Der Anbau von Qualitätsrebsorten wurde vorangetrieben. Aus dem Jahr 1402 stammt der erste Hinweis auf den Rüssling (Riesling) in Worms. Und hier taucht auch Anfang des 18. Jahrhunderts erstmals der Name auf, der über lange Zeit das Image des Rheinhessenweins prägen sollte: »unser lieben Frauen Milch«. Liebfraumilch oder Liebfrauenmilch, wie der Wein später genannt wurde, geht wohl ursprünglich auf die Mönche des Wormser Liebfrauenstifts zurück, die ihre Rieslingreben in ummauerten Rebgärten direkt an der Liebfrauenkirche stehen hatten. Der Name stand lange Zeit für Qualität: In der Belle Epoque, an der Schwelle zum 20. Jahrhundert, galt Liebfraumilch als der beste Wein Rheinhessens und war als Auslese oder Beerenauslese auf Banketten häufig der »teuerste deutsche Wein«, wie Ernst Hornickel in seinem Buch »Die Spitzenweine Europas« schreibt.

Doch der Ruhm wurde dem Liebfraumilch zum Verhängnis. Vor allem im Ausland kamen immer öfter Fälschungen minderer Qualität auf den Markt. Der einstige Spitzenriesling verkam zu einem charakterlosen Massenwein, nun hergestellt aus Müller-Thurgau, Kerner, Silvaner oder Riesling (oder Cuvées aus diesen), wobei die Trauben nicht mehr nur aus Rheinhessen, sondern auch aus der Pfalz, von der Nahe und aus dem Rheingau stammen durften. Mit seiner lieblichen bis süßen Geschmacksrichtung trat Liebfraumilch als Markenwein seinen Siegeszug durch die angelsächsischen Länder an und galt – im Übrigen nicht nur dort – bis in die 1980er-Jahre als Synonym für deutschen Wein, insbesondere für Wein aus Rheinhessen.

Über viele Jahrzehnte des 20. Jahrhunderts gelang es nicht, für die in Rheinhessen produzierten Weine ein einheitliches, gebietstypisches und an der Qualität orientiertes Geschmacksprofil zu entwickeln. Zu unterschiedlich stellten sich Mikroklima und Bodenbeschaffenheit in den verschiedenen Regionen des großen Anbaugebiets dar, zu vielfältig war die Palette der Rebsorten und zu weit wichen die Vorstellungen der Winzer über ihre Weine voneinander ab. Noch in der ersten Hälfte des 19. Jahrhunderts, nachdem man sich vom gemischten Satz im Weinberg weitgehend verabschiedet hatte, waren die klassischen Rebsorten im Anbaugebiet entsprechend den jeweils günstigen Wachstumsbedingungen verteilt: Im rheinhessischen Hügelland dominierten Riesling, Silvaner und Elbling, um Ingelheim der Spätburgunder, im Südwesten der Silvaner und an der Rheinfront der Riesling.

Die größten Veränderungen dieser historisch gewachsenen Struktur bewirkte nicht etwa die Reblaus, von der auch Rheinhessen vor rund hundert Jahren nicht verschont blieb, sondern der Vormarsch der Neuzüchtungen nach dem Zweiten Weltkrieg. Als erste dieser neu gezüchteten Rebsorten setzte sich ab Anfang der 1950er-Jahre der Müller-Thurgau durch, der 1972 mit einem Rebflächenanteil von 36 Prozent seine stärkste Verbreitung erreichte. Mitte der 1960er-Jahre begann die zweite Welle der Neuzüchtungen die Weinberge

Rheinhessens zu erobern. Scheurebe, Faber, Bacchus, Morio-Muskat, Huxelrebe, Ortega, Optima und etliche andere mehr verdrängten nicht nur zunehmend die klassischen Rebsorten, sondern auch den Müller-Thurgau. Standen 1964 nur auf 3,5 Prozent der Rebfläche neue Rebsorten (außer Müller-Thurgau), so hatten sie 1980 bereits einen Flächenanteil von 40 Prozent. Die Zahl der angebauten Rebsorten stieg in dieser Zeit von 12 auf 34.

Die Motivation der Winzer, diese neuen Rebsorten anzupflanzen, war damals leicht nachzuvollziehen: Mit der Neufassung des Weingesetzes von 1971 hatte man erstmals Mostgewichtsgrenzen festgelegt, nach denen die Weine in Qualitäts- und Prädikatsstufen eingeteilt wurden. Von den Neuzüchtungen versprachen sich die Winzer auch in schwierigen Jahren einen guten Ertrag und hohe Mostgewichte, die in fast jedem Fall die Erzeugung von Prädikatsweinen und damit höhere Preise möglich machten. Außerdem war die Rebfläche Rheinhessens seit 1964 um 40 Prozent erweitert worden, und das nicht gerade in bevorzugten Weinlagen. Doch selbst auf diesen ehemaligen »Rübenäckern« brachten Neuzüchtungen die erhofften Ergebnisse.

Auch heute nehmen die weißen Neuzüchtungen noch viel Platz in den rheinhessischen Weinbergen ein, aber ihr Anteil – und auch der des Müller-Thurgau – an der Rebfläche schrumpft seit Jahren zugunsten der klassischen Rebsorten Riesling, Weißburgunder, Spätburgunder, Grauburgunder (Ruländer) und des roten Shootingstars Dornfelder, einer Neuzüchtung aus Helfensteiner × Heroldrebe – mittlerweile die meistgepflanzte rote Rebsorte des Anbaugebiets.

KLIMA

Die klimatischen Bedingungen in Rheinhessen sind für den Weinbau optimal: Das Gebiet ist niederschlagsarm, im Sommer warm und im Winter mild. Es genießt die längste Sonnenscheindauer aller deutschen Weinregionen (rund 1600 Stunden jährlich). Da die Plateaus, Hügel und Hänge nur rund hundert Meter höher liegen als die wärmste Gegend Deutschlands, die Oberrheinische Tiefebene, erreicht die Temperatur im Jahresdurchschnitt etwa 10 Grad Celsius, wobei die Werte in Oppenheim, Mainz und Worms höher sind als etwa bei Alzey. Die durchschnittliche Temperatur während der rund 240 Tage dauernden Vegetationsperiode wird mit 17 Grad Celsius angegeben. Allerdings können Nachtfröste im Frühjahr in tiefer gelegenen Lagen beträchtliche Schäden verursachen.

Rheinhessen gehört zu den trockensten Regionen Mitteleuropas. Hunsrück und Pfälzer Wald (Donnersberg) geben Schutz vor den feuchten Westwinden. Außer im Südwesten beträgt der jährliche Niederschlag im Durchschnitt um 550 Millimeter. Größere Niederschläge gibt es nur durch Wolkenbrüche oder Gewitterregen im Sommer, die wegen der hohen Temperaturen leicht verdunsten. In weiten Teilen des Anbaugebiets verhindert die (bis zu fünfzehn Meter) mächtige Lössdecke, die den Wasserhaushalt übers Jahr ausgleicht, dass allzu verheerende Trockenschäden auftreten. Auch die verbreiteten schweren Mergel- und Tonböden geben den tief wurzelnden Reben genug Feuchtigkeit, um trotz längerer Trockenheit im Sommer eine sehr gute Traubenqualität reifen zu lassen.

INFO *Rheinhessen*

Anbaufläche: 26 281 ha

Rebsorten: Müller-Thurgau (16 %), Dornfelder (13 %), Riesling (12 %), Silvaner (9 %), Portugieser (7 %), Spätburgunder (5 %), Kerner (5 %), Grauburgunder (4 %), Scheurebe (4 %), Bacchus (3 %)

Vorherrschende Bodentypen: neben den weitverbreiteten Lössböden unterschiedliche Sedimente und Verwitterungsböden, feinsandiger Mergel in mächtigen Schichten und – im Westen des Anbaugebiets – auch Quarzit- und Porphyrverwitterungsböden

Durchschnittlicher jährlicher Niederschlag: 586 mm (Alzey) bis 608 mm (Worms)

Durchschnittlicher Niederschlag im Erntemonat (Oktober): 48 mm (Worms)

Jahresdurchschnittstemperatur: 9,4 °C (Alzey) bis 10,4 °C (Worms)

Sonnenstunden jährlich: 1594 (Alzey)

(Klimadaten jeweils 1961–1990, Quelle: Deutscher Wetterdienst)

Hauptgefahren für den Weinbau: Spätfröste im Frühjahr, Bodenerosion

Der menschliche Beitrag zum Terroir: Nachdem die Winzer in den 1970er-Jahren in weiten Teilen Rheinhessens zahlreiche Neuzüchtungen gepflanzt hatten, erobern die klassischen Rebsorten wie Riesling, Silvaner und Spätburgunder die besseren Lagen langsam zurück. Dieser Prozess ist noch nicht abgeschlossen.

Größter Bluff: Neben dem einst rheinhessischen Massenwein Liebfraumilch, der längst nicht mehr nur aus Rheinhessen, sondern auch aus der Pfalz, dem Rheingau und von der Nahe kommen kann, werden die Konsumenten vor allem durch Erzeugnisse getäuscht, die man unter Großlagennamen wie Niersteiner Gutes Domtal oder Oppenheimer Krötenbrunnen abfüllt. Die Namen suggerieren als Herkunft eine spezielle Lage, in Wirklichkeit können die Trauben von jeder minderwertigen Parzelle im Bereich der Großlage stammen, auch von ehemaligen Rübenäckern.

Fortsetzung siehe Seite 125

A/B

LAGENLEGENDE

1 Schloßberg Schwätzerchen
2 Kirchberg
3 Kapellenberg
4 Pfarrgarten
5 Bubenstück
6 Osterberg
7 Rosengarten
8 Scharlachberg 1
9 Schelmenstück

10 Schwarzenberg
11 Palmenstein
12 Ölberg
13 Goldberge
14 Gewürzgärtchen
15 Goldberg
16 Kirchgärtchen
17 Honigberg
18 Kieselberg
19 Mandelbaum

20 Kreuz
21 Johannisberg
22 Klostergarten
23 Galgenberg
24 Römerberg
25 Johannisberg
26 Sonnenberg
27 Honigberg
28 Schönhölle
29 Klosterweg

30 Mainzerweg
31 Laberstall
32 Hockenmühle
33 Sankt Jakobsberg
34 Klosterweg
35 Sankt Georgen
36 Steinberg
37 Steinert
38 Johannisberg
39 Goldberg

40 Rothenberg
41 Sankt Laurenzikapelle
42 Daubhaus
43 Hundertgulden
44 Eselspfad
45 Drosselborn
46 Honigberg
47 Steinacker
48 Mönchspforte
49 Klostergarten

B/C

50 Honigberg
51 Hölle
52 Sonnenberg
53 Wissberg
54 Klostergarten
55 Steinberg
56 Geyersberg
57 Götzenborn
58 Osterberg
59 Sankt Kathrin

60 Eselstreiber
61 Sonnenköpfchen
62 Sternberg
63 Mönchberg
64 Alte Römerstraße
65 Liebfrau
66 Sonnenberg
67 Kirchberg
68 Fels
69 Rheingrafenberg

70 Reichskeller
71 Kirchberg
72 Graukatz
73 Kapellenberg
74 Eichelberg
75 Steige
76 Sonnenberg
77 Hölle
78 Eichelberg
79 Kletterberg

80 Kirschwingert
81 Heerkretz 1
82 Goldenes Horn
83 Höllberg 1
84 Martinsberg
85 Haarberg-Katzensteg
86 Ölberg
87 Äffchen
88 Hölle
89 Kirchberg

90 Kachelberg
91 Rheingrafenberg
92 Wingertsberg
93 Ahrenberg
94 Heiligenpfad
95 Steigerberg
96 Binger Berg
97 Rotenpfad
98 Klostergarten
99 Geisterberg

100 Pfaffenberg
101 La Roche
102 Vogelsang
103 Hähnchen
104 Kirchenstück
105 Schönberg
106 Mandelberg
107 Klosterberg
108 Hildegardisberg
109 Goldstückchen

110 Geiersberg
111 Leckerberg
112 Kachelberg
113 Schildberg
114 Geyersberg
115 Sonnenberg
116 Schloßhölle
117 Bockshaut
118 Saukopf
119 Kapelle

120 Vogelsang
121 Heil
122 Wissberg
123 Kaisergarten
124 Steinacker
125 Höllenberg
126 Sankt Georgenberg
127 Goldberg
128 Hasensprung
129 Heiligenhäuschen

130 Adelpfad
131 Römerberg
132 Kallenberg
133 Honigberg
134 Sonnenberg
135 Schloßberg
136 Klostergarten
137 Schloßberg
138 Klosterbruder
139 Bockstein

140 Heiligenhäuschen
141 Schloß Westerhaus
142 Schloßberg
143 Sonnenhang
144 Rheinhöhe
145 Sonnenberg
146 Burgberg
147 Kirchenstück
148 Täuscherspfad
149 Horn

C/D

150 Pares
151 Steinacker
152 Höllenweg
153 Rotes Kreuz
154 Lottenstück
155 Rabenkopf
156 Rabenkopf
157 Schwalben
158 Steinberg
159 Geißberg

160 Ölgild
161 Hohberg
162 Kirchenstück
163 Johannisberg
164 Edelmann
165 Klosterberg
166 Sand
167 Hüttberg
168 Weinkeller
169 Mönchspfad

170 Burgweg 1
171 Ebersberg
172 Heitersbrünnchen
173 Reichsritterstift
174 Westrum
175 Hoch
176 Kapelle
177 Leidhecke
178 Silberberg
179 Kreuzberg

180 Glockenberg
181 Pfaffenweg
182 Kellersberg
183 Herrnberg
184 Börnchen
185 Schloßberg
186 Lieth
187 Kirchberg
188 Rosengarten
189 Geiershölle

190 Kapellenberg
191 Teufelspfad
192 Römerberg
193 Bockstein
194 Tempelchen
195 Blume
196 Lenchen
197 Spitzberg
198 Probstey
199 Schloßberg

D/E

200 Hölle
201 Haubenberg
202 Pfaffengarten
203 Heiligenhaus
204 Goldberg
205 Sonnenberg
206 Kirchberg
207 Mönchspfad
208 Ritterberg
209 Sonnenhang

210 Dornpfad
211 Schmitts-Kapellchen
212 Königstuhl
213 Klosterberg
214 Sonnenberg
215 Goldberg
216 Kranzberg
217 Hohberg
218 Kehr
219 Altdörr

220 Bergpfad
221 Knopf
222 Goldberg
223 Goldgrube
224 Rheinpforte
225 Gottesgarten
226 Knopf
227 Moosberg
228 Moosberg
229 Vogelsang

230 Guldenmorgen
231 Mönchbäumchen
232 Dachgewann
233 Pilgerweg
234 Osterberg
235 Silbergrube
236 Kloppenberg
237 Doktor
238 Pfaffenkappe
239 Herrengarten

E/F

240 Schloßberg
241 Paterhof
242 Honigberg
243 Steinberg
244 Sonnenhang
245 Sonnenberg
246 Eiserne Hand
247 Sankt Julianenbrunnen
248 Sonnenweg
249 Liebfrauenthal

250 Schloß
251 Goldberg
252 Altenberg
253 Sonnheil
254 Frauengarten
255 Kreuzberg
256 Schützenhütte
257 Hexelberg
258 Sonnenhang
259 Römerschanze

260 Aulenberg
261 Schloß
262 Goldberg
263 Kreuzkapelle
264 Steig-Terrassen
265 Bornpfad
266 Authental
267 Himmelthal
268 Teufelskopf
269 Sonnenberg

270 Homberg
271 Klosterberg
272 Herrgottspfad
273 Ölberg
274 Fuchsloch
275 Vogelsang
276 Zechberg
277 Kreuzweg
278 Hornberg
279 Schloßberg

F/G

280 Schloß Hammerstein
281 Hundskopf
282 Homberg
283 Pilgerstein
284 Rosenberg
285 Osterberg
286 Wingertstor
287 Frühmesse
288 Römerberg
289 Sonnenberg

290 Hasensprung
291 Michelsberg
292 Schloßberg
293 Fischerpfad

Detailkarten siehe Seiten 123 und 124/125

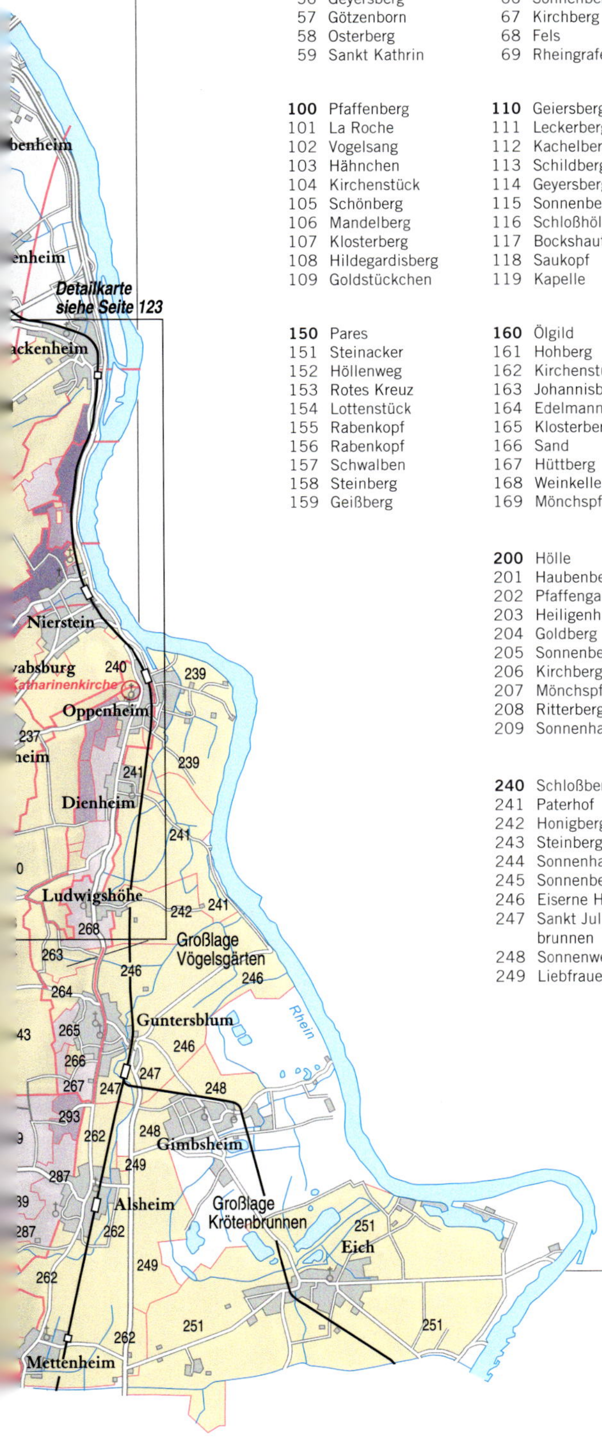

Windgeschützter Osthang direkt am Rhein: die Einzellage Nierstein Pettenthal.

WEINLAGEN UND BÖDEN

Bei der Größe Rheinhessens ist es nicht verwunderlich, dass die Böden – ähnlich wie die mikroklimatischen Bedingungen – sehr unterschiedlich sind. Die oberflächennahen Gesteine stammen überwiegend aus jüngeren Abschnitten des Erdzeitalters, aus dem Tertiär (vor 70 Millionen Jahren) und dem Pleistozän (vor zwei Millionen Jahren). Nur die Ausläufer von Taunus und Hunsrück im Nordwesten bei Bingen mit Quarziten und Tonschiefer reichen bis ins Devon (vor 500 Millionen Jahren) zurück. Etwa halb so alt sind die Sedimente aus dem Perm (vor 250 Millionen Jahren): Sandsteine und graue Schiefertone finden sich als Unterrotliegendes im Südwesten Rheinhessens, während Konglomerate, Sandsteine und Schiefertone als Oberrotliegendes die Steilhänge an der Rheinfront bei Nackenheim und Nierstein bilden. Ebenfalls im Südwesten trifft man auf Rotliegendsedimente vulkanischen Ursprungs mit Porphyren und Melaphyren. Aus diesen Gesteinen entstanden sandige bis lehmige, je nach Verwitterungsgrad und Lage tief- bis flachgründige Böden, die sich sehr leicht erwärmen.

Der gebietstypische Löss (er bedeckt rund die Hälfte Rheinhessens) wurde in der Eiszeit (vor zwei Millionen Jahren) auf Plateaus und Talhängen abgelagert und bildet nährstoffreiche Lehmböden (Braun- bis Schwarzerde), etwa im Wonnegau und an der Rheinfront von Worms bis Nierstein. Erst zum Ende der Eiszeit entstanden aus Ablagerungen des Rheins, von Winden zu Sanddünen zusammengetragen, die Böden zwischen Ingelheim und Mainz, die sich besonders für den Anbau von roten Rebsorten eignen.

Die Bedeutung der Lage für die Traubenreife und damit für die Qualität des Weins wurde erst im 19. Jahrhundert mit der Entwicklung des Qualitätsweinbaus erkannt. Bis dahin benutzte man den Lagennamen fast ausschließlich, um den Standort eines Weinbergs und die Besitzverhältnisse zu beschreiben. In seinem Buch »Der Weinbau in der Provinz Rheinhessen, im Nahetal und Moseltal« nennt J. P. Bronner 1834 die entscheidenden Kriterien für den Wert einer Lage: Hangneigung, Exposition, Höhenlage, Bewindungsgefahr und Kaltluftgefährdung. In den folgenden Jahren bildete sich ein Lagenrenommee heraus, gleichzeitig wurde der Wert eines Weinbergs immer mehr mit den Vorzügen seiner Lage verbunden.

Der damals noch recht willkürliche Gebrauch von Lagennamen wurde durch das Weingesetz von 1909 erstmals eingeschränkt: Geografische Bezeichnungen waren nur noch zur Kennzeichnung der Herkunft eines Weins zulässig. Allerdings konnte die missbräuchliche Verwendung von Lagennamen damals nicht verhindert werden. Erst mit dem neuen deutschen Weingesetz von 1971 wurde die Verwendung von Herkunftsbezeichnungen eindeutig geklärt. Die Zahl der einzelnen Lagen wurde erheblich reduziert, häufig mit der Folge, dass mehrere Einzellagen unter einem Namen zusammengefasst und dabei bevorzugte Lagen um weniger gute Rebflächen zum Teil beträchtlich erweitert wurden. Immerhin waren ab diesem Zeitpunkt nur noch Herkunftsbezeichnungen zugelassen, die ins Weinlagenkataster eingetragen waren. Das bestimmte Anbaugebiet Rheinhessen unterteilt sich seitdem in die drei Bereiche Bingen, Nierstein und Wonnegau mit zusammen 24 Großlagen und 434 Einzellagen, von denen 414 bestockt sind.

Mit der Lagenproblematik beschäftigte sich die Mehrheit der rheinhessischen Winzer nach 1971 kaum. Während die Betriebe im Kernstück der Rheinfront, dem Roten Hang zwischen Nackenheim und Nierstein, ihre besten Rieslinge stets unter dem Namen der Einzellage abfüllten, kamen große Weinmengen unter der Bezeichnung einer Großlage auf den Markt – neben Niersteiner Gutes Domtal und Oppenheimer Krötenbrunnen auch Binger St. Rochuskapelle, Bechtheimer Pilgerpfad und Westhofener Bergkloster, was den nach Weinqualität suchenden Verbraucher verwirrte. Bei den zahlreichen Rebsortenweinen, die sehr erfolgreich vermarktet wurden, spielte die Lagenherkunft sowieso keine Rolle.

Mit ihren Weinprämierungen schuf die Landwirtschaftskammer Rheinland-Pfalz erste Anreize für die Winzer, ihre Weine wieder vermehrt unter dem Namen einer Einzellage abzufüllen, wobei dieses Etikett noch nichts über die Qualität der Lage oder des Weins aussagte. Mit einer qualitativen Einordnung der Weinberglagen begann erst der VDP Rheinhessen Mitte der 1990er-Jahre. Die Mitgliedsbetriebe legten fest, welche Weinberge als »Erste Lage« zu bewerten und damit für die Herstellung eines »Großen Gewächses« (nur Riesling oder Spätburgunder) geeignet waren. Zwischen 2002 und 2004 klassifizierten die VDP-Weingüter weitere ihrer Meinung nach bevorzugte Lagen in Rheinhessen. Dabei wurden manche Lagen vollständig in die Klassifikation aufgenommen, von anderen aus guten Gründen nur parzellengenau abgegrenzte Teilflächen, weil der Rest nicht die vereinbarten Qualitätsanforderungen erfüllte. So kam es, dass von inzwischen renommierten Lagen wie etwa Westhofen Morstein oder Siefersheim Heerkretz nur relativ begrenzte Rebflächen für die Produktion von »Großen Gewächsen« zugelassen wurden.

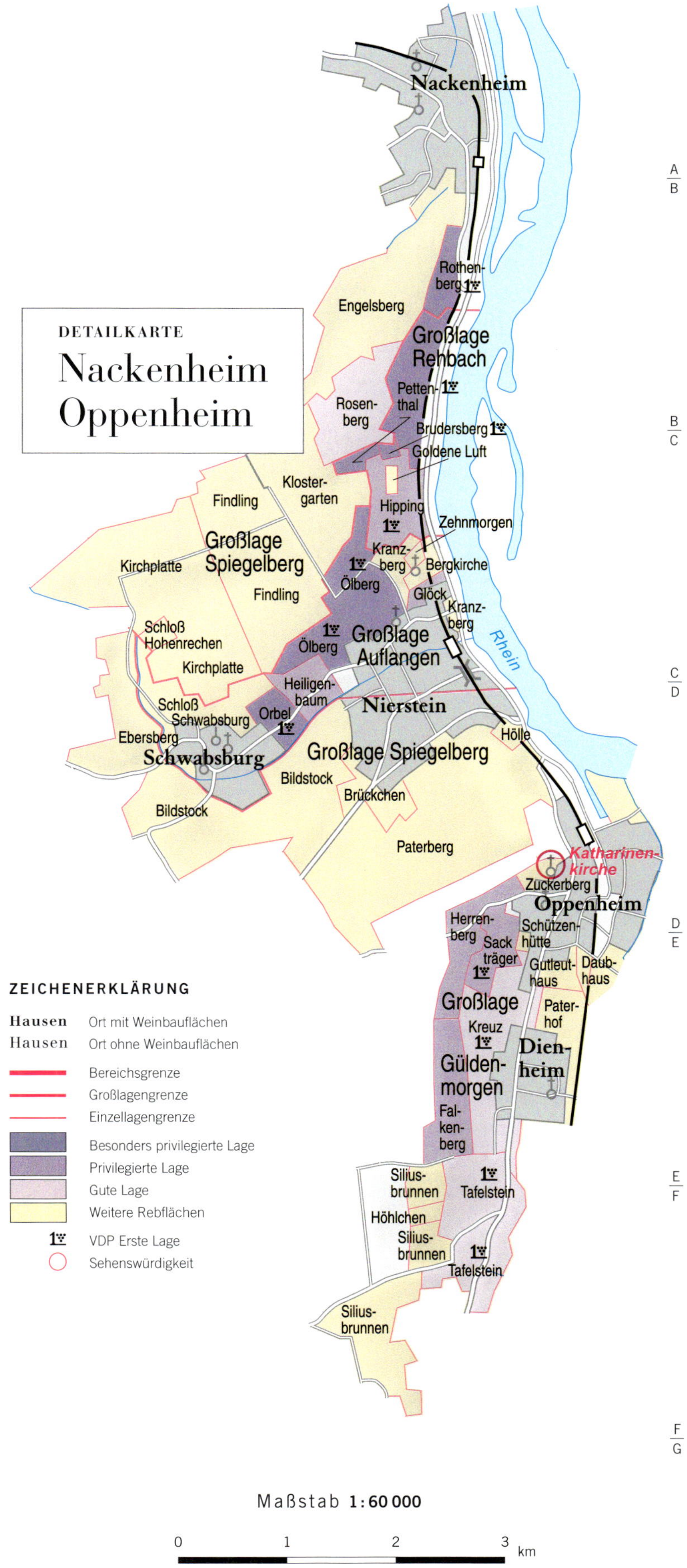

DIE BESTEN WEINLAGEN *in Rheinhessen*

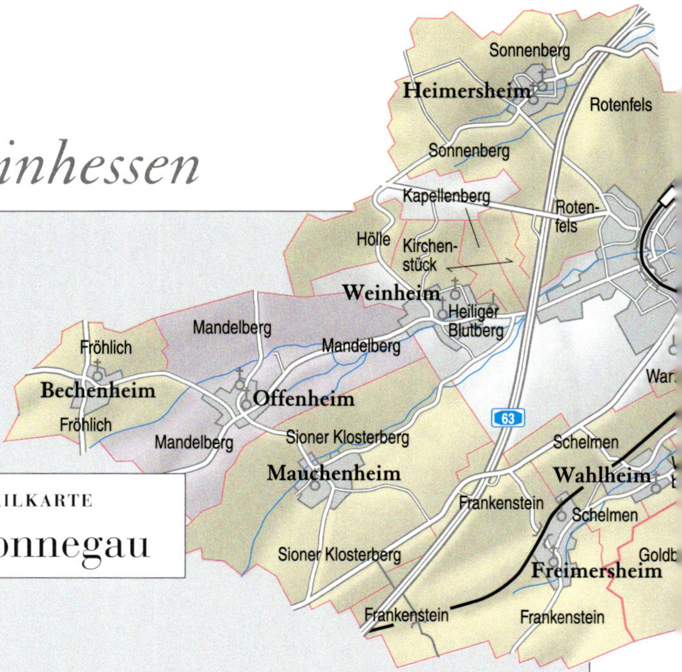

BESONDERS PRIVILEGIERTE LAGEN

Bingen Scharlachberg

▸ Seite 120/C1 (Nr. 8)

Größe: 25,1 ha **Höhe:** 100–200 m

Exposition: Süd

Steilheit: 5–60 %

Boden: Schieferverwitterungsboden mit hohem Eisenoxidanteil, der für die unregelmäßige Rotfärbung des Weinbergs verantwortlich ist. Steiniger, lehmiger Sand und steiniger, sandiger Lehm.

Wichtigste Rebsorten: Riesling, Dornfelder, Silvaner

Wichtigste Weingüter: Villa Sachsen, Riffel, Kruger-Rumpf

Besonderheiten: Der Scharlachberg ist durch eine Bergkuppe gegen Westen geschützt. Die Nähe von Rhein und Nahe sorgt für ein ideales Mikroklima; kräftige Winde aus dem Hunsrück erhalten die Trauben gesund. Das hervorragende Potenzial der Lage wird zurzeit noch nicht voll genutzt.

Weintyp: dichte, aromatische Rieslinge mit finessenreicher Frucht und lebendigem Süße-Säure-Spiel, häufig Ananas-Aroma

Flörsheim-Dalsheim Bürgel

▸ Seite 125/D2

Größe: 83,8 ha **Höhe:** 150–260 m

Exposition: Südost bis Ost

Steilheit: 20–35 %

Boden: Überwiegend Löss, etwas Mergel, muscheliger Kalk. Sandiger Lehm bis schwach steiniger, lehmiger Ton, ockerfarbener Kalkstein.

Wichtigste Rebsorten: Müller-Thurgau, Spätburgunder, Riesling, Weißburgunder

Wichtigste Weingüter: Keller, Peth-Wetz, Schales, Scherner-Kleinhanß

Besonderheiten: Geschützt der Dalsheimer Fleckenmauer vorgelagert. Der hohe Kalkgehalt der Lage sorgt für ideale Säurebalance; Schrumpfrisse begünstigen Wasser- und Luftdurchlässigkeit. In trockenen Sommern gute Ausreifung der Trauben. Klassische Lage für weiße und rote Burgundersorten.

Weintyp: Spätburgunder mit feiner Mineralität und finessenreichem Spiel, gutes Lagerpotenzial

Flörsheim-Dalsheim Hubacker

▸ Seite 125/C2

Größe: 22,6 ha **Höhe:** 190–220 m

Exposition: Süd bis Südost

Steilheit: 25–30 %

Boden: Löss, Tonmergel, Kalksteinfels. Sandiger Lehm bis schwach steiniger, lehmiger Ton.

Wichtigste Rebsorten: Riesling, Müller-Thurgau, Portugieser

Wichtigste Weingüter: Keller, Schales

Besonderheiten: Unspektakulärer Hügel nördlich von Dalsheim, aber

Bietet perfekte Bedingungen für Riesling: die Einzellage Flörsheim-Dalsheim Hubacker.

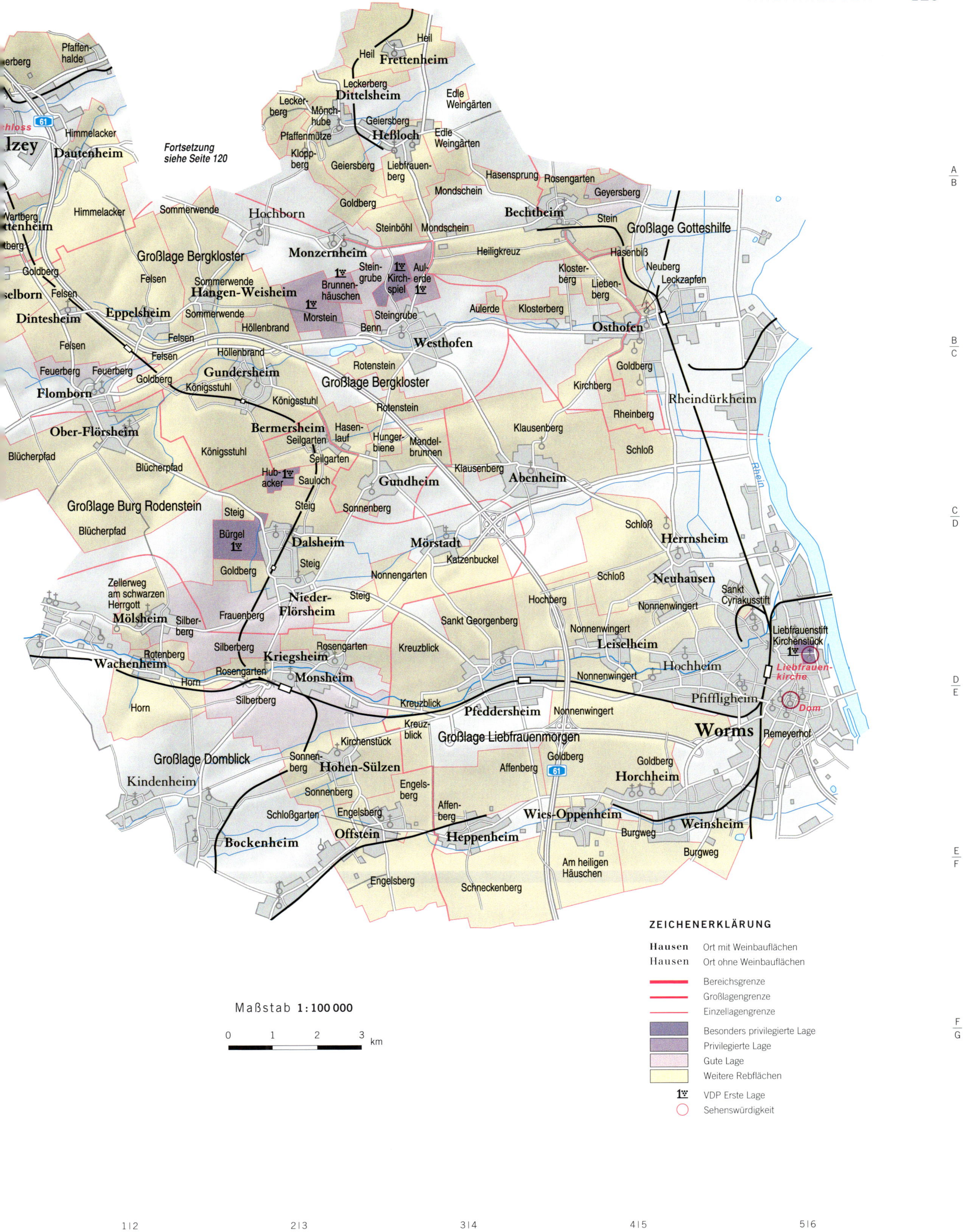

Maßstab **1:100 000**

0 1 2 3 km

ZEICHENERKLÄRUNG

- **Hausen** Ort mit Weinbauflächen
- Hausen Ort ohne Weinbauflächen
- Bereichsgrenze
- Großlagengrenze
- Einzellagengrenze
- Besonders privilegierte Lage
- Privilegierte Lage
- Gute Lage
- Weitere Rebflächen
- 1 VDP Erste Lage
- Sehenswürdigkeit

DIE BESTEN WEINLAGEN *in Rheinhessen*

mit perfekten Boden- und Klimaverhältnissen für außergewöhnliche Rieslinge. Lange Vegetationszeit; gutes Wasserhaltevermögen.

Weintyp: kraftvoll-elegante Rieslinge mit Aromen von gelben Früchten und Passionsfrucht

Nackenheim Rothenberg

▸ Seite 123/B56

Größe: 14,8 ha **Höhe:** 50–150 m

Exposition: Ost bis Südost, am nördlichen Rand nach Flurbereinigung auch Nordost

Steilheit: 10–80 %

Boden: Roter Tonschiefer aus dem Rotliegenden, geringe Mutterbodenauflage, steinig-schiefrige Bestandteile im Oberboden. Parzellen am nördlichen Rand und oberste, geneigte Parzelle mit teils tiefgründiger Lehmauflage; stark sandiger bis toniger Lehm.

Wichtigste Rebsorten: Riesling, Silvaner

Wichtigste Weingüter: Gunderloch, Kühling-Gillot, Domäne Oppenheim, Heyl zu Herrnsheim

Besonderheiten: Im Kernstück der steilste Weinberg im Roten Hang. Ursprüngliche Lage (etwa 5 ha) im Zuge der Flurbereinigung 1979 auf mehr als das Doppelte erweitert. Nur das Kernstück mit den ehemaligen Lagen Rothenberg und Fenchelberg kann als »besonders privilegierte Lage« gelten, die hinzugekommenen Teile (teils mit Lehmauflage) sind damit nicht vergleichbar. Im Herzstück optimales Mikroklima dank ausgeprägter Sonnenexposition, Tonschieferboden, extremem Steilhang und Nähe zum Rhein.

Weintyp: feinmineralische Rieslinge mit großer Finesse und exotischer Frucht im Aroma, mal Kräuterwürze und Grapefruit, mal reife Pfirsiche, langlebig

Nierstein Brudersberg

▸ Seite 123/C5

Größe: 1,1 ha **Höhe:** 90–160 m

Exposition: Süd

Steilheit: 50–65 %

Boden: roter Schiefer aus dem Rotliegenden, Lehm bis toniger Lehm

Wichtigste Rebsorten: Riesling

Wichtigstes Weingut: Heyl zu Herrnsheim (Alleinbesitz)

Besonderheiten: Lage in einem winzigen Seitental des Roten Hangs, etwa in der Mitte zwischen Nierstein und Nackenheim; einzige Lage des Roten Hangs mit Südausrichtung und direktem Kontakt zum Rhein. Unveränderte historische Lagengröße, optimales Mikroklima.

Weintyp: vielschichtige, komplexe und mineralische Rieslinge mit lebendiger Säure, viel Spiel und exotischen Aromen, langlebig

Nierstein Ölberg

▸ Seite 123/C5

Größe: 48,0 ha **Höhe:** 90–170 m

Exposition: Süd

Steilheit: 2–70 %

Boden: Gesteinsboden aus Schieferton und Sandstein des Rotliegenden mit hohem Skelettanteil. Beimengungen von Feinerde, darunter stark zerklüftetes Rotliegendes. Toniger Lehm.

Wichtigste Rebsorten: Riesling, Weißburgunder, Silvaner

Wichtigste Weingüter: St. Antony, Heyl zu Herrnsheim, Kühling-Gillot, Domäne Oppenheim, Rappenhof, Gutzler, Georg Albrecht Schneider, Seebrich, Strub, Gehring, Schuch

Besonderheiten: 1928 als Gewannbezeichnung aufgeführt; umfasst heute 15 alte Gewannlagen. Gleichförmiger Südhang, nur zum Teil mit direktem Kontakt zum Rhein, tiefe Verwurzelung im zerklüfteten Gesteinsboden, günstiges Mikroklima durch vorzügliche Sonneneinstrahlung, aber auch stärker dem Wind ausgesetzt.

Weintyp: gut strukturierte und ausgewogene Rieslinge, mineralisch und elegant, mit Aromen von Pfirsich und Aprikose und nie dominierender, aber immer präsenter und lebhafter Säure

Nierstein Orbel

▸ Seite 123/D5

Größe: 11,9 ha **Höhe:** 90–170 m

Exposition: Süd

Steilheit: 2–60 %

Boden: Rotliegendes; toniger Lehm bis schwach steiniger Lehm

Wichtigste Rebsorte: Riesling

Wichtigste Weingüter: St. Antony, Heyl zu Herrnsheim, Domäne Oppenheim, Georg Albrecht Schneider, Strub, Braun

Besonderheiten: Lage erstmals 1386 urkundlich erwähnt. Sie erhebt sich aus dem leicht hügeligen Gelände und bildet den westlichsten, am weitesten vom Rhein entfernten Steilhang des Roten Hangs. Relativ gutes Wasserhaltevermögen. Die Weine werden wegen ihres Säurespiels und der verhaltenen mineralischen Note gern mit Rheingauer Rieslingen verglichen.

Weintyp: nervige Rieslinge, rassig und ausdrucksstark, dezent mineralisch und körperreich, mit großer Fülle und feinem Säurespiel, Pfirsich- und Zitrusaromen

Nierstein Pettenthal

▸ Seite 123/BC5

Größe: 30,0 ha **Höhe:** 50–170 m

Exposition: Ost bis Südost, in einem Seitentälchen auch Süd

Steilheit: 2–70 %

Boden: Roter Tonschiefer aus dem Rotliegenden in feinkörniger Struktur, tiefgründige Mutterbodenauflage, im Steilhang nur geringe Bodenauflage. In den flachen Teilen auch Schwemmlandboden, toniger Lehm.

Wichtigste Rebsorte: Riesling

Wichtigste Weingüter: St. Antony, Gunderloch, Heyl zu Herrnsheim, Kühling-Gillot, Domäne Oppenheim, Rappenhof, Georg Albrecht Schneider, Strub, Gehring, Braun

Besonderheiten: Als Katastername seit 1753 überliefert. Windgeschützter Osthang direkt am Rhein, teilweise extreme Sonnenreflexion. Bringt in trockenen Jahren die besten Weine in Nierstein. Zum Teil geringes Wasserhaltevermögen. Nur die Steilhangparzellen in Ost- bis Südostlage (etwa 50 % der Gesamtfläche) sind »besonders privilegiert«.

Weintyp: gehaltvolle, mineralische und harmonische Rieslinge mit Substanz und Finesse, oft mit Aromen von exotischen Früchten in Duft und Geschmack

DIE BESTEN WEINLAGEN *in Rheinhessen*

Westhofen Kirchspiel

▸ Seite 125/B3

Größe: 44,2 ha **Höhe:** 120–200 m

Exposition: Ost bis Süd

Steilheit: 10–28 %

Boden: Löss, Gehängelehm. Im Kernbereich Tonmergel mit starken Kalksteinskeletteinlagen und einem geringen Anteil an Kalkverwitterungslehm, im tiefen Untergrund überwiegend Kalkstein.

Wichtigste Rebsorten: Riesling, Silvaner, Kerner

Wichtigste Weingüter: Groebe, Keller, Wittmann, Seehof – Ernst Fauth

Besonderheiten: Homogene Lage auf einem lang gezogenen Osthang, zum größten Teil in den Grenzen der historischen Kernlage. Öffnet sich wie ein Amphitheater zum Rhein und ist durch eine Hügelreihe vor kalten Winden geschützt. Ideales Mikroklima mit früher Morgensonne; gutes bis sehr gutes Wasserhaltevermögen.

Weintyp: klassische Rieslinge mit würzigen, mineralischen Noten sowie Pfirsich- und Zitrusaromen

Günstiges Mikroklima im Roten Hang: die Einzellage Nierstein Ölberg.

Worms Liebfrauenstift-Kirchenstück

▸ Seite 125/D6

Größe: 13,4 ha **Höhe:** 95–100 m

Exposition: flach

Steilheit: flach

Boden: Lössschicht mit relativ hohen Anteilen aus dem Rotliegenden im Oberboden, darunter Sande und Kiese, im tieferen Boden reine Kiesschicht

Wichtigste Rebsorte: Riesling

Wichtigste Weingüter: Gutzler, Adolf Schembs Erben

Besonderheiten: Auf diese Lage geht der bekannte Markenname Liebfraumilch zurück. Der Weingarten liegt mitten in Worms um die Liebfrauenkirche herum. Von einer Mauer umgeben und dadurch windgeschützt, profitiert er von der Wärme der Stadt und der Nähe zum Rhein.

Weintyp: finessenreiche Rieslinge, von Mineralität geprägt, mit Aromen von Aprikose, Pfirsich, Mango und Maracuja

PRIVILEGIERTE LAGEN

Alsheim Fischerpfad

▸ Seite 121/F1 (Nr. 293)

Größe: 33,4 ha **Höhe:** 85–160 m

Exposition: Ost

Steilheit: 5–15 %

Boden: Löss über tertiärem Sand, Gehängelehm, sandiger Lehm bis Lehm

Wichtigste Rebsorten: Riesling, Silvaner, Kerner

Wichtigstes Weingut: Rappenhof

Besonderheiten: Terrassierte Lage, deren gutes Potenzial derzeit kaum genutzt wird.

Weintyp: feinfruchtige, schlanke und rassige Rieslinge

Bodenheim Burgweg

▸ Seite 120/C6 (Nr. 170)

Größe: 40,1 ha **Höhe:** 90–140 m

Exposition: Süd bis Ost

Steilheit: 10–25 %

Boden: eiszeitlicher Löss mit etwas Gehängelehm; sandiger bis toniger Lehm

Wichtigste Rebsorten: Silvaner, Riesling, Scheurebe, Spätburgunder

Wichtigste Weingüter: Kühling-Gillot, Oberstleutnant Liebrecht

Besonderheiten: 1364 erstmals urkundlich erwähnt. Taunus und Odenwald schützen gegen kalte Winde aus Norden und Osten. Schnell erwärmbarer Boden, in Mulden dank hoher Temperaturen optimales Mikroklima für Spätburgunder.

Weintyp: Spätburgunder in dunklem Purpurrot mit Aromen von Waldbeeren. Rieslinge mit Aromen von Pfirsich und Aprikosen.

Dienheim Falkenberg

▸ Seite 123/E56

Größe: 16,6 ha **Höhe:** 140–190 m

Exposition: Ost

Steilheit: 10–25 %

Boden: mächtige Lössbänke mit höherem Lehmanteil, stark versetzt

DIE BESTEN WEINLAGEN *in Rheinhessen*

mit Grob- und Muschelkalk, Mergel, Gehängelehm; toniger Lehm

Wichtigste Rebsorten: Riesling, Ruländer, Silvaner

Wichtigste Weingüter: Brüder Dr. Becker, Kühling-Gillot, Manz

Besonderheiten: Besonders geschützt durch Hecken und Bäume, gute Sonneneinstrahlung und hohe Wärmespeicherkapazität. Die Weine sind durch die Mineralität des Kalkverwitterungsbodens geprägt.

Weintyp: feinfruchtige mineralische Rieslinge mit klarer Struktur, Eleganz und Aromen von hellen Früchten

Gau-Bischofsheim Herrnberg

▸ Seite 120/D6 (Nr. 183)

Größe: 24,8 ha **Höhe:** 150–205 m

Exposition: Ost bis Südost

Steilheit: 3–45 %

Boden: Löss, Gehängelehm; sandiger bis toniger Lehm bis Ton

Wichtigste Rebsorten: Riesling, Müller-Thurgau, Silvaner

Wichtigstes Weingut: Oberst Schultz-Werner

Besonderheiten: durch die Wohnbebauung von Gau-Bischofsheim geteilte Lage

Weintyp: im besten Fall fruchtbetonte, feingliedrige Rieslinge mit Potenzial

Ingelheim Pares

▸ Seite 120/C3 (Nr. 150)

Größe: 8,9 ha **Höhe:** 130–185 m

Exposition: West

Steilheit: 5–10 %

Boden: Löss, sandiger Lehm bis Lehm

Wichtigste Rebsorte: Spätburgunder

Wichtigste Weingüter: Neus, Arndt F. Werner

Besonderheiten: Das vorhandene Potenzial der Lage für Spätburgunder wird derzeit noch nicht genutzt.

Weintyp: gehaltvolle, kräftige und in Bestform nuancenreiche Spätburgunder

Nierstein Glöck

▸ Seite 123/C5

Größe: 2,1 ha **Höhe:** 90–130 m

Exposition: Süd

Steilheit: 5–15 %

Boden: Rigosol aus Löss über dem Hangschutt des Rotliegenden. Lösslehm, sandiger, toniger Lehm.

Wichtigste Rebsorten: Riesling, Spätburgunder

Wichtigstes Weingut: Domäne Oppenheim (Alleinbesitz)

Besonderheiten: Älteste urkundlich genannte deutsche Weinberglage (742) mit Mauer mitten in Nierstein. Sehr gutes Wasserspeichervermögen.

Weintyp: Rieslinge mit hohem Reifepotenzial

Nierstein Heiligenbaum

▸ Seite 123/D5

Größe: 12,3 ha **Höhe:** 90–150 m

Exposition: Süd

Im Kernstück »besonders privilegiert«: die Einzellage Nackenheim Rothenberg.

DIE BESTEN WEINLAGEN *in Rheinhessen*

Steilheit: 20–45 %

Boden: rotes Gestein, Mergel, toniger Lehm

Wichtigste Rebsorte: Riesling

Wichtigstes Weingut: Seebrich

Besonderheiten: Lage ohne direkten Rheinkontakt, bereits 1753 urkundlich erwähnt

Weintyp: sehr feingliedrige, elegante und doch komplexe Rieslinge mit filigranem Säurespiel

Nierstein Hipping

▸ Seite 123/C5

Größe: 22,5 ha **Höhe:** 90–160 m

Exposition: Südost

Steilheit: 3–70 %

Boden: stark verwitterter roter Schiefer aus dem Rotliegenden mit geringer Bodenauflage, toniger Lehm

Wichtigste Rebsorten: Riesling

Wichtigste Weingüter: St. Antony, Heyl zu Herrnsheim, Kühling-Gillot, Manz, Georg Albrecht Schneider, Seebrich, Strub, Gunderloch, Schuch

Besonderheiten: Seit 1753 urkundlich nachgewiesen. Windgeschützter Steilhang direkt am Rhein zwischen Brudersberg und Ölberg. Frühzeitige Erwärmung durch Ostlage, gute Wärmespeicherfähigkeit. Hier gedeihen kleine Rieslingtrauben mit intensivem Geschmack. Etwa ein Drittel des Weinbergs kann als »besonders privilegierte Lage« gelten.

Weintyp: vornehme, elegante Rieslinge mit viel Fülle und Schmelz, Aromen von südlichen Früchten und intensiver Geschmack

Oppenheim Herrenberg

▸ Seite 123/D5

Größe: 39 ha **Höhe:** 120–200 m

Exposition: Ost bis Süd

Steilheit: 10–35 %

Boden: Löss, Gehängelehm, Kalkmergel; sandiger bis steiniger und toniger Lehm

Wichtigste Rebsorten: Riesling, Spätburgunder, Ruländer

Wichtigste Weingüter: Kissinger, Manz, Staatsdomäne Oppenheim

Besonderheiten: Kann auch als Dienheim Herrenberg bezeichnet werden. Windgeschützter Hang mit sehr guter Wasserspeicherung. Lage mit Potenzial, das zurzeit nicht voll genutzt wird.

Weintyp: fruchtig-frische Rieslinge mit Zitrus- und Pfirsicharomen

Oppenheim Sackträger

▸ Seite 123/DE6

Größe: 20,0 ha **Höhe:** 90–150 m

Exposition: Südost

Steilheit: 5–30 %

Boden: Angewehter eiszeitlicher Löss, darunterliegender Gehängelehm mit tiefgründigem Kalkmergel, fossile Pflanzen- und Meeresgetierfunde, sandiger Lehm bis Lehm

Wichtigste Rebsorten: Riesling, Ruländer, Scheurebe

Wichtigste Weingüter: Kühling-Gillot, Domäne Oppenheim, Rappenhof, Kissinger, Manz

Besonderheiten: Bereits 1541 urkundlich erwähnt. Geschützt durch die Abbruchkante des Rheingrabens im Westen und Oppenheim im Norden. Leicht erwärmbare Böden, im Sommer Hitzestau (bis 60 °C). Tiefgründig, sehr gute Wasserspeicherung.

Weintyp: Langlebige, elegante und extraktreiche trockene Rieslinge mit Aromen von Pfirsich, Honigmelone und Mirabelle. Beeren- und Trockenbeerenauslesen von höchster Güte.

Siefersheim Heerkretz

▸ Seite 120/F2 (Nr. 81)

Größe: 56,1 ha **Höhe:** 180–280 m

Exposition: Süd bis Südost

Steilheit: 20–60 %

Boden: Quarzporphyr, Porphyrverwitterung, Melaphyr und verfestigter Meeressand mit Muschelkalkablagerungen, im Untergrund auch Urgestein des Rotliegenden. Stark wechselnde Gesteins- und Feinbodenanteile. Lehm bis lehmiger Ton.

Wichtigste Rebsorten: Riesling, Silvaner, Spätburgunder

Wichtigstes Weingut: Wagner-Stempel

Besonderheiten: Eine der höchsten Lagen in Rheinhessen. Der sehr zerklüftete Rebhang mit vielen Kessellagen ist geschützt vor kalten Ost- und Westwinden, im Hang zum Teil auch windoffen. Nur ein Teil dieser großen Lage ist »besonders privilegiert« (zumeist im Besitz des Weinguts Wagner-Stempel). Aus diesen Parzellen kommen einige der besten trockenen Rieslinge Rheinhessens.

Weintyp: feinfruchtige, elegante Rieslinge mit intensiv mineralischem, salzigem Nachhall, dezente Feueraromen und stabile Säurestruktur, sehr gutes Alterungspotenzial

Siefersheim Höllberg

▸ Seite 120/F2 (Nr. 83)

Größe: 28,1 ha **Höhe:** 170–230 m

Exposition: Süd bis Südost

Steilheit: 10–30 %

Boden: Sandiger bis steiniger Gehängelehm im unteren Teil der Lage (im Untergrund schuttführender Ton). Steiniger bis stark steiniger lehmiger Sand (Porphyrverwitterung) in den oberen Parzellen, mit Porphyrfels im Untergrund.

Wichtigste Rebsorten: Riesling, Silvaner, Portugieser

Wichtigstes Weingut: Wagner-Stempel

Besonderheiten: Relativ windgeschützt, sehr warm unter der bewaldeten Kuppe, zum Teil durchzogen von alten Trockensteinmauern. Der Kernbereich (überwiegend im Besitz des Weinguts Wagner-Stempel) ist ohne Zweifel »besonders privilegiert« und bringt hervorragende Qualitäten, der große Rest ist für Spitzenweine nicht geeignet.

Weintyp: kraftvolle, mineralische, fast salzige Rieslinge mit stabiler Säure

Westhofen Aulerde

▸ Seite 125/B34

Größe: 96,1 ha **Höhe:** 100–200 m

Exposition: Südsüdost

Steilheit: 2–10 %

Boden: Größtenteils meterhohe Lössschichten mit Gehängelehm. Nur ein kleiner Teil der Lage verfügt im Oberboden über ein Gemisch aus schwerem Tonmergel und Lösslehm mit geringen Kalksteinanteilen. Im Untergrund gelbe Tonsande und kiesige Sande.

DIE BESTEN WEINLAGEN *in Rheinhessen*

Wichtigste Rebsorten: Riesling, Dornfelder, Silvaner

Wichtigste Weingüter: Groebe, Keller, Wittmann

Besonderheiten: Wärmste Westhofener Lage, geschützt von den Ost- und Südosthängen des Westhofen Kirchspiels, frühe Traubenreife. Nur etwa 20 ha dieser großen Lage sind »besonders privilegiert« und für Spitzenweine geeignet. In diesem Teil haben die Weingüter Wittmann, Keller und Groebe ihre Reben. Der Rest kann zum Teil nicht einmal als »gute Lage« bezeichnet werden.

Weintyp: opulente Rieslinge mit Aromen von gelben und exotischen Früchten

Westhofen Brunnenhäuschen

▸ Seite 125/B3

Größe: 29,9 ha **Höhe:** 180–240 m

Exposition: Süd

Steilheit: 3–10 %

Boden: Gehängelehm, steiniger, sandiger Lehm bis toniger Lehm, Kalkstein

Wichtigste Rebsorten: Riesling, Silvaner, Dornfelder

Wichtigste Weingüter: Keller, Wittmann

Besonderheiten: Homogene, aber eher kühle Lage, da der Wind von Westen darüber hinwegstreift. Oberhalb der Westhofen Steingrube gelegen.

Weintyp: würzig-mineralische Rieslinge

Westhofen Morstein

▸ Seite 125/B3

Größe: 143,9 ha **Höhe:** 140–280 m

Exposition: Süd

Steilheit: 5–20 %

Boden: Schwere Tonmergelböden mit Kalksteineinlagen in der Oberschicht, im schweren Untergrund massive, wasserführende Kalksteinfelsschichten. Sandiger Lehm bis steiniger, sandiger, toniger Lehm.

Wichtigste Rebsorten: Riesling, Dornfelder, Müller-Thurgau, Spätburgunder

Wichtigste Weingüter: Gutzler, Keller, Wittmann, Groebe, Michel-Pfannebecker, Seehof – Ernst Fauth

Besonderheiten: Älteste Lage in Westhofen (1282 erstmals urkundlich erwähnt). Nur rund 50 ha im Mittelhang dieser riesigen Lage sind »besonders privilegiert«, der Hangfuß und das obere Stück bringen keine vergleichbaren Qualitäten.

Weintyp: Elegante, finessenreiche Rieslinge mit prägnanter Kalksteinmineralität und fast salziger Art sowie Aromen von gelben Früchten. Auch komplexe Spätburgunder mit Aromen von Erdbeere und Gewürzen.

GUTE LAGEN

Alsheim Frühmesse ▸ Seite 121/FG1 (Nr. 287), 204,7 ha, Süd bis Ost, 10–25 %, Löss, Gehängelehm, sandiger bis toniger Lehm, im Untergrund teilweise Kalkstein, Terrassenlage

Alsheim Sonnenberg ▸ Seite 121/F1 (Nr. 289), 150,7 ha, Ost, 3–10 %, überwiegend Löss, sandiger Lehm, teilweise Ton

Appenheim Hundertgulden ▸ Seite 120/C3 (Nr. 43), 26,3 ha, Südwest bis Süd, 20–40 %, Mergel, Kalkstein, Gehängelehm; schwach steiniger, toniger Lehm bis Lehm. Der Name entstand im 14. Jh., als für die Weinbergparzellen hohe Beträge in Rheinischen Gulden bezahlt wurden. Günstige Sonnenexposition, die besonders der Kernlage zugutekommt. Dichte, mineralische Weine mit fruchtiger Säure und hohen pH-Werten aufgrund des hohen Karbonatgehalts im Boden.

Bechtheim Geyersberg ▸ Seite 125/B4, 79,9 ha, Süd, 10–20 %, schwere Lösslehmböden, Kalkmergel, stark sandiger bis toniger Lehm, im Kernbereich »privilegierter« Rieslingweinberg

Bingen Kirchberg ▸ Seite 120/C2 (Nr. 2), 16,4 ha, Süd bis Südost, 10–40 %, Gesteinsverwitterungsboden mit hohem Steinanteil, Gehängelehm, komplexe, mineralische Weine mit würziger Frucht, Anklänge von Stachelbeere

Bingen Rosengarten ▸ Seite 120/C1 (Nr. 7), 21,3 ha, Süd, 3–25 %, Gesteinsverwitterungsboden, Quarzit, stark steiniger Lehm. Etwa die Hälfte der Lage kann als »privilegiert« gelten. Ausgewogene, feinfruchtige Weine mit frischer Säure.

Bodenheim Ebersberg ▸ Seite 120/C6 (Nr. 171), 5,8 ha, Ost bis Süd, 5–20 %, Mergel, mittelschwere Lösslehmböden, steiniger, toniger Lehm

Bodenheim Heitersbrünnchen ▸ Seite 120/C6 (Nr. 172), 48,6 ha, Ost bis Süd, 5–35 %, überwiegend Löss, geringer Anteil Gehängelehm, teils schwerer grüner Letten und überwiegend sandiger Lehm, gute Sonnenexposition, auch in trockenen Jahren ausreichend Feuchtigkeit

Bodenheim Hoch ▸ Seite 120/C6 (Nr. 175), 62,0 ha, Südost bis Ost, 2–35 %, Löss, Gehängelehm, sandiger bis toniger Lehm bis Ton

Bodenheim Silberberg ▸ Seite 120/D6 (Nr. 178), 19,5 ha, Südost, 5–35 %, Gehängelehm, sandiger bis toniger Lehm; durchweg schwerer Lösslettenboden, hohes Wasserhaltevermögen in trockenen Jahren

Dienheim Tafelstein ▸ Seite 123/EF6, 89,8 ha, Ost bis Südost, 10–20 %, Gehängelehm, tiefgründige Lössböden, im Unterboden Kalkmergelgestein, darüber humose Auflage, toniger bis sandiger Lehm. Alter Name der Lage: Siliusbrunnen; ein Teil davon kann als »privilegiert« gelten.

Flomborn Feuerberg ▸ Seite 125/C1, 56,4 ha, Süd bis Südwest, 4–20 %, Löss, skelettreicher Kalkstein, sandiger bis steiniger Lehm

Flörsheim-Dalsheim Frauenberg ▸ Seite 125/D2, 154,3 ha, Südost, 15–35 %, Löss, Mergel, Kalkstein; steiniger bis toniger Lehm. Nur ein Teil des Weinbergs kann als »gute Lage« gelten.

Gau-Bischofsheim Kellersberg ▸ Seite 120/D6 (Nr. 182), 29,4 ha, Ost bis Süd, 3–10 %, Mergel mit Feinsandeinlagen, toniger Lehm bis Ton und sandiger Lehm

Gau-Bischofsheim Pfaffenweg ▸ Seite 120/D6 (Nr.181), 6,9 ha, Südost bis Süd, 3–15 %, Gehängelehm, Löss; sandiger bis toniger Lehm bis Ton

Guntersblum Bornpfad ▸ Seite 121/F1 (Nr. 265), 48,8 ha, Ost bis Süd, 5–15 %, Löss, sandiger, teilweise steiniger Lehm, windgeschützte Terrassenlage

Guntersblum Himmelthal ▸ Seite 121/F1 (Nr. 267), 48,8 ha, Ost, 5–10 %, Löss

DIE BESTEN WEINLAGEN *in Rheinhessen*

Bringt mineralische Rieslinge und komplexe Spätburgunder: die Einzellage Westhofen Morstein.

über tertiärem Sand, mit Kalkstein vermischt, Gehängelehm, sandiger Lehm bis Lehm

Ingelheim Burgberg ▸ Seite 120/C3 (Nr. 146), 34,7 ha, Westsüdwest, 5–10 %, Kalkstein, Löss; sandiger, steiniger Lehm bis lehmiger Ton

Ingelheim Horn ▸ Seite 120/C3 (Nr. 149), 20,7 ha, West, 5–10 %, Löss, sandiger Lehm

Ingelheim Sonnenberg ▸ Seite 120/C3 (Nr. 145), 0,4 ha, West, flach, Löss, sandiger Lehm. Lagenpotenzial wird derzeit nicht ausgeschöpft.

Ingelheim Sonnenhang ▸ Seite 120/C3 (Nr. 143), 87,4 ha, Südwest, 5–10 %, Löss, Kalkstein; sandiger Lehm mit wenig Steinanteil, gutes Wasserhaltevermögen. Das in Teilen der Lage vorhandene Potenzial wird zurzeit kaum genutzt.

Ludwigshöhe Teufelskopf ▸ Seite 121/F1 (Nr. 268), 31,1 ha, Ost, 15–25 %, tief anstehender Lössboden, Kalkstein; sandiger Lehm bis Lehm. Geschützte, warme Lage, da der Teufelskopf nur die mittleren Hangparzellen umfasst.

Monsheim Silberberg ▸ Seite 125/DE2, 269,5 ha, Süd, teilweise Nord, 3–15 %, Löss, Gehängelehm, im nördlichen Teil Kalkmergel und Kalkstein; im südlichen Teil auf der Anhöhe Richtung Bockenheim Löss; sandiger Lehm, steiniger Lehm bis steiniger, lehmiger Ton. Nur zu einem kleinen Teil »gute Lage«. Großartiger Rieslaner vom Weingut Keller.

Nierstein Rosenberg ▸ Seite 125/BC5, 52,4 ha, Süd bis Ost, 5–10 %, über Fels Rotliegendes und Lösslehm wechselnd; sandiger bis toniger Lehm. Lage auf dem Plateau über Pettenthal und Rehbach, etwas kühleres Klima und leichtere Rieslinge als direkt am Rhein.

Oppenheim Kreuz ▸ Seite 123/E6, 49,2 ha, Ost bis Südost, 8–20 %, im Kernstück mächtige Lössbänke, durchsetzt mit Bruchstücken von Grob- und Muschelkalk, fossile Funde von Pflanzen und Meeresgetier, toniger Lehm. Die Lage wird auch Dienheim Kreuz genannt und zeigt mit guten Spätburgundern ihr Potenzial.

Weinheim Mandelberg ▸ Seite 124/B5, 41,0 ha, Ost bis Süd, 15–35 %, Rotliegendes, Sandstein, Löss, Vulkangestein im Untergrund, stark steiniger, sandiger Lehm bis stark steiniger lehmiger Ton. Kernlage (6 ha) reiner Südhang, windgeschützt und sehr warm, außerhalb lediglich von durchschnittlicher Güte.

Westhofen Steingrube ▸ Seite 125/B3, 144,1 ha, Süd, 5–20 %, Lösslehm, Kalkstein, kiesiger Sand im Untergrund, teilweise sehr armer Lehmboden mit sandigen Elementen, toniger Lehm, in weiten Teilen alte Kernlage, aber auch große, nicht so bevorzugten Parzellen

Pfalz

Rund hundert Millionen Rebstöcke stehen in der Pfalz, dem zweitgrößten Weinanbaugebiet Deutschlands, das sich vom südlichen Rand Rheinhessens bei Worms bis zur elsässischen Grenze erstreckt. Der rund 85 Kilometer lange Pfälzer Traubengürtel – bis 1992 als Rheinpfalz bezeichnet – ist schmal und misst im Durchschnitt nur sieben Kilometer. Die Rebzone verläuft parallel zum Rhein, erreicht sein Ufer jedoch an keiner Stelle. Die besten Weinberge liegen an den sanft ansteigenden Hängen östlich des Pfälzer Waldes. Insgesamt stehen auf 25 Groß- und 322 Einzellagen 23 559 Hektar unter Reben.

Rund ein Viertel aller deutschen Weine wachsen in der Pfalz, die in die beiden Bereiche Mittelhaardt/Deutsche Weinstraße und Südliche Weinstraße unterteilt ist. Die geografische Trennungslinie verläuft bei Neustadt an der Weinstraße, einer geschichtsträchtigen mittelständischen Stadt inmitten des Weinlandes. Sie ist umrahmt von neun Weindörfern, die in ihrer erhaltenen Beschaulichkeit etwas von jenem Gefühl vermitteln, das die Pfalz so einzigartig macht und gleichzeitig bezeichnend ist für die Dynamik der Region. Die Pfalz und ihre Weine verkörpern den optimalen Schnittpunkt zwischen der fruchtbetonten Eleganz nördlicher Weinbaugebiete und der Kraft und körperreichen Struktur, die den Weinbau in südlicheren Regionen auszeichnen.

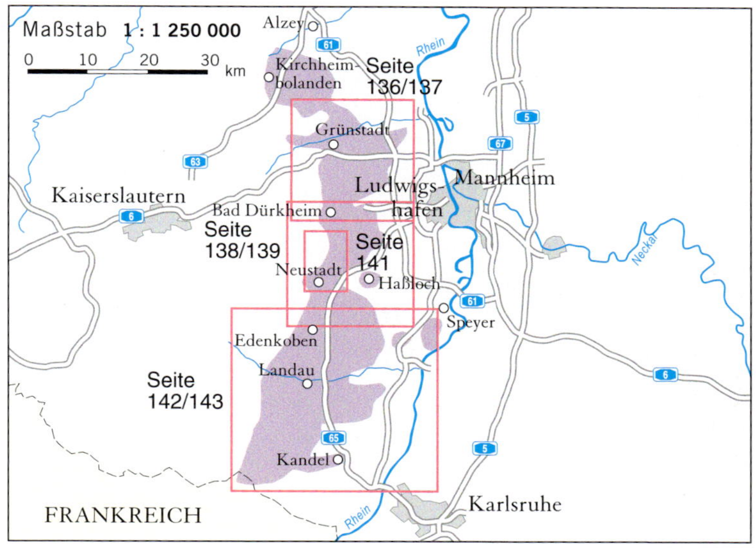

GESCHICHTE

Die Historie der Pfalz ist vor allem die Geschichte eines Weinlandes, das im Lauf der Jahrhunderte ein wechselhaftes Schicksal zwischen Glanz und Elend erfuhr. Erste Hinweise auf Weinkultur auf pfälzischem Boden finden sich bereits lange vor den Römern um 550 v. Chr. in keltischen Gräbern in Rodenbach, Laumersheim und Bad Dürkheim. Der alte Handelsweg entlang des Rheins brachte Weintransporte in die Pfalz, doch erst Ende des 1. Jahrhunderts unter dem Einfluss der Römer, die um 58 v. Chr. die linksrheinischen Gebiete besetzten, wird ein systematischer Weinbau wahrscheinlich. Zeugen römischen Weinanbaus wurden unter anderem in Hambach, Speyer, Ruppertsberg und Lingenfeld gefunden. Sicher diente der Weinbau unter römischer Herrschaft vorwiegend zur Versorgung der militärischen Lager, doch waren den Römern bereits die Bedeutung der späten Lese, das Entrappen der Trauben und die Strohweinbereitung bekannt.

Mit dem Rückzug der Römer und den einsetzenden Wirren der Völkerwanderung verschwindet der Pfälzer Weinbau zunächst weitgehend im Dunkel der Geschichte. Erst im 7. Jahrhundert wird mit der aufkommenden Klosterkultur auch der Weinbau neu belebt. So wird 653 dem Bischof von Speyer der Weinzehnt im Speyergau zugesichert. Die Klöster Weißenburg, Eußerthal, Limburg, Heilsbruck und Lorch dehnen ebenso wie die Institutionen des Fürstentums Speyer durch Schenkungen und Stiftungen ihren Landbesitz deutlich aus und widmen sich auch dem Weinbau, der die antiken Techniken verbessert und zur sprudelnden Einnahmequelle der Geistlichkeit wird.

Im 12. und 13. Jahrhundert tauchen in der Pfalz die ersten Lagenbezeichnungen auf, die teilweise bis heute Gültigkeit haben. Die Weinqualitäten werden in zwei Gruppen unterteilt: Mit »hunisch« werden die minderen, mit »fränkisch« – zurückgehend auf die Weingesetze Karls des Großen – die besseren Weine klassifiziert. Ab dem 16. Jahrhundert sind die Rebsorten Riesling, Elbling, Gänsfüßer, Traminer,

Ungstein: Die besten Weinberge befinden sich in den beiden Lagen Herrenberg und Weilberg rund um den kleinen Weinort.

INFO *Pfalz*

Anbaufläche: 23 559 ha

Rebsorten: Riesling (22 %), Dornfelder (14 %), Müller-Thurgau (10 %), Portugieser (10 %), Spätburgunder (7 %), Kerner (5 %), Grauburgunder (4 %), Silvaner (4 %), Weißburgunder (3 %), Regent (3 %), Chardonnay (2 %), Scheurebe (2 %), Gewürztraminer, St. Laurent, Morio-Muskat, Ortega, Merlot, Dunkelfelder (je 1 %)

Vorherrschende Bodentypen: In der Vorhaardtzone neben Buntsandstein, Muschelkalk, Keuper und Rotliegendem auch Schiefer, Granit und Gneis. An der Südlichen Weinstraße vorwiegend Lehm- und Lössböden, nach Norden an der Mittelhaardt/Deutsche Weinstraße eher leichtere, durchlässige lehmige Sand- bis sandige Lehmböden. Tiefgründige Lehmböden aus Löss und wechselndem Kalkgehalt vorwiegend auf den Hügeln, am Hangfuß der Vorberge und vor allem in der Ebene, dort mit Lehm und Ton durchsetzt. In den Randhügelzonen vorwiegend Kalkböden.

Durchschnittlicher jährlicher Niederschlag: 668 mm (Neustadt an der Weinstraße)

Durchschnittlicher Niederschlag im Erntemonat (Oktober): 49 mm (Neustadt an der Weinstraße)

Jahresdurchschnittstemperatur: 10,4 °C (Neustadt an der Weinstraße)

Sonnenstunden jährlich: 1800 (Neustadt an der Weinstraße)

(Klimadaten jeweils 1961–1990, Quelle: Deutscher Wetterdienst)

Hauptgefahren für den Weinbau: Hagel, Frost, Rebkrankheiten, Pilzbefall, tierische Schädlinge

Der menschliche Beitrag zum Terroir: Im Weißweinbereich Konzentration auf Riesling und Burgundersorten. Zudem hat sich die Pfalz seit den 1980er-Jahren mit kontinuierlich bemerkenswerten Rotweinqualitäten einen Namen gemacht und gezeigt, dass durch unbedingtes Qualitätsstreben und Innovation auch aus bis dahin kaum beachteten Lagen in der Nord- und Südpfalz beste Weine kommen können. Der spürbare Zusammenhalt der Winzer, aus dem sich auch die renommierten Güter nicht ausschließen, führte nicht nur zu einer Qualitätsdynamik und Verjüngung der Betriebsstrukturen, sondern auch zu einem klaren und erkennbaren Profil als Weinland.

Größter Bluff: Über Jahrzehnte, bis zur Novellierung des Weingesetzes 1971, wurden Pfälzer Weine als Verschnittware vor allem an die Mosel geliefert.

roter Burgunder, Muskateller und später auch Ruländer bekannt. Die Reben werden aber nicht im sogenannten reinen Satz, sondern als Sortengemisch angepflanzt – ähnlich dem Cuvée-Gedanken –, um vegetationsbedingte Unterschiede in Qualität und Quantität ausgleichen zu können.

Einen massiven wirtschaftlichen Einbruch erlebte die Pfalz nach dem verheerenden Dreißigjährigen Krieg mit den Pfälzer Erbfolgekriegen von 1688 bis 1697, in denen französische Truppen die Pfalz buchstäblich verbrannten, ganze Dörfer und Städte dem Erdboden gleichmachten und auch die Weinberge verwüsteten. Nachfolgende kriegerische Auseinandersetzungen und die Säkularisierung des geistlichen Besitzes unter Napoleon Anfang des 19. Jahrhunderts erschwerten die weinbaulichen Aktivitäten, wenngleich die Versteigerung der kirchlichen Güter für die Entwicklung größerer Betriebe in der Pfalz durchaus positive Impulse mit sich brachte und die Bestrebungen zur Verbesserung der Weinqualität vorantrieb. Vor allem Weingüter an der Mittelhaardt, die im Besitz von Lagen in Ruppertsberg, Deidesheim, Forst und Wachenheim waren, verlegten sich zunehmend auf Qualitätsweinbau. Allen voran setzte Andreas Jordan, Gründer des heutigen Weinguts Geheimer Rat Dr. von Bassermann-Jordan, auf sortenreinen Riesling und wurde zum Motor der Qualitätsoffensive an der Mittelhaardt. Glänzende Jahrgänge wie 1811 und 1822 bescherten den Pfälzer Winzern gute Einnahmen. Bereits im Jahr 1804 wurden die ersten Pfälzer Weine unter der Lagen- und Ortsbezeichnung auf den Markt gebracht. Ab der zweiten Hälfte des 19. Jahrhunderts setzten sich die Lagennamen als Herkunftsbezeichnung auf den Flaschenetiketten endgültig durch. Um einen möglichen Bezeichnungsmissbrauch einzuschränken, wurden die Lagennamen im dritten deutschen Weingesetz von 1909 geschützt.

Nachdem die Pfalz zehn Jahre lang zu Frankreich gehört hatte, wurde sie 1814 wieder in das deutsche Staatsgebiet eingegliedert, stand danach unter österreichisch-bayrischer Verwaltung und gehörte ab 1816 zum Königreich Bayern. Unter bayerischer Herrschaft wurde das Gebiet zum Zweck einer aktuellen Steuererhebung neu vermessen und die landwirtschaftliche Fläche bewertet. Im Rahmen dieser Landvermessung wurde das Forst Kirchenstück mit der höchsten Bonitätszahl des gesamten Königreichs (65 Punkte) taxiert. Mitte des 19. Jahrhunderts erreichte die Pfalz für kurze Zeit eine neue Blüte. Auch der Weinbau profitierte von den wirtschaftlich relativ stabilen Rahmenbedingungen, erst die aus Amerika eingeschleppte Reblaus brachte einen weiteren Einbruch und führte zur Vernichtung eines großen Teils der Weinberge. Als Folge dieser Schädlingskatastrophe wurde 1899 in Neustadt eine Obst- und Weinbauschule gegründet, um einerseits die Forschung voranzutreiben, anderseits dem Winzernachwuchs eine systematische Ausbildung zu ermöglichen.

SCHWÄCHEPHASE UND AUFBRUCH

Von Höhen und Tiefen gezeichnet, weitgehend als billiges und einfaches Schoppenweingebiet abqualifiziert und nur im weinbaulichen Kernstück der Mittelhaardt mit bekannten Weingütern gesegnet, verloren die Pfalz und ihre Weine ab Mitte des 20. Jahrhunderts nach und nach an Renommee. Allein die sogenannten drei großen B – Bassermann-Jordan, Buhl und Bürklin-Wolf – ließen mit ihren Rieslingen jenes Potenzial aufblitzen, das in den Weinbergen der Pfalz schlummert. Dieses Urteil mag hart ausfallen, aber große Teile der Pfalz wurden in den späten 1970er- und frühen 1980er-Jahren von der verschärften Krise des deutschen Weinbaus getroffen – mit weitgehend belanglosen und einfachen Weinen ohne klares Profil, die sich dazu im eigenen Gebiet einer stetig wachsenden Konkurrenz ausländischer Gewächse gegenübersahen und Schritt für Schritt an Marktanteilen verloren.

Doch wie in keiner anderen deutschen Anbauregion haben sich in der Pfalz zahlreiche Weingüter nach der Schwächeperiode ab Mitte der 1980er-Jahre in die deutsche und mittlerweile auch in die internationale Rieslingspitze geschoben und den Stil des großen trockenen, eleganten, komplexen Rieslings neu interpretiert. Spiritus Rector des Pfälzer Comebacks und Lehrmeister einer ganzen Winzergeneration war Hans-Günther Schwarz, der als Kellermeister des Weinguts Müller-Catoir in Haardt fruchtige und ausdrucksstarke Rieslinge erzeugte, die im In- und Ausland höchste Anerkennung fanden. Ihm folgten gut ausgebildete Winzer, die für eine dynamische Weiterentwicklung sorgten und den Qualitätsgedanken in viele Familienbetriebe brachten, allen voran Hansjörg Rebholz vom Weingut Ökonomierat Rebholz in Siebeldingen, der mit seinen mineralischen trockenen Rieslingen aus der Südpfalz Furore machte und das bis dahin etwas vernachlässigte südliche Gebiet in den Fokus der Weinszene rückte. Im Jahr 1991 wurde das Weingut Rebholz – wie auch das Weigut Dr. Wehrheim – in den Verband der Prädikatsweingüter aufgenommen, ein deutliches Signal zur qualitativen Anerkennung der Südpfalz als Weinregion.

Das Duo Uli Mell und Gunther Hauck brachte das altehrwürdige Flaggschiff Geheimer Rat Dr. von Bassermann-Jordan mit stoffigen, komplexen und ausgesprochen eleganten Rieslingen wieder in Fahrt, und alteingesessene Familienbetriebe wie Georg Mosbacher in Forst, Christmann in Gimmeldingen und Karl-Heinz Wehrheim in Birkweiler folgten mit beachtlichen Weinqualitäten. Bernd Philippi vom Weingut Koehler-Ruprecht aus Kallstadt trat mit bemerkenswerten Rieslingen aus der Lage Saumagen auf den Plan, Friedrich Becker in Schweigen zeigte mit seinen roten und weißen Burgundern, dass die Pfalz nicht nur Rieslingland ist, und die Brüder Werner und Volker Knipser in Laumersheim erstaunten die Weinwelt mit genialen, im Barrique gereiften roten und weißen Burgundern, aber auch mit festen, strukturreichen Rieslingen. Gleichzeitig setzte Christian von Guradze mit seinem Terroirkonzept im Weingut Dr. Bürklin-Wolf neue Akzente in der Klassifizierung der Pfälzer Rebflächen.

Dieser dynamische Aufbruch hat in den letzten zehn Jahren viele hoffnungsvolle Früchte getragen. Mit jungen Winzern wie Philipp Kuhn in Laumersheim, Axel Neiss in Kindenheim, Tina Pfaffmann in Frankweiler und Markus

Riesling: Traditionsbetriebe und Newcomer haben Pfälzer Rieslinge unter den deutschen Spitzenweinen platziert.

Schneider in Ellerstadt, Volker Gies in Birkweiler, Thomas Hensel in Bad Dürkheim, Boris Kranz in Ilbesheim und Jan Eymael in Bad Dürkheim verfügt die Pfalz wie kaum eine andere Weinregion in Deutschland über talentierten, engagierten Nachwuchs. Insgesamt treiben heute rund 3600 Betriebe in der Pfalz Weinbau, davon etwa 1520 im Haupterwerb. Hinzu kommen 22 Winzergenossenschaften und elf Erzeugergemeinschaften. Etwa die Hälfte der Weine wird trocken oder halbtrocken ausgebaut, Tendenz steigend.

REBSORTEN

Favorit in den Weinbergen ist eindeutig der Riesling. Mit 5058 Hektar hat er einen Anteil von 22 Prozent am gesamten Rebsortenspiegel. Ihm folgen Müller-Thurgau (2364 Hektar), Kerner (1206 Hektar) und Grauburgunder (1036 Hektar). Der Silvaner spielt mit 888 Hektar (4 Prozent) nur noch eine untergeordnete Rolle, ebenso die Scheurebe, die noch mit rund 431 Hektar (2 Prozent) vertreten ist.

Spitzenreiter im Rotweinbereich ist nach wie vor der umstrittene Dornfelder (3240 Hektar), der nur in wenigen Ausnahmefällen genügend Qualität erreicht, um als ordentlicher Rotwein bezeichnet zu werden. Gefolgt wird die Sorte vom Portugieser (2346 Hektar) und vom Spätburgunder (1588 Hektar). Insgesamt verteilt sich die Rebfläche auf 13 933 Hektar (60 Prozent) weiße Rebsorten und 9407 Hektar (40 Prozent) rote Sorten.

KLIMA UND BÖDEN

Die klimatischen Voraussetzungen, die die Pfalz den Winzern bietet, sind für den Weinbau geradezu ideal. Der nördliche Teil von Neustadt an der Weinstraße bis Bockenheim mit dem geschlossenen Gebirgszug der Haardt zählt zu den niederschlagsärmsten Gebieten Deutschlands. Aus Westen und Südwesten strömen mäßig feuchte und warme Luftmassen in das Anbaugebiet und sorgen für trockene, nicht zu heiße Sommer und relativ milde Winter. Die Temperaturen liegen im langjährigen Mittel bei 10,4 Grad Celsius. Im Juli überschreitet die durchschnittliche Lufttemperatur die 19-Grad-Marke. Mit jährlich rund 1800 Sonnenstunden ist die Pfalz eines der wärmsten Anbaugebiete Deutschlands. Diese Klimabedingungen lassen nicht nur Trauben reifen, in der Pfalz gedeihen auch Feigen, Mandeln und andere südliche Früchte.

Die geologische Entwicklung der Pfalz wurde maßgeblich durch den Einbruch des Rheingrabens im jüngsten Erdzeitalter (Känozoikum) beeinflusst, als sich das Haardtgebirge am westlichen Rand emporhob und an den Bruchrändern zahlreiche Verwerfungen und Verschiebungen auftraten. Resultat dieses Einbruchs sind die sehr unterschiedlichen Bodenstrukturen aus dem Erdaltertum bis zur Erdneuzeit.

ZEICHENERKLÄRUNG

Hausen	Ort mit Weinbauflächen
Hausen	Ort ohne Weinbauflächen
(rote Linie, dick)	Bereichsgrenze
(rote Linie)	Großlagengrenze
(rote Linie, dünn)	Einzellagengrenze
(Farbfeld)	Besonders privilegierte Lage
(Farbfeld)	Privilegierte Lage
(Farbfeld)	Gute Lage
(Farbfeld)	Weitere Rebflächen
1	VDP Erste Lage
○	Sehenswürdigkeit

Maßstab **1:70 000**

0 1 2 3 km

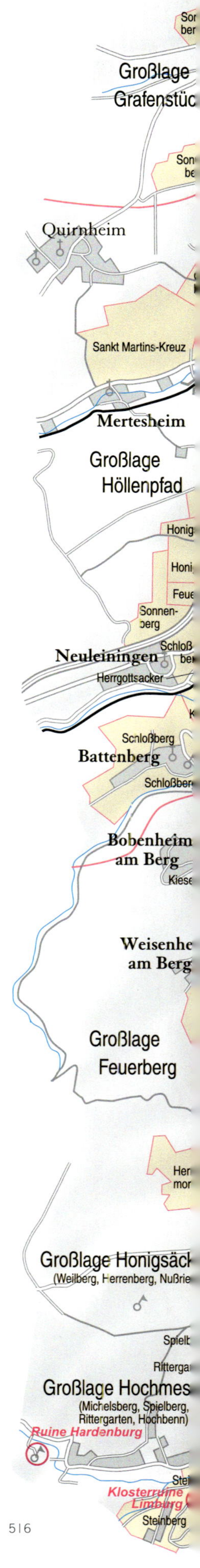

DETAILKARTE

Mittelhaardt Nord

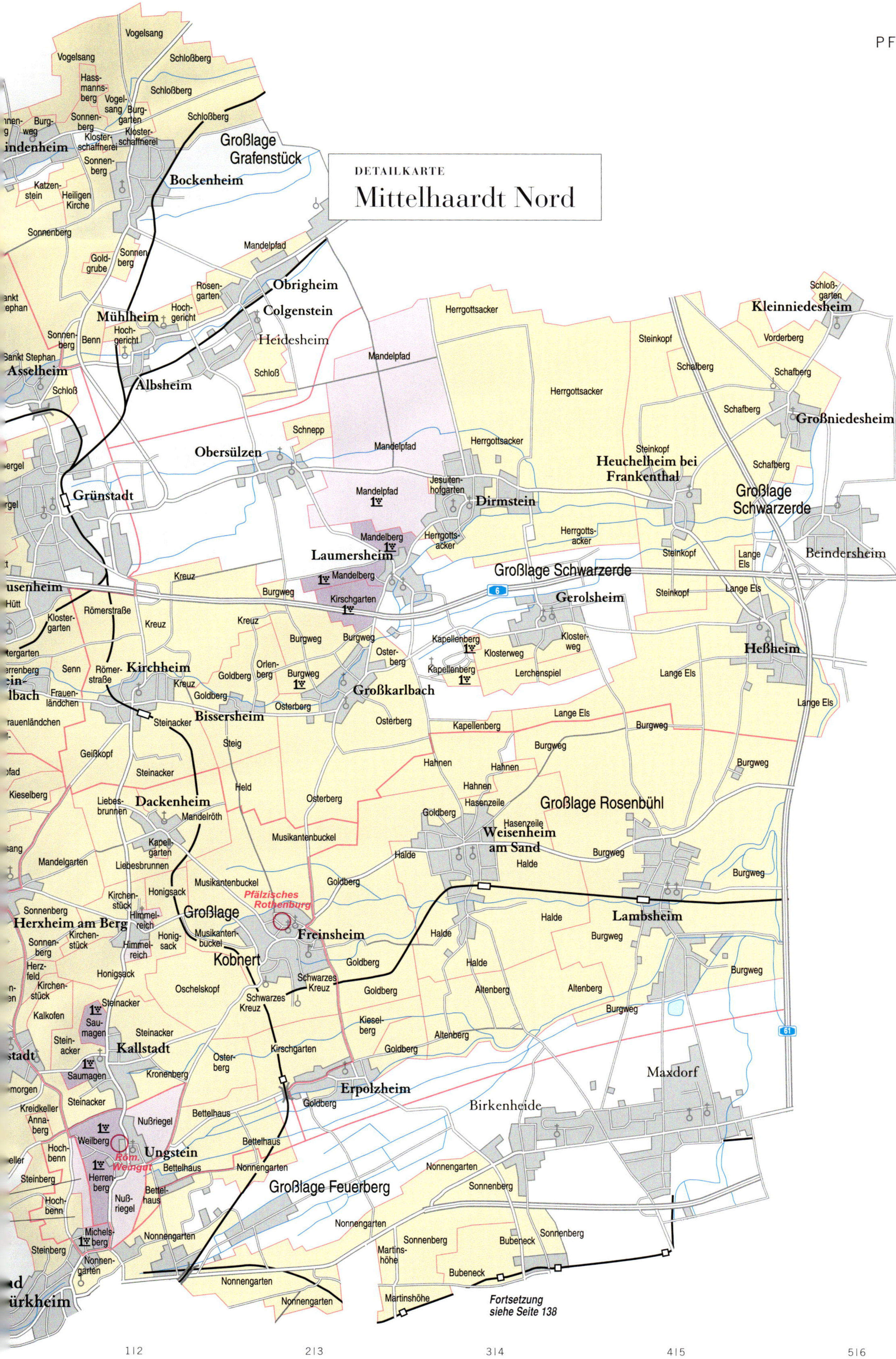

Fortsetzung siehe Seite 138

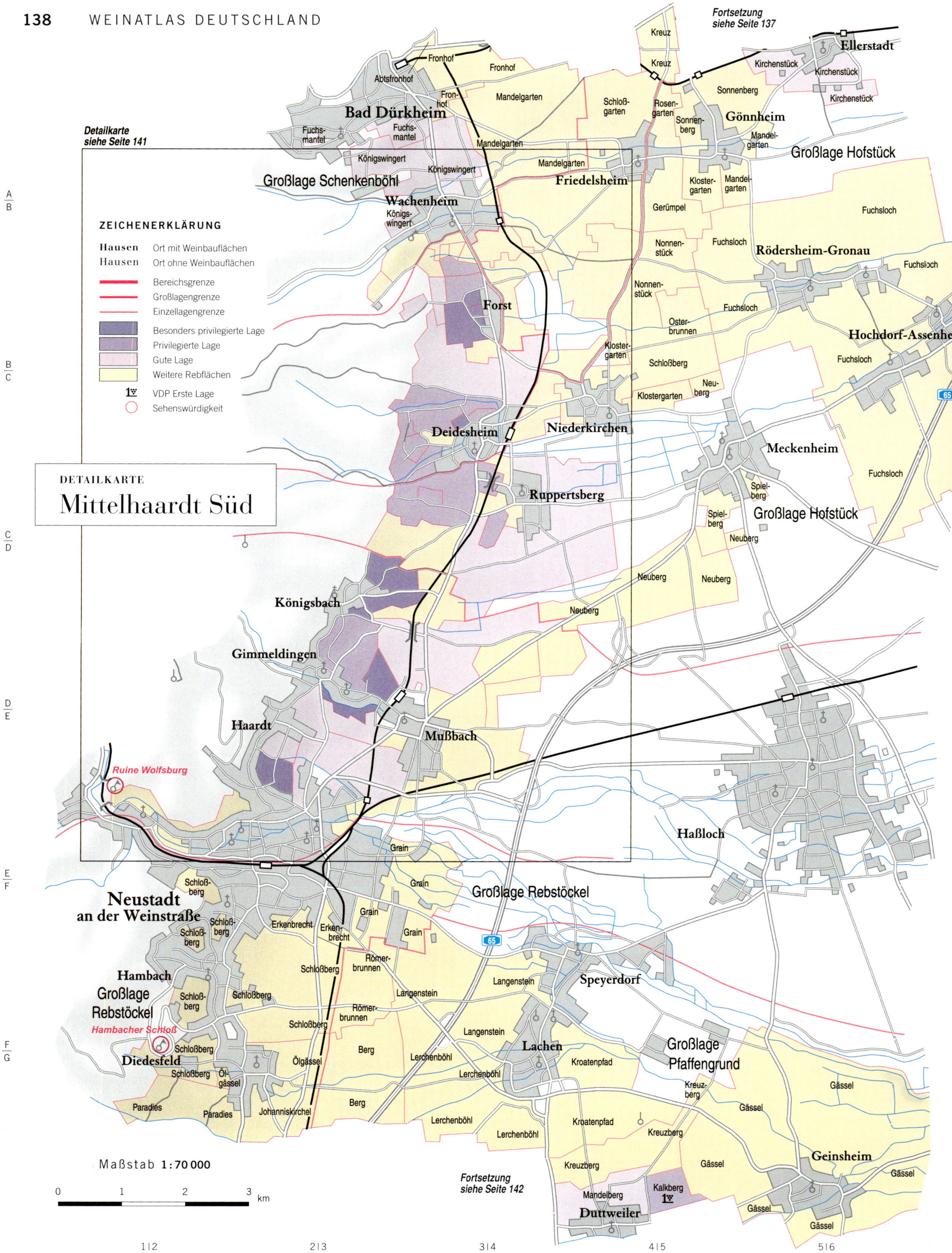

DETAILKARTE
Mittelhaardt Süd
ZEICHENERKLÄRUNG
Hausen Ort mit Weinbauflächen
Hausen Ort ohne Weinbauflächen
Bereichsgrenze
Großlagengrenze
Einzellagengrenze
Besonders privilegierte Lage
Privilegierte Lage
Gute Lage
Weitere Rebflächen
VDP Erste Lage
Sehenswürdigkeit
Fortsetzung siehe Seite 137
Detailkarte siehe Seite 141
Fortsetzung siehe Seite 142
Maßstab 1:70 000
0 1 2 3 km
A/B
B/C
C/D
D/E
E/F
F/G
1|2
2|3
3|4
4|5
5|6
Bad Dürkheim
Fronhof
Abtsfronhof
Fron-hof
Mandelgarten
Fuchs-mantel
Königswingert
Großlage Schenkenböhl
Wachenheim
Königs-wingert
Kreuz
Rosen-garten
Schloß-garten
Sonnen-berg
Sonnenberg
Ellerstadt
Kirchenstück
Gönnheim
Mandel-garten
Großlage Hofstück
Friedelsheim
Kloster-garten
Gerümpel
Fuchsloch
Nonnen-stück
Rödersheim-Gronau
Forst
Oster-brunnen
Schloßberg
Neu-berg
Klostergarten
Hochdorf-Assenheim
Deidesheim
Niederkirchen
Meckenheim
Ruppertsberg
Spiel-berg
Neuberg
Königsbach
Gimmeldingen
Haardt
Mußbach
Ruine Wolfsburg
Haßloch
Grain
Großlage Rebstöckel
Neustadt an der Weinstraße
Erkenbrecht
Erken-brecht
Römer-brunnen
Langenstein
Speyerdorf
Hambach
Großlage Rebstöckel
Hambacher Schloß
Diedesfeld
Ölgässel
Öl-gässel
Berg
Lerchenböhl
Lachen
Kroatenpfad
Großlage Pfaffengrund
Kreuz-berg
Kreuzberg
Gässel
Paradies
Johanniskirchel
Geinsheim
Mandelberg
Kalkberg
Duttweiler
65

Vor allem in der Vorhaardtzone kommen neben Buntsandstein, Muschelkalk, Keuper und Rotliegendem auch Schiefer, Granit und Gneis vor. Der Buntsandstein hat in weiten Bereichen die Erscheinungsform von Schuttdecken, in denen sich Sandsteinbrocken mit Verwitterungslehmen vermischt haben. Darüber liegen, neben Ablagerungen der Meere aus dem Tertiär und Quartär, Lösse und staubfeine kalkhaltige Sedimente, die durch gewaltige Staubstürme angeweht wurden. Während der warmen Phasen der Zwischeneiszeiten verwitterte der Löss zu Lösslehm, der einen weinbaulich gut nutzbaren Boden bildet. Im Zusammenhang mit dem Einbruch des Rheingrabens stehen auch vulkanische Aktivitäten, aus denen der Basalt – ein aus einer Vielzahl von Mineralien bestehendes Gestein – entstanden ist, der vor allem in der Lage Pechstein bei Forst vorkommt.

Schaut man auf die unterschiedlichen Böden der beiden Bereiche Südliche Weinstraße und Mittelhaardt/Deutsche Weinstraße, so zeigen sich an der Südlichen Weinstraße vorwiegend nachhaltige Lehm- und Lössböden, während nach Norden hin in der Mittelhaardt/Deutsche Weinstraße eher leichtere, durchlässige, lehmige Sand- bis sandige Lehmböden vorkommen. Tiefgründige Lehmböden aus Löss mit wechselndem Kalkanteil, die der Rebe ausreichend Wasser und Nährstoffe bieten, sind vorwiegend auf den Hügeln, am Hangfuß der Vorberge und vor allem in der Ebene verbreitet, wo sie mit Lehm und Ton durchsetzt sind. An den Randhügelzonen dominieren Kalkböden.

Zwischen Schweigen und Ranschbach wie auch zwischen Frankweiler und Ungstein liefert der Buntsandstein in einem schmalen Streifen die Basis für magere, hitzige Sandböden. Zwischen Weyher und Neustadt verwitterte das Rotliegende zu kräftigen, sandigen Lehmböden, während Meeresablagerungen des oberen Muschelkalks die kalkreichen, bindigen Lehm- und Tonböden rund um Bad Bergzabern bildeten. Kalkhaltige Aberlagerungen finden sich auch von Ilbesheim über Goldramstein bis Rhodt, dazu in Kallstadt und Grünstadt bis ins Zellertal. Auf tonige Keuperböden trifft man bei Eschbach, Albersweiler sowie in Frankweiler und Siebeldingen. Auf kleinen Flächen aus Schiefer wachsen die Reben in Burrweiler, auf vulkanischen Gesteinen bei Forst (Basalt), Hambach (Porphyr) und Albersweiler (Melaphyr). Die Meere des Tertiär ließen bei Neustadt und unterhalb von Deidesheim sowie rund um Bad Dürkheim, Freinsheim und Weisenheim am Sand große Ablagerungen aus Sand und Kies zurück, aus denen sich leicht erwärmbare, trockene Sandböden und lehmige Sand- bis sandige Lehmböden entwickelten.

WEINLAGEN UND WEINE

Nördlich von Bad Dürkheim, in der sogenannten Unterhaardt, scheint die Landschaft eher unspektakulär zu sein, die Weinorte etwas puristischer als im südlichen Teil der Mittelhardt. Die Namen der Ortschaften und Lagen sind weit weniger bekannt. Allein der Saumagen in Kallstadt und der Herrenberg bei Ungstein können sich einer gewissen Bekanntheit rühmen. Vor allem der Saumagen bringt auf seinen kalkhaltigen Böden kraftvolle, strukturreiche Rieslinge hervor, die vom Weingut Koehler-Ruprecht am besten interpretiert werden und zu den Glanzstücken deutscher Rieslingkunst gehören. Das weiter nördlich gelegene Laumersheim wäre als Weinort ohne die Brüder Knipser wahrscheinlich in der Versenkung geblieben, hätten die beiden Winzer nicht mit ihren im Barrique ausgebauten Rotweinen Mitte der 1980er-Jahre für Aufsehen gesorgt und gleichzeitig bewiesen, dass auch aus mehr oder weniger unbekannten und historisch wenig renommierten Weinbergen große Weine kommen können. Fernab der Pfälzer Weinstraße findet sich im Zellertal mit seinen Kalkmergelböden eine scheinbar vergessene Weinlandschaft im Norden der Pfalz.

Nirgendwo sonst in den deutschen Anbaugebieten liegen die Weinberge so geschlossen zusammen wie am Rand der Haardt in den hügeligen Ausläufern des Pfälzer Waldes. Das

Saumagen: nicht nur beliebtes Pfälzer Nationalgericht, sondern auch Spitzenlage in Kallstadt.

Forst Pechstein: eine der bekanntesten Einzellagen rund um den Weinort Forst.

milde Klima verleiht diesem Landstrich fast südlichen Charakter. Wo Mandeln, Feigen und Zitrusfrüchte an den windgeschützten Hängen reifen, finden auch die Reben günstige Wachstumsbedingungen vor. Der fruchtbare Boden, durchsetzt mit Löss, Buntsandstein, Muschelkalk, Mergel, Granit und Schieferton, rund um Forst auch mit Basaltsteinen, spiegelt sich in all seinen Varianten im Charakter der Weine wider. In der Mittelhaardt gibt es eine lange Rieslingtradition. Die vielen Spitzenlagen sind zu achtzig Prozent mit dieser Rebsorte bestockt. Alteingesessene und renommierte Weingüter bestimmen das Geschehen. Die Tradition edelsüßer Pfälzer Rieslinge hat hier ihren Ursprung und reicht bis ins Jahr 1811 zurück.

Rund um die berühmten Weinorte Wachenheim, Forst, Deidesheim und Ruppertsberg liegen die bekanntesten Weinberge der Pfalz, die fast alle auf idealen Süd- oder Ostlagen angelegt sind. Der nahe Drachenfels, mit rund 570 Metern eine der höchsten Erhebungen der Mittelhaardt, schützt die Reben vor der vom Pfälzer Wald herabströmenden kalten Luft, im Osten auf der gegenüberliegenden Rheintalseite schützt der Odenwald vor einfallenden kalten Ostwinden. Rieslinge aus Forster Lagen wie Ungeheuer, Kirchenstück, Jesuitengarten, Freundstück und Pechstein profitieren von den tiefgründigen Böden und zeigen substanzielle Struktur, vereint mit einem nuancenreichen Aromenspiel, das von einer rassigen Säure und deutlichen mineralischen Noten begleitet wird. Im benachbarten Wachenheim liegen die bekanntesten Weinberge in der Lage Gerümpel, deren Rieslinge in guten Jahren mit finessenreicher, zarter Frucht glänzen. Die Rieslinge aus den Deidesheimer Lagen wie dem Herrgottsacker mit ihren leichten Sandsteinböden sind dagegen deutlich üppiger und stoffiger, verbreiten am Gaumen aber schnell ein geschmeidiges Mundgefühl, das von einer eleganten Säure abgerundet wird. Die beste Deidesheimer Lage ist der Hohenmorgen, der intensive, gehaltvolle und dennoch elegante Rieslinge mit lebendiger Fülle und der typischen Fruchtigkeit der Mittelhaardt hervorbringt. Die deutlich spürbare Mineralität haben die Rebwurzeln aus dem Kalkunterboden gezogen.

Weiter südlich schließen sich die Ruppertsberger Lagen wie Reiterpfad, Gaisböhl und Spieß an, denen auf Winzerseite seit Jahren der ideale Interpret fehlt. Rund um Neustadt an der Weinstraße – die Weinstraße wurde 1935 ins Leben gerufen, um die Identität der Region zu stärken – heißen die Paradelagen Königsbach Idig, Gimmeldingen Mandelgarten und Haardt Bürgergarten.

Lange Zeit stand die Südliche Weinstraße oder sogenannte Südpfalz, früher Oberhaardt, im Schatten der bekannteren Mittelhardt und ihrer berühmten Weingüter. Sie galt als Billigweinland, das seine Gewächse vorwiegend als Fass-

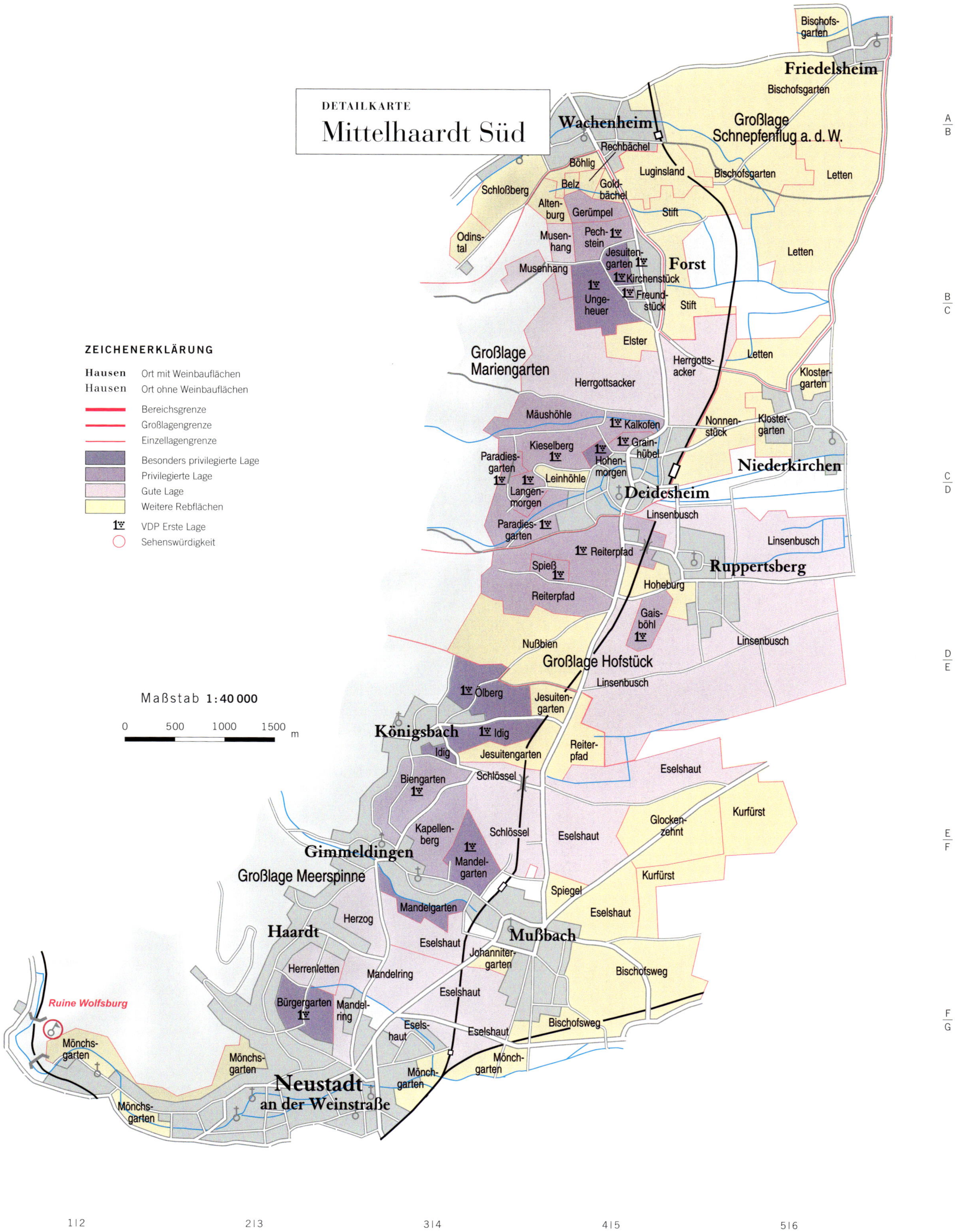

DETAILKARTE
Mittelhaardt Süd
ZEICHENERKLÄRUNG
Hausen Ort mit Weinbauflächen
Hausen Ort ohne Weinbauflächen
Bereichsgrenze
Großlagengrenze
Einzellagengrenze
Besonders privilegierte Lage
Privilegierte Lage
Gute Lage
Weitere Rebflächen
1er VDP Erste Lage
Sehenswürdigkeit
Maßstab 1:40 000
0 500 1000 1500 m
Friedelsheim
Bischofsgarten
Großlage Schnepfenflug a. d. W.
Wachenheim
Rechbächel
Böhlig
Belz
Gold-bächel
Luginsland
Schloßberg
Alten-burg
Gerümpel
Stift
Letten
Odins-tal
Musen-hang
Pech-stein
Jesuiten-garten
Forst
Musenhang
Unge-heuer
Kirchenstück
Freund-stück
Elster
Großlage Mariengarten
Herrgottsacker
Herrgotts-acker
Kloster-garten
Mäushöhle
Kalkofen
Nonnen-stück
Kieselberg
Grain-hübel
Paradies-garten
Hohen-morgen
Niederkirchen
Leinhöhle
Langen-morgen
Deidesheim
Linsenbusch
Reiterpfad
Ruppertsberg
Spieß
Hoheburg
Gais-böhl
Nußbien
Großlage Hofstück
Ölberg
Königsbach
Idig
Jesuitengarten
Reiter-pfad
Schlössel
Eselshaut
Biengarten
Kurfürst
Kapellen-berg
Mandel-garten
Glocken-zehnt
Gimmeldingen
Großlage Meerspinne
Spiegel
Mandelgarten
Herzog
Haardt
Mußbach
Johanniter-garten
Herrenletten
Mandelring
Bischofsweg
Ruine Wolfsburg
Bürgergarten
Mandel-ring
Eselshaut
Mönchs-garten
Mönch-garten
Neustadt an der Weinstraße
A B C D E F G
1 2 3 4 5 6

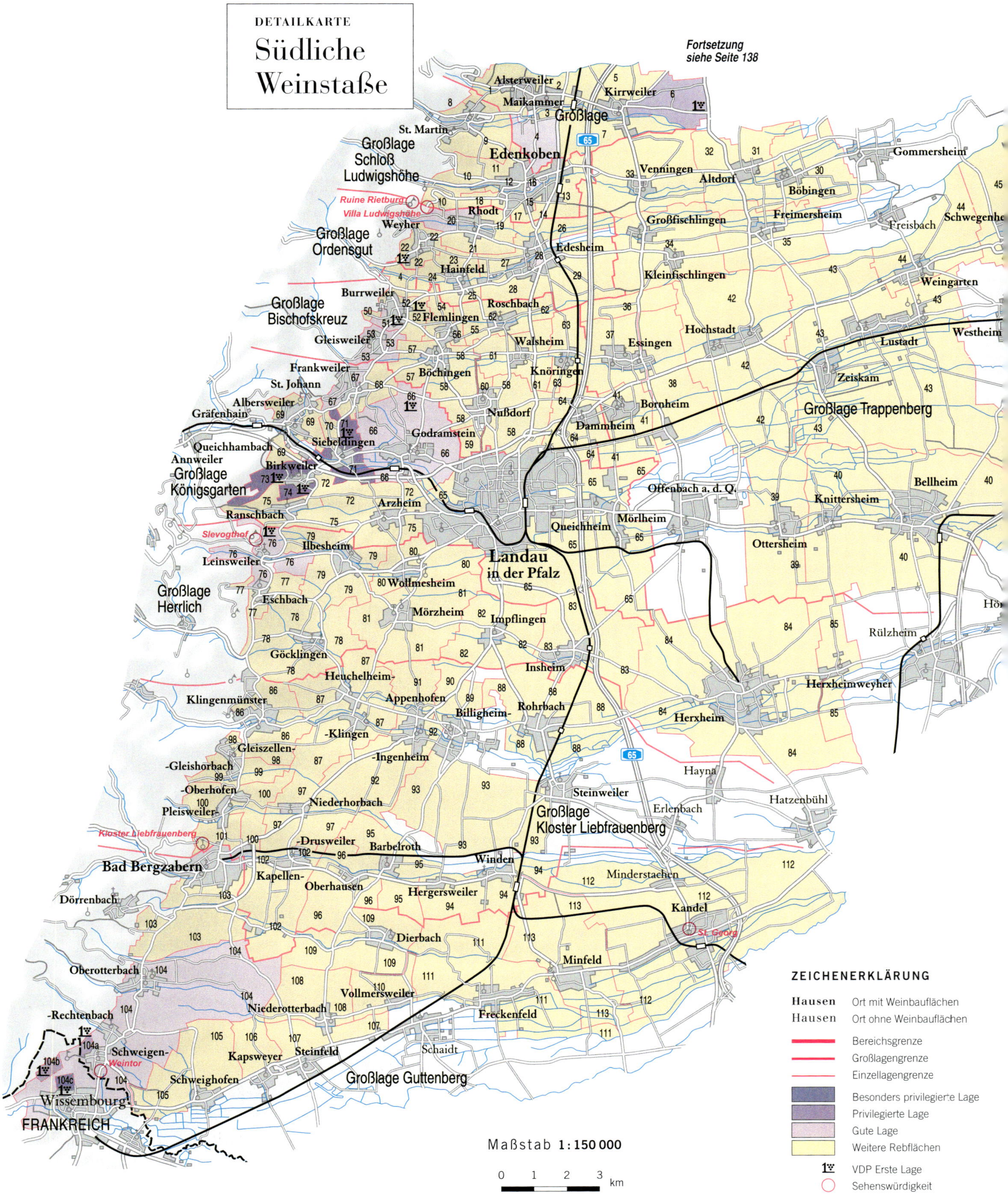
DETAILKARTE
Südliche Weinstaße
Fortsetzung siehe Seite 138
Alsterweiler
Maikammer
Kirrweiler
Großlage
St. Martin
Großlage Schloß Ludwigshöhe
Edenkoben
Venningen
Altdorf
Gommersheim
Böbingen
Ruine Rietburg
Villa Ludwigshöhe
Rhodt
Weyher
Großfischlingen
Freimersheim
Freisbach
Schwegenheim
Großlage Ordensgut
Edesheim
Hainfeld
Kleinfischlingen
Weingarten
Burrweiler
Roschbach
Großlage Bischofskreuz
Flemlingen
Hochstadt
Westheim
Gleisweiler
Walsheim
Essingen
Lustadt
Frankweiler
Böchingen
Knöringen
Zeiskam
St. Johann
Albersweiler
Bornheim
Gräfenhain
Nußdorf
Großlage Trappenberg
Dammheim
Siebeldingen
Godramstein
Queichhambach
Annweiler
Birkweiler
Großlage Königsgarten
Offenbach a. d. Q.
Bellheim
Knittelsheim
Arzheim
Ranschbach
Queichheim
Mörlheim
Slevogthof
Ottersheim
Ilbesheim
Leinsweiler
Landau in der Pfalz
Großlage Herrlich
Wollmesheim
Eschbach
Mörzheim
Impflingen
Rülzheim
Göcklingen
Insheim
Heuchelheim-
Herxheimweyher
Klingenmünster
Appenhofen
Billigheim-
Rohrbach
Herxheim
-Klingen
Gleiszellen-
-Ingenheim
-Gleishorbach
Hayna
-Oberhofen
Steinweiler
Niederhorbach
Hatzenbühl
Pleisweiler-
Großlage Kloster Liebfrauenberg
Erlenbach
Kloster Liebfrauenberg
-Drusweiler
Barbelroth
Winden
Bad Bergzabern
Minderstachen
Kapellen-
Oberhausen
Hergersweiler
Dörrenbach
Kandel
St. Georg
Dierbach
Minfeld
Oberotterbach
Vollmersweiler
Niederotterbach
Freckenfeld
-Rechtenbach
Schaidt
Schweigen-
Weintor
Kapsweyer
Steinfeld
Schweighofen
Großlage Guttenberg
Wissembourg
FRANKREICH
Maßstab 1:150 000
0 1 2 3 km
ZEICHENERKLÄRUNG
Hausen Ort mit Weinbauflächen
Hausen Ort ohne Weinbauflächen
Bereichsgrenze
Großlagengrenze
Einzellagengrenze
Besonders privilegierte Lage
Privilegierte Lage
Gute Lage
Weitere Rebflächen
VDP Erste Lage
Sehenswürdigkeit

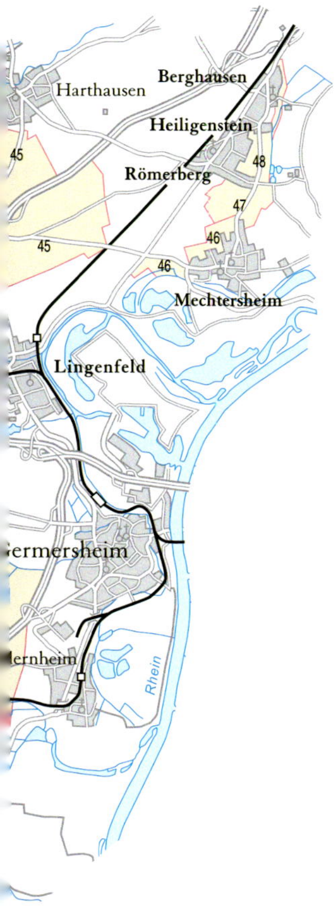

LAGENLEGENDE

1	Kapellenberg	**10**	Bergel	**20**	Schloßberg
2	Kirchenstück	11	Heilig Kreuz	21	Rosengarten
3	Immengarten	12	Klostergarten	22	Michelsberg 1
4	Heiligenberg	13	Heidegarten	23	Letten
5	Römerweg	14	Kirchberg	24	Kapelle
6	Mandelberg 1	15	Blücherhöhe	25	Kirchenstück
7	Oberschloß	16	Mühlberg	26	Forst
8	Kirchberg	17	Schwarzer Letten	27	Mandelhang
9	Baron	18	Kastaniengarten	28	Schloß
		19	Klosterpfad	29	Rosengarten
30	Ortelberg	**40**	Gollenberg	**50**	Sankt Annaberg
31	Gottesacker	41	Neuberg	51	Schäwer 1
32	Hochgericht	42	Roter Berg	52	Schloßgarten 1
33	Doktor	43	Klostergarten	53	Hölle
34	Kirchberg	44	Schloßberg	54	Herrenbuckel
35	Bildberg	45	Bründelsberg	55	Vogelsprung
36	Roßberg	46	Schlittberg	56	Zechpeter
37	Sonnenberg	47	Alter Berg	57	Rosenkranz
38	Osterberg	48	Narrenberg	58	Herrenberg
39	Kahlenberg	49	Altenforst	59	Kaiserberg
60	Kirchenstück	**70**	Mönchspfad	**80**	Mütterle
61	Silberberg	71	Im Sonnenschein 1	81	Pfaffenberg
62	Rosenkränzel	72	Rosenberg	82	Abtsberg
63	Hohenrain	73	Kastanienbusch 1	83	Schäfergarten
64	Höhe	74	Mandelberg 1	84	Engelsberg
65	Altes Löhl	75	Seligmacher	85	Am Gaisberg
66	Münzberg 1	76	Sonnenberg 1	86	Maria Magdalena
67	Kalkgrube	77	Hasen	87	Herrenpfad
68	Biengarten	78	Kaiserberg	88	Mandelpfad
69	Latt	79	Rittersberg	89	Venusbuckel
90	Sauschwänzel	**100**	Schloßberg	**110**	Krapfenberg
91	Steingebiß	101	Altenberg	111	Gräfenberg
92	Pfaffenberg	102	Rosengarten	112	Galgenberg
93	Rosenberg	103	Wonneberg	113	Herrenberg
94	Narrenberg	104	Sonnenberg		
95	Kirchberg	104a	Sonnenberg 1		
96	Frohnwingert	104b	Rädling 1		
97	Silberberg	104c	Kammerberg 1		
98	Kirchberg	105	Wolfsberg		
99	Frühmess	106	Lerchenberg		
		107	Herrenwingert		
		108	Eselsbuckel		
		109	Kirchhöh		

weine verkaufte. Diese gingen als Verschnittweine bis 1971 auch an die Mosel. Dabei bietet die Region, die bis an die Grenze zum Elsass reicht, rund um Birkweiler, Siebeldingen und Schweigen beste Lagen, allen voran der Birkweiler Kastanienbusch.

Die Böden sind dabei ebenso vielfältig wie die Rebsorten, denn der Haardtrand ist ein Flickenteppich aus unterschiedlichen erdgeschichtlichen Zusammensetzungen: tiefgründige Lössböden, teilweise mit Kalk durchzogen, rund um Frankweiler, tertiäre Kalke an der Kleinen Kalmit, blauer Devonschiefer im Burrweiler Schäwer (was im Dialekt »Schiefer« bedeutet) oder Buntsandsteinverwitterungsböden, Rotliegendes und Muschelkalk im Birkweiler Kastanienbusch, der wie ein Parabolspiegel in der Landschaft steht, sowie Buntsandstein und Muschelkalk im Siebeldingen Sonnenschein. In der Südpfalz bildet die Hügelkette der Haardt kein geschlossenes System mehr, sodass aus den verzweigten Tälern des Pfälzer Waldes immer etwas kalte Luft in die Weinberge strömt. Dazu kommen kühle Westwinde, die die Temperaturen gegenüber der Mittelhardt durchschnittlich um zwei bis drei Grad nach unten drücken. Bei den weißen Sorten dominiert zwar der Riesling, doch auch Weiß- und Grauburgunder sowie Chardonnay finden vor allem auf den kalkdurchsetzten Böden beste Voraussetzungen. Rotweine, allen voran Spätburgunder, finden sich im Portfolio fast aller Weingüter in der Südpfalz.

Als erstes deutsches Weinbaugebiet führte die Pfalz ein neues Gütezeichen ein: »DC Pfalz« (DC steht für »Districtus Controllatus«). Alle Weine mit diesem Qualitätssiegeln zeichnen sich durch ein gebietstypisches, sensorisch eingegrenztes Geschmacksbild aus. Zugelassen sind ausschließlich trockene Weine der Sorten Riesling, Weißburgunder, Grauburgunder, Spätburgunder und Dornfelder. Diese fünf klassischen Rebsorten repräsentieren etwa die Hälfte der Pfälzer Rebfläche. 2005 konnten erstmals Pfälzer Weine mit dem Gütezeichen DC Pfalz ausgestattet werden.

DIE BESTEN WEINLAGEN *in der Pfalz*

BESONDERS PRIVILEGIERTE LAGEN

Birkweiler Kastanienbusch

▸ Seite 142/C23 (Nr. 73)

Größe: 63,8 ha **Höhe:** 180–300 m

Exposition: Süd bis Südost

Steilheit: 15–30 %

Boden: Rotliegendes, skelettreicher Boden mit Schieferanteil, dazu Buntsandsteinverwitterung mit Kalkmergeleinlagerungen, geringer Feinerdeanteil, flachgründig, geringe Wasserhaltekraft

Wichtigste Rebsorten: Riesling, weiße und rote Burgundersorten

Wichtigste Weingüter: Dr. Wehrheim, Ökonomierat Rebholz, Gies-Düppel

Besonderheiten: Bekannteste Lage an der südlichen Weinstraße. Die Weinberge liegen windgeschützt am Rand des Pfälzer Waldes in einem Talkessel, begrenzt von Kastanienbäumen. Sehr warmes Klima, zeitiger Austrieb.

Weintyp: Kraftvolle, gleichzeitig elegante und facettenreiche Weine mit markantem Charakter und guter Lagerfähigkeit. Der Schieferanteil gibt vor allem den Rieslingen kräutrige Aromen, die an Minze erinnern.

Birkweiler Mandelberg

▸ Seite 142/C3 (Nr. 74)

Größe: 40,0 ha **Höhe:** 150–250 m

Exposition: Ost bis Südost

Steilheit: 5–20 %

Boden: Muschelkalk, schwerer Boden mit Lehm und Tonmergel, weiße Kalksteine

Wichtigste Rebsorte: Weißburgunder

Wichtigste Weingüter: Dr. Wehrheim, Gies-Düppel

Besonderheiten: Nach Westen durch den Pfälzer Wald geschützte Lage mit optimaler Sonneneinstrahlung. Die Kalksteine, mit denen der Boden übersät ist, nehmen Wärme auf und geben sie an die Reben ab. Ihren Namen erhielt die Lage am Fuß des Pfälzer Waldes von den vielen Mandelbäumen, die hier stehen.

Weintyp: Kraftvolle Weine, meist mit einer leicht rauchigen Note, nussig und mineralisch. Beste Voraussetzungen für große Burgunder.

Deidesheim Hohenmorgen

▸ Seite 141/C4

Größe: 2,8 ha **Höhe:** 140 m

Exposition: Süd

Steilheit: 8–20 %

Boden: Gut erwärmbarer Boden aus Lehm, Kalk, Kalksteingeröll und Buntsandsteingeröll mit kalkhaltigem Unterboden. Im Oberboden eher steinig mit geringem Feinerdeanteil. Im Unterboden toniger mit höherer Wasserhaltekraft.

Wichtigste Rebsorte: Riesling

Wichtigste Weingüter: Dr. Bürklin-Wolf, A. Christmann, Geheimer Rat Dr. von Bassermann-Jordan

Besonderheiten: Die Lage ist Teil des von Ost auf Süd drehenden Deidesheimer Spitzenhangs, der wie ein Amphitheater geformt ist. Windgeschützt nach Westen durch das Haardtgebirge ohne Taleinschnitt. Weiter Blick über Deidesheim bis zum Ruppertsberg.

Weintyp: Rieslinge mit lebendiger Fülle, intensiv, gehaltvoll und dennoch elegant mit der typischen Fruchtigkeit der Mittelhaardt, gleichzeitig deutliche Mineralität aus dem Kalkunterboden

Forst Jesuitengarten

▸ Seite 141/B45

Größe: 7,0 ha **Höhe:** 120–150 m

Exposition: Ost

Steilheit: 5–15 %

Boden: Sehr durchmischter Boden, wechselhafte Bodenstruktur. Kräftiger Lehmboden, durchzogen mit Buntsandstein und Basaltgeröll, stellenweise auch mit kalkhaltigem mergeligem Ton. Gute Erwärmung. Im Oberboden

Deidesheim Hohenmorgen: renommierte Einzellage der Mittelhardt.

DIE BESTEN WEINLAGEN *in der Pfalz*

viel Basaltgeröll, Sandstein und mergeliger Ton. Die Bodenprofile zeigen einen sehr hoch konzentrierten Tonanteil zwischen 1 und 1,5 m, daher sehr gute Wasserversorgung.

Wichtigste Rebsorte: Riesling

Wichtigste Weingüter: Dr. Deinhard, Dr. Bürklin-Wolf, Geheimer Rat Dr. von Bassermann-Jordan, Reichsrat von Buhl, J. L. Wolf

Besonderheiten: Der hohe Humusanteil des Bodens garantiert eine gute Wasserspeicherung und eine ständig fließende Nährstoffversorgung der Reben. Gute Windverhältnisse durch eine kühle West-Ost-Brise am Abend. Gesunde Trauben bis in die hohe Reife möglich.

Weintyp: Breitere, trotzdem feingliedrige Rieslingstruktur mit Geschmackstiefe und fruchtbetonter, rassiger Säure. Weine mit Kraft, Intensität und duftigen floralen Aromen, dazu eine leicht salzige Mineralität durch den Basaltanteil im Boden. Große Finesse gepaart mit mineralischer Rasse.

Forst Kirchenstück

▸ Seite 141/B5

Größe: 3,7 ha **Höhe:** 120–140 m

Exposition: Ost bis Südost

Steilheit: 5–15 %

Boden: heterogener Mix aus Basalt, Sandstein, Kalkgeröll und Ton mit einer mächtigen Tonschicht im Mittelbau und einer stark ausgeprägten Kalkplatte in einer Tiefe von ca. 2 m

Wichtigste Rebsorte: Riesling

Wichtigste Weingüter: Reichsrat von Buhl, Geheimer Rat Dr. von Bassermann-Jordan, Dr. Bürklin-Wolf

Besonderheiten: Kleinstlage am Ortsrand von Forst. Absolut eigenständiges Mikroklima aufgrund der einschließenden kniehohen Buntsandsteinmauer, die nicht nur Abstrahlwärme erzeugt, sondern auch Luftströme umleitet. Der dadurch erzeugte warme Windstrom schützt vor Kälte und Feuchtigkeit. Höchste Bewertung in der Bonitätsprüfung von 1828 in der Pfalz.

Weintyp: Die Weine sind überreich an fruchtigen Aromen, wirken aber trotz ihrer Geschmacksfülle elegant, facettenreich und fast tänzerisch.

Forst Ungeheuer

▸ Seite 141/BC4

Größe: 32,0 ha **Höhe:** 130–140 m

Exposition: Ost, teilweise Südost

Steilheit: 5–10 %

Boden: Buntsandsteinverwitterung mit dichteren Ton- und Kalkbestandteilen, teilweise mit Kalkanteilen versetzt. Geringe Konzentration von Basalt im Oberboden. Optimaler Wasserhaushalt und Aufschluss von Mineralien. Das Basaltgestein versorgt die Reben mit der notwendigen Wärme.

Wichtigste Rebsorte: Riesling

Wichtigste Weingüter: Reichsrat von Buhl, Georg Mosbacher, Acham-Magin, Dr. Deinhard, Geheimer Rat Dr. von Bassermann-Jordan, Dr. Bürklin-Wolf, J. L. Wolf.

Besonderheiten: Eine der trockensten und wärmsten Expositionen, die es in Forst gibt. Der Lagenname entstand im 17. Jh., als die Weinberge im Besitz einer Familie Ungeheuer waren. Und Reichskanzler Otto von Bismarck fand den 1873er »ungeheuerlich« gut.

Weintyp: Die kraftvollen Rieslinge erinnern an Traminer. Der Körper ist geprägt von Ton und Kalk in Verbindung mit Aromen wie Rosenwasser und Nelke. Ausdrucksstarke Frucht, hohe Lagerfähigkeit.

Gimmeldingen Mandelgarten

▸ Seite 141/F4

Größe: 21,0 ha **Höhe:** 150–180 m

Exposition: Ost bis Südost

Steilheit: 7–18 %

Boden: Buntsandsteingeröll mit Löss. Gute Wasserhaltekraft, gleichzeitig Quellen im Unterboden, die auf einer Tonschicht in ca. 2 m Tiefe hangabwärts verlaufen.

Wichtigste Rebsorte: Riesling

Wichtigste Weingüter: A. Christmann, Müller-Catoir

Besonderheiten: ideale Exposition und Sonneneinwirkung, gute Wasserversorgung im Unterboden, kräftige und mineralreiche Böden

Weintyp: Weine mit intensiven Fruchtaromen, elegante, dichte Rieslinge mit enormem Schmelz

Haardt Bürgergarten »Breumel in den Mauern«

▸ Seite 141/F3

Größe: 2,6 ha **Höhe:** 180 m

Exposition: Süd bis Ost

Steilheit: 0–5 %

Boden: Tiefgründiger Boden, geprägt von Buntsandstein und Lösslehmeinlagerungen. Gutes Wasserhaltevermögen.

Wichtigste Rebsorte: Riesling

Wichtigstes Weingut: Müller-Catoir (Alleinbesitz)

Besonderheiten: Lage in unmittelbarer Ortsnähe am Fuß des angrenzenden Haardtgebirges, von einer alten Sandsteinmauer umgeben. Dadurch Schutz vor kalten Winden und Schaffung eines Kleinklimas.

Weintyp: Weine von facettenreicher Aromatik und Eleganz und mit deutlicher Mineralität

Königsbach Idig

▸ Seite 141/E4

Größe: 18,0 ha **Höhe:** 120–175 m

Exposition: Süd bis Südost

Steilheit: 10–25 %

Boden: Tertiärer Kalkmergel mit hohem Kalksteingehalt. Gute Wasserhaltekraft durch Tonanteil, im Unterboden reiner Kalksand.

Wichtigste Rebsorten: Riesling, Spätburgunder

Wichtigstes Weingut: A. Christmann

Besonderheiten: Windgeschützt nach Westen durch den Rolandsberg und das Haardtgebirge, jedoch in einer guten Entfernung auf einem Vorhügel gelegen, sodass die Abendsonne lange in den steilen Südhang einwirkt. Blick nach Westen auf Königsbach und dahinter die Waldhügel der Haardt, im Osten auf Ruppertsberg und die Rheinebene bis zum Odenwald und nach Norden auf den Königsbach Ölberg.

Weintyp: intensiv mineralische Rieslinge mit Nuancen von Pfirsich und Aprikose, gehaltvolle, seidige Struktur und langer Nachhall

DIE BESTEN WEINLAGEN *in der Pfalz*

Schweigen Kammerberg

▸ Seite 142/F1 (Nr. 104c)

Größe: 2,5 ha **Höhe:** 250–260 m
Exposition: Süd
Steilheit: 10–30 %
Boden: Kalkverwitterung, Kalkmergel mit hohem Tonanteil, dadurch sehr gutes Wasserhaltevermögen. Im Untergrund reiner Kalkstein.
Wichtigste Rebsorte: Spätburgunder
Wichtigstes Weingut: Friedrich Becker
Besonderheiten: Bis 1971 Einzellage, die dann in den Schweigen Sonnenberg eingegliedert wurde. Durch das Tal der Lauter ergeben sich recht kühle Nachttemperaturen. Am oberen Ende der Lage eröffnet sich ein einmaliger Blick auf die mittelalterliche Stadt Wissembourg im Elsass.
Weintyp: Weine mit sehr weichen, ausgewogenen Tanninen. Große Dichte bei gleichzeitig hoher Eleganz.

Siebeldingen Im Sonnenschein

▸ Seite 142/C5 (Nr. 71)

Größe: 100,0 ha **Höhe:** 160–225 m
Exposition: Süd
Steilheit: 5–20 %
Boden: unterschiedliche Böden, von Muschelkalk über Buntsandstein bis zu Kies und Lehm
Wichtigste Rebsorten: weiße und rote Burgundersorten, Riesling
Wichtigstes Weingut: Ökonomierat Rebholz
Besonderheiten: Die Burgunder stehen in Parzellen mit Muschelkalkböden. In den Rieslingparzellen sind die Böden vorwiegend von Sand und Sandstein, Kies und Lehm geprägt. Nur einige wenige Parzellen können als »besonders privilegiert« bezeichnet werden.
Weintyp: Kräftige Burgunder mit Charakter und Struktur, dichte Rieslinge mit facettenreichen Fruchtnuancen und feiner Mineralität. Gute Lagerfähigkeit.

PRIVILEGIERTE LAGEN

Bad Dürkheim Michelsberg

▸ Seite 137/G1

Größe: 4,8 ha **Höhe:** 110–150 m
Exposition: Süd bis Südost
Steilheit: 10–30 %
Boden: Tertiäres Kalkgestein mit mittlerem Anteil von sandigem Lehm. Reich an Karbonat, niedriger Steinanteil. Mittleres Wasserhaltevermögen.
Wichtigste Rebsorte: Riesling
Wichtigste Weingüter: Fitz-Ritter, Karl Schaefer
Besonderheiten: Luftiger Südhang, der nie flurbereinigt wurde. Die Weinberge sind in Terrassen angelegt und von alten Sandsteinmauern umgeben, die zusätzlich Wärme speichern können.
Weintyp: mineralische und filigrane, aber dennoch körperreiche und nachhaltige Weine

Deidesheim Grainhübel

▸ Seite 141/C5

Größe: 5,6 ha **Höhe:** 117–150 m
Exposition: Süd
Steilheit: 0–4 %
Boden: Geprägt von lehmigem Sand bis Lehm mit Basaltanteilen. Stellenweise enthält der Boden auch mergeligen Ton. Gute Krümelstruktur und gutes Wasserhaltevermögen.
Wichtigste Rebsorte: Riesling
Wichtigste Weingüter: Josef Biffar, Georg Siben Erben
Besonderheiten: Lage mit den typischen Buntsandsteinverwitterungsböden der Rheingrabenabsenkung
Weintyp: In der Jugend schlank und mineralisch mit fester Struktur und zarter Rauchnote. Als reifer Wein mit expressiver Frucht, lebendiger Säure und langem Nachhall. Lage geeignet für trockene und edelsüße Weine.

Deidesheim Kalkofen

▸ Seite 141/C5

Größe: 5,0 ha **Höhe:** 130–150 m
Exposition: Süd
Steilheit: 7–15 %
Boden: Mischung aus Kalk, Lösslehm, mergeligem Ton und vereinzelt auch Kalksteingeröll. Kräftiger Boden, mittleres Wasserhaltevermögen.
Wichtigste Rebsorte: Riesling
Wichtigste Weingüter: Josef Biffar, Dr. Bürklin-Wolf, Geheimer Rat Dr. von Bassermann-Jordan
Besonderheiten: Leicht erhöhte und daher gut durchlüftete Lage, im Norden durch mehrere Sandsteinmauern begrenzt. Die Weinberge liegen in der »warmen Hangzone« entlang der Vorhügelzone der Mittelhardt. Hohe Durchschnittstemperaturen und wenig Niederschlag.
Weintyp: Gute Weinqualität auch in schwierigen Jahren. Kräftig-mineralische Weine, dennoch filigran, mit variantenreichen und ausdrucksvollen Fruchtaromen. Typisch ist der zarte Veilchenduft.

Deidesheim Kieselberg

▸ Seite 141/C4

Größe: 15,5 ha **Höhe:** 150–160 m
Exposition: Süd
Steilheit: 3–20 %
Boden: Stark wechselnde Bodenstruktur: neben typischem Buntsandsteinverwitterungsboden auch faustgroße Sandsteine, aber auch lehmiger Sand und Geröll. Mittleres Wasserhaltevermögen.
Wichtigste Rebsorte: Riesling
Wichtigstes Weingut: Mosbacher
Besonderheiten: Weinberg mit hohem Reifepotenzial an geschützter Lage auf einem Hochplateau, im Windschatten der Haardtberge. Panoramablick in die Rheinebene.
Weintyp: Kraftvolle Weine mit komplexer Struktur und viel Mineralität, als Jungweine schwer zugänglich. Mit zunehmender Reife zeigen die trockenen Weine Aromen grüner und gelber Früchte, die edelsüßen Weine ausdrucksstarke exotische Fruchtaromen, immer getragen von einer lebendigen Säure.

DIE BESTEN WEINLAGEN *in der Pfalz*

Deidesheim Langenmorgen

▸ Seite 141/D4

Größe: 9,8 ha **Höhe:** 125–150 m

Exposition: Ost bis Südost

Steilheit: 10–15 %

Boden: Lösslehm mit hohem Kalkanteil, Untergrund Buntsandsteingeröll, sehr steinig, geringer Feinerdeanteil

Wichtigste Rebsorte: Riesling

Wichtigstes Weingut: Dr. Deinhard

Besonderheiten: Der Südosthang mit begünstigtem Kleinklima erlaubt Spätlesen mit hohen Mostgewichten. Die besten Parzellen liegen im mittleren Hangbereich. Windgeschützt nach Westen durch das Haardtgebirge ohne Taleinschnitt.

Weintyp: Feines Bukett von Pfirsich, Aprikose und Honigmelone. Intensive, gehaltvolle, dennoch elegante Weine mit der typischen Fruchtigkeit der Mittelhaardt, gepaart mit leichter Mineralität. Ausgezeichnetes Reifepotenzial.

Deidesheim Maushöhle

▸ Seite 141/C4

Größe: 28,0 ha **Höhe:** 110–195 m

Exposition: Ost bis Südost

Steilheit: 15–25 %

Boden: Buntsandsteingeröll, im Oberboden sehr steinig, geringer Feinerdeanteil, im Unterboden Sandsteinfels

Wichtigste Rebsorten: Riesling, Weißburgunder

Wichtigste Weingüter: A. Christmann, Mosbacher

Besonderheiten: Sehr gute Lage in einem kleinen Tal, das aus dem Haardtgebirge in die Rheinebene verläuft und einen leichten Südhang bildet. Nach Westen windgeschützt durch das Haardtgebirge ohne Taleinschnitt.

Weintyp: Körper und dichte Struktur, gleichzeitig Eleganz und Finesse. Sehr frische Weine mit der typischen Fruchtigkeit der Mittelhaardt, dabei eine etwas kühlere Mineralität.

Deidesheim Paradiesgarten

▸ Seite 141/CD4

Größe: 30,0 ha **Höhe:** 120–170 m

Exposition: Ost bis Südost

Steilheit: 15–25 %

Boden: Buntsandsteinverwitterung, durchsetzt mit sandigen Lehmen und Sandsteingeröll. Die Haltekraft des Bodens lässt allerdings vermuten, dass sich in sehr großer Tiefe noch eine natürliche Barriere befinden muss.

Wichtigste Rebsorte: Riesling

Wichtigste Weingüter: Reichsrat von Buhl, Dr. Deinhard, A. Christmann

Besonderheiten: Lage relativ nahe am Wald, dadurch stetige Bergwinde und gute Belüftung. Eingegrenzt durch das Mühltal im Süden und das Sensetal im Norden. Ein wunderschönes Ensemble von Weinbergen begrenzt den Paradiesgarten, allen voran Leinhöhle und Kieselberg im Norden. Beste Parzellen im oberen Hangbereich.

Weintyp: Intensive, gehaltvolle, jedoch auch sehr frische Weine mit der typischen Fruchtigkeit der Mittelhaardt. Etwas kühlere Mineralität.

Duttweiler Kalkberg

▸ Seite 138/G5

Größe: 1,38 ha **Höhe:** 125–130 m

Exposition: Süd

Steilheit: 5 %

Boden: Pararendzinaboden mit lockerem, feinem Mergelgestein

Wichtigste Rebsorte: Spätburgunder

Wichtigstes Weingut: Bergdolt

Besonderheiten: Lage auf der Südseite eines Lössriedels. Der Kalkboden ist ideal für Burgundersorten.

Weintyp: Weine von saftiger Fülle, ausgestattet mit feiner Säure und Nachhaltigkeit

Forst Freundstück

▸ Seite 141/B5

Größe: 3,5 ha **Höhe:** 120–130 m

Exposition: Süd

Steilheit: 5–10 %

Forst Ungeheuer: legendäre Spitzenlage mit Weltruf, die auf Riesling abonniert ist.

DIE BESTEN WEINLAGEN *in der Pfalz*

Am Fuß des Pfälzer Waldes: Gimmeldingen Mandelgarten.

Boden: Buntsandsteingeröll mit Tonteilchen. Kalkplatte, die als Barriere dient.

Wichtigste Rebsorte: Riesling

Wichtigste Weingüter: Reichsrat von Buhl, Mosbacher, Geheimer Rat Dr. von Bassermann-Jordan

Besonderheiten: Kleinste der Forster Lagen, relativ warm mit guter Abkühlung in den Abendstunden. Die Lage komplettiert das Trio aus Jesuitengarten im Norden, Kirchenstück im Zentrum und Freundstück im Süden.

Weintyp: perfekter Spagat zwischen der Eleganz des Kirchenstücks und der floralen Opulenz des Ungeheuers

Forst Pechstein

▸ Seite 141/B4

Größe: 17,0 ha **Höhe:** 120–160 m

Exposition: Süd bis Ost

Steilheit: 10–15 %

Boden: Hoher Anteil an schwarzem Basalt eines vor Urzeiten aktiven Vulkans. Rote Buntsandsteinverwitterungsböden und sandiger Lehmboden. Dazu kommt eine hohe Konzentration von Tonteilchen, die durch ihre Speicherkapazität den Wasserhaushalt optimal regulieren. Eine Kalkplatte in rund 2 m Tiefe sorgt zusätzlich für mineralische Nuancen.

Wichtigste Rebsorte: Riesling

Wichtigste Weingüter: Reichsrat von Buhl, Dr. Bürklin-Wolf, Mosbacher, Geheimer Rat Dr. von Bassermann-Jordan

Besonderheiten: Der Lagenname rührt vom schwarzen Gestein der Böden her.

Weintyp: Konzentrierte Frucht und blumige Aromatik, etwa Aprikose, mit einem Hauch von Salzgeschmack. Einzigartige Mineralität durch Basalt, hitzige Rauchnoten, späte Entwicklung, großes Reifepotenzial.

Gimmeldingen Biengarten

▸ Seite 141/E3

Größe: 20,0 ha **Höhe:** 150–220 m

Exposition: Ostnordost bis Südsüdost

Steilheit: 15–35 %

Boden: Buntsandsteingeröll mit leichten Anteilen von tertiärem Kalkmergel

Wichtigste Rebsorte: Riesling

Wichtigstes Weingut: A. Christmann

Besonderheiten: Die Lage öffnet sich wie ein Amphitheater nach Südosten. Nach Westen windgeschützt durch das Haardtgebirge. Nach Osten Blick über den Kapellenberg in die Rheinebene bis zum Odenwald.

Weintyp: intensiv fruchtige und dicht gewobene Weine von großer Komplexität und mit eleganter Säurestruktur

Gimmeldingen Kapellenberg

▸ Seite 141/E4

Größe: 34,0 ha **Höhe:** 145–195 m

Exposition: Ostnordost bis Südsüdost

Steilheit: 15–25 %

Boden: Buntsandsteingeröll mit tonigen Sanden. Mittlere Wasserhaltekraft mit guter Drainage, einige Quellen im Unterboden.

Wichtigste Rebsorten: Spätburgunder, Riesling

Wichtigstes Weingut: A. Christmann

Besonderheiten: auf einem Vorhügel in der Rheinebene gelegen, windgeschützt nach Westen durch das Haardtgebirge, lange Abendsonne

Weintyp: fruchtig-elegante, fast filigrane Rieslinge und gute, dicht gewobene Spätburgunder

Kallstadt Saumagen

▸ Seite 137/F1

Größe: 40,2 ha **Höhe:** 120–150 m

Exposition: Süd bis Südost

Steilheit: 10–25 %

Boden: Vorwiegend durchlässige Lösslehmböden und Kalkmergel, der mit zahlreichen kleinen Kalksteinen durchmischt ist. Leicht erwärmbares und tiefgründiges Terroir.

Wichtigste Rebsorte: Riesling

Wichtigstes Weingut: Koehler-Ruprecht

Besonderheiten: Lage am westlichen Ortsrand von Kallstadt. Zur Römerzeit wurde hier Kalkstein abgebaut.

Weintyp: Opulente, nachhaltige Weine mit ausgeprägter Mineralität, die sich

DIE BESTEN WEINLAGEN *in der Pfalz*

nur langsam entwickeln und erst nach Jahren ihre volle Größe zeigen. Gute Lagerfähigkeit.

Kirrweiler Mandelberg

▸ Seite 142/A4 (Nr. 6)

Größe: 9,5 ha **Höhe:** 130–140 m
Exposition: Süd
Steilheit: 5 %
Boden: Löss, Parabraunerde auf Löss, unter dem Löss auch Sand, kalkhaltig
Wichtigste Rebsorte: Weißburgunder
Wichtigstes Weingut: Bergdolt
Besonderheiten: Relativ große Spanne zwischen Tag- und Nachttemperaturen. Im Süden tiefer liegende Weinbergparzellen mit anschließendem Acker- und Wiesental.
Weintyp: Frische, fruchtige und langlebige Weine. Der Feinerdeanteil verleiht ihnen Fülle und Saftigkeit.

Königsbach Ölberg

▸ Seite 141/E4

Größe: 36,0 ha **Höhe:** 130–195 m
Exposition: Ostsüdost
Steilheit: 10–20 %
Boden: Tertiärer Kalkmergel. Gute Wasserhaltekraft durch Tongehalt, hohe Mineralität durch Kalkanteil.
Wichtigste Rebsorten: Riesling, Spätburgunder
Wichtigste Weingüter: A. Christmann, Geheimer Rat Dr. von Bassermann-Jordan
Besonderheiten: Lage auf einem Plateau, daher frühe Morgensonne. Windgeschützt nach Westen durch das Haardtgebirge. Im Weinberg steht eine namengebende Ölbergkapelle.
Weintyp: intensive mineralische Rieslinge mit großer Komplexität, gehaltvolle seidige Struktur

Laumersheim Kirschgarten

▸ Seite 137/D3

Größe: 45,0 ha **Höhe:** 138–140 m
Exposition: Südost
Steilheit: 10–15 %
Boden: Lösslehmboden mit guter Wasserhaltekraft, im Untergrund Kalkgestein
Wichtigste Rebsorten: rote und weiße Burgundersorten
Wichtigstes Weingut: Knipser
Besonderheiten: Geschützte Lage mit geringem Niederschlag im langjährigen Mittel. Beste Parzellen am unteren Ende direkt am Ortsrand.
Weintyp: kräftige Weine von hoher Strahlkraft und dichter Struktur

Laumersheim »Steinbuckel« Mandelberg

▸ Seite 137/C3

Größe: 35,0 ha **Höhe:** 130 m
Exposition: Süd bis Südost
Steilheit: 10–15 %
Boden: Kalksteinfelsen mit unterschiedlich starker Lössauflage, vereinzelt sandiger Lehm
Wichtigste Rebsorte: Riesling
Wichtigstes Weingut: Knipser
Besonderheiten: Erste Erwähnung der Lage Mitte des 14. Jh.
Weintyp: Strukturstarke Weine mit Charakter und festem Rückgrat. Erst nach Jahren zeigen die vom Kalk geprägten Weine ihr Potenzial.

Ruppertsberg Gaisböhl

▸ Seite 141/D5

Größe: 8,0 ha **Höhe:** 120 m
Exposition: Süd
Steilheit: flach
Boden: Terrassendotterablagerungen mit Tonflözen und Buntsandsteinverwitterung
Wichtigste Rebsorte: Riesling
Wichtigstes Weingut: Dr. Bürklin-Wolf (Alleinbesitz)
Besonderheiten: Günstiger Einfluss von warmen Fallwinden. Der Lagenname geht auf eine ehemalige Ziegenweide zurück.
Weintyp: Weine mit kraftvollem Körper, Volumen und mineralischer Säure

Ruppertsberg Reiterpfad

▸ Seite 141/D4

Größe: 77,0 ha **Höhe:** 130 m
Exposition: Süd bis Ost
Steilheit: 5–15 %
Boden: Lage an der Bruchkante des Rheingrabens. Als sich der Haardtrand erhoben hat, sind Muschelkalkformationen zum Vorschein gekommen. Hoher Kalkgehalt, der in einer sehr stark gelösten Form im Boden vorhanden ist. Sand und sandiger Lehm. Buntsandsteingeröll, im Oberboden sehr steinig mit geringem Feinerdeanteil, im Unterboden Sandsteinfels.
Wichtigste Rebsorte: Riesling
Wichtigste Weingüter: Reichsrat von Buhl, Bergdolt, Dr. Bürklin-Wolf, A. Christmann, Acham-Magin
Besonderheiten: Beste Parzellen (rund 5 ha) eingegrenzt durch Mauern, die die Wärme speichern und abstrahlen. Gute Wasserhaltekapazität durch die Terrassenlage, daher effiziente Ausnutzung von Niederschlägen.
Weintyp: Der Burgunder unter den Rieslingen, körperreich und kraftvoll, gleichzeitig von hoher Finesse und mit ausgeprägtem Weinbergpfirsicharoma. Die Weine aus den alten Gewannen Hofstück und Achtmorgenweg sind stets außerordentlich fruchtbetont und elegant.

Ruppertsberg Spieß

▸ Seite 141/D4

Größe: 5,0 ha **Höhe:** 155–160 m
Exposition: Süd
Steilheit: 10–13 %
Boden: überwiegend durchlässige hitzige Buntsandsteingerölle, eingesprengt auch Sand- und Lösslehmanteile, geringes Wasserhaltevermögen
Wichtigste Rebsorte: Riesling
Wichtigstes Weingut: Dr. Deinhard
Besonderheiten: ähnliches Mikroklima wie im angrenzenden Reiterpfad (siehe oben)
Weintyp: geradlinige Weine mit ausgewogener Säurestruktur

Schweigen Sonnenberg

▸ Seite 142/F2 (Nr. 104a)

Größe: 110,0 ha **Höhe:** 160–280 m
Exposition: Süd
Steilheit: 10–45 %
Boden: Kalksteinverwitterung, sehr tiefgründig mit gutem Wasserhaltevermögen

DIE BESTEN WEINLAGEN *in der Pfalz*

Wichtigste Rebsorte: Riesling

Wichtigste Weingüter: Friedrich Becker, Bernhart

Besonderheiten: Die klassische Schweigener Lage hoch über dem Dorf an exponierter Stelle (50 % auf deutschem, 50 % auf französischem Boden). Das Kernstück umfasst 12 ha. Sehr luftige, zugige Lage mit Westwinden, daher tritt selten Botrytis auf.

Weintyp: füllige, aber dennoch elegante Rieslinge mit viel Mineralität

Schweigen Sonnenberg »Rädling«

▸ Seite 142/F2 (Nr. 104b)

Größe: 8,0 ha **Höhe:** 180–220 m

Exposition: Südost

Steilheit: 5–33 %

Boden: Kalkmergel mit Kalkfelsen, im oberen Teil fast nur Fels mit wenig Bodenauflage. Insgesamt sehr hoher Skelettanteil. Im unteren Bereich gute Wasserversorgung, oben etwas knapp, da weniger Muttererde.

Wichtigste Rebsorten: rote und weiße Burgundersorten

Wichtigstes Weingut: Bernhart

Besonderheiten: Blick auf die elsässische Stadt Wissembourg mit dem Kloster und zum Schwarzwald

Weintyp: hohe Reife der Weine bei gleichzeitig guter und gesunder Säurestruktur, gute Mineralität durch Kalkgestein

Ungstein Herrenberg

▸ Seite 137/G1

Größe: 45,0 ha **Höhe:** 120–150 m

Exposition: Süd bis Südost

Steilheit: 10–30 %

Boden: Vorherrschend Buntsandstein, gespickt mit sandigem bis tonigem Lehm. Reich an Karbonat, hoher Kalksteinanteil im Unterboden. Mittleres bis hohes Wasserhaltevermögen.

Wichtigste Rebsorte: Riesling

Wichtigste Weingüter: Fitz-Ritter, Egon Schmitt

Besonderheiten: Lage an den vor Kälteeinflüssen geschützten Hängen eines zum Pfälzer Wald parallel verlaufenden Hügels. Die beste Parzelle Kanzel erhebt sich auf hohen Sandsteinmauern bis auf den höchsten Punkt des Herrenbergs. Fantastischer Rundblick nach Ungstein und in die Rheinebene.

Weintyp: Langlebige Weine mit kräftigem Körper, die in ihrer Jugend filigran und leicht mineralisch sind.

Ungstein Weilberg

▸ Seite 137/FG1

Größe: 45,0 ha **Höhe:** 120–180 m

Exposition: Süd bis Südost

Steilheit: 5–25 %

Boden: roter, toniger Lehm (im Volksmund auch Roterde genannt), wenig steinig, hoher Feinerdeanteil, reich an Karbonat

Wichtigste Rebsorte: Riesling

Wichtigstes Weingut: Pfeffingen – Fuhrmann-Eymael

Besonderheiten: erste Rebpflanzungen bereits in der Römerzeit

Weintyp: opulente, nachhaltige Weine mit pikanten, oft tropischen Fruchtaromen

Wachenheim Gerümpel

▸ Seite 141/B4

Größe: 13,0 ha **Höhe:** 120–180 m

Exposition: Süd bis Südost

Steilheit: 15–20 %

Boden: vorwiegend lehmige Sandsteinverwitterungsböden, durchzogen mit Kalkmergel

Wichtigste Rebsorte: Riesling

Wichtigste Weingüter: Dr. Bürklin-Wolf, Karl Schaefer

Besonderheiten: Der Lagenname stammt von einer Besitzerfamilie Grympel und wurde Anfang des 15. Jh. erstmals erwähnt. Die Trauben erreichen auch in mäßigen Jahren eine relativ hohe Reife.

Weintyp: kräftiger Körper, vielschichtige Frucht und harmonische Säure

GUTE LAGEN

Bad Dürkheim Fuchsmantel ▸ Seite 138/A23, 29,0 ha, Süd bis Südost, 5–15 %, kalkhaltiger Boden aus sandigen Lehmen, teilweise Kalksteingeröll und Sandstein, stark wechselnd

Bad Dürkheim Spielberg ▸ Seite 136/G6, 13,9 ha, Süd bis Südost, 5–15 %, Böden mit Lehm und tertiärem Kalk durchmischt. Begünstigte Parzellen im oberen Bereich.

Burrweiler Schäwer ▸ Seite 142/C3 (Nr. 51), 23,6 ha, Südost, 10–30 %, Buntsandsteinverwitterungsböden, teilweise mit Schieferanteilen, darüber Lehmauflage und Gehängeschutt

Deidesheim Herrgottsacker ▸ Seite 141/C45, 110,8 ha, Südost bis Südwest, 5–18 %, lehmiger Sand, teilweise mit Geröllen und Kalkverwitterungsgestein durchzogen, inhomogene Lage

Dirmstein Mandelpfad ▸ Seite 137/BC3, 159,8 ha, Süd bis Südost, 10–15 %, tiefgründige und kalkreiche Lehm-Löss-Böden mit Feinerde. Begünstigte Parzellen im mittleren Bereich.

Duttweiler Mandelberg ▸ Seite 138/G4, 68,7 ha, Süd- bis Südost, 5–15 %, sandige Lehmböden mit Lösslehmanteilen

Ellerstadt Kirchenstück ▸ Seite 138/A56, 45,0 ha, Süd bis Südost, 5 %, Flachlage, sandiger Lehm, mit Löss durchzogen, feinerdig

Forst Musenhang ▸ Seite 141/B4, 7,9 ha, Südost bis Südwest, 5–10 %, lehmiger Sand mit Kalkanteilen, vereinzelt feine Tonanteile

Frankweiler Kalkgrube ▸ Seite 142/C3 (Nr. 67), 95,4 ha, Süd bis Südost, Böden durchsetzt mit tertiärem Kalk und Muschelkalk, Anteile an mergeligem Ton, vorwiegend mit Löss überdeckt. Beste Parzellen im mittleren Hang.

Gimmeldingen Schlössel ▸ Seite 141/EF4, 30,3 ha, 5–10 %, West, Flachlage, mit tonigem Sand und Lehm durchzogen

Gleisweiler Hölle ▸ Seite 142/C3 (Nr. 53), 57,3 ha, Südost, 5–25 %, stark wechselnde Böden, vorwiegend Gehängeschutt, durchmischt mit tertiären

DIE BESTEN WEINLAGEN *in der Pfalz*

Kalken und Tonmergel, dazu lehmige Sande und sandige Lehme

Godramstein Münzberg ▸ Seite 142/D23 (Nr. 66), 430,0 ha, 5–22 %, sandiger Lehmboden, durchzogen mit tertiärem Kalk und Muschelkalk, inhomogene Lage. Beste Parzelle ist der sogenannte Schlangenpfiff.

Haardt Herrenletten ▸ Seite 141/F3, 15,0 ha, Süd bis Südost, 10–20 %, vorwiegend sandiger Lehmboden, mit mergeligem Ton durchzogen

Haardt Herzog ▸ Seite 141/F3, 30,8 ha, Südost, 5–28 %, vorwiegend lehmiger Sand, teilweise mergeliger Ton

Haardt Mandelring ▸ Seite 141/FG34, 35,6 ha, Süd bis Südost, 5–18 %, lehmiger Sandboden, stellenweise mit mergeligem Lehm und Ton durchzogen

Herxheim am Berg Himmelreich ▸ Seite 137/EF12, 51,5 ha, Süd, 5–10 %, stark wechselnder Boden aus tertiärem Kalkverwitterungsgestein, Lössen und sandigen Lehmen

Leinsweiler Sonnenberg ▸ Seite 142/D23 (Nr. 76), 118,3 ha, Süd bis Südost, 5–15 %, stark wechselnder Boden aus Lehmen und tertiären Sanden, vorwiegend in den oberen Hanglagen durchzogen mit Muschelkalk und Gehängeschutt

Maikammer Heiligenberg ▸ Seite 142/AB4 (Nr. 4), 142,4 ha, Süd bis Südost, 5–25 %, geröllhaltiger Kalksteinboden, durchsetzt mit mergeligem Ton. Inhomogene Lage, beste Parzellen im mittleren Bereich des Hangs.

Mußbach Eselshaut ▸ Seite 141/EG45, 286,4 ha, Süd bis Südost, 5–10 %, Lehm, sandiger Lehm und Löss. Inhomogene Flachlage, beste Parzellen im Mittelstück.

Rhodt Schlossberg ▸ Seite 142/B3 (Nr. 20), 69,7 ha, Süd bis Südost, 5–25 %, inhomogene Lage, im oberen Bereich Gehängeschutt, in den mittleren Parzellen lehmiger Sand, durchzogen mit Granitverwitterungsgestein

Ruppertsberg Linsenbusch ▸ Seite 141/DE46, 219,8 ha, 5 %, Südwest bis Südost, überwiegend Lehm sowie lehmiger Sand und Löss. Inhomogene Flachlage, beste Parzellen direkt am Ortsrand.

Ungstein Nussriegel ▸ Seite 137/FG12, 69,5 ha, Süd bis Südwest, 5–15 %, lehmiger Sandboden, teils geröllhaltig und mit Feinerde überdeckt. Beste Parzellen im mittleren Hang.

Wachenheim Königswingert ▸ Seite 138/AB3, 89,1 ha, Südwest, 5–15 %, Buntsandsteinverwitterungsböden, durchzogen von Lehm, Sand und tertiären Kalken. Inhomogene Lage mit begünstigten Parzellen im Hangstück.

Beste Parzellen im Mittelstück: die Einzellage Maikammer Heiligenberg.

Hessische Bergstraße

Die südlich von Darmstadt gelegene Hessische Bergstraße war bis zur Wiedervereinigung mit 435 Hektar das kleinste deutsche Anbaugebiet. Die Weinregion, die im Norden an die Badische Bergstraße anschließt, gehört politisch zum Bundesland Hessen und wurde erst mit dem neuen deutschen Weingesetz von 1971 als eigenständiges »bestimmtes Anbaugebiet« anerkannt. Der größte Teil des Gebiets erstreckt sich entlang des Rheins zwischen Seeheim und Laudenbach an der Westflanke des Odenwalds (Bereich Starkenburg). Hinzu kommt die »Odenwälder Weininsel« bei Groß-Umstadt, zu der auch die Lagen von Roßdorf und Dietzenbach gezählt werden (Bereich Umstadt).

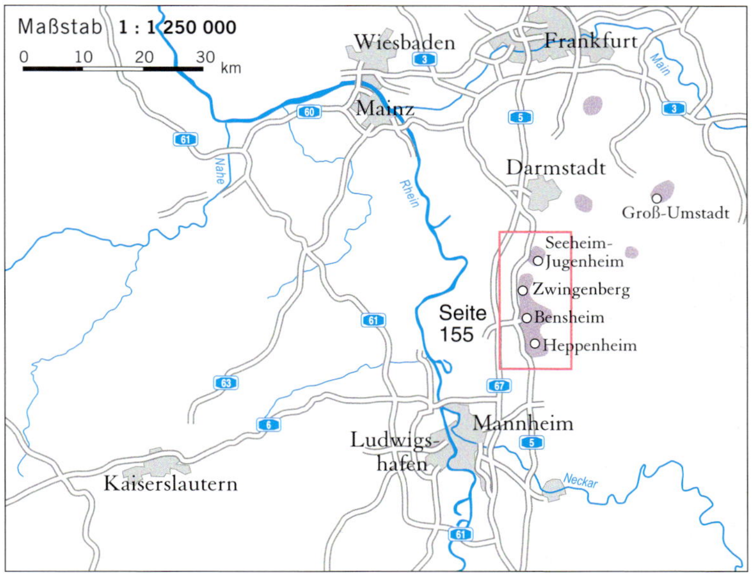

Für den Weinbau bietet die Hessische Bergstraße mit den sonnigen Westhängen des Odenwalds optimale klimatische Bedingungen. Weil hier der Frühling früher als im übrigen Deutschland beginnt und der Herbst später einsetzt, kommen die Reben in den Genuss einer extrem langen Vegetationszeit, von der insbesondere der Riesling profitiert. Für die unterschiedliche geschmackliche Ausprägung der Bergsträßer Weine sind in erster Linie die Böden verantwortlich: Während in Zwingenberg, Auerbach und Bensheim Granitverwitterungsböden dominieren, tritt in einigen Heppenheimer Lagen gelber Buntsandstein auf, und im Umstädter Gebiet finden sich vor allem Quarzporphyrböden.

Spitzenqualitäten bringen an der Bergstraße traditionell die Rieslingreben, deren Weine hier gern mit den Rheingauern verglichen werden und die sich mit einem Anteil von fast fünfzig Prozent als wichtigste Rebsorte behaupten konnten. Dahinter folgen Spätburgunder und Grauburgunder (Ruländer), die den Müller-Thurgau in den letzten Jahren vom zweiten Platz verdrängt haben. Auch der einst beliebte Silvaner und die weißen Neuzüchtungen verlieren weiter an Boden, während die roten Rebsorten Dornfelder, Sankt Laurent und Regent mehr oder weniger stark im Kommen sind.

Bei der Betriebsstruktur hat sich an der Hessischen Bergstraße stärker als anderswo der weinbauliche Kleinstbetrieb erhalten – eine Folge der über Jahrhunderte üblichen Realteilung und damit verbundenen Kleinparzellierung. Die weitaus meisten Winzer bewirtschaften im Nebenerwerb weniger als einen halben Hektar Rebfläche, mehr als 600 von ihnen haben sich der Bergsträsser Winzer eG in Heppenheim und der Odenwälder Winzergenossenschaft in Groß-Umstadt angeschlossen. Über größere Rebflächen verfügen nur das 1904 gegründete Staatsweingut Domaine Bergstraße (38 Hektar) in Bensheim, das Weingut der Stadt Bensheim (13 Hektar) und einige wenige private Weingüter. Absatzprobleme kennen allerdings weder die selbst vermarktenden Weingüter noch die Winzergenossenschaften. Die Hessische Bergstraße mit ihren mittelalterlichen Städten Bensheim und Heppenheim ist ein beliebtes Ausflugsgebiet für das Rhein-Main-Ballungszentrum im Norden und den Großraum Mannheim-Heidelberg im Süden. Das Gros der Ernte bleibt im Anbaugebiet: Die Weine werden in den zahlreichen Weinstuben und Straußwirtschaften ausgeschenkt, den Rest tragen Touristen und Einheimische flaschenweise nach Hause. Nur selten finden sich Bergsträßer Weine auf Weinkarten außerhalb der Region.

Zwischen Auerbach und Bensheim: Weinberge an den von der Sonne verwöhnten Westhängen des Odenwalds.

GESCHICHTE

Zumindest für den Namen der Region sind einmal mehr die Römer verantwortlich: »Via strata montana« (Bergstraße) nannten sie die befestigte Verbindung zwischen Darmstadt und Heidelberg am Fuß des Odenwalds. Wahrscheinlich haben sie damals auch die ersten Reben auf den sonnigen Hügeln entlang ihrer Straße gepflanzt. Schriftliche Hinweise auf Weinberge datieren später: in Heppenheim 773 und in Bensheim 756. Große Bedeutung für die Entwicklung des Weinbaus hatte das Kloster Lorsch, das 764 unweit der Bergstraße gegründet wurde und im frühen Mittelalter reich begütert an Weinlagen war. In Groß-Umstadt ist der Weinbau durch das Güterverzeichnis der Reichsabtei Fulda, das hier sieben Weinberge ausweist, seit 985 urkundlich belegt.

Unter kurmainzischer und kurpfälzischer Regentschaft (1335–1803) breitete sich der Weinbau vor allem auf den Hügeln und an den Hängen von Bensheim aus. Bereits 1582 sind hier sechzig Weinberglagen genannt, die zudem noch in fünf Güteklassen eingeteilt waren, darunter die heute noch bekannten Lagen Kirchberg, Kalkgasse, Streichling, Paulus und Hemsberg. Einen lange nachwirkenden Rückschlag erlitt der Weinbau an der Bergstraße während des Dreißigjährigen Krieges. Davon erholte er sich nur langsam, hatte jedoch bereits Anfang des 18. Jahrhunderts wieder eine große wirtschaftliche Bedeutung.

In den beiden folgenden Jahrhunderten wurde die Rebfläche erheblich reduziert. Erst nach dem Zweiten Weltkrieg eroberten die Winzer und ihre Reben Weinberg um Weinberg zurück, ohne allerdings auch nur annähernd das Ausmaß der einst vorhandenen Rebfläche zu erreichen. Sicher ist aber auch, dass etliche frühere Lagen minderwertiger Qualität zu Recht sonstiger landwirtschaftlicher Nutzung und der fortschreitenden Wohnbebauung überlassen blieben.

Die pfälzischen Besitztümer an der Bergstraße zwischen Heppenheim und Darmstadt fielen 1803 an das Großherzogtum Hessen-Darmstadt und wurden 1813 zur großherzoglich-hessischen Provinz Starkenburg zusammengefasst. Der südliche Teil der Bergstraße bis Heidelberg hingegen wurde badisch. Nach dem Ersten Weltkrieg entstand aus dem Großherzogtum der Volksstaat Hessen, der dann 1946 mit der ehemals preußischen Provinz Hessen-Nassau zum Bundesland Hessen vereinigt wurde.

Erst 1971 wurde der nördliche Teil der Bergstraße als »Hessische Bergstraße« zum eigenständigen Anbaugebiet, nachdem die Badener darauf bestanden hatten, ihren Teil der Weinberge an der südlichen Bergstraße beim Anbaugebiet Baden zu belassen. Da der Rheingau keinen Anspruch auf das Gebiet um Heppenheim und Bensheim erhoben hatte, blieb nur die Schaffung eines weiteren, des damals kleinsten deutschen »bestimmten Anbaugebiets«. Eine enge Bindung an den Rheingau besteht allerdings bis heute, denn das größte Weingut der Region, die Domaine Bergstraße, ist im Besitz des Landes Hessen und den Staatsweingütern Kloster Eberbach angegliedert.

KLIMA

»Hier fängt Deutschland an, Italien zu werden!« Mit dem beglückten Ausruf, den Kaiser Joseph II. (1741–1790) bei einem Zwischenhalt an der Bergstraße getan haben soll, wirbt die Hessische Bergstraße immer noch gern. Die kaiserliche Begeisterung galt den besonderen klimatischen Vorzügen der Region, in der sich der Frühling schon zeitig im Jahr ankündigt. In normalen Jahren, wenn im März anderswo noch Frost herrscht, setzt an den westlichen Ausläufern des Odenwalds bereits die Mandelblüte ein, gefolgt von Kirschen, Aprikosen, Pfirsichen und Magnolien. Diese Klimabedingungen begünstigen natürlich auch den Weinbau, denn für

INFO *Hessische Bergstraße*

Anbaufläche: 435 ha

Rebsorten: Riesling (49 %), Spätburgunder (10 %), Grauburgunder (8 %), Müller-Thurgau (8 %), Silvaner (4 %), Dornfelder (3 %), Weißburgunder (3 %), Kerner (3 %), Sankt Laurent (1 %), Regent (1 %)

Vorherrschende Bodentypen: In Zwingenberg, Auerbach und Bensheim dominieren Granitverwitterungsböden, in einigen Heppenheimer Lagen der gelbe Buntsandstein und im Umstädter Gebiet Quarzporphyrböden.

Durchschnittlicher jährlicher Niederschlag: 834 mm (Bensheim)

Durchschnittlicher Niederschlag im Erntemonat (Oktober): 59 mm (Bensheim)

Jahresdurchschnittstemperatur: 10,2 °C (Bensheim)

Sonnenstunden jährlich: 1686 (Darmstadt)

(Klimadaten jeweils 1961–1990, Quelle: Deutscher Wetterdienst)

Hauptgefahren für den Weinbau: geringe Gefahr durch Spätfröste im Frühling, erhebliche Probleme durch fortschreitende Bodenerosion

Der menschliche Beitrag zum Terroir: In der Hanglage Heppenheim Centgericht begann die Weinbauschule Oppenheim 1927 von Amerikanerreben zu züchten, um Unterlagenholz für Pfropfreben zu gewinnen. Der »Rebmuttergarten« wurde erst ab 1970 vor allem mit Riesling bepflanzt.

Größter Bluff: Da die Weine von der Hessischen Bergstraße außerhalb des Gebiets kaum präsent sind, erübrigte sich bisher jeder Versuch eines Bluffs.

ZEICHENERKLÄRUNG

- **Hausen** Ort mit Weinbauflächen
- Hausen Ort ohne Weinbauflächen
- Bereichsgrenze
- Großlagengrenze
- Einzellagengrenze
- Besonders privilegierte Lage
- Privilegierte Lage
- Gute Lage
- Weitere Rebflächen
- 1 VDP Erste Lage
- Sehenswürdigkeit

Maßstab **1:100 000**

0 1 2 3 km

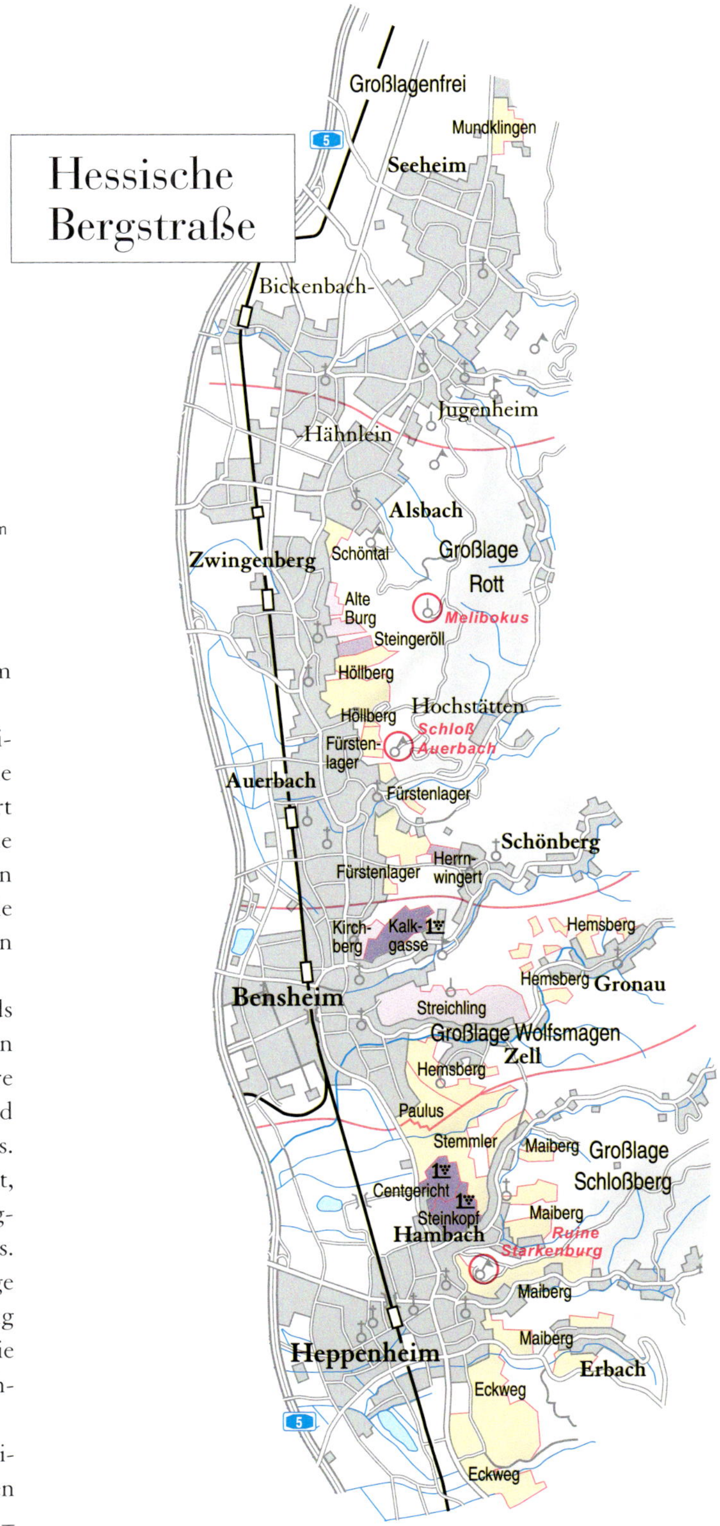

die Reben ergibt sich – bei zeitigem Frühling und spätem Herbst – eine lange Vegetationszeit.

Für das besonders bevorzugte Klima sorgen die topografischen Gegebenheiten: Als Teil der Oberrheinischen Tiefebene ist das Gebiet durch Hunsrück, Taunus, Vogelsberg, Spessart und Odenwald gegen die kalten Nord- und Ostwinde geschützt. Die bewaldeten Bergrücken und Anhöhen wirken sich ausgleichend auf das Klima aus; zudem reduziert die feuchtwarme Luft vom Atlantik die Unterschiede zwischen den wärmsten und den kältesten Monaten.

Die Weinberge an der westlichen Flanke des Odenwalds profitieren übers Jahr von hohen Durchschnittstemperaturen und allenfalls mittleren Niederschlagsmengen. Als mittlere Jahrestemperatur werden in Bensheim im Schnitt 10 Grad Celsius gemessen, in Heppenheim sogar 10,4 Grad Celsius. Nur die »Odenwälder Weininsel« bei Groß-Umstadt kommt, bedingt durch die vorherrschende Südwestwetterlage, lediglich auf eine Durchschnittstemperatur von 9,5 Grad Celsius. Rund 1660 Sonnenstunden im Jahr sind für die Weinberge am Odenwald verzeichnet, wobei Ausrichtung und Neigung der Hänge eine optimale Sonneneinstrahlung zulassen. Die Frostgefahr ist an der Bergstraße gering, Spätfröste im Frühling treten selten auf.

Die durchschnittliche Niederschlagsmenge ist mit 834 Millimetern (Bensheim) verhältnismäßig niedrig, die regenreichsten Monate sind Juni, Juli und – mit häufigem Gewitterregen – August. Da die Weinberge, vor allem die oberen Hanglagen, gut bewindet sind, trocknen Trauben und Blätter schnell ab und bieten keine Angriffsfläche für Pilzkrankheiten.

BÖDEN UND LAGEN

Die charakteristische Landschaftsform des Gebiets am Oberrhein, zu dem auch die Bergstraße gehört, entstand während der Erdneuzeit. Im Alttertiär (vor 55 Millionen Jahren) sackte der Oberrheingraben ab, an seinen Rändern falteten sich Gebirge auf, die heute Schwarzwald, Odenwald und Vogesen bilden. In der Folgezeit wurde der Rheintalgraben mit Flusssedimenten von Rhein und Neckar (Kiesen, Sanden, Hochflutlehmen) aufgefüllt, kräftige Westwinde trieben gröberen Sandlöss an den Hangfuß des Odenwalds und staubsandigen Löss gegen den Gebirgsrand. Die Böden der Weinberge an

A/B B/C C/D D/E E/F F/G

1|2 2|3 3|4 4|5 5|6

der Bergstraße weisen seitdem vorwiegend unverwitterten Löss wie auch verwitterten, tonangereicherten Lösslehm auf.

Im Bereich Starkenburg zwischen Darmstadt und Heppenheim finden sich vor allem tiefgründige, meist kalkhaltige, sandig-lehmige Böden aus Löss. Sie sind leicht bis mittelschwer, grobporig und verfügen nur über eine geringe bis mittlere Wasserhaltekapazität. Auf Kuppen und Hängen ist die Gefahr der Bodenerosion groß. Nicht ganz so häufig treten tiefgründige, frische bis feuchte Lösslehmböden auf, die zudem noch kalkhaltig sind. Sie haben einen höheren Anteil an feinen Tonteilchen, die den Wasserhaushalt positiv beeinflussen.

In Bensheim und Auerbach, wo die Lössdecke durch Bodenerosion weitgehend verloren gegangen ist, sind tiefgründige, skelettreiche, lehmige bis grusige Böden aus vulkanischen Gesteinen (Granit, Gneis, Schiefer) verbreitet. Eine Ausnahmeerscheinung an der Bergstraße ist die relativ kleine Scholle von Buntsandstein, die bei Heppenheim zutage tritt. Dieser Boden ist flachgründig und stark steinig. Wegen der geringen Wasserkapazität können in trockenen Jahren leicht Trockenschäden auftreten.

Der Bereich Groß-Umstadt in der Dieburger Bucht ist durch das Messeler Hügelland vom Rheingraben getrennt. Der Buntsandstein, der die Senke der Bucht bildet, wird von mächtigen Lössschichten überdeckt. Lediglich die Bergkuppen wurden durch die Erosion wieder freigelegt. In der Ebene und am Hangfuß weisen die Umstädter Lagen Löss auf, auf den Bergkuppen und in Mulden Granit- und Quarzporphyrverwitterungsböden mit tonig-lehmigen Beimengungen von Löss und Lösslehm.

Im Zuge des Weingesetzes von 1971 wurde die Hessische Bergstraße in die beiden Bereiche Starkenburg und Umstadt und innerhalb dieser in drei Großlagen und 23 Einzellagen gegliedert. Da der VDP mit der Domaine Bergstraße nur einen einzigen Mitgliedsbetrieb im Anbaugebiet hat, wurden bisher nur drei Lagen klassifiziert, das heißt als geeignet für die Erzeugung »Großer Gewächse« eingestuft: Centgericht und Steinkopf in Heppenheim sowie Kalkgasse in Bensheim.

Im Alleinbesitz der Staatsdomäne Bergstraße: die Einzellage Heppenheim Centgericht.

DIE BESTEN WEINLAGEN *an der Hessischen Bergstraße*

BESONDERS PRIVILEGIERTE LAGEN

Bensheim Kalkgasse

▸ Seite 155/D5

Größe: 12,7 ha **Höhe:** 130–220 m

Exposition: Süd bis Südwest

Steilheit: 4–30 %

Boden: flachgründige, skelettreiche Granitverwitterungsböden mit dünner Erdauflage, darunter Kalkfelsen, steinig, grusig

Wichtigste Rebsorten: Riesling, Dornfelder, Grauburgunder

Wichtigste Weingüter: Domaine Bergstraße, Weingut der Stadt Bensheim

Besonderheiten: bereits um 1200 erwähnte windgeschützte Lage; auffällige, durch Erosion entstandene Hohlwege

Weintyp: Körperreiche, feinfruchtige Rieslinge mit üppiger Frucht und kräftiger, teils kerniger Säure, die nach einigen Jahren Reife ihre Eleganz entfalten.

Heppenheim Centgericht

▸ Seite 155/E5

Größe: 15,4 ha **Höhe:** 110–190 m

Exposition: Südwest

Steilheit: 7–20 %

Boden: tiefgründiger Lösslehm, Flugsande und Sandlöss im unteren Teil, nach oben ausdünnende Lössauflage

Wichtigste Rebsorten: Riesling, Grauburgunder, Spätburgunder

Wichtigstes Weingut: Domaine Bergstraße (Alleinbesitz)

Besonderheiten: Die wohl berühmteste Lage an der Bergstraße wird im Volksmund »Rebmuttergarten« genannt, weil dort ab 1927 Amerikaner-Unterlagsreben zum Schutz gegen die Reblaus gezüchtet wurden. Seit 1970 in produktive Rebflächen umgewandelt.

Weintyp: Saftige Rieslinge mit feinen Fruchtaromen (Pfirsich, Aprikose), die relativ schnell reifen. Seit 1977 wurden hier in fast ununterbrochener Folge jedes Jahr Eisweine erzeugt. Auch Grauburgunder (Ruländer) mit reichem Körper und deutlicher Honig-Karamell-Note.

Heppenheim Steinkopf

▸ Seite 155/E5

Größe: 16,6 ha **Höhe:** 110–200 m

Exposition: Süd und Südwest

Steilheit: 10–50 %

Boden: Der steile südwestliche Teil ist von gelbem Buntsandsteinverwitterungsboden mit Untergrund aus Felsgestein geprägt, im unteren Teil roter Sandstein. Teilweise sehr steinig, grusig.

Wichtigste Rebsorten: Riesling, Spätburgunder, Grauburgunder

Wichtigste Weingüter: Domaine Bergstraße, Bergsträsser Winzer eG

Besonderheiten: Der aus dem engen Hambachtal aufsteigende terrassierte Südhang gilt als steilste, sonnenreichste und dadurch wärmste Lage an der Bergstraße, seit 1517 urkundlich belegt. Zum günstigen Kleinklima kommt die hohe Wasserhaltekraft des Bodens hinzu. Bevorzugte Parzellen im steilen Originalhang.

Weintyp: Markant mineralische, körperreiche Rieslinge mit rassiger Säure und Aromen von Pfirsich und Aprikose, die an Rheingauer Weine erinnern. Gehaltvolle, stoffige Spätburgunder mit ausgeprägter Fruchtnote.

PRIVILEGIERTE LAGEN

Schönberg Herrnwingert

▸ Seite 155/D5

Größe: 8,5 ha **Höhe:** 190–228 m

Exposition: Süd

Steilheit: 4–15 %

Boden: sandiger Lehmboden, teils auch Sandboden, im Untergrund Granit

Wichtigste Rebsorten: Weißburgunder, Riesling, Müller-Thurgau

Wichtigstes Weingut: Domaine Bergstraße (Alleinbesitz)

Besonderheiten: Von Wäldern umgeben, leicht erwärmbarer, aber auch erosionsgefährdeter Boden, höhere Sonneinstrahlung als die Westlagen. Da hoch über dem Rheingraben, meistens kühlende Winde, deshalb mehr Säure bei den Rieslingen.

Weintyp: Pikante Rieslinge mit markanter Säure und viel Rasse. Elegante, feinfruchtige Weißburgunder. Selbst in heißen Jahren mit überreifem Lesegut kernige Weine.

Zwingenberg Steingeröll

▸ Seite 155/C5

Größe: 5,3 ha **Höhe:** 120–265 m

Exposition: West bis Südwest

Steilheit: 10–40 %

Boden: Lehm und Kies, mittel- bis tiefgründige Lösslehmböden mit geringem Kalkgehalt

Wichtigste Rebsorten: Riesling, Silvaner, Müller-Thurgau

Wichtigste Weingüter: Simon-Bürkle, Rothweiler

Besonderheiten: Zurzeit in der Flurbereinigung, nur ein Bruchteil der Lage derzeit bestockt. Sehr warmes Mikroklima, gut durchlüftet, gute Wasserhaltefähigkeit.

Weintyp: elegante, feinfruchtige Rieslinge mit herzhafter Säure

GUTE LAGEN

Bensheim Kirchberg ▸ Seite 155/D5, 4,7 ha, Süd bis West, 10–30 %, skelettreicher Granitverwitterungsboden und Sand, dünne Krume. Unmittelbar an die Wohnbebauung anschließende, flurbereinigte Rieslinglage.

Bensheim Streichling ▸ Seite 155/D5, 29,1 ha, Süd bis Südwest, 15–30 %, humusschwacher Granitverwitterungsboden, Lösslehm, im Zeller Tal auch frische Lehmböden, am weitgehend erodierten Oberhang flachgründige, teils sandig-grusige Böden, unter der Oberfläche Granit. Ursprüngliche Lage erheblich erweitert; nur zu etwa einem Drittel bestockt.

Zwingenberg Alte Burg ▸ Seite 155/C5, 7,2 ha, Südsüdwest, 20–45 %, Kies, flach- bis mittelgründige Verwitterungsböden, teilweise leichte Böden mit sandigem Lehm, dünne Löss-Humus-Auflage auf Granit. Reben wurzeln direkt im porösen Granit, wegen Erosionsgefahr Dauerbegrünung.

Baden

Badens Weinbau besitzt Eigenarten, die vor dem Hintergrund der international geläufigen deutschen Weinidentität seltsam erscheinen, manchmal sogar befremdlich. Die Weine aus dem lang gestreckten Gebiet, das sich über annähernd 300 Kilometer zwischen Badischer Bergstraße im Norden und Bodensee im Süden ausdehnt, verfügen über ganz eigenständige Proportionen. Sie sind korpulenter und trockener als die Pendants an Mosel, Main und am nördlichen Rhein. Und noch irritierender: Selbst die Unterschiede zwischen den einzelnen badischen Bereichen sind groß. *Den* badischen Wein gibt es nicht – dazu unterscheiden sich Klimabedingungen und Böden, aber auch kulturelle Einflüsse zu stark. Der markanteste Bruch tut sich südlich der Ortenau auf: Hier gilt nicht mehr dem Riesling die höchste Aufmerksamkeit, sondern den Burgundersorten. Je weiter nach Südwesten man geht, desto deutlicher wird der französische Einfluss.

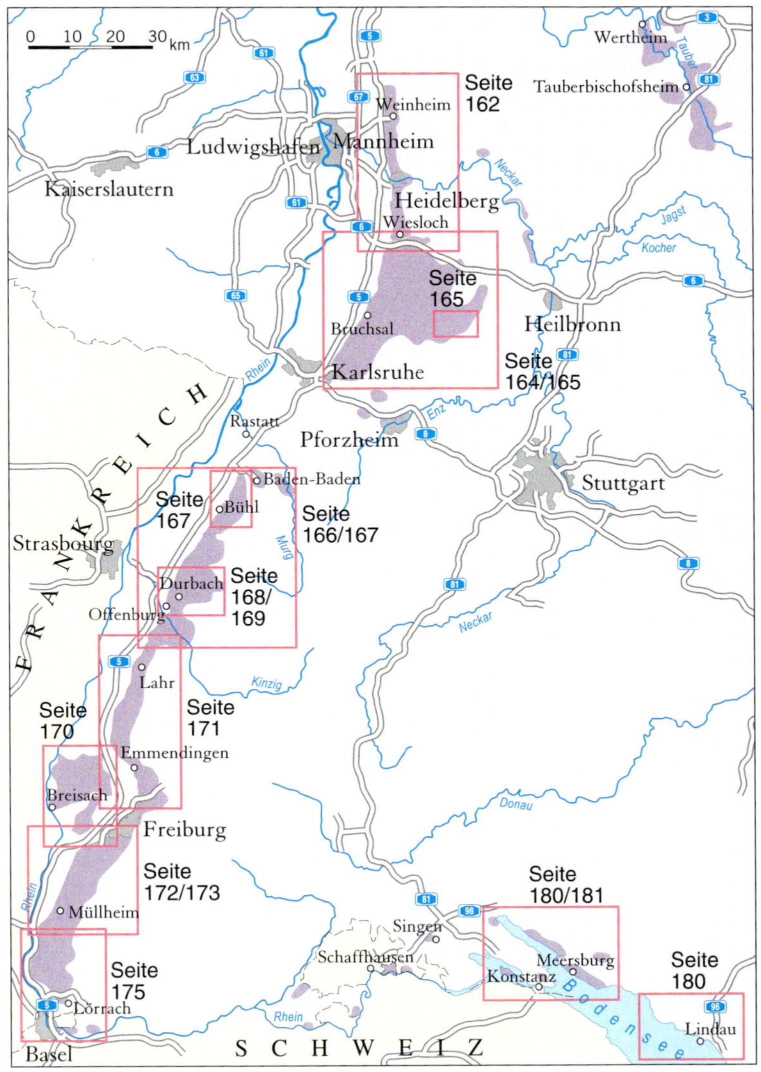

GENOSSENSCHAFTEN

Wenn es dennoch etwas gibt, was fast alle badischen Bereiche verbindet, dann ist es die Stärke der Genossenschaften. Die Genossenschaftsbewegung nahm in den Randbereichen ihren Ausgang, am Bodensee und im Taubertal. Dort war Ende des 19. Jahrhunderts mangels stabiler Absatzmärkte und wohl auch durch die Grenzlage dieser Gebiete die wirtschaftliche Not am größten. Hagnau am Bodensee besitzt die zweitälteste Genossenschaft Deutschlands (1881), weitere Genossenschaftsgründungen aus dieser Zeit finden sich in Meersburg (1884), Beckstein (1894) und auf der Insel Reichenau (1896).

Heute bewirtschaften die Genossenschaften rund drei Viertel der badischen Rebfläche. Allein die größte Genossenschaft Badens, der Badische Winzerkeller in Breisach, keltert Trauben von rund 3000 Hektar. Die Genossenschaften haben historisch große Verdienste: Anfang des 20. Jahrhunderts waren sie es, die den badischen Weinbau trotz Reblaus und Weltwirtschaftskrise vor dem Ruin gerettet haben. Einige Genossenschaften arbeiten auch heute noch mit hohem Ethos, motivieren ihre Mitglieder zu qualitativer Nachhaltigkeit und verleihen ganzen Weinbaugemeinden sozialen Zusammenhalt. Dennoch hatte der starke weinbaupolitische Einfluss der Genossenschaften in den letzten dreißig Jahren vor allem problematische Auswirkungen. In kaum einem anderen deutschen Anbaugebiet (abgesehen vom ebenfalls genossenschaftlich dominierten Württemberg) wurden nach 1971 so wahllos Parzellen und Gewanne minderer Qualität zu vorgeblich hochwertigen Einzellagen zusammengefasst wie in Baden. Den Namen für solchermaßen zusammengestückelte

Vom Menschen geschaffene und gegen die Gefahr der Erosion verteidigte Kulturlandschaft: morgendliche Impressionen bei Ihringen am Kaiserstuhl.

Einzellagen gab in der Regel ein kleines Gewann mit hohem Prestige (und schwierigen Arbeitsbedingungen). Den Schaden haben bis heute diejenigen selbst kelternden Familienbetriebe, die mit großem Aufwand in der namensgebenden Ursprungsparzelle arbeiten, am Markt aber Gefahr laufen, mit qualitativ schwachen Genossenschaftsweinen gleichen Namens in einen Topf geworfen zu werden.

Baden hat international kaum einen Ruf. Es gibt sie in Baden aber durchaus – die starken, unverwechselbaren Weincharaktere, die einen solchen Ruf verdienen. Dass sie sich derzeit selbst im Inland noch oft schwertun, mit der erforderlichen Breitenwirkung über den lokalen Rahmen hinauszustrahlen, hat mit der Vorliebe der Märkte für Riesling des nördlichen Typs zu tun. Und wohl auch damit, dass die Badener – was ja irgendwie auch ein sympathischer Charakterzug ist – quer durch alle Landesteile etwas unbeholfen im Fach Selbstdarstellung sind.

Badische Bergstraße

Der Weinbau an der Badischen Bergstraße (Karte siehe Seite 162) unterscheidet sich nur in Einzelheiten von demjenigen der Hessischen Bergstraße. Die Trennung der Gebiete geht auf die administrative Grenze zwischen den Bundesländern Baden-Württemberg und Hessen zurück.

Mit einer Rebfläche von 396 Hektar ist die Badische Bergstraße innerhalb Badens der kleinste Bereich. Das gesamte Anbaugebiet konzentriert sich auf einige Ortschaften nördlich und südlich Heidelbergs sowie auf die eingemeindeten Vororte der Stadt selbst. Das Wachstum Heidelbergs bringt es mit sich, dass Überbauung dem Weinbau Konkurrenz macht. Bekannt ist die Region auch als Obstbaugebiet: Die Baumblüte an der Bergstraße ist ein Schauspiel, das jedes Jahr Ausflügler und Touristen anzieht.

Anders als der Name Bergstraße vermuten lässt, liegen die Weinberge mit Höhen von rund 150 bis 250 Meter über Meer nicht außergewöhnlich hoch. Nach Osten hin ist die Badische Bergstraße durch den Odenwald gegen Wind geschützt. Die Jahresdurchschnittstemperatur liegt knapp über zehn Grad Celsius – also höher als in manchen anderen deutschen Anbaugebieten. Auch die jährlichen Niederschlagsmengen bewegen sich mit rund 700 Millimetern in einem gemäßigten Bereich. Die Böden sind in ihrem Feinbodenanteil vom Lösslehm geprägt: Die vorgelagerten Ausläufer des Odenwalds – also diejenigen Hänge, an denen heute Reben wachsen – boten dem Flugsand Platz zur Sedimentation. Durch die Nord-Süd-Erstreckung des Odenwalds sind die meisten Weinberge nach Westen orientiert. Südlagen finden sich nur an wenigen Orten. Die typische Geländeform sind schwach geneigte Hänge mit Steigungen zwischen 10 und 25 Prozent. Steilere Weinbergstücke gibt es nur wenige.

Im Untergrund der Böden finden sich vor allem Gesteine aus der Zeit der Trias, vorwiegend Buntsandstein und Muschelkalk. Ein größeres Stück des Heidelberg Herrenbergs wurde auf einem wieder befüllten ehemaligen Steinbruch angelegt. An diesem Ort hatte das in Heidelberg ansässige Zementwerk bis in die 1960er-Jahre hinein Kalkstein abgebaut. Nördlich von Heidelberg verfügt der Ort Schriesheim über Böden vulkanischen Ursprungs. Allerdings besitzen diese Weine derzeit kaum mehr als lokale Bedeutung.

Kraichgau

Bis 1996 bildete der Kraichgau (Karte siehe Seite 164) gemeinsam mit der Badischen Bergstraße einen einzigen zusammenhängenden Bereich. Ein Überbleibsel aus jener Zeit ist die Großlage Mannaberg, die heute zum Teil auf Bergsträßer, zum Teil auf Kraichgauer Gebiet liegt. Eine eigentümlich

INFO *Baden*

Anbaufläche: 15 412 ha

Rebsorten: Spätburgunder (37 %), Müller-Thurgau (18 %), Grauburgunder (10 %), Riesling (8 %), Weißburgunder (7 %), Gutedel (7 %)

Der menschliche Beitrag zum Terroir: Flurbereinigungen haben in fast allen Bereichen Badens in großem Umfang stattgefunden. In den letzten Jahren wurden an manchen Orten behutsame Korrekturen an den einstigen Flurbereinigungen durchgeführt – dies sind allerdings Ausnahmen.

Größter Bluff: In Baden wurden viele Einzellagen (auch solche mit hervorragendem Ruf) stärker ausgeweitet, als es die Seriosität gebieten würde. Aus dem Durbach Plauelrain und dem Ihringen Winklerberg beispielsweise stammen fraglos einige der besten Weine Deutschlands. Doch mit demselben Lagennamen schmücken sich auch Weine von benachbarten, weitaus weniger begünstigten Lagen (und aus Betrieben, die sich einen hohen Bearbeitungsaufwand nicht leisten können oder wollen).

Unterbereiche siehe gesonderte Info-Kästen.

unscharfe Umgrenzung ist auch in anderer Hinsicht nicht untypisch für den Weinbau des Kraichgaus. Auf sanft geschwungenen Hügeln konkurriert der Weinbau hier mit dem Anbau von Gemüse und anderen Feldfrüchten. Vielerorts hat sich bis zum heutigen Tag eine traditionelle bäuerliche Mischwirtschaft erhalten. Das Gebiet tut sich schwer damit, eine eigene Weinbauidentität zu begründen: Fast scheint es, als ließen die Nachbarn Pfalz und Württemberg dem Kraichgau unter ihrem Einfluss nur wenig Spielraum, um wirkliche Eigenständigkeit zu entfalten.

Eine kulinarische Kraichgauer Spezialität ist typischerweise der Schwartenmagen – ein naher Verwandter des Pfälzer Saumagens. Andererseits wachsen in den Weinbergen des Kraichgaus auch Lemberger, Schwarzriesling und Portugieser – klassische Württemberger Rebsorten. Einzig Bruchsal bietet mit seinem berühmten Spargel etwas Anlass zu einer ureigenen Verbindung von Wein und Speisen: Zu diesem zarten und zugleich würzigen Spargel passen vor allem Weine aus weißen Burgundersorten gut. Grauburgunder und Weißburgunder sind im Kraichgau heimisch, vor allem aber hat der rare Auxerrois hier eine Nische gefunden – immerhin nimmt er 2,2 Prozent der Rebfläche ein. Zum Vergleich: In der gesamtdeutschen Sortenstatistik bringt es dieser zuweilen buttrige, immer aber filigrane Wein nur auf 0,1 Prozent.

Die Sortenvielfalt des Kraichgaus hat vielleicht auch damit zu tun, dass die hier vorherrschenden Lössböden für ein breites Spektrum von Rebsorten geeignet sind. Der Löss wurde von Westen aus der Rheinebene angeweht – hinein in die Pforte, die der Kraichgau zwischen Odenwald und Schwarzwald bildet. An manchen Stellen erreicht er vier, fünf, ja sogar sieben Meter Mächtigkeit. Es ist ein besonders kalkhaltiger Löss. So finden sich beispielsweise im westlichen Teil des Michelfelder Himmelbergs viele sogenannte Lösskindel – kleine Kalkgebilde, die sich innerhalb der Lössschichten verfestigt haben. Im Norden des Kraichgaus, wo ein fließender Übergang zur Bergstraße besteht, sind wie an der Bergstraße Böden aus dem Erdzeitalter der Trias anzutreffen, vor allem Buntsandstein und Keuper. Die Winzer des Kraichgaus stellen in den letzten Jahren einen besonders deutlichen Klimawandel fest. Vor allem die Jahresniederschläge haben abgenommen und erreichten oft nur noch 500 Millimeter. Nicht zuletzt aus diesem Grund werden in jüngster Zeit vermehrt rote Sorten gepflanzt.

Ortenau

Der typische Ortenauer Weinberg liegt in einem Quertal, das aus der Rheinebene hinauf in den Schwarzwald führt. In der Regel sind dies höchst begünstigte Lagen. Die meisten dieser Quertäler sind gesäumt von steilen Hängen, die in Wellen und unter Formung vieler Mulden und Kessel in südliche Richtungen blicken. Tagsüber sorgen die Sonneneinstrahlung in die steilen Südhänge und die vom Rhein her einströmende Warmluft für ein warmes Grundklima, in den Abend- und Nachtstunden kühlen Fallwinde vom Schwarzwald herab die Temperaturen. Dies sind klimatische Bedingungen, wie man sie sich vor allem für die Ausprägung komplexer Aromen kaum besser wünschen könnte.

Von Süden her ist das erste solche Tal jenes des Flusses Kinzig. Auf dem Gebiet der Stadt Offenburg weisen die Weinberge des Vororts Zell eine ähnliche Ausrichtung auf, nördlich schließt sich zunächst das Quertal des Durbachs mit dem berühmten gleichnamigen Weinort an. Fast parallel laufen die Täler von Kappelrodeck (mit einem Seitenast nach Waldulm) und Sasbachwalden. Dann folgen – schon im Einzugsbereich Baden-Badens – Bühlertal, Eisental und schließlich die Weinberge von Neuweier. Hier ändert sich das geografische Bild: Die besten Weinberge des sogenannten Baden-Badener Reblands sind nicht durch die Lage in einem Tal gekennzeichnet, sondern sie ordnen sich halbkreisförmig um den ehemaligen Vulkan Iberg herum an (Karten siehe Seiten 166 und 167).

Badische Spezialität: Grauburgunder (Ruländer).

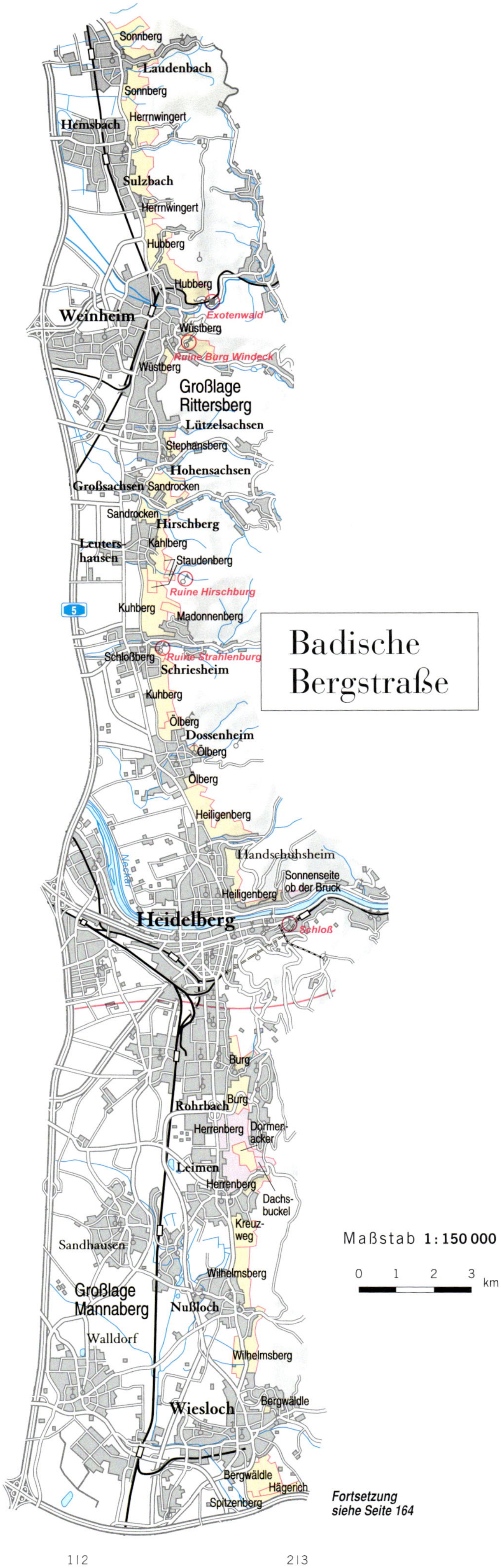

WEINBAU

Die Ortenau ist ein von der Natur in höchstem Maß begünstigtes Weinbaugebiet, doch sie hat ein soziales Handicap: Die meisten Winzer bearbeiten ihren Weinberg nur im Nebenerwerb. Kein idealer Umstand für die Bewirtschaftung von Steillagen – umso mehr, als im Gebiet zwei ebenso hochwertige wie schwer zu kultivierende Sorten dominieren: Riesling und Spätburgunder. Ein Folgeproblem schließt sich an: Die Nebenerwerbswinzer sind in der Regel Genossenschaftsmitglieder. Die Genossenschaften jedoch haben Mühe, das Potenzial des Gebiets auszuschöpfen. Viele ihrer Rieslingweine sind dünn und weit davon entfernt, den Ortenauer Rieslingtyp verdeutlichen zu können. Beim Spätburgunder wiederum suchen die meisten Genossenschaften den leichten, eleganten Typus – durchaus passend zu den Naturgegebenheiten. Doch statt die feinsinnig mineralische Frucht der Granitböden hervorzukehren, banalisieren sie die gute Idee häufig durch die Bonbon-Aromen einer sehr technisch ausgerichteten Kellertechnik. Die meisten Genossenschafts-Spätburgunder entstehen im Verfahren der Maischeerhitzung.

Diese Politik führt die Weine in den Supermarkt – und zu einem entsprechend flüchtigen Erfolg. Das Ziel, Prestige und angemessene Weinpreise zu begründen, wird jedoch verfehlt. Manche Ortenauer Genossenschaften erwirtschaften für ihre Mitglieder derzeit nur noch rund 6000 Euro pro Hektar. Grob gerechnet bleiben dem Winzer vor Steuern und vor dem Abzug seiner Betriebskosten sechzig Cent je verkaufter Flasche Wein – viel zu wenig, um in den Steillagen einen akzeptablen Lohn zu erzielen. Es ist ein Teufelskreis: Um wirtschaftlicher arbeiten zu können, werden Randlagen im Flachen noch attraktiver, dadurch jedoch sinkt die Weinqualität weiter ab. In den nächsten Jahren wird sich zudem mancher Rentner, der bislang aus alter Anhänglichkeit sein Weingärtchen am Hang gepflegt hat, zur Ruhe setzen.

Ein weiteres Ortenauer Kuriosum ist der sogenannte Herkunfts-Typenwein. Dieses Konzept führt dazu, dass manche herausragenden Weinberglagen nie auf einem Etikett erscheinen. Wer kennt beispielsweise den Altschweier Sternenberg oder den Bühlertäler Engelsfelsen? Die Trauben dieser Steillagen gehen zusammen mit den Trauben zahlreicher schwächerer Lagen im bekannten Markenwein Affentaler auf.

ZEICHENERKLÄRUNG

Hausen	Ort mit Weinbauflächen
Hausen	Ort ohne Weinbauflächen
	Bereichsgrenze
	Großlagengrenze
	Einzellagengrenze
	Besonders privilegierte Lage
	Privilegierte Lage
	Gute Lage
	Weitere Rebflächen
1	VDP Erste Lage
	Sehenswürdigkeit

Andere markenähnliche Bezeichnungen haben es sogar geschafft, bei der Neufassung des Weinrechts 1971 einen Eintrag als Einzellage zu erhalten. Seither trägt beispielsweise eine rund 150 Hektar große »Einzel«-Lage den Namen Hex vom Dasenstein.

BÖDEN UND WEINLAGEN

Die Böden der Ortenau sind von großem weinbaulichem Wert. Das vorherrschende Gestein der Region ist der Granit; es stammt aus der Zeit der ältesten Gebirgsbildungen des Schwarzwalds. Die meisten Weinbergböden sind aus diesem Gestein hervorgegangen – in unterschiedlich stark verwitterter Form. Die typischen Weinberge mit stark verwittertem Granit als Bodenskelett geben dem Wein eine Menge an Mineralstoffen mit. Zudem haben sie die positive Eigenschaft, Niederschläge abzuleiten. Und da die Ortenau relativ hohe Niederschlagsmengen aufweist, ist diese Eigenschaft sehr willkommen. Andererseits sind die Granitverwitterungsböden in Phasen der Trockenheit auch empfindlich für Trockenstress. Den Gesteinsanteil aus Granit ergänzen sandige Feinböden, vereinzelt finden sich auch Löss- und Lösslehmauflagen. Eine Ausnahme stellen die Weinberge rund um die Yburg im Baden-Badener Rebland dar: Hier dominieren Gesteine und Böden, die aus Eruptionen des einst aktiven Vulkans hervorgegangen sind. Die Kirche in Neuweier ist aus stark quarzhaltigem Porphyr gebaut – sichtbarer Hinweis auf den Gesteinstyp, der auch in den Weinbergen zu finden ist.

Die Ortenau stellt das Bindeglied zwischen Deutschlands klassischen Rieslinggebieten und der selbstständigen Weinwelt Südbadens dar. Kein Wunder also, dass die Ortenau mit einigen lokalen Besonderheiten aufwarten kann: In der südlichen Ortenau trägt beispielsweise der Riesling den Namen Klingelberger – nach jener Parzelle unterhalb von Schloss Staufenberg, in der die Sorte zum erstenmal im Gebiet gepflanzt wurde. Auch der Traminer, eine althergebrachte Spezialität Durbachs, ist hier unter anderem Namen bekannt: Clevner. Im Norden der Ortenau ist es die Flaschenform, die Eigenständigkeit demonstriert: Neuweier und die anderen Orte des Baden-Badener Reblands besitzen das Recht, ihre Weine in Bocksbeutel zu füllen. Ein fränkisches Adelsgeschlecht besaß einst hier Weinberge, und das damalige Gewohnheitsrecht hat seine Gültigkeit bis zum heutigen Tag behalten.

Heidelberg Herrenberg: ein Flickenteppich von Parzellen mit unterschiedlicher Hangneigung.

Breisgau

In den Nachbarregionen des Breisgaus sprechen die Winzer von diesem Anbaugebiet ein wenig abschätzig als vom »Land der Hecken«. In der Tat sorgen vor allem in der Nähe des Schwarzwalds höhere Niederschlagsmengen für eine kräftige Vegetation. So gedeihen nicht nur die Reben gut, sondern auch Büsche und Hecken, die hier manchen Weinberg säumen. Doch es gibt keinen Grund, die Breisgauer Weine zu schmähen. Selbst wenn es der Region wirklich am letzten Quäntchen klimatischer Begünstigung fehlen sollte – in Zeiten des Klimawandels steht eine solche Bewertung ohnedies auf tönernen Füßen –, so macht sie dies an vielen Stellen durch hochwertige Böden wieder wett. Schon auf dem Stadtgebiet Freiburgs gibt es eine Besonderheit: Im Ortsteil Lehen tritt eine Ader Jurakalk zutage. Genau dort, wo in der geologischen Landeskarte eine solche Kalkinsel eingezeichnet steht, wachsen die Reben der Lage Bergle. Ähnliche Kalkböden finden sich bei Malterdingen und Hecklingen – stellenweise muten die Böden hier geradezu burgundisch an.

E/F

F/G

ZEICHENERKLÄRUNG

- Hausen – Ort mit Weinbauflächen
- Hausen – Ort ohne Weinbauflächen
- Bereichsgrenze
- Großlagengrenze
- Einzellagengrenze
- Besonders privilegierte Lage
- Privilegierte Lage
- Gute Lage
- Weitere Rebflächen
- 1 – VDP Erste Lage
- Sehenswürdigkeit

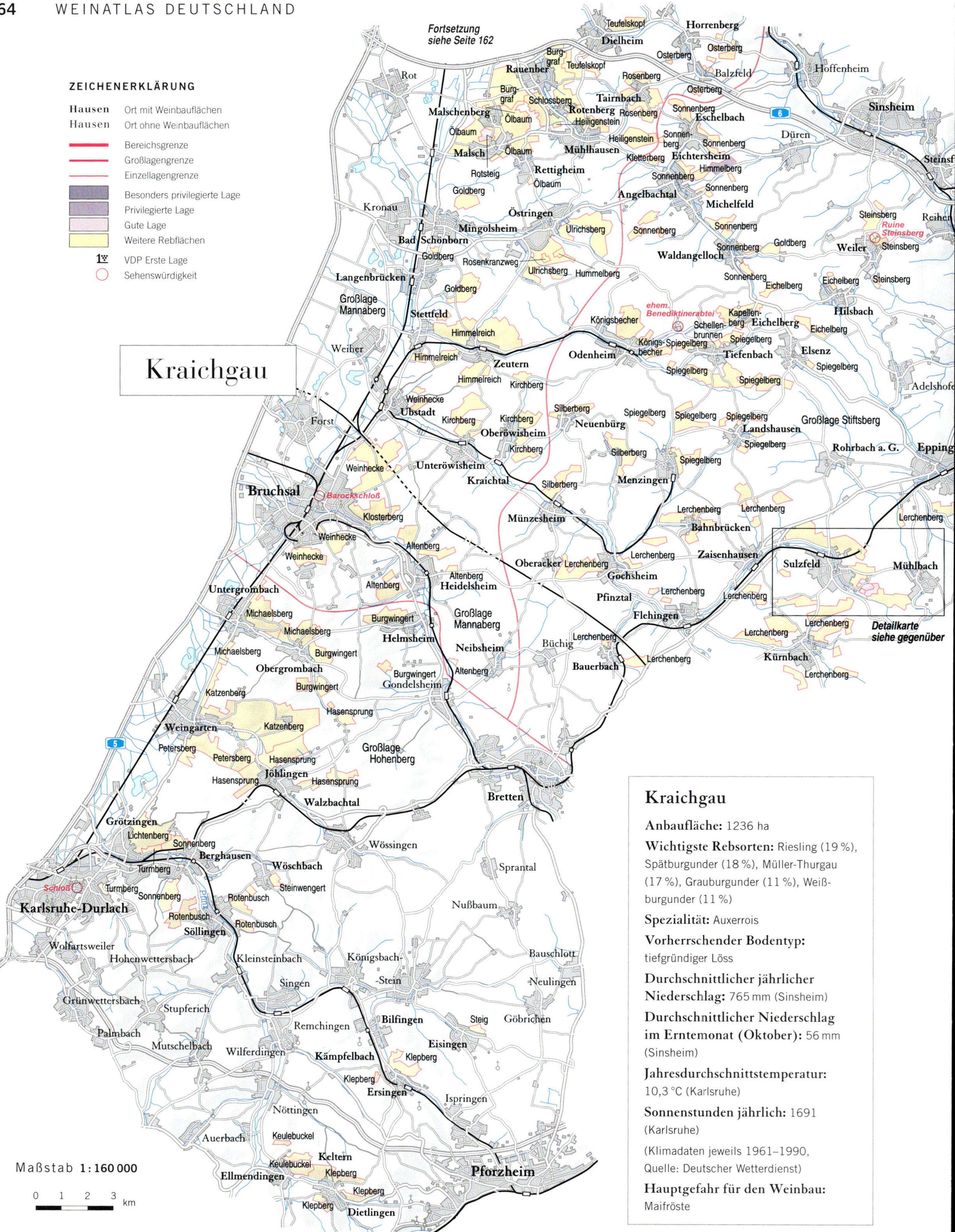

Kraichgau

Anbaufläche: 1236 ha

Wichtigste Rebsorten: Riesling (19 %), Spätburgunder (18 %), Müller-Thurgau (17 %), Grauburgunder (11 %), Weißburgunder (11 %)

Spezialität: Auxerrois

Vorherrschender Bodentyp: tiefgründiger Löss

Durchschnittlicher jährlicher Niederschlag: 765 mm (Sinsheim)

Durchschnittlicher Niederschlag im Erntemonat (Oktober): 56 mm (Sinsheim)

Jahresdurchschnittstemperatur: 10,3 °C (Karlsruhe)

Sonnenstunden jährlich: 1691 (Karlsruhe)

(Klimadaten jeweils 1961–1990, Quelle: Deutscher Wetterdienst)

Hauptgefahr für den Weinbau: Maifröste

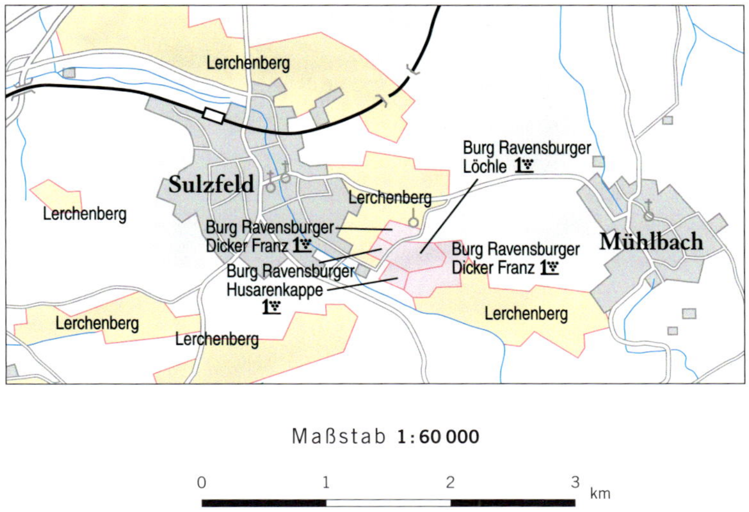

BÖDEN UND WEINLAGEN

Der Breisgau umfasst alle Weinberge zwischen Freiburgs nördlichen Stadtteilen (die Freiburger Weine südlich des Flusses Dreisam zählen zum Markgräflerland) und Lahr (Karte siehe Seite 171). Der hier entlang des Rheingrabens vorherrschende Bodentyp ist der Löss. Seine Anwesenheit erkennt man an den teils großräumig geschwungenen Terrassen, die die Landschaft gliedern. Abseits dieser Hauptachse des Breisgauer Weinbaus liegen die Weinberge des Glottertals: Sie führen mitten in den Schwarzwald hinein, bis in eine Höhe von über 450 Meter über Meer. In einem nochmals feuchteren, doch gut windgeschützten Klima wachsen die Reben auf Urgesteinsböden, vor allem auf Gneisverwitterung. Die Wärme an den Steilhängen beschert selbst Riesling und Spätburgunder eine gute Reife – die Höhenlage sorgt indes dafür, dass die Weine nicht zu schwer ausfallen. Besonders elegant gerät der Spätburgunder Weißherbst, ein Wein, der nicht zuletzt hervorragend zum Schwarzwälder Schinken passt. Die Einheimischen genehmigen sich auch gern einen Obstbrand zum Vesper: ein Kirschwasser oder auch das rare Destillat der im Glottertal wachsenden Zibarte (einer kleinen Wildpflaume).

Die tiefer gelegenen Zonen des Breisgaus blieben lange Zeit weitaus blasser in ihrer weinbaulichen Identität. In den 1960er- und 1970er-Jahren haben umfangreiche Flurbereinigungen stattgefunden. Wie andernorts auch ist dabei vieles geschehen, was aus heutiger Sicht sinnwidrig anmutet. So wurde etwa die Lage Lahr Kronenbühl wie ein Flickenteppich aus Gewannen zusammengesetzt, die nur wenig gemein haben. Heute umfasst sie über 220 Hektar. In einem Gebiet, in dem außergewöhnlich gute Lagen nur punktuell zutage treten, musste die Weinrechtsreform von 1971 zwangsläufig besonders viel verwischen. In Schmieheim beispielsweise verschwand die nicht von ungefähr den Namen Kalkofen tragende Lage von den Etiketten. Heute gehört dieser Weinberg zur Lage Schmieheim Kirchberg, die ihrerseits auch wiederum ihres Ursprungs verlustig ging: Im historischen Schmieheim Kirchberg stehen längst Einfamilienhäuser. Nicht anders erging es den beiden prägnantesten, vielleicht sogar potenziell hochwertigsten Weinberglagen des Breisgaus: den Steillagen am Hecklingen Schloßberg und am Hecklingen Kapellenberg. Während die mit bis zu 80 Prozent spektakulär steilen Hänge lange Jahre so gut wie aufgegeben waren, dürfen sich heute 60 Hektar andere Weinberge mit dem Namen Hecklinger Schloßberg schmücken – vor allem terrassierte Lösslagen und Reben auf einem topfebenen Hochplateau. Und die Burgruine Lichteneck, an deren Abhang die eigentlichen Schloßberg-Reben wachsen, gab sogar den Namen für eine annähernd 1000 Hektar umfassende Großlage her. Glücklicherweise sind inzwischen die Steillagen wieder neu bestockt – und es wäre nur gerecht, wenn der historische Gewannname dereinst wieder auf sie begrenzt würde.

Kaiserstuhl

Weine vom Kaiserstuhl haben den Ruf, beispielhaft für Badens Weinkultur zu stehen. Der erloschene Vulkan selbst stellt indes eine sehr eigene, beinahe etwas abgeschiedene Welt dar. In den Dörfern im Zentrum des Kegels, nur zehn Kilometer Luftlinie von der Stadt Freiburg entfernt, fühlt man sich immer wieder für Momente der Zivilisation entrückt. Wilde Orchideenarten blühen am Wegesrand, kein Mobilfunknetz funktioniert zuverlässig, und schmale Sträßchen und Hohlwege suchen sich kurvenreich ihren Weg, vorüber an geschwungenen Weinbergen und an terrassierten Rebzeilen. In diesem kleinen Mittelgebirge – immerhin ist der »Totenkopf« 557 Meter hoch! – stehen Flora und Fauna in vollem Saft. Und die mächtigste unter allen Naturkräften hier ist der Weinbau (Karte siehe Seite 170).

ZEICHENERKLÄRUNG

- **Hausen** Ort mit Weinbauflächen
- Hausen Ort ohne Weinbauflächen
- Bereichsgrenze
- Großlagengrenze
- Einzellagengrenze
- Besonders privilegierte Lage
- Privilegierte Lage
- Gute Lage
- Weitere Rebflächen
- 1 VDP Erste Lage
- Sehenswürdigkeit

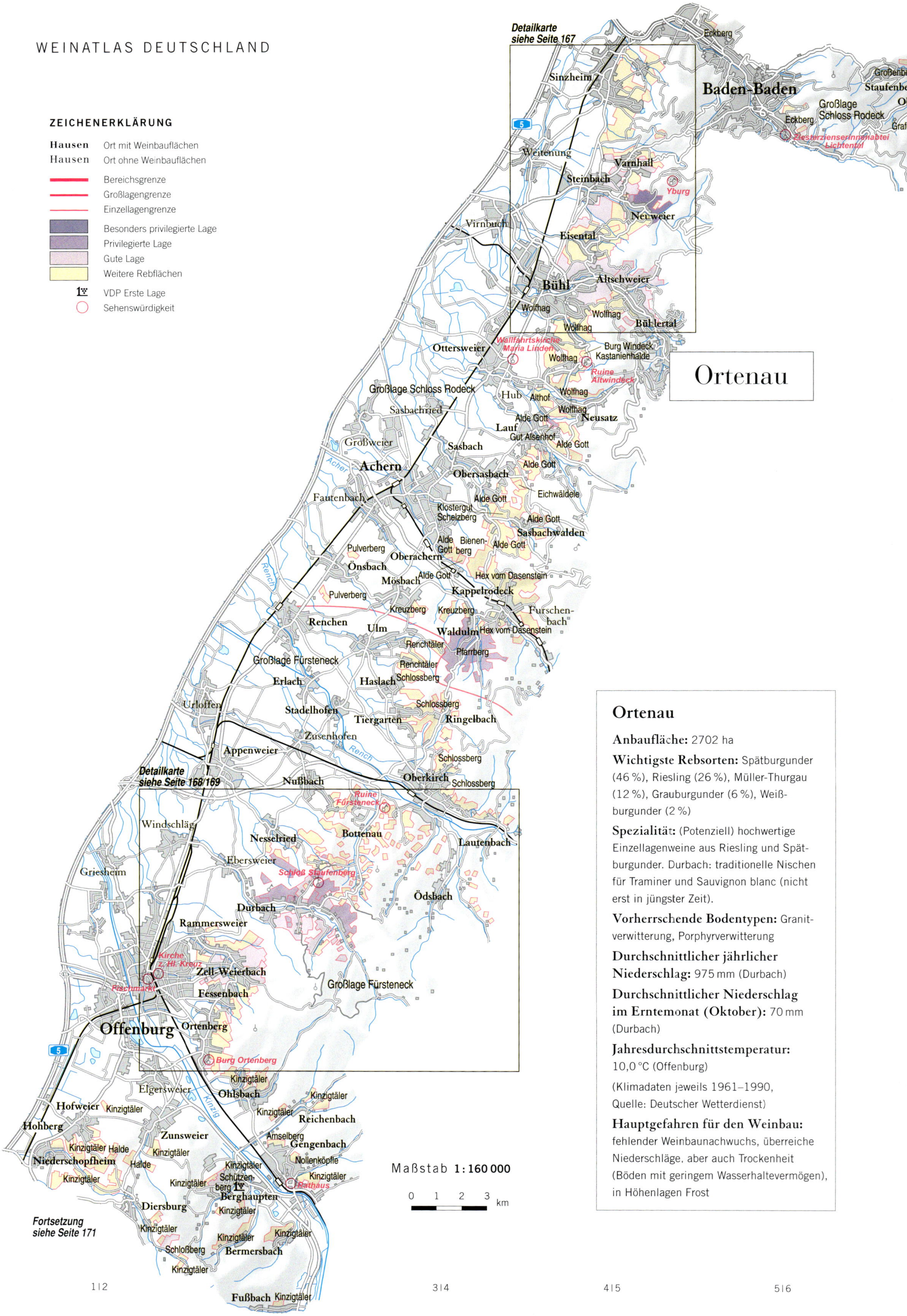

Ortenau

Anbaufläche: 2702 ha

Wichtigste Rebsorten: Spätburgunder (46 %), Riesling (26 %), Müller-Thurgau (12 %), Grauburgunder (6 %), Weißburgunder (2 %)

Spezialität: (Potenziell) hochwertige Einzellagenweine aus Riesling und Spätburgunder. Durbach: traditionelle Nischen für Traminer und Sauvignon blanc (nicht erst in jüngster Zeit).

Vorherrschende Bodentypen: Granitverwitterung, Porphyrverwitterung

Durchschnittlicher jährlicher Niederschlag: 975 mm (Durbach)

Durchschnittlicher Niederschlag im Erntemonat (Oktober): 70 mm (Durbach)

Jahresdurchschnittstemperatur: 10,0 °C (Offenburg)

(Klimadaten jeweils 1961–1990, Quelle: Deutscher Wetterdienst)

Hauptgefahren für den Weinbau: fehlender Weinbaunachwuchs, überreiche Niederschläge, aber auch Trockenheit (Böden mit geringem Wasserhaltevermögen), in Höhenlagen Frost

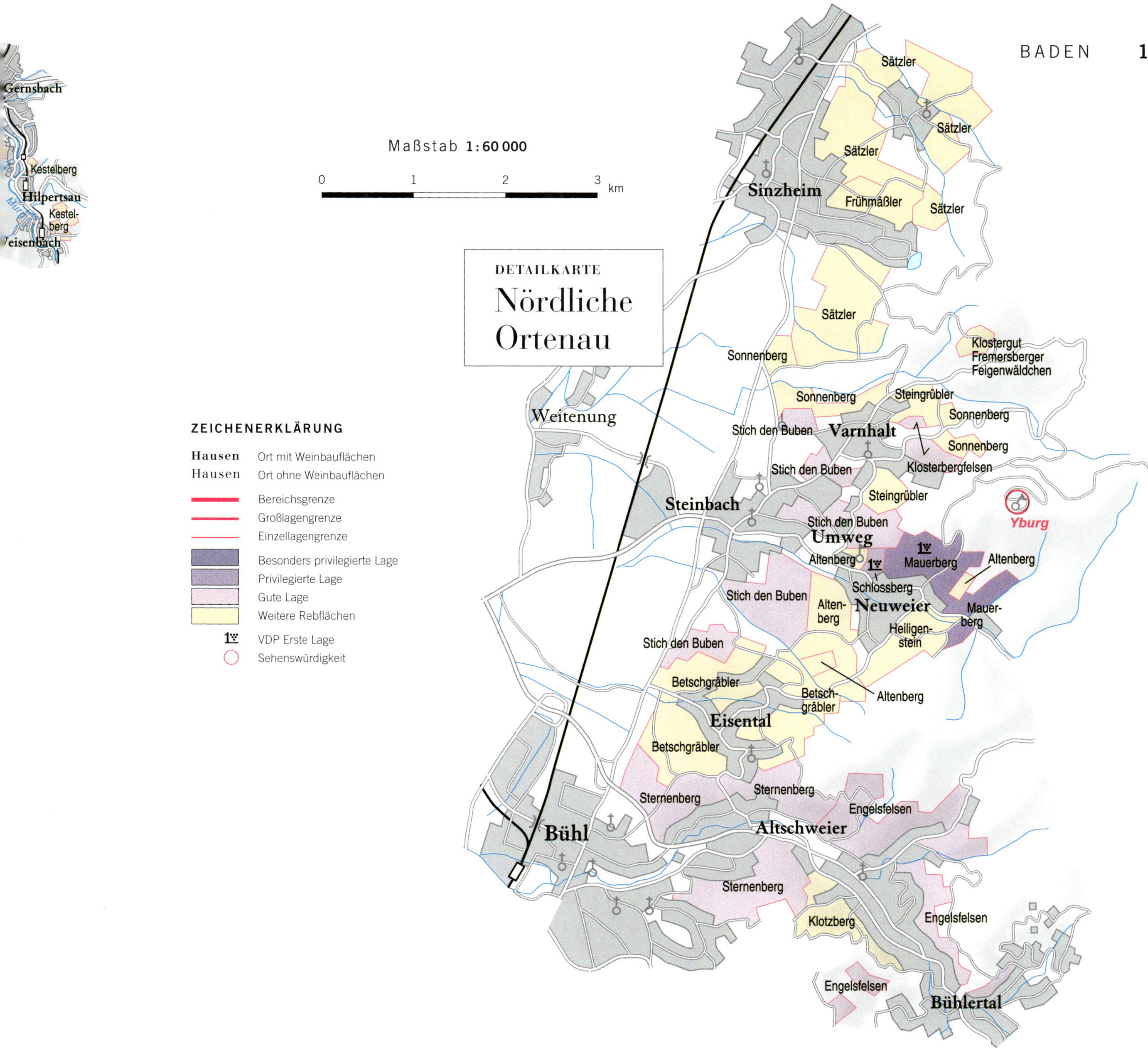

A/B
B/C
C/D
D/E
E/F
F/G

BÖDEN UND WEINLAGEN

Vor etwa 16 bis 19 Millionen Jahren schuf der Vulkanismus den Kaiserstuhl in seiner heutigen Form. Der Zentralkaiserstuhl entstand aus Erstarrungsgestein. Abwechselnde Eruptionen von Magma und Tephra (einer Gesteinsschmelze, die Asche und Gesteinspartikel verschiedener Größe enthält) formten eine geologisch sehr abwechslungsreiche Landschaft. Vervollkommnet wurde das heutige Erscheinungsbild des Kaiserstuhls mit dem Beginn der Eiszeiten vor etwa einer Million Jahren: durch das Anwehen von Löss aus den nördlichen Kalkalpen. Dieser kalkreiche Flugsand bildet mancherorts bis zu 30 Meter hohe Auflagen auf dem Gestein.

Der Zweiklang von Löss und Vulkangestein gliedert den Weinbau des Kaiserstuhls. Der Vulkanboden gilt für den Weinbau als der wertvollere. Weine, die auf Lössboden gewachsen sind, weisen zwar typischerweise in der Jugend das intensivere Bukett auf. Auch am Gaumen gefallen sie durch ihre aufgeräumt wirkende, appetitliche Kraft. Selbst eine deutliche Mineralität kann den Weinen vom Löss zu eigen sein – der Löss enthält ja Kalk.

Doch mit zunehmender Flaschenreife gewinnen die vom Vulkanboden stammenden Gewächse den größeren Reiz. Wirken sie in ihrer Jugend oft streng, ja paradoxerweise oft geradezu kühl, so entfalten sie sich nach zwei, drei Jahren zu aromatischer Komplexität, zu Fülle und wahrer Tiefe. In den besten Vulkanlagen erlangen die Weine überdies Duftkomponenten, die weit über den Sortentyp hinausreichen und an feuchten Stein und sogar an Asche erinnern.

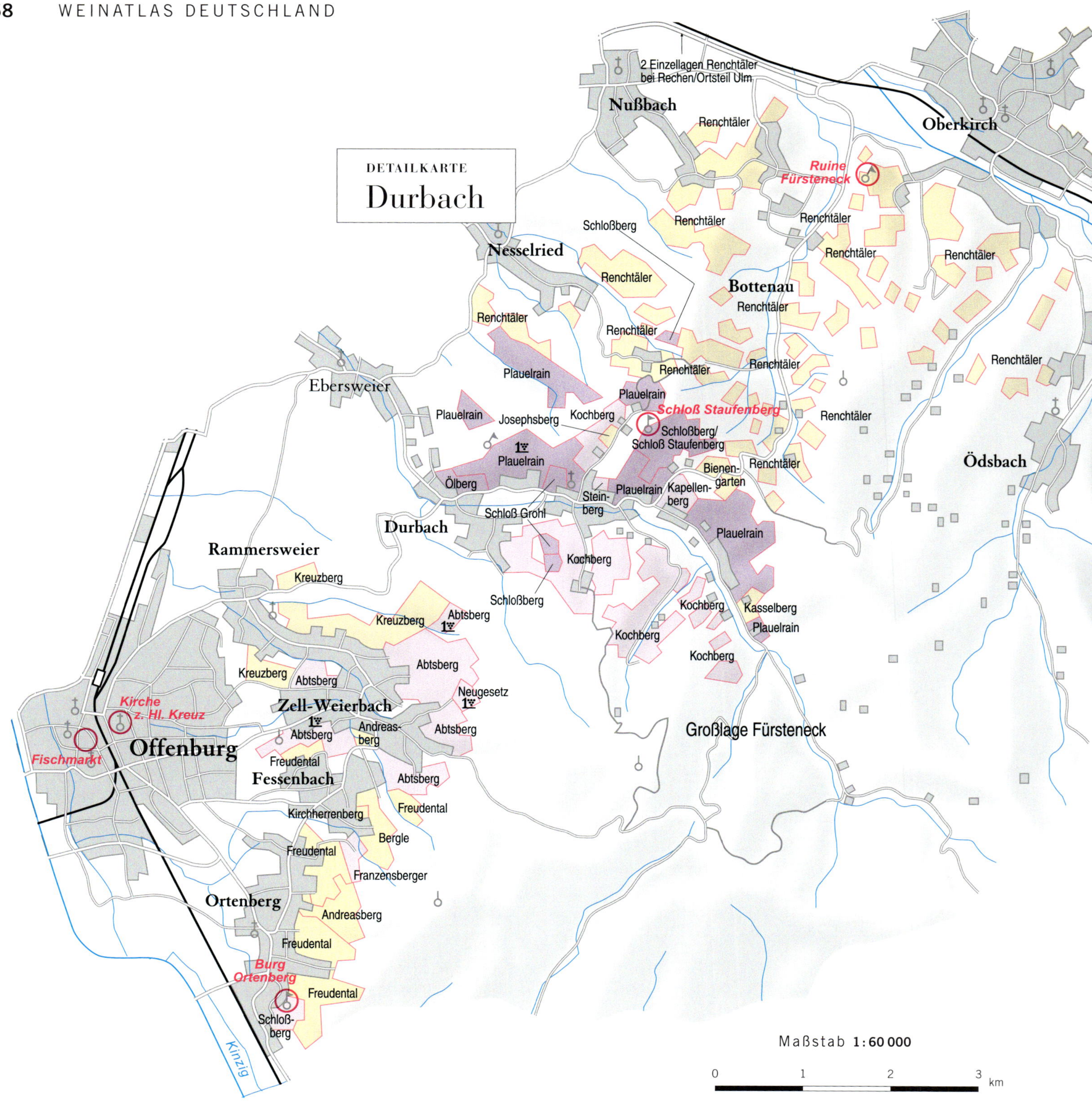

Die hochwertigsten Vulkanlagen finden sich im Westen und vor allem Südwesten des Kaiserstuhls. Der Ihringen Winklerberg ist mit seinen meterhohen Weinbergmauern *der* emblematische Weinberg des Kaiserstuhls schlechthin. An ihm lässt sich jedoch leider auch ein anderes Kaiserstühler Phänomen studieren: die Neigung der Winzer (und der von Genossenschaften dominierten Weinbaupolitik), einen unseriösen Umgang mit Lagenbezeichnungen zu pflegen.

GESCHICHTE

Der Idee nach wurden im Zuge der Weinrechtsreform von 1971 Gewanne so zusammengefasst, dass Vulkanlagen und Lösslagen unterscheidbar bleiben: Im Ort Oberrotweil beispielsweise wurden der überwiegend von Löss geprägten Lage Käsleberg auch die anderen Lösslagen des Orts zugeschlagen. Der stärker vulkangeprägte Henkenberg wurde zum Namensgeber für alle Parzellen im Ort, die zwar nicht

1500 Hektar landschaftsfremde Strukturen geschaffen. Die durchaus nachvollziehbare Idee, der Erosionsgefahr entgegenzuwirken und die Arbeit in den Weinbergen zu vereinfachen, führte zur Maßlosigkeit: Vielerorts wurden kleine, historisch gewachsene Einheiten zerrissen und mit Planierraupen zu Großterrassen zusammengeschoben. Erst später erkannte man, dass diese Terrassen den Weinbau nicht nur vereinfacht haben – sie haben ihm ein komplett anderes Gesicht gegeben. Heute kämpfen die Winzer gegen Staunässe, gegen Kaltluftseen in hangeinwärts geneigten Terrassen und auch gegen das Abrutschen von Böschungen nach starken Regenfällen. Der Kaiserstühler Weinbau hat ökonomisch überlebt – dies jedoch um den Preis, dass viele Terroirs, die durchaus in der Lage gewesen wären, die einzigartige Faszination der Kaiserstühler Weine ins Glas zu bringen, verschwunden sind.

A/B

B/C

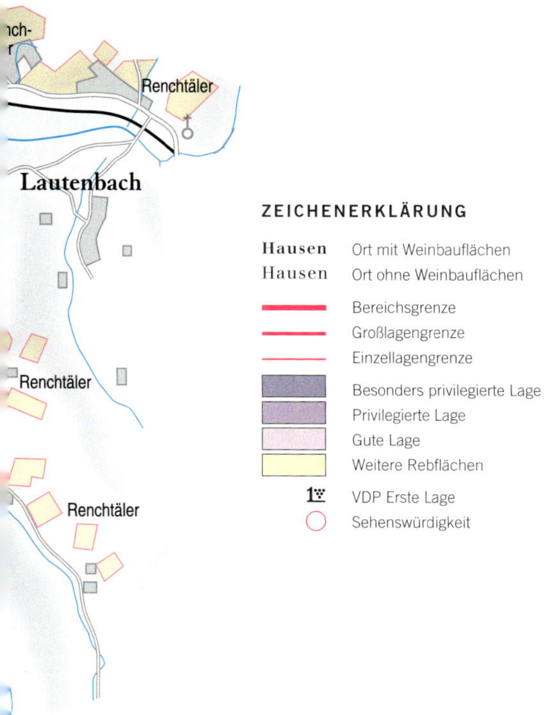

als idealtypisch, aber doch überwiegend als vulkangeprägt anzusehen sind. Die Einzellagennamen Eichberg und Kirchberg blieben recht scharf umgrenzt für die hochwertigsten, in sich abgeschlossenen Vulkanlagen erhalten. Ähnlich in Burkheim: Die Lage Feuerberg steht überwiegend für Vulkanverwitterungsboden, die Lage Schloßgarten für stärker lössgeprägten Boden. Doch die Abgrenzung erfolgte nicht überall mit zufriedenstellendem Ethos. Der »vordere«, ursprüngliche Winklerberg mit seinen gut und gern 40 Hektar Steillagen auf Vulkangestein dürfte zu den privilegiertesten Weinbergen nicht nur Badens, sondern ganz Deutschlands gehören. Insgesamt rechnet die Weinbergkartei jedoch 117 Hektar zur Lage Winklerberg – darunter jede Menge Lösslagen und Parzellen im Flachen. Wie paradox die Einteilung in Ihringen ist, wird daran deutlich, dass das historische Gewann Fohrenberg – ein Weinberg auf Lössboden, der einer fast 350 Hektar großen Löss-Einzellage den Namen gab – heute ein Teil des Winklerbergs ist.

Auch andere berühmte Weinbaugemeinden haben sich im Rahmen der neuen Weingesetzgebung und der im selben Geist durchgeführten Flurbereinigung Schnitzer geleistet. In den 1960er- und 1970er-Jahren wurden am Kaiserstuhl fast

Wellenförmig säumen Steillagen die Ortschaft: Die zentralen Partien der Lage Durbach Plauelrain verdienen die Bezeichnung »besonders privilegiert«.

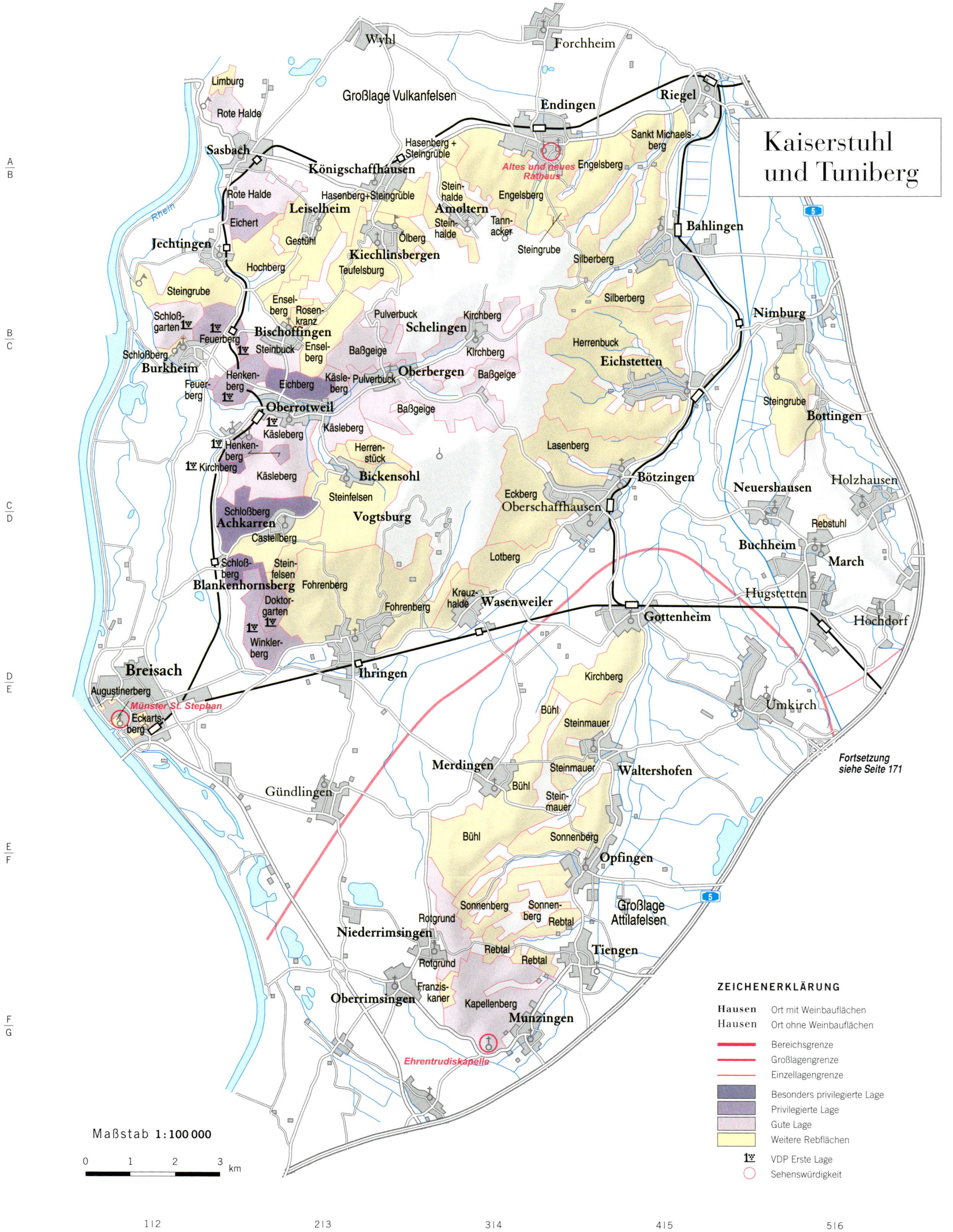
Kaiserstuhl und Tuniberg
Wyhl
Forchheim
Limburg
Großlage Vulkanfelsen
Endingen
Riegel
Rote Halde
Sasbach
Königschaffhausen
Hasenberg + Steingrüble
Sankt Michaelsberg
Altes und neues Rathaus
Engelsberg
Rote Halde
Hasenberg+Steingrüble
Steinhalde
Engelsberg
Leiselheim
Amoltern
Rhein
Eichert
Steinhalde
Tannacker
Bahlingen
Jechtingen
Gestühl
Ölberg
Steingrube
Kiechlinsbergen
Silberberg
Hochberg
Teufelsburg
Steingrube
Enselberg
Rosenkranz
Silberberg
Schloßgarten
Pulverbuck
Kirchberg
Nimburg
Feuerberg
Bischoffingen
Schelingen
Schloßberg
Steinbuck
Enselberg
Baßgeige
Kirchberg
Herrenbuck
Burkheim
Eichstetten
Henkenberg
Eichberg
Käsleberg
Pulverbuck
Oberbergen
Baßgeige
Feuerberg
Oberrotweil
Baßgeige
Steingrube
Käsleberg
Käsleberg
Bottingen
Henkenberg
Herrenstück
Lasenberg
Kirchberg
Käsleberg
Bickensohl
Bötzingen
Neuershausen
Holzhausen
Steinfelsen
Eckberg
Schloßberg
Oberschaffhausen
Achkarren
Vogtsburg
Castellberg
Rebstuhl
Buchheim
Lotberg
March
Schloßberg
Steinfelsen
Blankenhornsberg
Fohrenberg
Hugstetten
Kreuzhalde
Wasenweiler
Doktorgarten
Fohrenberg
Gottenheim
Hochdorf
Winklerberg
Ihringen
Breisach
Kirchberg
Augustinerberg
Münster St. Stephan
Umkirch
Eckartsberg
Bühl
Steinmauer
Fortsetzung siehe Seite 171
Merdingen
Steinmauer
Waltershofen
Gündlingen
Bühl
Steinmauer
Bühl
Sonnenberg
Opfingen
Sonnenberg
Sonnenberg
Rotgrund
Rebtal
Großlage Attilafelsen
Niederrimsingen
Rebtal
Rebtal
Tiengen
Rotgrund
Franziskaner
Oberrimsingen
Kapellenberg
Munzingen
Ehrentrudiskapelle
ZEICHENERKLÄRUNG
Hausen Ort mit Weinbauflächen
Hausen Ort ohne Weinbauflächen
Bereichsgrenze
Großlagengrenze
Einzellagengrenze
Besonders privilegierte Lage
Privilegierte Lage
Gute Lage
Weitere Rebflächen
VDP Erste Lage
Sehenswürdigkeit
Maßstab 1:100 000
0 1 2 3 km
A B C D E F G
1 2 3 4 5 6

Fortsetzung siehe Seite 166

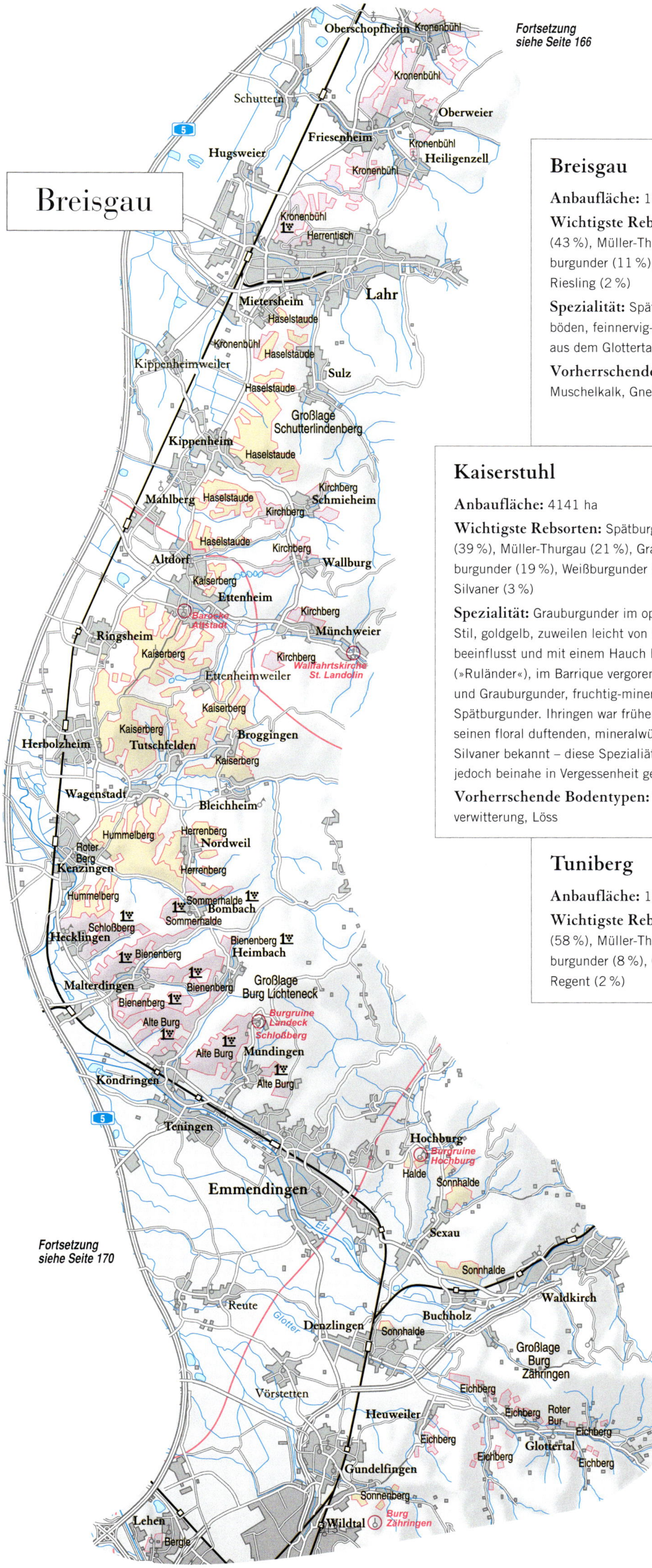

Fortsetzung siehe Seite 170

Fortsetzung siehe Seite 173

Breisgau

Anbaufläche: 1627 ha

Wichtigste Rebsorten: Spätburgunder (43 %), Müller-Thurgau (23 %), Grauburgunder (11 %), Weißburgunder (8 %), Riesling (2 %)

Spezialität: Spätburgunder von Kalkböden, feinnervig-aromatische Weine aus dem Glottertal

Vorherrschende Bodentypen: Löss, Muschelkalk, Gneis

Durchschnittlicher jährlicher Niederschlag: 809 mm (Lahr)

Durchschnittlicher Niederschlag im Erntemonat (Oktober): 57 mm (Lahr)

Jahresdurchschnittstemperatur: 10,5 °C (Lahr)

Sonnenstunden jährlich: 1698 (Lahr)

(Klimadaten jeweils 1961–1990, Quelle: Deutscher Wetterdienst)

Hauptgefahren für den Weinbau: überreiche Niederschläge, in Höhenlagen Frost

Kaiserstuhl

Anbaufläche: 4141 ha

Wichtigste Rebsorten: Spätburgunder (39 %), Müller-Thurgau (21 %), Grauburgunder (19 %), Weißburgunder (10 %), Silvaner (3 %)

Spezialität: Grauburgunder im opulenten Stil, goldgelb, zuweilen leicht von Botrytis beeinflusst und mit einem Hauch Restsüße (»Ruländer«), im Barrique vergorene Weiß- und Grauburgunder, fruchtig-mineralische Spätburgunder. Ihringen war früher für seinen floral duftenden, mineralwürzigen Silvaner bekannt – diese Spezialiät ist jedoch beinahe in Vergessenheit geraten.

Vorherrschende Bodentypen: Vulkanverwitterung, Löss

Durchschnittlicher jährlicher Niederschlag: 687 mm (Vogtsburg-Oberrotweil)

Durchschnittlicher Niederschlag im Erntemonat (Oktober): 46 mm (Vogtsburg-Oberrotweil)

Jahresdurchschnittstemperatur: 10,1 °C (Vogtsburg-Oberrotweil)

Sonnenstunden jährlich: 1739 (Vogtsburg-Oberrotweil)

(Klimadaten jeweils 1961–1990, Quelle: Deutscher Wetterdienst)

Hauptgefahren für den Weinbau: Erosion (vor allem in Lösslagen), in Steillagen Trockenheit. Überreife mit der Folge alkohollastiger Weine.

Tuniberg

Anbaufläche: 1040 ha

Wichtigste Rebsorten: Spätburgunder (58 %), Müller-Thurgau (20 %), Weißburgunder (8 %), Grauburgunder (7 %), Regent (2 %)

Spezialität: seriöse sortentypische Trinkweine, häufig aus ökologischer Erzeugung

Vorherrschende Bodentypen: Löss, Kalkstein

Hauptgefahren für den Weinbau: Unterreife, Pilzerkrankungen

A | B

B | C

C | D

D | E

E | F

F | G

Maßstab **1:150 000**

0 1 2 3 km

ZEICHENERKLÄRUNG

- **Hausen** Ort mit Weinbauflächen
- Hausen Ort ohne Weinbauflächen
- Bereichsgrenze
- Großlagengrenze
- Einzellagengrenze
- Besonders privilegierte Lage
- Privilegierte Lage
- Gute Lage
- Weitere Rebflächen
- 1 VDP Erste Lage
- Sehenswürdigkeit

4 | 5

5 | 6

Markgräflerland

Anbaufläche: 3056 ha

Wichtigste Rebsorten: Gutedel (33 %), Spätburgunder (29 %), Müller-Thurgau (11 %), Weißburgunder (7 %), Grauburgunder (4 %), Regent (4 %)

Spezialität: Gutedel als Schoppenwein, von guten Böden durchaus mit mineralischen Untertönen. Weine aus Burgundersorten bleiben vergleichsweise schlank.

Vorherrschende Bodentypen: Lehm, Löss, örtlich Kalk

Durchschnittlicher jährlicher Niederschlag: 748 mm (Efringen-Kirchen), 1006 mm (Müllheim)

Durchschnittlicher Niederschlag im Erntemonat (Oktober): 52 mm (Efringen-Kirchen), 70 mm (Müllheim)

Jahresdurchschnittstemperatur: 9,7 °C (Müllheim)

Sonnenstunden jährlich: 1501 (Bad Krozingen), 1563 (Müllheim)

(Klimadaten jeweils 1961–1990, Quelle: Deutscher Wetterdienst)

Hauptgefahren für den Weinbau: Feuchtigkeit (vor allem auf nässestauenden Böden), Pilzkrankheiten, Unterreife der Trauben

DETAILKARTE

Markgräflerland Nord

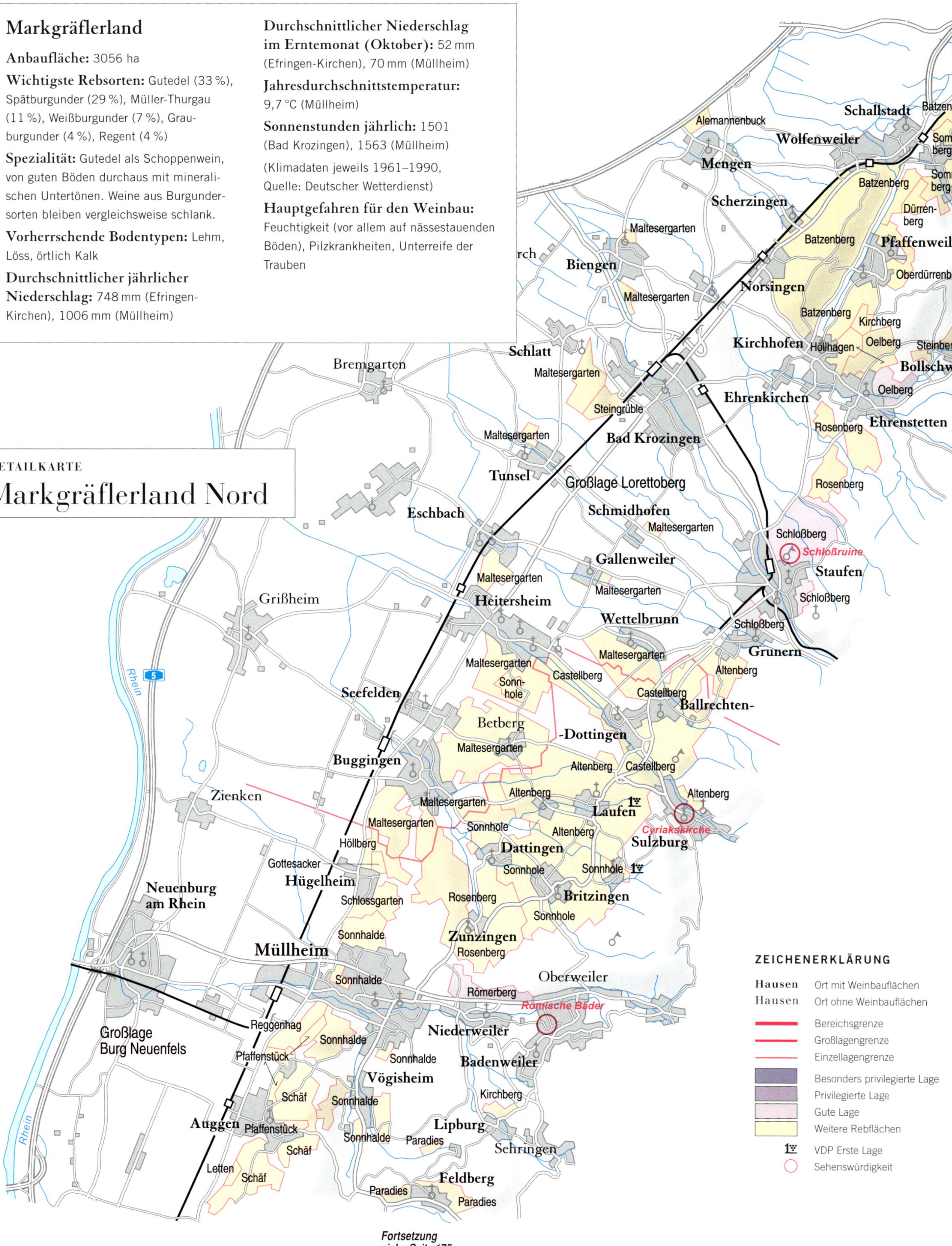

Fortsetzung siehe Seite 175

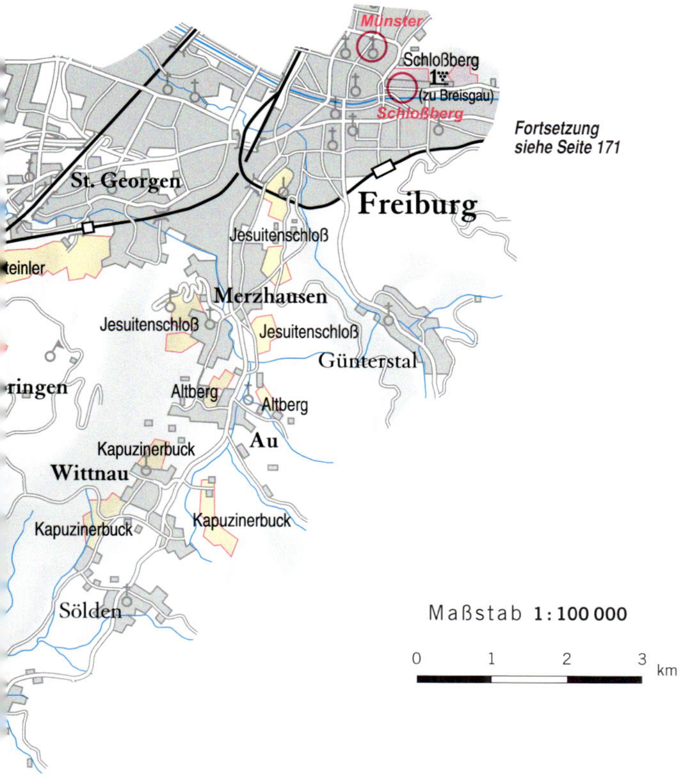

Fortsetzung siehe Seite 171

WEINBAU

Die Zusammenlegung brachte so monströse und uneinheitliche Weinberglagen wie die Oberbergen Baßgeige (240 Hektar) oder den Endingen Engelsberg (307 Hektar) hervor. Besitzt die Oberbergen Baßgeige dank ihrer besseren Partien wenigstens noch ein hinreichend positives Prestige, so ziehen es seriöse Produzenten mit Weinbergen im Endingen Engelsberg vor, diesen Lagennamen auf dem Etikett zu verschweigen. Hochwertige Parzellen mit vulkangeprägten Böden gibt es auch hier – nur eben seltener als im Südwesten des Kaiserstuhls. Daher müssen die besten Winzer noch sorgsamer darauf achten, dass ihre Produkte nicht in einen Topf mit der Massenware geworfen werden, die unter demselben Namen verkauft wird. Ihre Hoffnung besteht darin, dass sie irgendwann die alten Namen jener Gewanne wieder erwähnen dürfen, aus denen ihre hochwertigen Weine stammen (beispielsweise Schönenberg, Türle, Summberg) – und sei es auch nur auf dem Rückenetikett.

Allen kritischen Anmerkungen zu negativen Entwicklungen der letzten dreißig Jahre zum Trotz: Der Kaiserstuhl ist ein höchst privilegiertes Weinbaugebiet. Vor allem für Burgundersorten ist sein Klima wie geschaffen. Im Sommer bläst oft ein warmer Südwind aus der Burgundischen Pforte, die Sonne brennt heiß und erwärmt den Vulkanboden an manchen Tagen bis auf 70 Grad Celsius. In keiner Jahreszeit ist es zu feucht, und auch die Chancen auf einen freundlichen Herbst stehen im Durchschnitt recht gut. Überdies haben hochkarätige private Weingüter und auch einige Genossenschaften, die über genügend Weitblick verfügen, eine überzeugende stilistische Idee vom Kaiserstühler Wein entwickelt. Diese Idee zielt auf Grauburgunder mit Schmelz, aber ohne Kitsch, auf kulinarische, vollmundige Weißburgunder mit markanter Würze und auf facettenreiche, mit Frucht und Mineralität spielende Spätburgunder. Wie gut es das Klima mit dem Kaiserstuhl meint, zeigt sich nicht zuletzt an den Kakteen, die im Ihringen Winklerberg wachsen, an den Palmen im Oberrotweiler Kirchberg und an den Feigenbäumen, die viele Winzer aus sportlichem Ehrgeiz am Rand eines Weinbergs kultivieren.

Tuniberg

Bis vor wenigen Jahren bildete der Tuniberg mit dem Kaiserstuhl ein gemeinsames Anbaugebiet. Der kleine Nachbarberg im Südosten des Kaiserstuhls ist indes nicht vulkanischen Ursprungs. Sein geologischer Unterbau besteht aus Kalkstein der Juraepoche Dogger. Bei Merdingen im Nordwesten des Tunibergs wird der Kalk sogar abgebaut. Die meisten Weinbergböden sind jedoch vom Löss geprägt, der den Tuniberg ebenso dicht wie den Kaiserstuhl bedeckt.

Die Eigenständigkeit des Tunibergs hat jedoch auch noch einen weiteren Grund. Er ist der Hausberg Freiburgs – die vier Weinbaugemeinden an seiner Ostflanke sind allesamt nach Freiburg eingemeindet. So haben sich die Winzer – sofern sie ihre Trauben nicht an die Genossenschaft abliefern – vor allem einen starken lokalen Markt erschlossen. Die Dichte der Ökobetriebe dürfte hier einen im ganzen Bundesgebiet unübertroffenen Wert erreichen. Viele Winzerfamilien öffnen im Sommer ihren Gutsausschank: Begleitet von einfachen, deftigen Speisen fließen die »Viertele« in Sichtweite der Weinberge durch die durstigen Kehlen der Ausflügler und Stadtflüchtlinge.

Die Weine des Tunibergs sind selten aufregend, doch sie haben in der Regel einen freundlichen Alltagscharme. Die besten Weine stammen – ähnlich wie am Kaiserstuhl – aus der Burgunderfamilie. Die etwas höheren Niederschläge und das nicht ganz so sonnige Klima lassen jedoch auch süffige Müller-Thurgau-Weine gedeihen. (Karte siehe Seite 170)

Markgräflerland

Zwischen Freiburg und Basel erstreckt sich die alte Markgrafschaft (Karten siehe Seiten 172/173 und 175). Schon im Jahr 1503 gelangte das Gebiet unter die Herrschaft der Markgrafen von Baden. Als besonders segensreich erwies sich das Wirken des Markgrafen Karl-Friedrich für seine Untertanen: Er schaffte nicht nur im Jahr 1783 die Leibeigenschaft ab, sondern er förderte während seiner Regentschaft auch den

Beinahe schwarz: Vulkanverwitterungsboden in der Lage Ihringen Winklerberg am Kaiserstuhl.

Anbau des Gutedel – derjenigen Sorte, die bis heute die weinbauliche Identität des Markgräflerlands bestimmt.

Das Markgräflerland ist reich an kulinarischen Genüssen: Frankreich ist nah, man braucht nur über die Rheinbrücke bei Neuenburg zu fahren, um ins Elsass zu gelangen. Auch die berühmten Thermalquellen machen das Markgräflerland zu einem attraktiven Aufenthaltsort.

WEINBAU

Der Ruf der Region als Weinbaugebiet ist verhaltener. Vor allem das nördliche Markgräflerland weist für badische Verhältnisse ein eher kühles und feuchtes Klima auf: Der im Osten stets sichtbare Schwarzwald kühlt die Region und staut die Wolken. Zudem sind hochwertige Böden rar. Der typische Weinbergboden des Markgräflerlands ist lehmig. Oft ist er auch von Löss bedeckt, und zuweilen findet sich Kalkmergel im Untergrund. Am Isteiner Klotz mit seinem Kalkwerk finden sich Weinberglagen, deren Jurakalk besonders mineralische Weine verspricht.

Ehrgeizige Winzer gleichen heute im Markgräflerland mit Fleiß und Durchdachtheit aus, was die Natur ihren Weinbergen im Vergleich zu den besonders begünstigten Nachbarregionen versagt hat. So entstehen kernige, straffe Spätburgunder und elegante, geradlinige Weißweine aus Burgundersorten. Nach wie vor ist aber der Gutedel ein besonders typischer und besonders empfehlenswerter Wein – wenn er aus gutem Hause stammt. Man muss die Markgräfler nicht darum beneiden, dass ihr Ruf auf dieser Sorte gründet: Ein auch nur mittelmäßiger Gutedel ist gleich ein banaler Wein. Die Finesse eines hochwertigen Gutedel hingegen bleibt beim beiläufigen Trinken oft unbemerkt. Und es gibt herausragende Gutedel im Markgräflerland! Vor allem Weine, die auf Kalk gewachsen sind, können einen alltäglichen Trinkgenuss mit den hohen Weihen der Mineralität versehen.

Bodensee

Deutschlands südlichstes Anbaugebiet weckt unweigerlich Urlaubsfantasien. An den Uferpromenaden Meersburgs und Hagnaus wird im Sommer so mancher Becher geleert. Dabei darf man nicht übersehen, dass der Weinbau hier bereits im Voralpengebiet stattfindet. Der Spiegel des Bodensees liegt auf 396 Meter Höhe, die Weinberge ziehen sich bis in eine Höhe von 560 Metern. Einzig die mächtige Wärmespeicherwirkung des Sees ermöglicht den Weinbau in solchen Höhen (Karten siehe Seiten 180/181).

GESCHICHTE

Der Bodensee ist uraltes Weinbaugebiet. Auf der Insel Reichenau hat der Weinbau wohl mit den ersten Klostergründungen Einzug gehalten; gefundene Traubenkerne lassen sich auf das 8. Jahrhundert datieren. Angeblich brachte ein Urenkel Karls des Großen, Karl der Dicke, bereits im Jahr 884 den Spätburgunder nach Bodman.

Ende des 19. Jahrhunderts begann die Geschichte einer anderen Rebsorte am Bodensee: die des Müller-Thurgau. Ihr Züchter Hermann Müller stammte aus Tägerwilen im Kanton Thurgau, und als er von seiner Tätigkeit an der Forschungsanstalt Geisenheim nach Wädenswil in die Schweiz zurückkehrte, ließ er seinen in Geisenheim begonnenen Sortenversuch an den Arenenberg am Schweizer Ufer des Untersees bringen. Von dort gelangte die neue Rebsorte einige Jahre später in einem Fischerboot auch ans deutsche Bodenseeufer. Zwar dauerte es noch bis zum Ende des Zweiten Weltkriegs, bis der Müller-Thurgau größere Verbreitung

DETAILKARTE
Markgräflerland Süd
Fortsetzung siehe Seite 172
Steinenstadt
Sonnenstück
Mauchen
Frauenberg
Schliengen
Großlage Burg Neuenfels
Paradies
Feldberg
Schallsingen
Obereggenen
Niedereggenen
Liel
Steingässle
Feuerbach
Bad Bellingen
Sonnhohle
Hertingen
Riedlingen
Kapellenberg
Bamlach
Tannenkirch
Stein-gässle
Kandern
Rheinweiler
Blansingen
Wolfer
Holzen
Welmlingen
Mappach
Kleinkems
Huttingen
Wintersweiler
Kirchberg
Großlage Vogtei Rötteln
Egringen
Wollbach
Schallbach
Oelberg
Istein
Efringen-Kirchen
Wittlingen
Weingarten
Fischingen
Rümmingen
Schloß Rötteln
Binzen
Eimeldingen
Maßstab 1:100 000
0 1 2 3 km
Ötlingen
Stiege
Haltingen
Lörrach
Friedolinskirche
Schlipf
Sonnenbrunnen
Inzlingen
Weil am Rhein
Riehen
SCHWEIZ
Basel
Grenzach
Hornfelsen
Herten
Steinacker
Whylen
Rhein
5
ZEICHENERKLÄRUNG
Hausen Ort mit Weinbauflächen
Hausen Ort ohne Weinbauflächen
Bereichsgrenze
Großlagengrenze
Einzellagengrenze
Besonders privilegierte Lage
Privilegierte Lage
Gute Lage
Weitere Rebflächen
VDP Erste Lage
Sehenswürdigkeit
A/B
B/C
C/D
D/E
E/F
F/G
1|2
2|3
3|4
4|5
5|6

fand. Doch es beweist sich bis heute immer wieder, dass er hervorragend ins Bodenseeklima passt.

WEINBAU

Das Klima setzt dem Weinbau des Bodensees Grenzen. Die Wucht eines Weins vom Kaiserstuhl oder eines Pfälzers darf man hier nicht suchen. Die Seeweine besitzen andere Tugenden: Durch die langsame Reife sammeln sich in den Trauben komplexe Aromen. Die besten Weine sind fein ohne Schwäche, klar in ihrem Ausdruck und ohne jede Aufdringlichkeit. Die Böden sind fast überall von eiszeitlichen Moränen geprägt: Dort, wo die Gletscher am Ende der Eiszeit ihr Geschiebe zurückließen, befinden sich heute die lockersten, geeignetsten Böden für den Weinbau.

Zum Weinbau des Bodensees zählen auch die Weinberge am Hochrhein. Es ist eine ebenso kleine wie sinnvolle Inkorrektheit dieses Atlas, dass er hier auch die württembergischen und bayerischen Weinberge des Bodensees zusammen mit dem nach Fläche weit überwiegenden badischen Teil zeigt. Vor allem das weinbauliche Zentrum des bayerischen Bodensees, Nonnenhorn, verdient dabei herausgehoben zu werden.

DIE BESTEN WEINLAGEN *in Baden*

BESONDERS PRIVILEGIERTE LAGEN

Ortenau

Neuweier Mauerberg

▸ Seite 167/C5

Größe: 40,3 ha **Höhe:** 180–290 m

Exposition: Original-Mauerberg Südsüdwest bis Süd, erweiterte Parzellen überwiegend Südost

Steilheit: beste Parzellen querterrassiert, 50–80 %, erweiterte Parzellen 20–50 %

Boden: Rhyolith (»Quarzporphyr«) und Basaltgestein im Untergrund, Bodenskelett aus Porphyrverwitterung, tiefgründige Feinböden aus Sanden vulkanischen Ursprungs

Wichtigste Rebsorte: Riesling

Wichtigste Weingüter: Schloß Neuweier, Gut Nägelsförst

Besonderheiten: Der namengebende Weinberg ist nur etwa 5 ha groß. Weine, die von hier stammen, sind an den (Zusatz-)Bezeichnungen »Mauer-Wein«, »Halde« oder »Goldenes Loch« zu erkennen. Die Trockenmauern in dieser Steillage speichern Wärme, der Weinbergboden war keinen Flurbereinigungen unterworfen. Die Parzelle Goldenes Loch bildet einen (Hitze-)Kessel mit südsüdwestlicher bis südlicher Ausrichtung. Im Untergrund des Original-Mauerbergs finden sich auch Flöze aus dem Oberkarbon – unweit Neuweier wurde früher Steinkohle abgebaut.

Weintyp: Reiffruchtige und blumige Aromen, am Gaumen stoffige, extraktreiche Weine mit belebender Säure und mineralischer Spannung. Exzellente Lagerfähigkeit. Weine aus dem Goldenen Loch breiter, mit ausgeprägter Hochreifearomatik.

Kaiserstuhl

Achkarren Schlossberg

▸ Seite 170/D2

Größe: 79,2 ha **Höhe:** 190–320 m

Exposition: in Amphitheatern West bis Südost, überwiegend südliche, am Böhmischberg westliche Richtungen

Steilheit: 20–80 %

Boden: dunkler Vulkanverwitterungsboden, skelettreich, Lössauflage zum Teil von Menschenhand herbeigeschafft

Wichtigste Rebsorten: Spätburgunder, Grauburgunder, Weißburgunder, Riesling

Wichtigste Weingüter: Dr. Heger, Schwarzer Adler, WG Achkarren, Michel, Engist, Probst

Besonderheiten: Alle vier Amphitheater (Böhmischberg, Büchsenberg, Schloßberg und Schneckenberg), aus denen sich die Lage Schloßberg zusammensetzt, sind wahre Glutöfen. In einigen Steilhängen ist überdies der Boden so mager, dass Rebpfähle betoniert werden müssen. In den flachgründigen, trockenen Böden ist teilweise Bewässerung erforderlich.

Weintyp: Grauburgunder besonders delikat: reich und geschmeidig mit Honigwürze. Spätburgunder mit Kraft und innerer Spannung, sehr lagerbeständig.

Oberrotweil Eichberg

▸ Seite 170/C2

Größe: 19,8 ha **Höhe:** 210–270 m

Exposition: überwiegend Süd, an Kuppen West und Ost

Steilheit: 10–50 %

Boden: stark verwitterter schwarzbrauner Vulkanverwitterungsboden, Aschentuffe, Basaltsteine, schwache Lössauflage

Wichtigste Rebsorten: Spätburgunder, Grauburgunder, Weißburgunder, Muskateller

Wichtigste Weingüter: von Gleichenstein, Salwey, Stigler, Schwarzer Adler

Besonderheiten: Die Lage war ehemals mit Eichen bepflanzt. Erste Aufstockung im Jahr 1820.

Weintyp: Weißweine mit Fülle und Körperkraft, doch zugleich mineralisch balanciert. Feinfruchtige Spätburgunder mit deutlich mineralischen Aromen (feuchter Stein, Asche), trotz meist zurückhaltender Tannine lagerbeständig.

Oberrotweil Kirchberg

▸ Seite 170/C2

Größe: 3,3 ha **Höhe:** 200–260 m

Exposition: vorwiegend Süd, in einer Terrassenanlage Südost und Südwest

Steilheit: 10–30 %

DIE BESTEN WEINLAGEN *in Baden*

Boden: äußerst gesteinsreicher Vulkanverwitterungsboden mit schwacher Lössauflage und Kalkeinschlüssen

Wichtigste Rebsorten: Spätburgunder, Weißburgunder, Muskateller

Wichtigste Weingüter: Salwey, Schwarzer Adler

Besonderheiten: Nach Norden durch einen Wald windgeschützt. Der Gesteinsanteil setzt sich vor allem aus Karbonatminerale enthaltenden Lapilli (nussgroßes Auswurfgestein) und Ignimbriten (Schmelztuffe) zusammen.

Weintyp: Weißweine mit Tiefe und mineralischem Kern. Spätburgunder in der Jugend mit mineralischer Härte, zugleich oft von Lesegut hoher Reife geprägt, stoffig, benötigen Lagerung.

PRIVILEGIERTE LAGEN

Kraichgau

Michelfeld Himmelberg

▸ Seite 164/A5

Größe: 19,0 ha **Höhe:** 160–240 m

Exposition: Südwest bis (überwiegend) Südsüdost

Steilheit: 20–30 %

Boden: tiefgründiger Löss mit hohem Kalkanteil

Wichtigste Rebsorten: Weißburgunder, Grauburgunder, Spätburgunder, Auxerrois

Wichtigstes Weingut: Reichsgraf und Marquis zu Hoensbroech (Alleinbesitz)

Besonderheiten: Im westlichen Teil des Weinbergs finden sich Lösskindel. Relativ trockenes Mikroklima. Der Weinberg ist alle 80 m von Hecken und Böschungen durchsetzt – so ist stets ein Abfließen der Kaltluft nach unten gewährleistet.

Sommerlicher Glutofen auf Vulkangestein: die Einzellage Achkarren Schloßberg.

Weintyp: Weißweine schlank, prägnant feinnervig, aromatisch. Spätburgunder leicht, aber mit hintergründiger Mineralität und von sehr guter Lagerfähigkeit.

Ortenau

Durbach Ölberg

▸ Seite 168/C3

Größe: 13,7 ha **Höhe:** 220–260 m

Exposition: West bis Süd

Steilheit: 40–80 %

Boden: Granitverwitterung

Wichtigste Rebsorte: Gewürztraminer

Wichtigste Weingüter: Heinrich Männle, WG Durbach

Besonderheiten: Westlicher Anschluss des Durbach Plauelrain, zum Teil in den Plauelrain übergehend: Südparzellen im unteren Teil des westlichen Plauelrain zählen zur Lage Ölberg.

Weintyp: aromatische, körperreiche Weine

Durbach Plauelrain

▸ Seite 168/BC35

Größe: 190,4 ha **Höhe:** 200–320 m

Exposition: beste Parzellen Süd bis Südsüdost, weitere Parzellen Ost bis Westsüdwest

Steilheit: beste Parzellen 40–85 %, weitere Parzellen 20–60 %

Boden: Hoher Skelettanteil. Granitverwitterung mit sandigem Feinboden. Stellenweise sehr flachgründig: bereits in 40 cm Tiefe Fels. Es gibt sogar Inseln puren Gesteins mitten im Weinberg.

Wichtigste Rebsorten: Riesling, Traminer, Scheurebe

Wichtigste Weingüter: Andreas Laible, Heinrich Männle, WG Durbach

Besonderheiten: Der historische Plauelrain umfasste bis 1971 ca. 17 ha. Diese

DIE BESTEN WEINLAGEN *in Baden*

Umrahmt von purem Kalkstein: die Einzellage Istein Kirchberg im südlichen Markgräflerland.

historische Lage am nordwestlichen Ortsrand der Gemeinde Durbach ist durch ihre Steilheit sowie durch das wärmespeichernde Mikroklima eines Kessels gekennzeichnet – ohne jeden Zweifel würde sie das Prädikat »besonders privilegiert« verdienen. Die Lage Plauelrain als ganze wird hier jedoch nur als »privilegiert« eingestuft, da heute Weine aus zahlreichen anderen Gewannen den Namen Plauelrain tragen dürfen. Darunter befinden sich einige hochwertige Parzellen, aber auch einige deutlich schwächere – beispielsweise solche in reiner Ost- oder Westexposition. Wie weit die Lage Plauelrain im Zuge des Weinrechts von 1971 ausgedehnt wurde, lässt sich daran ermessen, dass selbst ein (südwestlich exponierter, von Wald umgebener, nur mäßig geneigter) Weinberg im Nachbarort Wiedergrün zum Durbach Plauelrain zählt.

Weintyp: Fruchtbetonte, kraftvolle, doch selten breite Weine, die stets von einem festen mineralischen Kern zusammengehalten werden.

Durbach Schloss Grohl

▸ Seite 168/C4

Größe: 5,0 ha **Höhe:** 220–250 m

Exposition: Süd bis Südwest, kleinere Parzelle Südost

Steilheit: 30–60 %

Boden: Granitverwitterung, mittelhoher Skelettanteil, sandiger Feinboden

Wichtigste Rebsorten: Riesling, Sauvignon blanc

Wichtigstes Weingut: Graf Wolff Metternich (Alleinbesitz)

Besonderheiten: Die Kernlage Schloss Grohl liegt im östlichen Teil der historischen Lage Durbach Plauelrain und teilt die Eigenschaften dieses Weinbergs. Überdies zählt eine kleine Parzelle in Insellage innerhalb der Lage Kochberg zur Lage Schloß Grohl.

Weintyp: klar strukturiert, aromatisch, harmonisierter mineralisch strenger Hintergrund

Durbach Schlossberg/ Schloss Staufenberg

▸ Seite 168/BC4

Größe: 33,5 ha **Höhe:** 220–370 m

Exposition: Südost bis Westnordwest

DIE BESTEN WEINLAGEN *in Baden*

Steilheit: 15–80 %
Boden: Granitverwitterung, teilweise mit Porphyr und Gneis durchsetzt, Löss
Wichtigste Rebsorten: Riesling, Spätburgunder, Chardonnay
Wichtigste Weingüter: Markgraf von Baden (Alleinbesitz Schloss Staufenberg), Graf Wolff-Metternich
Besonderheiten: In der Weinbergrolle als eine Lage eingetragen. Die Bezeichnung Schloss Staufenberg dürfen nur Weine aus Lagen im Besitz des Markgrafen von Baden tragen. Diese befinden sich in den höher gelegenen Partien des Weinbergs, zumeist in südwestlicher bis südöstlicher Ausrichtung. Historische Parzelle Klingelberg sowie Westlagen im unteren Teil des Weinbergs (Wolff-Metternich) querterrassiert. Unterer Hangbereich in Kessellage.
Weintyp: Reiffruchtiger Rieslingtyp, der Körperreichtum und Kernigkeit vereint, deutliche Mineralität. Saftige Spätburgunder mit moderatem Tanningehalt, die Kraft und Eleganz verbinden.

Lauf Gut Alsenhof
▸ Seite 166/C4

Größe: 3,9 ha **Höhe:** 220–270 m
Exposition: Südwest bis Süd
Steilheit: 40–60 %
Boden: Granitverwitterung und Buntsandstein
Wichtigste Rebsorte: Spätburgunder
Wichtigstes Weingut: Jacob Duijn (Alleinbesitz)
Besonderheiten: gegen Nordwind durch einen Wald geschützt
Weintyp: im Körper mittelgewichtiger Spätburgunder mit gewisser Strenge, mit Flaschenreife vielschichtig und mineralisch

Neuweier Schlossberg
▸ Seite 167/C5

Größe: 2,8 ha **Höhe:** 180–220 m
Exposition: Süd bis Südwest
Steilheit: 40–60%
Boden: Porphyrverwitterung
Wichtigste Rebsorte: Riesling
Wichtigstes Weingut: Schloss Neuweier (Alleinbesitz)
Besonderheiten: Die Lage erhebt sich unmittelbar hinter Schloss Neuweier in Querterrassen. Sie grenzt an die besten Parzellen der Lage Neuweier Mauerberg und teilt deren Privilegien.
Weintyp: fruchtiger Riesling, transparent im Bau, geradezu subtil, jedoch gepaart mit deutlichem Ausdruck

Waldulm Pfarrberg
▸ Seite 166/D4

Größe: 93,7 ha **Höhe:** 250–400 m
Exposition: in Wellen Ost bis West, einige reine Südlagen
Steilheit: 20–60 %
Boden: Granitverwitterung, sehr skelettreicher Boden
Wichtigste Rebsorte: Spätburgunder
Wichtigste Weingüter: Gasthof Rebstock Waldulm, WG Waldulm
Besonderheiten: Der hohe Skelettanteil der Böden dient als Wärmespeicher, die geschützte Lage des Tals und die bewaldeten Höhenzüge in der Umgebung schaffen einen idealen Klimaausgleich.
Weintyp: fruchtige, seidige Rotweine, bekannt für aromatische Komplexität

Kaiserstuhl

Blankenhornsberg Doktorgarten
▸ Seite 170/D2

Größe: 24,5 ha **Höhe:** 210–300 m
Exposition: überwiegend West und Ost, in einem Amphitheater von westlicher bis in südsüdöstliche Richtung drehend
Steilheit: 10–60 %
Boden: Vulkanverwitterung, Lösslehm, schluffige, kalkhaltige Abschwemmmassen (umgelagertes Lössmaterial)
Wichtigste Rebsorten: Spätburgunder, Weißburgunder
Wichtigstes Weingut: Staatsweingut Blankenhornsberg (Alleinbesitz)
Besonderheiten: Versuchs- und Ausbildungsweingut
Weintyp: fruchtige Weine, meist mittelgewichtig in Körper und Extrakt

Burkheim Feuerberg
▸ Seite 170/B2

Größe: 82,9 ha **Höhe:** 200–240 m
Exposition: im Hang Südwest bis Süd, im Flachen West
Steilheit: 0–45 %
Boden: dunkler Vulkanverwitterungsboden, am Hangfuß mit Lössauflage
Wichtigste Rebsorten: Spätburgunder, Grauburgunder
Wichtigstes Weingut: Bercher
Besonderheiten: Die Lage umfasst eine relativ große Anbaufläche in der Ebene. Weine aus solchen Parzellen sind zu vermeiden. Hanglagen sind hingegen deutlich privilegiert.
Weintyp: Weißweine würzig-salzig. Spätburgunder körperreich, vollmundig, cremig, zuweilen mit Hochreifearomatik.

Ihringen Winklerberg
▸ Seite 170/D2

Größe: 117, 1 ha **Höhe:** 190–295 m
Exposition: Westnordwest bis Südost, Steilterrassen überwiegend Südwest
Steilheit: 0–80 %
Boden: Ursprünglicher Winklerberg Vulkanverwitterung, in Steillagen teilweise mit geringer Gründigkeit, an der südlichsten Kuppe besonders verwitterungsanfälliges Gestein mit Einsprenglingen von Silikatmineralen. Auf dem Hochplateau (historisches Gewann Fohrenberg) Löss, in den westlich vorgelagerten Parzellen im Flachen schluffige Hochflutsedimente.
Wichtigste Rebsorten: Grauburgunder, Weißburgunder, Spätburgunder, Silvaner, Riesling, Muskateller
Wichtigste Weingüter: Dr. Heger, Stigler, Konstanzer, Gebrüder Müller, Pix
Besonderheiten: Gilt als die wärmste Lage Deutschlands. Der historische Winklerberg ist zudem durch seinen Bodentyp als »besonders privilegiert« anzusehen. Die Ausweitung der Lage in Löss- und Flachstücke hinein bedingt indes eine geringfügig tiefere Einstufung.
Weintyp: Weißweine mineralisch, stets zentriert, selten überreich im Körper, mit festem Kern und sich komplex

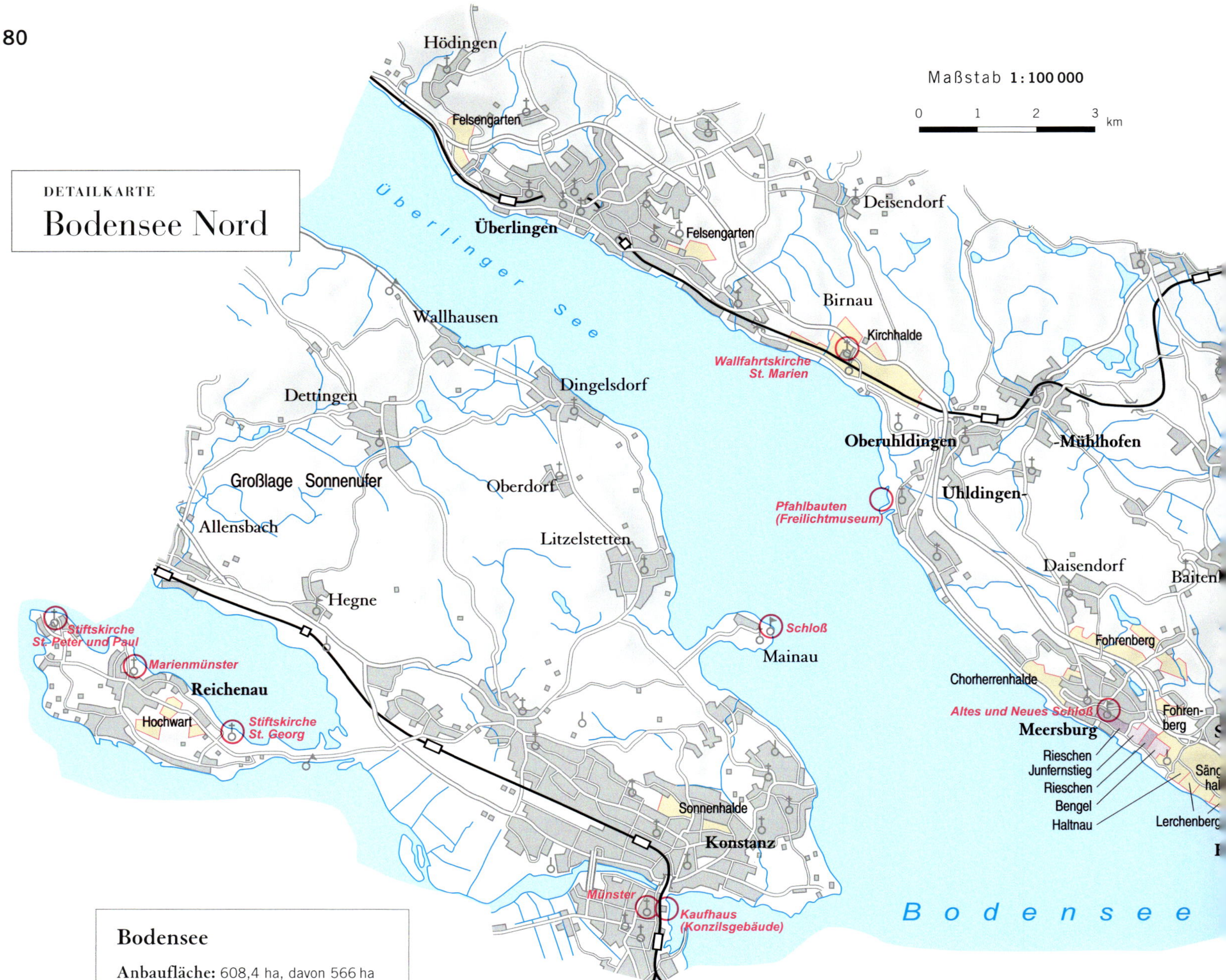

Bodensee

Anbaufläche: 608,4 ha, davon 566 ha Baden, 24,4 ha bayerischer Bodensee, 18 ha württembergischer Bodensee

Wichtigste Rebsorten: Spätburgunder (44 %), Müller-Thurgau (30 %), Grauburgunder (8 %), Weißburgunder (6 %), Bacchus (2 %)

Spezialität: Müller-Thurgau mit blumigem Duft und zuweilen rieslingähnlicher Gaumenstruktur. Feinnerviger Spätburgunder Weißherbst (falls ohne Botrytis gelesen) mit delikater, komplexer Frucht.

Vorherrschende Bodentypen: Süßwassermolasse und Endmoränenschotter

Durchschnittlicher jährlicher Niederschlag: 942 mm (Meersburg)

Durchschnittlicher Niederschlag im Erntemonat (Oktober): 59 mm (Meersburg)

Jahresdurchschnittstemperatur: 8,9 °C (Meersburg)

Sonnenstunden jährlich: 1640 (Konstanz)

(Klimadaten jeweils 1961–1990, Quelle: Deutscher Wetterdienst)

Hauptgefahren für den Weinbau: Pilzkrankheiten, herbstliche Nebel, Unterreife

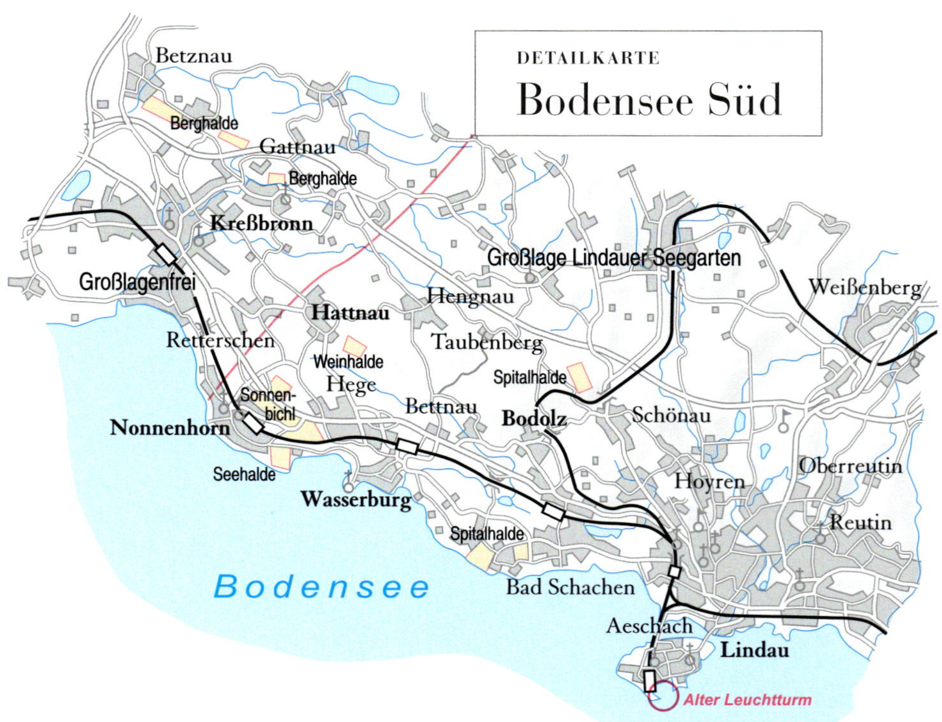

DIE BESTEN WEINLAGEN *in Baden*

entwickelnder Aromatik. Spätburgunder typischerweise gerbstoffbetont mit saftigem Hintergrund, mineralische Tönung.

Jechtingen Eichert

▸ Seite 170/B2

Größe: 53,2 ha **Höhe:** 180–260 m

Exposition: am Hang vorwiegend Südsüdwest, in einer flacheren Partie West

Steilheit: 5–30 %

Boden: flachgründiger, mäßig gesteinsreicher Vulkanverwitterungsboden von krümeliger Konsistenz, rötliche Farbnuancen

Wichtigste Rebsorten: Spätburgunder, Grauburgunder

Wichtigste Weingüter: Bercher, WG Jechtingen, Helde

Besonderheiten: Eine Welle im Verlauf des Weinbergs schafft eine leichte Muldenlage. Der Rhein ist an dieser nordwestlichen Stelle des Kaiserstuhls nur noch gut 1 km entfernt.

Weintyp: Mineralische Weine, sehr typisch für Vulkanverwitterungsboden. Selten überbordend in ihrer Körperkraft, klassisch strukturiert, fest und kernig in der Jugend, hohes Aromapotenzial.

Oberrotweil Henkenberg

▸ Seite 170/C2

Größe: 104,2 ha

Höhe: 180–225 m, am Steingrubenberg und Büchsenberg bis 280 m

Exposition: West bis Ost

Steilheit: 0–35 %

Boden: Vulkanverwitterung, Lehm und Lösslehm, stellenweise stark skelettreich, wenig einheitlich

Wichtigste Rebsorten: Spätburgunder, Grauburgunder, Weißburgunder

Wichtigste Weingüter: Salwey, von Gleichenstein, Bercher-Schmidt

Besonderheiten: Inhomogene Lage, die diverse von Vulkanboden geprägte Hanglagen (und einige Flachlagen) im Umkreis der Ortschaft Oberrotweil versammelt. Darunter befinden sich auch mehrere »besonders privilegierte« Parzellen. Die Kuppen des vorderen Kirchbergs (ein Teil der Lage Henkenberg) sowie des Steingrubenbergs sind bewaldet (positiv für Wasserhaushalt und Windschutz). Zum Henkenberg zählt auch der obere südöstliche Teil des Büchsenbergs (der Hauptteil gehört zum Achkarren Schloßberg). In manchen Gewannen des Henkenbergs finden sich Granate im Boden. Der historische Henkenberg war früher eine Richtstätte.

Weintyp: fruchtbetonte Weine, eher sehnig als fett, pikant, mittlere Lagerfähigkeit

Markgräflerland

Efringen-Kirchen Oelberg

▸ Seite 175/D2

Größe: 34,5 ha **Höhe:** 250–320 m

Exposition: Südsüdost, in einer Mulde Ostsüdost bis Südwest

Steilheit: 0–50 %

Boden: Jurakalk, Kalkverwitterungslehm (»Rendzina«), überwiegend flachgründig

Wichtigste Rebsorten: Gutedel, Spätburgunder

Wichtigstes Weingut: Ziereisen

Besonderheiten: Weinberg in unmittelbarer Nachbarschaft eines Kalkbergwerks. Trotz flachgründiger Böden guter Wasserhaushalt: Die kompakten Kalkschichten im Untergrund halten das Wasser.

Weintyp: Gehaltvoller, geschmeidiger, aber nicht breiter Gutedel, deutlich kalkmineralisch. Spätburgunder mit intensiver Würze und Kräuternoten, vollmundig.

Istein Kirchberg

▸ Seite 175/CD2

Größe: 36,7 ha **Höhe:** 260–360 m

Exposition: Südwest bis Süd

Steilheit: 10–40 %

Boden: Jurakalk, Kalkverwitterungslehm (»Rendzina«), überwiegend flachgründig

Wichtigste Rebsorten: Gutedel, Weißburgunder, Riesling, Spätburgunder

Wichtigstes Weingut: Schlossgut Istein

Besonderheiten: wie Efringen-Kirchen Oelberg (siehe oben)

Weintyp: Selbst Gutedel extraktreichkernig, deutlich kalkmineralisch, Weißweine generell eher schlank, kernig. Spätburgunder mit pfeffrigen Aromen, saftig, gut reifend.

Bodensee

Meersburg Rieschen

▸ Seite 180/D6

Größe: 3,7 ha **Höhe:** 401–430 m

Exposition: Südwest bis Südsüdwest

Steilheit: 30–70 %

Boden: Endmoränenschotter über Süßwassermolasse, skelettreich

Wichtigste Rebsorten: Riesling, Grauburgunder, Traminer

Wichtigstes Weingut: Staatsweingut Meersburg (Alleinbesitz)

Besonderheiten: Steillage oberhalb des Meersburger Hafens. Ideales Kleinklima durch Licht- und Wärme-

DIE BESTEN WEINLAGEN *in Baden*

Meersburg Rieschen: kleinklimatisch günstigste Lage am Bodensee.

reflexion des Sees sowie durch die wärmespeichernde Funktion des oberhalb der Lage stehenden historischen Gebäudes (Reithof).

Weintyp: Riesling in guten Jahren mit elegantem Süße-Säure-Spiel, Grauburgunder opulent (Ruländertyp), doch mit seetypischer Kernigkeit, Traminer würzig und reich

GUTE LAGEN

Badische Bergstraße

Heidelberg Dachsbuckel ▸ Seite 162/F2, 7,5 ha, Süd, 15–35 %, Buntsandstein

Heidelberg Herrenberg/Leimen Herrenberg ▸ Seite 162/F2, 45,9 ha, West bis Südwest, 10–30 %, überwiegend Muschelkalk, teilweise Buntsandstein, Lösslehm

Heidelberg Sonnenseite ob der Bruck ▸ Seite 162/E2, 1,4 ha, Süd, 30–60 %, Granitverwitterung

Kraichgau

Malsch Rotsteig ▸ Seite 164/A4, 6,7 ha, Südwest bis Süd, 10–20 %, Stubensandstein, Keuper, Kies, Löss

Sulzfeld Burg Ravensburger Dicker Franz ▸ Seite 165/B34, 4,6 ha, 10–40 %, zwei getrennte Parzellen: Südost, Westsüdwest, Gipskeuper, relativ tiefgründig, nicht flurbereinigt

Sulzfeld Burg Ravensburger Husarenkappe ▸ Seite 165/B3, 3,5 ha, 10–25 %, Südwest bis Süd, Gipskeuper, Mergel, flachgründig, nicht flurbereinigt

Sulzfeld Burg Ravensburger Löchle ▸ Seite 165/B4, 7,8 ha, Süd, 15–30 %, Gipskeuper, Kalkgestein, Tongestein, flachgründig, Muldenlage, nicht flurbereinigt

Ortenau

Altschweier Sternenberg ▸ Seite 167/D45, 70,3 ha, West bis Südwest, 30–75 %, Granitverwitterung, flachgründig, einige sehr hochwertige Parzellen

Berghaupten Schützenberg ▸ Seite 166/G2, 6,3 ha, Südost bis Süd, 10–50 %, Gneisverwitterung und Gneisurgestein

Bühlertal Engelsfelsen ▸ Seite 167/DE5, 45,4 ha, West bis (überwiegend) Südost, 10–60 %, Granitverwitterung mit aufgeschlossenem Granit, Boden ähnelt Beaujolais-cru-Lagen, große Tag-Nacht-Temperaturschwankungen, einige sehr hochwertige Parzellen

Diersburg Schloßberg ▸ Seite 166/G2, 3,8 ha, Südost bis Südwest, 20–60 %, Granit- und Gneisverwitterung, skelettreich, Kessellage

Durbach Kapellenberg ▸ Seite 168/C4, 6,8 ha, West bis Südwest, 30–45 %, Granitverwitterung

Durbach Kochberg ▸ Seite 168/BD34, 129,7 ha, Westnordwest bis Ostnordost, 20–60 %, Granitverwitterung

Durbach Steinberg ▸ Seite 168/C4, 7,8 ha, Westnordwest bis Südsüdwest, 20–60 %, Granitverwitterung

Fessenbach/Ortenberg Franzensberger ▸ Seite 168/E3, 1,6 ha, West bis Südwest, 20–40 %, Granitverwitterung

Ortenberg Schlossberg ▸ Seite 168/E2, 8,3 ha, West bis Südost, 10–65 %, Granitverwitterung, flachgründig, sandig

Umweg Stich den Buben ▸ Seite 167/BC45, 81,9 ha, Südsüdost bis West, 0–50 %, Porphyr- und Granitverwitterung, tiefgründiger lehmiger Sandboden vulkanischen Ursprungs, Ursprungsgewann (Kessellage, Weingut Nägelsförst) klassifizierungswürdig, Lage jedoch stark ausgeweitet

Varnhalt Klosterbergfelsen ▸ Seite 167/BC5, 15,4 ha, Süd bis Westnordwest, 0–45 %, kristalliner Vulkantuff, Sand

Zell-Weierbach Abtsberg ▸ Seite 168/CD23, 83 ha, Südost bis Westnordwest, 20–40 %, Lehmlöss und Granitverwitterung

Zell-Weierbach Neugesetz ▸ Seite 168/D3, 2,9 ha, Süd bis West, 30–50 %, Granitverwitterung über Granitgestein

DIE BESTEN WEINLAGEN *in Baden*

Breisgau

Bombach Sommerhalde ▸ Seite 171/E2, 36,2 ha, Südwest bis Südsüdost, 10–30 %, Muschelkalk, tonig, eisenhaltig, Löss

Freiburg Schloßberg ▸ Seite 173/A2, 4,6 ha, Süd, 20–70 %, Gneisverwitterung, kühle abendliche Fallwinde aus dem Höllental, beste Partien klassifizierungswürdig

Glottertal Eichberg ▸ Seite 171/G34, 42,9 ha, Südwest bis Südsüdost, 20–75 %, Gneisverwitterung, beste Parzellen klassifizierungswürdig

Glottertal Roter Bur ▸ Seite 171/G4, 9,7 ha, Südsüdwest bis Süd, 50–60 %, Gneisverwitterung, klassifizierungswürdige Lage. Bislang nur ein einziger empfehlenswerter Erzeuger: Weingut Disch.

Hecklingen Schloßberg ▸ Seite 171/E12, 67,5 ha, West bis Südost, 0–80 %, oberer Muschelkalk, skelettreich, Lösslehm, teilweise terrassiert, Steillagen (ca. 6 ha) klassifizierungswürdig (Weingut Huber, Malterdingen)

Köndringen/Mundingen Alte Burg ▸ Seite 171/EF2, 165,9 ha, Nordnordwest bis Nordnordost, jedoch überwiegend südliche Richtungen, 10–40 %, Muschelkalkverwitterung, kalkhaltiger Lösslehm, teilweise Sand, zum Teil terrassiert

Lahr/Friesenheim/Oberschopfheim Kronenbühl ▸ Seite 171/AB23, 226,0 ha, Ost, Süd, West, 10–30 %, Lösslehm, zum Teil terrassiert

Lahr Herrentisch ▸ Seite 171/A12, 5,5 ha, Süd bis West, 10–20 %, Lösslehm, zum Teil terrassiert

Lehen Bergle ▸ Seite 171/G2, 8,8 ha, Süd, 10–25 %, Jurakalk, Lösslehm

Malterdingen Bienenberg ▸ Seite 171/E12, 120,6 ha, Südost bis Südwest, 10–50 %, Muschelkalk, zum Teil rötlich imprägniert, Lösslehm und Löss, überwiegend terrassiert, beste Parzellen klassifizierungswürdig

Schmieheim Kirchberg ▸ Seite 171/C2, 41,6 ha, Südwest bis Südost, 0–30 %, Lösslehm, gelber Kalkstein. Bestes Gewann: Kalkofen (Weingut Schwörer).

Kaiserstuhl

Bischoffingen Steinbuck ▸ Seite 170/C2, 16,2 ha, überwiegend Südwest, in einer Welle Südost, 10–50 %, teils steiniger, flachgründiger Vulkanverwitterungsboden, teils Löss in Terrassen

Burkheim Schlossgarten ▸ Seite 170/BC2, 57,7 ha, West bis Ost, teilweise terrassiert, 0–35 %, Löss

Oberbergen Bassgeige ▸ Seite 170/BC34, 239,1 ha, überwiegend Süd bis Südwest, einige Terrassen auch Ost, West, Nordwest, 0–70 %. In jeder Hinsicht sehr heterogene Lage: Löss (in teilweise monströsen Terrassen), stellenweise jedoch Vulkanverwitterung – Ursprung teilweise Tiefengestein (ähnlich Schelingen Kirchberg), teilweise Karbonatit, teilsweise Tephrit-Lava (ähnlich westlicher Kaiserstuhl) –, beste Parzellen »besonders privilegiert«, schlechteste Parzellen nur bedingt für Weinbau geeignet.

Oberbergen Pulverbuck ▸ Seite 170/C3, 3,5 ha, Südwest bis West, 20–60 %, überwiegend Lösslehm und Löss großer Mächtigkeit

Oberrotweil Käsleberg ▸ Seite 170/C23, 298,5 ha, diverse Himmelsrichtungen von West bis Ost, flachere Partien auch in leichter Nordostlage, 0–20 %, Löss (bis zu 30 m mächtig)

Sasbach Rote Halde ▸ Seite 170/AB2, 53,1 ha, Nordost in Terrassen, am Lützelberg Nordwest bis Nordost unter vorherrschend südlichen Richtungen, 10–40 %, Vulkanverwitterung, Tuff, rötlich pigmentierte, silikathaltige Auswurfgesteine, Löss, teilweise »privilegierte Lagen«

Schelingen Kirchberg ▸ Seite 170/BC34, 49,6 ha, Nordwest bis Ost (Vulkanlagen überwiegend Südost), 20–50 %, magerer Vulkanverwitterungsboden, dessen Ursprung nicht wie im westlichen Kaiserstuhl Laven sind, sondern Tiefengesteine (Essexit), teilweise mit Löss überlagert. Südlich der Ortschaft einige reine Lösslagen. Der gesamte Kirchberg ist überwiegend terrassiert, zum Teil wurde erst in jüngerer Zeit eine behutsame Flurbereinigung durchgeführt. Der Schelinger Kirchberg ist der höchstgelegene Weinberg des Kaiserstuhls (bis 390 m), Teile der Lage sind klassifizierungswürdig.

Tuniberg

Munzingen Kapellenberg ▸ Seite 170/FG34, 159,9 ha, West bis Ost, 0–50 %, kalkhaltiger Löss, stellenweise Kalkstein, bekannt vor allem wegen der südlich ausgerichteten Steilterrassen unterhalb der Ehrentrudiskapelle

Niederrimsingen Rotgrund ▸ Seite 170/F3, 78,3 ha, West bis Südost, 0–40 %, stark kalkhaltiger Löss

Markgräflerland

Badenweiler Römerberg ▸ Seite 172/F4, 12,1 ha, überwiegend Süd, am Rand nach West drehend, 10–50 %, kalkhaltiger lehmiger Sand, Höhenlage (bis 370 m)

Ehrenstetten Oelberg ▸ Seite 172/C6, 72,3 ha, West bis Ost, 10–50 %, kalkhaltiger toniger Lehm, steiniger Boden

Mauchen Frauenberg ▸ Seite 175/A3, 5,2 ha, Westsüdwest bis Südsüdost, 20–40 %, Lösslehm, humos, kalkhaltig

Staufen Schlossberg ▸ Seite 172/D56, 45,9 ha, Nordwest bis Nordost, 0–40 %, Lösslehm, teilweise skelettreicher Boden, begünstigte Parzellen in Südlage unterhalb der Burgruine

Bodensee

Gailingen Schloss Rheinburg ▸ ohne Karte, 7,6 ha, Südsüdwest bis Süd, 30–45 %, Süßwassermolasse, Endmoränenschotter, Schwemmsand

Hohentwiel Olgaberg ▸ ohne Karte, 6,9 ha, Südost bis Südwest, 15–65 %, jüngst neu angelegte Querterrassen, Vulkanverwitterung, Tuff, porphyrisches Vulkangestein, potenziell klassifizierungswürdige Lage

Meersburg Bengel ▸ Seite 180/D6, 12,7 ha, Südwest, 30–60 %, teilweise terrassiert, Süßwassermolasse, Endmoränenschotter

Meersburg Jungfernstieg ▸ Seite 180/D5, 5,6 ha, Südwest, 20–60 %, Süßwassermolasse, Endmoränenschotter

Württemberg

Württemberger Weine finden in ihrer Heimat reißenden Absatz. Außerhalb des Gebiets ist ihr Ruf indes wechselhaft. Von außen betrachtet ist Württembergs Weinwirtschaft voller Paradoxien: Die Irritation beginnt damit, dass in den meisten hochwertigen Weinberglagen Trollinger wächst. Dieser blassrote, in seiner Urform alkoholschwache Tischwein ist ein Wein für arbeitsame Menschen. Früher wurde er in den Dörfern zwischen Stuttgart und Heilbronn bereits zum zweiten Frühstück aus Henkelbechern getrunken, zur Motivation für die zweite Etappe des Tagwerks. Wird der tendenziell reichliche Ertrag des Trollingers im Zaum gehalten, kann das Nationalgetränk Württembergs ein »Bodagfährtle« (man könnte auch sagen: einen Terroirton) aufweisen. Ein guter Trollinger hat mit seiner Frische und Leichtigkeit durchaus einen gewissen Reiz. Doch einmal davon abgesehen, dass man im Handel meist nur an dünne und banale Exemplare gelangt: Das Potenzial einer privilegierten Weinberglage in komplexe, lagerfähige Weine umzusetzen, das ist selbst den besten Trollingern nicht gegeben.

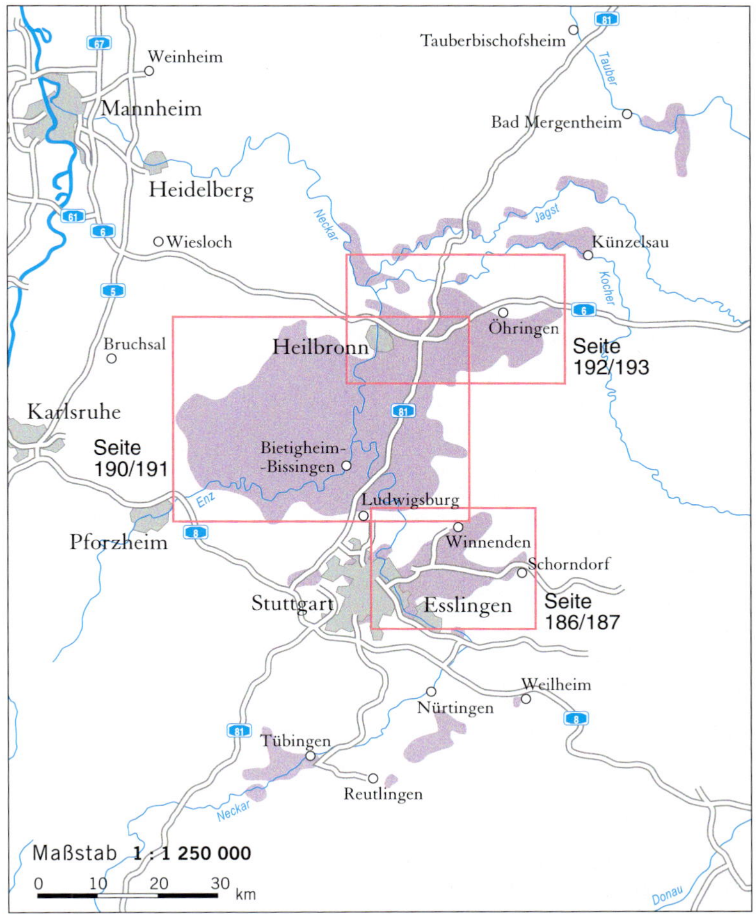

RÄTSEL RIESLING

Württemberg gibt dem Rest der Weinwelt noch weitere Rätsel auf, beispielsweise das seines Rieslings. Der Riesling ist die weiße Hauptsorte des Gebiets; er bedeckt immerhin etwas über achtzehn Prozent der Rebfläche. Dennoch ist die Identität des Württemberger Rieslings nur schwer zu fassen. Manche Winzer bevorzugen es, die Rieslingreben an den Kamm des Weinbergs zu pflanzen, damit die Trauben in der Höhenlage eine frische Säure behalten, dadurch eher »kühle« Aromen entwickeln und vom Wind bis weit in den Herbst hinein gesund gehalten werden. Andernorts steht der Riesling im Steilhang oder in Weinbergmulden, und die Winzer verweisen auf die intensive Würze und auf eine gewisse Geschmeidigkeit, welche die so zur Hochreife heranwachsenden Rieslingtrauben dem Wein mitgeben.

Versucht man aus den heterogenen Standorten und den von Betrieb zu Betrieb breit streuenden stilistischen Ideen ein Fazit zu ziehen, dann kann es wohl nur folgendermaßen ausfallen: Württemberg leidet unter einem Mangel an eindeutigen, herausragenden Rieslinglagen. Es fehlt an Standorten, die für Riesling nicht nur ansatzweise geeignet, sondern in der Lage sind, einen Weintyp ursprünglicher Art geradezu zu erzwingen. Rieslinge, die unverwechselbar für sich selbst stehen, gelingen in Württemberg nur an wenigen Orten.

Schneebedeckt: die gute, jedoch stark von der Flurbereinigung geprägte Lage Fellbach Lämmler vor den Toren Stuttgarts.

ZUGPFERD ROTWEIN

Potenziell liegen Württembergs Stärken eher beim Rotwein. Die württembergischen Winzer pflegen in ihren Weinbergen rund siebzig Prozent rote Sorten. Einen höheren Anteil hat innerhalb Deutschlands nur die Ahr. Die qualitativ wichtigste rote Sorte ist der Lemberger (Österreichs Blaufränkisch und Ungarns Kékfrankos). Spätburgunder hat dank des großen Einsatzes einiger junger Winzer stark aufgeholt. Weitere Württemberger Spezialitäten sind der Schwarzriesling (der Pinot meunier der Champagne), aus dem fruchtbetonte, selten tiefgründige, aber durchaus charmante Rotweine gekeltert werden. Frühburgunder (Clevner) fällt ebenfalls meist fruchtig aus und mild. Und dann sind da noch die Neuzüchtungen der rührigen Weinbauschule in Weinsberg, allen voran der Dornfelder, der noch aus einer älteren Generation von Züchtungsreihen stammt und mittlerweile in ganz Deutschland zu finden ist. Jüngst machen aber vor allem Weinsberger Kreuzungen von Cabernet Sauvignon und Lemberger sowie solche von Lemberger und Dornfelder von sich reden. Die Weine dieser Sorten (etwa Cabernet Mitos, Cabernet Dorsa oder Acolon) sind tintig in der Farbe, weich und füllig am Gaumen, und sie eignen sich für anspruchsvolle Cuvées zugänglicher Stilistik. Ob die derzeitige Begeisterung anhält, wird sich erweisen müssen. Die meisten dieser Sorten erhielten erst zwischen 1999 und 2002 ihre Sortenzulassung.

Ein letztes Paradox Württembergs ist vielleicht das auswirkungsreichste: Die besten Weinberglagen werden häufig am wenigsten professionell bearbeitet, nämlich von Feierabendwinzern, die ihre Trauben an Genossenschaften liefern. Die meisten Genossenschaften wiederum sind an Menge interessiert und tun wenig, um ihre Mitglieder zu qualitätsbewusster Weinbergarbeit zu motivieren. Über Defekte des Leseguts (Fäulnis!) tröstet dann bei der Bereitung der Rotweine das Verfahren der Maischeerhitzung hinweg, bei dem der Kontakt des Mosts mit den Beerenschalen zeitlich stark begrenzt werden kann. Die so entstehenden Weine sind jedoch meist in jeder Hinsicht blass, ihre Aromen stammen häufig eher aus Nebeneffekten der Gärung denn aus den Trauben selbst. Etwas überspitzt könnte man sagen: Württemberg ist reich an (potenziellen) Grands crus – doch aus diesen Spitzenlagen kommen in aller Regel nur mäßige Weine. Umgekehrt stammen viele der besten Weine Württembergs von kleinen, mit Verstand bewirtschafteten Parzellen innerhalb einer mittelmäßigen Weinberglage.

Remstal und Stuttgart

Das Flusstal der Rems führt den Weinbau bis in Höhen von über 400 Meter. In dieser niederschlagsreicheren, kühleren Region hat sich eine gewisse Rieslingtradition herausgebildet. Besonders bekannt ist der Ort Stetten mit seinen beiden Lagen Pulvermächer und Brotwasser. Während die Weine der Lage Brotwasser meist eher breit ausfallen und typischerweise von hochreifem Lesegut und einem Anflug Botrytis

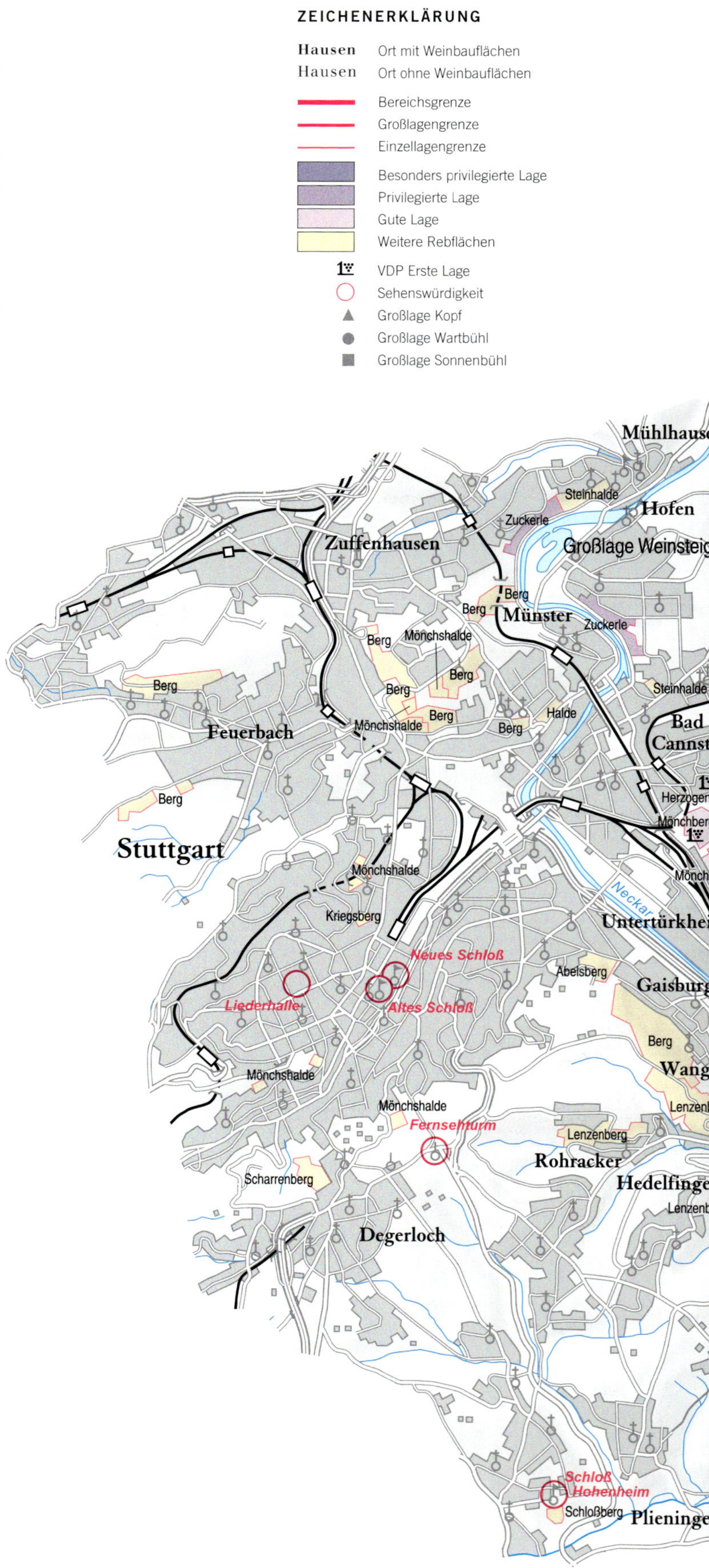

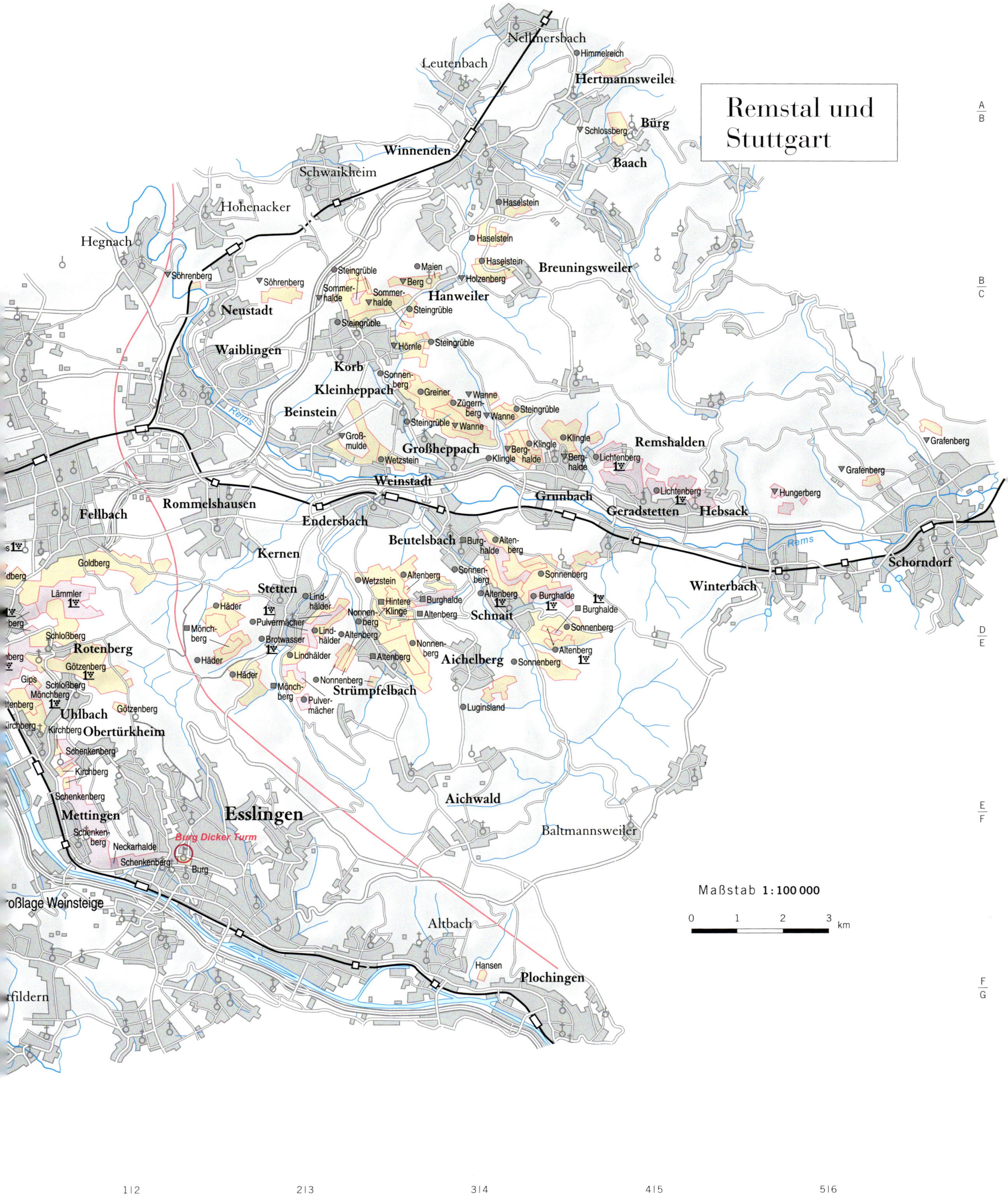
Remstal und Stuttgart
Maßstab 1:100 000
0 1 2 3 km
Nellmersbach
Leutenbach
Himmelreich
Hertmannsweiler
Bürg
Schlossberg
Baach
Winnenden
Schwaikheim
Hohenacker
Haselstein
Hegnach
Söhrenberg
Neustadt
Steingrüble
Maien
Berg
Holzenberg
Breuningsweiler
Sommer-halde
Hanweiler
Waiblingen
Hörnle
Korb
Sonnen-berg
Kleinheppach
Greiner
Wanne
Zügern-berg
Beinstein
Rems
Groß-mulde
Wetzstein
Großheppach
Klingle
Berg-halde
Lichtenberg
Remshalden
Grafenberg
Hungerberg
Weinstadt
Rommelshausen
Fellbach
Endersbach
Grunbach
Geradstetten
Hebsack
Beutelsbach
Alten-berg
Kernen
Goldberg
Lämmler
Stetten
Lind-hälder
Häder
Pulvermächer
Mönch-berg
Brotwasser
Hintere Klinge
Nonnen-berg
Burghalde
Altenberg
Schnait
Sonnenberg
Winterbach
Schorndorf
Schloßberg
Rotenberg
Götzenberg
Gips
Mönchberg
Lindhälder
Nonnenberg
Strümpfelbach
Aichelberg
Pulver-mächer
Luginsland
Uhlbach
Obertürkheim
Kirchberg
Schenkenberg
Mettingen
Esslingen
Aichwald
Baltmannsweiler
Burg Dicker Turm
Neckarhalde
Burg
Großlage Weinsteige
Altbach
Hansen
Plochingen
A B C D E F G
1 2 3 4 5 6

geprägt sind, handelt es sich bei den Weinen aus der unmittelbar benachbarten Lage Pulvermächer in der Regel um einen blumigen, recht schnörkellosen Riesling.

Das Remstal ist eine Region, die in durchschnittlichen Jahren um die Reife der Trauben ringen muss. In warmen und trockenen Jahren hat es hingegen alle Vorteile auf seiner Seite. Dann gelingen auch Rotweine ausgezeichnet – dank des Klimawandels in den zurückliegenden zwei Dekaden immer häufiger. Eine potenzielle Rotweinhochburg könnte der Ort Korb sein. Im Norden und Osten der Ortschaft wenden sich die Weinberge in steilen Kessellagen der Sonne entgegen. Auch der benachbarte Kleinheppacher Berg bietet höchst günstige Bedingungen. Doch auf dem Markt sind praktisch nur (Genossenschafts-)Weine der Großlage Korber Kopf zu finden, oft genug Literweine ohne jeden Anspruch. Die fehlende Differenzierung hat Methode: Bereits 1971 ging die beste Korber Lage, die bis zu 65 Prozent steile, wärmestauende »Wanne«, in der Einzellage Sommerhalde auf; aber selbst dieser Einzellagenname wird zur Vermarktung kaum noch genutzt.

Deutlich wärmer sind die Lagen in Esslingen und in den neckarnahen Stadtteilen Stuttgarts. Zwei Typen von Weinberglagen prägen diese Region: zum einen steile Terrassenweinberge an Prallhängen des Neckars wie in Esslingen (auf Stubensandstein und Knollenmergel) und Bad Cannstatt (auf Muschelkalk); zum zweiten Weinberge, die abseits des Flusses und in variierenden Höhen von der geschützten Lage des Stuttgarter Kessels profitieren (Untertürkheim, Rotenberg, Fellbach). Die Terrassenweinberge haben den Vorzug, dass ihre Erde kaum je bewegt wurde, Flurbereinigungen fanden hier nur in geringem Ausmaß statt. Allerdings sind die Lagen aufwendig zu bearbeiten: Bis zu 1500 Arbeitsstunden sind pro Jahr und Hektar erforderlich. Überdies neigen die Steilhänge zur Trockenheit. Mit dem dankbaren Stuttgarter Markt in nächster Nähe haben die Winzer zwar prinzipiell gute Chancen, einen anständigen Preis für ihre Weine zu erlösen. Dennoch sind auch staatliche Steillagenzuschüsse im Gespräch, um die mühsame Arbeit ein wenig attraktiver zu machen.

Württembergisch Unterland

Dieser Bereich umfasst die Weinberge des mittleren und unteren Neckartals sowie die Rebflächen am Lauf der Zuflüsse (Karten siehe Seiten 190/191 und 192/193). Die Bedingungen in all diesen Gebieten sind nicht unbedingt einheitlich. So scheint ihre Zusammenfassung in einen einzigen Bereich »Unterland« weniger sachlicher Natur zu sein, sondern eher im obrigkeitlichen Selbstbewusstsein der Kapitale Stuttgart und ihrer Verwaltungsbürokratie begründet zu liegen. Die Teilregionen des Unterlands ähneln sich immerhin darin, dass die Terrassenweinberge der Flussufer auf Muschelkalkböden stehen und dass an den Hanglagen abseits der Flüsse Böden aus dem geologischen Zeitalter des Keupers überwiegen. Klimatisch und mit Blick auf örtliche Weinbauschwerpunkte gibt es dennoch einige Unterschiede. Das Enztal beispielsweise steht klimatisch unter dem Einfluss des nahen Schwarzwalds. Der Weinbau wird hier etwas extensiver betrieben als im milderen, weinreichen Zabergäu, wo sich am Stromberg und Heuchelberg riesige Weinbergflächen aus

Die Einzellage Mundelsheim Käsberg: steile Terrassenweinberge schmiegen sich sichelförmig an den Neckar.

INFO *Württemberg*

Anbaufläche: 11 515 ha

Rebsorten: Trollinger (22 %), Riesling (18 %), Schwarzriesling (16 %), Lemberger (13 %), Spätburgunder (11 %), Kerner (3 %)

Vorherrschende Bodentypen: Keuper, Muschelkalk

Raum Stuttgart

Durchschnittlicher jährlicher Niederschlag: 724 mm (Fellbach)

Durchschnittlicher Niederschlag im Erntemonat (Oktober): 54 mm (Fellbach)

Jahresdurchschnittstemperatur: 10,6 °C (Stuttgart Neckartal)

Sonnenstunden jährlich: 1685 (Stuttgart-Hohenheim)

Württembergisch Unterland

Durchschnittlicher jährlicher Niederschlag: 758 mm (Weinsberg)

Durchschnittlicher Niederschlag im Erntemonat (Oktober): 51 mm (Weinsberg)

Jahresdurchschnittstemperatur: 9,6 °C (Weinsberg)

Sonnenstunden jährlich: 1638 (Weinsberg)

(Klimadaten jeweils 1961–1990, Quelle: Deutscher Wetterdienst)

Hauptgefahren für den Weinbau: Pilzkrankheiten, Frost

Der menschliche Beitrag zum Terroir: Entlang des Neckars wurden schon in früheren Jahrhunderten Terrassenweinberge angelegt.

In den 1960er- und 1970er-Jahren fanden vielerorts massive Flurbereinigungen statt. Dabei wurden großräumig Böden geschoben, Gruben aufgefüllt, komplette Berge umgestaltet. Nur an wenigen Orten blieben das ursprüngliche Weinbergrelief und die natürliche Bodenschichtung erhalten. An manchen Orten sollen Aufschüttungen sogar mit dem Aushub des damaligen Stuttgarter S-Bahn-Baus erfolgt sein.

Die starke Bebauung und Industrialisierung des Großraums Stuttgart hat das Klima mancher Weinberglage verändert. Im Esslingen Schenkenberg beispielsweise (in Sichtweite von Daimler Benz) wird es im Winter nicht mehr kalt genug, um Eiswein lesen zu können.

Größter Bluff: Die Weinrechtsreform von 1971 fasste auch in Württemberg hochwertige und mindere Lagen zusammen. Im Ort Lauffen beispielsweise beeindrucken die Steilterrassen am Neckar, großzügig geschätzt 50 ha. Die zugehörige Lage Katzenbeißer umfasst jedoch Rebflächen in der Größe von 570 ha, also eine mehr als zehnfache Fläche im Hinterland. Ähnliche Beispiele finden sich vielerorts.

den Tälern erheben. Hier liegen einige der produktivsten Weinbaugemeinden Württembergs: Nordheim, Brackenheim, Bönnigheim.

Östlich des Neckars erstreckt sich entlang der Zuflüsse Murr, Bottwar und Schozach ein Flickenteppich von Weinberglagen, die bald klimatisch bevorzugt, bald nur mäßig begünstigt sind. Punktuell können kleinklimatisch förderliche Bedingungen die Produktion herausragender Weine gestatten: In der Kleinbottwarer Lage Süßmund vereinigen sich der richtige Mix aus Wärme und Wind und ein höchst gesteinsreicher und zudem nicht von Umlegungen geschädigter Boden mit der intelligenten Interpretation der Naturbedingungen durch den Erzeuger zum raren Bild einer besonders privilegierten Weinberglage.

Der Bereich Unterland bildet den Hauptkörper des Württemberger Weinbaus, und der Lauf des Neckars ist dessen Rückgrat. Flussabwärts von Stuttgart bis zur Burg Hornberg bei Neckarzimmern, dem einstigen Wohnsitz Götz von Berlichingens, findet man an den Ufern Terrassenweinberge – einer steiler und spektakulärer als der andere. Der wahrscheinlich hochwertigste Steilhang ist der des Mundelsheim Käsberg. Hier gleichen wasserführende Schichten im Innern des Bergs die Neigung der Steillagen zur Trockenheit auf besonders harmonische Weise aus. Einige Terrassen sind so schmal, dass nur gerade zwei eng gesetzte Rebzeilen auf ihnen Platz finden. Im Sommer ist der von Südosten nach Süden gewölbte Weinberg mit seinen schier endlosen Mauern ein Backofen.

Das größte Problem ist hier (wie in manchen ähnlich guten Lagen entlang des Neckars) die Auswahl der richtigen Rebsorten in den richtigen Partien des Hangs. Historisch bedingt wächst im Käsberg viel Trollinger, und in der Tat profitiert diese einfache Sorte durchaus von der Steillage. Der Trollinger benötigt Wärme und Licht, schließlich ist seine Heimat Südtirol. Dennoch bleibt der Gedanke unbefriedigend, aus einer solch prestigereichen Lage nichts als einen – wenngleich hochwertigen – Schoppenwein zu erzeugen. Für Spätburgunder ist die Lage – abgesehen von einigen Parzellen im obersten, nicht ganz so steilen Teil des Hangs – viel zu warm. Lemberger ist eine Alternative, aber letztlich ist auch für diese Sorte das Zusammentreffen von Muschelkalkboden (der die Feinheit begünstigt) mit einem heißen Mikroklima (das

LAGENLEGENDE

1 Sommerberg
2 Burgberg
3 Burg Wildeck 1🍇
4 Rappen
5 Schloßberg
6 Wartberg
7 Steinberg
8 Schlosswengert 1🍇
9 Forstberg

10 Lichtenberg
11 Harzberg
12 Oberer Berg 1🍇
13 Süßmund 1🍇
14 Götzenberg
15 Sonnenberg
16 Altenberg
17 Eselsberg
18 Schloßberg
19 Hohe Eiche

20 Schlossberg
21 Katzenbeißer
22 Riedersbückele
23 Jungfer
24 Herrlesberg
25 Schelmenklinge
26 Roter Berg
27 Krähenberg
28 Leiersberg
29 Grafenberg

30 Ruthe 1🍇
31 Schlossberg 1🍇
32 Sonntagsberg
33 Gräfenberg
34 Steingrube
35 Dachsberg
36 Zweifelberg
37 Wolfsaugen
38 Mönchsberg
39 Jupiterberg

40 Katzenöhrle
41 Altenberg
42 Ochsenberg
43 Michaelsberg
44 Kaiserberg
45 Sonnenberg
46 Hohenberg
47 Hahnenberg
48 Kupferhalde
49 König

50 Reichshalde
51 Eilfingerberg 1🍇
52 Closterweinberg
53 Sauberg
54 Eichelberg
55 Schanzreiter
56 Halde
57 Forstgrube
58 Kirchberg
59 Wachtkopf

60 Steinbachhof
61 Klosterberg
62 Heiligenberg
63 Liebenberg
64 Kirchberg
65 Sonnenberg 1🍇
66 Lerchenberg
67 Wurmberg 1🍇
68 Felsengarten
69 Käsberg 1🍇

70 Mühlbächer
71 Rozenberg
72 Königsberg
73 Neckarhälde
74 Schlossberg
75 Berg 1🍇
76 Sankt Johännser
77 Burgberg
78 Kelterberg
79 Alter Berg

80 Güldenkern

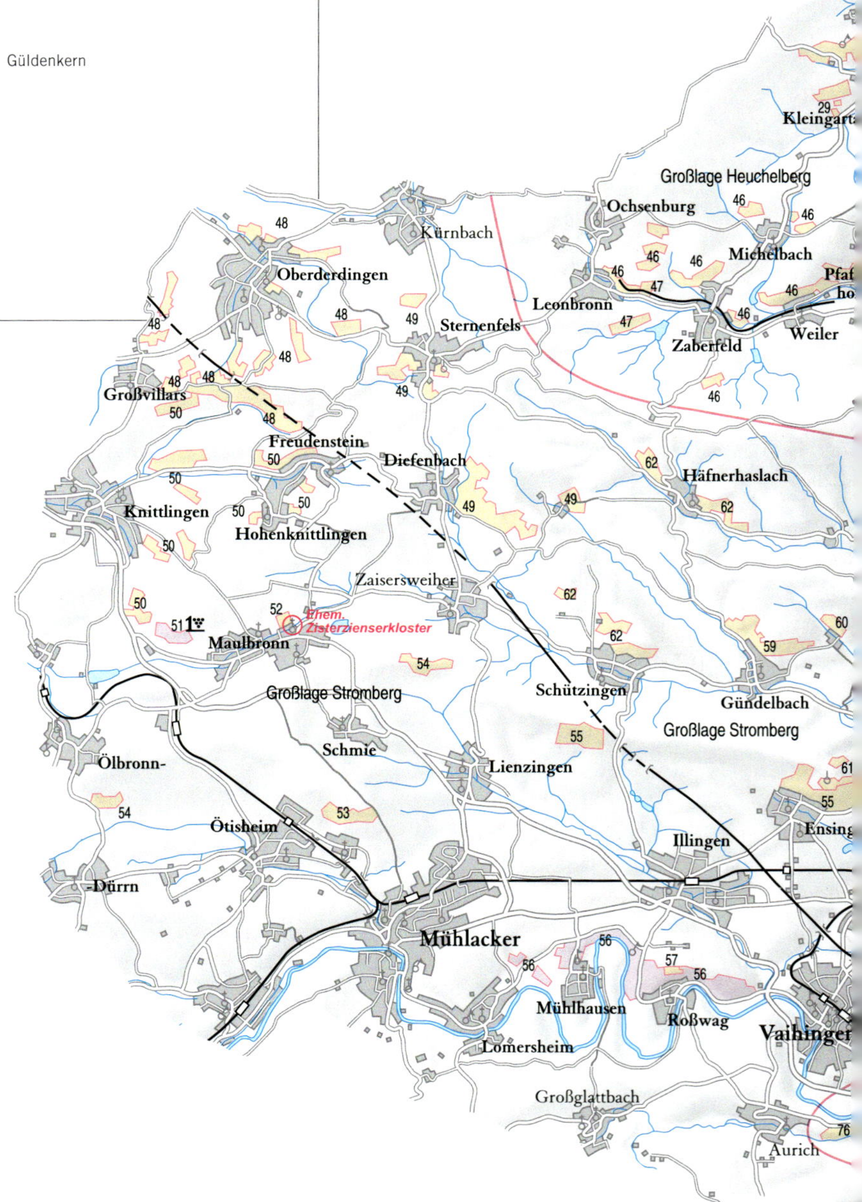

ZEICHENERKLÄRUNG

Hausen Ort mit Weinbauflächen
Hausen Ort ohne Weinbauflächen
Bereichsgrenze
Großlagengrenze
Einzellagengrenze
Besonders privilegierte Lage
Privilegierte Lage
Gute Lage
Weitere Rebflächen
1🍇 VDP Erste Lage
◯ Sehenswürdigkeit

Maßstab **1:150 000**

0 1 2 3 km

A/B B/C C/D D/E E/F F/G

1|2 2|3 3|4 4|5 5|6

DETAILKARTE
Württembergisch Unterland West

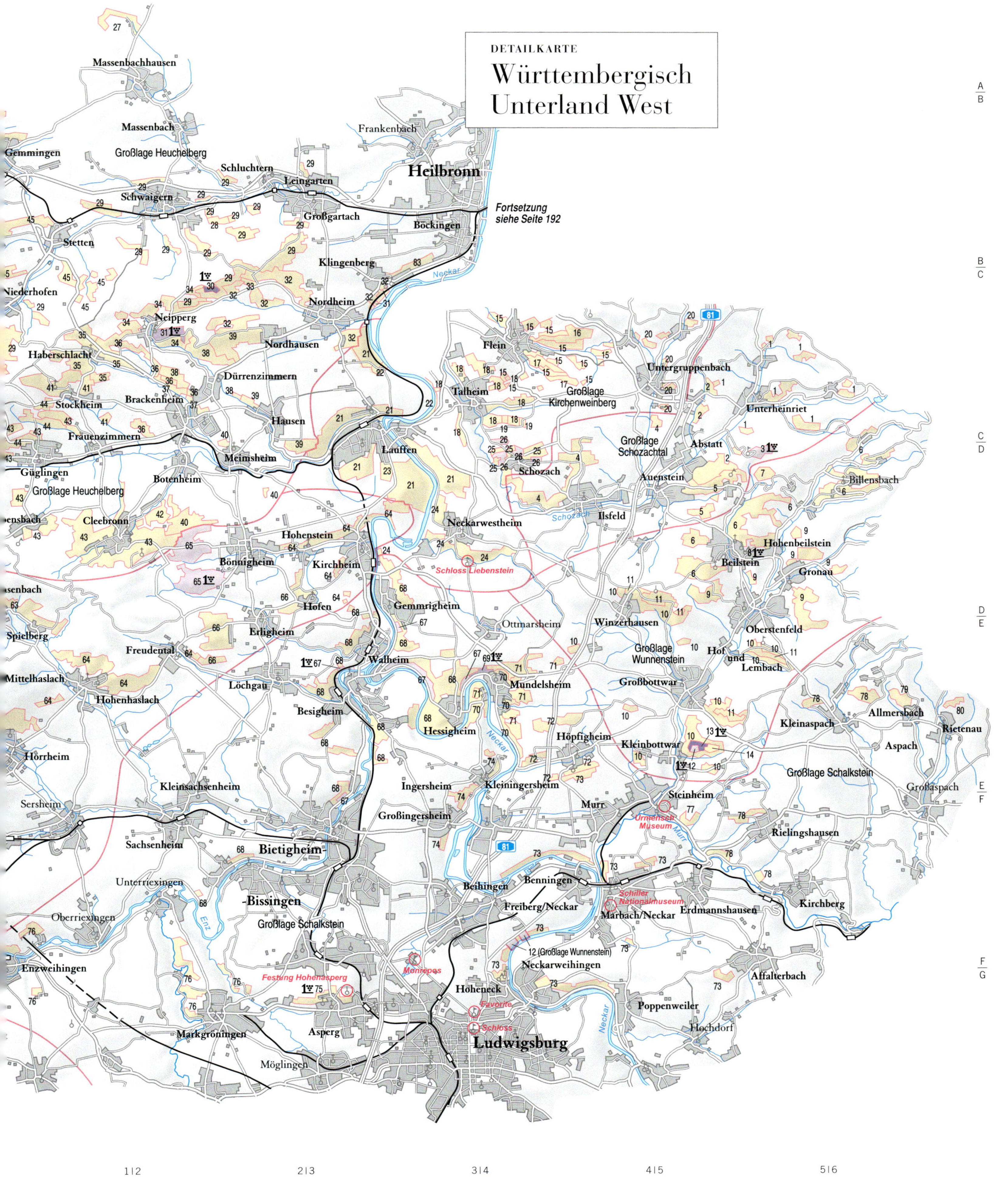

den Trauben Hochreife und dem Wein viel Alkohol verleiht) nicht ideal. Die Suche nach der besten Sorte für einen dermaßen begünstigten Weinberg ist in vollem Gange, das Weingut des Herzogs von Württemberg erprobt sogar die Südtiroler Sorte Lagrein.

In Heilbronn haben sich trotz des Wachstums der Stadt rund 370 Hektar Weinbaufläche erhalten. Die Neugliederung der Heilbronner Weinberglagen im Jahr 1971 kann man geradezu als den Versuch einer ortsinternen Klassifikation ansehen. Alle als besser erachteten Weinberge wurden der Einzellage Wartberg zugerechnet, jene, die als weniger gut galten, der Lage Stiftsberg. Selbst einige Parzellen am eigentlichen Wartberg zählen als Stiftsberg. Demgegenüber haben sich jedoch manche Parzellen dieser 325 Hektar großen Lage für gewisse Sorten als so günstig erwiesen, dass sich nach den Richtlinien des VDP sogar »Große Gewächse« aus ihnen erzeugen lassen.

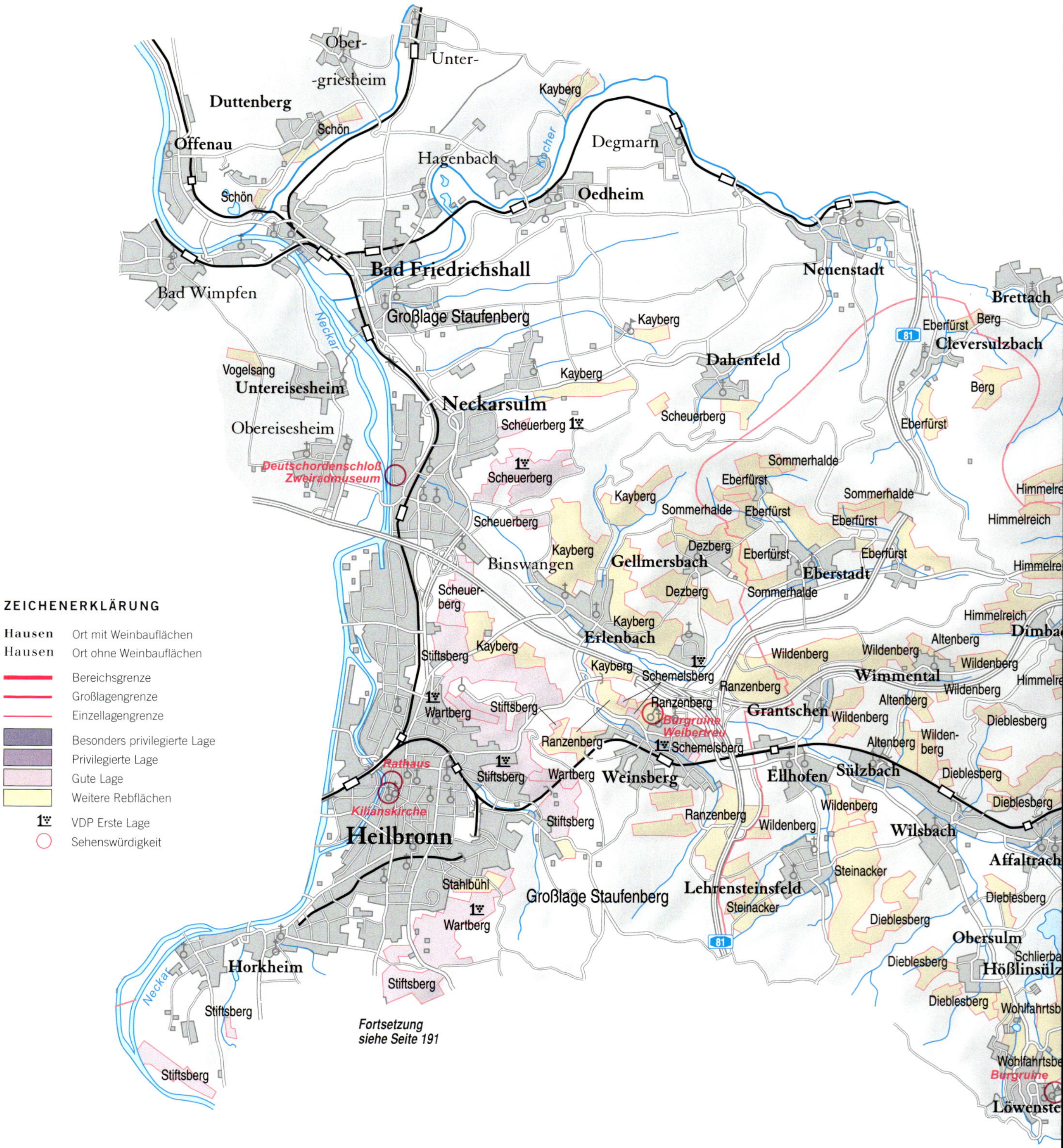

Fortsetzung siehe Seite 191

Östlich von Heilbronn trägt das Weinsberger Tal seinen Namen nicht von ungefähr. Bekannt ist es nicht nur für die Weinbauschule in Weinsberg, sondern auch durch die Kooperative in Grantschen. Diese Weingärtnergenossenschaft (in Württemberg ist der Ausdruck Winzergenossenschaft nicht gebräuchlich) begann bereits Ende der 1980er-Jahre auf Qualitätsweinbau zu setzen. Sie vermarktet allerdings ihre besten Weine ohne Lagenbezeichnung.

Das Hohenloher Land bildet schließlich den nordöstlichen Abschluss des Bereichs Württembergisch Unterland. Hier sind die klimatischen Verhältnisse bereits etwas rauer – es ist nicht weit bis zum Meinhardter Wald und in die Hohenloher Ebene.

Weitere Bereiche

Nordöstlich Heilbronns schließt sich an den Bereich Unterland der Bereich Kocher-Jagst-Tauber an. An den Flüssen Kocher und Jagst herrschen auf Muschelkalkböden ähnliche Bedingungen, wie sie für die Tauber in deren separatem Kapitel (Seite 198) beschrieben sind. Weinbau wird hier recht extensiv betrieben.

Weitere, noch kleinere Vorposten des Württemberger Weinbaus finden sich im Süden des Bundeslands. Der Bereich Oberer Neckar umfasst die versprengten Weinberglagen rund um Reutlingen (bei Metzingen sogar auf Vulkanböden!) und Tübingen. Wirtschaftliche Bedeutung hat der Weinbau hier freilich kaum noch – im Gegensatz zu früheren Jahrhunderten, als sich die Tübinger »Gogen« (Winzer) durch ihr kauziges Verhalten bedeutenden Nachruhm schufen. Die Gogenwitze erzählen sich die Einheimischen heute noch, Tübingens aktuelle Weine sind indes weit weniger populär.

Am Bodensee existieren gleich zwei kleine Bereiche: Württembergischer Bodensee und – aus unerfindlichen administrativen Gründen ebenfalls zu Württemberg zählend – Bayerischer Bodensee (Karte siehe Baden, Bereich Bodensee, Seiten 180/181).

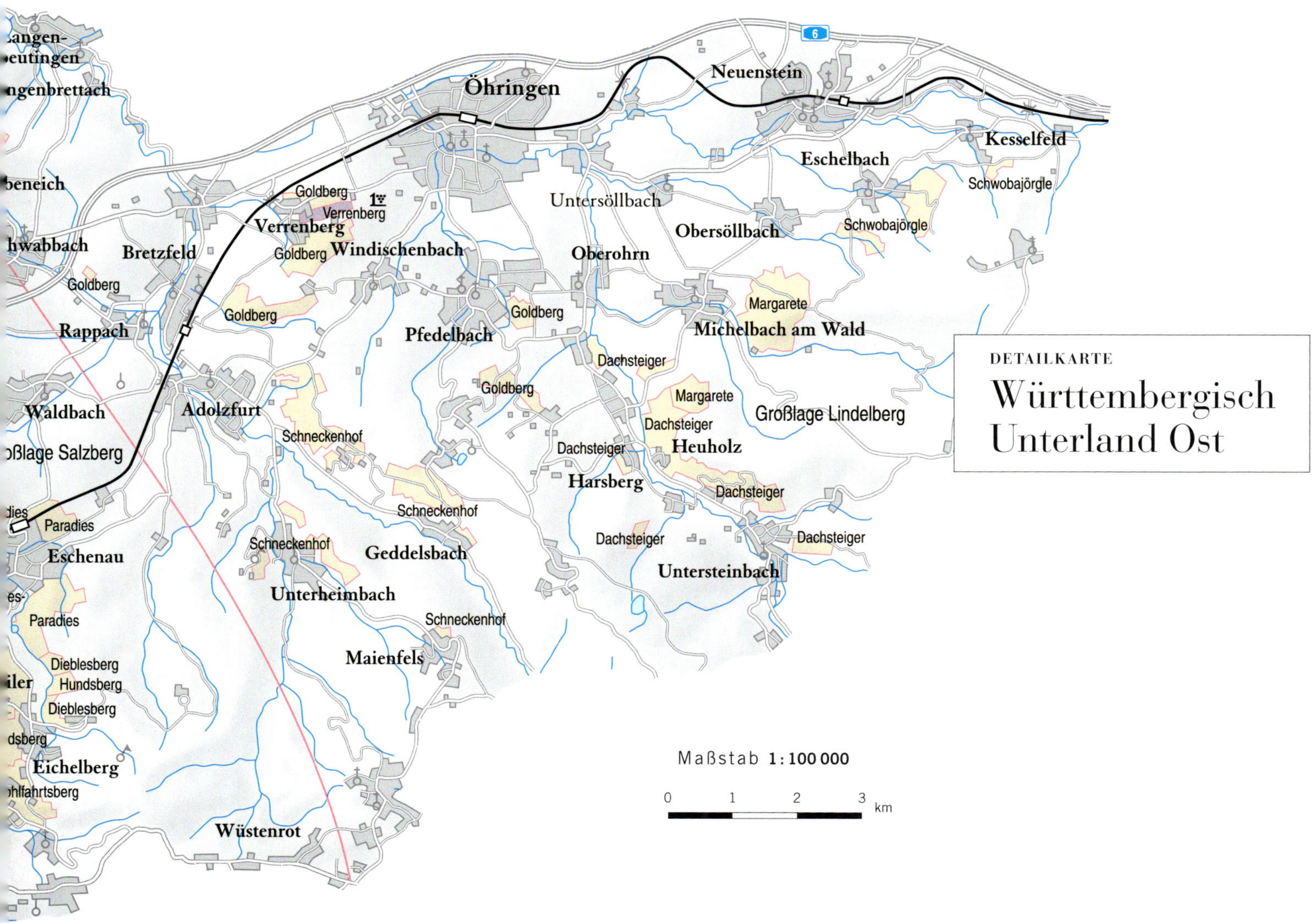

DIE BESTEN WEINLAGEN *in Württemberg*

BESONDERS PRIVILEGIERTE LAGEN

Kleinbottwar Süßmund

▸ Seite 191/E5 (Nr. 13)

Größe: 4,9 ha **Höhe:** 230–340 m

Exposition: Südsüdwest bis Südwest

Steilheit: 35–60 %

Boden: Keuper, Buntmergel, sehr gesteinsreich, vor allem im oberen Bereich. Flachgründiger, tonig-lehmiger Feinboden.

Wichtigste Rebsorte: Riesling

Wichtigstes Weingut: Weingut Graf Adelmann (Alleinbesitz)

Besonderheiten: Gut bewindetes Mikroklima, ideal für hochreifen, wenig botrytisgeprägten Riesling. Die Lage ist seit dem ausgehenden 16. Jh. bekannt, ihr Wein wurde bereits im 19. Jh. hoch gehandelt. Der Weinbergboden wurde während der Flurbereinigung der Lage Oberer Berg, in die der Süßmund eingebettet liegt, nur schwach bewegt. Das ursprüngliche Relief und die Schichtung der Bodenformationen haben sich erhalten.

Weintyp: Extraktreiche, zugleich cremige, äußerst mineralische Rieslinge von sehr guter Lagerbeständigkeit. Die Berechtigung des Namens Süßmund offenbart sich noch heute wie anscheinend auch schon in früheren Jahrhunderten darin, dass die besten Rieslinge der Lage aus Lesegut höchsten Reifegrades bereitet werden – und typischerweise eine dezente, das trockene Geschmacksbild nur um Haaresbreite verlassende Süße aufweisen.

Schwaigern Ruthe

▸ Seite 191/C2 (Nr. 30)

Größe: 5,0 ha **Höhe:** 260–300 m

Exposition: Süd bis Südsüdwest

Steilheit: 30–60 %, im oberen Teilstück des Hangs in Querterrassen

Boden: Gipskeuper, im oberen Hangbereich Buntmergel, im Bereich des Hangschutts Sandstein. Lehmiger Feinboden.

Wichtigste Rebsorten: Riesling, Lemberger

Wichtigstes Weingut: Weingut des Grafen Neipperg (Alleinbesitz)

Besonderheiten: Die Lage umfasst den zentralen, mikroklimatisch begünstigten Teil des Hangs. Die am Hangfuß gelegenen Parzellen gehören nicht zur Ruthe, sondern zur Nachbarlage Grafenberg. Der Name Ruthe leitet sich von der (für Ende des 14. Jh. bezeugten) »Rodung« des Gewanns ab.

Weintyp: Riesling von mineralischer Frucht, terpenwürzig, am Gaumen von großer Balance, elegant. Lemberger vielschichtig fruchtig mit intensiver Würze, kraftvoll im Ausdruck, doch zugleich von Transparenz und großer Feinheit in der Struktur.

PRIVILEGIERTE LAGEN

Bad Cannstatt Zuckerle

▸ Seite 186/C6

Größe: 30,1 ha **Höhe:** 190–300 m

Exposition: Südost, Südwest bis Westsüdwest

Steilheit: am Hangfuß 10 %, in den Terrassen 50–70 %, eine ca. 1,5 ha große Parzelle im Gewann Zuckerberg, die in Direktzug bewirtschaftet wird, ca. 30 %

Boden: Muschelkalk und Muschelkalkverwitterung, im Steilhang flachgründig

Wichtigste Rebsorten: Trollinger, Lemberger, Riesling

Wichtigste Weingüter: Weingärtner Bad Cannstatt, Weingut der Stadt Stuttgart

Besonderheiten: Zwei Gewanne: der Zuckerberg am rechten Neckarufer in Südwestlage, flussaufwärts der Mühlhäuser Berg am linken Neckarufer in Südostlage. Obwohl keine ausgesprochenen Spitzenweingüter in diesen Weinbergen tätig sind, zeigen die Weine doch meist Finesse und wahren Rang.

Weintyp: vom Muschelkalk geprägter Duft, hohe Eleganz am Gaumen, Salzigkeit im Abgang

Esslingen Neckarhalde

▸ Seite 187/F1

Größe: 0,9 ha **Höhe:** 290–310 m

Exposition: Südwest

Steilheit: 0–15 %

Boden: toniger, kräftiger Knollenmergel, stark kalkhaltig, stellenweise Gipskeuper

Wichtigste Rebsorten: Spätburgunder, Riesling

Wichtigstes Weingut: Kusterer (Alleinbesitz)

Besonderheiten: Lage auf einer Kuppe, der Berg dreht hier von Südwest nach Süd. Gut bewindetes, leicht vorgelagertes Plateau. Besonders gutes, ausgewogenes Wasserhaltevermögen.

Weintyp: äußerst mineralisch, Kalknoten, komplexe Aromatik, deutlich salzige Weine, hohes Lagerpotenzial

Mundelsheim Käsberg

▸ Seite 191/E4 (Nr. 69)

Größe: 14,3 ha **Höhe:** 200–300 m

Exposition: Südost bis Süd

Steilheit: 20–70 %

Boden: Muschelkalk mit tonigem Lehm, Gründigkeit zwischen 50 cm und 2 m

Wichtigste Rebsorten: Trollinger, Spätburgunder, Lemberger

Wichtigstes Weingut: Weingut Herzog von Württemberg

Besonderheiten: Lage wie in einem Parabolspiegel, Zentralhang sehr heiß, obere Lagen gut bewindet. Zur Lage gehört ein Hochplateau mit ca. 25 % Steigung. Im Sommer führen thermische Effekte Warmluft vom Hangfuß nach oben. Wasserführende Schichten im Berg. Die Lage hat das Potenzial zur Einstufung als »besonders privilegiert«. Die momentan im Weinberg stehenden Sorten schöpfen das Potenzial der Lage nicht aus, weswegen umfangreiche Sortenexperimente angestellt werden.

Weintyp: stoffig, hochreife Aromatik, Weine mit hoher Verdichtung und Lagerfähigkeit

DIE BESTEN WEINLAGEN *in Württemberg*

Neipperg Schlossberg

▸ Seite 191/C2 (Nr. 31)

Größe: 22,2 ha **Höhe:** 250–320 m
Exposition: unterhalb des Schlosses Süd bis Südwest, an der Kuppe des vorgelagerten Hangs nach Westen, im zentralen Hang (wo die größte Rebfläche liegt) Südsüdwest bis Südsüdost
Steilheit: 0–5 % auf dem Hochplateau, 30–65 % in den Terrassen und am Zentralhang
Boden: mineralstoffreicher Gipskeuper, stellenweise Löss, in den höheren Parzellen und auf dem Plateau Schilfsandsteinverwitterung
Wichtigste Rebsorten: Lemberger, Riesling, Muskateller
Wichtigstes Weingut: Weingut des Grafen Neipperg (Alleinbesitz)
Besonderheiten: Unterhalb der Burg und in den höheren südwestlichen Lagen des vorgelagerten Hangs Querterrassen. Parzelle Kehl im östlichen Teil des Zentralhangs mikroklimatisch besonders begünstigt (Welle im Relief mit guter Belüftung). Zur Lage zählt auch ein Hochplateau.
Weintyp: Pronocierte Frucht, Kräuternoten bis hin zu pfeffrigen Nuancen. Elegant am Gaumen, gut balanciert in Alkohol- und Extraktreichtum.

Untertürkheim Gips

▸ Seite 187/DE1

Größe: 9,7 ha **Höhe:** 240–270 m
Exposition: Südwest bis Süd
Steilheit: 5–20 %
Boden: Gipskeuper mit Gipseinschlüssen, vor allem in den oberen Partien sehr flachgründig
Wichtigste Rebsorten: Riesling, Trollinger, Spätburgunder
Wichtigstes Weingut: Aldinger (Alleinbesitz)
Besonderheiten: Die Reben wachsen auf dem Gelände eines ehemaligen Gipsbergwerks (bis 1970 wurde hier noch Gips abgebaut). An einigen Stellen wurden Gruben aufgefüllt. Die Lage liegt mitten im Stuttgarter Talkessel, ist warm und windgeschützt.
Weintyp: körperreiche Weine, balanciert durch festen mineralischen Kern, im Duft zuweilen Noten von feuchtem Kalk, Gips

Untertürkheim Herzogenberg

▸ Seite 186/D6

Größe: 15,5 ha **Höhe:** 270–290 m
Exposition: West bis Süd
Steilheit: 0–25 %

Feinsinniger Riesling, Lemberger mit Tiefe: die Einzellage Schwaigern Ruthe.

DIE BESTEN WEINLAGEN *in Württemberg*

Boden: Keuper mit Gipseinlagerungen, lehmig-mergelig, mäßig skelettreich, gute Gründigkeit

Wichtigste Rebsorten: Lemberger, Riesling, Spätburgunder, Trollinger

Wichtigstes Weingut: Wöhrwag (Alleinbesitz)

Besonderheiten: Anschluss an die Untertürkheimer Lage Gips, höher gelegen, reich an unterschiedlichen Mikroklimata

Weintyp: schlanke, saftige Weine mit betonter Frucht, Riesling auch in höheren Prädikatsstufen bemerkenswert

Verrenberg Verrenberg

▸ Seite 193/DE2

Größe: 15,9 ha **Höhe:** 255–300 m

Exposition: überwiegend Südsüdost, im westlichen Hangteil Süd bis Südwest

Steilheit: 10–45 %

Boden: Gipskeuper, lehmig-tonige Feinböden, tiefgründig, vereinzelt Muschelkalk

Wichtigste Rebsorten: Lemberger, Riesling, Spätburgunder, Trollinger

Wichtigstes Weingut: Fürst zu Hohenlohe-Öhringen (Alleinbesitz)

Besonderheiten: Leichte Sichelform im Berg. Zur Lage zählt auch ein Hochplateau (1,8 ha). Besonders günstige Teillage Butzen (Kopf). Ein Gewann am westlichen Hangfuß weist kargen Muschelkalkboden auf. Der Weinberg ist seit 29 Generationen im Besitz der Inhaberfamilie und wurde nicht flurbereinigt.

Weintyp: Körper- und extraktreiche Weine, Riesling kernig, verfeinert herb. Rotweine in der Jugend streng, von zurückhaltender, doch vielschichtiger Frucht.

GUTE LAGEN

Abstatt Burg Wildeck ▸ Seite 191/C5 (Nr. 3), 12,6 ha, West bis Süd, 25–40 %, rotliegender Mergel, Schilfsandstein, einige Parzellen feucht, Gewanne Sturz und Oberer Berg hochwertig

Besigheim Wurmberg ▸ Seite 191/DF23 (Nr. 67), 7,6 ha, Südwest, 20–40 %, Muschelkalk

Bönnigheim Sonnenberg ▸ Seite 191/D2 (Nr. 65), 149,3 ha, Südsüdwest bis Nordost, 0–40 %, Gipskeuper und Schilfsandstein. Sehr inhomogene Lage, Gewann Steingrüben (Süd- bis Südostlage, windgeschützt) hochwertig.

Esslingen Schenkenberg ▸ Seite 187/EF12, 81,2 ha, Westsüdwest bis Südsüdost, 25–70 %, überwiegend querterrassiert, in flurbereinigten Hangstücken (Lerchenberg) 45–60 %, Stubensandstein und kalkhaltiger bunter Mergel (untere westliche Partien), im oberen Teil toniger, wie Knetmasse formbarer Knollenmergel. Mikroklima durch die Weinbergmauern und das dicht besiedelte Tal geprägt. Vor allem in den höheren Lagen gutes Wasserhaltevermögen. Die Lage hat das Potenzial zur Einstufung als »privilegiert« oder sogar »besonders privilegiert«. Bisher jedoch nur ein empfehlenswerter Erzeuger (Kusterer).

Fellbach Lämmler ▸ Seite 187/D1, 61,3 ha, Südwest bis Süd, einige Lagen Nordwest, 10–50 %, Keuperverwitterung, Stubensandstein, bunter Mergel, Schilfsandstein, tiefgründiger sandiger Lehm, inhomogene, stark von der Flurbereinigung geprägte Lage. Die historische Lage Lämmler war nur 3 ha groß. Beste Gewanne klassifizierungswürdig (warme Kessellagen, nächtliche Kaltluftströmungen vom Schurwald herab sorgen für hohe Aromenausbeute).

Gundelsheim Himmelreich ▸ ohne Karte, 43,7 ha, West bis Südost, 10–75 %, Muschelkalkverwitterung. Inhomogen: Neben der ca. 3 ha großen, terrassierten Kernlage am Neckar

Cannstatt Zuckerle: Die Winzer pflegen den Weinberg – und ihre Weinberghäuschen.

DIE BESTEN WEINLAGEN *in Württemberg*

(Südsüdwest, steil) zählen auch ein Hochplateau, Randlagen am Fluss sowie ein abseits des Flusses gelegener, mäßig steiler Hang zur Lage.

Hebsack/Geradstetten Lichtenberg ▸ Seite 187/CD45, 69,3 ha, Südwest bis Süd, 20–40 %, Ton, Keuper, in höher gelegenen Hangpartien Schilfsandstein. Empfehlenswerter Erzeuger: Ellwanger.

Heilbronn Stiftsberg ▸ Seite 192/EG24, 325,9 ha, Nord bis Ost, 10–40 %, Keuperverwitterung, sehr inhomogene Lage, großflächige Flurbereinigung, einige gute Rieslingparzellen

Heilbronn Wartberg ▸ Seite 192/EF45, 31,1 ha, Südwest bis Süd, 20–40 %, Keuperverwitterung

Hohenbeilstein Schlosswengert ▸ Seite 191/D5 (Nr. 8), 9,1 ha, Westsüdwest bis Ost, 5–60 %, Gipskeuper. Lage teilweise terrassiert, zum Teil mikroklimatisch durch einen ca. 3,5 m hohen Burgfried geschützt (dort klassifizierungswürdig).

Hoheneck Oberer Berg ▸ Seite 191/F4 (Nr. 12), 3,2 ha, Südost, 30–60 %, terrassiert, Muschelkalkverwitterung

Kleinbottwar Oberer Berg ▸ Seite 191/E5 (Nr. 12), 7,3 ha, West bis Süd, 10–40 %, Gipskeuper, bunter Mergel

Maulbronn Eilfingerberg ▸ Seite 190/E4 (Nr. 51), 14,9 ha, überwiegend Süd, Randlagen West und Südsüdost, 20–50 %, stark verwitterter Gipskeuper, Schilfsandstein, manche Partien sehr flachgründig, gut bewindete Lage

Neckarsulm Scheuerberg ▸ Seite 192/DE35, 112,1 ha, West bis Südost, 10–50 %, Keuperverwitterung, schwere Böden, Schilfsandstein

Neckarzimmern Burg Hornberg Wallmauer ▸ ohne Karte, 4,1 ha, Südwest bis Süd, 35–60 %, terrassiert, Muschelkalk, eigenwillige, lagerbedürftige Weine

Roßwag/Mühlhausen/Illingen/Mühlacker/Vaihingen Halde ▸ Seite 190/F56 (Nr. 56), 91,9 ha, West bis Südost, 10–70 %, teilweise terrassiert, Muschelkalk, Letten. Sehr inhomogene Lage, gut vor allem die Steilterrassen in Roßwag und in Mühlhausen.

Im Dienst der Forschung: Blick aus der Lage Weinsberg Schemelsberg auf das Versuchsgelände, den Burgberg und die Ruine Weibertreu.

Schnait/Beutelsbach Burghalde ▸ Seite 187/D34, 75,8 ha, West bis Südost, 5–40 %, Keuper, Sand, bunter Mergel, windgeschützte Lage mit einigen besonders warmen Partien. Empfehlenswerter Erzeuger: Haidle.

Schozach Roter Berg ▸ Seite 191/D4 (Nr. 26), 15,6 ha, Süd bis Südsüdost, 10–30 %, schwerer roter Lehm, Gipskeuper, Buntmergel, vereinzelt auch Muschelkalk

Stetten Brotwasser ▸ Seite 187/E2, 2,8 ha, Südwest, 15–50 %, teilweise terrassiert, Schilfsandstein, Keuper, bekannt für relativ breiten, strukturreichen Riesling

Stetten Pulvermächer ▸ Seite 187/DE23, 37,3 ha, West, 20–30 %, kleiner Teil in Terrassen (im westlichen oberen Hang an die Lage Brotwasser anschließend), Schilf- und Kieselsandstein, Keuper, tonig

Untertürkheim Mönchberg ▸ Seite 187/DE1, 183,7 ha, Westnordwest bis Südost, 5–50 %, Keuper, leichter Mergel

Weinsberg Schemelsberg ▸ Seite 192/EF45, 13,8 ha, West bis Süd, eine kleine Parzelle Westnordwest, 20–50 %, Gipskeuper, Schilfsandstein, Versuchsgelände der Weinbauschule Weinsberg

Winterbach Hungerberg ▸ Seite 187/D5, 5,2 ha, Südwest, 30–60 %, lehmig, Muschelkalk- und Keuperverwitterung, Sandbänke, Höhenlage bis auf über 400 m, nicht flurbereinigt

Taubertal

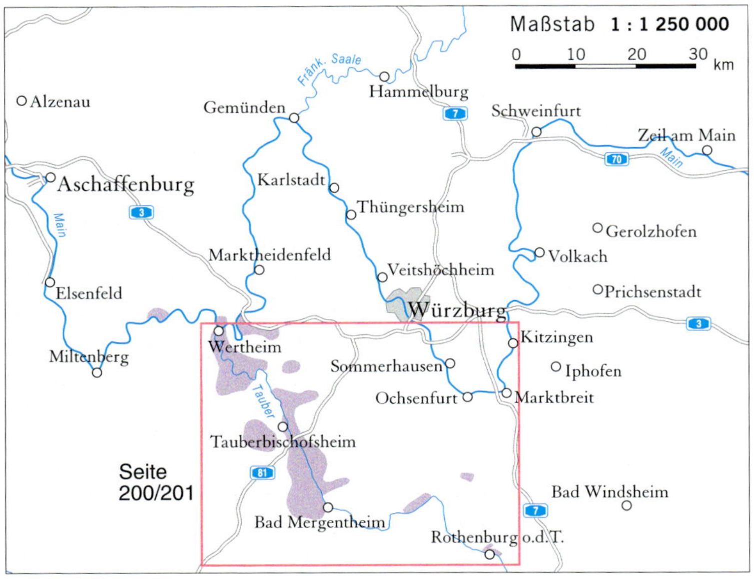

Das deutsche Weinrecht gliedert das Taubertal auf den 130 Kilometern vom Ursprung des Flusses bis zur Mainmündung in fünf Abschnitte, die sie drei Anbaugebieten zurechnet: Franken, Württemberg und Baden. Die weinrechtliche Zersplitterung bildet einen historischen Grenzverlauf ab: Im Jahr 1809 teilte Napoleon Bonaparte das Taubertal unter den mit ihm gegen Preußen verbündeten Mächten auf.

Die Tauber entspringt in Bayern: Die flussabwärts ersten Weinberge in der Nähe Rothenburgs liegen im Anbaugebiet Franken, Bereich Steigerwald. Zwischen Tauberzell und Creglingen gelangt der Fluss nach Baden-Württemberg, genauer: in den württembergischen Bereich Kocher-Jagst-Tauber. Bei Klingen kehrt die Tauber auf bayerischen Grund zurück und bleibt bis Tauberrettersheim in Franken, diesmal allerdings im Bereich Maindreieck. Die weiter flussabwärts liegenden Weinberge zwischen Schäftersheim und Bad Mergentheim sowie die am Tauberzufluss Vorbach gehören wieder zum Anbaugebiet Württemberg. Alle Weinberge westlich von Bad Mergentheim bis hin zur Mündung bei Wertheim zählen zu Baden (und sind daher höheren Anforderungen ans Mostgewicht unterworfen als die der Nachbarschaft). Um die Verwirrung komplett zu machen, trägt der badische Teil des Taubertals den Namen Tauberfranken. Die hinter der Taubermündung am Main liegenden Weinberge in Kreuzwertheim rechnet das Weinrecht dann schon wieder zu Bayern, und zwar zum fränkischen Bereich Mainviereck.

Den weinbaulichen Gegebenheiten wird diese Unterteilung kaum gerecht, denn die einzelnen Teilgebiete unterscheiden sich in ihren Anbaubedingungen kaum. Zuweilen führt der Zickzackverlauf der Grenze zu absurden Konsequenzen: Besitzt ein Winzer beispielsweise Reben in Markelsheim, möchte die Trauben aber im sechs Kilometer entfernten Röttingen keltern, hat er wegen des Transports seines Leseguts aus dem Anbaugebiet Württemberg ins Anbaugebiet Franken beträchtliche bürokratische Schwierigkeiten zu überwinden. Hier verkehren sich Vorschriften, die sinnvollerweise ersonnen wurden, um zu verhindern, dass beispielsweise Trauben aus Rheinhessen nach einem längeren Transport zu Moselwein umgewidmet werden können, ins Absurde.

Das Taubertal bildet eine selbstständige geografische Einheit. Daher fasst dieser Atlas es in einem eigenen Kapitel zusammen. Das Taubertal ist aber auch eine Weinbauregion von historischer Bedeutung: Schon für die Jahre 803 und 817 sind Schenkungen von Weingärten aus dem Norden des Taubertals bei Niedersteinbach belegt. Im 17. Jahrhundert standen bis zu 6000 Hektar Land unter Reben. Heute sind es immerhin noch rund 1000 Hektar. Es gibt in Deutschland fünf selbstständige Anbaugebiete, die deutlich weniger Fläche aufweisen! Die einzelnen Teile des Taubertals stehen jedoch – letztlich aus bürokratischen Gründen und ohne innere Logik voneinander isoliert – nur randständig im Umfeld ihrer offiziellen Mutterregionen. Den Winzern fällt es unter dieser dreifachen Übermacht schwer, die Identität ihrer Weine zu vermitteln.

KLIMA

Klimatisch gehört das Taubertal zu denjenigen Regionen, die Weinbau gestatten, ohne ihn mit idealen Bedingungen geradezu einzufordern. Die Klimabedingungen bewegen sich – mit allen Vor- und Nachteilen – an der Grenze des im Weinbau Möglichen. Von der globalen Erwärmung könnte das Tal eher profitieren. Zwar liegen die Weinberge in vergleichsweise gemäßigter Höhe: meist zwischen 150 und 250 Meter über Meer. Doch die jährlichen Niederschlagsmengen lagen früher mit 600 bis 800 Millimetern tendenziell eher im feuchten Bereich. Die zuletzt trockeneren Jahre haben der Qualität spürbar Auftrieb gegeben. Knapp fällt auch die jährliche Sonnenscheindauer aus: In Wertheim beispielsweise scheint die Sonne jährlich rund 100 bis 150 Stunden kürzer als in den anderen Weinbauhochburgen Badens, Württembergs oder Frankens. Vor allem aber kann dem Weinbau der Frost zu schaffen machen. Die Furcht vor dem Winterfrost führte beispielsweise im Mittelalter dazu, dass die Reben mit einem nur sehr kurzen Stämmchen gezogen und dann im Winter komplett eingegraben wurden. Überdies kann Spätfrost bis in den Mai hinein den Fruchtansatz zerstören.

Fährt man heute den Fluss entlang, fällt auf, dass vielerorts nur die zentralen Hanglagen bestockt sind, während die untersten Streifen am Hangfuß und auch die obersten an der Spitze des Bergs häufig brachliegen. Wegen des rauen Klimas hat sich der Weinbau auf die risikoärmsten Stellen zurückgezogen. Denn in den oberen Partien eines Hangs, wo der Wind pfeift, ist die Gefahr von Frost und Unterreife besonders groß. Am Hangfuß wiederum besteht die Gefahr, dass sich in Frostnächten die Kaltluft sammelt: Kalte Luft fließt nach unten und fließt in den unteren Parzellen wie in einem Becken zusammen. Solche Risiken sind vielleicht bei einer stabilen Marktlage tragbar, doch der mäßige Bekanntheitsgrad der Taubertäler Weinorte und -lagen ließ die Winzer vorsichtig werden. Auf noch drastischere Weise wird dies an zahlreichen vollends brachliegenden Hängen deutlich: Wo früher einmal Weinberge gewesen sein müssen, erkennt man diese einstige Nutzung jetzt nur noch an der Geländeform.

WEINBAU

Derzeit scheint der Weinbau im Taubertal vor einer gewissen Wiederbesinnung zu stehen. Eine Gruppe von Winzern aus allen drei Anbaugebieten hat sich mit dem Ziel zusammengeschlossen, unter der Bezeichnung »Tauber-Edition« gemeinsam für die Identität der Taubertäler Weine einzutreten. Die (bislang) acht Mitglieder befolgen im Keller ein vorbildliches »Reinheitsgebot«, das beispielsweise den Einsatz von Schönungsmitteln, die Verwendung von Enzymen bei der Weinbereitung oder den Gebrauch der sogenannten neuen önologischen Verfahren ausschließt. Handlese ist vorgeschrieben. Im Weinberg streben die Mitglieder der Tauber-Edition eine intensive Bodenbearbeitung an, um den Einfluss des Bodentyps auch wirklich im Wein zeigen zu können. Und schließlich dürfen für Weine, die unter dem Logo der Tauber-Edition vermarktet werden, nur regionaltypische Sorten verwendet werden.

Regionaltypisch, das heißt an der Tauber unter qualitativem Aspekt vor allem: Silvaner und Riesling. Ganz allgemein ist das Stilvorbild für den Tauberwein fränkisch geprägt. Äußerliches Kennzeichen hierfür ist der Bocksbeutel, den die badischen und fränkischen (nicht aber die württembergischen) Weinbaubetriebe verwenden dürfen. Wie auch andernorts in kühlen Klimazonen erlangt überdies der Müller-Thurgau ein so gutes Niveau, dass er hier zu den klassischen Rebsorten und nicht zu den Massenträgern gerechnet wird. Wo noch alte Weinberge erhalten sind, sind diese oft auch mit verschiedenen Sorten im gemischten Satz bepflanzt (und werden zuweilen auch noch gemeinsam gekeltert).

Bei den roten Sorten kann das Taubertal mit einer Besonderheit aufwarten: mit der alten regionalen Sorte Tauberschwarz. Der Anbau des frostharten, aber ertragsschwachen Tauberschwarz ist bis ins 16. Jahrhundert zurück verfolgbar. Im Lauf des 20. Jahrhunderts war er jedoch so weit zurückgegangen, dass Tauberschwarz im Deutschen Weinrecht von 1971 nicht als zulässige Sorte katalogisiert wurde. Angeblich existierten damals nur noch 400 Stöcke in einem alten

INFO *Taubertal*

Anbaufläche: 981 ha, davon 666 ha Baden, 224 ha Württemberg, 91 ha Franken

Rebsorten: Müller-Thurgau (35 %), Schwarzriesling (20 %), Regent (8 %), Silvaner (7 %), Spätburgunder (5 %), Kerner (5 %), Bacchus (4 %), Grauburgunder (3 %), Riesling (2 %)

Vorherrschende Bodentypen: verbreitet Muschelkalk mit lehmigen Feinböden, flussaufwärts bei Tauberzell Keuper, nahe der Mainmündung in tiefen Lagen Buntsandstein

Durchschnittlicher jährlicher Niederschlag: 710 mm (Bad Mergentheim)

Durchschnittlicher Niederschlag im Erntemonat (Oktober): 52 mm (Bad Mergentheim)

Jahresdurchschnittstemperatur: 8,6 °C (Bad Mergentheim)

Sonnenstunden jährlich: 1460 (Wertheim)

(Klimadaten jeweils 1961–1990, Quelle: Deutscher Wetterdienst)

Hauptgefahren für den Weinbau: Frost, Unterreife der Trauben, Botrytis

Der menschliche Beitrag zum Terroir: Seit Jahrhunderten haben die Winzer große Steine, die sie aus ihren Weinbergböden herausschaffen konnten, am Rand der Lagen aufgehäuft. Diese »Riegel« tragen in geringem Umfang zum Mikroklima der Lagen bei.

Größter Bluff: Die Region ist (derzeit) zu unbedeutend, um aus Bluff Nutzen ziehen zu können.

Weinberg. Erst 1996 erfolgte die offizielle (Wieder-)Zulassung. Inzwischen hat die Ertragsfläche des Tauberschwarz immerhin die Zehnhektarmarke überschritten. Mengenmäßig größere Bedeutung für die Rotweinbereitung besitzt hier vor allem der Schwarzriesling, der unprätentiöse Weine von gefälliger Frucht erbringt. Auch die pilzresistente Sorte Regent wächst neuerdings auf einer größeren Fläche. Sie ist vor allem bei Nebenerwerbswinzern beliebt, weil sie weniger gespritzt werden muss.

Der typische Taubertäler Wein ist, gleich ob Weißwein oder Rotwein, kein alkoholkräftiger Wuchtbrummer. Seine Tugenden liegen vor allem in der differenzierten Frucht – und in einer hintergründigen Kraft, die sich dem Mineralgehalt der Böden verdankt. Entlang des Tauberlaufs folgen nämlich die drei Formationen der fränkischen Trias aufeinander: Nahe der Flussquelle finden sich Keuperböden. Das Herzstück des Tauber-Weinbaus steht auf Muschelkalk (in Röttingen kommen sogar noch Feuersteine hinzu). Bei Reicholzheim tritt schließlich der Buntsandstein zutage, der auch die nördlich des Orts liegenden Böden an der Mainmündung prägt.

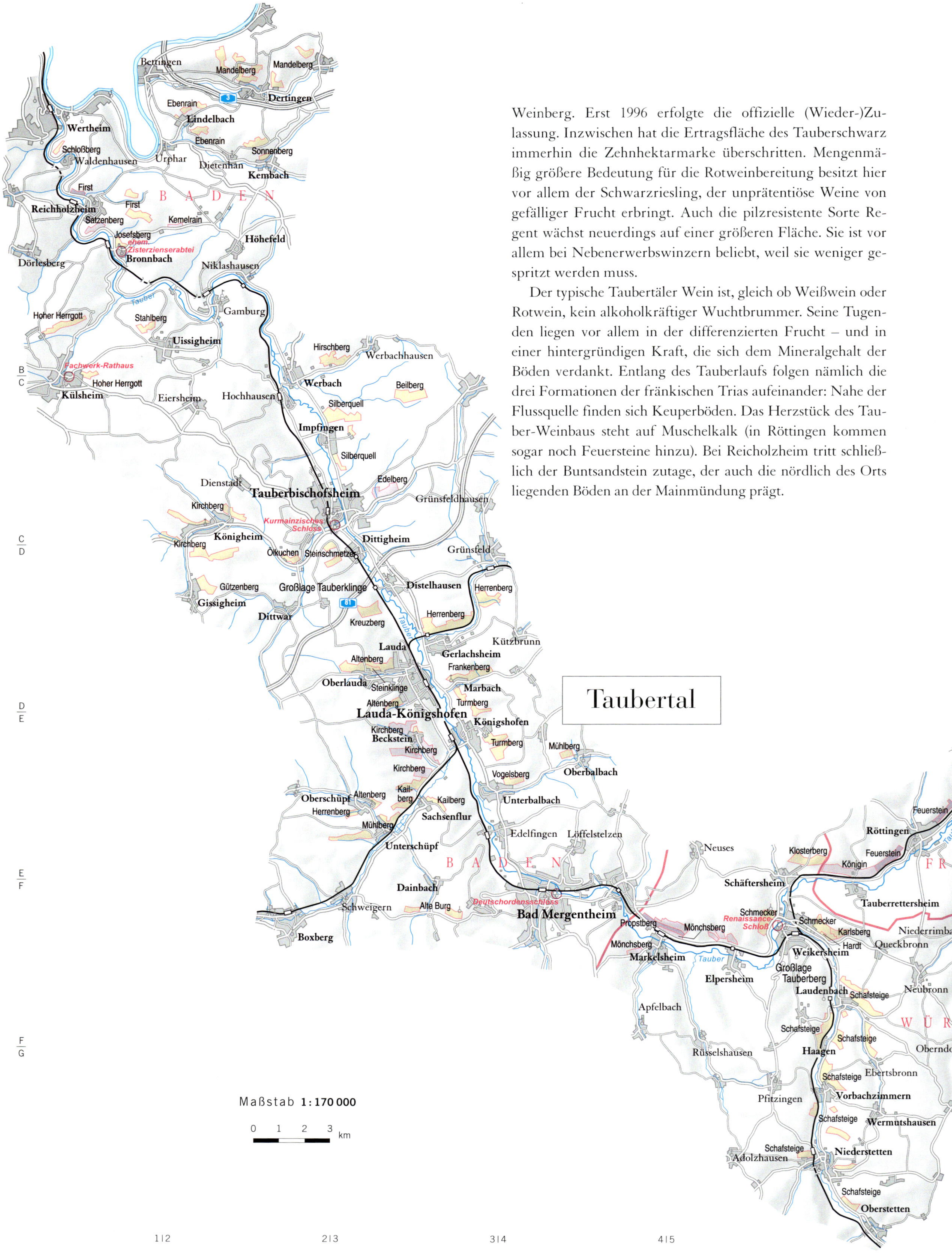

DIE BESTEN WEINLAGEN *im Taubertal*

PRIVILEGIERTE LAGEN

Zu Franken

Röttingen Feuerstein

▸ Seite 200/E6

Größe: 32,7 ha **Höhe:** 270–340 m

Exposition: Südsüdost bis Südost

Steilheit: 30–50 %

Boden: sehr hoher Skelettanteil, poröser Muschelkalk, lehmige bis tonige Feinerde, in Teilen des Weinbergs Feuersteine, einige wenige Parzellen am westlichen Hangfuß auch Buntsandstein

Wichtigste Rebsorten: Riesling, Silvaner, Müller-Thurgau

Wichtigste Weingüter: Hofmann, Poth

Besonderheiten: Vor allem im oberen östlichen Teil des Weinbergs sind Feuersteine in großer Zahl vorhanden.

Weintyp: Weißweine vor allem in Jahren mit hinreichender Wasserversorgung mit deutlichen Feuersteinnoten, mittlerer bis schlanker Körper, selbst als Spätlese stets filigran. Leichte Rotweine mit typischer Muschelkalkmineralität.

Zu Baden

Reicholzheim First

▸ Seite 200/A12

Größe: 18,3 ha **Höhe:** 270–330 m

Exposition: Südsüdwest, am westlichen Rand der Lage einige Parzellen Südwest

Steilheit: 15–20 %

Boden: überwiegend Muschelkalk, im westlichen Teil des Weinbergs auch Buntsandstein, krümeliger, nicht zu schwerer Lehm

Wichtigste Rebsorten: Schwarzriesling, Spätburgunder, Riesling

Wichtigstes Weingut: Schlör

Besonderheiten: windoffene Lage, daher geringe Botrytisneigung, in warmen Jahren (oder im Zuge der Klimaerwärmung) sehr begünstigt

Weintyp: gehaltvolle, vollfruchtige Spätburgunder, selbst Schwarzriesling sehr extraktreich

Zu Württemberg

Markelsheim Propstberg

▸ Seite 200/F45

Größe: 49,0 ha **Höhe:** 220–260 m

Exposition: Südsüdwest

Steilheit: 15–30 %

Boden: Muschelkalk

Wichtigste Rebsorten: Silvaner, Riesling, Gutedel

Wichtigstes Weingut: Hotel Victoria

Besonderheiten: Teilweise querterrassierter Weinberg. Der geschützten Lage wegen jetzt auch Versuche mit Merlot und Cabernet franc.

Weintyp: schlanke, stahlige Weißweine von großer Mineralität

GUTE LAGEN

Zu Franken

Tauberrettersheim Königin ▸ Seite 200/E6, 42,2 ha, Süd bis Südost, 10–30 %, Muschelkalk

Zu Baden

Bronnbach Kemelrain ▸ Seite 200/B2, 2,3 ha, Süd bis Südwest, 20–30 %, Muschelkalk, windoffene Lage, geringe Botrytisneigung

Reicholzheim Satzenberg ▸ Seite 200/B1, 1,9 ha, querterrassiert, Südsüdost, 25–40 %, Buntsandstein

Beckstein Kirchberg ▸ Seite 200/E3, 91,5 ha, Südsüdwest bis Süd, kleines Teilstück Südost, 10–35 %, Muschelkalk

Tauberbischofsheim Edelberg ▸ Seite 200/C3, 7,9 ha, Südsüdost, 10–40 %, Muschelkalk

Zu Württemberg

Markelsheim Mönchsberg ▸ Seite 200/F45, 44,0 ha, Südsüdwest, 20–30 %, Muschelkalk

ZEICHENERKLÄRUNG

- Hausen – Ort mit Weinbauflächen
- Hausen – Ort ohne Weinbauflächen
- Bereichsgrenze
- Großlagengrenze
- Einzellagengrenze
- Besonders privilegierte Lage
- Privilegierte Lage
- Gute Lage
- Weitere Rebflächen
- 1 – VDP Erste Lage
- Sehenswürdigkeit

Franken

Frankens Weine gehören zu den Klassikern des deutschen Weinbaus. Unter Kennern genießen sie höchstes Ansehen. Im Vergleich zu den Weinen von Mosel und Rhein sind sie jedoch international weniger berühmt. Der wichtigste Grund dafür ist wahrscheinlich, dass deutsche Weinbaugebiete im Ausland vor allem am Riesling gemessen werden. Und anders als an der Mosel oder im Rheingau ist der Riesling entlang des Mains nicht das Hauptprodukt: Er bedeckt nur etwas über vier Prozent der Anbaufläche.

Dafür steht der Riesling in Franken fast ausschließlich in den besten Lagen. Dort reift er zu einem Wein von kräftiger Frucht und fester Struktur heran. Tendenziell ist ihm eine Herbe zu eigen, die in seiner Mineralität begründet liegt. Früher unterstrichen Frankens Winzer diese Eigenart, indem sie dem Wein nur wenig Restsüße ließen. Die sogenannten »fränkisch trockenen« Weine enthielten weniger als vier Gramm Restzucker pro Liter (der Gesetzgeber erlaubt für die Bezeichnung »trocken« neun Gramm). Sie hatten ein verlässliches Profil und einen klar definierten Markt. Im letzten Jahrzehnt ging diese Besonderheit ein wenig verloren, weil manche Winzer nach einem etwas populäreren Weinstil streben, der sie aus der Marktnische herausführt.

Dass Franken als Anbaugebiet international unterschätzt ist, liegt sicherlich auch daran, dass seine wichtigste Qualitätsrebsorte so unbekannt ist: der Silvaner. Er bedeckt gut zwanzig Prozent der Weinbergflächen – für Frankens Böden und das kontinentale Klima der Region ist er der ideale Partner. Als Wein ist der Silvaner aromatisch, doch dank seiner floralen Töne nie vorlaut. Er verfügt auch als trockener Wein über eine gewisse Milde, besitzt jedoch zugleich kernige Mineralität. Andernorts steht der Silvaner oft im Ruf, ein wenig »brav« zu sein. Doch unter den Bedingungen, die er in Franken vorfindet, entsteht in ihm eine Balance, die aus einer Spannung hervorgeht und zu wahrer Tiefe führen kann.

Franken ist jedoch nicht nur seiner qualitativen Leitsorte wegen ein Gebiet von großer Eigenständigkeit. Die markante (und vom Weingesetz geschützte) Bocksbeutelflasche steht so eindeutig für die fränkische Herkunft des Weins wie weltweit kaum eine andere Flaschenform für eine bestimmte Provenienz. Seit dem 14. Jahrhundert ist die Verwendung des Bocksbeutels bezeugt. Offenbar wurde seine Gestalt der Form eines Hammelhodens nachempfunden.

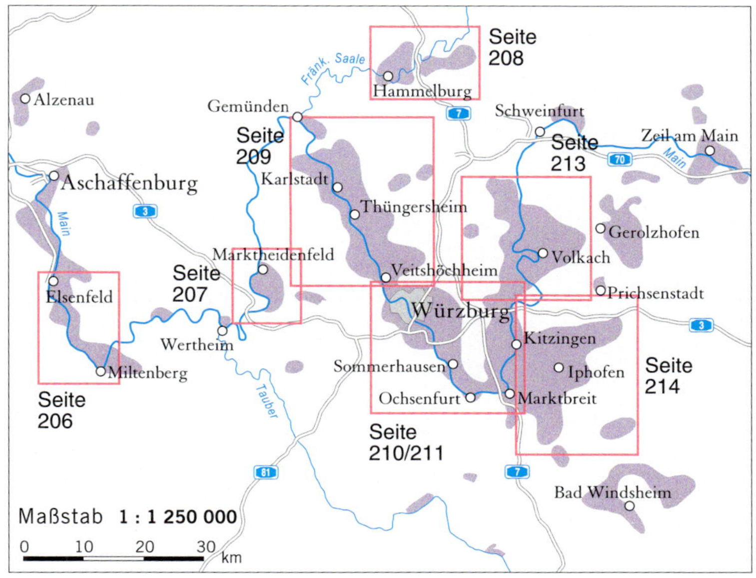

Als lang gezogenes Band auf die Stadtmitte und die Feste Marienberg zulaufend: die Einzellage Würzburg Innere Leiste.

GEOLOGIE

Weinrechtlich ist Franken in drei Bereiche gegliedert: Mainviereck, Maindreieck und Steigerwald. Diese Gliederung orientiert sich nicht nur am Verlauf des Mains, sondern fasst auch Gebiete mit ähnlichen Bodentypen zusammen. Während des erdgeschichtlichen Zeitalters der Trias (vor 250 bis 200 Millionen Jahren) war das heutige Franken einem vielfachen Wechsel von Überflutung und Verlandung ausgesetzt. In einem bald wüstenartigen, bald mediterranen Klima bildete sich durch Ablagerung von Sanden, von Muscheln, von organischem Material aller Art jene Schichtstufenlandschaft, die heute Frankens Weinbau bestimmt. Buntsandstein, die älteste Formation der Trias, prägt das Mainviereck, also die Zone von Aschaffenburg bis hinter die Mündung der Tauber. Im Maindreieck, also vor allem im Großraum Würzburg sowie an der Fränkischen Saale, wachsen die Reben auf Muschelkalk. Im Steigerwald schließlich tritt die »jüngste« Schicht der Trias zutage: der Keuper.

Rund 240 Millionen Jahre alt: Muschelkalk in der Lage Würzburg Stein.

Mainviereck

Frankens einzige Weine, die nicht auf einem Boden der Trias wachsen, stammen aus dem Nordwesten des Mainvierecks, aus der Zone um Michelbach und Hörstein bei Aschaffenburg. Hier wachsen charaktervolle Rieslinge auf Urgesteinsböden: Glimmerschiefer, Quarzit und Gneis. Das Weinrecht rechnet die insgesamt vier Weinorte des kleinen Gebiets zum Mainviereck, auch wenn die Weinberge hier einige Kilometer abseits des Flusses liegen. Auch sonst weisen die Weine dieser Gemeinden nur bedingt Ähnlichkeiten mit jenen auf, die weiter flussaufwärts an den Mainschleifen wachsen.

In den bekanntesten Weinbauorten des eigentlichen Mainvierecks (Karten siehe Seiten 206 und 207) dominiert der Rotwein: Vor allem Klingenberg und Bürgstadt haben einen hervorragenden Ruf. Die Witterung ist hier etwas milder als anderswo in Franken, das Frühjahr beginnt etwas zeitiger und ebenso der Austrieb der Reben. Der Buntsandsteinboden begünstigt einen Typus Spätburgunder, der weder in puncto Alkohol noch in puncto Gerbstoff übers Ziel hinausschießt. Den Weinen, die auf diesem Boden wachsen, ist stets eine gewisse Feinheit und große Alterungsfähigkeit zu eigen – übrigens auch den Weißen. Einziges Weißweinzentrum an diesem Abschnitt des Mains ist Homburg mit seinem unter Denkmalschutz stehenden Berg Kallmuth. Der Steilhang ist geologisch bemerkenswert: Mitten im Weinberg vollzieht sich der Übergang vom Buntsandstein zum Muschelkalk – einer der Gründe, warum vor allem der Silvaner hier so große Komplexität erlangt.

Im Mainviereck finden sich mit die ältesten Zeugnisse fränkischer Weinkultur: Bereits seit dem 8. Jahrhundert ist Weinbau in Klingenberg dokumentiert. Später dienten die Steinbrüche bei Bürgstadt dazu, die Stadt Frankfurt mit zu errichten. Und auch der Wein wurde zum größten Teil flussabwärts verbraucht: Die Städte, Marktflecken und Winzerdörfer des Mainvierecks waren kurmainzisch. Also liefen die Handelsbeziehungen ganz natürlich mainabwärts und nicht mainaufwärts ins religiös strenge Würzburg.

Wie begehrt ein Stückchen Weinberg in den spektakulären Steillagenterrassen Klingenbergs war (und ist), zeigt sich bei einem Blick ins Katasterbuch: Durch Erbteilung entstanden immer kleinere Parzellen, und da sich kaum ein Erbe von seinem Flurstück trennen wollte – also die Zerstückelung kaum je durch Kauf rückgängig gemacht werden konnte –, haben manche Flurstücke heute nur noch die Größe einer Zweizimmerwohnung. Der Klingenberg Schloßberg ist überdies ein gutes Beispiel für den Strukturwandel, der im letzten Jahrzehnt den fränkischen Weinbau ergriffen hat: Noch in den 1990er-Jahren wurde viel Klingenberger Wein fassweise an den Handel verkauft. Selbst einfacher Portugieser erlöste fünf Mark pro Liter – im Vergleich zu anderen Fassweinen exorbitant! Dennoch war dies auf lange Sicht nicht rentabel. Die mühsame Handarbeit und auch die Notwendigkeit, die Trockenmauern und andere Infrastruktur im Berg intakt zu halten, beginnt nun eine ambitioniertere Bewirtschaftung zu erzwingen. Letztlich findet erst so, mit steigender Weinqualität und steigendem Weinpreis, der Rang der Lage einen angemessenen Ausdruck.

Maindreieck

Das Maindreieck ist das Zentrum des fränkischen Weinbaus (Karten siehe Seiten 208, 209, 210/211 und 213). Entlang der mehr oder weniger V-förmigen großen Mainschleife zwischen Gemünden und Schweinfurt wachsen auf Muschelkalkböden modellhafte Frankenweine. Es sind Rieslinge und Silvaner jener Art, die einem vorschwebt, wenn man einen Bocksbeutel vor sich sieht. Die Weine vom Würzburg Stein sind wahrscheinlich die berühmtesten ganz Frankens, und dies nicht nur der eindringlichen Fürsprache (und Zusprache) Goethes wegen. Würzburg ist in Frankens Weinbau das Zentrum des Zentrums: 210 Hektar Reben mitten in einer Großstadt – allein diese Resistenz der Würzburger Lagen gegen den Flächenhunger der Überbauung spricht Bände. Durchquert man den Stein – immerhin rund 80 Hektar –, dann stellt man fest, dass er eher ein Clos de Vougeot als ein Richebourg ist: Es gibt durchaus auch weniger günstige Parzellen, sogar einige kleine Stücke, die sich nach Nordosten wenden. Das Interessanteste ist aber, dass der Feinboden im Weinberg an jeder Stelle anders ist. Den Untergrund und das Skelett des Bodens bildet allenthalben Muschelkalk, der Feinboden jedoch scheint stärker durch die jahrhundertelange intensive Bewirtschaftung des Menschen geprägt als ein Zeugnis »unberührter« Natur zu sein. Generationen von Winzern mögen Humus angefahren haben, vielleicht war auch einmal etwas Lösslehm dabei, sie haben umgegraben und aufgefüllt und den Weinberg gegen die Erosion verteidigt. Der Stein ist nicht nur ein Natur-, er ist auch ein Kulturdenkmal.

Dabei sind seine natürlichen Anlagen beispielgebend. Sichelförmig, beinahe wie ein Parabolspiegel, erstreckt sich der Berg zunächst den Main, dann die Innenstadt entlang. Der Fluss reflektiert Licht, die steilen Terrassen mit ihren Weinbergmauern speichern die Wärme, nach Norden hin ist der Hang fast auf seiner ganzen Länge windgeschützt. Sicher trägt auch die Innenstadt zum günstigen Klima bei. Während der Zeit der Dampflokomotiven argwöhnten Spötter sogar, der typische Rauchton der Steinweine sei auf die Nähe des Bahnhofs zurückzuführen. Doch auch im Zeitalter der elektrischen Eisenbahn haben sie ihren Rauchton behalten: Es ist der Muschelkalk im Boden, der ihn verursacht.

Dem Rang der Weine entspricht die vornehme Ausstrahlung Würzburgs: Fürstbischöfe und vorausschauende Bürger haben der Stadt ihren Stempel aufgeprägt. In puncto Wein teilen sich drei große Körperschaften – Juliusspital, Bürgerspital und Hofkeller – den Löwenanteil der Würzburger Lagen. Eine solche Konzentration großer Lagen in so wenigen Händen, das ist einmalig in Deutschland. Außer den drei Großen gibt es in Würzburg lediglich zwei Familienweingüter und eine Gaststätte mit eigenem Wein. Und keine Genossenschaft.

KLIMA UND BÖDEN

Wie überall in Franken, so kommt auch im Maindreieck dem Mikroklima der Lage große Bedeutung zu. Die Nähe des Flusses ist dabei meist wichtiger als die Himmelsrichtung allein. Würzburgs emblematischster Weinberg, der auf Postkarten gern hinter Altstadtfassaden in Szene gesetzte Schloßberg, hat kurioserweise gleich in beiderlei Hinsicht ein Manko: Er liegt abseits des Mains, und die Himmelsrichtung, in die er blickt, ist Osten. Südlagen sind natürlich besser, und Südwestlagen, in denen der Fluss meist westlich der Weinberge liegt – eine Eigenart des Würzburger Raums –, sind diesen oft sogar überlegen.

Das beeindruckendste Schauspiel solcher kleinklimatischer Einflüsse bieten die drei wie Fingerkuppen zum Main hin gewölbten Weinberge, die sich südlich Würzburgs auf dem Gebiet der Gemeinde Randersacker erheben: Teufelskeller, Pfülben und Marsberg. Alle drei weisen zum Fluss hin eine mehr oder weniger südwestliche Orientierung auf. In diesen Partien des Weinbergs wachsen die besten Weine – und zudem um den Scheitelpunkt herum, wo sich der Berg jeweils nach Süden hin in ein schmales Seitental wölbt. Die Reben des Seitentals schauen zwar stärken nach Süden als die am Main, doch ihnen fehlt die Wärme des Wassers. Außerdem fließt durch die Quertäler ein kühler Wind. »Grießbreiartig«, so sagen die Bewohner der Gegend, bewege sich die Kälte aus dem höher gelegenen Hinterland herab. So kommt es, dass hier in mancher Südlage Müller-Thurgau wächst, selten Silvaner und praktisch niemals Riesling.

Unter den Randersackerer Lagen ragt der »kopfkissenförmige« Pfülben dadurch hervor, dass der Fluss dem Prallhang besonders nahe kommt und dass die Steillagen des Pfülben in günstigerer Position nach Süden drehen als die seiner beiden Nachbarn. Nicht zuletzt ist auch sein Boden ein wenig

INFO *Franken*

Anbaufläche: 6281 ha

Rebsorten: Müller-Thurgau (32 %), Silvaner (21 %), Bacchus (12 %), Kerner (5 %), Domina (5 %), Spätburgunder (4 %), Riesling (4 %), Dornfelder (3 %), Scheurebe (2 %)

Vorherrschende Bodentypen: im Bereich Mainviereck Buntsandstein, im Bereich Maindreieck Muschelkalk, im Bereich Steigerwald Gipskeuper

Hauptgefahren für den Weinbau: Frost, Pilzkrankheiten

Der menschliche Beitrag zum Terroir: Die Anlage von Terrassenweinbergen geht vielerorts (vor allem im Mainviereck) auf das Mittelalter zurück. In vielen der berühmten Lagen wurde der oberflächennahe Boden über viele Jahrhunderte intensiv bearbeitet. Flurbereinigungen haben das Relief mancher Lagen begradigt, wenngleich in Franken tendenziell eher naturnahe Umlegungen stattgefunden haben.

Der Durchstich des Main-Kanals bei der großen Volkacher Mainschleife hat das Mesoklima der Weinberge, die die alte Mainschleife säumen, verändert – und einigen Weinbergen sogar eine »Insellage« beschert (Nordheim, Sommerach).

Größter Bluff: Weine von Großlagen wie Kitzinger Hofrat täuschen im Discounter vor, von hochwertigen Einzellagen zu stammen. Dazu trägt bei, dass die Verwendung der traditionellen Flaschenform des Bocksbeutels nicht an das Kriterium der Typizität eines Weins gebunden ist.

tiefgründiger, der Wasserhaushalt ausgeglichener – eine nicht zu unterschätzende Eigenschaft, da der Boden steinig ist, sehr steinig sogar, voller Muschelkalk.

LAGEN UND WEINE

Nicht von ungefähr lebten früher in den engen Gassen Randersackers drei Berufsgruppen: Winzer, Fischer und Steinmetze. Im Nachbarort Sommerhausen mit seinem idyllischen Märchenschloss trägt der halbe Ort den Familiennamen Steinmann. In der Gegend gab es früher viele Steinbrüche. In den letzten Jahren, da die Sommer immer heißer und trockener zu werden scheinen, hat der Gesteinsreichtum der Böden besondere Auswirkungen: In flachgründigen Lagen werden vermehrt Bewässerungsmaßnahmen erprobt. Die Winzer sind noch dabei, Erfahrungen zu sammeln, aber sie gehen davon aus, dass sie langfristig nicht daran vorbeikommen, den Reben zusätzliches Wasser zuzuführen.

Bei Frickenhausen, wo der Main von Osten nach Westen fließt, gibt es eine schöne Südlage, den Kapellenberg. Weiter mainaufwärts sind die meisten Weinberge südöstlich ausgerichtet. Das ist ein leichter Nachteil, denn die Abendsonne

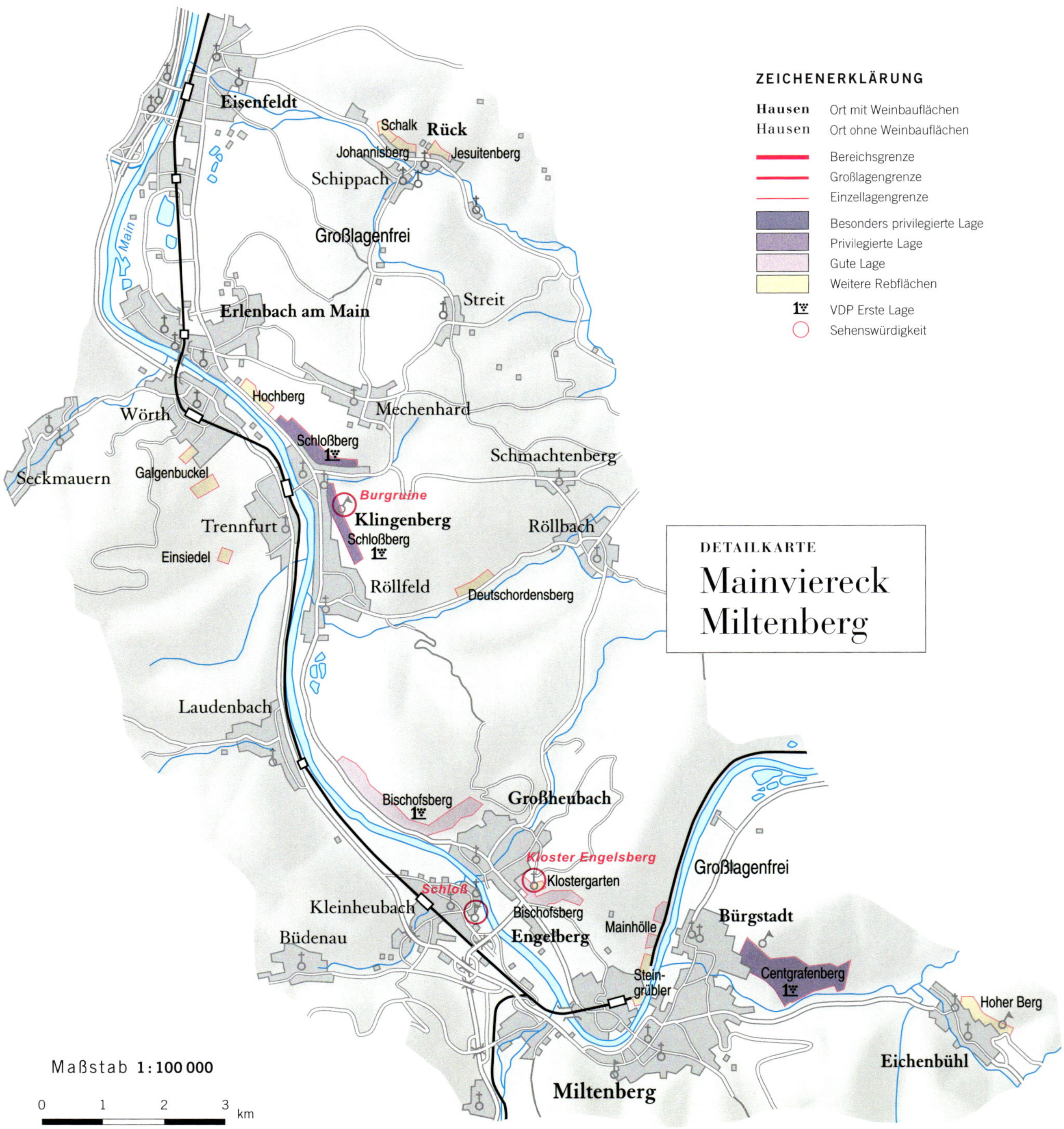

fehlt den Reben im Allgemeinen mehr als die Morgensonne. Dennoch gibt es bei Sulzfeld zwei schöne, zum Teil rein südlich ausgerichtete Weinberge, Maustal und Cyriakusberg, und nochmals weiter im Norden macht bei Dettelbach die Lage Berg-Rondell mit einer Drehung aus Osten nach Süden ihrem Namen alle Ehre. Kitzingen war früher ein Weinhandelszentrum, heute ist es Sitz der größten Genossenschaft. Auf Etiketten erscheint Kitzingen meist mit dem Lagennamen Hofrat. Dabei handelt es sich jedoch nicht um eine Einzellage, sondern um eine Großlage – und in aller Regel um Weine, die nicht über das Mittelmaß hinauskommen.

Einige sehr hochwertige Weine wachsen wieder weiter flussaufwärts: bei Volkach und Escherndorf. Zwar leidet die Lage Volkach Ratsherr darunter, dass sie 1971 sehr stark ausgeweitet wurde. Doch die direkt an einer Mainschleife nach Süden blickenden Parzellen sind ohne jeden Zweifel hochwertig. Homogener ist die Lage Escherndorf Lump, die sich in einem schmalen Band den Main entlangzieht. Die Steilheit der Lage ist in jedem Teilstück halsbrecherisch. Nicht von ungefähr gestattet der Lump nicht nur die Produktion hervorragender trockener Weine, sondern auch – nicht alltäglich in Franken – hochkarätiger edelsüßer Weine. Der Name Lump deutet übrigens nicht darauf hin, dass hier etwa besonders schlitzohrige Winzer beheimatet wären. Vielmehr war – ähnlich wie der Klingenberg Schloßberg – auch diese Lage von der Realteilung des Erbrechts so stark betroffen, dass manche Flurstücke am Ende nur noch »ein Fetzchen«, einen Lumpen groß waren.

FRÄNKISCHE SAALE

Zum Bereich Maindreieck zählt auch noch das gut 30 Kilometer entfernt vom Main gelegene Weinbaugebiet der Fränkischen Saale. Schon im Jahr 777 ist bei Hammelburg Weinbau bezeugt. Offenkundig hatte der Aufschwung Fuldas während der Mitte des 8. Jahrhunderts dazu geführt, dass Mönche von dort aus südwärts an die Fränkische Saale zogen, um Wein zu pflanzen.

Heute wird der Weinbau nur noch extensiv betrieben. Zwischen Feldern und Wäldern erheben sich weit verstreut

Mainviereck

Durchschnittlicher jährlicher Niederschlag: 709 mm (Miltenberg)

Durchschnittlicher Niederschlag im Erntemonat (Oktober): 48 mm (Miltenberg)

Jahresdurchschnittstemperatur: 9,2 °C (Miltenberg)

(Klimadaten jeweils 1961–1990, Quelle: Deutscher Wetterdienst)

ZEICHENERKLÄRUNG

- **Hausen** Ort mit Weinbauflächen
- Hausen Ort ohne Weinbauflächen
- Bereichsgrenze
- Großlagengrenze
- Einzellagengrenze
- Besonders privilegierte Lage
- Privilegierte Lage
- Gute Lage
- Weitere Rebflächen
- 1er VDP Erste Lage
- Sehenswürdigkeit

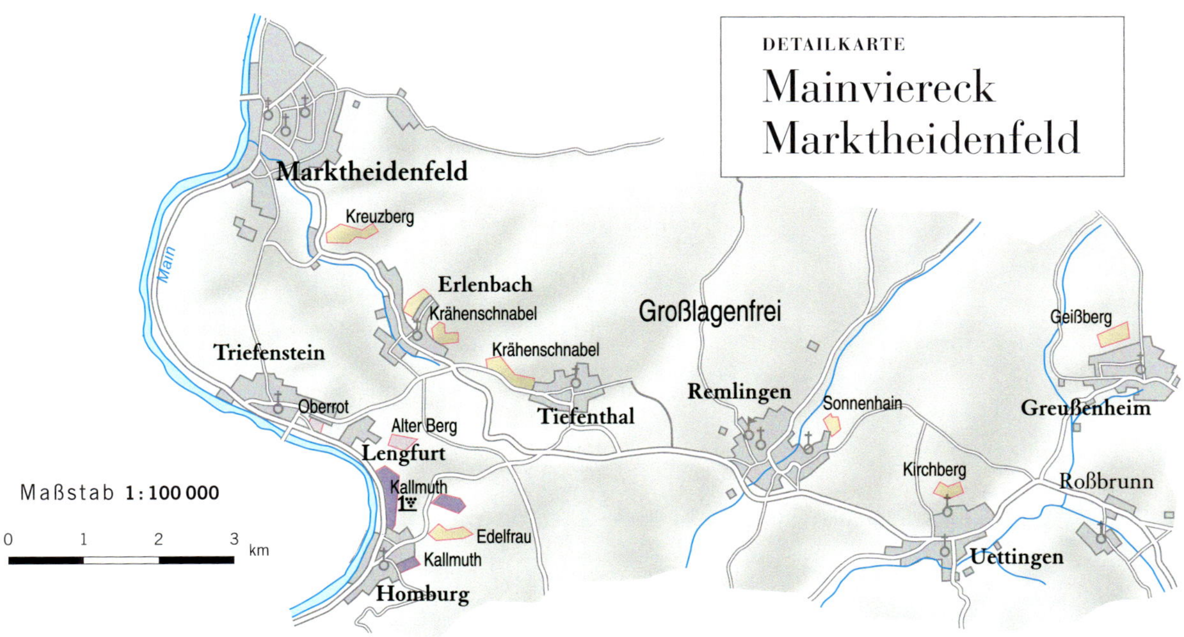

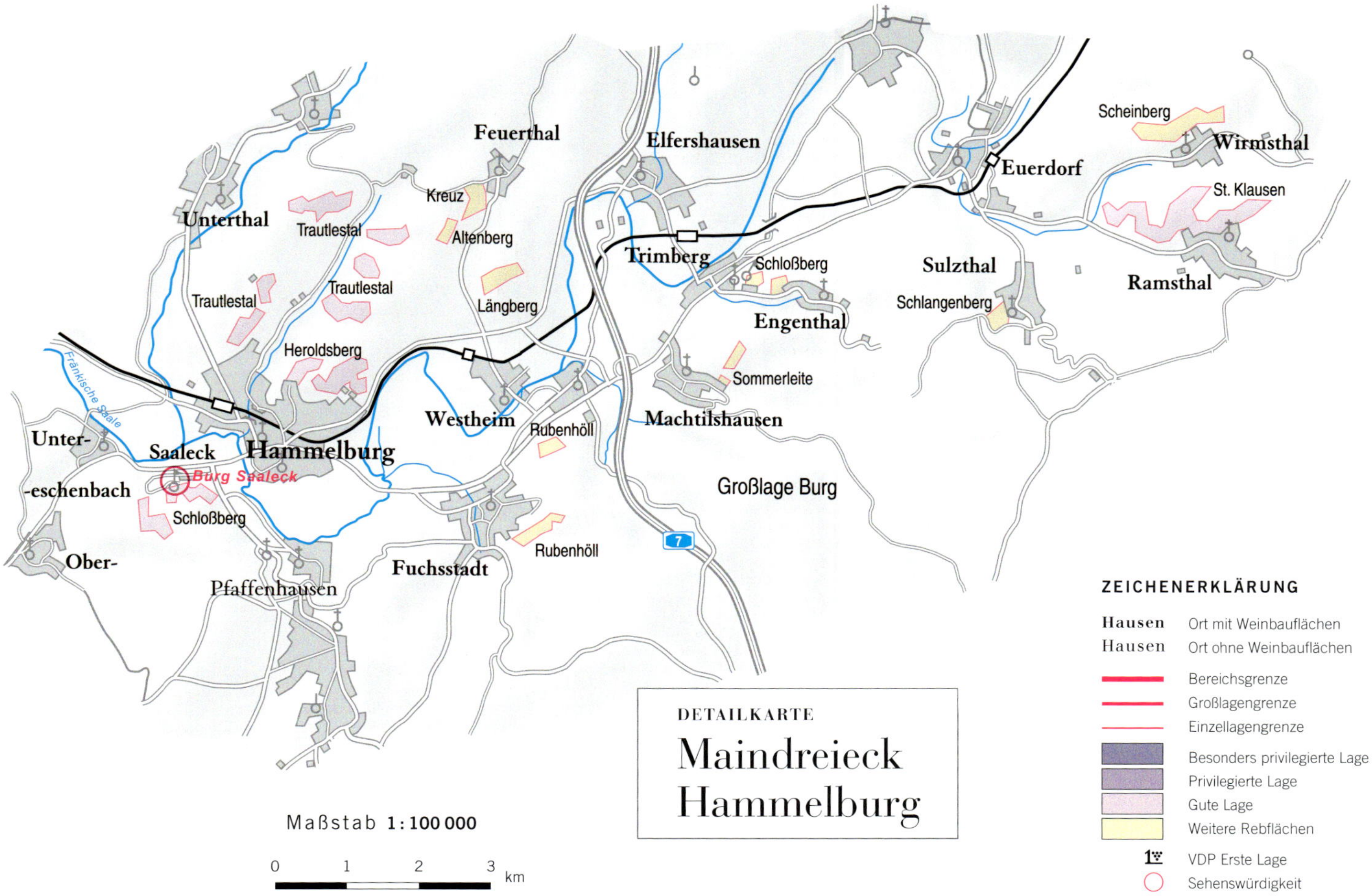

Steilhänge. Das Gebiet liegt ja schon recht nördlich, im Flachen wird hier kein Rebstock gepflanzt. Wie im übrigen Maindreieck dominieren Muschelkalkböden. Das Potenzial der Region scheint weitaus größer zu sein als ihr derzeitiger Ruf. Auf lange Sicht könnte sich die abgelegene Position sogar als Vorteil herausstellen: Hier gibt es noch Weinberge, die keiner aggressiven Flurbereinigung zum Opfer fielen. Im Steilhang des Ramsthal St. Klausen findet man sogar noch Parzellen, die wie Schrebergärten bewirtschaftet werden.

Steigerwald

Steigerwald ist ein sprechender Name: »Steigen«, das sind Schichten der geologischen Formation Keuper. Sie bilden Erhebungen wie den Schwanberg (474 Meter über Meer) oder den noch etwas höheren Scheinberg (499 Meter). Der Weinbau zieht sich meist bis an den Saum der Wälder, die auf den Bergrücken wachsen: am Schwanberg bis auf 380 Meter Höhe, am Castell Schloßberg sogar bis auf 390 Meter. Und dies ohne ein Gewässer als Wärmespeicher!

Die kleinklimatische Unterstützung kommt im Steigerwald vom Boden. Die wärmespeichernde Wirkung des Keuperbodens ist so intensiv, dass man ausgerechnet hier – in Frankens höchstgelegener Weinregion – Reben öfter auch an Nordhängen antrifft. Frühreife Sorten wie Scheurebe und Müller-Thurgau bringen in solchen Lagen, etwa in Rödelsee (Schwanleite) und Castell (Bausch), sogar ausgesprochen positive Ergebnisse.

An den zauberhaften Süd- und Südwesthängen des Castell Schloßberg, wo nur eine sehr behutsame Flurbereinigung stattfand, lässt sich die Vielfalt der Bodenstruktur des Keupers am eindrucksvollsten betrachten und in ihrer Wirkung verstehen. Kleine, grusige, geschieferte Plättchen aus mergeligem Tonstein lassen den Weinberg blaugrau schimmern, wo immer der blanke Boden zutage tritt. Im Boden stecken strahlend weiße Steine: Alabaster, der sich mit einem Taschenmesser spalten lässt. Zudem durchziehen massive Bänke aus Gipskeuper den Hang, und im oberen Bereich finden sich Inseln von Schilfsandstein. Es sind all diese Wärmespeicher, die das Ausreifen der Trauben begünstigen. Und es sind diese vielfältigen Elemente des Bodens, die mit ihrem Mineralgehalt den Weinen eine charakteristische, kräuterartige Würze mitgeben.

Allerdings haben die Keuperböden auch einen Nachteil: Sie verhärten bei Trockenheit sehr stark, bei Feuchtigkeit quellen sie auf. Die Franken nennen sie auch »Minuten-

DETAILKARTE Maindreieck Karlstadt

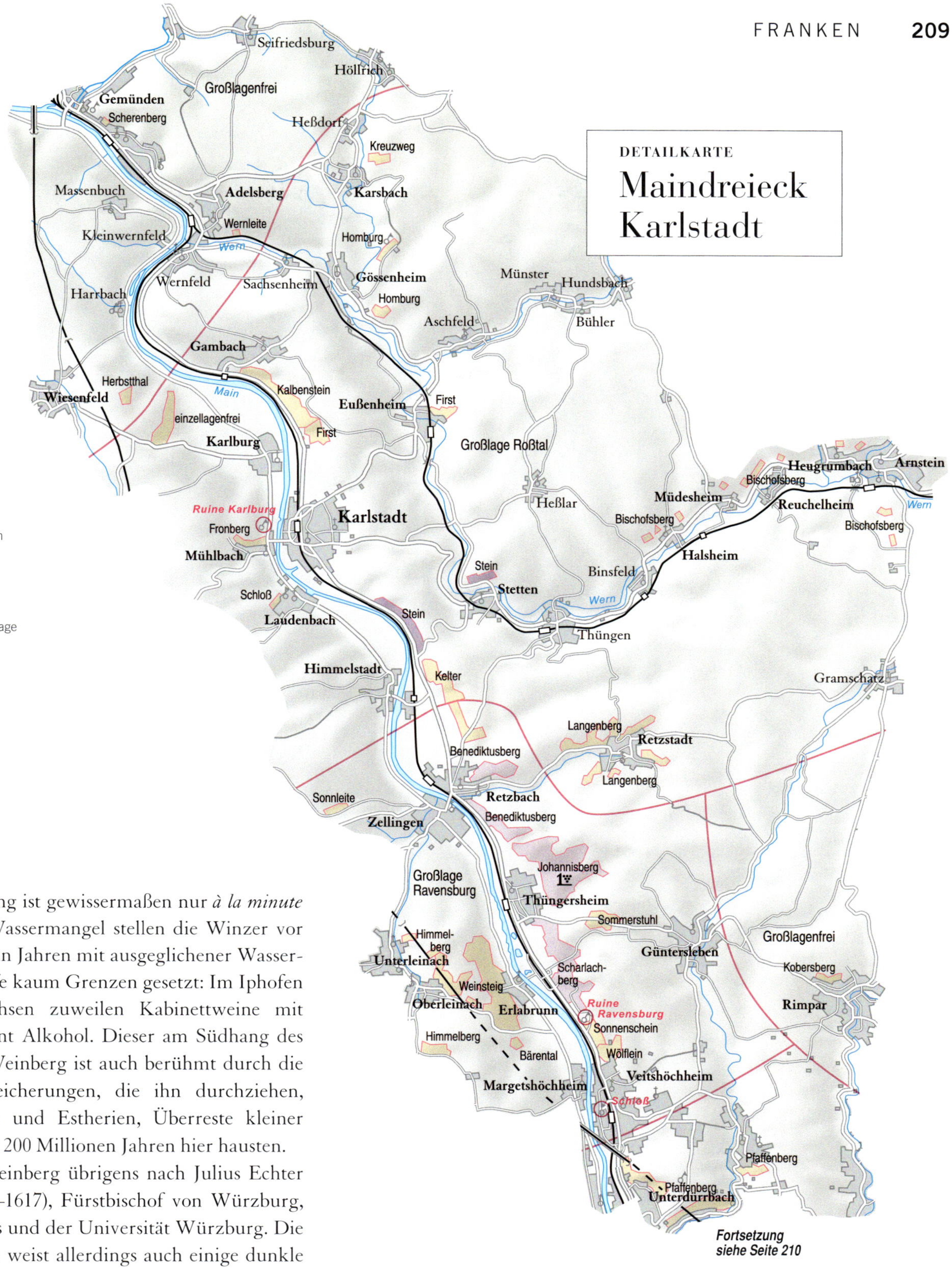

ZEICHENERKLÄRUNG

- **Hausen** Ort mit Weinbauflächen
- Hausen Ort ohne Weinbauflächen
- Bereichsgrenze
- Großlagengrenze
- Einzellagengrenze
- Besonders privilegierte Lage
- Privilegierte Lage
- Gute Lage
- Weitere Rebflächen
- VDP Erste Lage
- Sehenswürdigkeit

Maßstab **1:150 000**

0 1 2 3 km

böden« – ihre Bearbeitung ist gewissermaßen nur *à la minute* möglich. Erosion und Wassermangel stellen die Winzer vor gewisse Probleme, doch in Jahren mit ausgeglichener Wasserversorgung sind der Reife kaum Grenzen gesetzt: Im Iphofen Julius-Echter-Berg wachsen zuweilen Kabinettweine mit vierzehn Volumenprozent Alkohol. Dieser am Südhang des Schwanbergs liegende Weinberg ist auch berühmt durch die Schichten fossiler Anreicherungen, die ihn durchziehen, sogenannte Myophorien und Estherien, Überreste kleiner Meerestiere, die vor über 200 Millionen Jahren hier hausten.

Benannt ist dieser Weinberg übrigens nach Julius Echter von Mespelbrunn (1545–1617), Fürstbischof von Würzburg, Gründer des Juliusspitals und der Universität Würzburg. Die Vita des Kirchenmannes weist allerdings auch einige dunkle Stellen auf. Als Gegenreformator war Julius Echter gnadenlos. Und auch das Erbe, das er Philipp Adolf von Ehrenberg mitgab, seinem Neffen und Nachfolger auf dem Stuhl des Würzburger Fürstbischofs, hinterlässt einen bitteren Nachgeschmack: In Julius Echters letzten Lebensjahren begann eine Hexenjagd, die bis 1631 andauerte und etwa 900 Frauen (und Männer) das Leben kostete.

Fortsetzung siehe Seite 209

DIE BESTEN WEINLAGEN *in Franken*

BESONDERS PRIVILEGIERTE LAGEN

Mainviereck

Bürgstadt Centgrafenberg

▸ Seite 206/FG45

Größe: 57,1 ha **Höhe:** 150–250 m
Exposition: überwiegend Süd, kleinere Randstücke Südwest und Südsüdost
Steilheit: 10–40 %
Boden: Buntsandstein, Buntsandsteinverwitterung, wechselnde Feinböden (roter Ton, Löss, Lehm)
Wichtigste Rebsorten: Spätburgunder, Silvaner, Riesling
Wichtigste Weingüter: Rudolf Fürst, Josef Walter
Besonderheiten: Äußerst begünstigtes Mikroklima im Seitental des Flüssleins Erf, windgeschützt. Gute Wasserführung im Berg, die einen hohen Durchwurzelungsgrad fördert. Bestes Gewann: Hunsrück (12 ha im zentralen Hang, besonders steinig-tonig).
Weintyp: Weißweine schlank, mit Nerv und unterschwelliger Mineralität, lagerbeständig. Spätburgunder vornehm, proportioniert im Körper, in der Jugend kompakt und verschlossen, sehr lagerbeständig.

Homburg Kallmuth

▸ Seite 207/G3

Größe: 42,8 ha, davon 12 ha terrassierte Steilstlage
Höhe: 140–240 m
Exposition: Terrassensteillage nach Westen, weitere Lagen nach Südwest bis Südost
Steilheit: Terrassensteillage 38–74 %, weitere Lagen 20–50 %
Boden: sehr skelettreiche Böden, untere Lagen auf Buntsandstein, obere auf Muschelkalk
Wichtigste Rebsorten: Silvaner, Riesling
Wichtigstes Weingut: Fürst Löwenstein
Besonderheiten: 12 km Natursteinmauern im denkmalgeschützten Steilhang. Bis zu 5 m hohe Weinbergmauern. Die Böden in den Terrassen wurden nie bewegt, nie befahren. Das sehr niederschlagsarme Mesoklima wird durch wasserführende Schichten im Weinberg ausgeglichen (es gibt fünf Quellen im Berg). Mikroklimatisch günstige Lage direkt am Main. Der Name Kallmuth ist wie bei den Weinbergen Calamin (am Genfer See) und Calmont (in Bremm an der Mosel) auf lat. *calidus mons* (heißer Berg) zurückzuführen.
Weintyp: kraftvolle, strukturierte Weißweine mit mineralischem Kern

Klingenberg Schloßberg

▸ Seite 206/DE23

Größe: 27,0 ha **Höhe:** 120–230 m
Exposition: Südsüdwest bis Westsüdwest
Steilheit: 50–90 %
Boden: Buntsandstein und Buntsandsteinverwitterung, mager, stellenweise roter Ton
Wichtigste Rebsorte: Spätburgunder
Wichtigste Weingüter: Rudolf Fürst, Weingut der Stadt Klingenberg, Wolfgang Kühn
Besonderheiten: Spektakuläre Steillage direkt am Main, Terrassenweinberg, unterteilt in zwei Gewanne: Hochberg im westlichen Abschnitt und Schloßberg unterhalb der Burg. Die Länge der Trockenmauern im Weinberg beträgt insgesamt 4 km. Trotz des sandigen Feinbodens ist das Wasserhaltevermögen des Bergs gut: Eine Lössplatte auf der Bergkuppe sorgt für Feuchtigkeit auch in trockenen Phasen.
Weintyp: kraftvoller, strukturreicher Spätburgunder mit gutem Reifepotenzial

Maindreieck

Escherndorf Lump

▸ Seite 213/D34

Größe: 36,9 ha **Höhe:** 190–270 m
Exposition: sichelförmig von Südost bis Südsüdwest, kleines Randstück oberhalb des Orts Südwest
Steilheit: 40–75 %, der bei weitem größte Teil des Hangs sehr homogen steil (ca. 60 %)
Boden: oberer Muschelkalk, im westlichen Abschnitt teilweise Einlagen von Lettenkeuper, gute Gründigkeit, Lösslehm
Wichtigste Rebsorten: Silvaner, Riesling
Wichtigste Weingüter: Horst Sauer, Rainer Sauer, Michael Fröhlich, Walter Erhard, Glaser-Himmelstoss, Zur Schwane, Juliusspital, Egon Schäffer
Besonderheiten: Windgeschützte, wie ein Hohlspiegel geformte Lage. Der tiefgründige Boden, das an dieser Stelle relativ breite Tal des Mains und die verhaltene Strömungsgeschwindigkeit des Flusses in der Schleife sorgen für hohe Luftfeuchtigkeit im Spätherbst. So gestattet die Lage nicht nur hochreife trockene Weine, sondern auch edelsüße Weine, die von Botrytis geprägt sind.
Weintyp: Trockene Weißweine, die Nerv und Mineralität mit betonter Frucht vereinen. Edelsüße Weine von großer Konzentration und Klarheit.

Randersacker Pfülben

▸ Seite 211/C2

Größe: 18,9 ha **Höhe:** 185–270 m
Exposition: Südsüdwest bis Süd
Steilheit: 30–70 %
Boden: unterer Muschelkalk, hoher Skelettanteil, aber zugleich ausreichend tiefgründig (vor allem toniger Feinboden)
Wichtigste Rebsorten: Riesling, Silvaner
Wichtigste Weingüter: Schmitt's Kinder, Juliusspital, Bürgerspital, Hofkeller, Trockene Schmitts, Martin Göbel
Besonderheiten: Südwestlagen profitieren von der unmittelbaren Nähe des Mains. Die südlich orientierten Parzellen reichen nicht sehr weit ins Quertal hinein, die Lage ist praktisch nur auf den eigentlichen Prallhang beschränkt. Der Name Pfülben leitet sich von der Ähnlichkeit des Weinbergs mit einem Kopfkissen (mittelhochdeutsch: phulwen, noch heute schweizerisch: Pfulmen) ab.
Weintyp: In der Jugend verschlossene Weine. Würziger, kraftvoller Riesling. Milder, zur Breite neigender Silvaner.

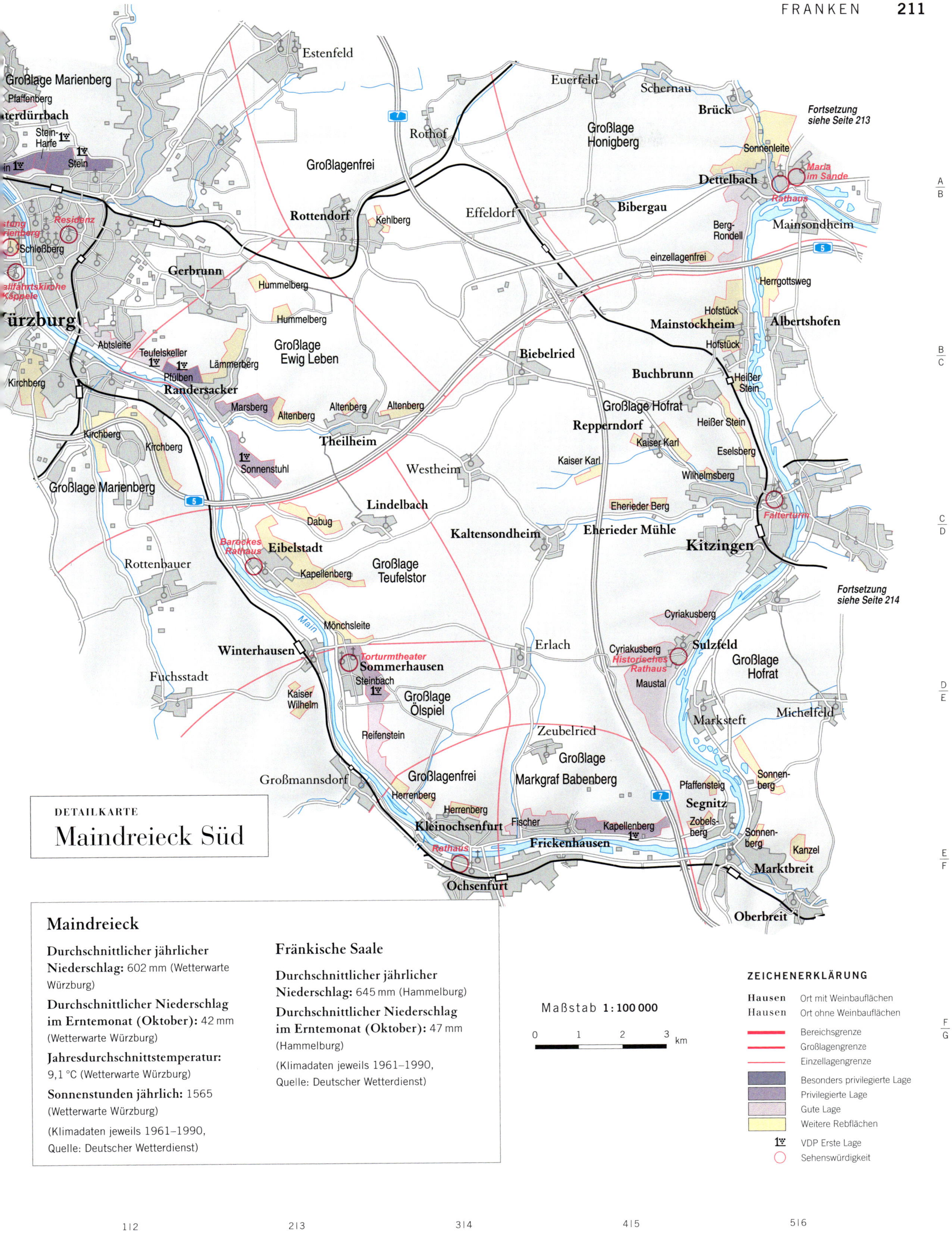

DETAILKARTE

Maindreieck Süd

Maindreieck

Durchschnittlicher jährlicher Niederschlag: 602 mm (Wetterwarte Würzburg)

Durchschnittlicher Niederschlag im Erntemonat (Oktober): 42 mm (Wetterwarte Würzburg)

Jahresdurchschnittstemperatur: 9,1 °C (Wetterwarte Würzburg)

Sonnenstunden jährlich: 1565 (Wetterwarte Würzburg)

(Klimadaten jeweils 1961–1990, Quelle: Deutscher Wetterdienst)

Fränkische Saale

Durchschnittlicher jährlicher Niederschlag: 645 mm (Hammelburg)

Durchschnittlicher Niederschlag im Erntemonat (Oktober): 47 mm (Hammelburg)

(Klimadaten jeweils 1961–1990, Quelle: Deutscher Wetterdienst)

Maßstab **1 : 100 000**

0 1 2 3 km

ZEICHENERKLÄRUNG

- Hausen – Ort mit Weinbauflächen
- Hausen – Ort ohne Weinbauflächen
- Bereichsgrenze
- Großlagengrenze
- Einzellagengrenze
- Besonders privilegierte Lage
- Privilegierte Lage
- Gute Lage
- Weitere Rebflächen
- 1er VDP Erste Lage
- Sehenswürdigkeit

A/B

B/C

C/D

DIE BESTEN WEINLAGEN *in Franken*

Würzburg Stein

▸ Seite 211/A1

Größe: 71,0 ha **Höhe:** 210–300 m

Exposition: der weitaus überwiegende Teil Süd bis Südsüdost, ein kleiner Teil West bis Westnordwest

Steilheit: 30–75 %, im Gewann Lindlein (östlich der Hauptlage, durch Bebauung getrennt) 10–30 %

Boden: Hoher Skelettanteil, Gestein aus dem unteren Muschelkalk. Unterschiedliche Feinböden, meist tonig-lehmig, an manchen Stellen humos.

Wichtigste Rebsorten: Silvaner, Riesling

Wichtigste Weingüter: Juliusspital, Bürgerspital, Hofkeller

Besonderheiten: Weinberg überwiegend terrassiert, dennoch weitgehend mechanisierbar. Guter Windschutz. Die muschelartige Form der Lage sammelt Licht und Wärme. Im westlichen Teil der Lage beeinflusst der Main das Mikroklima, im östlichen Teil die Innenstadt Würzburgs.

Weintyp: Charakteristisch mineralischer Duft: rauchig, feuchte Steine. Am Gaumen kraftvoll, extraktreich mit salzigen Geschmacksnoten.

Würzburg Stein-Harfe

▸ Seite 211/A1

Größe: 7,7 ha **Höhe:** 210–250 m

Exposition: Südsüdost bis Südsüdwest

Steilheit: oberer Teil des Hangs 50–60 %, unterer Teil 30–50 %

Boden: Hoher Skelettanteil, Gestein aus dem unteren Muschelkalk. Unterschiedliche Feinböden, meist tonig-lehmig, an manchen Stellen humos.

Wichtigste Rebsorten: Silvaner, Riesling

Wichtigstes Weingut: Bürgerspital (Alleinbesitz)

Besonderheiten: Ein Kernstück innerhalb des besten Stücks »Stein«. Der Name leitet sich vom Anblick her, den die Lage von der Stadt aus bietet.

Weintyp: wie Würzburg Stein (siehe links)

Steigerwald

Castell Schloßberg

▸ Seite 214/F5

Größe: 4,5 ha **Höhe:** 300–390 m

Exposition: Süd, Südwest, West

Steilheit: 40–70 %

Boden: graublau an der Oberfläche, Gipskeuper, kalkhaltiger Mergel, grusiger Tonstein, erosionsgefährdet, Einlagerungen von Alabaster

Wichtigste Rebsorten: Riesling, Silvaner

Wichtigstes Weingut: Fürstlich Castell'sches Domänenamt (Alleinbesitz)

Besonderheiten: Bereits im Jahr 1266 werden Weinberge am Schloßberg urkundlich erwähnt. Oberhalb der Lage befindet sich eine bewaldete Kuppe, der Südhang mit windgeschützter Kessellage in einem kleinen Tal ist dem Riesling vorbehalten. Behutsame Flurbereinigung 1956.

Weintyp: zuweilen Feuersteinnoten im Duft, körperreiche Weine mit ausgeprägtem, würzig akzentuierten Sortentyp und mineralischem Kern

Iphofen Julius-Echter-Berg

▸ Seite 214/F3

Größe: 46,6 ha **Höhe:** 270–370 m

Exposition: Südost, Süd, Südsüdwest

Steilheit: 15 % am Hangfuß, im Steilhang 40–65 %

Boden: Hoher Skelettanteil oben am Berg, geringerer Skelettanteil am Hangfuß, graubrauner Keuperboden, fossile Anreicherungen (Estherien und Myophorien), grüner Schilfsandstein, tonig, hoher pH-Wert. Schichten des Keupers durch Flurbereinigung durchmengt.

Wichtigste Rebsorten: Riesling, Silvaner

Wichtigste Weingüter: Juliusspital, Johann Ruck, Hans Wirsching, Hofkeller, Weltner, Zehntkeller, Ernst Popp

Besonderheiten: Ein Waldgürtel oberhalb des Weinbergs bietet Windschutz. Die Lagen am Hangfuß sind nicht so steil, doch sie profitieren von einer ausgeprägten Kessellage.

Weintyp: Kräutertöne, wuchtig, langlebig

Würzburg Stein: Der Muschelkalkboden bringt den Rauchton des Steinweins hervor.

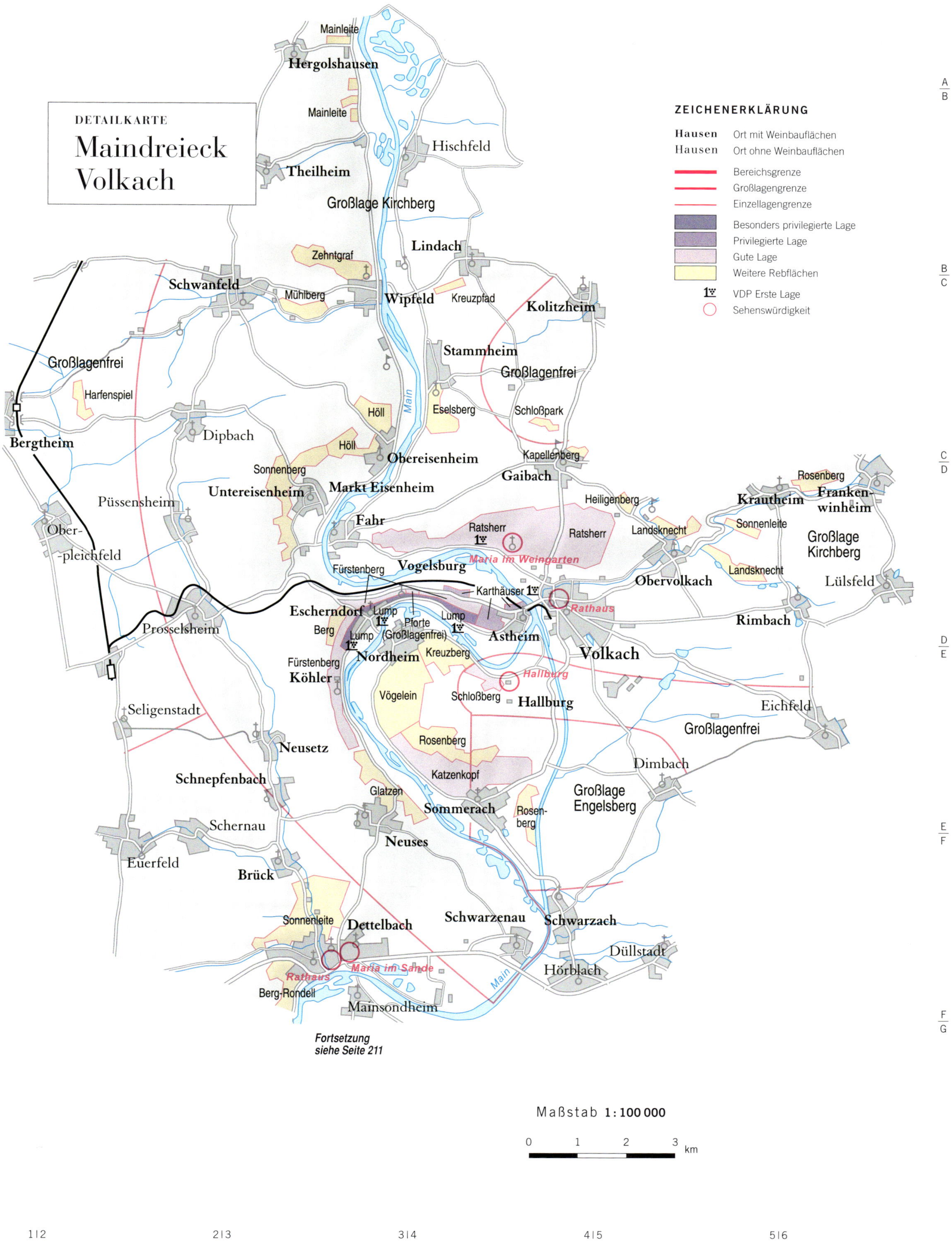

Fortsetzung siehe Seite 211

DIE BESTEN WEINLAGEN *in Franken*

PRIVILEGIERTE LAGEN

Maindreieck

Frickenhausen Kapellenberg

▸ Seite 211/E45

Größe: 60,6 ha **Höhe:** 180–260 m

Exposition: Süd

Steilheit: 15–65 %

Boden: Oberer Muschelkalk, Kalkmergel, toniger Lehm

Wichtigste Rebsorte: Silvaner

Wichtigste Weingüter: Bickel-Stumpf, Bürgerspital

Besonderheiten: Enges Stück des Maintals, da der Fluss hier von Ost nach West fließt, reine Südlage direkt am Fluss. Zeitiger Austrieb im Frühjahr, hohe Sommertemperaturen.

Weintyp: Im Duft mineralisch geprägte Weine, die am Gaumen opulent und cremig erscheinen, mit hintergründiger Stoffigkeit.

Randersacker Marsberg

▸ Seite 211/C2

Größe: 36,8 ha **Höhe:** 180–290 m

Exposition: Südwest, Süd, Südsüdost

Steilheit: 20–65 %

Boden: Muschelkalk, extrem steinig

Wichtigste Rebsorten: Silvaner, Riesling

Wichtigste Weingüter: Schmitt's Kinder, Hofkeller, Bürgerspital, Trockene Schmitts

Besonderheiten: Das Gewann Spielberg im zentralen Prallhang sowie an der Kuppe nach Süden ist »besonders privilegiert«. Die gesamte Lage Marsberg zieht sich relativ weit ins Quertal des Jakobsbachs und weist dort auch ihre höchstgelegenen Parzellen auf. Der Name Marsberg leitet sich vom Wort »morsch« ab, aufgrund des an diesem Berg besonders imponierenden Gesteinsschutts.

Weintyp: stoffig, kernig, mit mineralischer Tiefe, nicht überschießend im Alkoholgehalt

Randersacker Sonnenstuhl

▸ Seite 211/C2

Größe: 58,5 ha **Höhe:** 190–280 m

Exposition: Westsüdwest bis Südwest

Steigerwald

Durchschnittlicher jährlicher Niederschlag: 700 mm (Castell)

Durchschnittlicher Niederschlag im Erntemonat (Oktober): 48 mm (Castell)

(Klimadaten jeweils 1961–1990, Quelle: Deutscher Wetterdienst)

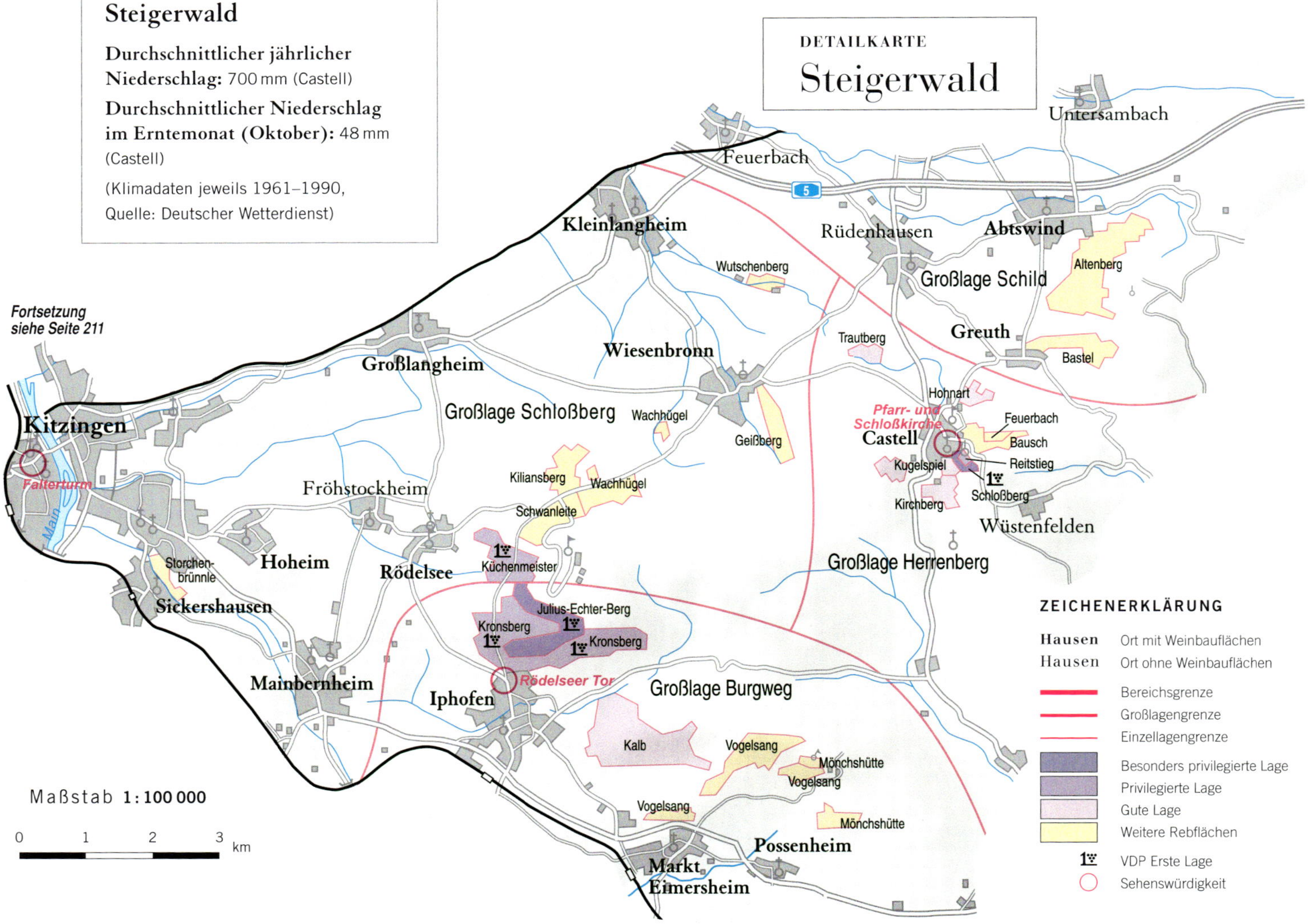

DIE BESTEN WEINLAGEN *in Franken*

Steilheit: 10–60 %
Boden: Muschelkalk, am Hangfuß sandig mit Schwemmlandboden
Wichtigste Rebsorten: Silvaner, Riesling, Spätburgunder
Wichtigste Weingüter: Schmitt's Kinder, Hofkeller, Bürgerspital, Josef Störrlein, Trockene Schmitts, Martin Göbel
Besonderheiten: kegelförmige Lage, früher terrassiert, daher der Name Sonnenstuhl
Weintyp: zugängliche, sortentypische Weine mit erdigen Noten und Schliff

Reben, so weit das Auge reicht: die Steillage Escherndorf Lump.

Sommerhausen Steinbach

▸ Seite 211/DE3

Größe: 41,0 ha **Höhe:** 200–280 m
Exposition: überwiegend Westsüdwest, zum Teil Südsüdwest
Steilheit: 25–65 %
Boden: mittlerer, oberer Muschelkalk, außerordentlich skelettreich, typischerweise flachgründig (30–40 cm)
Wichtigste Rebsorten: Riesling, Silvaner
Wichtigste Weingüter: Schloss Sommerhausen, Artur Steinmann
Besonderheiten: Parzellen in der Hangmitte und oberhalb der Ortschaft Sommerhausen gut windgeschützt. Höhere Lagen liegen an Herbstmorgen über dem Nebel und sind oft wärmer.
Weintyp: mineralischer Duft, zuweilen sogar Feuersteinnoten, am Gaumen milde, weiche Weine

Stetten Stein

▸ Seite 209/C4

Größe: 34,2 ha **Höhe:** 230–280 m
Exposition: am Prallhang des Mains Südwest bis West, Gewann beim Ort Stetten Südsüdost
Steilheit: 10–50 %
Boden: oberer Muschelkalk, skelettreich, flachgründig, im unteren Hang Schaumkalkbänke
Wichtigste Rebsorten: Silvaner, Riesling
Wichtigstes Weingut: Ludwig Knoll
Besonderheiten: Zweigeteilte Lage. Die bessere Hälfte liegt an einem Prallhang des Mains in den Gewannen Rosstal, Loch und Stein. Nicht ganz so vorteilhaft sind die Lagen abseits des Flusses nordwestlich des Orts Stetten.
Weintyp: Fruchtbetonte, geschmeidige und kraftvolle Spätlesetypen. Bei aller Cremigkeit dennoch mineralischer Kern.

Volkach/Astheim Karthäuser

▸ Seite 213/D4

Größe: 59,5 ha **Höhe:** 190–255 m
Exposition: Südwest bis Südsüdost
Steilheit: 30–35 %
Boden: Schwemmsande des Mains, Muschelkalkverwitterung, Lettenkeuper, tiefgründige, gut durchlüftete Böden
Wichtigste Rebsorten: Weißburgunder, Spätburgunder
Wichtigste Weingüter: Juliusspital, Rudolf Fürst, Max Müller I
Besonderheiten: leicht sichelförmige Lage im unmittelbaren östlichen Anschluss an die Lage Escherndorf Lump
Weintyp: Kraftvolle, aromatische Weißburgunder mit deutlicher Mineralität. Strukturreiche Spätburgunder.

Würzburg Innere Leiste

▸ Seite 210/B6

Größe: 10,2 ha **Höhe:** 180–260 m
Exposition: Süd, im westlich gelegenen Gewann Äußere Leiste eine kleine Parzelle Südost
Steilheit: 30–65 %
Boden: unterer und mittlerer Muschelkalk, skelettreich, toniger Lehm, eher tiefgründig
Wichtigste Rebsorten: Silvaner, Riesling
Wichtigste Weingüter: Hofkeller, Juliusspital, Bürgerspital
Besonderheiten: Die Lage profitiert vom Mikroklima der Würzburger Innenstadt, die östlich gelegenen Parzellen zudem von der Mauerwärme

D/E
E/F
F/G

DIE BESTEN WEINLAGEN *in Franken*

(und vom Windschutz) der Festung Marienberg. Am Hangfuß feuchtere Lagen.
Weintyp: filigrane, mineralisch verspielte Weine, besonders typisch im Kabinett-Prädikat

Steigerwald

Castell Reitstieg

▸ Seite 214/F5

Größe: 1,3 ha **Höhe:** 320–350 m
Exposition: Süd
Steilheit: 15–35 %
Boden: graublau an der Oberfläche, Gipskeuper, kalkhaltiger Mergel, grusiger Tonstein, Gipskeuper, Einlagerungen von Alabaster
Wichtigste Rebsorte: Spätburgunder
Wichtigstes Weingut: Fürstlich Castell'sches Domänenamt
Besonderheiten: Kernparzelle in der unteren Hangmitte des Schloßbergs, traditionellerweise mit Spätburgunder bestockt
Weintyp: kernig, stoffig, mit mineralischer Härte, reifebedürftig

Iphofen Kronsberg

▸ Seite 214/F3

Größe: 154,6 ha **Höhe:** 250–370 m
Exposition: Südost bis Südwest
Steilheit: 10–60 %
Boden: Gipskeuper, sehr skelettreich, toniger Lehm mit hohem Kalkgehalt
Wichtigste Rebsorten: Riesling, Silvaner
Wichtigste Weingüter: Hans Wirsching, Zehntkeller, Werner Emmerich
Besonderheiten: Umläuft den Julius-Echter-Berg am Hangfuß, schließt als Steilhang östlich an ihn an. Windoffener, besonders trockener Standort. Gewann in Muldenlage (»Kammer«) besonders günstig für Riesling.
Weintyp: körperreich, mit mineralischer Härte, Silvaner sehr breit

Rödelsee Küchenmeister

▸ Seite 214/F3

Größe: 66,5 ha **Höhe:** 250–360 m
Exposition: Westnordwest, West, Südwest
Steilheit: 10–35 %
Boden: Gipskeuper, Schichten von Myophorien und Estherien. Steiniges Verwitterungsmaterial: Schilfsandstein und Dolomit, Kalkmergel, tonig, im Oberhang flachgründig, am Hangfuß tiefer werdend. Schichten durch Flurbereinigung durchmengt.
Wichtigste Rebsorte: Silvaner
Wichtigste Weingüter: Weltner, Ernst Popp, Brennfleck, Johann Ruck
Besonderheiten: Die Bergkuppe des Schwanbergs gewährt Windschutz gegen Osten.
Weintyp: typische Kräuterwürze der Weine von Keuperboden, Eleganz, gute Lagerfähigkeit

GUTE LAGEN

Mainviereck

Bürgstadt Mainhölle ▸ Seite 206/F4, 5,3 ha, Südost, 50 %, Buntsandstein, schluffiger Sand
Großheubach Bischofsberg ▸ Seite 206/F3, 52,6 ha, Südwest bis Südsüdost, 0–60 %, Buntsandstein, teilweise querterrassierte Neuanlagen
Hörstein Abtsberg ▸ ohne Karte, 5,6 ha, West, 20–30 %, Glimmerschiefer, Gneis, Granit
Hörstein Reuschberg ▸ ohne Karte, 36,1 ha, West bis Südost, an einer Kuppe einige Parzellen Ostsüdost, 0–30 %, weinrechtlich eine Großlage, Urgestein, Glimmerschiefer, Granit, Lössauflage. Weine aus Flurstücken des Reuschbergs, die sich in Besitz des Staatlichen Hofkellers befinden, dürfen als Abtsberg vermarktet werden.
Kreuzwertheim Kaffelstein ▸ ohne Karte, 6,0 ha, Südsüdwest, 30–40 %, Buntsandstein
Lengfurt Alter Berg ▸ Seite 207/G3, 2,0 ha, Südwest, 50 %, Muschelkalk
Lengfurt Oberrot ▸ Seite 207/FG2, 2,3 ha, Südwest, 10–15 %, sandig, verwitterter Buntsandstein

Kulturdenkmal mit zwölf Kilometer Trockenmauern: die Einzellage Homburg Kallmuth.

DIE BESTEN WEINLAGEN *in Franken*

Michelbach Apostelgarten ▸ ohne Karte, 10,0 ha, Südwest, 30–40 %, Urgestein, Glimmerschiefer

Maindreieck

Dettelbach Berg-Rondell ▸ Seite 211/B5, 79,2 ha, Südost bis Ost, 10–55 %, Muschelkalk, toniger Lehm, Südlagen auf der Bergkuppe klassifizierungswürdig

Escherndorf Fürstenberg ▸ Seite 213/DE34, 94,0 ha, Ost bis Südsüdwest, 30–60 %, Muschelkalk, Keuper

Frickenhausen Fischer ▸ Seite 211/E4, 37,0 ha, Südsüdwest bis Süd, 20–45 %, Muschelkalk

Hallburg Schloßberg ▸ Seite 213/E4, 30,6 ha, Südsüdwest bis Süd, 20–40 %, Keuper

Hammelburg Heroldsberg ▸ Seite 208/B2, 18,8 ha, Ostsüdost, Süd, Südwest, 20–60 %, Muschelkalk

Hammelburg Trautlestal ▸ Seite 208/AB2, 32,0 ha, Südost, Süd, Südwest, 20–60 %, Muschelkalk, Buntsandstein, räumlich relativ weit voneinander entfernt liegende Gewanne

Ramsthal St. Klausen ▸ Seite 208/A5, 33,9 ha, Südost, Süd, Südwest bis West, 25–70 %, zum Teil Kessellage, teils nicht flurbereinigt, Muschelkalk, skelettreich, stellenweise flachgründig

Randersacker Teufelskeller ▸ Seite 211/C2, 31,9 ha, Südsüdwest bis Südsüdost, 30–60 %, Muschelkalk, Eisenoxideinschlüsse, Gewann Hohbug (im zentralen Prallhang) klassifizierungswürdig

Retzbach Benediktusberg ▸ Seite 209/D4, 61,7 ha, Westsüdwest bis Süd, 30–80 %, Muschelkalk

Saaleck Schloßberg ▸ Seite 208/B12, 7,6 ha, Südwest, 20–40 %, Muschelkalk

Sommerach Katzenkopf ▸ Seite 213/E34, 181,6 ha, Südsüdost bis Südwest, 10–40 %, Muschelkalk

Sommerhausen Reifenstein ▸ Seite 211/E3, 58,9 ha, Westsüdwest, 30–50 %, Muschelkalk

Sulzfeld Cyriakusberg ▸ Seite 211/D5, 109,9 ha, Südost bis Süd, 10–55 %, Muschelkalk, stellenweise Lettenkeuper, ursprünglicher Cyriakusberg (»Berg 1«) klassifizierungswürdig

Sulzfeld Maustal ▸ Seite 211/D5, 49,1 ha, Südsüdost bis Ost, 20–50 %, Muschelkalk, etwa die Hälfte der Fläche nicht flurbereinigt

Thüngersheim Johannisberg ▸ Seite 209/D5, 128,6 ha, Westnordwest bis Südost, 5–60 %, Muschelkalk

Thüngersheim Scharlachberg ▸ Seite 209/DE5, 134,2 ha, Westnordwest bis Südost, 5–60 %, Muschelkalk

Vogelsburg Pforte ▸ Seite 213/D4, 1,3 ha, Südsüdwest, 35–50 %, Muschelkalk, Keuper

Volkach Ratsherr ▸ Seite 213/D35, 241,0 ha, Süd, 10–50 %, sehr uneinheitliche, stark ausgeweitete Lage, beste Parzellen (Muschelkalk und Lettenkeuper, steil am Main) klassifizierungswürdig

Würzburg Abtsleite ▸ Seite 211/BC12, 33,5 ha, Südwest bis Südost, 20–45 %, Muschelkalk

Würzburg Pfaffenberg ▸ Seite 210/A6, 55,4 ha, Südwest bis Südost, 0–60 %, Muschelkalk, tonig; ursprünglich vier Gewanne: Heinrichsleiten, Rossberg, Oelberg, Pfaffenberg; recht heterogene Lagen, einige Parzellen jedoch klassifizierungwürdig (vor allem im historischen Pfaffenberg und am westlichen Steilhang des Roßbergs)

Steigerwald

Castell Hohnart ▸ Seite 214/F5, 4,8 ha, West bis Süd, 5–25 %, Gipskeuper

Castell Kirchberg ▸ Seite 214/F5, 24,2 ha, Nordwest bis Ost, 10–30 %, Keuper

Castell Kugelspiel ▸ Seite 214/F4, 15,7 ha, Nordwest, 10–15 %, Keuper, Schilfsandstein, leichte Kessellage

Castell Trautberg ▸ Seite 214/E4, 4,2 ha, Süd bis Südwest, 10–15 %, Gipskeuper

Iphofen Kalb ▸ Seite 214/G34, 58,2 ha, Westnordwest bis West, Süd, 10–65 %, Gipskeuper, windoffene Lage

Am Südhang des Schwanbergs: die Einzellage Iphofen Kronsberg.

Sachsen

A|B

B|C

C|D

D|E

E|F

F|G

ZEICHENERKLÄRUNG

Hausen Ort mit Weinbauflächen
Hausen Ort ohne Weinbauflächen
Bereichsgrenze
Großlagengrenze
Einzellagengrenze
Besonders privilegierte Lage
Privilegierte Lage
Gute Lage
Weitere Rebflächen
1 VDP Erste Lage
Sehenswürdigkeit

Weine aus Sachsen sind eine Rarität: Nur 0,3 Prozent aller deutschen Gewächse stammen aus diesem rund 470 Hektar umfassenden Anbaugebiet. Damit ist das Sächsische Elbland eines der kleinsten deutschen Anbaugebiete und außerdem die nordöstlichste Weinregion in Europa. Alle sächsischen Weinberge befinden sich nördlich des 51. Breitengrades. In Sachsen liegt auch der östlichste deutsche Weinberg, am 15. Längengrad am Ufer der Neiße unmittelbar an der polnischen Grenze. Die Anbauregion umfasst vier Großlagen (Spaargebirge, Schlossweinberg, Elbhänge und Lößnitz) und insgesamt 23 Einzellagen, zu denen seit dem Jahr 2006 auch die Rebflächen der Gemarkungen Luckau, Burkersdorf, Neuzelle und Schenkendöbern im Bundesland Brandenburg gehören. Auf mehr als der Hälfte der gesamten Rebfläche findet man Weinterrassen – zwölf Prozent davon in Steillagen –, die teilweise von alten Trockenmauern gestützt werden.

Dass in Sachsen trotz der nördlichen Lage seiner Rebhänge Weinanbau möglich ist, verdankt das Gebiet den besonderen klimatischen Verhältnissen. Das Kontinentalklima garantiert trotz kalter Winter und Spätfrösten dennoch eine relativ hohe durchschnittliche Sonnenscheindauer und damit das Wachsen und Reifen der Trauben. An den Südhängen des Elbtals zählt man im Jahresmittel rund 1570 Sonnenstunden. Durch den steten Wechsel von Tageswärme und Nachtkühle und die Aufeinanderfolge von Sonnenschein, Regen und Wind reifen die Trauben langsam, wodurch sich mehr Extrakte bilden.

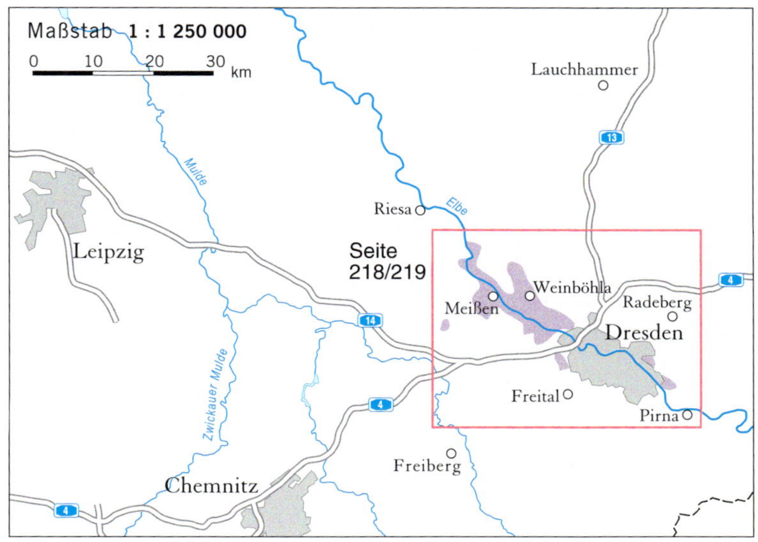

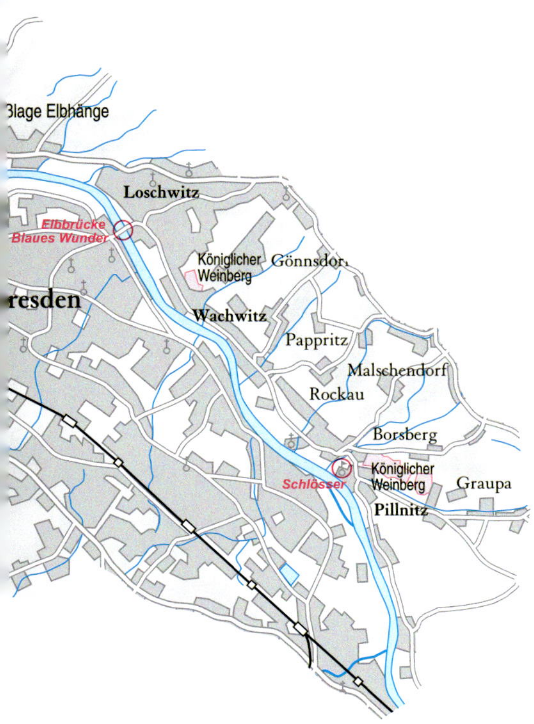

BÖDEN

Das im Süden durch das Sandsteingebirge der Sächsischen Schweiz begrenzte Elbtal ist von verschiedenen geologischen Formationen geprägt. Das Grundgebirge der Elbtalzone wird von Schiefer dominiert. Dazu kommen Sandsteine und Plänerschichten, die von Löss, Ton und Flusssand überlagert werden. In den Lagen um Pillnitz und Wachwitz besteht der durchlässige und leicht erwärmbare Weinbergboden vorwiegend aus Verwitterungsgestein, am Hangfuß sind teilweise Flussschotter und Sande, überdeckt mit Lehm, anzutreffen. Der stark wasserdurchlässige Boden der Lößnitzhänge ist in den Steillagen überwiegend ein Verwitterungsprodukt aus Granit, am Hangfuß dominieren Sande. Der größte Teil des Spaargebirges zeigt durchlässige und leicht saure Verwitterungsböden aus Biotitgranodiorit, in geringen Mengen auch Sande aus der Sedimentation der Verwitterungsprodukte. In der Gegend um Weinböhla herrschen Sande vor, die zwar leicht erwärmbar, doch besonders im Frühjahr durch Spätfrost gefährdet sind. Im Elbtal, von Winkwitz bis Seußlitz, tritt wiederum Biotitgranodiorit auf, darüber Schichten vom Buntsandstein und Löss. In den Steillagen bestehen die Böden vorwiegend aus verwittertem Urgestein, teilweise mit Löss durchzogen. Auf den Höhenlagen dominieren die Lösse, die teilweise meterdick liegen. Vor allem in trockenen Jahren garantiert die Tiefgründigkeit der Böden gute Qualitäten und

Ertragsstabilität. Am westlichen Hang des Elbtals bei Cossebaude treten Gesteine des Syenit-Granit-Massivs hervor. Weiter westlich in Merbitz finden sich schwere Tonböden. Das Gebiet um Jessen gehört geologisch bereits zum Norddeutschen Tiefland. Schotter von Endmoränen sind überwiegend am Nordufer der Schwarzen Elster anzutreffen. Die Böden sind relativ leicht erwärmbar und wasserdurchlässig.

GESCHICHTE

Im Vergleich zu anderen deutschen Anbaugebieten kam der Weinbau erst relativ spät nach Sachsen. Die erste urkundliche Erwähnung stammt aus dem Jahr 1161, als ein im Ertrag stehender Weinberg nahe der Meißener Burg übereignet wurde. Der Berg gegenüber der Burganlage ist damit der älteste nachweisbare Standort für den Weinbau im Elbtal. Die Geistlichkeit war lange Zeit der größte Weinbergbesitzer entlang der Elbe. Günstige Weinernten und der damit verbundene wirtschaftliche Erfolg förderten aber auch das Engagement der weltlichen Obrigkeit.

Die Blüte des Weinbaus dauerte bis in die zweite Hälfte des 17. Jahrhunderts. Danach gingen die Erträge durch Misswuchs, Frost, Kriege und die Einschränkung der Zollgrenzen stark zurück. Eine Wende brachte erst die Gründung der Sächsischen Weinbaugesellschaft im Jahr 1799, die einige Jahre später die erste europäische Winzerschule ins Leben rief und sich für die Beseitigung der Hemmnisse feudaler Strukturen im Weinbau einsetzte. Um das Jahr 1840 betrug die Weinbaufläche in Sachsen 1636 Hektar.

Mit dem Einfall der Reblaus, die erstmals im Jahr 1888 in der Lößnitz entdeckt wurde und einen Großteil der Rebfläche vernichtete, wurde der systematische Niedergang des sächsischen Weinbaus eingeläutet. Hinzu kam die Bodenspekulation: Große Teile der Weinbergflächen wurden als Bauland verkauft oder für andere landwirtschaftliche Kulturen genutzt. Nach der Jahrhundertwende war der Weinbau in Sachsen fast ganz zum Erliegen gekommen, und nach dem Zweiten Weltkrieg betrug die Rebfläche im Elbtal nur noch etwa 60 Hektar. Erst ab 1955 wurde, wenn auch nur zögerlich, mit der Reaktivierung der Weinberge begonnen. Vor allem Nebenerwerbs- und Hobbywinzern ist es zu danken, dass auch einige der terrassierten Steillagen neu belebt wurden.

WEINBAU HEUTE

Die politische Wende im Jahr 1989 brachte auch für den sächsischen Weinbau entscheidende Veränderungen mit sich. Neben der Einführung der einheitlichen Weingesetzgebung war die Wiederaufnahme des Kelterns getrennt nach den einzelnen Weinberglagen von besonderer Bedeutung. Weinbaubetriebe und Weingüter entstanden neu oder wurden wieder gegründet. Die Tatsache, dass die sächsischen Winzer für ihre Weine auch im heimischen Markt relativ hohe Preise erzielen, macht nicht nur den aufwendigen Terrassenweinbau wieder attraktiv, sondern sollte vielen Kollegen in den westlichen Anbaugebieten Ansporn sein, den Verbraucher von der Wertigkeit eines handwerklich hergestellten Produkts zu überzeugen.

Das Spektrum an Rebsorten ist breit gefächert und umfasst auch sogenannte Neuzüchtungen, die in vielen anderen deutschen Weinregionen kaum eine Rolle spielen. Der Müller-Thurgau ist mit einem Anteil von rund 82 Hektar (20 Prozent) im Anbaugebiet Sachsen mit Abstand die wichtigste Rebsorte. Lange Zeit galt das Elbtal als ungeeignet für den Riesling, heute ist er dort mit 62 Hektar (15 Prozent) die zweitwichtigste Sorte, gefolgt von den Burgundersorten. Eine Besonderheit im sächsischen Weinbau ist der Goldriesling, eine aus dem Elsass stammende Kreuzung von Riesling und Courtillier, die seit 1913 im Elbtal angebaut wird (drei Prozent der Rebfläche). Er treibt im Frühjahr spät aus, reift rund eine Woche vor dem Müller-Thurgau und eignet sich dadurch sehr gut für den Anbau in Lagen, die durch Spätfrost gefährdet sind.

Von den rund 470 Hektar Rebfläche in Sachsen bewirtschaftet das Weingut Schloss Proschwitz von Dr. Georg Prinz zur Lippe etwa 70 Hektar und ist damit der größte private Betrieb im kleinsten deutschen Anbaugebiet. Neben den trockenen Weiß- und Grauburgundern in einer fulminanten, komplexen Variante überzeugen hier die oft belächelten Dornfelder, die von den Löss- und Granitböden, auf denen die Reben stehen, eine raffinierte Verbindung von Mineralität und Frucht mitbekommen, ebenso wie die fülligen, charaktervollen Spätburgunder oder Traminer und die Scheureben, die mit einer intensiven aromatischen Frische beeindrucken. Dass an den Elbhängen wieder Elbling steht, ist kein Marketinggag des Prinzen: Die Zisterzienser haben die Rebsorte schon vor rund 900 Jahren in Sachsen angepflanzt.

Dagegen ist aus Schloss Wackerbarth, dem einstmals volkseigenen Produzenten belangloser Sekte, eine moderne, vom Land Sachsen finanzierte Wein- und Sektmanufaktur geworden. Das herausgeputzte Barockensemble wurde um einen modernen Neubau ergänzt, die engagierte Geschäftsführerin Sonja Schilg setzt auf »Erlebnisweingut«. Auf Schloss Wackerbarth gibt es Weinkultur zum Anfassen – und es gibt Weinqualitäten, die so mancher Kritiker dem staatlichen Sorgenkind nicht zugetraut hätte. Die besten Gewächse kommen aus den Steillagen in Seußlitz und Radebeul. Es sind fein gestrickte Rieslinge mit ausgeprägten würzig-mineralischen Noten sowie kompakte und aromatische Traminer und Weißburgunder, die mit ihrem zarten Schmelz die druckvolle Kraft angenehm weich abfedern. Insgesamt bewirtschaftet der Traditionsbetrieb rund 93 Hektar. Ein Teil des Ertrags geht in die Sektproduktion, wo klassische Flaschengärung und Rütteln von Hand Standard sind.

DIE BESTEN WEINLAGEN *in Sachsen*

PRIVILEGIERTE LAGE

Schloss Proschwitz

▸ Seite 218/D3

Größe: 50,7 ha **Höhe:** 150–170 m

Exposition: Süd bis Südwest

Steilheit: 10–25 %

Boden: Degradierter Löss über Granit. Die Schichtstärke des Lösses beträgt durchschnittlich 6 m. Hohes Wasserhaltevermögen, allerdings auch Neigung zu Korrosion.

Wichtigste Rebsorten: Grauburgunder, Weißburgunder, Elbling, Spätburgunder, Riesling, Dornfelder

Wichtigstes Weingut: Schloss Proschwitz Prinz zur Lippe (Alleinbesitz)

Besonderheiten: Lage über einem Steinbruch des Elbtals mit starken Aufwinden. Gleichmäßige Erwärmung des Bodens dank mäßiger bis guter Neigung des Weinbergs nach Süden. Einzigartige Aussicht über Meißen und das gesamte Elbtal bis nach Dresden. Die Weinberge wurden 1990 von Dr. Georg Prinz zur Lippe zurückgekauft, nachdem die Familie 1945 entschädigungslos enteignet, deportiert und ausgewiesen worden war.

Weintyp: fruchtige, elegante Weine mit dezenter Mineralität

GUTE LAGEN

Meißen Kapitelberg ▸ Seite 218/D3, 42,0 ha, Süd bis Südwest, 5–30 %, lockerer, warmer, steiniger Syenit-Granit-Verwitterungsboden mit geringen Feinerdeanteilen

Meißen Rosengründchen ▸ Seite 218/D3, 16,0 ha, Süd bis Südwest, 5–30 %, mittelgründige Lössverwitterungsböden, teilweise mit Sanden vermischt, stark durchlässig und leicht sauer

Ostritz Klosterberg ▸ ohne Karte, 1,0 ha, Süd bis Südost, 15–40 %, mittelgründige Verwitterungsböden mit Granitanteilen, teilweise von Sandstein und Tonschichten durchzogen. Steilhang terrassiert.

Pesterwitz Jochhöhschlößchen ▸ Seite 218/F5, 9,5 ha, Süd, 5–10 %, mittel- bis tiefgründige Böden aus Sandsteinverwitterung, durchsetzt mit Tonschichten. Wiederaufgerebte Anlage nahe dem Ort Pesterwitz.

Pillnitz Königlicher Weinberg ▸ Seite 219/FG12, 1,0 ha, Südwest, 15–40 %, Verwitterungsböden aus Zweiglimmergranidorit mit Quarzanteilen, am Hangfuß Flussschotter, Sand und Lehmablagerungen

Radebeul Johannisberg ▸ Seite 218/DE45, 27,6 ha, Südwest, 5–15 %, leicht erwärmbare Verwitterungsböden aus granitischen und syenitischen Ausgangsmaterialien, im unteren Bereich vorwiegend Sande

Radebeul Steinrücken ▸ Seite 218/E3, 18,0 ha, Süd bis Südwest, 10–40 %, steinige Verwitterungsböden, teils mit Sanden durchzogen. Die steilen Parzellen sind terrassiert.

Seußlitz Heinrichsburg ▸ Seite 218/BC2, 54,0 ha, Südwest, 5–18 %, tiefgründige Gesteinsverwitterungsböden, teilweise mit Löss bedeckt, in den oberen Parzellen vorwiegend Lösse, gute Wasserhaltekraft. Eine der nördlichsten Weinberglagen Deutschlands.

Weinböhla Gellertberg ▸ Seite 218/CD34, 29,0 ha, Süd bis Südwest, 5–20 %, vorwiegend rasch erwärmbarer leichter Sandboden mit starker Wasserdurchlässigkeit

INFO *Sachsen*

Anbaufläche: 470 ha

Rebsorten: Müller-Thurgau (20 %), Riesling (15 %), Weißburgunder (13 %), Grauburgunder (9 %), Spätburgunder (8 %), Traminer (7 %), Kerner (6 %), Dornfelder (5 %), Goldriesling (3 %), Scheurebe (3 %), Bacchus (2 %), Regent (2 %), Elbling (2 %), Solaris, Gutedel, Frühburgunder, Portugieser und Domina (je 1 %), Kernling, Dunkelfelder, Müllerrebe und Morio-Muskat (je 0,5 %)

Vorherrschende Bodentypen: Das Grundgebirge der Elbtalzone wird von Schiefer dominiert, dazu kommen Sandstein und Plänerschichten, die von Löss, Ton und Flusssand überlagert werden.

Durchschnittlicher jährlicher Niederschlag: 584 mm (Dresden)

Durchschnittlicher Niederschlag im Erntemonat (Oktober): 40 mm (Dresden)

Jahresdurchschnittstemperatur: 8,9 °C (Dresden)

Sonnenstunden jährlich: 1570 (Dresden)

(Klimadaten jeweils 1961–1990, Quelle: Deutscher Wetterdienst)

Hauptgefahren für den Weinbau: Spätfröste, starker Regen mit Erosionswirkung, Rebkrankheiten, Pilzbefall, tierische Schädlinge

Der menschliche Beitrag zum Terroir: Wiederaufrebung alter Lagen nach der politischen Wende 1989 sowie Neugründung von Weinbaubetrieben und Weingütern, ein Prozess, der noch lange nicht abgeschlossen ist. Auch in Sachen Qualität liegt noch viel Potenzial brach.

Größter Bluff: Dem Vorurteil, dass die Weine zu teuer und deswegen in den alten Bundesländern weitgehend unverkäuflich und deshalb nicht präsent seien, steht eine hohe Nachfrage in Sachsen gegenüber, die auch als Wertschätzung heimischer Produkte verbucht werden kann.

Saale-Unstrut

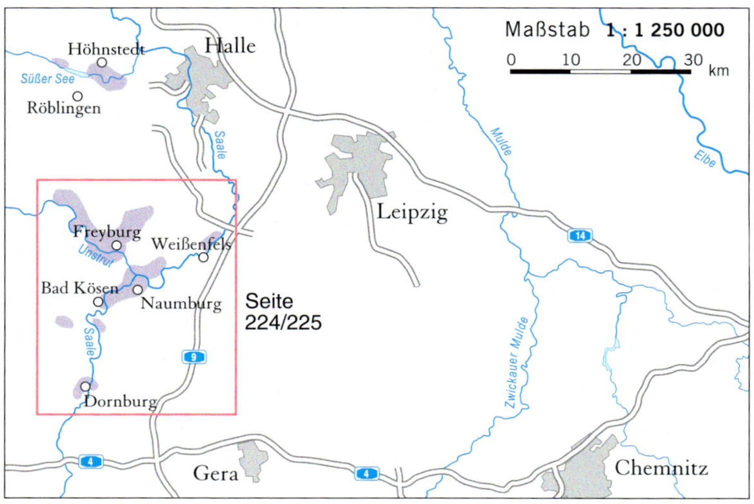

Das Anbaugebiet Saale-Unstrut liegt am 51. Breitengrad, der die nördlichste Grenze für Qualitätsweinbau markiert. Die Rebfläche ist auf drei Bundesländer verteilt: Rund 606 Hektar liegen in Sachsen-Anhalt, etwa 40 Hektar in Thüringen, wo sich die Weinberge von Jena bis Bad Sulza erstrecken, und fünf Hektar in Werder an der Havel im Bundesland Brandenburg. Derzeit gehören drei Bereiche mit vier Großlagen und 34 Einzellagen zum Anbaugebiet Saale-Unstrut. Die Weinberge liegen meist geschützt in den Flusstälern und auf den angrenzenden Flach- oder Hanglagen in Höhen zwischen 100 und 250 Meter über dem Meeresspiegel. Die Rebhänge – teilweise Steil- und Terrassenanlagen, die manuelle Arbeit erfordern – sind mehrheitlich nach Süden gerichtet, einzig im Pfortenser Köppelberg nahe Bad Kösen stehen die Rebstöcke auf der Nordseite. Geologisch dominiert der Muschelkalkverwitterungsboden, es finden sich aber auch Buntsandstein, Lösslehm und Kupferschiefer.

GESCHICHTE

Die nachweisliche Geschichte des Weinbaus an Saale und Unstrut beginnt mit der ersten urkundlichen Erwähnung von Weinbergen im Jahr 998. Kaiser Otto III. schenkte nach diesem Dokument dem Kloster Memleben sieben Orte mit Land und Gut, wozu auch Weinberge gehörten. Es ist aber davon auszugehen, dass schon mit der Ausdehnung des Christentums in großen Teilen Thüringens Weinbau betrieben wurde. In der Folge waren es vor allem die Mönche des Zisterzienserklosters Sancta Maria Schulpforta, gegründet 1137, die das mittlere Saaletal und das Gebiet an der unteren Unstrut urbar machten, wo auch heute noch die Rebflächen liegen. Im Lauf der Jahrhunderte erlebte der Weinbau im Thüringer Raum eine heute unvorstellbare Blütezeit. So soll im 16. Jahrhundert die Rebfläche rund 10 000 Hektar betragen haben.

Kriege, Missernten und wechselnde Herrschaftsverhältnisse, dazu die Ausdehnung der Landwirtschaft ließen den heimischen Weinbau in den folgenden Jahrhunderten Schritt für Schritt zurückgehen. Es wurden zunehmend preiswertere Weine aus anderen Regionen eingeführt. Erst als das Gebiet im Zuge des Wiener Kongresses 1815 zu Preußen kam, stabilisierte sich auch der Weinbau an Saale und Unstrut. Strenge Kontrollen und hohe Einfuhrzölle für importierte Weine ließen ihn wieder rentabel werden. Mit der Gründung des Deutschen Zollvereins und der damit verbundenen Aufhebung der Schutzzölle 1834 endete diese positive Entwicklung. Von da an wurden wieder billigere Weine aus West- und Süddeutschland eingeführt.

Im Jahr 1835 wurde die Naumburger Weinbaugesellschaft gegründet, deren Mitglieder sich um bessere Anbaumethoden und um Rebenneuzüchtungen bemühten. Ende des 18. Jahrhunderts stellten nicht nur die eingeschleppten Mehltaupilze – Oidium und Peronospora – die Winzer vor große Probleme: Mit dem Einfall der Reblaus 1887 erlebte das Anbaugebiet Saale-Unstrut seinen schwersten Rückschlag und wurde zum ersten Reblausseuchengebiet Deutschlands erklärt. Im Jahr 1919 betrug die Rebfläche nur noch rund 100 Hektar. Zur gleichen Zeit wurde in Naumburg die Biologische Reichsanstalt gegründet, die bedeutende Ergebnisse auf dem Gebiet der Rebenzüchtung vorweisen konnte. Im Jahr 1934 wurde die Winzervereinigung in Freyburg gegründet – das heutige Landesweingut ging aus der staatlichen Weinbauverwaltung hervor. Am Ende des Zweiten Weltkriegs 1945 lag auch der Weinbau an Saale und Unstrut in Trümmern, und mit der Teilung Deutschlands und der Gründung der DDR fiel zudem der gesamte Markt im Westen weg.

DIE WENDE IM WEINBAU

Zwar gab es auch zu DDR-Zeiten Weinbau an Saale und Unstrut, doch dieser hatte mit dem heutigen Verständnis von modernem Qualitätsweinbau nichts gemein. Neben Schwierigkeiten bei der Beschaffung von geeignetem Rebmaterial prägten veraltete und unwirtschaftliche Produktionsmethoden das Bild der Genossenschaften, die das Gros der Weine herstellten. Die einfachen Gewächse aus unterschiedlichsten Rebsorten wurden vorwiegend in die sozialistischen Bruderstaaten exportiert. Neben dem staatlich kontrollierten Weinbau durch die Landwirtschaftlichen Produktionsgenossenschaften (LPG) erzeugte eine kleine Gruppe privater Hobbywinzer – häufig aus nur wenigen Rebzeilen und im »Learning-by-doing«-Verfahren – Weine für den Eigenbedarf. Denn obwohl der Weinbau vom Staat kaum gefördert wurde, machte die fehlende Importmöglichkeit den Rebenanbau zu einem lukrativen Nebenerwerb. Einige dieser »Freizeit-Weinmacher« haben nach der Wende Flächen dazugekauft oder gepachtet und ihr Hobby zum Beruf gemacht. Viel Aufbauarbeit und Rekultivierung ist seit dem 3. Oktober 1990 in den Weinbergen geleistet worden, und es waren gerade diese privaten Initiativen, die durch Engagement und Investitionen den traditionsreichen mitteldeutschen Anbaugebieten ein neues Profil gegeben haben. Heute gehören viele der einstigen Freizeitwinzer zu den Qualitätsstützen des Anbaugebiets Saale-Unstrut.

Sorgen machen den Winzern die teils extremen Witterungsbedingungen. Zwar bilden sich in den Flusstälern kleine Wärmeinseln, die für ein besonders mildes Mikroklima sorgen: Die Sonne scheint etwa 1600 Stunden im Jahr, und die durchschnittliche Jahrestemperatur liegt bei 9,1 Grad Celsius. Doch die Region Saale-Unstrut zählt mit rund 500 Millimeter Niederschlag im Jahr auch zu den niederschlagsärmsten Weinbaugebieten Deutschlands. Gleichzeitig kann hier schon mal der »Polarwinter« einfallen und den Reben das Überwintern schwer machen. Im Winter 1986/87 beispielsweise wurden Minustemperaturen bis 30 Grad gemessen – fast die Hälfte der Reben erfroren.

Um diese klimatischen Schwankungen auszugleichen, wurde immer wieder nach neuen, weitgehend frostresistenten Rebsorten gesucht, die gleichzeitig auch höhere Erträge ermöglichen sollten. Im nördlichsten Qualitätsweingebiet Europas werden etwa dreißig verschiedene Rebsorten angebaut. Von den Neuzüchtungen hat sich vor allem der Müller-Thurgau bewährt, der in den 1970er-und 1980er-Jahren verstärkt gepflanzt wurde und kurzzeitig mehr als die Hälfte des Rebenbestands ausmachte. Heute belegt er eine Fläche von rund 130 Hektar, gefolgt von Weißburgunder, Silvaner, Riesling, Kerner, Traminer und Ruländer. Zu DDR-Zeiten wurden viele deutsche Neuzüchtungen erprobt, von denen sich schließlich nur Kerner, Bacchus, Morio-Muskat – der sich allerdings wenig frosthart zeigt – und Scheurebe durchsetzen konnten. Bei den roten Sorten haben sich inzwischen Portugieser, Dornfelder und Spätburgunder, aber auch der Blaue Zweigelt etabliert.

Gebietstypisch ist der trockene Ausbau der Weiß- und Rotweine mit frischer Säure. Die Anzahl halbtrockener Weine ist sehr gering, wird jedoch in Zukunft sicherlich etwas zunehmen. Hochwertige süße und edelsüße Prädikatsweine, die es vor 1990 überhaupt nicht gab, werden mittlerweile in kleinsten Mengen produziert.

INFO *Saale-Unstrut*

Anbaufläche: 651 ha, davon ca. 606 ha in Sachsen-Anhalt, ca. 40 ha in Thüringen und 5 ha in Brandenburg

Rebsorten: Müller-Thurgau (20 %), Weißburgunder (12 %), Silvaner (9 %), Riesling (7 %), Portugieser (7 %), Kerner (6 %), Dornfelder (6 %), Bacchus (5 %), Traminer (4 %), Spätburgunder (4 %), Grauburgunder (4 %), Gutedel (4 %), Blauer Zweigelt (3 %), Regent (2 %), Lemberger (1 %), Kernling (1 %)

Vorherrschende Bodentypen: Muschelkalkverwitterungsboden, aber auch Buntsandstein, Lösslehm und Kupferschiefer

Durchschnittlicher jährlicher Niederschlag: 543 mm (Naumburg an der Saale)

Durchschnittlicher Niederschlag im Erntemonat (Oktober): 35 mm (Naumburg an der Saale)

Jahresdurchschnittstemperatur: 9,1 °C (Naumburg an der Saale)

Sonnenstunden jährlich: 1600 (Naumburg an der Saale)

(Klimadaten jeweils 1961–1990, Quelle: Deutscher Wetterdienst)

Hauptgefahren für den Weinbau: »Polarwinter« mit bis zu –30 °C, Bodenerosion, Pilzkrankheiten

Der menschliche Beitrag zum Terroir: Neubepflanzung alter Lagen nach der politischen Wende 1989, Neugründung vorwiegend privater Weinbaubetriebe und Weingüter. Gleichzeitig Aufbau des Weinhandels. Die meisten Traubenerzeuger im Nebenerwerb liefern ihr Lesegut an die Winzervereinigung Freyburg-Unstrut e.G.

Größter Bluff: Neuanpflanzungen, d. h. Aufrebung ohne ein Wiederbepflanzungsrecht, sind durch einen Anbaustopp der EU verboten. Allerdings gibt es im EU-Gesetzesdschungel Ausnahmen, die der einst blühenden Weinregion eine hoffnungsvolle Zukunft verheißen.

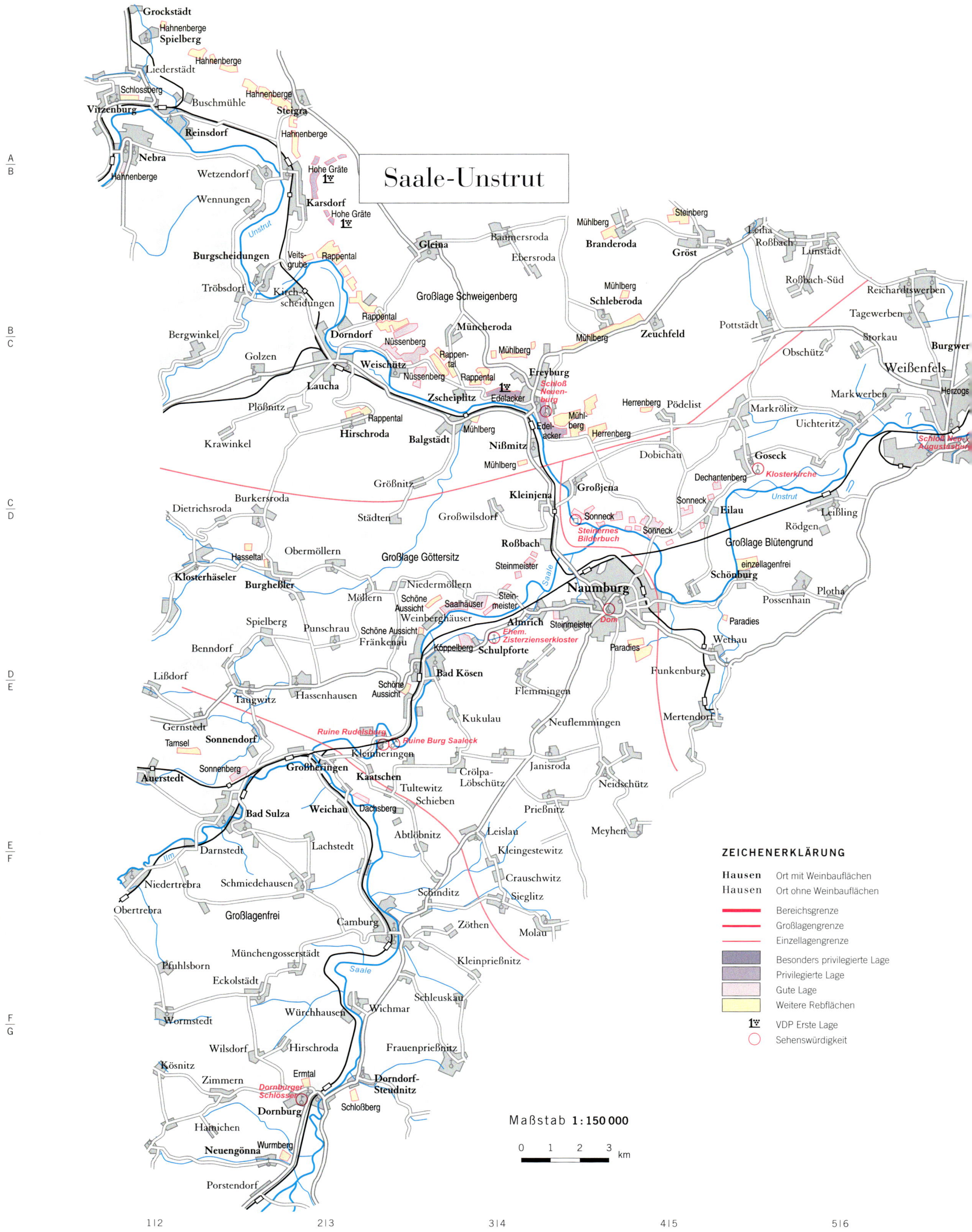
Saale-Unstrut
Grockstädt
Hahnenberge
Spielberg
Liederstädt
Schlossberg
Vitzenburg
Buschmühle
Steigra
Reinsdorf
Nebra
Wetzendorf
Hohe Gräte
Karsdorf
Wennungen
Unstrut
Burgscheidungen
Veits-grube
Rappental
Tröbsdorf
Kirch-scheidungen
Bergwinkel
Golzen
Dorndorf
Nüssenberg
Weischütz
Laucha
Plößnitz
Krawinkel
Hirschroda
Balgstädt
Zscheiplitz
Gleina
Baumersroda
Ebersroda
Großlage Schweigenberg
Müncheroda
Mühlberg
Edelacker
Freyburg
Schloß Neuenburg
Branderoda
Gröst
Steinberg
Schleberoda
Zeuchfeld
Leiha
Roßbach
Lunstädt
Roßbach-Süd
Reichardtswerben
Tagewerben
Pottstädt
Storkau
Obschütz
Burgwerben
Weißenfels
Herzogs
Markwerben
Markröllitz
Uichteritz
Schloß Neu-Augustusburg
Herrenberg
Pödelist
Dobichau
Goseck
Klosterkirche
Dechantenberg
Nißmitz
Großnitz
Städten
Großwilsdorf
Kleinjena
Großjena
Sonneck
Steinernes Bilderbuch
Eilau
Leißling
Rödgen
Großlage Blütengrund
einzellagenfrei
Schönburg
Plotha
Possenhain
Roßbach
Steinmeister
Saale
Naumburg
Dom
Paradies
Wethau
Funkenburg
Mertendorf
Dietrichsroda
Burkersroda
Obermöllern
Hasseltal
Klosterhäseler
Burgheßler
Großlage Göttersitz
Niedermöllern
Möllern
Schöne Aussicht
Saalhäuser
Weinberghäuser
Almrich
Ehem. Zisterzienserkloster
Schulpforte
Köppelberg
Bad Kösen
Spielberg
Punschrau
Fränkenau
Benndorf
Lißdorf
Taugwitz
Hassenhausen
Flemmingen
Kukulau
Neuflemmingen
Gernstedt
Tamsel
Sonnendorf
Ruine Rudelsburg
Ruine Burg Saaleck
Kleinheringen
Auerstedt
Sonnenberg
Großheringen
Kaatschen
Crölpa-Löbschütz
Janisroda
Neidschütz
Tultewitz
Schieben
Bad Sulza
Weichau
Dachsberg
Prießnitz
Abtlöbnitz
Meyhen
Leislau
Darnstedt
Lachstedt
Ilm
Kleingestewitz
Niedertrebra
Schmiedehausen
Crauschwitz
Schinditz
Sieglitz
Obertrebra
Großlagenfrei
Camburg
Zöthen
Molau
Münchengosserstädt
Kleinprießnitz
Pfuhlsborn
Eckolstädt
Schleuskau
Wormstedt
Würchhausen
Wichmar
Wilsdorf
Hirschroda
Frauenprießnitz
Kösnitz
Zimmern
Ermtal
Dornburger Schlösser
Dornburg
Dorndorf-Steudnitz
Schloßberg
Hainichen
Neuengönna
Wurmberg
Porstendorf
ZEICHENERKLÄRUNG
Hausen Ort mit Weinbauflächen
Hausen Ort ohne Weinbauflächen
Bereichsgrenze
Großlagengrenze
Einzellagengrenze
Besonders privilegierte Lage
Privilegierte Lage
Gute Lage
Weitere Rebflächen
VDP Erste Lage
Sehenswürdigkeit
Maßstab 1:150 000
0 1 2 3 km
A/B
B/C
C/D
D/E
E/F
F/G
1|2
2|3
3|4
4|5
5|6

DIE BESTEN WEINLAGEN *an Saale und Unstrut*

A/B

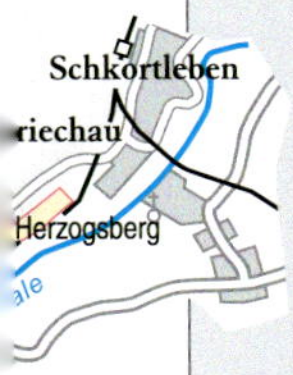

PRIVILEGIERTE LAGEN

Freyburg Edelacker

▸ Seite 224/C34

Größe: 13,5 ha **Höhe:** 110–220 m
Exposition: Südsüdost bis Südsüdwest
Steilheit: 25–45 %
Boden: Verwitterter Muschelkalk mit Lössanteilen und hohem Skelettanteil. An der Talsohle roter Buntsandstein.
Wichtigste Rebsorten: Silvaner, Weißburgunder, Riesling, Blauer Zweigelt
Wichtigste Weingüter: Bernard Pawis, Lützkendorf
Besonderheiten: Historische Terrassenlage bei Freyburg, die bereits im Mittelalter angelegt wurde. Subkontinentales Mikroklima im Talkessel, der im Regenschatten des Harzgebirges liegt. Relativ lange Vegetationsphase.
Weintyp: intensive, aromatische Weine mit harmonischer Säurestruktur

Karsdorf Hohe Gräte

▸ Seite 224/AB23

Größe: 14,6 ha **Höhe:** 110–219 m
Exposition: Süd bis Südwest
Steilheit: 20–45 %
Boden: bis zu 25 m mächtiger, offen liegender Gipskeuper und Muschelkalk, stellenweise Quarzit
Wichtigste Rebsorten: Silvaner, Riesling, Weißburgunder, Portugieser, Spätburgunder
Wichtigstes Weingut: Lützkendorf
Besonderheiten: Windgeschütze Lage mit niederschlagsarmem, im Sommer warmem und im Winter mildem Klima. 1992 wurde die Lage auf 14,6 ha erweitert. Die ursprüngliche Parzelle umfasst 5,8 ha und ist im Alleinbesitz des Weinguts Lützkendorf. Weine unter dem Namen Karsdorf Hohe Gräte werden ausschließlich von diesem Weingut vermarktet.
Weintyp: dichte, strukturreiche Weine mit deutlichen mineralischen Noten

GUTE LAGEN

Bad Kösen Saalhäuser ▸ Seite 224/D3, 9,6 ha, Süd bis Südwest, 25–40 %, lehmige und skelettreiche Muschelkalkverwitterungsböden

Bad Sulza Sonnenberg ▸ Seite 224/E2, 23,3 ha, Süd bis Südost, 20–30 %, mittel- bis tiefgründiger, lehmiger Sand bis toniger Lehm, stellenweise skelettreich, windgeschützte, zusammenhängende Weinlage

Goseck Dechantenberg ▸ Seite 224/C5, 3,1 ha, Süd, 40–45 %, sandhaltiger, skelettarmer Lehmboden auf Buntsandstein, exponierte Terrassenlage

Höhnstedt Kreisberg ▸ ohne Karte, 46,5 ha, Süd bis Südwest, 15–40 %, skelettarme Lösslehme mittlerer Mächtigkeit über Buntsandstein mit Tonschiefer und Anteilen roter Letten. In den Terrassen teilweise exponierte Trockenstandorte, in den flachen Bereichen mächtige Lösslehmauflagen.

Kaatschen Dachsberg ▸ Seite 224/E3, 11,8 ha, Südwest bis West, 20–45 %, lehm- und tonhaltige Verwitterungsböden über Keuper und Muschelkalk, mittel- bis flachgründig

Naumburg Sonneneck ▸ Seite 224/CD45, 25,0 ha, Süd, 20–50 %, mittelgründige, lehmhaltige Sand- und schwache Lösslehmböden auf Buntsandstein mit Tonanteilen, relativ geschützte Lage

B/C

Naumburg Steinmeister ▸ Seite 224/D34, 37,1 ha, Südost bis Süd, 20–40 %, in den Steillagen mittel- bis flachgründige, lehmhaltige Muschelkalkverwitterungsböden, im flacheren Teil tiefgründige Lösslehmanteile, im östlichen Teil Übergang zu Buntsandstein

Schulpforte Köppelberg ▸ Seite 224/D3, 12,7 ha, Süd bis West, teilweise Nord bis Ost, 10–35 %, lehmhaltiger Muschelkalkverwitterungsboden, teilweise Kies, in den niederen Lagen tiefgründiger Lösslehm und alluvialer Schwemmlehm, sehr heterogene, offene Lage

C/D

Weischütz Nüssenberg ▸ Seite 224/C3, 53,6 ha, Südwest, 10–40 %, Lehm sowie tonhaltige Verwitterungsböden auf Muschelkalk, in den Tallagen tiefgründige Lösslehmstandorte

Freyburg Edelacker: Renommierlage der mitteldeutschen Weinbauregion.

Registererklärung: Fett gesetzte Namen stehen für Großlagen. Wein darf sowohl unter dem Namen der Gemeinde als auch ihrer Ortsteile vermarktet werden. Kommen mehrere Gemeinden oder Ortsteile infrage, wurden per Landesverordnung Leitgemeinden ernannt, die als Namensträger dienen. Für die Namensgebung der Weine nicht relevante Angaben wurden *kursiv* gedruckt.

Die Schreibweisen der Lagen und Orte entsprechen den jeweiligen Weinbergrollen.

A = Ahr, B = Baden, F = Franken, HB = Hessische Bergstraße, Mrh = Mittelrhein, M = Mosel (mit Saar und Ruwer), N = Nahe, P = Pfalz, Rhg = Rheingau, Rhh = Rheinhessen, S = Sachsen, SU = Saale-Unstrut, W = Württemberg

Lage (Anbaugebiet)	Gemeinde / Ortsteil / Lageninfo
A	
Abelsberg (W)	*Stuttgart* / Gaisburg / **186 E6**
Abtei (M)	*Bernkastel-Kues* / Wehlen / **51 B3**
Abtei (N)	Sponheim / – / **104 D4 (Nr. 90)**
Abteiberg (M)	Mesenich / – / **54 B4-5**
Abtei Kloster Stuben (M)	Bremm / – / **54 B2**
Abtei Rupertsberg (N)	*Bingen* / Bingerbrück / **114 B5**
	Weiler bei Bingen / –
Abtey (Rhh)	**Appenheim** / – / **120 CE24**
	Gau-Algesheim / –
	Nieder-Hilbersheim / –
	Ober-Hilbersheim / –
	Partenheim / –
	Sankt Johann / –
	Sprendlingen / –
	Wolfsheim / –
Abtsberg (F)	*Alzenau* / Hörstein / keine Karte, **216**
Abtsberg (M)	Graach / – / **51 C5**
Abtsberg (P)	Impflingen / – / **142 D3-4 (Nr. 82)**
Abtsberg (M)	*Mertesdorf* / Maximin Grünhaus / **71 C4, 72**
Abtsberg (B)	*Offenburg* / Zell-Weierbach / **168 CD23, 182**
Abtsfronhof (P)	Bad Dürkheim / – / **138 A3**
Abtsleite (F)	Würzburg / – / **211 BC12, 217**
Adelberg (Rhh)	**Armsheim** / – / **120 EG24**
	Armsheim / Schimsheim
	Bermersheim v. d. Höhe / –
	Bornheim / –
	Ensheim / –
	Erbes-Büdesheim / –
	Flonheim / –
	Flonheim / Uffhofen
	Lonsheim / –
	Nack / –
	Nieder-Wiesen / –
	Sulzheim / –
	Wendelsheim / –
	Wörrstadt / –
	Wörrstadt / Rommersheim
Adelpfad (Rhh)	Engelstadt / – / **120 D34 (Nr. 130)**
Adler (M)	*Zell* / Merl **54 E3**
Äffchen (Rhh)	Wöllstein / – / **120 EF2 (Nr. 87)**
Affenberg (Rhh)	*Worms* / Heppenheim / **125 E34**
Agritiusberg (M)	*Konz* / Oberemmel / **62 C4**
Ahrenberg (Rhh)	Nack / – / **120 G23 (Nr. 93)**
Albachtaler (M)	Wasserliesch / – / **46 B3 (Nr. 6)**
Alde Gott (B)	*Achern* / Oberachern / **166 C4**
	Lauf / –
	Sasbach / Obersasbach
	Sasbachwalden / –
Alemannenbuck (B)	*Schallstadt* / Mengen / **172 AB5**
Allenberg (N)	Raumbach/Glan / – / **104 F2 (Nr. 139)**
Aloisengarten (F)	*Alzenau* / Michelbach (Dörsthöfe) / keine Karte
Altärchen (M)	Trittenheim / – / **48 D6 + 49 DE12, 59**
Altarberg (M)	Ellenz-Poltersdorf / – / **54 AB56**
Altberg (B)	Au / – / **173 B2**
Altdörr (Rhh)	Friesenheim / – / **120 E6 (Nr. 219)**
Alte Badstube am Doctorberg (M)	*Bernkastel-Kues* / Bernkastel / **51 D5, 59**
Alte Burg (B)	*Bad Mergentheim* / Dainbach / **200 F3**
Alte Burg (HB)	*Bensheim / Amorbach* / **155 C5, 157**
	Zwingenberg / –
Alte Burg (B)	*Emmendingen* / Mundingen / **171 EF2, 183**
	Teningen / Köndringen
Alte Lay (A)	*Bad Neuenahr-Ahrweiler* / Walporzheim / **36 C5, 41**
Altenberg (F)	Abtswind / – / **214 E5**
Altenberg (P)	Bad Bergzabern / – / **142 E2 (Nr. 101)**
Altenberg (B)	*Baden-Baden* / Neuweier / **167 C5**
Altenberg (B)	Ballrechten-Dottingen / – / **172 E45**
	Müllheim / Britzingen
	Müllheim / Dattingen
	Sulzburg / –
	Sulzburg / Laufen
Altenberg (W)	*Brackenheim* / Stockheim / **191 C1 (Nr. 41)**
Altenberg (B)	*Boxberg* / Oberschüpf / **200 E3**
Altenberg (B)	*Bretten / Neibsheim* / **164 CD34**
	Bruchsal / Heidelsheim
Altenberg (W)	Dörzbach / – / keine Karte
Altenberg (F)	Ergersheim / – / keine Karte
Altenberg (W)	Flein / – / **191 C4 (Nr. 16)**
	Heilbronn / –
Altenberg (F)	Hammelburg / Feuerthal / **208 A2**
	Hammelburg / Westheim
Altenberg (Rhh)	Hillesheim / – / **120 F6 (Nr. 252)**
Altenberg (M)	Kanzem / – / **62 BC23, 65**
	Konz / Filzen
Altenberg (M)	*Konz* / Krettnach / **62 B45**
Altenberg (M)	*Konz* / Oberemmel / **62 C5**
Altenberg (B)	*Lauda-Königshofen* / Lauda / **200 D3**
	Lauda-Königshofen / Oberlauda
Altenberg (N)	Meddersheim / – / **104 E4 (Nr. 118)**
Altenberg (W)	Niedernhall / – / keine Karte
	Weißbach / –
Altenberg (W)	*Obersulm* / Sülzbach / **192 EF56**
	Weinsberg / Wimmental
Altenberg (B)	*Staufen* / Grunern / **172 D5**
Altenberg (W)	*Stuttgart* / Untertürkheim / **187 E1**
Altenberg (F)	Theilheim / – / **211 C23**
Altenberg (M)	*Trier* / Avelsbach / **71 C3**
Altenberg (W)	*Weinstadt* / Beutelsbach / **187 DE34**
	Weinstadt / Schnait
Altenberg (W)	*Weinstadt* / Strümpfelbach / **187 DE3**
Altenberg (P)	Weisenheim am Sand / – / **137 F34**
Altenberg (M)	Wellen / – / **46 BC2 (Nr. 11)**
Altenburg (P)	Wachenheim / – / **141 B4**
Altenburg (N)	Waldlaubersheim / – / **114 E34**
Altenforst (P)	Burrweiler / – / **142 B3 (Nr. 49)**
Alter Berg (W)	*Aspach* / Allmersbach / **191 E6 (Nr. 79)**
Alter Berg (F)	*Tiefenstein* / Lengfurt / **207 G3, 216**
Alter Berg (P)	Römerberg bei Speyer / *Mechtersheim* / **143 B2 (Nr. 47)**
	Römerberg bei Speyer / Heiligenstein
Alter Graben (F)	Bamberg / – / keine Karte
Alte Römerstraße (Rhh)	Frei-Laubersheim / – / **120 F12 (Nr. 64)**
	Volxheim / –
Alte Römerstraße (N)	Mandel / – / **104 C4 (Nr. 75)**
Altes Löhl (P)	Landau in der Pfalz / – / **142 CD4 (Nr. 65)**
	Landau in der Pfalz / Mörlheim
	Landau in der Pfalz / Queichheim
Althof (B)	Ottersweier / Hub / **166 BC4**
Ameisenberg (Mrh)	St. Goar / – / **76 G4**
	St. Goar / Werlau
Am Gaisberg (P)	Herxheimweyher / – / **142 DE5 (Nr. 85)**
Am Heiligen Häuschen (Rhh)	*Worms* / Wies-Oppenheim / **125 EF4**
Am Hohen Stein (P)	Rittersheim / – / keine Karte
Amselberg (B)	*Gengenbach* / Reichenbach / **166 G23**
Amtgarten (M)	Mülheim / – / **51 D3**
Andreasberg (B)	Ortenberg / – / **168 DE23**
Andreasberg (M)	*Trier* / Tarforst / **71 D34**
Annaberg (P)	Kallstadt / – / **137 F1**
Annaberg (M)	Schweich / – / **48 E2**
Antoniusberg (M)	Serrig / – / **62 G23**
Antoniusbrunnen (M)	Saarburg / – / **62 E2**
Apostelberg (N)	Guldental / *Heddesheim* / **114 F3**

Registererklärung: Fett gesetzte Namen stehen für Großlagen. Wein darf sowohl unter dem Namen der Gemeinde als auch ihrer Ortsteile vermarktet werden. Kommen mehrere Gemeinden oder Ortsteile infrage, wurden per Landesverordnung Leitgemeinden ernannt, die als Namensträger dienen. Für die Namensgebung der Weine nicht relevante Angaben wurden *kursiv* gedruckt.

Die Schreibweisen der Lagen und Orte entsrechen den jeweiligen Weinbergrollen.

A = Ahr, B = Baden, F = Franken, HB = Hessische Bergstraße, Mrh = Mittelrhein, MSR = Mosel-Saar-Ruwer, N = Nahe, P = Pfalz, Rhg = Rheingau, Rhh = Rheinhessen, S = Sachsen, SU = Saale-Unstrut, W = Württemberg

Lage (Anbaugebiet)	Gemeinde / Ortsteil / Lageninfo
Apostelgarten (F)	*Alzenau* / Michelbach / keine Karte, **217**
Apotheke (M)	Trittenheim / – / **48 D6 + 49 D1, 58**
Arlesgarten (F)	Gerolzhofen / – / keine Karte
Arrasburg-Schloßberg (M)	Alf / – / **54 E12**
Arzlay (M)	*Cochem* / Cond / **56 G34**
Aspenberg (N)	Oberndorf / – / **104 F5 (Nr. 167)**
Attilafelsen (B)	*Breisach* / **Niederrimsingen** / **170 DG24**
	Breisach / **Oberrimsingen**
	Freiburg / **Munzingen**
	Freiburg / **Opfingen**
	Freiburg / **Tiengen**
	Freiburg / **Waltershofen**
	Gottenheim / –
	Merdingen / –
	Schallstadt / Mengen
Auf dem Zimmerberg (N)	Oberstreit / – / **104 D4 (Nr. 124)**
Auf der Heide (M)	*Traben-Trarbach* / Wolf / **53 E3**
Auf der Wiltinger Kupp (M)	Konz / *Kommlingen* / **62 B3**
Auflangen (Rhh)	**Nierstein** / – / **123 CD56**
	Nierstein / Schwabsburg
Augenscheiner (M)	Trier / Biewer / **71 C2**
Augustinerberg (B)	Breisach / – / **170 E1**
Aulenberg (Rhh)	Uelversheim / – / **120 F6 (Nr. 260)**
Aulerde (Rhh)	Westhofen / – / **125 B34, 129**
Ausoniusstein (M)	Lehmen / – / **57 CD3**
Authental (Rhh)	Guntersblum / – / **121 F1 (Nr. 266)**
B	
Backöfchen (N)	Wallhausen / – / **104 C4 (Nr. 19)**
Backofen (Mrh)	Kaub / – / **80 AB3, 81**
Badberg (F)	Aschaffenburg / – / keine Karte
Badstube (M)	*Bernkastel-Kues* / **Bernkastel** / **51 CD56**
Bärental (F)	Margretshöchheim / – / **209 E4**
Baiken (Rhg)	*Eltville* / Rauenthal / **87 B3, 92**
Baron (P)	St. Martin / – / **142 A45 (Nr. 9)**
Baßgeige (B)	*Vogtsburg* / Oberbergen / **170 BC34, 183**
Bastei (N)	Traisen / – / **107 A45, 112**
Bastel (F)	*Castell* / Greuth / **214 E5**
Batterieberg (M)	Enkirch / – / **53 E4, 59**
Batzenberg (B)	*Ehrenkirchen* / Kirchhofen / **172 AC56**
	Ehrenkirchen / Norsingen
	Ehrenkirchen / Scherzingen
	Pfaffenweiler / –
	Schallstadt / –
	Schallstadt / Wolfenweiler
Bauernberge (S)	*Cossebaude / Oberwartha* / **218 EF45**
	Merbitz / –
Bausch (F)	Castell / – / **214 F5**
Beilberg (B)	Großrinderfeld / – / **200 C3**
	Werbach / –
Belz (P)	Wachenheim / – / **141 B4**
Benediktinerberg (M)	Trier / *Olewig* / **71 DE 2**
Benediktusberg (F)	*Zellingen* / Retzbach / **209 D4, 217 D4**
Bengel (B)	Meersburg / – / **180 D6, 183**
Benn (P)	Albsheim / – / **137 B1**
	Obrigheim / –
Benn (Rhh)	Westhofen / – / **125 B3**
Berg (W)	Asperg / – / **191 G23 (Nr. 75)**
	Markgröningen / –
Berg (N)	*Bad Kreuznach* / Winzenheim / **104 C5 (Nr. 52)**
Berg (A)	*Bad Neuenahr-Ahrweiler* / Heppingen / **37 B2**
Berg (Rhg)	*Felsberg (Schwalm-Eder-Kreis)* / Böddiger / –
Berg (Rhg)	Hochheim / – / **89 F3**
	Wiesbaden / Kostheim
Berg (W)	Korb / – / **187 BC34**
	Winnenden / –
	Winnenden / Hanweiler
Berg (W)	*Langenbrettach* / Brettach / **192 D6**
Berg (F)	*Markt Eisenheim / Untereisenheim* / **213 D3**
	Volkach / *Escherndorf*
Berg (P)	*Neustadt an der Weinstraße* / Diedesfeld / **138 F34**
Berg (N)	Roxheim / – / **104 C4 (Nr. 79), 115**
Berg (W)	*Stuttgart* / Bad Cannstatt / **186 CE36**
	Stuttgart / Feuerbach
	Stuttgart / Münster
	Stuttgart / Wangen
	Stuttgart / Zuffenhausen
Berg-Bildstock (Rhg)	Walluf / *Niederwalluf* / **87 B4**
Bergel (P)	Edenkoben / – / **142 B34 (Nr. 10)**
Bergel (P)	Grünstadt / – / **137 C1**
Berghalde (W)	Kreßbronn/Bodensee / – / **180 E34**
Berghalde (W)	*Remshalden* / Grunbach / **187 D4**
Berg Kaisersteinfels (Rhg)	Rüdesheim / – / **86 E2, 92**
Bergkirche (Rhh)	Nierstein / – / **123 C56**
Bergkloster (Rhh)	*Bermersheim* / – / **125 BC14**
	Dintesheim / –
	Esselborn / –
	Flomborn / –
	Gundersheim / –
	Gundheim / –
	Hangen-Weisheim / –
	Westhofen / –
Bergle (B)	*Freiburg* / Lehen / **171 G2, 183**
Bergle (B)	*Offenburg* / Fessenbach / **168 DE2**
Bergpfad (Rhh)	Friesenheim / – / **120 E6 (Nr. 220)**
Berg-Rondell (F)	Dettelbach / – / **211 B5, 217**
	Mainstockheim / –
Berg Roseneck (Rhg)	Rüdesheim / – / **86 E2, 92**
Berg Rottland (Rhg)	Rüdesheim / – / **86 E23, 92**
Bergschlößchen (M)	Saarburg / – / **62 E12**
Berg Schloßberg (Rhg)	Rüdesheim / – / **86 E12, 92**
Bergwäldle (B)	Wiesloch / – / **162 G2**
Bernstein (Mrh)	Oberwesel / – / **80 B23, 81**
	Oberwesel / Engehöll
Betschgräber (B)	*Bühl* / Eisental / **167 CD45**
Bettelhaus (P)	*Bad Dürkheim* / Ungstein / **137 FG23**
Beulsberg (Mrh)	*Oberwesel* / Urbar / **80 A23, 81**
Beutelstein (N)	Oberndorf / – / **104 F5 (Nr. 168)**
Bienenberg (B)	*Achern / Oberachern* / **166 C4**
Bienenberg (B)	Malterdingen / – / **171 E12, 183**
	Teningen / Heimbach
Bienenberg (Mrh)	*Niederburg* / – / **80 B2**
	Oberwesel / –
Bienengarten (B)	Durbach / – / **168 C4**
Bienengarten (M)	Senheim / – / **54 C5**
Bienenlay (M)	*Ediger-Eller* / Eller / **54 B3**
Biengarten (P)	Frankweiler / – / **142 C3 (Nr. 68)**
Biengarten (M)	*Koblenz* / Güls / **57 A4**
Biengarten (P)	*Neustadt an der Weinstraße* / Gimmeldingen an der Weinstraße / **141 E34, 148**
Bildberg (P)	Freimersheim / – / **142 B5 (Nr. 35)**
Bildstock (Rhh)	Nierstein / – / **123 D45**
	Nierstein / Schwabsburg
Binger Berg (Rhh)	Flonheim / – / **120 F3 (Nr. 96)**
	Flonheim / Uffhofen
Birkenberg (N)	Roxheim / – / **104 C45 (Nr. 84), 115**
Birkenberg (N)	Sommerloch / – / **104 C4 (Nr. 21)**
Bischofsberg (F)	Arnstein / – / **209 BC56**
	Arnstein / Halsheim

Lage (Anbaugebiet)	Gemeinde / Ortsteil / Lageninfo
	Arnstein / *Heugrumbach*
	Arnstein / *Müdesheim*
	Arnstein / *Reuchelheim*
Bischofsberg (F)	Großheubach / – / **206 F3, 216**
Bischofsberg (Rhg)	Rüdesheim / – / **86 E23**
Bischofsgarten (P)	Forst an der Weinstraße / – / **141 AB5**
	Friedelsheim / –
	Wachenheim / –
Bischofshub (Mrh)	Oberdiebach / – / **80 F4**
Bischofskreuz (P)	**Böchingen** / – / **142 BC34**
	Burrweiler / –
	Flemlingen / –
	Gleisweiler / –
	Knöringen / –
	Landau in der Pfalz / *Dammheim*
	Landau in der Pfalz / **Nussdorf**
	Roschbach / –
	Walsheim / –
Bischofsleite (SU)	Wetterzeube / – / keine Karte
Bischofstein (M)	Burgen / – / **57 E2**
Bischofstuhl (M)	*Cochem* / Sehl / **56 G4**
Bischofsweg (P)	*Neustadt an der Weinstraße* / Mussbach an der Weinstraße / **141 FG45**
Blattenberg (M)	Mehring / – / **48 EF45**
Bleidenberg (M)	Alken / – / **57 D3**
Blücherhöhe (P)	Edenkoben / – / **142 B4 (Nr. 15)**
Blücherpfad (Rhh)	Ober-Flörsheim / – / **125 CD12**
Blüchertal (Mrh)	Kaub / – / **80 BC4**
Blümchen (M)	Nittel / – / **46 C2 (Nr. 14)**
Blütengrund (SU)	*Burgwerben* / – / **224 CD36**
	Goseck / –
	Naumburg / *Eulau*
	Naumburg / **Großjena**
	Schkortleben / *Kriechau*
Blume (A)	Rech / – / **36 D3**
Blume (Rhh)	*Stadecken-Elsheim* / Elsheim / **120 CD4 (Nr. 195)**
Bocksberg (N)	Feilbingert / – / **104 E4 (Nr. 156)**
Bockshaut (Rhh)	Gau-Bickelheim / – / **120 E23 (Nr. 117)**
	Wöllstein / –
Bockstein (Rhh)	*Ingelheim* / Groß-Winternheim / **120 C4 (Nr. 139)**
Bockstein (M)	Ockfen / – / **62 E3, 66**
Bockstein (Rhh)	*Stadecken-Elsheim* / Elsheim / **120 D4 (Nr. 193)**
Bodental-Steinberg (Rhg)	Lorch / – / **85 FG56**
Böhlig (P)	Wachenheim / – / **138 B4**
Börnchen (Rhh)	Harxheim / – / **120 D6 (Nr. 184)**
Bopser (W)	Gerlingen / – / keine Karte
Bornpfad (Rhh)	Guntersblum / – / **121 F1 (Nr. 265), 130**
Bottchen (M)	Wittlich / – / keine Karte
Bräunersberg (P)	Ottersheim/Zellertal / – / keine Karte
Bratenhöfchen (M)	*Bernkastel-Kues* / Bernkastel / **51 D5, 59**
Brauneberg (M)	Bekond / – / **48 C4**
Brauneberg (M)	Klotten / – / **56 F34**
Brauneberg (M)	Oberfell / – / **57 D3**
Brauneberg (M)	Rivenich / – / **48 B45**
Braune Kupp (M)	Wiltingen / – / **62 B2, 67**
Braunfels (M)	Wiltingen / – / **62 CD34, 67**
Brautrock (M)	Bullay / – / **54 D23**
Breinsberg (P)	Rüssingen / – / keine Karte
Brotwasser (W)	*Kernen* / Stetten / **187 E2, 197**
Bruderberg (M)	*Mertesdorf* / Maximin Grünhaus / **71 C4, 73**
Brudersberg (Rhh)	Nierstein / – / **123 C5, 126**
Bruderschaft (M)	Klüsserath / – / **48 BC46, 59**
Brückchen (Rhh)	Nierstein / – / **123 D5**
Brücke (N)	Oberhausen an der Nahe / – / **107 C2, 110**
Brückes (N)	Bad Kreuznach / – / **104 C5 (Nr. 43), 108**
Brückstück (M)	Winningen / – / **57 B4**
Brüderberg (M)	Langsur / – / **46 B3 (Nr. 3)**
Bründelsberg (P)	*Lingenfeld* / – / **142 B6 + 143 B1 (Nr. 45)**
	Schwegenheim / –
Brünnchen (Mrh)	Nochern / – / **76 F4**
Brunnenhäuschen (Rhh)	Westhofen / – / **125 B3, 130**
Bubeneck (P)	Ellerstadt / – / **137 G34**
Bubenstück (Rhh)	Bingen / *Gaulsheim* / **120 C12 (Nr. 5)**
Bühl (B)	Merdingen / – / **170 EF34**
Bürgel (Rhh)	*Flörsheim-Dalsheim* / Dalsheim / **125 D2, 124**
Bürgergarten (P)	*Neustadt an der Weinstraße* / Haardt an der Weinstraße / **141 F3, 145**
Burg (W)	Esslingen / – / **187 F2**
Burg (B)	Heidelberg / – / **162 EF2**
Burg (F)	*Elfershausen* / *Engenthal* / **208**
	Elfershausen / *Machtilshausen*
	Elfershausen / *Trimberg*
	Euerdorf / *Wirmsthal*
	Fuchsstadt / –
	Hammelburg / –
	Hammelburg / *Feuerthal*
	Hammelburg / *Saaleck*
	Hammelburg / *Westheim*
	Ramsthal / –
	Sulzthal / –
Burgberg (W)	Abstatt / – / **191 CD5 (Nr. 2)**
	Ilsfeld / Auenstein
Burgberg (M)	Alken / – / **57 D3**
Burgberg (N)	Dorsheim / – / **114 E5, 108**
Burgberg (Rhh)	Ingelheim / – / **120 C3 (Nr. 146), 131**
Burgberg (M)	Lösnich / – / **53 EF1**
Burgberg (A)	Mayschoß / – / **36 CD3**
Burgberg (W)	Steinheim / – / **191 F5 (Nr. 77)**
Burgberg (M)	*Traben-Trarbach* / Trarbach / **53 G4**
Burgberg (M)	*Trier* / Olewig / **71 D23**
Burg Bischofsteiner (M)	Hatzenport / – / **57 E2**
Burg Coreidelsteiner (M)	Klotten / – / **56 F4**
Burg Ehrenberg (B)	*Bad Rappenau* / Heinsheim / keine Karte
Burggarten (A)	*Bad Neuenahr-Ahrweiler* / Heimersheim / **37 B2, 39**
	Bad Neuenahr-Ahrweiler / *Lohrsdorf*
Burggarten (P)	Bockenheim an der Weinstraße / – / **137 A12**
Burggarten (A)	Dernau / – / **36 CD34**
Burggraf (M)	Alf / – / **54 D2**
Burggraf (B)	Rauenberg / – / **164 A4**
Burg Gutenfels (Mrh)	Kaub / – / **80 C4**
Burghalde (W)	*Weinstadt* / Beutelsbach / **187 D34, 197**
	Weinstadt / Schnait
Burg Hammerstein (Mrh)	*Dattenberg* / – / keine Karte
	Hammerstein / –
	Kasbach-Ohlenberg / –
	Leubsdorf / –
	Leutesdorf / –
	Linz / –
	Rheinbrohl / –
Burg Hoheneck (F)	*Dietersheim* / *Walddachsbach* / keine Karte
	Ipsheim / –
	Ipsheim / *Dottenheim*
	Ipsheim / *Kaubenheim*
Burg Katz (Mrh)	St. Goarshausen / – / **76 G4**
Burglay (M)	Kröv / – / **53 DE34**
Burglay (M)	Minheim / – / **49 AB12**
Burglay-Felsen (M)	Zell / – / **54 EF4**
Burg Lichteneck (B)	*Emmendingen* / **Mundingen** / **171 CF12**
	Ettenheim / –
	Ettenheim / *Altdorf*
	Herbolzheim / –
	Herbolzheim / **Bleichheim**
	Herbolzheim / **Broggingen**
	Herbolzheim / **Tutschfelden**
	Herbolzheim / **Wagenstadt**
	Kenzingen / –
	Kenzingen / **Bombach**
	Kenzingen / **Hecklingen**
	Kenzingen / **Nordweil**
	Malterdingen / –
	Ringsheim / –
	Teningen / *Heimbach*
	Teningen / **Köndringen**
Burgmauer (M)	Schweich / – / **48 CE23**
Burg Maus (Mrh)	St. Goarshausen / *Ehrental* / **76 F34**
	St. Goarshausen / Wellmich
Burg Neuenfels (B)	**Auggen** / – / **172 DG25 + 175 AB24**
	Bad Bellingen / –
	Badenweiler / –

Registererklärung: Fett gesetzte Namen stehen für Großlagen. Wein darf sowohl unter dem Namen der Gemeinde als auch ihrer Ortsteile vermarktet werden. Kommen mehrere Gemeinden oder Ortsteile infrage, wurden per Landesverordnung Leitgemeinden ernannt, die als Namensträger dienen. Für die Namensgebung der Weine nicht relevante Angaben wurden *kursiv* gedruckt.

Die Schreibweisen der Lagen und Orte entsrechen den jeweiligen Weinbergrollen.

A = Ahr, B = Baden, F = Franken, HB = Hessische Bergstraße, Mrh = Mittelrhein, MSR = Mosel-Saar-Ruwer, N = Nahe, P = Pfalz, Rhg = Rheingau, Rhh = Rheinhessen, S = Sachsen, SU = Saale-Unstrut, W = Württemberg

Lage (Anbaugebiet)	Gemeinde / Ortsteil / Lageninfo
	Badenweiler / *Lipburg*
	Ballrechten-Dottingen / –
	Müllheim / –
	Müllheim / **Britzingen**
	Müllheim / **Dattingen**
	Müllheim / **Feldberg**
	Müllheim / **Hügelheim**
	Müllheim / **Niederweiler**
	Müllheim / *Vögisheim*
	Müllheim / **Zunzingen**
	Neuenburg / –
	Neuenburg / **Steinenstadt**
	Schliengen / –
	Schliengen / **Liel**
	Schliengen / **Mauchen**
	Schliengen / **Niedereggenen**
	Schliengen / **Obereggenen**
	Sulzburg / –
	Sulzburg / **Laufen**
Burg Ravensburger Dicker Franz (B)	Sulzfeld / – / **165 B34, 182**
Burg Ravensburger Husarenkappe (B)	Sulzfeld / – / **165 B3, 182**
Burg Ravensburger Löchle	Sulzfeld / – / **165 B4, 182**
Burg Rheinfels (Mrh)	**St. Goar** / – / **76 G4**
	St. Goar / *Werlau*
Burg Rodenstein (Rhh)	*Bermersheim* / – / **125 CD14**
	Flörsheim-Dalsheim / **Dalsheim**
	Flörsheim-Dalsheim / **Nieder-Flörsheim**
	Mörstadt / –
	Ober-Flörsheim / –
Burgstall (B)	Hagnau / – / **180 D6 + 181 BD12**
	Immenstaad / –
	Immenstaad / Kippenhausen
	Markdorf / –
Burgstall (W)	*Ingelfingen* / Criesbach / keine Karte
	Niedernhall / –
Burg Warsberg (M)	Wincheringen / – / **46 D12 (Nr. 17)**
Burgweg (Rhh)	Bodenheim / – / **120 C6 (Nr. 170), 127**
	Mainz / *Laubenheim*
Burgweg (P)	Großkarlbach / – / **137 D23**
Burgweg (P)	Kindenheim / – / **137 A1**
Burgweg (P)	*Lambsheim* / – / **137 DF45**
	Weisenheim am Sand / –
Burgweg (Rhh)	Worms / Weinsheim / **125 EF45**
Burgweg (N)	*Altenbamberg* / – / **106 + 107**
	Bad Münster am Stein-Ebernburg / *Ebernburg*
	Bad Münster am Stein-Ebernburg / *Münster*
	Duchroth / –
	Niederhausen an der Nahe / –
	Norheim / –
	Oberhausen an der Nahe / –
	Schloßböckelheim / –
	Traisen / –
	Waldböckelheim / –
Burgweg (Rhg)	*Geisenheim* / – / **86 DE14**
	Lorch / –
	Lorch / *Lorchhausen*
	Rüdesheim / –
	Rüdesheim / *Eibingen*
Burgweg (F)	**Iphofen** / – / **214 FG34**
	Iphofen / *Possenheim*
	Markt Einersheim / –
	Willanzheim / –
Burg Wildeck (W)	Abstatt / – / **191 C5 (Nr. 3), 196**
Burg Windeck Kastanienhalde (B)	Bühl / – / **166 B4**
	Bühl / Neusatz
Burgwingert (B)	*Bruchsal* / Heimsheim / **164 D3**
	Bruchsal / Obergrombach
Burg Zähringen (B)	*Denzlingen* / – / **171 FG24**
	Emmendingen / *Hochburg*
	Freiburg / –
	Freiburg / *Lehen*
	Glottertal / –
	Gundelfingen / –
	Gundelfingen / **Wildtal**
	Heuweiler / –
	Sexau / –
	Waldkirch / **Buchholz**
Busslay (M)	Erden / – / **52 E6**

C

Lage (Anbaugebiet)	Gemeinde / Ortsteil / Lageninfo
Calmont (M)	Bremm / – / **54 B2, 59**
	Ediger-Eller / Eller
Carlsberg (M)	Vendenz / – / **51 E4**
Carlsfelsen (M)	Palzem / – / **46 D1 (Nr. 20)**
Castellberg (B)	Ballrechten-Dottingen / – / **172 CD2**
Castellberg (B)	*Vogtsburg* / Achkarren / **170 CD2**
	Ihringen / –
Centgericht (HB)	Heppenheim / – / **155 E5, 157**
Centgrafenberg (F)	Bürgstadt / – / **206 FG45, 210**
Chorherrenhalde (B)	Meersburg / – / **180 C5**
Closterweinberg (W)	Maulbronn / – / **190 E4 (Nr. 52)**
Cyriakusberg (F)	Sulzfeld / – / **211 D5, 217**

D

Lage (Anbaugebiet)	Gemeinde / Ortsteil / Lageninfo
Dabug (F)	Randersacker / – / **211 CD23**
	Randersacker / *Lindelbach*
Dachgewann (Rhh)	Zornheim / – / **120 D5 (Nr. 232)**
Dachs (F)	*Oberschwarzach* / Wiebelsberg / keine Karte
Dachsberg (W)	Brackenheim / – / **191 C1 (Nr. 35)**
	Brackenheim / Haberschlacht
Dachsberg (SU)	*Großheringen* / Kaatschen-*Weichau* / **224 E3, 225**
Dachsberg (Rhg)	*Oestrich-Winkel* / Winkel / **86 CD45**
Dachsberg (Rhg)	*Wiesbaden* / Schierstein / **87 AB56**
Dachsbuckel (B)	Heidelberg / – / **162 F2, 182**
Dachsteiger (W)	*Öhringen* / *Michelbach am Wald* / **193 EF34**
	Pfedelbach / *Harsberg*
	Pfedelbach / Heuholz
	Pfedelbach / *Oberohrn*
	Pfedelbach / *Untersteinbach*
Daubhaus (Rhh)	Appenheim / – / **120 CD3 (Nr. 42)**
Daubhaus (A)	*Bad Neuenahr-Ahrweiler* / Ahrweiler / **36 B6, 41**
	Bad Neuenahr-Ahrweiler / *Bad Neuenahr*
Daubhaus (Rhh)	Oppenheim / – / **122 E6**
Daubhaus (Rhg)	**Hochheim** / – / **89**
	Hochheim / *Massenheim*
	Flörsheim / –
	Flörsheim / *Wicker*
	Wiesbaden / *Delkenheim*
	Wiesbaden / Kostheim
Dautenpflänzer (N)	*Münster-Sarmsheim* / Münster / **114 D5, 109**
Dechantenberg (SU)	Goseck / – / **224 C5, 225**
Dechantsberg (M)	*Treis-Karden* / Karden / **56 F6**
Dellchen (N)	Mandel / – / **104 C4 (Nr. 77)**
Dellchen (N)	Norheim / – / **107 B3, 110**
Deuslay (M)	Mesenich / – / **54 C5**
Deutelsberg (Rhg)	*Eltville* / **Hattenheim** / **87 BD12**
Deutschherrenberg (M)	Trier / – / **71 D2, 59**
	Trier / *Olewig*

Lage (Anbaugebiet)	Gemeinde / Ortsteil / Lageninfo
Deutschherrenberg (M)	*Zeltingen-Rachtig* / Zeltingen / **51 B3**
Deutschherrenköpfchen (M)	Trier / *Olewig* / **71 D2**
Deutschordensberg (F)	Röllbach / – / **206 E3**
Dezberg (W)	*Eberstadt* / – / **192 E45**
	Weinsberg / *Gellmersbach*
Dieblesberg (W)	*Löwenstein* / *Hößlinsülz* / **192 EG56 + 193 FG1**
	Obersulm / Affaltrach
	Obersulm / Willsbach
Doctor (M)	*Bernkastel-Kues* / Bernkastel / **51 D5, 55**
Doktor (Rhh)	Dexheim / – / **120 E6 + 121 E1 (Nr. 237)**
Doktor (P)	Venningen / – / **142 B45 (Nr. 33)**
Doktorberg (M)	Waldrach / – / **71 D5**
Doktorgarten (B)	*Ihringen* / Blankenhornsberg / **170 D2, 179**
Domberg (N)	Bad Sobernheim / – / **104 D3 (Nr. 122)**
Domberg (N)	Waldlaubersheim / – / **114 EF34**
Domblick (Rhh)	**Hohen-Sülzen** / – / 125 DF13
	Mölsheim / –
	Monsheim / –
	Monsheim / *Kriegsheim*
	Offstein / –
	Wachenheim / –
Domdechaney (Rhg)	Hochheim / – / **89 G3, 96**
Domgarten (M)	Winningen / – / **57 B4**
Domherr (F)	Iphofen / – / –
Domherr (M)	Piesport / – / **49 A1, 56**
Domherr (Rhh)	**Essenheim** / – / 120 CE45
	Gabsheim / –
	Klein-Winternheim / –
	Mainz / –
	Mainz / *Budenheim*
	Ober-Olm / –
	Saulheim / –
	Schornsheim / –
	Stadecken-Elsheim / *Elsheim*
	Stadecken-Elsheim / *Stadecken*
	Udenheim / –
Domherrenberg (M)	Trier / *Kürenz* / **71 C3**
Domherrenberg (M)	Zell / – / **54 FG45**
Dominikanerberg (M)	Kasel / – / **71C5**
Dominikanerberg (M)	Morscheid / – / **71 E5**
Domlay (A)	*Bad Neuenahr-Ahrweiler* / *Ahrweiler* / **36 C45, 41**
	Bad Neuenahr-Ahrweiler / Walporzheim
Domprobst (M)	Graach / – / **51 C5, 55**
Doosberg (Rhg)	*Oestrich-Winkel* / Oestrich / **87 CD1, 98**
Dormenacker (B)	Heidelberg / – / **162 F2**
Dornpfad (Rhh)	Gabsheim / – / **120 E45 (Nr. 210)**
Dornberg (F)	Mainbernheim / – / –
Drachenfels (Mrh)	*Bad Honnef* / Rhöndorf / –
	Königswinter / –
Drachenstein (Rhg)	Rüdesheim / – / **86 E23**
Drosselborn (Rhh)	Appenheim / – / **120 CD3 (Nr. 45)**
Dürrenberg (B)	*Schallstadt* / Wolfenweiler / **172 B6**
Dullgärten (M)	Igel / – / **46 B3 (Nr. 1)**

E

Lage (Anbaugebiet)	Gemeinde / Ortsteil / Lageninfo
Ebenrain (B)	*Wertheim* / Lindelbach / **200 A2**
Eberfürst (W)	Eberstadt / – / **192 CD56**
	Neuenstadt am Kocher / Cleversulzbach
Ebersberg (Rhh)	Bodenheim / – / **120 C6 (Nr. 171), 130**
Ebersberg (Rhh)	*Nierstein* / Schwabsburg / **123 CD4**
Eck (A)	Altenahr / – / **36 C2, 38**
	Altenahr / Reimerzhoven
Eckartsberg (B)	Breisach / – / **170 E1**
Eckberg (B)	Baden-Baden / – / **166 A56**
Eckberg (B)	Bötzingen / – / **170 CD4**
Eckweg (HB)	Heppenheim / – / **155 EF5**
Edelacker (SU)	Freyburg / – / **224 C34, 225**
Edelberg (M)	Enkirch / – / **53 D4**
Edelberg (N)	Lauschied / – / **104 E2 (Nr. 120)**
Edelberg (N)	Meddersheim / – / **104 E2 (Nr. 119)**
Edelberg (B)	Tauberbischofsheim / – / **200 C3, 201**
Edelfrau (F)	*Triefenstein* / Homburg am Main / **207 G3**
Edelmann (Rhh)	*Mainz* / Laubenheim / **120 C6 (Nr. 164)**
Edelmann (Rhg)	*Oestrich-Winkel* / Mittelheim / **86 CD56**
Edle Weingärten (Rhh)	*Dittelsheim-Heßloch* / Hessloch / **125 A34**
Eherieder Berg (F)	*Biebelried* / *Kaltensondheim* / **211 C45**
	Kitzingen / *Eherieder Mühle*
Ehrenberg (W)	Leonberg / – / keine Karte
Ehrenberg (M)	Waldrach / – / **71 D5**
Eich (F)	Rothenburg ob der Tauber / – / **201 G3**
Eichberg (B)	Denzlingen / – / **171 B34, 183**
	Glottertal / –
	Heuweiler / –
Eichberg (B)	*Vogtsburg* / Oberrotweil / **170 C2, 176**
Eichelberg (Rhh)	Fürfeld / – / **120 F1 (Nr. 74)**
Eichelberg (W)	*Mühlacker* / Lienzingen / **190 E45 (Nr. 54)**
	Ölbronn-Dürrn / *Dürrn*
	Ölbronn-Dürrn / *Ölbronn*
Eichelberg (Rhh)	Neu-Bamberg / – / **120 F1 (Nr. 78)**
Eichelberg (B)	*Sinsheim* / Hilsbach / **164 B56**
Eichert (B)	*Sasbach* / Jechtingen / **170 B2, 181**
Eichwäldele (B)	*Sasbach* / Obersasbach / **166 C4**
Eilfingerberg (W)	Maulbronn / – / **190 E4 (Nr. 51), 197**
Einsiedel (F)	Klingenberg am Main / – / **206 E2**
Eiserne Hand (Rhh)	Guntertsblum / – / **121 F12 (Nr. 246)**
Elbhänge (S)	*Cossebaude* / *Oberwartha* / **218 EG35 + 219 FG12**
	Dresden / *Loschwitz*
	Dresden / *Pillnitz*
	Dresden / *Wachwitz*
	Merbitz / –
	Pesterwitz / –
Elfenlay (Mrh)	Boppard / – / **76 DE12**
Elisabethenberg (B)	Hilzingen / – / keine Karte
	Singen / –
	Singen / Hohentwiel
Elisenberg (M)	Mülheim / – / **51 E4**
	Veldenz / –
Elkersberg (N)	Alsenz / – / **104 F5 (Nr. 161)**
Ellergrub (M)	Enkirch / – / **53 F4**
Elster (P)	Forst an der Weinstraße / – / **141 C45**
Elzhofberg (M)	*Ediger-Eller* / Ediger / **54 C4**
Engelgrube (M)	*Neumagen-Dhron* / Neumagen / **49 CD12**
Engelmannsberg (Rhg)	*Eltville* / Hattenheim / **87 C12, 99**
Engelsberg (B)	Endingen / – / **170 AC34**
Engelsberg (P)	Herxheim bei Landau in der Pfalz / – / **142 DE45 (Nr. 84)**
Engelsberg (Rhh)	Nackenheim / – / **123 B5**
Engelsberg (Rhh)	Offstein / – / **125 EF3**
Engelsberg (F)	**Sommerach** / – / **213 EF45**
Engelsfelsen (B)	Bühlertal / – / **167 DE5, 182**
Engelstein (Mrh)	*Boppard* (Bopparder Hamm) / – / **76 CD23, 81**
	Spay / –
Engelströpfchen (M)	*Ediger-Eller* / Eller / **54 AB23**
Enggaß (M)	Thörnich / – / **48 C4**
Englischer Garten (SU)	Salsitz / Grana / keine Karte
Engweg (W)	Niedernhall / – / keine Karte
	Weißbach / –
Enselberg (B)	*Sasbach* / Jechtingen / **170 BC23**
	Vogtsburg / Bischoffingen
Erkenbrecht (P)	Neustadt an der Weinstraße / – / **138 F23**
Ermtal (SU)	Dorndorf / – / –
Erntebringer (Rhg)	*Geisenheim* / – / **86 CE46**
	Geisenheim / **Johannisberg**
	Oestrich-Winkel / *Mittelheim*
	Oestrich-Winkel / *Winkel*
Erzgrube (N)	*Bad Münster am Stein-Ebernburg* / Ebernburg / **107 B4**
Eselsberg (W)	Flein / – / **191 C4 (Nr. 17)**
Eselsberg (F)	Kitzingen / – / **211 C5**
Eselsberg (F)	*Kolitzheim* / Stammheim / **213 C4**
Eselsbuckel (P)	Niederotterbach / – / **142 F5 (Nr. 108)**
Eselshaut (P)	*Neustadt an der Weinstraße* / Mußbach an der Weinstraße / **141 EG34, 151**
Eselspfad (Rhh)	Appenheim / – / **120 C3 (Nr. 44)**
Eselstreiber (Rhh)	Eckelsheim / – / **120 F3 (Nr. 60)**
Esper (P)	Kerzenheim / – / keine Karte
Euchariusberg (M)	Konz / – / **62 B2**

Registererklärung: Fett gesetzte Namen stehen für Großlagen. Wein darf sowohl unter dem Namen der Gemeinde als auch ihrer Ortsteile vermarktet werden. Kommen mehrere Gemeinden oder Ortsteile infrage, wurden per Landesverordnung Leitgemeinden ernannt, die als Namensträger dienen. Für die Namensgebung der Weine nicht relevante Angaben wurden *kursiv* gedruckt.

Die Schreibweisen der Lagen und Orte entsrechen den jeweiligen Weinbergrollen.

A = Ahr, B = Baden, F = Franken, HB = Hessische Bergstraße, Mrh = Mittelrhein, MSR = Mosel-Saar-Ruwer, N = Nahe, P = Pfalz, Rhg = Rheingau, Rhh = Rheinhessen, S = Sachsen, SU = Saale-Unstrut, W = Württemberg

Lage (Anbaugebiet)	Gemeinde / Ortsteil / Lageninfo
Euchariusberg (M)	*Konz* / Krettnach / **62 AB5**
	Konz / Niedermennig
Eulengrund (F)	*Zeil am Main* / Schmachtenberg / keine Karte
Ewig Leben (F)	**Randersacker** / – / **211 BC23**
	Theilheim / –

F

Lage (Anbaugebiet)	Gemeinde / Ortsteil / Lageninfo
Fächern (M)	Niederfell / – / **57 BC3**
Fässerlay (Mrh)	Boppard / – / **76 D12, 81**
Fahrberg (M)	*Kobern-Gondorf* / Kobern / **57 B3**
Fahrberg (M)	*Lehmen* / *Moselsürsch* / **57 D3**
	Löf / Kattenes
Falkenberg (N)	Alsenz / – / **104 F5 (Nr. 163)**
Falkenberg (Rhh)	Dienheim / – / **123 E56, 127**
Falkenberg (F)	Donnersdorf / *Falkenstein* / keine Karte
	Donnersdorf / *Traustadt*
Falkenberg (M)	Piesport / – / **49 A1**
Falklay (M)	Burg / – / **53 CD4**
Falklay (M)	Reil / – / **53 BC34**
Fels (Rhh)	Frei-Laubersheim / – / **120 F1 (Nr. 68)**
Fels (M)	*Konz* / Könen / **62 B2**
Fels (N)	St. Katharinen / – / **104 C4 (Nr. 72)**
Fels (N)	Windesheim/ – / **114 F3**
Felsen (Rhh)	Dintesheim / – / **125 BC12**
	Eppelsheim / –
Felsenberg (N)	Duchroth / – / **107 BC12**
	Oberhausen an der Nahe / –
Felsenberg (N)	Eckenroth / – / **104 B4 (Nr. 1)**
Felsenberg (N)	Schloßböckelheim / – / **107 B2, 111**
Felseneck (N)	*Bad Münster am Stein-Ebernburg* / Bad Münster am Stein / **107 A5, 112**
Felseneck (N)	Bockenau / – / **104 D3 (Nr. 97), 112**
Felseneck (N)	Gutenberg / – / **104 C45 (Nr. 29)**
Felseneck (N)	Wallhausen / – / **104 BC4 (Nr. 15), 115**
Felsengarten (W)	*Besigheim-Bissingen* / Besigheim / **191 DF 24 (Nr. 68)**
	Besigheim-Bissingen / Bissingen
	Gemmrigheim / –
	Hessigheim / –
	Löchgau / –
	Walheim / –
Felsengarten (B)	Überlingen / – / **180 A34**
Felsenköpfchen (N)	Bretzenheim / – / **104 CE (Nr. 62)**
Felsenkopf (M)	Trittenheim / – / **48 D6, 59**
Felsensteyer (N)	Niederhausen an der Nahe / – / **107 B3, 115**
Felsentreppchen (M)	Wittlich / – / keine Karte
Felslay (M)	*Mertesdorf* / Lorenzhof / **71 C4, 73**
Fettgarten (M)	Zell / Merl / **54 E35**
Feuerbach (F)	Castell / – / **214 F5**
Feuerberg (N)	*Bad Münster am Stein-Ebernburg* / Ebernburg / **107 B4**
Feuerberg (N)	Duchroth / – / **107 C1**
Feuerberg (M)	*Ediger-Eller* / Ediger / **54 BC34**
Feuerberg (M)	Ernst / – / **56 G4**
Feuerberg (N)	Feilbingert / – / **104 E4 (Nr. 154)**
Feuerberg (Rhh)	Flomborn / – / **125 C12, 130**
Feuerberg (B)	*Vogtsburg* / Burkheim / **170 B2, 179**
Feuerberg (P)	**Bad Dürkheim** / – / **136 EG6 + 137 EG14**
	Bad Dürkheim / *Leistadt*
	Ellerstadt / –
	Gönnheim / –
	Kallstadt / –
	Weisenheim am Berg / –
Feuerlay (Mrh)	Boppard / – / **76 D2, 79**
Feuermännchen (P)	Neuleiningen / – / **196 D6**
Feuerstein (F)	Röttingen / – / **200 E6, 201**
Feuersteinrossel (N)	Oberndorf / – / **104 F5 (Nr. 166)**
Findling (Rhh)	Nierstein / – / **123 C5**
First (F)	Eußenheim / – / **209 B34**
First (B)	*Wertheim* / Reicholzheim / **200 A12, 201**
Fischer (F)	Frickenhausen / – / **211 E4, 217**
Fischerpfad (Rhh)	Alsheim / – / **121 F1 (Nr. 293), 127**
Flatterberg (W)	Forchtenberg / – / keine Karte
	Forchtenberg / *Ernsbach*
Försterlay (M)	Lösnich / – / **53 E1, 59**
Fohrenberg (B)	Ihringen / – / **170 D23**
Fohrenberg (B)	Meersburg / – / **180 D56**
	Stetten / –
Forst (N)	Bad Kreuznach / – / **104 C5 (Nr. 39)**
Forst (P)	Edesheim / – / **142 B4 (Nr. 26)**
Forstberg (A)	*Bad Neuenahr-Ahrweiler* / Ahrweiler / **36 B56**
Forstberg (W)	Oberstenfeld / – /
	Oberstenfeld / Gronau **191 DE56 (Nr. 9)**
Forstgrube (W)	Illingen / – / **190 F6 (Nr. 57)**
Frankenberg (B)	*Lauda-Königshofen* / Lauda / **200 D3**
	Lauda-Königshofen / Marbach
	Bad Windsheim / *Wiebelsheim* / keine Karte
Frankenberger Schlossstück (F)	*Ergersheim* / –
	Ippesheim / –
	Ippesheim / *Bullenheim*
	Markt Nordheim / –
	Markt Nordheim / *Ulsenheim*
	Seinsheim / –
	Sugenheim / *Krassolzheim*
	Sugenheim / *Ingolstadt*
	Weigenheim / –
	Weigenheim / *Frankenberg*
	Weigenheim / *Reusch*
	Willanzheim / *Hüttenheim*
Frankenhell (Mrh)	Damscheid / – / **80 B12**
Frankenstein (Rhh)	Freimersheim / – / **124 AB56**
Frankenthal (Rhg)	*Rüdesheim* / Assmannshausen / **86 E1, 93**
Franzensberger (B)	*Offenburg* / Fessenbach / **168 E3, 182**
	Ortenberg / –
Franziskaner (B)	*Breisach* / Oberrimsingen / **170 F3**
Frauenberg (M)	Bremm / – / **54 B23, 59**
	Neef / –
Frauenberg (Rhh)	*Flörsheim-Dalsheim* / Nieder-Flörsheim / **125 D2**
Frauenberg (B)	*Schliengen* / Mauchen / **175 A3, 183**
Frauengarten (Rhh)	Wintersheim / – / **120 F6 (Nr. 254)**
Frauenländchen (P)	Kleinkarlbach / – / **137 D1**
Freudental (B)	Ortenberg / – / **168 DE23**
Freundstück (P)	Forst an der Weinstraße / – / **141 B5, 147**
Fröhlich (Rhh)	Bechenheim / – / **124 B4**
Froher Weingarten (Mrh)	Niederheimbach / – / **80 EF5**
	Oberheimbach / –
Frohnwingert (P)	Oberhausen / – / **142 EF3 (Nr. 96)**
Frohwingert (Mrh)	St. Goar / – / **76 G4**
	St. Goar / *Werlau*
Fronberg (F)	Mühlbach / – / **209 C3**
Fronhof (P)	Bad Dürkheim / – / **138 A34**
Frühlingsplätzchen (N)	Monzingen / – / **104 D2 (Nr. 109), 113**
Frühmess (P)	Gleiszellen-Gleishorbach / – / **142 E2 (Nr. 99)**
Frühmesse (Rhh)	Alsheim / – / **121 FG1 (Nr. 287), 130**
Frühmeßler (B)	Sinsheim / – / **167 A5**
Fuchs (M)	Saarburg / – / **62 E2, 67**
Fuchsberg (Rhg)	Geisenheim / – / **86 E34**
Fuchsen (N)	Laubenheim / – / **114 F5**
Fuchshöhle (M)	*Kobern-Gondorf* / Gondorf / **57 C3**
Fuchsloch (Rhh)	Gau-Odernheim / – / **120 FG5 (Nr. 274)**
Fuchsloch (P)	*Hochdorf-Assenheim* / Hochdorf / **138 BC56 + 139 BC1**
	Rödersheim-Gronau / Rödersheim

Lage (Anbaugebiet)	Gemeinde / Ortsteil / Lageninfo
Fuchsmantel (P)	Bad Dürkheim / – / **138 A23, 150**
	Wachenheim / –
Funkenberg (M)	Müden / – / **57 F1**
Fürstenberg (F)	*Dettelbach* / *Neusetz* / **213 DE34, 217**
	Volkach / Escherndorf
	Volkach / *Köhler*
Fürstenberg (Mrh)	Oberdiebach / – / **80 E45**
	Oberdiebach / *Schloß Fürstenberg*
Fürstenlager (HB)	*Bensheim* / – / **155 CD5**
	Bensheim / Auerbach
	Bensheim / *Schönberg*

G

Gäns (M)	*Kobern-Gondorf* / Gondorf / **57 C3**
Gärkammer (A)	*Bad Neuenahr-Ahrweiler* / Walporzheim / **36 C5, 39**
Gärtchen (M)	*Piesport* / Niederemmel / **49 A2**
Gässel (P)	*Neustadt an der Weinstraße* / Geinsheim / **138 G56**
Gaisböhl (P)	Ruppertsberg / – / **141 D5, 149**
Gaispfad (M)	*Traben-Trarbach* / Traben / **53 F4**
Galgenberg (N)	Bad Kreuznach / – / **104 D6 (Nr. 30)**
	Bad Kreuznach / *Bosenheim*
Galgenberg (Rhh)	Badenheim / – / **120 C2 (Nr. 23)**
Galgenberg (P)	Kandel / – / **142 EF45 (Nr. 112)**
Galgenbuckel (F)	Wörth am Main / – / keine Karte
Gartenlay (Mrh)	Leutesdorf / – / –
Gedeonseck (Mrh)	*Brey* / – / **76 CF13**
	Boppard / –
	Boppard / **Bopparder Hamm**
	Boppard / *Hirzenach*
	Rhens / –
	Spay / –
Gehrn (Rhg)	*Eltville* / Rauenthal / **87 B3, 99**
Geiersberg (Rhh)	Armsheim / – / **120 F34 (Nr. 110)**
	Armsheim / Schimsheim
Geiersberg (Rhh)	*Dittelsheim-Heßloch* / Dittelsheim / **125 AB3**
Geierslay (M)	Wintrich / – / **51 F1**
Geiershölle (Rhh)	Klein-Winternheim / – / **120 C5 (Nr. 189)**
Geisberg (F)	Greußenheim / – / **207 F5**
Geisberg (M)	Ockfen / – / **62 DE34**
	Schoden / –
Geisberg (M)	Rivenich / – / **48 B5**
Geisberg (M)	Zell / – / **54 FG35**
Geißberg (Rhh)	Heidesheim / – / **120 B4 (Nr. 159)**
Geißberg (F)	Wiesenbronn / – / **214 EF4**
Geißenkopf (N)	*Niedermoschel* / – / **104 F4 (Nr. 150)**
	Obermoschel / –
Geißkopf (P)	Kirchheim an der Weinstraße / – / **137 DE1**
Geisterberg (Rhh)	Erbes-Büdesheim / – / **120 F3 (Nr. 99)**
	Flonheim / –
	Flonheim / *Uffhofen*
Gellertberg (S)	*Gröbern* / – / **218 CD34, 229**
	Niederau / Oberau
	Weinböhla / –
Gertrudenberg (Mrh)	Dattenberg / – / –
Gerümpel (P)	Friedelsheim / – / **138 AB45**
Gerümpel (P)	Wachenheim / – / **141 B4, 150**
Gestühl (B)	*Sasbach* / Jechtingen / **170 B23**
	Sasbach / Leiselheim
Gewürzgärtchen (Rhh)	Horrweiler / – / **120 D2 (Nr. 14)**
Geyersberg (Rhh)	Bechtheim / – / **125 B4, 130**
Geyersberg (Rhh)	Gau-Weinheim / – / **120 E3 (Nr. 114)**
Geyersberg (Rhh)	St. Johann / – / **120 D3 (Nr. 56)**
Giebelhöll (Mrh)	Weinähr / – / **77 B1**
Gipfel (M)	*Kirf* / – / **46 BE13**
	Merzkirchen / *Porz*
	Nittel / –
	Nittel / *Köllig*
	Nittel / *Rehlingen*
	Oberbillig / –
	Onsdorf / –
	Palzem / –
	Palzem / *Esingen*
	Palzem / *Helfant*
	Palzem / *Kreuzweiler*
	Palzem / *Wehr*
	Tawern / –
	Tawern / *Fellerich*
	Temmels / –
	Wasserliesch en / –
	Wellen / –
	Wincheringen / –
Gips (W)	Fellbach / – / **187 DE1, 195**
	Stuttgart / Untertürkheim
Glatzen (F)	*Dettelbach* / Neuses am Berg / **213 E34**
Glockenberg (Rhh)	Gau-Bischofsheim / – / **120 C6 (Nr. 180)**
Glockenzehnt (P)	*Neustadt an der Weinstraße* / Mussbach an der Weinstraße / **141 EF5**
Glöck (Rhh)	Nierstein / – / **123 C5, 128**
Godelsberg (F)	Aschaffenburg / – / –
Goetheberg (Mrh)	Obernhof / – / **77 B1**
Götterlay (M)	*Bruttig-Fankel* / Bruttig / **54 A5**
	Bruttig-Fankel / *Fankel*
Göttersitz (SU)	*Bad Kösen* / – / **224 CE25**
	Bad Kösen / *Schulpforte*
	Klosterhäseler / *Burgheßler*
	Naumburg / *Almrich*
	Naumburg / *Kleinjena*
	Naumburg / *Rossbach*
Götzenberg (W)	*Steinheim* / Kleinbottwar / **191 E5 (Nr. 14)**
Götzenberg (W)	*Stuttgart* / Uhlbach / **187 E1**
Götzenborn (Rhh)	Wolfsheim / – / **120 E3 (Nr. 57)**
Götzenfels (N)	*Bad Münster am Stein-Ebernburg* / Ebernburg / **107 B4**
Götzenfels (N)	Norheim / – / **107 B4**
Götzhalde (W)	Neckarzimmern / – / keine Karte
Goldatzel (Rhg)	*Geisenheim* / Johannisberg / **86 D4**
Goldbächel (P)	Wachenheim / – / **141 B4**
Goldbäumchen (M)	*Briedern* / – / **54 AC46 + 57 EF12**
	Bruttig-Fankel / *Bruttig*
	Cochem / –
	Cochem / *Sehl*
	Ellenz-Poltersdorf / **Ellenz**
	Ernst / –
	Klotten / –
	Moselkern / –
	Müden / –
	Pommern / –
	Senheim / *Senhals*
	Treis-Karden / *Karden*
Goldberg (Rhh)	Alsheim / – / **121 FG1 (Nr. 262)**
	Mettenheim / –
Goldberg (Rhh)	Eich / – / **121 G12 (Nr. 251)**
Goldberg (B)	Bad Schönborn / *Mingolsheim und Langenbrücken* / **164 B3**
Goldberg (P)	Bissersheim / – / **137 D2**
Goldberg (W)	Bretzfeld / – / **193 DE13**
	Bretzfeld / Rappach
	Öhringen / *Verrenberg*
	Pfedelbach / –
	Pfedelbach / Windischenbach
Goldberg (P)	Erpolzheim / – / **137 F3**
Goldberg (Rhh)	Esselborn / – / **124 B6 + 125 B1**
Goldberg (P)	Freinsheim / – / **137 EF3**
	Weisenheim am Sand / –
Goldberg (W)	Fellbach / – / **187 D12**
	Kernen / *Rommelshausen*
Goldberg (Rhh)	*Flörsheim-Dalsheim* / Nieder-Flörsheim / **125 D2**
Goldberg (Rhh)	Flomborn / – / **125 C2**
Goldberg (Rhh)	Gau-Algesheim / – / **120 C3 (Nr. 39)**
Goldberg (P)	*Grünstadt* / Asselheim / **136 BC6 + 137 BC1**
Goldberg (Rhh)	Horrweiler / – / **120 D2 (Nr. 15)**
Goldberg (Rhh)	Jugenheim / – / **120 D3-4 (Nr. 127)**
Goldberg (Rhh)	Monzernheim / – / **125 B3**
Goldberg (Rhh)	Nieder-Olm / – / **120 D5 (Nr. 215)**
Goldberg (Rhg)	*Oestrich-Winkel* / Mittelheim / **86 C5**
Goldberg (Rhh)	Osthofen / – / **125 C45**
Goldberg (M)	Pommern / – / **36 F5**
Goldberg (B)	*Sinsheim* / Weiler / **164 B5**
Goldberg (Rhh)	Udenheim / – / **120 E45 (Nr. 204)**

Registererklärung: Fett gesetzte Namen stehen für Großlagen. Wein darf sowohl unter dem Namen der Gemeinde als auch ihrer Ortsteile vermarktet werden. Kommen mehrere Gemeinden oder Ortsteile infrage, wurden per Landesverordnung Leitgemeinden ernannt, die als Namensträger dienen. Für die Namensgebung der Weine nicht relevante Angaben wurden *kursiv* gedruckt.

Die Schreibweisen der Lagen und Orte entsprechen den jeweiligen Weinbergrollen.

A = Ahr, B = Baden, F = Franken, HB = Hessische Bergstraße, Mrh = Mittelrhein, MSR = Mosel-Saar-Ruwer, N = Nahe, P = Pfalz, Rhg = Rheingau, Rhh = Rheinhessen, S = Sachsen, SU = Saale-Unstrut, W = Württemberg

Lage (Anbaugebiet)	Gemeinde / Ortsteil / Lageninfo
Goldberg (Rhh)	Undenheim / – / **120 E5 (Nr. 222)**
Goldberg (M)	Wawern / – / **62 C2**
Goldberg (Rhh)	*Worms* / Horchheim / **125 E45**
Goldberge (Rhh)	Gensingen / – / **120 D2 (Nr. 13)**
Goldblume (M)	Löf / – / **57 D3**
Goldemund (Mrh)	Damscheid / – / **80 B2**
Goldemund (Mrh)	*Oberwesel* / – / **80 BC2, 81**
	Oberwesel / Engehöll
Goldene Luft (Rhh)	Nierstein / – / **123 C5**
Goldener Wagen (S)	Radebeul / – / **218 E5**
Goldenes Horn (Rhh)	Siefersheim / – / **120 F2 (Nr. 82)**
Goldenfüßchen (Mrh)	*Königswinter* / Niederdollendorf / keine Karte
Goldgrube (P)	Bockenheim an der Weinstraße / – / **137 B1**
Goldgrube (N)	*Hüffelsheim* / – / **104 CD4 (Nr. 86)**
	Rüdesheim / –
Goldgrube (Rhh)	Köngernheim / – / **120 E56 (Nr. 223)**
Goldgrube (N)	Staudernheim / – / **104 E3 (Nr. 127)**
Goldgrube (M)	*Traben-Trarbach* / Wolf / **53 E3**
Golgrübchen (M)	Mesenich / – / **4 BC45**
Goldkaul (A)	Dernau / – / **36 C4**
Goldkupp (M)	Mehring / – / **48 EF35**
Goldlay (M)	Niederfell / – / **57 C3**
Goldlay (M)	Oberfell / – / **57 D3**
Goldlay (M)	Pünderich / – / **53 B4**
Goldlay (M)	Reil / – / **53 C4**
Goldloch (N)	Dorsheim / – / **114 E5, 109**
Goldloch (P)	Gauersheim / – / keine Karte
Goldschatz (M)	*Bernkastel-Kues* / Andel / **51 D4**
Goldstückchen (Rhh)	Armsheim / – / **120 F34 (Nr. 109)**
Goldtröpfchen (M)	*Neumagen-Dhron* / *Dhron* / **49 A12, 56**
	Piesport / –
	Piesport / *Niederemmel*
Goldwingert (M)	Ürzig / – / **52 E6, 59**
Gollenberg (P)	Bellheim / – / **142 CD56 (Nr. 40)**
	Knittelsberg / –
Gorrenberg (S)	Jessen / – / keine Karte
Gottesacker (P)	Altdorf / – / **142 B5 (Nr. 31)**
Gottesacker (B)	*Müllheim* / Hügelheim / **172 E3**
Gottesacker (Rhg)	Walluf / *Niederwalluf* / **87 B4**
Gottesfuß (M)	Wiltingen / – / **62 B3, 67**
Gottesgarten (Rhh)	Selzen / – / **120 DE56 (Nr. 225)**
Gotteshilfe (Rhh)	**Bechtheim** / – / 125 BC45
	Osthofen / –
Gottesthal (Rhg)	*Oestrich-Winkel* / **Oestrich** / **86 CD 6**
Graben (M)	*Bernkastel-Kues* / Bernkastel / **51 D5, 55**
Gräfenberg (P)	Freckenfeld / – / **142 F34 (Nr. 111)**
Gräfenberg (Rhg)	Kiedrich / – / **87 B2, 91**
Gräfenberg (W)	Nordheim / – / **191 C2 (Nr. 33)**
Gräfenstein (F)	*Hösbach* / Rottenberg / keine Karte
Graf Beysel Herrenberg (M)	Bullay / – / **54 D23**
Grafenberg (W)	*Brackenheim* / Neipperg / **190 C6 + 191 BC13 (Nr. 29)**
	Eppingen / Kleingartach
	Leingarten / Großgartach
	Leingarten / *Schluchtern*
	Nordheim / –
	Schwaigern / –
	Schwaigern / Niederhofen
Grafenberg (M)	*Neumagen-Dhron* / *Dhron* / **48 AB6, 56**
	Piesport / –
Grafenberg (W)	Schorndorf / – / **187 CD6**
Grafenberg (N)	Sponheim / – / **104 D4 (Nr. 91)**
Grafensprung (B)	*Gernsbach* / Obertsrot / **167 A1**
Grafenstück (P)	*Albsheim* / – / **136 AB6 + 137 AB12**
	Bockenheim an der Weinstraße / –
	Kindenheim / –
	Obrigheim / –
	Obrigheim / *Colgenstein*
	Obrigheim / **Mühlheim**
Grafschaft (M)	*Alf* / – / **54 BE14**
	Beuren / –
	Bremm / –
	Bullay / –
	Ediger-Eller / *Ediger*
	Ediger-Eller / *Eller*
	Neef / –
	Nehren / –
	St. Aldegund / –
	Senheim / *Senhals*
	Zell / –
	Zell / *Merl*
Grafschafter Sonnenberg (M)	Veldenz / – / **51 EF3**
Grain (P)	Neustadt an der Weinstraße / – / **138 EF3**
Grainhübel (P)	Deidesheim / – / **141 C5, 146**
Graukatz (N)	Kalkofen / – / **104 F5 (Nr. 160)**
Graukatz (N)	Münsterappel / – / **104 EF56 (Nr. 175)**
Graukatz (N)	Niederhausen an der Appel / – / **104 E56 (Nr. 176)**
Graukatz (N)	Oberhausen an der Appel / – / **104 F5 (Nr. 174)**
Graukatz (Rhh)	Tiefental / – / **120 G1 (Nr. 72)**
Graukatz (N)	Winterborn / – / **104 E5 (Nr. 177)**
Greiner (W)	*Korb* / Kleinheppach / **187 C3**
Greth (M)	*Treis-Karden* / Treis / **56 F6**
Großenberg (B)	*Gernsbach* / Staufenberg / **166 A6**
Großer Hengelberg (M)	*Neumagen-Dhron* / Dhron / **48 BC6**
Großer Herrgott (M)	Wintrich / – / **51 EF12**
Großmulde (W)	*Waiblingen* / Beinstein / **187 C3**
Grub (Rhg)	Wiesbaden / Delkenheim / **89 E4**
Güldenkern (W)	*Aspach* / Rietenau / **191 E6 (Nr. 80)**
Güldenmorgen (Rhh)	**Dienheim** / – / **123 DF56**
	Oppenheim / –
	Uelversheim / –
Günterslay (M)	Piesport / – / **49 A12**
	Minheim / –
Gützenberg (B)	*Königheim* / Gissigheim / **200 D2**
Guldenmorgen (Rhh)	Zornheim / – / **120 D5 (Nr. 230)**
Gut Alsenhof (B)	Lauf / – / **166 C4, 179**
Gutenberg (Rhg)	*Oestrich-Winkel* / Winkel / **86 CE56**
Gutenhölle (N)	Hüffelsheim/ – / **104 D4 (Nr. 100)**
Gutental (N)	Bad Kreuznach / – / **104 C5 (Nr. 45)**
Gutes Domtal (Rhh)	*Dalheim* / – / **120 DF56 + 121 DF1**
	Dexheim / –
	Friesenheim / –
	Hahnheim / –
	Köngernheim / –
	Lörzweiler / –
	Mommenheim / –
	Nackenheim / –
	Nieder-Olm / –
	Nierstein / *Schwabsburg*
	Selzen / –
	Sörgenloch / –
	Undenheim / –
	Weinolsheim / –
	Zornheim / –
Gutleuthaus (Rhh)	Oppenheim / – / **123 E6**
Guttenberg (P)	**Bad Bergzabern** / – / **142 EG15**
	Dierbach / –
	Dörrenbach / –
	Freckenfeld / –
	Kandel / –
	Kapsweyer / –
	Minfeld / –
	Niederotterbach / –
	Oberotterbach / –
	Schweigen-Otterbach / **Schweigen**

Lage (Anbaugebiet)	Gemeinde / Ortsteil / Lageninfo
	Schweighofen / –
	Steinfeld / –
	Vollmersweiler / –

H

Lage (Anbaugebiet)	Gemeinde / Ortsteil / Lageninfo
Haarberg-Katzensteg (Rhh)	Wöllstein / – / **120 F2 (Nr. 85)**
Häder (W)	*Kernen* / Rommelshausen / **187 DE2**
	Kernen / Stetten
Hägenich (B)	Wiesloch / – / **162 G2**
Hähnchen (Rhh)	Bornheim / – / **120 F3 (Nr. 103)**
Hämmchen (Mrh)	Brey / – / **76 C2**
Häs'chen (M)	*Neumagen-Dhron* / Dhron / **48 B6**
Hahn (Mrh)	Bacharach / – / **80 CD4, 79**
Hahn (N)	Rehborn / – / **104 F3 (Nr. 136)**
Hahnen (P)	Weisenheim am Sand / – / **137 DE34**
Hahnenberg (W)	*Zaberfeld* / Leonbronn / **190 DE56 (Nr. 47)**
	Zaberfeld / Ochsenburg
Hahnenberge (SU)	*Grockstädt* / *Spielberg* / **224 AB12**
	Karsdorf / –
	Nebra / –
	Reinsdorf / –
	Steigra / –
	Vitzenburg / –
Hahnenkamm (P)	Bubenheim / – / keine Karte
Hahnenschrittchen (M)	Burg / – / **53 C4**
Hahnhölle (N)	Niedermoschel / – / **104 EF4 (Nr. 152)**
Halde (B)	*Emmendingen* / Hochburg / **171 F3**
Halde (W)	Illingen / – / **190 F56 (Nr. 56), 197**
	Mühlacker / Mühlhausen
	Mühlacker / *Lomersheim*
	Vaihingen / –
	Vaihingen / Roßwag
Halde (B)	*Offenburg* / Zunsweier / **166 G2**
Halde (W)	*Stuttgart* / Bad Cannstatt / **186 D6**
Halde (P)	Weisenheim am Sand / – / **137 EF34**
Halenberg (N)	Monzingen / – / **104 E2 (Nr. 111), 109**
Haltnau (B)	Meersburg / – / **180 D6**
Hambusch (Mrh)	*Bacharach* / Steeg / **80 DE3**
Hamm (M)	*Koblenz* / Lay / **57 B5**
	Koblenz / Moselweiß
Hamm (M)	Winningen / – / **57 B4**
Hammerstein (M)	*Trier* / Avelsbach / **71 CD3**
Hansen (W)	Plochingen / – / **187 F4**
Hansenberg (Rhg)	*Geisenheim* / Johannisberg / **86 D4**
Hardt (W)	Weikersheim / – / **200 F6**
Hardtberg (A)	Dernau / – / **36 C4, 39**
Hardtberg (A)	Rech / – / **36 D34**
Harfenspiel (F)	Bergtheim / – / **213 C2**
Harstell (F)	Großostheim / – / keine Karte
Harzberg (W)	Großbottwar / – / **191 DE45 (Nr. 11)**
	Großbottwar / *Hof und Lembach*
	Großbottwar / *Winzerhausen*
	Oberstenfeld / –
Haselstaude (B)	Kippenheim / – / **171 BC2**
	Lahr / Sulz
	Mahlberg / –
Haselstein (W)	Winnenden / – / **187 B4**
	Winnenden / Breuningsweiler
Hasen (P)	Eschbach / – / **142 D23 (Nr. 77)**
Hasenberg (Mrh)	Dausenau / – / **76 B4**
Hasenberg (B)	*Endingen* / Königschaffhausen / **170 AB3**
Hasenberg (M)	Perl / – / **46 F1 (Nr. 28)**
Hasenbiß (Rhh)	Osthofen / – / **125 B45**
Hasenlauf (Rhh)	Bermersheim / – / **125 C3**
Hasenläufer (M)	Burgen / – / **51 EF3**
Hasennestle (F)	Adelshofen / Tauberzell / **201 F2**
Hasensprung (Rhh)	Bechtheim / – / **125 B4**
Hasensprung (Rhh)	Dorn-Dürkheim / – / **120 F6 (Nr. 290)**
Hasensprung (Rhh)	Jugenheim / – / **120 D4 (Nr. 128)**
Hasensprung (Rhg)	*Oestrich-Winkel* / Winkel / **86 DE5,**
Hasensprung (B)	*Walzbachtal* / Jöhlingen / **164 DE23**
Hasenzeile (P)	Weisenheim am Sand / – / **137 E34**
Hassel (Rhg)	*Eltville* / Hattenheim / **87 C2, 95**
Hasseltal (SU)	Klosterhäseler / Burgheßler / **224 D2**
Hassmannsberg (P)	Bockenheim an der Weinstraße / – / **137 A1**
Haubenberg (Rhh)	Saulheim / – / **120 DE4 (Nr. 201)**
Heerkretz (Rhh)	Neu-Bamberg / – / **120 F2 (Nr. 81), 129**
	Siefersheim / –
Heidegarten (P)	Edenkoben / – / **142 B4 (Nr. 13)**
Heilgraben (M)	Dieblich / – / **57 B3**
Heil (Rhh)	Frettenheim / – / **125 A3**
Heil (Rhh)	Wallertheim / – / **120 E3 (Nr. 121)**
Heilgarten (Mrh)	Manubach / – / **80 F4**
Heiligenbaum (Rhh)	Nierstein / – / **123 D5, 128**
Heiligenberg (Rhg)	*Eltville* / Hattenheim / **87 C2**
Heiligenberg (B)	Heidelberg / – / **162 DE2**
Heiligenberg (W)	*Illingen* / Schützingen / **190 E5 (Nr. 62)**
	Sachsenheim / Häfnerhaslach
Heiligenberg (F)	*Kolitzheim* / Zeilitzheim / **211 D5**
Heiligenberg (B)	Krautheim / – / keine Karte
	Krautheim / Klepsau
Heiligenberg (P)	Maikammer / – / **142 AB4 (Nr. 4), 151**
Heiligenberg (N)	Weiler bei Monzingen / – / **104 D1 (Nr. 105)**
Heiligenborn (P)	Albisheim (Pfrimm) / – / keine Karte
Heiligenborn (M)	Serrig / – / **36 FG3**
Heiligenhäuschen (Rhh)	Jugenheim / – / **120 D4 (Nr. 129)**
Heiligenhäuschen (M)	*Morscheid* / – / **71 DE56**
	Riveris / –
	Waldrach / –
Heiligenhaus (Rhh)	Saulheim / – / **120 E4 (Nr. 203)**
Heiligen Kirche (P)	Bockenheim an der Weinstraße / – / **137 A1**
Heiligenpfad (Rhh)	Wendelsheim / – / **120 FG2 (Nr. 94)**
Heiligenstein (B)	*Baden-Baden* / Neuweier / **167 C5**
Heiligenstein (B)	Mühlhausen / – / **164 A4**
Heiligenstock (Rhg)	**Kiedrich** / – / **87 BC23**
Heiligenthal (F)	**Großostheim** / – / keine Karte
	Großostheim / *Pflaumheim*
	Wenigumstadt / –
Heiliger Blutberg (Rhh)	*Alzey* / Weinheim / **124 A5**
Heilige Tanne (HB)	Brensbach / – / keine Karte
Heilighäuschen (Rhh)	*Ingelheim* / Groß-Winternheim / **120 C34 (Nr. 140)**
Heilighäuschen (P)	Stetten / – / keine Karte
Heiligkreuz (Rhh)	Bechtheim / – / **125 B34**
Heilig Kreuz (P)	Edenkoben / – / **142 B4 (Nr. 11)**
Heilig Kreuz (W)	*Künzelsau* / Belsen / keine Karte
Heimberg (N)	Schloßböckelheim / – / **107 B1**
Heinrichsburg (S)	*Diera* / *Golk* / **218 BC2, 221**
	Merschwitz / –
	Seußlitz / –
	Seußlitz / *Diesbar*
Heißer Stein (F)	Buchbrunn / – / **211 C5**
Heisterberg (Mrh)	*Königswinter* / Niederdollendorf / keine Karte
Heitersbrünnchen (Rhh)	Bodenheim / – / **120 C6 (Nr. 172), 130**
Held (P)	Bissersheim / – / **137 DE2**
Held (M)	Kenn / – / **48 E12**
Held (M)	Köwerich / – / **48 CD45**
Held (M)	*Langsur* / Mesenich / **46 A3 (Nr. 4)**
Held (M)	Pölich / – / **48 EF5, 59**
Helenenkloster (M)	Mülheim / – / **51 D3**
Hellenpfad (N)	Braunweiler / – / **104 C4 (Nr. 71)**
Hemsberg (HB)	Bensheim / – / **155 D56**
	Bensheim / *Gronau*
	Bensheim / *Zell*
Hendelberg (Rhg)	*Eltville* / *Hattenheim* / **87 B1, 90**
	Oestrich-Winkel / Hallgarten
Hengstberg (N)	Desloch / – / **104 F2 (Nr. 141)**
Henkenberg (B)	*Vogtsburg* / Oberrotweil / **170 C2, 181**
Henneberg (F)	*Hassfurt* / Prappach / keine Karte
Herbstthal (F)	*Karlstadt* / Wiesenfeld / **209 B3**
Hermannsberg (N)	Niederhausen an der Nahe / – / **107 B2, 110**
Hermannshöhle (N)	Niederhausen an der Nahe / – / **107 C2, 110**
Heroldsberg (F)	Hammelburg / – / **208 B2, 217**
Herrenberg (M)	Alf / – / **54 D2**
Herrenberg (P)	*Bad Dürkheim* / Ungstein / **137 G1, 150**
Herrenberg (B)	*Boxberg* / Oberschüpf / **200 E3**
Herrenberg (M)	Briedern / – / **54 B6**
Herrenberg (M)	Cochem / – / **56 G3**

Registererklärung: Fett gesetzte Namen stehen für Großlagen. Wein darf sowohl unter dem Namen der Gemeinde als auch ihrer Ortsteile vermarktet werden. Kommen mehrere Gemeinden oder Ortsteile infrage, wurden per Landesverordnung Leitgemeinden ernannt, die als Namensträger dienen. Für die Namensgebung der Weine nicht relevante Angaben wurden *kursiv* gedruckt.

Die Schreibweisen der Lagen und Orte entsrechen den jeweiligen Weinbergrollen.

A = Ahr, B = Baden, F = Franken, HB = Hessische Bergstraße, Mrh = Mittelrhein, MSR = Mosel-Saar-Ruwer, N = Nahe, P = Pfalz, Rhg = Rheingau, Rhh = Rheinhessen, S = Sachsen, SU = Saale-Unstrut, W = Württemberg

Lage (Anbaugebiet)	Gemeinde / Ortsteil / Lageninfo
Herrenberg (Rhh)	*Dienheim* / – / **123 D5, 129**
	Oppenheim / –
Herrenberg (M)	Enkirch / – / **53 E4**
Herrenberg (M)	Erden / – / **52 E1, 59**
Herrenberg (SU)	Freyburg / – / **224 C4**
Herrenberg (B)	Heidelberg / – / **162 F2, 182**
	Leimen / –
Herrenberg (M)	Kasel / – / **71 C5**
Herrenberg (B)	Kenzingen / – / **171 DE2**
	Kenzingen / Nordweil
Herrenberg (M)	Kesten / – / **51 E12**
Herrenberg (P)	Kleinkarlbach / – / **137 D1**
Herrenberg (M)	*Konz / Falkenstein* / **62 A4**
	Konz / Niedermennig
Herrenberg (M)	*Konz* / Filzen / **62 B2**
Herrenberg (M)	Kröv / – / **53 E4**
Herrenberg (P)	*Landau in der Pfalz* / Nussdorf / **142 C34 (Nr. 58)**
Herrenberg (B)	*Lauda-Königshofen* / Gerlachsheim / **200 D34**
Herrenberg (M)	Longuich / – / **48 E3, 59**
	Schweich / –
Herrenberg (M)	Mertesdorf / – / **71 C4**
Herrenberg (M)	*Mertesdorf* / Maximin Grünhaus / **71 C4, 73**
Herrenberg (P)	Minfeld / – / **142 F4 (Nr. 113)**
Herrenberg (F)	Oberschwarzach / – / keine Karte
	Oberschwarzach / Düttingsfeld
	Oberschwarzach / Mutzenroth
Herrenberg (F)	*Ochsenfurt* / Kleinochsenfurt / **211 E34**
Herrenberg (A)	Rech / – / **36 D3, 41**
Herrenberg (N)	Rehborn / – / **104 F3 (Nr. 134)**
Herrenberg (M)	Schoden / – / **62 D3, 67**
Herrenberg (M)	Serrig / – / **62 G3, 67**
Herrenberg (N)	Staudernheim / – / **104 E3 (Nr. 126)**
Herrenberg (M)	*Trier* / Avelsbach / **71 C3**
Herrenberg (M)	Valwig / – / **56 G4**
Herrenberg (F)	**Castell** / – / **214 FG45**
	Sugenheim / Neundorf
Herrenberg (Mrh)	*Dörscheid* / – / **80 AD35**
	Kaub / –
Herrenberger (M)	Ayl / – / **62 D2, 67**
Herrenberger (M)	Wawern / – / **62 C2, 67**
Herrenbuck (B)	Eichstetten / – / **170 BC4**
Herrenbuckel (P)	Flemlingen / – / **120 B4 (Nr. 54)**
Herrengarten (Rhh)	*Dienheim* / – / **121 E1 (Nr. 239)**
	Oppenheim / –
Herrenletten (P)	*Neustadt an der Weinstraße* / Haardt an der Weinstraße / **141 F3, 151**
Herrenmorgen (P)	*Bad Dürkheim* / Leistadt / **137 F1**
Herrenpfad (P)	*Göcklingen* / – / **142 DE3 (Nr. 87)**
	Heuchelheim-Klingen / –
Herrenstück (B)	*Vogtsburg* / Bickensohl / **170 C3**
Herrentisch (B)	Lahr / – / **171 A12, 183**
Herrenwingert (P)	Steinfeld / – / **142 F3 (Nr. 107)**
Herrenzehntel (N)	Weiler bei Monzingen / – / **104 D1 (Nr. 104)**
Herrgottsacker (P)	Deidesheim / – / **141 C45, 150**
Herrgottsacker (P)	Dirmstein / – / **137 BC34**
Herrgottsacker (P)	Kleinkarlbach / – / **136 D6**
Herrgottsblick (P)	*Zellertal* / Harxheim / keine Karte
Herrgottsrock (M)	Pellingen / – / **62 BC56**
Herrgottspfad (Rhh)	Gau-Odernheim / – / **120 F5 (Nr. 272)**
Herrgottsweg (F)	Albertshofen / – / **211 B5**
Herrlesberg (W)	Neckarwestheim / – / **191 D34 (Nr. 24)**
Herrlich (P)	*Eschbach* / – / **142 DE25**
	Göcklingen / –
	Herxheim bei Landau in der Pfalz / –
	Herxheimweyher / –
	Ilbesheim / –
	Impflingen / –
	Insheim / –
	Landau in der Pfalz / Mörzheim
	Landau in der Pfalz / Wollmesheim
	Leinsweiler / –
	Rohrbach / –
Herrnberg (Rhh)	Gau-Bischofsheim / – / **120 D6 (Nr. 183), 128**
Herrnberg (Rhg)	Flörsheim / – / **89 FG45**
	Hochheim / –
Herrnberg (HB)	Groß-Umstadt (Umstadt) / – / keine Karte
	Groß-Umstadt / Heubach
Herrnberg (Rhg)	*Wiesbaden* / Frauenstein / **87 A45**
	Wiesbaden / Schierstein
Herrnwingert (B)	Hemsbach / – / **162 AB2**
	Weinheim / Sulzbach
Herrnwingert (HB)	*Bensheim* / Schönberg / **155 D5, 157**
Herrschaftsberg (F)	Ippesheim / – / keine Karte
	Weigenheim / Frankenberg
Herrschaftsgarten (N)	Hergenfeld / – / **104 B4 (Nr. 14)**
Herzchen (M)	Briedel / – / **53 BC5**
Herzfeld (P)	*Bad Dürkheim* / Leistadt / **137 F1**
Herzlay (M)	*Bausendorf* / Olkenbach / keine Karte
Herzog (P)	*Neustadt an der Weinstraße* / Haardt an der Weinstraße / **141 F3, 151**
Herzogenberg (W)	Fellbach / – / **186 D6, 195**
	Stuttgart / Bad Cannstatt
	Stuttgart / Untertürkheim
Herzogsberg (B)	Binau / – / keine Karte
	Mosbach / Diedesheim
Herzogsberg (SU)	Burgwerben / – / **224 C6 + 225 C1**
	Schkortleben / Kriechau
Hessern (Mrh)	St. Goarshausen / – / **76 G4**
Heßweg (N)	Odernheim am Glan / – / **104 E3 (Nr. 129)**
Heuchelberg (W)	**Brackenheim** / – / **190 BD56**
	Brackenheim / **Botenheim**
	Brackenheim / **Dürrenzimmern**
	Brackenheim / **Haberschlacht**
	Brackenheim / **Hausen**
	Brackenheim / **Meimsheim**
	Brackenheim / **Neipperg**
	Brackenheim / **Stockheim**
	Cleebronn / –
	Eppingen / **Kleingartach**
	Gemmingen / –
	Güglingen / –
	Güglingen / Eibensbach
	Güglingen / Frauenzimmern
	Heilbronn / Böckingen
	Heilbronn / Klingenberg
	Leingarten / **Großgartach**
	Leingarten / *Schluchtern*
	Massenbachhausen / –
	Nordheim / –
	Nordheim / Nordhausen
	Pfaffenhofen / –
	Pfaffenhofen / Weiler
	Schwaigern / –
	Schwaigern / Niederhofen
	Schwaigern / **Stetten**
	Zaberfeld / –
	Zaberfeld / Leonbronn
	Zaberfeld / Michelbach
	Zaberfeld / Ochsenburg
Hexelberg (Rhh)	Eimsheim / – / **120 F6 + 121 F1 (Nr. 257)**
Hex vom Dasenstein (B)	Kappelrodeck / – / **166 CD 4**
	Kappelrodeck / Furschenbach
Hildegardisberg (Rhh)	Bermersheim v. d. Höhe / – **120 F4 (Nr. 108)**
Hildegardisbrünnchen (N)	*Bingen* / Bingerbrück / **114 C5**
Himmelacker (Rhh)	*Alzey* / – / **125 AB12**
	Alzey / Dautenheim

Lage (Anbaugebiet)	Gemeinde / Ortsteil / Lageninfo
Himmelberg (B)	*Angelbachtal* / Michelfeld / **164 A5, 177**
Himmelberg (F)	*Leinach* / Oberleinach / **209 D4**
	Leinach / Unterleinach
Himmelchen (A)	*Bad Neuenahr-Ahrweiler* / Walporzheim / **36 C5**
Himmelgarten (N)	Bad Kreuznach / Ippesheim / **104 C6 (Nr. 54)**
Himmelreich (W)	Bretzfeld / Dimbach / **192 DE6**
	Bretzfeld / Siebeneich
	Bretzfeld / Schwabbach
	Bretzfeld / Waldbach
	Langenbrettach / Langenbeutingen
Himmelreich (M)	Graach / – / **51 C5, 52**
Himmelreich (W)	Gundelsheim / – / keine Karte, **196**
Himmelreich (P)	Herxheim am Berg / – / **137 EF12, 151**
Himmelreich (M)	*Zeltingen-Rachtig* / *Rachtig* / **51 B3**
	Zeltingen-Rachtig / Zeltingen
Himmelreich (M)	St. Aldegund / – / **54 C2**
Himmelreich (B)	*Ubstadt-Weiher* / Stettfeld / **164 BC34**
	Ubstadt-Weiher / Zeutern
Himmelreich (W)	*Winnenden* / Hertmannsweiler / **187 A4**
Himmelreich (F)	*Zeil am Main* / Krum / keine Karte
Himmelsbühl (F)	Sand am Main / – / keine Karte
Himmelthal (Rhh)	Guntersblum / – / **121 F1 (Nr. 267), 130**
Hinkelstein (N)	Bad Kreuznach / – / **104 C5 (Nr. 38), 115**
Hintere Klinge (W)	*Weinstadt* / Endersbach / **187 D3**
Hintergarten (M)	Oberbillig / – / **46 B23 (Nr. 7)**
Hinterhalde (W)	*Ammerbuch* / Breitenholz / keine Karte
Hinterkirch (Rhg)	*Rüdesheim* / Assmannshausen / **86 DE1**
Hipperich (N)	*Guldental* / Heddesheim / **114 G45, 115**
Hipping (Rhh)	Nierstein / – / **123 C5, 129**
Hirschberg (B)	Werbach / – / **200 B3**
Hirschlay (M)	Longuich / – / **43 EF13**
Hirtenhain (N)	Bad Kreuznach / Bosenheim / **104 C6 (Nr. 61)**
Hitzlay (M)	Kasel / – / **71 C5, 73**
Hoch (Rhh)	Bodenheim / – / **120 C6 (Nr. 175), 130**
Hochbenn (P)	Bad Dürkheim / – / **137 G1**
Hochberg (F)	Erlenbach am Main / – / **206 D2**
Hochberg (B)	*Sasbach* / Jechtingen / **170 B2**
Hochberg (Rhh)	*Worms* / *Herrnsheim* / **125 D4**
	Worms / Pfeddersheim
Hochgericht (P)	Altdorf / – / **142 B45 (Nr. 32)**
Hochgericht (P)	*Obrigheim* / Mühlheim / **137 AB2**
Hochlay (M)	*Cochem* / Sehl / **56 G3**
Hochmeß (P)	**Bad Dürkheim** / – / **137 G1**
	Bad Dürkheim / Ungstein
Hockenmühle (Rhh)	Ockenheim / – / **120 C2 (Nr. 32)**
Hochwart (B)	Reichenau / – / **180 CD12**
Höchstes Kreuz (N)	Feilbingert / – / **104 E5 (Nr. 158)**
Höhe (P)	*Landau in der Pfalz* / Dammheim / **142 C4 (Nr. 64)**
Höhlchen (Rhh)	Dienheim / – / **123 EF5**
Höll (N)	*Bad Münster am Stein-Ebernburg* / Bad Münster am Stein / **107 B5**
Höll (N)	Spabrücken / – / **104 B34 (Nr. 8)**
Höll (M)	*Ediger-Eller* / Eller / **54 B3**
Höll (F)	*Markt Eisenheim* / Obereisenheim / **213 C3**
Höllberg (HB)	*Bensheim* / Auerbach / **155 C5**
Höllberg (B)	Buggingen / – / **172 E3**
Höllberg (B)	*Müllheim* / Hügelheim / **172 B3**
Höllberg (Rhh)	Siefersheim / – / **120 F2 (Nr. 83), 129**
Hölle (M)	Alf / – / **54 E2**
Hölle (N)	Alsenz / – / **104 F5 (Nr. 164)**
Hölle (Rhh)	*Alzey* / Weinheim / **124 A5**
Hölle (N)	Eckenroth / – / **104 B4 (Nr. 2)**
Hölle (Rhg)	*Geisenheim* / Johannisberg / **86 D4, 91**
Hölle (P)	Gleisweiler / – / **142 C3 (Nr. 53), 150**
Hölle (N)	Guldental / Heddesheim / **114 G4**
Hölle (Mrh)	Hammerstein / – / keine Karte
Hölle (Rhg)	Hochheim / – / **89 G35, 90**
Hölle (Rhh)	Nierstein / – / **123 D6**
Hölle (N)	*Rümmelsheim* / Burg Layen / **114 E4**
Hölle (Rhh)	Saulheim / – / **120 D4 (Nr. 200)**
Hölle (Rhh)	Sprendlingen / – / **120 E23 (Nr. 51)**
Hölle (Rhg)	*Wiesbaden* / Schierstein / **87 AB5**
Hölle (M)	Wiltingen / – / **62 B3, 67**
Hölle (Rhh)	Wöllstein / – / **120 E2 (Nr. 88)**
Hölle (Rhh)	Wonsheim / – / **120 F2 (Nr. 77)**
Höllenberg (Rhh)	Heidesheim / – / **120 B4 (Nr. 125)**
Höllenberg (N)	Nußbaum / – / **104 DE2 (Nr. 113)**
Höllenberg (Rhg)	*Rüdesheim* / Assmannshausen / **86 DE1, 90**
	Rüdesheim / Aulhausen
Höllenbrand (N)	Bad Kreuznach / – / **104 CD6 (Nr. 58)**
	Bad Kreuznach / Bosenheim
	Bad Kreuznach / Planig
Höllenbrand (Rhh)	Gundersheim / – / **125 BC2**
Höllenpfad (N)	Burgsponheim / – / **104 D3 (Nr. 94)**
Höllenpfad (N)	Roxheim / – / **104 C4 (Nr. 82)**
Höllenpfad (N)	Wallhausen / – / **104 BC4 (Nr. 17)**
Höllenpfad (P)	*Battenberg* / – / **136 BD6 + 137 BD1**
	Grünstadt / –
	Grünstadt / **Asselheim**
	Grünstadt / **Sausenheim**
	Kleinkarlbach / –
	Mertesheim / –
	Neuleiningen / –
Höllenweg (Rhh)	Ingelheim / – / **120 BC3 (Nr. 152)**
Höllhagen (B)	*Ehrenkirchen* / Kirchhofen / **172 C6**
Hörecker (M)	Kanzem / – / **62 C23, 65**
Hörnchen (N)	Laubenheim / – / **114 F5**
Hörnle (W)	Korb / – / **187 C3**
	Korb / Steinreinach
	Waiblingen / –
Hofberg (M)	*Bernkastel-Kues* / Wehlen / **51 B3**
Hofberg (M)	*Konz* / Falkenstein / **62 A4**
	Konz / Niedermennig
Hofberg (W)	*Möckmühl* / – keine Karte
	Möckmühl / Ruchsen
	Neudenau / –
	Neudenau / Herbolzheim
	Neudenau / Siglingen
	Widdern / –
Hofberger (M)	*Neumagen-Dhron* / Dhron / **48 B6 + 49 BC12, 59**
	Piesport / –
	Piesport / Niederemmel
Hofgarten (N)	Bad Kreuznach / – / **104 C5 (Nr. 35)**
Hofgut (N)	Bretzenheim / – / **104 C5 (Nr. 64)**
Hofmeister (Rhg)	Hochheim / – / **89 G34**
Hofrat (F)	*Albertshofen* / – / **211 BF46**
	Biebelried / Kaltensondheim
	Buchbrunn / –
	Kitzingen / –
	Kitzingen / Eherieder Mühle
	Kitzingen / Repperndorf
	Mainstockheim / –
	Marktbreit / –
	Obernbreit / –
	Segnitz / –
	Sulzfeld / –
Hofsteige (W)	Metzingen / – / keine Karte
Hofstück (F)	Mainstockheim / – / **211 BC5**
Hofstück (P)	**Deidesheim** / – / **138 AD36 + 141 BE46**
	Ellerstadt / –
	Friedelsheim / –
	Gönnheim / –
	Haßloch / –
	Hochdorf-Assenheim / –
	Meckenheim / –
	Niederkirchen / –
	Rödersheim-Gronau / –
	Ruppertsberg / –
Hohberg (B)	*Haßmersheim* / Neckarmühlbach / keine Karte
Hohberg (Rhh)	Lörzweiler / – / **120 D6 (Nr. 161)**
Hohberg (Rhh)	Weinolsheim / – / **120 F6 (Nr. 217)**
Hoheburg (P)	Ruppertsberg / – / **141 D5**
Hohe Eiche (W)	Talheim / – / **191 C4 (Nr. 19)**
Hohe Gräte (SU)	Karsdorf / – / **224 AB23, 225**
	Steigra / –
Hohenberg (W)	Pfaffenhofen / – / **190 CD6 (Nr. 46)**
	Pfaffenhofen / Weiler
	Zaberfeld / –
	Zaberfeld / Michelbach
Hohenberg (B)	**Eisingen** / – / **164 DG14**
	Kämpfelbach / Bilfingen
	Kämpfelbach / **Ersingen**

Registererklärung: Fett gesetzte Namen stehen für Großlagen. Wein darf sowohl unter dem Namen der Gemeinde als auch ihrer Ortsteile vermarktet werden. Kommen mehrere Gemeinden oder Ortsteile infrage, wurden per Landesverordnung Leitgemeinden ernannt, die als Namensträger dienen. Für die Namensgebung der Weine nicht relevante Angaben wurden *kursiv* gedruckt.

Die Schreibweisen der Lagen und Orte entsrechen den jeweiligen Weinbergrollen.

A = Ahr, B = Baden, F = Franken, HB = Hessische Bergstraße, Mrh = Mittelrhein, MSR = Mosel-Saar-Ruwer, N = Nahe, P = Pfalz, Rhg = Rheingau, Rhh = Rheinhessen, S = Sachsen, SU = Saale-Unstrut, W = Württemberg

Lage (Anbaugebiet)	Gemeinde / Ortsteil / Lageninfo
	Karlsruhe / Durlach
	Karlsruhe / *Grötzingen*
	Keltern / –
	Keltern / **Dietlingen**
	Keltern / **Ellmendingen**
	Pfinztal / *Berghausen*
	Pfinztal / Söllingen
	Pfinztal / Wöschbach
	Walzbachtal / Jöhlingen
	Weingarten / –
Hohenbühl (F)	Seinsheim / – / keine Karte
Hohenkottenheim (F)	Markt Nordheim / – / keine Karte
Hohenlandsberg (F)	Weigenheim / – / keine Karte
	Weigenheim / Reusch
Hohenmorgen (P)	Deidesheim / – / **141 C4, 144**
Hohenneuffen (W)	*Beuren* / – / keine Karte
	Frickenhausen / –
	Frickenhausen / Linsenhofen
	Kohlberg / –
	Metzingen / –
	Metzingen / Neuhausen
	Neuffen / –
	Neuffen / Käppishäusern
	Weilheim
Hohenrain (Rhg)	*Eltville* / Erbach / **87 C2, 94**
Hohenrain (P)	Knöringen / – / **142 C4 (Nr. 63)**
Hoher Berg (F)	Eichenbühl / – / **206 G5**
Hoher Berg (W)	Ingelfingen / – / keine Karte
	Ingelfingen / Criesbach
	Künzelsau / –
	Niedernhall / –
Hoher Herrgott (B)	Külsheim / – / **200 B1**
Hohnart (F)	Castell / – / **214 F5, 217**
Holzenberg (W)	Winnenden / – / **187 B4**
	Winnenden / Breuningsweiler
Homberg (Rhh)	Albig / – / **120 F4 (Nr. 282)**
Homberg (Rhh)	Bechtholsheim / – / **120 F5 (Nr. 270)**
Homberg (Rhg)	*Wiesbaden* / Frauenstein / **87 A5**
Homburg (F)	Gössenheim / – / **209 AB4**
Honigberg (N)	*Bad Kreuznach* / Winzenheim / **104 C5 (Nr. 51)**
Honigberg (Rhh)	Biebelsheim / – / **120 DE2 (Nr. 17)**
Honigberg (Rhh)	*Bingen* / Dromersheim / **120 CD2 (Nr. 27)**
Honigberg (Rhh)	Bubenheim / – / **120 CD3 (Nr. 133)**
Honigberg (N)	Guldental / Heddesheim / **104 BC5 (Nr. 5)**
Honigberg (Rhh)	Ludwigshöhe / – / **121 F1 (Nr. 242)**
Honigberg (M)	Maring-Noviand / – / **51 C3**
Honigberg (Rhh)	Nieder-Hilbersheim / – / **120 C3 (Nr. 46)**
Honigberg (Rhh)	Sprendlingen / – / **120 D23 (Nr. 50)**
Honigberg (F)	**Dettelbach** / – / **211 AB46**
	Dettelbach / Brück
	Dettelbach / Schnepfenbach
	Mainstockheim / –
	Mainstockheim / Bibergau
Honigberg (Rhg)	*Eltville* / **Erbach** / **87 BD13**
Honigsack (P)	*Grünstadt* / Sausenheim / **136 CD6 + 137 D1**
Honigsack (P)	Herxheim am Berg / – / **137 EF12**
Honigsäckel (P)	*Bad Dürkheim* / **Ungstein** / **137 FG12**
Hopfenberg (SU)	Großvargula / – / keine Karte
Horn (Rhh)	Ingelheim / – / **120 C3 (Nr. 149), 131**
Horn (Rhh)	Wachenheim / – / **124 DE2**
Hornberg (Rhh)	Framersheim / – / **120 F5 (Nr. 278)**
Hornfelsen (B)	*Grenzach-Whylen* / Grenzach / **175 G4**
Hubacker (Rhh)	*Flörsheim-Dalsheim* / Dalsheim / **125 C2, 124**
Hubberg (B)	Weinheim / – / **162 B2**
Hubertusberg (M)	Nittel / – / **46 C2 (Nr. 12)**
	Onsdorf / –
Hubertusberg (M)	Waldrach / – / **71 E6**
Hubertusborn (M)	*Koblenz* / Lay / **57 B4**
	Koblenz / Kondertal
Hubertuslay (M)	Bausendorf / *Olkenbach* / keine Karte
Hubertuslay (M)	Kinheim / – / **53 E12**
Hühnerberg (M)	*Traben-Trarbach* / Trarbach / **53 G4**
Hüßberg (F)	*Sugenheim* / Neundorf / keine Karte
Hütt (P)	*Grünstadt* / Sausenheim / **137 CD1**
Hüttberg (Rhh)	*Mainz* / Ebersheim / **120 D6 (Nr. 167)**
Hütte (M)	*Konz* / Oberemmel / **62 C5, 66**
Hüttenberg (N)	Roxheim / – / **104 C4 (Nr. 80)**
Hummelberg (F)	Gerbrunn / – / **211 B2**
Hummelberg (B)	*Herbolzheim* / Wagenstadt / **171 DE12**
	Kenzingen / –
Hummelberg (B)	Östringen / – / **164 B4**
Hundert (Mrh)	*Oberwesel* / Langscheid / **80 C3**
Hundertgulden (Rhh)	Appenheim / – / **120 C3 (Nr. 43), 130**
Hundsberg (W)	*Obersulm* / Eichelberg / **193 FG1**
	Obersulm / Weiler
Hundskopf (Rhh)	Albig / – / **120 FG4 (Nr. 281)**
Hungerberg (W)	Winterbach / – / **187 D5, 197**
Hungerbiene (Rhh)	Gundheim / – / **125 C3**
Hungriger Wolf (N)	Bad Kreuznach / – / **104 C5 (Nr. 49)**
Hunnenstein (M)	Alken / – / **57 D3**
Hunolsteiner (N)	Merxheim / – / **104 E1 (Nr. 108)**
Huttenberg (F)	*Markt Nordheim* / Ulsenheim / keine Karte

I

Idig (P)	*Neustadt an der Weinstraße* / Königsbach der Weinstraße / **141 E3, 145**
Im Heubusch (P)	Morschheim / – / keine Karte
Immengarten (P)	Maikammer / – / **142 A4 (Nr. 3)**
Im Sonnenschein (P)	Siebeldingen / – / **142 C5 (Nr. 71), 146**
Im Stein (F)	Karlstadt / – / **209 C4**
In den Felsen (N)	Schloßböckelheim / – / **107 B1, 115**
In den Layfelsen (Mrh)	Hammerstein / – / keine Karte
In den siebzehn Morgen (N)	*Bad Kreuznach* / Winzenheim / **104 C5 (Nr. 50)**
Inkelhöll (N)	Lettweiler / – / **104 F3 (Nr. 144)**
Innere Leiste (F)	Würzburg / – / **210 B6 + 211 B1, 215**
Insel Heylesen Werth (Mrh)	Bacharach / – / **80 D4, 81**
Ipsheimer Burgberg (F)	*Bad Windsheim / Berolzheim* / keine Karte
	Bad Windsheim / Humprechtsau
	Bad Windsheim / Ickelheim
	Bad Windsheim / Külsheim
	Bad Windsheim / Oberntief
	Bad Windsheim / Rüdisbronn
	Bad Windsheim / Wiebelsheim
	Dietersheim / Dottenheim
	Dietersheim / Walddachsbach
	Herbolzheim / Freimarkung Ossing
	Ipsheim / –
	Ipsheim / Kaubenheim
	Ipsheim / Weimersheim

J

Jesuitenberg (F)	*Eisenfeld* / Rück / **206 C3**
Jesuitenberg (M)	Wawern / – / **62 C2**
Jesuitengarten (A)	*Bad Neuenahr-Ahrweiler* / Marienthal / **36 C4**
Jesuitengarten (P)	Forst an der Weinstraße / – / **141 B45, 144**
Jesuitengarten (P)	*Neustadt an der Weinstraße* / Königsbach an der Weinstraße / **141 E4**
Jesuitengarten (Rhg)	*Oestrich-Winkel* / Winkel / **86 DE56, 93**
Jesuitengarten (M)	Pellingen / – / **62 BC56**

Lage (Anbaugebiet)	Gemeinde / Ortsteil / Lageninfo
Jesuitengarten (M)	Waldrach / – / **71 D5**
Jesuitenhofgarten (P)	Dirmstein / – / **137 D3**
Jesuitenschloß (B)	Freiburg / – / **173 A12**
	Merzhausen / –
Jesuitenwingert (M)	*Trier* / Olewig / **71 D2**
Jochhöhschlößchen (S)	Pesterwitz / – / **218 F5, 221**
Johannesberg (N)	Bad Sobernheim / Steinhard / **104 D3 (Nr. 123)**
	Waldböckelheim / –
Johannisberg (Rhh)	Aspisheim / – / **120 D2 (Nr. 25)**
Johannisberg (Rhh)	Dreis / – / keine Karte
Johannisberg (F)	*Elsenfeld* / Rück / **206 C3**
Johannisberg (M)	Franzenheim / – / **71 G3**
Johannisberg (Rhh)	Gau-Algesheim / – / **120 C23 (Nr. 38)**
Johannisberg (Rhh)	*Mainz* / Laubenheim / **120 C6 (Nr. 163)**
Johannisberg (M)	Mertesdorf / – / **71 C5**
Johannisberg (S)	Radebeul / – / **218 DE45, 221**
Johannisberg (N)	*Rümmelsheim* / Burg Layen / **114 E4**
Johannisberg (F)	Thüngersheim / – / **209 D45**
Johannisberg (N)	Wallhausen / – / **104 C4 (Nr. 16), 115**
Johannisberg (Rhh)	Zotzenheim / – / **120 D2 (Nr. 21)**
Johannisbrünnchen (M)	*Bernkastel-Kues* / Bernkastel / **51 D56**
Johanniskirchel (P)	*Neustadt an der Weinstraße* / Diedesfeld an der Weinstraße / **138 G2**
Johannitergarten (P)	*Neustadt an der Weinstraße* / Mussbach an der Weinstraße / **141 F4**
Josefsberg (B)	*Wertheim* / Bronnbach / **200 B1**
	Wertheim / *Reicholzheim*
Josephsberg (B)	Durbach / – / **168 BC4**
Josephshöfer (M)	Graach / – / **51 C5, 55**
Judenkirch (Rhg)	*Wiesbaden* / Dotzheim / **87 A6**
Juffer (M)	Brauneberg / – / **51 D23, 52**
Juffermauer (M)	*Treis-Karden* / Karden / **56 F6**
Juffer Sonnenuhr (M)	Brauneberg / – / **51 D 3**
Julius-Echter-Berg (F)	Iphofen / – / **214 F3, 212**
Jungbrunnen (N)	Dorsheim / – / **114 E5**
Jungfer (Rhg)	*Eltville* / *Hattenheim* / **87 C1, 90**
	Oestrich-Winkel / Hallgarten
Jungfer (W)	Lauffen / – / **191 D3 (Nr. 23)**
Jungfernberg (M)	Waldrach / – / **71 E5**
Jungfernstieg (B)	Meersburg / – / **180 D5, 183**
Junker (N)	Bad Kreuznach / Ippesheim / **104 C6 (Nr. 55)**
Junker (N)	Laubenheim / – / **114 F5**
Jupiterberg (W)	*Brackenheim* / Hausen / **191 CD23 (Nr. 39)**
K	
Kachelberg (Rhh)	Ensheim / – / **120 F4 (Nr. 112)**
	Lonsheim / –
Kachelberg (Rhh)	Wörrstadt / – / **120 EF4 (Nr. 90)**
	Wörrstadt / Rommersheim,
Käsberg (W)	*Hessigheim* / –/ **191 E4 (Nr. 69), 194**
	Mundelsheim/ –
Käsleberg (B)	*Vogtsburg* / Oberrotweil / **170 C23, 183**
Kätzchen (M)	*Osann-Monzel* / Monzel / **50 D6 + 51 DE12**
	Osann-Monzel / Osann
Käuzchenberg (SU)	*Jena* / Zwätzen / keine Karte
Kafels (N)	Norheim / – / **107 B3, 110**
Kaffelstein (F)	Kreuzwertheim / – / keine Karte, **216**
Kahlberg (B)	*Hirschberg* / Leutershausen / **162 C2**
Kahlenberg (N)	Bad Kreuznach / – / **104 C5 (Nr. 36), 108**
Kahlenberg (N)	Feilbingert / – / **104 E4 (Nr. 157)**
Kahlenberg (P)	Ottersheim bei Landau / – / **142 CD5 (Nr. 39)**
Kahllay (M)	Niederfell / – / **57 C3**
Kailberg (B)	*Lauda-Königshofen* / Sachsenflur / **200 E3**
Kaiserberg (N)	Duchroth / – / **107 B12**
Kaiserberg (B)	Ettenheim / – / **171 CD2**
	Ettenheim / Altdorf
	Herbolzheim / –
	Herbolzheim / Bleichheim
	Herbolzheim / Broggingen
	Herbolzheim / Tutschfelden
	Ringsheim / –
Kaiserberg (P)	Göcklingen / – / **142 D23 (Nr. 78)**
Kaiserberg (W)	Güglingen / – / **191 CD1 (Nr. 44)**
	Güglingen / Frauenzimmern
Kaiserberg (P)	*Landau in der Pfalz* / Nussdorf / **142 C34 (Nr. 59)**
Kaisergarten (Rhh)	*Gau-Weinheim / – /* **120 E3 (Nr. 123)**
Kaiser Karl (F)	*Kitzingen* / *Eherieder Mühle* / **211 C45**
	Kitzengen / *Repperndorf*
Kaiserpfalz (Rhh)	*Bubenheim* / – / **120 BD34**
	Engelstadt / –
	Heidesheim / –
	Ingelheim / –
	Ingelheim / *Groß-Winternheim*
	Jugenheim / –
	Schwabenheim an der Selz / –
	Wackernheim / –
Kaiser Wilhelm (F)	Winterhausen / – / **211 E23**
Kalb (F)	Iphofen / – / **214 G34, 217**
Kalbenstein (F)	*Karlstadt* / Gambach / **209 B 3**
Kalbspflicht (Rhg)	Eltville / – / **87 B C3**
Kallenberg (Rhh)	Bubenheim / – / **120 D34 (Nr. 132)**
Kallmuth (F)	*Triefenstein* / Homburg am Main / **207 G3, 210**
Kalkberg (P)	*Neustadt an der Weinstraße* / Duttweiler / **138 G45, 147**
Kalkgasse (HB)	Bensheim / – / **155 D5, 157**
Kalkgrube (P)	Frankenweiler / – / **142 C3 (Nr. 67), 150**
Kalkofen (P)	*Bad Dürkheim* / Leistadt / **137 F1**
Kalkofen (P)	Deidesheim / – / **141 C45, 146**
Kammer (M)	Brauneberg / – / **51 C2, 59**
Kammerberg (P)	Schweigen / – / **142 F2 (Nr. 104b), 146**
Kanzel (F)	Obernbreit / – / **211 EF56**
Kapellchen (M)	Minheim / – / **49 AB2**
Kapelle (Rhh)	Bodenheim / – / **120 C6 + 121 C1 (Nr. 176)**
Kapelle (Rhh)	Gau-Bickelheim / – / **120 E3 (Nr. 119)**
Kapelle (P)	Hainfeld / – / **142 B3 (Nr. 24)**
Kapellenberg (M)	Alf / – / **54 D2**
Kapellenberg (Rhh)	Alzey / – / **124 A56**
	Alzey / Weinheim
Kapellenberg (B)	*Bad Bellingen* / Bamlach / **175 BC2**
	Bad Bellingen / Rheinweiler
Kapellenberg (A)	*Bad Neuenahr* / Heimersheim / **37 B3**
Kapellenberg (Rhh)	*Bingen* / Kempten / **120 C2 (Nr. 3)**
Kapellenberg (M)	Briedern / – / **54 B5**
Kapellenberg (M)	*Bruttig-Fankel* / Bruttig / **54 A6**
	Bruttig-Fankel / Fankel
Kapellenberg (B)	Durbach / – / **168 C4, 182**
Kapellenberg (F)	Eibelstadt / – / **211 D23**
Kapellenberg (B)	*Freiburg* / Munzingen / **170 FG34, 183**
Kapellenberg (F)	Frickenhausen / – / **211 E45, 214**
Kapellenberg (Rhh)	Fürfeld / – / **120 FG12 (Nr. 73)**
Kapellenberg (Rhh)	*Klein-Winternheim* / – / **120 C5 (Nr. 190)**
	Ober-Olm / –
Kapellenberg (B)	*Klettgau* / Erzingen / keine Karte
	Klettgau / Rechberg
Kapellenberg (P)	Laumersheim / – / **137 D3**
Kapellenberg (Rhg)	Lorch / – / **85 EF45, 96**
Kapellenberg (P)	Maikammer / Alsterweiler / **42 A4 (Nr. 1)**
Kapellenberg (N)	*Münster-Sarmsheim* / Münster / **114 D5, 115**
Kapellenberg (P)	*Neustadt an der Weinstraße* / Gimmeldingen an der Weinstraße / **141 EF34, 148**
Kapellenberg (M)	Nittel / Rehlingen / **46 C2 (Nr. 16)**
Kapellenberg (N)	Odernheim am Glan / – / **104 E3 (Nr. 132)**
Kapellenberg (B)	*Östringen* / Eichelberg / **164 B5**
Kapellenberg (M)	*Palzem* / *Ensingen* / **46 D12 (Nr. 19)**
	Palzem / Helfant
Kapellenberg (W)	Rottenburg / Wurmlingen / keine Karte
	Rottenburg / Wendelsheim
Kapellenberg (M)	*Treis-Karden* / Treis / **56 F6**
Kapellenberg (F)	*Volkach* / Gaibach / **213 C4**
Kapellenberg (F)	*Ebelsbach* / *Steinbach* / keine Karte
	Knetzgau / *Oberschwappach*
	Sand am Main / –
	Staffelbach / –
	Zeil am Main / –
	Zeil am Main / *Schmachtenberg*
	Zeil am Main / *Ziegelanger*
Kapellenpfad (N)	Bad Kreuznach / – / **104 C5 (Nr. 41)**
Kapellgarten (P)	Dackenheim / – / **137 E2**

Registererklärung: Fett gesetzte Namen stehen für Großlagen. Wein darf sowohl unter dem Namen der Gemeinde als auch ihrer Ortsteile vermarktet werden. Kommen mehrere Gemeinden oder Ortsteile infrage, wurden per Landesverordnung Leitgemeinden ernannt, die als Namensträger dienen. Für die Namensgebung der Weine nicht relevante Angaben wurden *kursiv* gedruckt.

Die Schreibweisen der Lagen und Orte entsrechen den jeweiligen Weinbergrollen.

A = Ahr, B = Baden, F = Franken, HB = Hessische Bergstraße, Mrh = Mittelrhein, MSR = Mosel-Saar-Ruwer, N = Nahe, P = Pfalz, Rhg = Rheingau, Rhh = Rheinhessen, S = Sachsen, SU = Saale-Unstrut, W = Württemberg

Lage (Anbaugebiet)	Gemeinde / Ortsteil / Lageninfo
Kapitelberg (S)	Meißen / – / **218 D3, 221**
	Sörnewitz / –
Kapplay (M)	*Ediger-Eller* / Eller / **54 B3**
Kapuzinerbuck (B)	Wittnau / – / **173 B12**
Kardinalsberg (M)	*Bernkastel-Kues* / Kues / **51 D45**
Karlsberg (M)	*Konz* / Oberemmel / **62 BC5**
Karlsberg (W)	Weikersheim / – / **200 F6**
Karlskopf (A)	*Bad Neuenahr-Ahrweiler* / Bachem / **36 C6**
Karthäuser (N)	Laubenheim / – / **114 E5, 113**
Karthäuser (F)	*Volkach* / Astheim / **213 D4, 215**
Karthäuserhofberg (M)	*Trier* / Eitelsbach / **71 BC4, 72**
Karthäuser Klosterberg (M)	Konz / – / **62 A3**
Kasselberg (B)	Durbach / – / **168 C5**
Kastanienbusch (P)	Birkweiler / – / **142 C23 (Nr. 73), 144**
Kastaniengarten (P)	Edenkoben / – / **142 B34 (Nr. 18)**
Kastell (N)	Boos / – / **104 E3 (Nr. 125)**
	Waldböckelheim / –
Katergrube (N)	Weinsheim / – / **104 D4 (Nr. 87)**
Katzenbeißer (W)	Lauffen / – / **191 CD3 (Nr. 21)**
Katzenberg (B)	Weingarten / – / **164 DE23**
Katzenbuckel (Rhh)	Mörstadt / – / **125 D34**
Katzenhölle (N)	Bad Kreuznach / Planig / **104 C6 (Nr. 57)**
Katzenkopf (M)	Alf / – / **54 D2**
Katzenkopf (F)	Sommerach / – / **213 E34, 217**
Katzenöhrle (W)	*Brackenheim* / Meimsheim / **191 D2 (Nr. 40)**
Katzensprung (S)	*Diera* / *Karpfenschänke* / **218 CD23**
	Diera / *Zadel*
	Winkwitz / –
	Winkwitz / Proschwitz
Katzenstein (P)	Kindenheim / – / **137 A1**
Katzenzehe (S)	Kleindröben / – / keine Karte
Kaulenberg (N)	Auen / – / **104 D2 (Nr. 101)**
Kauzenberg (N)	Bad Kreuznach / – / **104 D5 (Nr. 33)**
Kayberg (W)	Erlenbach / – / **192 BE4**
	Erlenbach / Binswangen
	Oedheim / –
Kehlberg (F)	Rottendorf / – / **211 B3**
Kehr (Rhh)	Weinolsheim / – / **120 EF6 (Nr. 218)**
Kehrberg (M)	*Kobern-Gondorf* / Gondorf / **57 C3**
Kehrenberg (N)	Altenbamberg / – / **107 C5**
Kehrnagel (M)	Kasel / – / **71 CD5, 72**
Kellerberg (N)	Weinsheim / – / **104 D4 (Nr. 88)**
Kellersberg (Rhh)	Gau-Bischofsheim / – / **120 D6 (Nr. 182)**
Kelter (F)	Himmelstadt / – / **209 CD4**
Kelterberg (W)	Aspach / Kleinaspach / **191 F5 (Nr. 78)**
	Kirchberg / –
	Marbach/Neckar / Rielingshausen
Kelterberg (SU)	**Höhnstedt** / – / keine Karte
	Lüttchendorf / –
	Seeburg / *Rollsdorf*
	Unterrissdorf / –
Kemelrain (B)	*Wertheim* / *Bronnbach* / **200 B2, 201**
	Wertheim / *Höhefeld*
	Wertheim / Reicholzheim
Kertz (N)	Niederhausen an der Nahe / – / **107 BC2, 110**
Kestelberg (B)	*Gernsbach* / *Hilpertsau* / **167 A1**
	Weisenbach / –
Keulebuckel (B)	*Keltern* / Dietlingen / **164 G23**
	Keltern / Ellmendingen
Kickelskopf (N)	Traisen / – / **107 A4**
Kieselberg (Rhh)	Biebelsheim / – / **120 DE2 (Nr. 18)**
Kieselberg (P)	Bobenheim am Berg / – / **136 E6 + 137 E1**
Kieselberg (P)	Deidesheim / – / **141 C4, 146**
Kieselberg (P)	Erpolzheim / – / **137 F2**
Kieselberg (P)	Kleinkarlbach / – / **136 D6 + 137 D1**
Kieselberg (N)	Oberhausen an der Nahe / – / **107 C2**
Kiliansberg (F)	Großlangheim / – / **214 F3**
Kilzberg (Rhg)	Geisenheim / – / **86 D4**
Kinnleitenberg (F)	*Königsberg in Bayern* / Unfinden / keine Karte
Kinzigtäler (B)	Berghaupten / – / **166 F13**
	Gengenbach / –
	Gengenbach / Bermersbach
	Gengenbach / Reichenbach
	Hohberg / Diersburg
	Hohberg / Hofweier
	Hohberg / Niederschopfheim
	Offenburg / Zunsweier
	Ohlsbach / –
Kirchberg (B)	*Badenweiler* / Lipburg / **172 G4**
Kirchberg (P)	Barbelroth / – / **142 E3 (Nr. 95)**
Kirchberg (HB)	Bensheim / – / **155 D5, 157**
Kirchberg (Rhh)	Bingen / Kempten / **120 C2 (Nr. 2), 130**
Kirchberg (W)	Bönnigheim / – / **191 DE13 (Nr. 64)**
	Bönnigheim / Hohenstein
	Freudental / –
	Kirchheim / –
	Sachsenheim / Hohenhaslach
	Sachsenheim / Kleinsachsenheim
Kirchberg (M)	Burgen / – / **51 F3**
Kirchberg (F)	Castell / – / **214 F5, 217**
Kirchberg (Rhh)	Eckelsheim / – / **120 F2 (Nr. 89)**
Kirchberg (P)	Edenkoben / – / **142 B4 (Nr. 14)**
Kirchberg (B)	Efringen-Kirchen / – / **175 CD2, 181**
	Efringen-Kirchen / Huttingen
	Efringen-Kirchen / Istein
Kirchberg (B)	*Ehrenkirchen* / Kirchhofen / **172 BC6**
Kirchberg (W)	*Esslingen* / Mettingen / **187 E1**
	Stuttgart / Obertürkheim
Kirchberg (B)	*Ettenheim* / Münchweier / **171 C2, 183**
	Ettenheim / Wallburg
	Kippenheim / Schmieheim
Kirchberg (Rhh)	Frei-Laubersheim / – / **120 EF1 (Nr. 67)**
Kirchberg (Rhh)	Gabsheim / – / **120 E45 (Nr. 187)**
Kirchberg (P)	Gleiszellen-Gleishorbach / – / **142 E23 (Nr. 98)**
Kirchberg (B)	Gottenheim / – / **170 DE4**
Kirchberg (P)	Groß- und Kleinfischlingen / – / **142 B45 (Nr. 34)**
Kirchberg (Rhh)	Hackenheim / – / **120 EF1 (Nr. 71)**
Kirchberg (M)	Hatzenport / – / **57 DE2, 55**
Kirchberg (M)	*Konz* / Könen / **62 B2**
Kirchberg (B)	Königheim / – / **200 CD2**
Kirchberg (B)	Kraichtal / Oberöwisheim / **164 C34**
	Kraichtal / Unteröwisheim
Kirchberg (B)	*Lauda-Königshofen* / Beckstein / **200 E3, 201**
	Lauda-Königshofen / Königshofen
Kirchberg (M)	Moselkern / – / **57 EF1**
Kirchberg (Rhh)	Osthofen / – / **125 C4**
Kirchberg (P)	St. Martin / – / **142 A3 (Nr. 8)**
Kirchberg (Rhh)	Udenheim / – / **120 E5 (Nr. 206)**
Kirchberg (F)	Uettingen / – / **207 G45**
Kirchberg (W)	*Vaihingen* / Riet / **190 G6 + 191 G1 (Nr. 58)**
Kirchberg (B)	*Vogtsburg* / Schelingen / **170 BC34, 183**
Kirchberg (B)	*Vogtsburg* / Oberrotweil / **170 C2, 176**
Kirchberg (M)	Veldenz / – / **51 E34**
Kirchberg (N)	Waldböckelheim / – / **107 A1**
Kirchberg (F)	*Würzburg* / Heidingsfeld / **211 C12**
Kirchberg (F)	*Dettelbach* / *Neuses am Berg* / **213 AF26**
	Dettelbach / *Neusetz*
	Frankenwinheim / –
	Kolitzheim / *Lindach*
	Kolitzheim / *Stammheim*
	Kolitzheim / *Zeilitzheim*
	Markt Eisenheim / *Obereisenheim*
	Markt Eisenheim / *Untereisenheim*
	Nordheim / – /
	Schwanfeld / – /

Lage (Anbaugebiet)	Gemeinde / Ortsteil / Lageninfo
	Schwarzach / Schwarzenau
	Sommerach / –
	Volkach / –
	Volkach / Astheim
	Volkach / Escherndorf
	Volkach / Fahr
	Volkach / Fürstenberg
	Volkach / Gaibach
	Volkach / Hallburg
	Volkach / Köhler
	Volkach / Krautheim
	Volkach / Obervolkach
	Volkach / Rimbach
	Waigolshausen / Hergolshausen
	Waigolshausen / Theilheim
	Wipfeld / –
Kirchenpfad (Rhg)	Rüdesheim / – / **86 DE3**
	Rüdesheim / Eibingen
Kirchenstück (Rhh)	*Alzey* / Weinheim / **124 A56**
Kirchenstück (P)	*Bad Dürkheim* / Leistadt / **137 F1**
Kirchenstück (Rhh)	Bornheim / – / **120 F3 (Nr. 104)**
Kirchenstück (P)	Ellerstadt / – / **138 A56, 150**
	Gönnheim / –
Kirchenstück (P)	Forst an der Weinstraße / – / **141 B5, 145**
Kirchenstück (P)	Hainfeld / – / **142 B4 (Nr. 25)**
Kirchenstück (P)	Herxheim am Berg / – / **137 E12**
Kirchenstück (Rhg)	Hochheim / – / **89 G34, 96**
Kirchenstück (Rhh)	Hohen-Sülzen / – / **125 E3**
Kirchenstück (Rhh)	Ingelheim / – / **120 C3 (Nr. 147)**
Kirchenstück (P)	*Landau in der Pfalz* / Nussdorf / **142 C4 (Nr. 60)**
Kirchenstück (P)	Maikammer / – / **142 A4 (Nr. 2)**
Kirchenstück (Rhh)	Mainz / Hechtsheim / **120 BC6 (Nr. 162)**
Kirchenweinberg (W)	**Flein** / – / **191 CD36**
	Heilbronn / –
	Ilsfeld / Schozach
	Lauffen / –
	Neckarwestheim / –
	Talheim / –
	Untergruppenbach / –
Kirchgärtchen (Rhh)	Welgesheim/ – / **120 D2 (Nr. 16)**
Kirchhalde (B)	*Uhldingen-Mühlhof* / Oberuhldingen / **180 B45**
Kirchherrenberg (B)	*Offenburg* / Fessenbach / **168 D23**
Kirchhöh (P)	Dierbach / – / **142 F3 (Nr. 109)**
Kirchlay (M)	Ernst / – / **36 G45**
Kirchlay (M)	Kröv / – / **53 E23**
Kirchlay (M)	*Osann-Monzel* / Osann / **51 D2**
Kirchplatte (Rhh)	Nierstein / – / **123 C45**
	Nierstein / Schwabsburg
Kirchspiel (Rhh)	Westhofen / – / **125 B3, 127**
Kirchtürmchen (A)	*Bad Neuenahr-Ahrweiler* / Neuenahr / **36 B6, 40**
	Grafschaft / Karweiler
Kirchweinberg (B)	Haßmersheim / – / keine Karte
Kirchweinberg (W)	Neckarzimmern / – / Keine Karte
Kirschgarten (P)	Erpolzheim / – / **137 F23**
Kirschgarten (P)	Laumersheim / – / **137 D3, 149**
Kirschheck (N)	Norheim / – / **107 B34, 110**
Kirschwingert (Rhh)	Neu-Bamberg / – / **120 F1 (Nr. 80)**
Kläuserweg (Rhg)	Geisenheim / – / **86 DE45, 95**
	Geisenheim / Johannisberg
Klamm (N)	Niederhausen an der Nahe / – / **107 C2, 113**
Klaus (Rhg)	*Geisenheim* / – / **86 DE5, 96**
	Geisenheim / Johannisberg
	Oestrich-Winkel / Winkel
Klausenberg (S)	Meißen / – / **218 D3**
Klausenberg (Rhh)	*Worms* / Abenheim / **125 C4**
Klepberg (B)	Kämpfelbach / *Bilfingen* / **164 FG5**
	Kämpfelbach / Ersingen
	Keltern / Dietlingen
Kletterberg (B)	*Angelbachtal* / Eichtersheim / **164 A5**
Kletterberg (Rhh)	Neu-Bamberg / – / **120 F12 (Nr. 79)**
Klingle (W)	Remshalden / Grunbach / **187 CD4**
Kloppberg (Rhh)	*Dittelsheim-Heßloch* / Dittelsheim / **125 AB23**
Kloppenberg (Rhh)	Mommenheim / – / **120 D6 (Nr. 236)**
Klosterberg (Rhh)	Bechtolsheim / – / **120 F5 (Nr. 271)**
Klosterberg (M)	Bengel / – / **53 BC2**
Klosterberg (Rhh)	Bermersheim v. d. H. / – / **120 F4 (Nr. 107)**
Klosterberg (M)	*Bernkastel-Kues* / Wehlen / **51 B3, 59**
Klosterberg (B)	Bruchsal / – / **164 C3**
Klosterberg (Rhg)	Kiedrich / – / **87 B2**
Klosterberg (M)	Lehmen / – / **57 C3**
Klosterberg (Rhh)	*Mainz* / Laubenheim / **120 C6 (Nr. 165)**
Klosterberg (M)	Maring-Noviand / – / **51 C2**
Klosterberg (Rhh)	Nieder-Olm / – / **120 D5 (Nr. 213)**
Klosterberg (N)	Norheim / – / **107 AB3**
Klosterberg (Mrh)	Oberheimbach / – / **80 F45**
Klosterberg (Rhg)	*Oestrich-Winkel* / Oestrich / **86 CD56**
Klosterberg (Rhh)	Osthofen / – / **125 B4**
Klosterberg (S)	Ostritz / – / keine Karte, **221**
Klosterberg (M)	*Perl* / Sehndorf / **46 F1 (Nr. 25)**
Klosterberg (M)	Platten / – / **51 BC12**
Klosterberg (Rhg)	Rüdesheim / – / **86 DE3**
	Rüdesheim / Eibingen
Klosterberg (M)	Saarburg / – / **62 E3**
Klosterberg (W)	*Sachsenheim* / Hohenhaslach / **190 E6 + 191 E1 (Nr. 61)**
	Vaihingen / Horrheim
Klosterberg (M)	Schleich / – / **48 E45**
Klosterberg (M)	*Traben-Trarbach* / Wolf / **53 E34**
Klosterberg (W)	*Weikersheim* / Schäftersheim / **200 E34**
Klosterberg (M)	Wiltingen / – / **62 BC34**
Klosterberg (M)	*Zell* / Merl / **54 E34**
Klosterberg (A)	*Ahrbrück / Pützfeld* / **36 + 37**
	Altenahr / –
	Altenahr / Kreuzberg
	Altenahr / Reimerzhoven
	Bad Neuenahr-Ahrweiler / **Ahrweiler**
	Bad Neuenahr-Ahrweiler / Bachem
	Bad Neuenahr-Ahrweiler / Ehlingen
	Bad Neuenahr-Ahrweiler / Heimersheim
	Bad Neuenahr-Ahrweiler / Heppingen
	Bad Neuenahr-Ahrweiler / Lohrsdorf
	Bad Neuenahr-Ahrweiler / Marienthal
	Bad Neuenahr-Ahrweiler / Neuenahr
	Bad Neuenahr-Ahrweiler / Walporzheim
	Dernau / –
	Grafschaft / Karweiler
	Grafschaft / Ringen
	Mayschoß / –
	Rech / –
Klosterbergfelsen (B)	*Baden-Baden* / Varnhalt / **167 BC5, 182**
Klosterbruder (Rhh)	*Ingelheim* / Groß-Winternheim / **120 C34 (Nr. 138)**
Kloster Disibodenberg (N)	Odernheim am Glan / – / **104 E3 (Nr. 128), 113**
Kloster Fürstental (Mrh)	*Bacharach* / Medenscheid und Neurath / **80 DE4, 81**
Klostergarten (A)	*Bad Neuenahr-Ahrweiler* / Marienthal / **36 C4**
	Grafschaft / Ringen
Klostergarten (N)	*Bingen / Bingerbrück* / **114 D5**
	Weiler / –
Klostergarten (M)	Brauneberg / – / **51 EF2**
	Brauneberg / Filzen
Klostergarten (M)	*Cochem* / Sehl / **36 G4**
Klostergarten (P)	Edenkoben / – / **142 B4 (Nr. 12)**
Klostergarten (Rhh)	Flonheim / – / **120 F3 (Nr. 98)**
Klostergarten (P)	Gönnheim / – / **138 AB5**
Klostergarten (F)	*Großheubach* / Engelsberg / **206 F3**
Klostergarten (P)	*Grünstadt* / Sausenheim / **147 D1**
Klostergarten (M)	Leiwen / – / **48 DE56**
Klostergarten (P)	Lustadt / – / **142 BC56 (Nr. 43)**
	Zeiskam / –
Klostergarten (P)	Niederkirchen / – / **138 BC45 + 141 C56**
Klostergarten (Rhh)	Nierstein / – / **123 C5**
Klostergarten (Rhh)	Sankt Johann / – / **104 E3 (Nr. 54)**
Klostergarten (N)	St. Katharinen / – / **104 C4 (Nr. 73)**
Klostergarten (Rhh)	Schwabenheim / – / **120 C4 (Nr. 136)**
Klostergarten (N)	Sponheim / – / **104 CD3 (Nr. 92)**
Klostergarten (Rhh)	Sprendlingen / – / **120 DE2 (Nr. 49)**
Klostergarten (Rhh)	Zotzenheim / – / **120 D2 (Nr. 22)**
Klostergut Fremersberger Feigenwäldchen (B)	Sinsheim / – / **167 B5**
Klostergut Schelzberg (B)	Sasbachwalden / – / **166 C4**

Registererklärung: Fett gesetzte Namen stehen für Großlagen. Wein darf sowohl unter dem Namen der Gemeinde als auch ihrer Ortsteile vermarktet werden. Kommen mehrere Gemeinden oder Ortsteile infrage, wurden per Landesverordnung Leitgemeinden ernannt, die als Namensträger dienen. Für die Namensgebung der Weine nicht relevante Angaben wurden *kursiv* gedruckt.

Die Schreibweisen der Lagen und Orte entsrechen den jeweiligen Weinbergrollen.

A = Ahr, B = Baden, F = Franken, HB = Hessische Bergstraße, Mrh = Mittelrhein, MSR = Mosel-Saar-Ruwer, N = Nahe, P = Pfalz, Rhg = Rheingau, Rhh = Rheinhessen, S = Sachsen, SU = Saale-Unstrut, W = Württemberg

Lage (Anbaugebiet)	Gemeinde / Ortsteil / Lageninfo
Klosterkammer (M)	St. Aldegund / – / **54 CD2**
Klosterlay (M)	Schleich / – / **48 DE5**
Klosterlay (Rhg)	Rüdesheim / – / **86 E3**
Kloster Liebfrauenberg	**Bad Bergzabern** / – / **142 DF25**
	Barbelroth / –
	Billigheim-Ingenheim / Appenhofen
	Billigheim-Ingenheim / Billigheim
	Billigheim-Ingenheim / Ingenheim
	Billigheim-Ingenheim / Mühlhofen
	Gleiszellen-*Gleishorbach* / –
	Göcklingen / –
	Hergersweiler / –
	Heuchelheim-Klingen / –
	Kapellen-*Drusweiler* / –
	Klingenmünster / –
	Niederhorbach / –
	Oberhausen / –
	Pleisweiler-Oberhofen / –
	Rohrbach / –
	Steinweiler / –
	Winden / –
Klosterpfad (N)	Dorsheim / – / **114 EF45**
Klosterpfad (P)	Rhodt unter Rietburg / – / **142 B4 (Nr. 19)**
Kloster Posaer Klosterberg (SU)	Zeitz / – / keine Karte
Klosterschaffnerei (P)	Bockenheim an der Weinstraße / – / **137 A12**
Klosterstück (P)	Einselthum / – / keine Karte
	Zellertal / Zell
Klosterweg (Rhh)	*Bingen* / Dromersheim / **120 C2 (Nr. 29)**
Klosterweg (P)	Gerolsheim / – / **137 D34**
Klosterweg (M)	*Hupperath* / – / keine Karte
	Wittlich / –
Klosterweg (Rhh)	Ockenheim / – / **120 C2 (Nr. 34)**
Klotzberg (B)	Bühlertal – / **167 DE5**
Knopf (Rhh)	Friesenheim / – / **120 E6 (Nr. 221)**
Knopf (Rhh)	Hahnheim / – / **120 DE5 (Nr. 226)**
Kobersberg (F)	Rimpar / – / **209 E6**
Kobnert (P)	*Bad Dürkheim / Leistadt* / **157 EG1 + EE**
	Bad Dürkheim / **Ungstein**
	Dackenheim / –
	Erpolzheim / –
	Freinsheim / –
	Herxheim am Berg / –
	Kallstadt / –
	Weisenheim am Berg / –
Kochberg (B)	Durbach / – / **168 BD34, 182**
Kocherberg (W)	**Dörzbach** / – /
	Forchtenberg / –
	Forchtenberg / Ernsbach
	Hardthausen / Kochersteinsfeld
	Ingelfingen /-
	Ingelfingen / **Criesbach**
	Künzelsau / –
	Künzelsau / Belsenberg
	Möckmühl / –
	Möckmühl / Ruchsen
	Neudenau / –
	Neudenau / Herbolzheim
	Neudenau / Siglingen
	Niedernhall / –
	Schöntal / Bieringen
	Weißbach / –
	Widdern / –
Köhler (F)	Dingolshausen / – / keine Karte
	Dingolshausen / Bischwind
	Sulzheim / Mönchstockheim
Köhler-Köpfchen (N)	*Bad Münster am Stein-Ebernburg* / Ebernburg / **107 B4**
König (W)	*Sternenfels* / – / **190 DE5 (Nr. 49)**
	Sternenfels / Diefenbach
Königin (F)	Tauberrettersheim / – / **200 E6, 201**
Königin Viktoriaberg (Rhg)	Hochheim / – / **89 G4, 99**
König Johann Berg (M)	Kastel-Staadt / – / **62 G3**
König-Johann-Berg (M)	Serrig / – / **62 G2**
Königsbecher (B)	*Östringen* / Odenheim / **164 B45**
Königlicher Weinberg (S)	*Dresden / Loschwitz* / **219 FG12, 221**
	Dresden / Pillnitz
	Dresden / Wachwitz
Königsberg (W)	Steinberg / Höpfigheim / **191 E4 (Nr. 72)**
Königsberg (M)	*Traben-Trarbach* / Traben / **53 EF4**
Königsberg (M)	*Igel* / – / **46 AB3**
	Igel / Liersberg
	Langsur / –
	Langsur / Grewenich
	Langsur / **Mesenich**
	Langsur / Metzdorf
Königsfels (M)	*Koblenz* / Güls / **57 B4**
Königsfels (N)	Schloßböckelheim / – / **107 B1, 114**
	Waldböckelheim / –
Königsgarten (N)	*Bad Münster am Stein-Ebernburg* / Ebernburg / **107 AB4**
Königsgarten (N)	Feilbingert / – / **104 E4 (Nr. 155)**
Königsgarten (P)	*Albersweiler* / – / **142 BD14**
	Annweiler / Gräfenhausen
	Annweiler / Queichhambach
	Birkweiler / –
	Frankweiler / –
	Landau in der Pfalz / Arzheim
	Landau in der Pfalz / Godramstein
	Landau in der Pfalz / Mörlheim
	Landau in der Pfalz / Queichheim
	Ranschbach / –
	Siebeldingen / –
Königshof (Mrh)	*Urbar* / – / keine Karte
	Vallendar / –
Königslay-Terrassen (M)	*Zell* / Merl / **54 E3**
Königsschild (N)	Langenlonsheim / – / **114 F5, 115**
Königsschloß (N)	Münster-Sarmsheim / Münster / **114 E34**
Königsstuhl (Rhh)	Gundersheim / – / **125 C23**
Königstuhl (SU)	Quedlinburg / – / keine Karte
	Westerhausen / –
Königstuhl (Rhh)	Lörzweiler / – / **120 D6 (Nr. 212)**
Königsweg (P)	*Niefernheim* / – / keine Karte
	Zellertal / Zell
Königsweingarten (B)	Bodman / – / keine Karte
Königswingert (P)	Wachenheim / – / **138 AB3, 151**
König Wenzel (Mrh)	Rhens / – / **76 C2**
König-Wilhelms-Berg (Rhg)	*Flörsheim* / Wicker / **89 F5**
Köppelberg (SU)	*Bad Kösen / Schulpforte* (Pforte) **224 D3, 225**
Kopf (W)	**Korb** / – / **187 AD26**
	Korb / **Kleinheppach**
	Korb / Steinreinach
	Remshalden / Grunbach
	Schorndorf / –
	Waiblingen / –
	Waiblingen / Beinstein
	Waiblingen / **Neustadt**
	Weinstadt / **Großheppach**
	Winnenden / –
	Winnenden / Baach
	Winnenden / **Breuningsweiler**
	Winnenden / Bürg
	Winnenden / **Hanweiler**
	Winterbach / –

Lage (Anbaugebiet)	Gemeinde / Ortsteil / Lageninfo
Koppelstein (Mrh)	Braubach / – / **76 C23**
	Lahnstein / –
Krähenberg (W)	Massenbachhausen / – / **191 A1 (Nr. 27)**
Krähenschnabel (F)	Erlenbach (bei Marktheidenfeld) / – / **207 F3**
	Erlenbach (bei Marktheidenfeld) / Triefenthal
	Remlingen / –
Kräuterberg (A)	*Bad Neuenahr-Ahrweiler* / Walporzheim / **36 C5, 39**
Kräuterberg (Mrh)	Oberdiebach / – / **80 EF45**
Kräuterhaus (M)	*Traben-Trarbach* / Traben / **53 F4**
Kranzberg (Rhh)	Dalheim / – / **120 E6 (Nr. 216)**
Kranzberg (Rhh)	Nierstein / – / **123 CD56**
Krapfenberg (P)	Vollmersweiler / – / **142 F3 (Nr. 110)**
Kreidkeller (P)	Kallstadt / – / **137 FG1**
Kreisberg (SU)	Höhnstedt / – / keine Karte, **225**
	Seeburg / *Rollsdorf*
Kreuz (Rhh)	Dienheim / – / **123 E6, 131**
	Oppenheim / –
Kreuz (P)	Friedelsheim / – / **138 A45**
Kreuz (F)	*Hammelburg* / Feuerthal / **208 A23**
Kreuz (P)	Kirchheim an der Weinstraße / – / **137 CD2**
Kreuz (Rhh)	Ockenheim / – / **120 C2 (Nr. 20)**
Kreuzberg (B)	*Achern* / Mösbach / **166 D4**
	Kappelrodeck / Waldulm
	Renchen / –
Kreuzberg (Rhh)	Bodenheim / – / **120 D6 + 121 D1 (Nr. 179)**
Kreuzberg (Rhh)	Dolgesheim / – / **120 F56 (Nr. 255)**
Kreuzberg (Mrh)	Koblenz / Ehrenbreitstein / **76 A2**
Kreuzberg (P)	Einselthum / – / keine Karte
	Niefernheim / –
	Zellertal / Zell
Kreuzberg (F)	Marktheidenfeld / – / **207 F2**
Kreuzberg (P)	*Neustadt an der Weinstraße* / Duttweiler / **138 G45**
Kreuzberg (F)	Nordheim / – / **213 DE4**
	Volkach / *Hallburg*
Kreuzberg (B)	*Offenburg* / Rammersweier / **168 CD23**
Kreuzberg (B)	*Tauberbischofsheim* / Distelhausen / **200 D3**
Kreuzberg (M)	*Traben-Trarbach* / Trarbach / **53 G3**
Kreuzblick (Rhh)	*Worms* / Pfeddersheim / **125 DE3**
Kreuzhalde (B)	Ihringen / – / **170 D3**
	Ihringen / *Wasenweiler*
Kreuzkapelle (Rhh)	*Dienheim* / – / **121 F1 (Nr. 263)**
	Guntersblum / –
Kreuzlay (M)	Zell / – / **54 F4**
Kreuzpfad (F)	*Kolitzheim* / Lindach / **213 C4**
Kreuzweg (Rhh)	Framersheim / – / **120 FG45 (Nr. 277)**
Kreuzweg (F)	Karsbach / – / **209 A4**
Kreuzweg (B)	Leimen / – / **162 F2**
Kreuzwingert (M)	*Piesport* / Niederemmel / **49 A12, 57**
Kriegsberg (W)	Stuttgart / – / **186 DE5**
Kroatenpfad (P)	*Neustadt an der Weinstraße* / Lachen-Speyerdorf (auch Lachen) **138 G4**
Krötenbrunnen (Rhh)	*Alsheim* / – / **120 EG56 + 121 EG13**
	Dienheim / –
	Dolgesheim / –
	Eich / –
	Eimsheim / –
	Gimbsheim / –
	Guntersblum / –
	Hillesheim / –
	Ludwigshöhe / –
	Mettenheim / –
	Oppenheim / –
	Uelversheim / –
	Wintersheim / –
Krötenpfuhl (N)	Bad Kreuznach / – / **104 C5 (Nr. 42), 108**
Kronberg (F)	Sand am Main / – / keine Karte
Krone (N)	Laubenheim / – / **114 F3, 115**
Krone (Rhg)	Lorch / – / **85 F5, 97**
Krone (F)	Prichsenstadt / – / keine Karte
Krone (M)	Waldrach / – / **71 D5**
Kroneberg (M)	Bullay / – / **54 D3**
Kronenberg (M)	Alf / – / **54 D2**
Kronenberg (P)	Kallstadt / – / **137 F2**
Kronenberg (N)	**Bad Kreuznach** / – / **104 CD56**
	Bad Kreuznach / *Bosenheim*
	Bad Kreuznach / *Ippesheim*
	Bad Kreuznach / *Planig*
	Bad Kreuznach / *Winzenheim*
	Bretzenheim / –
	Hargesheim / –
Kronenbühl (B)	Friesenheim / – / **171 AB23, 183**
	Friesenheim / Heiligenzell
	Friesenheim / Oberschopfheim
	Friesenheim / Oberweier
	Lahr / – /
	Lahr / Hugsweier
	Lahr / Mietersheim
Kronenfels (N)	Waldböckelheim / – / **106 A6 + 107 A1**
Kronsberg (F)	Iphofen / – / **214 F3, 216**
Küchenmeister (F)	Rödelsee / – / **214 F3, 216**
Kugelspiel (F)	Castell / – / **214 F5, 217**
Kuhberg (B)	Schriesheim / – / **162 CD2**
Kuhnchen (M)	Riveris / – / **71 E6**
Kuhstall (Mrh)	St. Goar / – / **76 G4**
Kupferflöz (Mrh)	Dörscheid / – / **80 B34**
	Kaub / –
Kupfergrube (N)	Schloßböckelheim / – / **107 B2, 111**
Kupferhalde (W)	Oberderdingen / – / **190 CD45 (Nr. 48)**
Kupp (M)	Ayl / – / **62 DE23, 67**
	Ayl / *Biebelnhausen*
Kupp (M)	Saarburg / – / **62 E2, 67**
Kupp (M)	Serrig / – / **62 G34**
Kupp (M)	*Trier* / Kürenz / **71 C3**
Kupp (M)	Wiltingen / – / **62 B3, 67**
Kupp (M)	Wittlich / – / keine Karte
Kurfürst (M)	Ellenz-Poltersdorf / – / **54 AB5**
Kurfürst (P)	*Neustadt an der Weinstraße* / Mußbach an der Weinstraße / **141 EF5**
Kurfürstenberg (M)	Waldrach / – / **71 D5**
Kurfürstenhofberg (M)	Trier / *Olewig* / **71 D2**
Kurfürstenstück (Rhh)	**Gau-Bickelheim** / – / **120 EF24**
	Gau-Weinheim / – /
	Gumbsheim / –
	Vendersheim / –
	Wallertheim / –
	Wöllstein / –
Kurfürstlay (M)	*Bernkastel-Kues* / *Andel* / **51 CF16**
	Bernkastel-Kues / **Bernkastel**
	Bernkastel-Kues / *Kues*
	Brauneberg / –
	Brauneberg / *Filzen*
	Burgen / –
	Kesten / –
	Lieser / –
	Maring-Noviand / –
	Mülheim / –
	Osann-Monzel / *Monzel*
	Osann-Monzel / *Osann*
	Veldenz / –
	Wintrich / –

L

Lage (Anbaugebiet)	Gemeinde / Ortsteil / Lageninfo
Laacherberg (A)	Mayschoß / – / **36 CD3**
Laberstall (Rhh)	Ockenheim / – / **120 C2 (Nr. 31)**
Lämmerberg (F)	Aub / – / **201 E1**
Lämmerberg (F)	Randersacker / – / **211 BC2**
Lämmler (W)	Fellbach / – / **187 D1, 196**
	Stuttgart / *Untertürkheim*
Längberg (W)	*Hammelburg* / Westheim / **208 B3**
Lahntal (Mrh)	*Bad Ems* / – / **76 B46 + 77 B1**
	Dausenau / –
	Nassau / –
	Obernhof / –
	Weinähr / –
Lambertuslay (M)	Maring-Noviand / – / **51 D23**
Landsknecht (F)	*Volkach* / *Fürstenberg* / **213 D5**
	Volkach / Obervolkach
	Volkach / *Rimberg*

Registererklärung: Fett gesetzte Namen stehen für Großlagen. Wein darf sowohl unter dem Namen der Gemeinde als auch ihrer Ortsteile vermarktet werden. Kommen mehrere Gemeinden oder Ortsteile infrage, wurden per Landesverordnung Leitgemeinden ernannt, die als Namensträger dienen. Für die Namensgebung der Weine nicht relevante Angaben wurden *kursiv* gedruckt.

Die Schreibweisen der Lagen und Orte entsrechen den jeweiligen Weinbergrollen.

A = Ahr, B = Baden, F = Franken, HB = Hessische Bergstraße, Mrh = Mittelrhein, MSR = Mosel-Saar-Ruwer, N = Nahe, P = Pfalz, Rhg = Rheingau, Rhh = Rheinhessen, S = Sachsen, SU = Saale-Unstrut, W = Württemberg

Lage (Anbaugebiet)	Gemeinde / Ortsteil / Lageninfo
Landskrone (A)	*Bad Neuenahr-Ahrweiler* / Heimersheim / **37 B23, 38**
	Bad Neuenahr-Ahrweiler / Lohrsdorf
Lange Els (P)	Heßheim / – / **137 CD45**
Langenberg (Rhg)	*Eltville* / Martinsthal / **87 B4, 99**
Langenberg (N)	Odernheim am Glan / – / **104 E3 (Nr. 133)**
Langenberg (F)	Retzstadt / – / **209 CD5**
Langenmorgen (P)	Deidesheim / – / **141 D4, 147**
Langenstein (F)	Martinsheim / – / keine Karte
Langenstein (P)	*Neustadt an der Weinstraße* / Lachen-Speyerdorf (auch Lachen) / **138 F34**
Langenstück (Rhg)	Eltville / – / **87 BC34**
Langenstück (Rhg)	*Eltville* / Rauenthal / **87 B3, 99**
Langenstück (Rhg)	Walluf / *Oberwalluf* / **87 B4**
Langer Berg (S)	Schlieben / – / keine Karte
Langgarten (Mrh)	Manubach / – / **80 E34**
Langhölle (N)	Obermoschel / – / **104 EF4 (Nr. 149)**
La Roche (Rhh)	Flonheim / Uffhofen / **120 F3 (Nr. 101)**
Lasenberg (B)	Bötzingen / – / **170 B4**
Latt (P)	Albersweiler / – / **142 C3 (Nr. 69)**
Laudamusberg (M)	*Neumagen-Dhron* / Neumagen / **48 C6 + 49 C1**
Laurentiusberg (N)	Altenbamberg / – / **107 CD4**
Laurentiusberg (M)	Bremm / – / **54 C2**
Laurentiusberg (Mrh)	*Königswinter* / Oberdollendorf / keine Karte
Laurentiusberg (M)	Saarburg / – / **62 E2**
Laurentiusberg (M)	Waldrach / – / **71 D5**
Laurentiusberg (N)	Wallhausen / – / **104 C4 (Nr. 20)**
Laurentiuslay (M)	Köwerich / – / **48 CD6, 59**
Laurentiuslay (M)	Leiwen / – / **48 D6, 56**
Lay (M)	*Bernkastel-Kues* / Bernkastel / **51 D5, 55**
Lay (M)	Lehmen / – / **57 C3**
Lay (M)	Palzem / – / **46 D1 (Nr. 21)**
Lay (M)	Senheim / – / **54 C5**
Lay (M)	Wittlich / – / keine Karte
	Wittlich / Lüxem
Layenberg (M)	*Bruttig-Fankel* / Fankel / **54 A6**
Layenberg (N)	Niedermoschel / – / **104 EF4 (Nr. 153)**
Laykaul (M)	Korlingen / – / **71 E4**
Leckerberg (Rhh)	*Armsheim* / Schimsheim / **120 E3 (Nr. 111)**
Leckerberg (Rhh)	*Dittelsheim-Heßloch* / Dittelsheim / **125 A23**
Leckzapfen (Rhh)	Osthofen / – / **125 B5**
Leidhecke (Rhh)	Bodenheim / – / **120 CD6 (Nr. 177)**
Leiersberg (W)	Leingarten / *Schluchtern* / **191 B2 (Nr. 28)**
Leikaul (M)	*Trier* / Filsch / **71 DE4**
Leinhöhle (P)	Deidesheim / – / **141 CD4**
Leistenberg (N)	Oberhausen an der Nahe / – / **107 C2, 115**
Leiterchen (M)	Nittel / – / **46 C2 (Nr. 13)**
Leiterchen (M)	Trittenheim / – / **49 D1, 59**
Lenchen (Rhg)	*Oestrich-Winkel* / Oestrich / **86 CD6, 98**
Lenchen (Rhh)	*Stadecken-Elsheim* / Elsheim / **120 D45 (Nr. 196)**
Lennenborn (Mrh)	*Bacharach* / Steeg / **80 D3**
Lenzenberg (W)	*Stuttgart* / Hedelfingen / **186 EF6**
	Stuttgart / Rohracker
Leopoldsberg (B)	Bermatingen / – / **180 BC12**
Lerchenberg (W)	*Bönnigheim* / Hofen / **191 DE2 (Nr. 66)**
	Erligheim / –
Lerchenberg (B)	*Bretten / Bauerbach* / **164 CD46 + 165 C1 + 165 AB24**
	Eppingen / – /
	Eppingen / Mühlbach
	Eppingen / Rohrbach
	Kraichtal / *Bahnbrücken*
	Kraichtal / Gochsheim
	Kraichtal / Oberacker
	Kürnbach / –
	Oberderdingen / Flehingen
	Sulzfeld / –
	Zaisenhausen / –
Lerchenberg (P)	Kapsweyer / – / **142 F2 (Nr. 106)**
Lerchenberg (B)	Meersburg / – / **180 D6**
	Stetten / –
Lerchenböhl (P)	*Neustadt an der Weinstraße* / Lachen-Speyerdorf (auch Lachen) / **138 FG34**
Lerchenspiel (P)	Gerolsheim / – / **137 D4**
Letten (B)	Auggen / – / **172 G2**
Letten (P)	Deidesheim / – / **147 BC56**
Letten (P)	Hainfeld / – / **142 B3 (Nr. 23)**
Letterlay (M)	Kröv / – / **53 E3**
Lichtenberg (W)	Großbottwar / – / **191 DE45 (Nr. 10)**
	Großbottwar / Hof und Lembach /
	Großbottwar / Winzerhausen
	Ilsfeld / –
	Oberstenfeld / –
	Steinheim / –
	Steinheim / Kleinbottwar
Lichtenberg (B)	*Karlsruhe* / Grötzingen / **164 E2**
Lichtenberg (W)	*Remshalden* / Geradstetten / **187 CD45, 197**
	Remshalden / Hebsack
Liebehöll (N)	*Münster-Sarmsheim* / Sarmsheim / **114 E5**
Liebenberg (Rhh)	Osthofen / – / **125 B4**
Liebenberg (W)	*Sachsenheim* / Ochsenbach / **191 DE1 (Nr. 63)**
	Sachsenheim / Spielberg
Liebeneck-Sonnenlay (Mrh)	Osterspai / – / **76 D23**
Liebenstein-Sterrenberg (Mrh)	Kamp-Bornhofen / – / **76 EF3**
	Kestert / – /
Liebesbrunnen (P)	Dackenheim / – / **137 DE12**
Liebesbrunnen (N)	Hochstätten / – / **104 E5 (Nr. 159)**
Liebfrau (Rhh)	Volxheim / – / **120 E12 (Nr. 65)**
Liebfrauenberg (Rhh)	*Dittelsheim-Heßloch* / Hessloch / **125 AB3**
Liebfrauenberg (M)	*Konz* / Filzen / **62 BC2**
Liebfrauenmorgen (Rhh)	**Worms** / – / **125 CF36**
	Worms / **Abenheim**
	Worms / Heppenheim
	Worms / Herrnsheim
	Worms / Horchheim
	Worms / Leiselheim
	Worms / Neuhausen
	Worms / **Pfeddersheim**
	Worms / Weinsheim
	Worms / Wies-Oppenheim
Liebfrauenstift-Kirchenstück (Rhh)	Worms / – / **125 D6, 127**
Liebfrauenthal (Rhh)	Gimbsheim / – / **121 FG1 (Nr. 249)**
Lieseberg (N)	Waldlaubersheim / – / **114 E3**
Lieth (Rhh)	Harxheim / – / **120 D6 (Nr. 186)**
Limburg (B)	Sasbach / – / **170 A2**
Lindauer Seegarten (W)	*Bodolz* / – / **180 FG35**
	Kressbronn / –
	Lindau / –
	Nonnenhorn / –
	Wasserburg / –
	Wasserburg / **Hattnau**
Lindelberg (W)	**Bretzfeld** / – / **192 CD6 + 193 DG1-5**
	Bretzfeld / **Adolzfurt**
	Bretzfeld / Dimbach
	Bretzfeld / **Geddelsbach**
	Bretzfeld / Rappach
	Bretzfeld / **Schwabbach**
	Bretzfeld / **Siebeneich**
	Bretzfeld / **Unterheimbach**
	Bretzfeld / Waldbach
	Langenbrettach / Langenbeutingen
	Neuenstein / Eschelbach
	Neuenstein / Kesselfeld
	Neuenstein / Obersöllbach

Lage (Anbaugebiet)	Gemeinde / Ortsteil / Lageninfo
	Öhringen / **Michelbach am Wald**
	Öhringen / **Verrenberg**
	Pfedelbach / –
	Pfedelbach / Harsberg
	Pfedelbach / **Heuholz**
	Pfedelbach / Oberohrn
	Pfedelbach / Untersteinbach
	Pfedelbach / Windischenbach
	Wüstenroth / Maienfels
Lindhälder (W)	*Kernen* / Stetten / **187 DE23**
Linsenbusch (P)	*Meckenheim* / – / **141 DE46, 151**
	Ruppertsberg / –
Löhrer Berg (N)	Langenlonsheim / – / **114 F5, 115**
Lößnitz (S)	**Radebeul** / – / **218 DE46**
Lohrberger Hang (Rhg)	Frankfurt / – / keine Karte
Longenburgerberg (Mrh)	*Königswinter* / Niederdollendorf / keine Karte
Loreley-Edel (Mrh)	St. Goarshausen / – / **76 G45**
Loreleyfelsen (Mrh)	*Bornich* / – / **76 DG25**
	Kamp-Bornhofen / –
	Kestert / –
	Nochern / –
	Patersberg / –
	St. Goarshausen / –
	St. Goarshausen / Wellmich und Ehrental
Lorettoberg (B)	*Au* / – / **172 AE36 + 173 AC12**
	Bad Krozingen / –
	Bad Krozingen / **Biengen**
	Bad Krozingen / **Schlatt**
	Bad Krozingen / **Tunsel**
	Bollschweil / –
	Buggingen / –
	Buggingen / **Seefelden**
	Ebringen / –
	Ehrenkirchen / **Ehrenstetten**
	Ehrenkirchen / **Kirchhofen**
	Ehrenkirchen / **Norsingen**
	Ehrenkirchen / **Scherzingen**
	Eschbach / –
	Freiburg / –
	Freiburg / St. Georgen
	Heitersheim / –
	Heitersheim / Schmidhofen
	Heitersheim / Gallenweiler
	Merzhausen / –
	Pfaffenweiler / –
	Schallstadt / –
	Schallstadt / Mengen
	Schallstadt / **Wolfenweiler**
	Staufen im Breisgau / –
	Staufen im Breisgau / **Grunern**
	Staufen im Breisgau / **Wettelbrunn**
	Wittnau / –
Lotberg (B)	*Ihringen* / Wasenweiler / **170 D34**
Lottenstück (Rhh)	Ingelheim / – / **120 B34 (Nr. 154)**
Lützeltalerberg (F)	Großwallstadt / – /
Luginsland (W)	*Aichwald* / Aichelberg / **187 E4**
Luginsland (P)	Wachenheim / – / **141 B5**
Luhmännchen (F)	*Alzenau* / Wasserlos / keine Karte
Luisengarten (N)	*Bad Münster am Stein-Ebernburg* / Ebernburg / **107 B4**
Lump (N)	Kirschroth / – / **104 E2 (Nr. 116)**
Lump (N)	Volkach / Escherndorf / **213 D34, 210**

M

Lage (Anbaugebiet)	Gemeinde / Ortsteil / Lageninfo
Madonnenberg (B)	Schriesheim / – / **162 C2**
Mäuerchen (Rhg)	Geisenheim / – / **86 E34, 99**
Mäuerchen (M)	*Mertesdorf* / Lorenzhof / **71 C4, 73**
Mäushöhle (P)	Deidesheim / – / **141 C 4**
Magdalenenkreuz (Rhg)	Rüdesheim / – / **86 E3**
	Rüdesheim / Eibingen
Maiberg (HB)	Heppenheim / – / **155 E56**
	Heppenheim / Erbach
	Heppenheim / Unter-Hambach
Maien (W)	*Winnenden* / Hanweiler / **187 B3**
Mainhölle (F)	Bürgstadt / – / **206 F4, 216**
Mainleite (F)	Schweinfurt / – / keine Karte
	Schweinfurt / Mainberg
Mainleite (F)	Waigolshausen / *Hergolshausen* / **213 AB3**
	Waigolshausen / Theilheim
Mainzerweg (Rhh)	*Bingen / Büdesheim* / **120 C2 (Nr. 30)**
	Bingen / Dromersheim
Maltesergarten (B)	*Bad Krozingen* / Biengen / **172 BE35**
	Bad Krozingen / Schlatt
	Bad Krozingen / Tunsel
	Buggingen / –
	Buggingen / Seefelden
	Eschbach / –
	Heitersheim / –
	Heitersheim / Schmidhofen
	Heitersheim / Gallenweiler
	Staufen / Wettelbrunn
Mandelbaum (Rhh)	Pfaffen-Schwabenheim / – / **120 E2 (Nr. 19)**
Mandelberg (Rhh)	*Alzey* / Weinheim / **124 AB5, 131**
	Offenheim / –
Mandelberg (P)	Birkweiler / – / **142 C3 (Nr. 74), 144**
Mandelberg (P)	Kirrweiler / – / **142 A45 (Nr. 6), 149**
Mandelberg (P)	Laumersheim / – / **137 C5, 149**
Mandelberg (Rhh)	Lonsheim / – / **120 F34 (Nr. 106)**
Mandelberg (P)	*Neustadt an der Weinstraße* / Duttweiler / **138 G4, 150**
Mandelberg (B)	*Wertheim* / Dertingen / **200 A2**
Mandelbrunnen (Rhh)	Gundheim / – / **125 C3**
Mandelgarten (P)	Gönnheim / – / **138 A5**
Mandelgarten (P)	*Neustadt an der Weinstraße* / Gimmeldingen an der Weinstraße / **141 EF34, 145**
	Neustadt an der Weinstraße / Mußbach an der Weinstraße
Mandelgarten (P)	Wachenheim / – / **138 A34**
Mandelgarten (P)	Weisenheim am Berg / – / **137 E1**
Mandelgraben (M)	Brauneberg / – / **51 DE23**
	Brauneberg / Filzen
Mandelhang (P)	Edesheim / – / **142 B4 (Nr. 27)**
Mandelhöhe (P)	**Kirrweiler** / – / **142 AB35**
	Maikammer / –
Mandelpfad (P)	*Billigheim-Ingenheim* / – / **142 DE4 (Nr. 88)**
	Rohrbach / –
Mandelpfad (P)	Dirmstein / – / **137 BC3, 150**
Mandelpfad (P)	Obrigheim / – / **137 B2**
Mandelring (P)	*Neustadt an der Weinstraße / Mußbach an der Weinstraße* / **141 FG34, 151**
	Neustadt an der Weinstraße / Haardt an der Weinstraße
Mandelröth (P)	Dackenheim / – / **137 E2**
Mandelstein (Mrh)	*Boppard* (Bopparder Hamm) / – / **76 D2, 81**
Mannaberg (B)	*Bad Schönborn / Langenbrücken* / **162 EG2**
	Bad Schönborn / Mingolsheim
	Bretten / Neibsheim
	Bruchsal / –
	Bruchsal / **Heidelsheim**
	Bruchsal / Heimsheim
	Bruchsal / **Obergrombach**
	Bruchsal / Untergrombach
	Dielheim / –
	Dielheim / Horrenberg
	Heidelberg / –
	Kraichtal / **Oberöwisheim**
	Kraichtal / **Unteröwisheim**
	Leimen / –
	Malsch / –
	Mühlhausen / –
	Mühlhausen / Rettigheim
	Mühlhausen / Tairnbach
	Nußloch / –
	Östringen / –
	Rauenberg / –
	Rauenberg / Malschenberg
	Rauenberg / Rotenberg
	Ubstadt-Weiher / **Stettfeld**

Registererklärung: Fett gesetzte Namen stehen für Großlagen. Wein darf sowohl unter dem Namen der Gemeinde als auch ihrer Ortsteile vermarktet werden. Kommen mehrere Gemeinden oder Ortsteile infrage, wurden per Landesverordnung Leitgemeinden ernannt, die als Namensträger dienen. Für die Namensgebung der Weine nicht relevante Angaben wurden *kursiv* gedruckt.

Die Schreibweisen der Lagen und Orte entsrechen den jeweiligen Weinbergrollen.

A = Ahr, B = Baden, F = Franken, HB = Hessische Bergstraße, Mrh = Mittelrhein, MSR = Mosel-Saar-Ruwer, N = Nahe, P = Pfalz, Rhg = Rheingau, Rhh = Rheinhessen, S = Sachsen, SU = Saale-Unstrut, W = Württemberg

Lage (Anbaugebiet)	Gemeinde / Ortsteil / Lageninfo
	Ubstadt-Weiher / *Ubstadt*
	Ubstadt-Weiher / **Zeutern**
	Wiesloch / –
Mannberg (Rhg)	*Eltville* / Hattenheim / **87 D2, 95**
Marbach (N)	Bad Sobernheim / – / **104 E2 (Nr. 121)**
Marcobrunn (Rhg)	*Eltville* / Erbach / **87 C2, 94**
Margarete (W)	*Neuenstein* / *Obersöllbach* / **193 E4**
	Öhringen / Michelbach am Wald
Maria Magdalena (P)	Klingenmünster / – / **142 DE23 (Nr. 86)**
Marienberg (M)	*Koblenz* / Güls / **57 A5**
	Koblenz / Metternich
Marienberg (M)	*Perl* / *Oberperl* / **46 F1 (Nr. 26)**
	Perl / Sehndorf
Marienberg (F)	**Würzburg** / – / **210 + 211 AC12**
	Würzburg / *Heidingsfeld*
	Würzburg / *Unterdürrbach*
Marienburg (M)	Pünderich / – / **53 B4, 58**
Marienburger (M)	*Zell* / Kaimt / **54 E3**
Mariengarten (F)	*Prichsenstadt* / Kirchschönbach / keine Karte
Mariengarten (P)	*Deidesheim* / – / **141 BD45**
	Forst an der Weinstraße / –
	Wachenheim / –
Marienholz (M)	*Trier* / Eitelsbach / **71 B45, 73**
	Trier / *Ruwer*
Marienpforter Klosterberg (N)	Waldböckelheim / – / **106 A5**
Markgraf Babenberg (F)	**Frickenhausen** / – / **211 EF45**
Marksburg (Mrh)	*Braubach* / – / **76 AD16 + 77 B1**
	Filsen / –
	Koblenz / –
	Koblenz / *Ehrenbreitstein*
	Lahnstein / –
	Osterspai / –
	Urbar / –
	Vallendar / –
Marmorberg (Mrh)	Braubach / – / **76 CD3**
Marsberg (F)	Randersacker / – / **211 C2, 214**
Marschall (Rhg)	*Wiesbaden* / Frauenstein / **87 A5**
Martinsberg (Rhh)	Siefersheim / – / **120 F2 (Nr. 84)**
	Wonsheim / –
Martinshöhe (P)	Gönnheim / – / **137 G3**
Matheisbildchen (M)	*Bernkastel-Kues* / Bernkastel / **51 D5**
Mathias Weingarten (Mrh)	Bacharach / – / **80 CE34**
Mauerberg (B)	*Baden-Baden* / Neuweier / **167 C5, 176**
Maustal (F)	Sulzfeld / – / **211 D5, 217**
Maushöhle	Deidesheim / – / **141 C, 147**
Maximiner (M)	*Trier* / Ruwer / **71 B4**
Maximiner Burgberg (M)	Fell / – / **48 FG24**
	Fell / *Fastrau*
Maximiner Herrenberg (M)	Longuich / – / **48 E3**
Maximiner Hofgarten (M)	Kenn / – / **48 E1**
Maximiner Klosterlay (M)	Detzem / – / **48 DE5**
Maximiner Prälat (M)	Kastel-Staadt / – / **62 G2**
Meerspinne (P)	*Neustadt an der Weinstraße* / – / **141 EG15**
	Neustadt an der Weinstraße / **Gimmeldingen an der Weinstraße**
	Neustadt an der Weinstraße / *Haardt an der Weinstraße*
	Neustadt an der Weinstraße / **Königsbach an der Weinstraße**
	Neustadt an der Weinstraße / *Mußbach an der Weinstraße*
Mehrhölzchen (Rhg)	*Oestrich-Winkel* / **Hallgarten** / **86 BC56 + 87 BD1**
	Oestrich-Winkel / *Oestrich*
Meisenberg (M)	Waldrach / – / **71 D5**
Michaeliskapelle (N)	Braunweiler / – / **104 C4 (Nr. 69)**
Michaelisberg (B)	*Bruchsal* / Untergrombach / **164 D23**
Michaelsberg (W)	Cleebronn / – / **191 CD12 (Nr. 43)**
	Güglingen / – /
	Güglingen / Eibensbach
	Güglingen / Frauenzimmern
Michelmark (Rhg)	*Eltville* / Erbach / **87 C2, 99**
Michelsberg (P)	Bad Dürkheim / – / **137 G1, 146**
	Bad Dürkheim / Ungstein
Michelsberg (Rhh)	Mettenheim / – / **120 G6 + 121 G1 (Nr. 291)**
Michelsberg (P)	Weyher in der Pfalz / – / **142 B3 (Nr. 22)**
Michelsberg (M)	*Klausen* / *Krames* / **48 AE56**
	Minheim / –
	Neumagen-Dhron / *Dhron*
	Neumagen-Dhron / *Neumagen*
	Piesport / –
	Piesport / *Niederemmel*
	Rivenich / –
	Sehlem / –
	Trittenheim / –
Mittelberg (N)	*Bayerfeld-Steckweiler* / Steckweiler / **104 G45 (Nr. 173)**
Mittelhölle (Rhg)	*Geisenheim* / Johannisberg / **86 D45**
Mönchbäumchen (Rhh)	Zornheim / – / **120 D56 (Nr. 231)**
Mönchberg (N)	Bad Kreuznach / – / **104 C5 (Nr. 46)**
Mönchberg (W)	Fellbach / – / **186 D6 + 187 DE1, 197**
	Stuttgart / Bad Cannstatt
	Stuttgart / Untertürkheim
Mönchberg (N)	Hergenfeld / – / **104 B4 (Nr. 12)**
Mönchberg (N)	Hüffelsheim / – / **104 D4 (Nr. 98)**
Mönchberg (W)	*Kernen* / Rommelshausen / **187 E2**
	Kernen / Stetten
Mönchberg (A)	Mayschoß / – / **36 CD3, 40**
Mönchberg (F)	*Sulzheim* / Mönchstockheim / keine Karte
Mönchberg (Rhh)	Volxheim / – / **121 EF2 (Nr. 63)**
Mönchgarten (P)	Neustadt an der Weinstraße / – / **141 G14**
Mönchhube (Rhh)	*Dittelsheim-Heßloch* / Dittelsheim / **125 A3**
Mönchsberg (W)	*Bad Mergentheim* / – / **200 F45, 201**
	Bad Mergentheim / Markelsheim
	Bad Mergentheim / Elpersheim
Mönchsberg (W)	Brackenheim / – / **191 C2 (Nr. 38)**
	Brackenheim / Dürrenzimmern
Mönchsbuck (F)	*Sugenheim* / Neundorf / keine Karte
Mönchsgewann (Rhg)	*Flörsheim* / Wicker / **89 EF5, 99**
Mönchshalde (W)	Stuttgart / – / **186 E5**
	Stuttgart / Bad Cannstatt
Mönchshang (F)	Zeil am Main / – / keine Karte
Mönchshütte (F)	Iphofen / *Possenheim* / **214 G4**
Mönchsleite (F)	Eibelstadt / – / **211 D3**
Mönchspfad (Rhh)	Bodenheim / – / **120 C6 (Nr. 169)**
Mönchspfad (Rhg)	Geisenheim / – / **86 DE4, 99**
Mönchspfad (Rhh)	Schornsheim / – / **120 E5 (Nr. 207)**
Mönchspfad (P)	Siebeldingen / – / **142 C3 (Nr. 70)**
Mönchspforte (Rhh)	*Nieder-Hilbersheim* / – / **120 C23 (Nr. 48)**
	Ober-Hilbersheim / –
Mönchwingert (Mrh)	Manubach / – / **80 E4**
Mollenbrunnen (N)	Bad Kreuznach / – / **104 C5 (Nr. 37)**
Mollenbrunnen (N)	Hargesheim / – / **104 C5 (Nr. 68)**
Mondschein (Rhh)	*Dittelsheim-Heßloch* / Hessloch / **125 B34**
Monte Jup (Mrh)	*Bad Hönningen* / – / keine Karte
	Rheinbrohl / –
Monteneubel (M)	Enkirch / – / **53 D4**
Montfort (N)	Odernheim am Glan / – / **104 E3 (Nr. 130)**
Moosberg (Rhh)	Hahnheim / – / **120 D4 (Nr. 227)**
Moosberg (Rhh)	Sörgenloch / – / **120 D4 (Nr. 228)**
Morgenbachtaler (Mrh)	Trechtingshausen / – / **80 FG6 + 81 G1**
Morstein (Rhh)	Westhofen / – / **125 B3, 130**

Lage (Anbaugebiet)	Gemeinde / Ortsteil / Lageninfo
Moullay-Hofberg (M)	Reil / – / **53 C4**
Mühlbächer (W)	Mundelsheim / – / **191 E4 (Nr. 70)**
Mühlberg (SU)	*Balgstedt* / – / **224 BC34**
	Brandroda / –
	Freyburg / –
	Freyburg / *Nißmitz*
	Schleberoda / –
	Zeuchfeld / –
Mühlberg (B)	*Boxberg* / Unterschüpf / **200 E3**
Mühlberg (Mrh)	Braubach / – / **76 C3**
Mühlberg (P)	Edenkoben / – / **142 B4 (Nr. 16)**
Mühlberg (B)	*Lauda-Königshofen* / Oberbalbach / **200 E4**
Mühlberg (N)	Schloßböckelheim / – / **107 B12**
Mühlberg (F)	Schwanfeld / – / **213 C3**
Mühlberg (M)	Veldenz / – / **51 E4**
Mühlberg (N)	Waldböckelheim / – / **106 B6 + 107 B1**
Mühlenberg (M)	Ensch / – / **48 CD4**
Mühlenberg (N)	Roxheim / – / **104 C4 (Nr. 83), 115**
Münsterberg (M)	*Treis-Karden* / Karden / **56 F6**
Münzberg (P)	*Landau in der Pfalz* / Godramstein / **142 C3 (Nr. 66), 151**
Münzlay (M)	*Bernkastel-Kues* / **Wehlen** / **51 BC25**
	Graach / –
	Zeltingen-Rachtig / **Zeltingen**
Mütterle (P)	*Landau in der Pfalz* / Wollmesheim / **142 D34 (Nr. 80)**
Mundklingen (HB)	*Jugenheim* / Seeheim / **155 A5**
Musenhang (P)	Forst an der Weinstraße / – / **141 B4, 150**
Musikantenbuckel (P)	Freinsheim / – / **137 E23**

N

Lage (Anbaugebiet)	Gemeinde / Ortsteil / Lageninfo
Nacktarsch (M)	**Kröv** / – / **53 DE24**
Narrenberg (P)	Hergersweiler / – / **142 EF34 (Nr. 94)**
	Winden / –
Narrenberg (P)	Römerberg (bei Speyer) / *Berghausen* / **143 B2 (Nr. 48)**
	Römerberg (bei Speyer) / *Heiligenstein*
Narrenkappe (N)	Bad Kreuznach / – / **104 C5 (Nr. 47), 115**
Neckarhälde (W)	Affalterbach / – / **191 EG45 (Nr. 73)**
	Benningen / –
	Erdmannhausen / –
	Freiberg/Neckar / Beihingen
	Ludwigsburg / Hoheneck
	Ludwigsburg / Neckarweihingen
	Ludwigsburg / Poppenweiler
	Marbach / –
	Murr / –
Neckarhalde (W)	Esslingen / – / **187 F1, 194**
Neroberg (Rhg)	Wiesbaden / – / keine Karte
Neuberg (P)	Bornheim / – / **142 C4 (Nr. 41)**
Neuberg (P)	Meckenheim / – / **138 CD45**
Neuberg (Rhh)	Osthofen / – / **145 B5**
Neugesetz (B)	*Offenburg* / Zell-Weierbach / **168 D3, 182**
Neuwingert (M)	Brodenbach / – / **57 E3**
Niederberg (M)	Rivenich / – / **48 B5**
Niederberg-Helden (M)	Lieser / – / **51 D4, 56**
Nies'chen (M)	Kasel / – / **71 C45, 72**
Nikolausberg (M)	*Cochem* / Cond / **56 G4**
Nollenköpfle (B)	Gengenbach / – / **166 G3**
Nonnberg (Rhg)	*Flörsheim* / Wicker / **89 F5, 99**
Nonnenberg (M)	*Bernkastel-Kues* / Wehlen / **51 BC35**
Nonnenberg (Rhg)	*Eltville* / Rauenthal / **87 B3, 92**
Nonnenberg (F)	*Ebelsbach* / Steinbach / keine Karte
Nonnenberg (W)	*Weinstadt* / Strümpfelbach / **187 DE3**
Nonnengarten (P)	Bad Dürkheim / – / **137 G13**
Nonnengarten (N)	Bad Kreuznach / Planig / **104 C5 (Nr. 59)**
Nonnengarten (M)	Briedel / – / **53 C4**
Nonnengarten (Rhh)	Mörstadt / – / **125 D3**
Nonnengarten (M)	Pünderich / – / **53 B4**
Nonnengarten (N)	Traisen / – / **107 A4**
Nonnenstück (P)	Deidesheim / – / **138 B45 + 141 C5**
Nonnenwingert (Rhh)	Worms / – / **125 DE45**
	Worms / Leiselheim
	Worms / *Pfeddersheim*
Nüssenberg (SU)	Müncheroda / – / **224 C3, 225**
	Weischütz / –
	Zscheiplitz / –
Nußberg (M)	Zell / – / **54 E4**
	Zell / *Merl*
Nußbien (P)	Ruppertsberg / – / **141 DE4**
Nußbrunnen (Rhg)	*Eltville* / Hattenheim / **87 C2, 95**
Nußriegel (P)	*Bad Dürkheim* / Ungstein / **137 FG12, 151**
Nußwingert (M)	*Neumagen-Dhron* / Neumagen / **48 BC6**

O

Lage (Anbaugebiet)	Gemeinde / Ortsteil / Lageninfo
Oberberg (Rhg)	Walluf / *Niederwalluf* / **87 B4**
Oberdürrenberg (B)	Pfaffenweiler / – / **172 B6**
Obere Heimbach (N)	Meisenheim / – / **104 F23 (Nr. 142)**
Oberer Berg (W)	*Ludwigsburg* / *Hoheneck* / **191 E5 (Nr. 12), 197**
	Steinheim / Kleinbottwar
Oberrot (F)	Triefenstein / Lengfurt / **207 FG2, 216**
Oberschloß (P)	Kirrweiler / – / **142 AB4 (Nr. 7)**
Ochsenberg (W)	*Brackenheim* / Botenheim / **191 D2 (Nr. 42)**
Odinstal (P)	Wachenheim / – / **141 B4**
Ölbaum (B)	Malsch / – / **164 A23**
	Mühlhausen / Rettigheim
	Rauenberg / Malschenberg
Ölberg (B)	Dossenheim / – / **162 D2**
Ölberg (B)	Durbach / – / **168 C3, 177**
Oelberg (B)	Efringen-Kirchen / – / **175 D2, 181**
Oelberg (B)	*Ehrenkirchen* / Ehrenstetten / **172 C6, 183**
Ölberg (B)	*Endingen* / Kiechlinsbergen / **170 B3**
Ölberg (Rhh)	Gau-Odernheim / – / **120 F5 (Nr. 273)**
Ölberg (Rhh)	Grolsheim / – / **120 D12 (Nr. 12)**
Ölberg (B)	Hohentengen / – / keine Karte
Ölberg (P)	*Neustadt an der Weinstraße* / Königsbach an der Weinstraße / **141 E4, 149**
Ölberg (Rhh)	Nierstein / – / **123 B5, 126**
Ölberg (Rhh)	Wöllstein / – / **120 F2 (Nr. 86)**
Ölgässel (P)	*Neustadt an der Weinstraße* / Diedesfeld an der Weinstraße / **138 FG2**
Ölgild (Rhh)	Lörzweiler / – / **120 D6 (Nr. 160)**
Ölkuchen (B)	*Tauberbischofsheim* / Dittwar / **200 D2**
Ölsberg (Mrh)	Oberwesel / – / **80 A23, 81**
Ölschnabel (F)	*Zeil am Main* / Ziegelanger / keine Karte
Ölspiel (F)	*Eibelstadt* / – / **211 DE23**
	Sommerhausen / –
	Winterhausen / –
Ohlenberg (Mrh)	*Boppard* (Bopparder Hamm) / – / **76 D2, 81**
Ohligsberg (M)	Wintrich / – / **51 F1, 58**
Ohligpfad (P)	Bobenheim am Berg / – / **137 DE1**
Olgaberg (B)	Singen / – / keine Karte, **183**
	Singen / Hohentwiel
Onkelchen (N)	Norheim / – / **107 B4**
Orbel (Rhh)	Nierstein / – / **123 D5, 126**
	Nierstein / *Schwabsburg*
Ordensgut (P)	**Edesheim** / – / **142 B34**
	Hainfeld / –
	Rhodt unter Rietburg / –
	Weyher in der Pfalz / –
Orlenberg (P)	Bissersheim / – / **137 D2**
Ortelberg (P)	Böbingen / – / **142 B5 (Nr. 30)**
Oschelskopf (P)	Freinsheim / – / **137 F2**
Osterberg (P)	*Bad Dürkheim* / Ungstein / **137 F2**
Osterberg (Rhh)	*Bingen* / Büdesheim / **120 C1 (Nr. 6)**
Osterberg (B)	*Dielheim* / Horrenberg / **164 A45**
Osterberg (P)	Essingen / – / **142 C45 (Nr. 38)**
Osterberg (P)	Großkarlbach / – / **137 DE23**
Osterberg (Rhh)	Mommenheim / – / **120 DE6 (Nr. 234)**
	Selzen / –
Osterberg (Rhh)	Spießheim / – / **120 EF45 (Nr. 285)**
Osterberg (Rhh)	Wolfsheim / – / **120 DE3 (Nr. 58)**
Osterhöll (N)	Bad Kreuznach / – / **104 C5 (Nr. 34)**
Osterlämmchen (M)	*Ediger-Eller* / Ediger / **54 BC34**
Otterberg (N)	Waldlaubersheim / – / **114 E23**

Registererklärung: Fett gesetzte Namen stehen für Großlagen. Wein darf sowohl unter dem Namen der Gemeinde als auch ihrer Ortsteile vermarktet werden. Kommen mehrere Gemeinden oder Ortsteile infrage, wurden per Landesverordnung Leitgemeinden ernannt, die als Namensträger dienen. Für die Namensgebung der Weine nicht relevante Angaben wurden *kursiv* gedruckt.

Die Schreibweisen der Lagen und Orte entsrechen den jeweiligen Weinbergrollen.

A = Ahr, B = Baden, F = Franken, HB = Hessische Bergstraße, Mrh = Mittelrhein, MSR = Mosel-Saar-Ruwer, N = Nahe, P = Pfalz, Rhg = Rheingau, Rhh = Rheinhessen, S = Sachsen, SU = Saale-Unstrut, W = Württemberg

P

Lage (Anbaugebiet)	Gemeinde / Ortsteil / Lageninfo
Palmberg-Terrassen (M)	St. Aldegund / – / **54 C2**
Palmengarten (N)	Mandel / – / **104 C4 (Nr. 78)**
Palmenstein (Rhh)	*Bingen* / Sponsheim / **120 CD12 (Nr. 11)**
Paradies (N)	Bad Kreuznach / Bosenheim / **104 C5 (Nr. 60)**
Paradies (F)	*Ippesheim* / Bullenheim / keine Karte
Paradies (M)	Kröv / – / **53 E23**
Paradies (B)	*Müllheim* / Feldberg / **172 G34 + 175 A4**
Paradies (SU)	Naumburg / – / **224 D45**
Paradies (P)	*Neustadt an der Weinstraße* / Diedesfeld an der Weinstraße / **138 G12**
Paradies (W)	*Obersulm* / Eschenau / **193 F1**
Paradiesgarten (P)	Deidesheim / – / **141 CD4, 147**
Paradiesgarten (P)	*Alsenz* / – / **104 DG16**
	Auen / –
	Bad Sobernheim / –
	Bad Sobernheim / Steinhard
	Bayerfeld-Steckweiler / –
	Boos / –
	Desloch / –
	Feilbingert / –
	Hochstätten / –
	Kalkofen / –
	Kirschroth / –
	Lauschied / –
	Lettweiler / –
	Mannweiler-Cölln / Cölln
	Mannweiler-Cölln / Mannweiler
	Martinstein / –
	Meddersheim / –
	Meisenheim / –
	Merxheim / –
	Monzingen / –
	Münsterappel / –
	Nußbaum / –
	Niederhausen an der Appel / –
	Niedermoschel / –
	Oberhausen an der Appel / –
	Obermoschel / –
	Oberndorf / –
	Oberstreit / –
	Odernheim am Glan / –
	Offenbach-Hundheim / –
	Raumbach/Glan / –
	Rehborn / –
	Rockenhausen / –
	Staudernheim / –
	Unkenbach / –
	Waldböckelheim / –
	Weiler bei Monzingen / –
	Winterborn / –
Pares (Rhh)	Ingelheim / – / **120 C3 (Nr. 150) 128**
Pastorei (N)	Bretzenheim / – / **104 C5 (Nr. 65), 115**
Pastorenberg (N)	Wallhausen / – / **104 C4 (Nr. 18)**
Pastorenstieg (SU)	Stedten / – / keine Karte
Paterberg (Rhh)	Nierstein / – / **123 D56**
Paterhof (Rhh)	Dienheim / – / **121 EF12 (Nr. 241)**
	Oppenheim / –
Paulinsberg (M)	Kasel / – / **71 C4**
Paulinsberg (M)	Kesten / – / **51 DF12**
Paulinshofberger (M)	Kesten / – / **51 DE12, 59**
Paulinslay (M)	*Osann-Monzel* / Monzel / **51 D2**
Paulus (HB)	Bensheim / – / **155 DE5**
Pechstein (P)	Forst an der Weinstraße / – / **141 B4, 148**
Pelzerberg (M)	Beuren / – / keine Karte
Petersberg (M)	Neef / – / **54 CD23**
Petersberg (B)	Weingarten / – / **164 E2**
Petersberg (Mrh)	*Bad Honnef* / *Rhöndorf* / keine Karte
	Bonn / –
	Königswinter / –
	Königswinter / Niederdollendorf
	Königswinter / Oberdollendorf
Petersberg (Rhh)	**Albig** / – / **120 FG45**
	Alzey / – **Bechtolsheim** / –
	Biebelnheim / –
	Framersheim / –
	Gau-Heppenheim / –
	Gau-Odernheim / –
	Gau-Odernheim / Gau-Köngernheim
	Spiesheim / –
Petersborn-Kabertchen (M)	Zell / – / **54 F4**
Peterstirn (F)	Schweinfurt / – / keine Karte
Pettenthal (Rhh)	Nierstein / – / **123 BC5, 126**
Pfaffenberg (W)	*Ammerbuch* / Entringen / keine Karte
Pfaffenberg (A)	*Bad Neuenahr-Ahrweiler* / Walporzheim / **36 C5, 41**
Pfaffenberg (P)	*Billigheim-Ingenheim* / Ingenheim / **142 E3 (Nr. 92)**
Pfaffenberg (N)	Burgsponheim / – / **104 D4 (Nr. 95)**
	Sponheim / –
Pfaffenberg (Rhg)	*Eltville* / Hattenheim / **87 D12, 95**
Pfaffenberg (Rhh)	Flonheim / Uffhofen / **120 F3 (Nr. 100)**
Pfaffenberg (P)	*Landau in der Pfalz* / Mörzheim / **142 D3 (Nr. 81)**
Pfaffenberg (F)	Sugenheim / Krassolzheim / keine Karte
Pfaffenberg (F)	Würzburg / – / **210 A6 + 211 A1, 217**
	Würzburg / Unterdürrbach
Pfaffengarten (Rhh)	Saulheim / – / **120 D4 (Nr. 202)**
Pfaffengrund (P)	**Neustadt an der Weinstraße / Diedesfeld an der Weinstraße / 138 FG36**
	Neustadt an der Weinstraße / **Duttweiler**
	Neustadt an der Weinstraße / Geinsheim
	Neustadt an der Weinstraße / **Hambach an der Weinstraße**
	Neustadt an der Weinstraße / **Lachen**-*Speyerdorf*
Pfaffenhalde (Rhh)	Alzey / – / **125 A1**
Pfaffenkappe (Rhh)	Nierstein / Schwabsburg / **120 E6 (Nr. 238)**
Pfaffenmütze (Rhh)	*Dittelsheim-Heßloch* / Dittelsheim / **125 A23**
Pfaffenpfad (N)	Alsenz / – / **104 F45 (Nr. 162)**
Pfaffensteig (F)	Segnitz / – / **211 E5**
Pfaffenstein (N)	Niederhausen an der Nahe / – / **107 B23**
Pfaffenstück (B)	Müllheim / – / **172 FG3**
Pfaffenweg (Rhh)	Gau-Bischofsheim / – / **120 D6 (Nr. 181), 130**
Pfaffenwies (Rhg)	Lorch / – / **85 F5, 97**
Pfalzgrafenstein (Mrh)	Kaub / – / **80 CD45**
Pfarrberg (B)	*Kappelrodeck* / Waldulm / **166 D4, 179**
Pfarrgarten (Rhh)	Bingen / *Gaulsheim* / **120 C2 (Nr. 4)**
	Bingen / Kempten
Pfarrgarten (M)	*Bruttig-Fankel* / Bruttig / **56 G4**
Pfarrgarten (Mrh)	Filsen / – / **36 D2**
Pfarrgarten (N)	**Dalberg** / – / **104 BC35**
	Gutenberg / –
	Hergenfeld / –
	Schöneberg / –
	Sommerloch / –
	Spabrücken / –
	Wallhausen / –
Pfarrwingert (A)	Dernau / – / **36 C4, 38**
Pfingstweide (N)	Niederhausen an der Nahe / – / **107 B3**
Pfirsichgarten (M)	*Ediger-Eller* / Eller / **54 B3**
Pforte (F)	*Volkach* / Vogelsburg / **213 D4, 217**
Pfülben (F)	Randersacker / – / **211 C2, 210**
Pilgerberg (M)	*Igel* / Liersberg / **46 AB3 (Nr. 2)**

Lage (Anbaugebiet)	Gemeinde / Ortsteil / Lageninfo
Pilgerpfad (Mrh)	Kamp-Bornhofen / – / **76 DE23**
Pilgerpfad (Rhh)	**Bechtheim** / – / **125 AC25**
	Dittelsheim-Heßloch / *Dittelsheim*
	Dittelsheim-Heßloch / *Hessloch*
	Frettenheim / –
	Monzernheim / –
	Osthofen / –
Pilgerstein (Rhh)	Biebelnheim / – / **120 F5 (Nr. 283)**
Pilgerweg (Rhh)	Zornheim / – / **120 D56 (Nr. 233)**
Pinnerkreuzberg (M)	Cochem / – / **56 G3**
Pittermännchen (N)	Dorsheim / – / **114 E5, 109**
Pittersberg (N)	*Münster-Sarmsheim* / Münster / **114 DE5, 109**
Plauelrain (B)	Durbach / – / **168 BC35, 177**
Pomerell (M)	Zell / – / **54 F4**
Pompejaner (F)	Aschaffenburg / – / keine Karte
Portnersberg (M)	Wittlich / – / keine Karte
Posten (Mrh)	Bacharach / – / **80 D4, 79**
Prälat (M)	Erden / – / **53 E1, 52**
Predigtstuhl (F)	Dorfprozelten / – / keine Karte
Probstberg (M)	*Fell* / – / **48 CG14**
	Fell / *Fastrau*
	Kenn / –
	Longuich / –
	Riol / –
	Schweich / –
Probsteiberg (Mrh)	*Boppard* / Hirzenach / **76 F3**
Probstey (Rhh)	Saulheim / – / **120 D5 (Nr. 198)**
Propstberg (W)	Bad Mergentheim / Markelsheim / **200 F45, 201**
	Weikersheim / Elpersheim
Pulchen (M)	*Konz* / Filzen / **62 B2**
Pulverberg (B)	*Achern* / Önsbach / **166 CD3**
Pulverbuck (B)	*Vogtsburg* / Oberbergen / **170 C3, 183**
Pulvermächer (W)	*Kernen* / Stetten / **187 DE23, 197**

Q

Lage (Anbaugebiet)	Gemeinde / Ortsteil / Lageninfo
Quirinusberg (M)	Perl / – / **46 F1 (Nr. 27)**

R

Lage (Anbaugebiet)	Gemeinde / Ortsteil / Lageninfo
Rabenkopf (Rhh)	Ingelheim / – / **120 B4 (Nr. 155)**
Rabenkopf (Rhh)	Wackernheim / – / **120 B4 (Nr. 156)**
Ranzenberg (W)	Ellhofen / – / **192 EF45**
	Weinsberg / –
Rappen (W)	Ilsfeld / – / **191 D45 (Nr. 4)**
Rappental (SU)	*Gleina* / *Müncheroda* / **224 BC3**
	Gleine / *Zscheiplitz*
	Hirschroda / –
	Laucha / Dorndorf
	Weischütz / –
Rathausberg (M)	*Bruttig-Fankel* / Bruttig / **54 A6**
Ratsgrund (N)	Sommerloch / – / **104 C4 (Nr. 24)**
Ratsherr (F)	Volkach / – / **213 D3-5, 217**
	Volkach / Fahr
Ratsweinberg (S)	Meißen / – / **218 D3**
Rauenegg (W)	Ravensburg / – / keine Karte
Raul (M)	*Konz* / Oberemmel / **62 C45**
Rausch (M)	Saarburg / – / **62 E2, 66**
Rauschelay (Mrh)	Kaub / – / **80 B34**
Ravensburg (F)	*Erlabrunn* / – / **209 CE45**
	Güntersleben / –
	Leinach / *Oberleinach*
	Leinach / *Unterleinach*
	Margetshöchheim / –
	Thüngersheim / –
	Veitshöchheim / –
	Zellingen / –
	Zellingen / *Retzbach*
Rebstöckel (P)	*Neustadt an der Weinstraße* / – / **138 EG14**
	Neustadt an der Weinstraße / **Diedesfeld an der Weinstraße**
	Neustadt an der Weinstraße / **Hambach an der Weinstraße**
Rebstuhl (B)	*March* / Buchheim / **170 E5**
Rebtal (B)	*Freiburg* / Tiengen / **170 F34**
Rechbächel (P)	Wachenheim / – / **141 B4**
Reggenhag (B)	Müllheim / – / **172 F3**
Rehbach (Rhh)	**Nierstein** / – / **123 BC56**
Reichelberg (M)	Flußbach / – / keine Karte
Reichestal (Rhg)	Hochheim / – / **89 FG23, 96**
	Wiesbaden / *Kostheim*
Reichshalde (W)	Knittlingen / – / **190 DE4 (Nr. 50)**
	Knittlingen / Freudenstein
	Maulbronn / –
Reichskeller (Rhh)	Frei-Laubersheim / – / **120 F1 (Nr. 70)**
Reichsritterstift (Rhh)	Bodenheim / – / **120 C6 (Nr. 173)**
Reifenstein (F)	Sommerhausen / – / **211 E3, 217**
Reifersley (Mrh)	Niederheimbach / – / **80 F5**
Reinig auf der Burg (M)	Wasserliesch / – / **46 B3 (Nr. 5)**
Reischklingeberg (F)	Großostheim / – / keine Karte
Reiterpfad (P)	*Neustadt an der Weinstraße* / Königsbach an der Weinstraße / **141 E4**
Reiterpfad (P)	Ruppertsberg / – / **141 D4, 149**
Reiterstieg (F)	Castell / – / **214 F5, 216**
Remeyerhof (Rhh)	Worms / – / **125 E5**
Renchtäler (B)	*Appenweier* / Nesselried / **166 D3 + 168 AC36**
	Lautenbach / –
	Oberkirch / –
	Oberkirch / Bottenau
	Oberkirch / Nussbach
	Oberkirch / Ödsbach
	Renchen / Erlach
	Renchen / Ulm
Reuschberg (F)	*Alzenau* / **Hörstein** / keine Karte, **216**
Rheinaue (Mrh)	Bonn / – / keine Karte
Rheinberg (Rhg)	Eltville / – / **87 C45**
Rheinberg (Mrh)	Oberdiebach / – / **80 E5**
Rheinberg (Rhh)	Osthofen / – / **125 C34**
Rheinberg (N)	*Münster-Sarmsheim* / Münster / **114 D5, 113**
Rheinblick (Rhh)	**Alsheim** / – / **120 FG6 + 121 FG1**
	Dorn-Dürkheim / –
	Mettenheim / –
Rheingarten (Rhg)	*Eltville* / Hattenheim / **87 CD2**
Rheingasse (N)	Lettweiler / – / **104 F3 (Nr. 143)**
Rheingrafenberg (Rhh)	Frei-Laubersheim / – / **120 F1 (Nr. 69)**
Rheingrafenberg (N)	Meddersheim / – / **104 E2 (Nr. 117), 115**
Rheingrafenberg (Rhh)	Wörrstadt / – / **120 E4 (Nr. 91)**
Rheingrafenstein (Rhh)	*Eckelsheim* / – / **120 EG13**
	Frei-Laubersheim / –
	Fürfeld / –
	Hackenheim / –
	Neu-Bamberg / –
	Pleitersheim / –
	Siefersheim / –
	Stein-Bockenheim / –
	Tiefenthal / –
	Volxheim / –
	Wöllstein / –
	Wonsheim / –
Rheinhell (Rhg)	*Eltville* / Erbach / **87 CD23**
Rheinhöhe (Rhh)	Ingelheim / – / **120 C3 (Nr. 144)**
Rheinhöller (Mrh)	Linz / – / keine Karte
Rheinpforte (Rhh)	Selzen / – / **120 E6 (Nr. 224)**
Riedersbückele (W)	Lauffen / **191 C3 (Nr. 22)**
Riegelfeld (A)	*Bad Neuenahr-Ahrweiler* / Ahrweiler / **36 C5**
Rieschen (B)	Meersburg / – / **180 D6, 181**
Ritsch (M)	Thörnich / – / **48 C45, 59**
Ritterberg (Rhh)	Schornsheim / – / **120 E45 (Nr. 208)**
Rittergarten (P)	Bad Dürkheim / – / **137 G1**
Ritterhalde (B)	Gailingen / – / keine Karte
Ritterhölle (N)	Dalberg / – / **104 B4 (Nr. 10)**
Ritterpfad (M)	*Kanzem* / – / **62 C2**
	Wawern / –
Rittersberg (P)	Ilbesheim / – / **142 D3 (Nr. 79)**
Rittersberg (B)	**Dossenheim** / – / **162 AE23**
	Heidelberg / –
	Hemsbach / –
	Hirschberg / **Großsachsen**

Registererklärung: Fett gesetzte Namen stehen für Großlagen. Wein darf sowohl unter dem Namen der Gemeinde als auch ihrer Ortsteile vermarktet werden. Kommen mehrere Gemeinden oder Ortsteile infrage, wurden per Landesverordnung Leitgemeinden ernannt, die als Namensträger dienen. Für die Namensgebung der Weine nicht relevante Angaben wurden *kursiv* gedruckt.

Die Schreibweisen der Lagen und Orte entsrechen den jeweiligen Weinbergrollen.

A = Ahr, B = Baden, F = Franken, HB = Hessische Bergstraße, Mrh = Mittelrhein, MSR = Mosel-Saar-Ruwer, N = Nahe, P = Pfalz, Rhg = Rheingau, Rhh = Rheinhessen, S = Sachsen, SU = Saale-Unstrut, W = Württemberg

Lage (Anbaugebiet)	Gemeinde / Ortsteil / Lageninfo
	Hirschberg / **Leutershausen**
	Laudenbach / –
	Schriesheim / –
	Weinheim / –
	Weinheim / Hohensachsen
	Weinheim / **Lützelsachsen**
	Weinheim / Sulzbach
Rochusfelsen (M)	Nittel / – / **46 C2 (Nr. 15)**
	Nittel / Köllig
Rödchen (Rhg)	*Eltville* / Martinsthal / **87 B4**
Röde (W)	*Creglingen* / Reinsbronn / **201 F1**
Römerberg (Rhh)	Alsheim / – / **120 G56 (Nr. 288)**
	Dorn-Dürkheim / –
Römerberg (Rhh)	Alzey / – / **125 A1**
Römerberg (Rhh)	Badenheim / – / **120 E2 (Nr. 24)**
Römerberg (B)	Badenweiler / – / **172 F4, 183**
	Müllheim / Niederweiler
Römerberg (N)	*Bingen* / Bingerbrück / **114 D5**
	Weiler bei Bingen / –
Römerberg (M)	Burgen / – / **51 EF3**
Römerberg (Rhh)	Engelstadt / – / **120 D3 (Nr. 131)**
Römerberg (Rhh)	Essenheim / – / **120 C4 (Nr. 192)**
Römerberg (N)	Gutenberg / – / **104 B4 (Nr. 26)**
Römerberg (N)	Merxheim / – / **104 E1 (Nr. 107)**
Römerberg (N)	*Münster-Sarmsheim* / Münster / **114 D5**
Römerberg (M)	Nehren / – / **54 C4**
	Senheim / *Senhals*
Römerberg (M)	Oberbillig / – / **46 B2 (Nr. 8)**
Römerberg (Mrh)	Oberheimbach / – / **80 F4**
Römerberg (M)	*Perl* / Nennig / **46 E1 (Nr. 24)**
Römerberg (Mrh)	Rheinbrohl / – / keine Karte
Römerberg (M)	Riol / – / **48 EF 35**
Römerberg (N)	Windesheim / – / **114 F3**
Römerbrunnen (P)	*Neustadt an der Weinstraße* / Hambach an der Weinstraße / **138 F3**
Römergarten (M)	Briedern / – / **54 B45**
Römerhang (M)	Kinheim / – / **53 EF2**
Römerhelde (N)	Bad Kreuznach / Planig / **104 C6 (Nr. 56)**
Römerkrug (Mrh)	Oberwesel / – / **80 B3**
Römerkrug (Mrh)	*Oberwesel* / Dellhofen / **80 BC3, 81**
Römerlay (M)	*Franzenheim* / – / **71 BF14**
	Hockweiler / –
	Kasel / –
	Korlingen / –
	Mertesdorf / Lorenzhof
	Mertesdorf / Maximin Grünhaus
	Morscheid / –
	Riveris / –
	Sommerau / –
	Trier / –
	Trier / Biewer
	Trier / Eitelsbach
	Trier / Filsch
	Trier / Irsch
	Trier / Kernscheid
	Trier / Kürenz
	Trier / Matthias
	Trier / Olewig
	Trier / Ruwer
	Trier / Tarforst
	Trier / Zewen
	Waldrach / –
Römerpfad (M)	Maring-Noviand / – / **51 CD2**
Römerpfad (N)	Unkenbach / – / **104 F4 (Nr. 146)**
Römerquelle (M)	*Zell* / Kaimt / **54 F34**
Römerschanze (Rhh)	Eimsheim / – / **120 F6 (Nr. 259)**
Römerstich (N)	Auen / – / **104 D2 (Nr. 102)**
Römerstraße (P)	Kirchheim an der Weinstraße / – / **137 D1**
Römerweg (P)	Kirrweiler / – / **142 A4 (Nr. 5)**
Röth (P)	Grünstadt / – / **137 C1**
Röthla (F)	*Oberhaid* / Unterhaid / keine Karte
Röttgen (M)	*Koblenz* / Güls / **57 B4, 58**
	Winningen / –
Rosenberg (N)	Bad Kreuznach / – / **104 D5 (Nr. 32)**
Rosenberg (A)	*Bad Neuenahr-Ahrweiler* / Marienthal / **36 C45**
Rosenberg (F)	*Bad Windsheim / Berolzheim* / keine Karte
	Bad Windsheim / Humprechtsau
	Bad Windsheim / Külsheim
	Bad Windsheim / Oberntief
	Bad Windsheim / Rüdisbronn
	Bad Windsheim / Unterntief
	Bad Windsheim / Wiebelsheim
	Herbolzheim / Freimarkung Osing
Rosenberg (M)	*Bernkastel-Kues* / Kues / **51 D5**
Rosenberg (M)	*Bernkastel-Kues* / Wehlen / **51 BC4**
Rosenberg (Rhh)	Biebelnheim / – / **120 F4 (Nr. 284)**
Rosenberg (P)	*Billigheim-Ingenheim* / Billigheim / **142 E34 (Nr. 93)**
	Billigheim-Ingenheim / Mühlhofen
	Steinweiler / –
Rosenberg (P)	Birkweiler / – / **142 C3 (Nr. 72)**
	Landau in der Pfalz / Arzheim
	Siebeldingen / –
Rosenberg (M)	*Bruttig-Fankel* / Fankel / **54 AB6**
Rosenberg (M)	*Cochem* / Cond / **56 G4**
Rosenberg (B)	Dielheim / – / **164 A45**
	Mühlhausen / Tairnbach
Rosenberg (B)	*Ehrenkirchen* / Ehrenstetten / **172 C6**
Rosenberg (F)	Frankenwinheim / – / **213 D6**
Rosenberg (W)	*Hardthausen* / Kochersteinsfeld / keine Karte
Rosenberg (M)	Kinheim / – / **53 E2**
Rosenberg (M)	*Klausen / Krames* / **41 B5**
	Rivenich / –
Rosenberg (M)	Klotten / – / **56 F45**
	Pommern –
Rosenberg (M)	*Konz* / Oberemmel / **62 BC4**
Rosenberg (Rhg)	*Lorch* / Lorchhausen / **85 DE34**
Rosenberg (N)	*Mannweiler-Cölln* / Cölln / **104 G4 (Nr. 172)**
Rosenberg (M)	Minheim / – / **49 B2**
Rosenberg (N)	Monzingen / – / **104 D2 (Nr. 110)**
Rosenberg (M)	Moselkern / – / **57 E12**
Rosenberg (B)	*Müllheim* / Britzingen / **172 EF34**
	Müllheim / Dattingen
	Müllheim / Zunzingen
Rosenberg (N)	Niederhausen an der Nahe / – / **107 B3, 115**
Rosenberg (Rhh)	Nierstein / – / **123 BC5, 131**
Rosenberg (M)	Oberfell / – / **57 D3**
Rosenberg (M)	*Osann-Monzel* / Osann / **50 D6 + 51 CD1**
Rosenberg (M)	*Palzem* / Wehr / **46 D1 (Nr. 18)**
Rosenberg (M)	Pünderich / – / **53 B4**
Rosenberg (Mrh)	*St. Goar* / Werlau / **76 G4**
Rosenberg (M)	Senheim / – / **54 C45**
Rosenberg (F)	Sommerach / – / **213 E4**
	Volkach / Hallburg
Rosenberg (M)	Wiltingen / – / **62 BC35**
Rosenberg (N)	Windesheim / – / **104 BC45 (Nr. 4)**
Rosenberg (M)	Wittlich / – / keine Karte
Rosenborn (M)	*Zell* / Kaimt / **54 EF34**
Rosenbühl (P)	*Erpolzheim* / – / **137 DF35**
	Freinsheim / –
	Lambsheim / –
	Weisenheim am Sand / –
Rosengärtchen (M)	*Neumagen* / Neumagen / **49 CD1, 59**
Rosengarten (Rhh)	Bechtheim / – / **125 AB4**
Rosengarten (Rhh)	Bingen / Büdesheim / **120 C1 (Nr. 7), 130**
Rosengarten (P)	Edesheim / – / **142 B4 (Nr. 29)**
Rosengarten (P)	Friedelsheim / – / **138 A5**

Lage (Anbaugebiet)	Gemeinde / Ortsteil / Lageninfo
Rosengarten (Rhh)	Gabsheim / – / **120 E45 (Nr. 188)**
Rosengarten (P)	Kapellen-Drusweiler / – / **142 EF23 (Nr. 102)**
Rosengarten (Rhh)	*Monsheim* / Kriegsheim / **125 D23**
Rosengarten (P)	Obrigheim / – / **137 B2**
Rosengarten (P)	Rhodt unter Rietburg / – / **142 B34 (Nr. 21)**
Rosengarten (Rhg)	Rüdesheim / – / **86 E3**
Rosengarten (M)	Starkenburg / – / **53 F4**
Rosengarten (N)	*Bockenau* / – / **104 CD35**
	Braunweiler / –
	Burgsponheim / –
	Hüffelsheim / –
	Mandel / –
	Roxheim / –
	Rüdesheim / –
	Sponheim / –
	St. Katharinen / –
	Weinsheim / –
Rosengründchen (S)	*Gauernitz* / – / **218 D3, 221**
	Mauna / –
	Meißen / –
Rosenhang (M)	Neef / – / **54 CD3**
Rosenhang (M)	*Bellstein* / – / **54 AC26 + 56 FG26**
	Bremm / –
	Briedern / –
	Bruttig-Fankel / *Bruttig*
	Bruttig-Fankel / *Fankel*
	Cochem / *Cond*
	Ediger-Eller / *Eller*
	Ellenz-Poltersdorf / –
	Mesenich / –
	Senheim / –
	Treis-Karden / *Treis*
	Valwig / –
Rosenheck (N)	*Bad Kreuznach* / Winzenheim / **104 C5 (Nr. 53), 115**
Rosenheck (N)	Niederhausen an der Nahe / – / **107 B3**
Rosenhügel (Mrh)	*Königswinter* / Oberdollendorf / keine Karte
Rosenkränzel (P)	Roschbach / – / **142 BC4 (Nr. 62)**
Rosenkranz (P)	Böchingen / – / **142 C3 (Nr. 57)**
Rosenkranz (B)	*Vogtsburg* / Bischoffingen / **170 B2**
Rosenkranzweg (B)	Östringen / – / **164 B4**
Rosenlay (M)	Lieser / – / **51 D3**
Rosental (Mrh)	Perscheid / – / **80 D2**
Rosenteich (N)	Guldental / – / **114 G45**
Rosenthal (A)	*Bad Neuenahr-Ahrweiler* / Ahrweiler / **36 B5, 38**
Roßberg (P)	Essingen / – / **142 B4 (Nr. 36)**
Rossberg (HB)	Roßdorf / – / keine Karte
Rossel (N)	*Waldalgesheim* / Genheim / **114 E3**
Roßstein (Mrh)	Kaub / – / **80 A3**
Roßtal (F)	*Arnstein* / – / **209 AD26**
	Arnstein / *Halsheim*
	Arnstein / *Heugrumbach*
	Arnstein / *Müdesheim*
	Arnstein / *Reuchelheim*
	Eußenheim / –
	Gössenheim / –
	Himmelstadt / –
	Karlstadt / –
	Karlstadt / *Gambach*
	Karlstadt / *Karlburg*
	Karlstadt / *Stetten*
	Karsbach / –
	Laudenbach / –
	Mühlbach / –
	Retzstadt / –
	Zellingen / *Retzbach*
Rote Halde (B)	Sasbach / – / **170 AB2, 183**
Rotenberg (N)	Altenbamberg / – / **107 C4, 112**
	Duchroth / –
Rotenberg (N)	Oberhausen an der Nahe / – / **107 CD12**
Rotenberg (F)	*Sugenheim* / Ingolstadt / keine Karte
Rotenberg (Rhh)	Wachenheim / – / **125 D2**
Rotenbusch (B)	*Pfinztal* / Söllingen / **164 EF2**
Rotenfels (Rhh)	Alzey / – / **124 A6**
	Alzey / Heimersheim
Rotenfels (N)	Traisen / – / **107 A4, 114**
Rotenfelser im Winkel (N)	*Bad Münster am Stein-Ebernburg* / Bad Münster am Stein / **107 A5**
Rotenpfad (Rhh)	Flonheim / – / **120 F3 (Nr. 97)**
Rotenstein (Rhh)	Westhofen / – / **125 C3**
Roter Berg (P)	Hochstadt / – / **142 BC5 (Nr. 42)**
Roter Berg (W)	*Ilsfeld* / Schozach / **191 D4 (Nr. 26), 197**
Roter Berg (F)	*Ipsheim* / Weimersheim / keine Karte
Roter Berg (B)	Kenzingen / – / **171 D1**
Roter Bur (B)	Glottertal / – / **171 G4, 183**
Roterd (M)	*Neumagen-Dhron* / Dhron / **49 BD12**
Rotes Kreuz (Rhh)	Ingelheim / – / **120 B4 (Nr. 153)**
Rotfeld (N)	Nußbaum / – / **104 DE2 (Nr. 114)**
Rotgrund (B)	*Breisach* / Niederrimsingen / **170 F3, 183**
Rothenack (Mrh)	Bornich / – / **76 G5**
Rothenberg (Rhg)	*Eltville* / Rauenthal / **87 B3, 98**
Rothenberg (Rhh)	Gau-Algesheim / – / **120 C23 (Nr. 40)**
Rothenberg (Rhg)	Geisenheim / – / **86 E4, 95**
Rothenberg (N)	Langenlonsheim / – / **114 F45, 109**
Rothenberg (Rhh)	Nackenheim / – / **123 B56, 126**
Rothenberg (N)	*Rümmelsheim* / Burg Layen / **114 EF4**
Rotlay (M)	Platten / – / **51 B2**
	Zeltingen-Rachtig / –
Rotlay (M)	Sehlem / – / keine Karte
Rotlei (M)	*Trier* / Kürenz / **71 D3**
Rotsteig (B)	Malsch / – / **164 A4, 182**
Rott (HB)	*Alsbach-Hähnlein* / – / **155 BD5**
	Bensheim / –
	Bensheim / **Auerbach**
	Bensheim / *Schönberg*
	Zwingenberg / –
Rozenberg (W)	Mundelsheim / – / **191 E4 (Nr. 71)**
Rubenhöll (F)	Fuchsstadt / – / **208 BC3**
Rüberberger Domherrenberg (M)	Briedern / – / **54 AC45**
	Ellenz-Poltersdorf / Ellenz /
	Ellenz-Poltersdorf / Poltersdorf
	Senheim / – /
Ruthe (W)	*Nordheim* / – / **191 C2 (Nr. 30), 194**
	Schwaigern / –

S

Lage (Anbaugebiet)	Gemeinde / Ortsteil / Lageninfo
Saalhäuser (SU)	Bad Kösen / – / **224 D3, 225**
Saarfeilser Marienberg (M)	Schoden / – / **62 D3, 67**
Sackträger (Rhh)	Oppenheim / – / **123 DE6, 129**
Sängerhalde (B)	Markdorf / – / **180 D6 + 181 B2**
	Meersburg / –
	Stetten / –
Sätzler (B)	Baden-Baden / – / **167 AB5**
	Sinzheim / –
Salzberg (W)	**Eberstadt** / – / **192 DG56 + 193 EG12**
	Ellhofen / –
	Lehrensteinsfeld / –
	Löwenstein / –
	Neuenstadt am Kocher / *Cleversulzbach*
	Obersulm / **Affaltrach**
	Obersulm / **Eichelberg**
	Obersulm / **Eschenau**
	Obersulm / **Sulzbach**
	Obersulm / **Weiler**
	Obersulm / **Willsbach**
	Weinsberg / –
	Weinsberg / **Grantschen**
	Weinsberg / **Wimmental**
Sand (Rhh)	*Mainz* / Ebersheim / **120 D6 (Nr. 166)**
Sandberg (M)	Wiltingen / – / **32 B3**
Sanderberg (F)	*Aschaffenburg* / Obernau / keine Karte
Sandgrub (Rhg)	*Eltville* / – / **87 BC23, 99**
	Kiedrich / –
Sandrocken (B)	*Hirschberg* / Großsachsen / **162 C2**
Sankt Alban (Rhh)	**Bodenheim** / – / **120 CD45**
	Gau-Bischofsheim / –
	Harxheim / –
	Lörzweiler / –
	Mainz / *Ebersheim*

Registererklärung: Fett gesetzte Namen stehen für Großlagen. Wein darf sowohl unter dem Namen der Gemeinde als auch ihrer Ortsteile vermarktet werden. Kommen mehrere Gemeinden oder Ortsteile infrage, wurden per Landesverordnung Leitgemeinden ernannt, die als Namensträger dienen. Für die Namensgebung der Weine nicht relevante Angaben wurden *kursiv* gedruckt.

Die Schreibweisen der Lagen und Orte entsprechen den jeweiligen Weinbergrollen.

A = Ahr, B = Baden, F = Franken, HB = Hessische Bergstraße, Mrh = Mittelrhein, M = Mosel (mit Saar und Ruwer), N = Nahe, P = Pfalz, Rhg = Rheingau, Rhh = Rheinhessen, S = Sachsen, SU = Saale-Unstrut, W = Württemberg

Lage (Anbaugebiet)	Gemeinde / Ortsteil / Lageninfo
	Mainz / Hechtsheim
	Mainz / Laubenheim
Sankt Annaberg (P)	Burrweiler / – / **142 B3 (Nr. 50)**
Sankt Anna Kapelle (Rhg)	Flörsheim / – / **89 F5**
Sankt Castorhöhle (M)	Müden / – / **56 F6 + 57 F1**
Sankt Cyriakusstift (Rhh)	Worms / Neuhausen / **125 D5**
Sankt Georgen (Rhh)	Partenheim / – / **120 D34 (Nr. 35)**
Sankt Georgenberg (Rhh)	Jugenheim / – / **120 D34 (Nr. 126)**
Sankt Georgenberg (Rhh)	*Worms* / Pfeddersheim / **125 D34**
Sankt Georgshof (M)	Temmels / – / **46 B2 (Nr. 10)**
Sankt Jakobsberg (Rhh)	Ockenheim / – / **120 C2 (Nr. 33)**
Sankt Johännser (W)	Markgröningen / – / **191 FG12 (Nr. 76)**
	Vaihingen / Enzweihingen
Sankt Jost (Mrh)	*Bacharach* / Steeg / **80 D34, 81**
Sankt Julianenbrunnen (Rhh)	Guntersblum / – / **241 F1 (Nr. 247)**
Sankt Kathrin (Rhh)	Wolfsheim / – / **120 D3 (Nr. 59)**
Sankt Kiliansberg (Rhg)	*Wiesbaden* / Kostheim / **89 F2**
Sankt Klausen (F)	Ramsthal / – / **208 A5, 217**
Sankt Laurenzikapelle (Rhh)	Gau-Algesheim / – / **120 C23 (Nr. 41)**
Sankt Martin (N)	Bad Kreuznach / – / **104 C5 (Nr. 44)**
Sankt Martin (N)	Guldental / *Waldhilbersheim* / **114 FG34**
Sankt Martiner Hofberg (M)	*Trier* / Irsch / **71 E3**
Sankt Martiner Klosterberg (M)	Trier / *Irsch* / **71 E2**
	Trier / Tarforst
Sankt Martinsberg (Mrh)	Niederburg / – / **80 AB2, 81**
	Oberwesel / –
Sankt Martins-Kreuz (P)	Mertesheim / – / **136 C6**
Sankt Matheiser (M)	Trier / *Matthias* / **71 EF12**
Sankt Maximiner Kreuzberg (M)	Trier / – / **71 D2**
	Trier / Kürenz
Sankt Michael (M)	*Bekond* / – / **48 BF36**
	Detzem / – /
	Ensch / –
	Klüsserath / –
	Köwerich / –
	Leiwen / –
	Longen / –
	Mehring / –
	Mehring / Lörsch
	Pölich / –
	Schleich / –
	Thörnich / –
Sankt Michaelsberg (B)	Riegel / – / **170 A45**
Sankt Nikolaus (Rhg)	*Oestrich-Winkel* / Mittelheim / **86 D6**
Sankt Oswald (Mrh)	Manubach / – / **80 E4**
Sankt Petrusberg (M)	*Trier* / Kernscheid / **71 E3**
Sankt Remigiusberg (N)	Laubenheim / – / **114 E5, 109**
Sankt Rochuskapelle (Rhh)	*Aspisheim* / – / **120 CE12**
	Badenheim / –
	Biebelsheim / –
	Bingen / *Büdesheim*
	Bingen / Dietersheim
	Bingen / Dromersheim
	Bingen / Gaulsheim
	Bingen / Kempten
	Bingen / Sponheim
	Gensingen / –
	Grolsheim / –
	Horrweiler / –
	Ockenheim / –
	Pfaffen-Schwabenheim / –
	Welgesheim / –
	Zotzenheim / –
Sankt Ruppertsberg (N)	Gutenberg / Sankt Ruppertsberg / **104 C4 (Nr. 25)**
Sankt Stephan (P)	*Grünstadt* / Asselheim / **137 B1**
Sankt Werner Berg (Mrh)	*Oberwesel* / Dellhofen / **80 C3**
Satzenberg (B)	*Wertheim* / Reicholzheim / **200 B1, 201**
Sauberg (W)	Ötisheim / – / **190 EF45 (Nr. 53)**
Saukopf (Rhh)	Gau-Bickelheim / – / **120 E3 (Nr. 118)**
Saukopf (N)	Windesheim / – / **114 F3**
Sauloch (Rhh)	*Flörsheim-Dalsheim* / Dalsheim / **125 C5**
Saumagen (P)	Kallstadt / – / **137 F1, 148**
Sauschwänzel (P)	*Billigheim-Ingenheim* / Billigheim / **142 D3 (Nr. 90)**
Schäf (B)	Auggen/ – / **172 FG23**
	Neuenburg / Steinenstadt
Schäfergarten (P)	Insheim / – / **142 D4 (Nr. 83)**
	Rohrbach / –
Schäferlay (M)	Briedel / – / **53 C5**
Schäferslay (N)	Schöneberg / – / **104 B4 (Nr. 6)**
Schäwer (P)	Burrweiler / – / **142 C3 (Nr. 51), 150**
Schafberg (P)	Großniedesheim / – / **137 BC5**
Schafsteige (W)	Niederstetten / – / **200 FG6**
	Niederstetten / Oberstetten
	Niederstetten / Vorbachzimmern
	Niederstetten / Wermutshausen
	Weikersheim / Laudenbach
	Weikersheim / Haagen
Schalk (F)	Elsenfeld / Rück / **206 C3**
Schalkstein (W)	*Affalterbach* / – / **190 FG6 + 191 DG16**
	Aspach / Allmersbach
	Aspach / Kleinaspach
	Aspach / Rietenau
	Asperg / –
	Benningen / –
	Besigheim / –
	Bietigheim-Bissingen / **Bietigheim**
	Bietigheim-Bissingen / **Bissingen**
	Erdmannshausen / –
	Freiburg/Neckar / Beihingen
	Gemmrigheim / –
	Hessigheim / –
	Ingersheim / *Kleiningersheim*
	Ingersheim / Großingersheim
	Kirchberg/Murr / –
	Löchgau / –
	Ludwigsburg / Hoheneck
	Ludwigsburg / Neckarweihingen
	Ludwigsburg / Poppenweiler
	Marbach/Neckar / –
	Marbach/Neckar / **Rielingshausen**
	Markgröningen / –
	Mundelsheim / –
	Murr / –
	Steinheim / –
	Steinheim / **Höpfigheim**
	Vaihingen / Enzweihingen
	Walheim / –
Schanzreiter (W)	Illingen / – / **190 E56 (Nr. 55)**
	Mühlacker / Lienzingen
	Vaihingen / Enzingen
Scharlachberg (Rhh)	*Bingen* / Büdesheim / **120 C1 (Nr. 8), 124**
Scharlachberg (F)	Thüngersheim / – / **209 DE5, 217**
Scharrenberg (W)	*Stuttgart* / Degerloch / **186 EF5**
Scharzhofberg (M)	*Wiltingen* / Scharzhofberg / **62 C4, 65**

Lage (Anbaugebiet)	Gemeinde / Ortsteil / Lageninfo
Scharzberg (M)	*Ayl* / – / **62**
	Ayl / *Biebelhausen*
	Kanzem / –
	Kastel-Staadt / –
	Konz / –
	Konz / *Falkenstein*
	Konz / *Filzen*
	Konz / *Hamm*
	Konz / *Krettnach*
	Konz / *Kommlingen*
	Konz / *Könen*
	Konz / *Niedermennig*
	Konz / *Oberemmel*
	Konz / *Obermennig*
	Ockfen / –
	Pellingen / –
	Saarburg / –
	Saarburg / *Niederleuken*
	Schoden / –
	Serrig / –
	Wawern / –
	Wiltingen / –
	Wiltingen / *Scharzhofberg*
Schatzgarten (M)	*Traben-Trarbach* / Wolf / **53 E3**
Scheidterberg (M)	Ayl / – / **62 D12**
	Ayl / *Biebelhausen*
Scheinberg (F)	*Euerdorf* / Wirmsthal / **208 E5**
Schellenbrunnen (B)	*Östringen* / Tiefenbach / **164 B5**
Schelm (M)	Briedel / – / **53 BC45**
Schelmen (Rhh)	Wahlheim / – / **124 B6**
Schelmenklinge (W)	*Ilsfeld* / Schozach / **191 D4 (Nr. 25)**
Schelmenstück (Rhh)	Bingen / *Büdesheim* / **120 C1 (Nr. 9)**
	Bingen / *Dietersheim*
Schemelsberg (W)	Weinsberg / – / **192 EF45, 197**
Schenkenberg (W)	Esslingen / – / **187 EF12, 196**
	Esslingen / Mettingen
Schenkenböhl (P)	**Bad Dürkheim** / – / **138 AB24**
	Wachenheim an der Weinstraße / –
Scherenberg (F)	Gemünden / – / **209 A3**
Scheuerberg (W)	Neckarsulm / – / **192 DE35, 197**
	Neckarsulm / *Dahenfeld*
Schieferlay (A)	*Bad Neuenahr-Ahrweiler* / Neuenahr / **36 B6, 41**
Schieferlay (A)	Dernau / – / **36 C34**
Schießlay (M)	Thörnich / – / **48 CD45**
Schikanenbuckel (N)	Rehborn / – / **104 F3 (Nr. 135)**
Schild (F)	**Abtswind** / – / **214 E3**
	Castell / –
	Castell / *Greuth*
	Prichsenstadt / *Kirchschönbach*
Schildberg (Rhh)	Sulzheim / – / **120 E4 (Nr. 113)**
Schlangenberg (F)	Sulzthal / – / **208 B4**
Schlangengraben (M)	Wiltingen / – / **62 CD3**
Schleidberg (M)	*Tawern* / Fellerich / **46 B23 (Nr. 9)**
Schlemmertröpfchen (M)	Bremm / – / **54 BC2**
Schlierbach (W)	*Obersulm* / Weiler / **193 F1**
Schlipf (B)	Weil / – / **175 EF4**
Schlittberg (P)	Römerberg bei Speyer / *Mechtersheim* / **143 B12 (Nr. 46)**
Schlössel (P)	*Neustadt an der Weinstraße* / Gimmeldingen an der Weinstraße / **141 EF4, 150**
	Neustadt an der Weinstraße / *Mußbach an der Weinstraße*
Schloß (Rhh)	Dienheim / – / **121 E1 (Nr. 250)**
	Oppenheim / –
Schloß (P)	Edesheim / – / **142 B4 (Nr. 28)**
Schloß (P)	Grünstadt / – / **137 BC1**
	Grünstadt / Asselheim
Schloß (F)	Laudenbach / – / **209 C3**
Schloß (P)	Obrigheim / Colgenstein / **137 B2**
Schloß (Rhh)	Uelversheim / – / **120 EF6 (Nr. 261)**
Schloß (Rhh)	*Worms* / Herrnsheim / **125 CD45**
Schloßberg (N)	Altenbamberg / – / **107 C5**
Schloßberg (F)	*Alzenau* / Wasserlos / keine Karte
Schlossberg (B)	*Baden-Baden* / Neuweier / **167 C5, 179**
Schloßberg (Mrh)	Bad Hönningen / – / keine Karte
Schloßberg (N)	*Bad Münster am Stein-Ebernburg* / Ebernburg / **107 B4**
Schloßberg (F)	*Bad Windsheim* / Ickelheim / keine Karte
Schloßberg (P)	Battenberg / – / **136 D6**
Schloßberg (M)	Beilstein / – / **54 BC6**
Schloßberg (M)	Bekond / – / **48 C34**
Schloßberg (M)	*Bernkastel-Kues* / *Andel* / **51 DE45**
	Bernkastel-Kues / Bernkastel
Schloßberg (P)	Bockenheim an der Weinstraße / – / **137 A2**
Schloßberg (P)	Bolanden / – / keine Karte
Schlossberg (W)	Brackenheim / – / **191B C2 (Nr. 31), 195**
	Brackenheim / Neipperg
	Heilbronn / Klingenberg
Schloßberg (N)	*Braunweiler* / – / **104 C4 (Nr. 76)**
	Mandel / –
	Sponheim / –
Schloßberg (M)	Burg / – / **53 D4**
Schloßberg (N)	Burgsponheim / – / **104 D3 (Nr. 93)**
Schloßberg (F)	Castell / – / **214 F5, 212**
Schloßberg (M)	Cochem / – / **56 G3**
Schloßberg (N)	Dalberg / – / **104 B4 (Nr. 9)**
Schloßberg (F)	*Dietersheim* / Ickelheim / keine Karte
Schlossberg (SU)	Dorndorf / – / **224 G3**
Schloßberg (B)	Durbach / – / **168 C4**
Schloßberg (F)	Elfershausen / Engenthal / **208 B4**
	Elfershausen / Trimberg
Schloßberg (Rhg)	*Eltville* / Erbach / **87 C2, 94**
Schloßberg (B)	Freiburg / – / **173 A2, 183**
Schloßberg (Rhh)	Gau-Heppenheim / – / **121 G5 (Nr. 279)**
Schloßberg (N)	Gutenberg / – / **104 C4 (Nr. 27)**
Schloßberg (F)	Hammelburg / Saaleck / **208 B12, 217**
	Hammelburg / *Obereschenbach*
	Hammelburg / *Untereschenbach*
Schloßberg (Mrh)	Hammerstein / – / keine Karte
Schloßberg (Rhh)	Harxheim / – / **120 D6 (Nr. 185)**
Schloßberg (B)	*Hohberg* / Diersburg / **166 G2, 182**
Schloßberg (B)	Ihringen / – / **170 D2, 176**
	Vogtsburg / Achkarren
	Vogtsburg / Oberrotweil
Schlossberg (W)	*Ilsfeld* / Auenstein / **191 D5 (Nr. 5)**
Schloßberg (Rhh)	Ingelheim / – / **120 C3 (Nr. 142)**
Schloßberg (Rhh)	*Ingelheim* / Groß-Winternheim / **120 C34 (Nr. 137)**
Schlossberg (W)	Ingersheim / Großingersheim / **191 F3 (Nr. 74)**
	Ingersheim / *Kleiningersheim*
Schloßberg (M)	Kanzem / – / **62 C2**
Schloßberg (B)	*Kenzingen* / Hecklingen / **171 E12, 183**
Schloßberg (F)	Klingenberg am Main / – / **206 DE23, 210**
Schloßberg (F)	*Knetzgau* / Zell am Ebersberg / keine Karte
Schloßberg (M)	*Kobern-Gondorf* / Gondorf / **57 BC3**
	Kobern-Gondorf / Kobern
Schloßberg (M)	Lieser / – / **51 CD34**
Schlossberg (Rhg)	Lorch / – / **85 E4, 97**
Schloßberg (N)	Martinstein / – / **104 D1 (Nr. 103)**
Schloßberg (Rhh)	Mettenheim / – / **120 F6 + 121 F1 (Nr. 292)**
Schloßberg (Mrh)	Nassau / – / **76 B5**
Schloßberg (P)	Neuleiningen / – / **136 D6**
Schloßberg (P)	*Neustadt an der Weinstraße* / Hambach an der Weinstraße / **138 FG23**
Schloßberg (P)	Niederkirchen / – / **138 BC45**
Schloßberg (B)	Oberkirch / – / **166 DE34**
	Oberkirch / Haslach
	Oberkirch / Ringelbach
	Oberkirch / Stadelhofen
	Oberkirch / Tiergarten
Schloßberg (N)	Obermoschel / – / **104 F4 (Nr. 148)**
Schlossberg (Rhg)	*Oestrich-Winkel* / Winkel / **86 CD5**
Schloßberg (Rhh)	Oppenheim / – / **121 E1 (Nr. 240)**
Schloßberg (B)	Ortenberg / – / **168 E2, 182**
Schloßberg (M)	*Perl* / Nennig / **46 E1 (Nr. 23)**
Schloßberg (P)	*Pleisweiler-Oberhofen* / Pleisweiler / **142 E23 (Nr. 100)**
Schloßberg (N)	Raumbach/Glan / – / **104 F3 (Nr. 138)**
Schlossberg (B)	*Rauenberg* / Rotenberg / **164 A4**
Schloßberg (P)	Rhodt unter Rietbrug / – / **142 B3 (Nr. 20), 151**
Schloßberg (N)	*Rümmelsheim* / Burg Layen / **114 E4, 115**

Registererklärung: Fett gesetzte Namen stehen für Großlagen. Wein darf sowohl unter dem Namen der Gemeinde als auch ihrer Ortsteile vermarktet werden. Kommen mehrere Gemeinden oder Ortsteile infrage, wurden per Landesverordnung Leitgemeinden ernannt, die als Namensträger dienen. Für die Namensgebung der Weine nicht relevante Angaben wurden *kursiv* gedruckt.

Die Schreibweisen der Lagen und Orte entsprechen den jeweiligen Weinbergrollen.

A = Ahr, B = Baden, F = Franken, HB = Hessische Bergstraße, Mrh = Mittelrhein, M = Mosel (mit Saar und Ruwer), N = Nahe, P = Pfalz, Rhg = Rheingau, Rhh = Rheinhessen, S = Sachsen, SU = Saale-Unstrut, W = Württemberg

Lage (Anbaugebiet)	Gemeinde / Ortsteil / Lageninfo
Schloßberg (M)	Saarburg / – / **62 E2**
Schlossberg (B)	*Salem* / Kirchberg / **181 D1**
Schloßberg (Rhh)	Saulheim / – / **120 D4 (Nr. 199)**
Schloßberg (F)	*Schonungen* / Mainberg / keine Karte
Schloßberg (B)	Schriesheim / – / **162 D2**
Schloßberg (Rhh)	Schwabenheim / – / **120 C34 (Nr. 135)**
Schloßberg (M)	Sommerau / – / **71 E5**
Schloßberg (B)	Staufen / – / **172 D56, 183**
	Staufen / Grunern
Schloßberg (W)	*Stuttgart* / Hohenheim / **186 G6**
Schloßberg (W)	*Stuttgart* / Rotenberg / **187 E1**
	Stuttgart / Üntertürkheim
Schloßberg (W)	Talheim / – / **191 C34 (Nr. 18)**
Schloßberg (M)	*Traben-Trarbach* / Trarbach / **53 G34**
Schlossberg (W)	Untergruppenbach / – / **191 C45 (Nr. 20)**
Schlossberg (SU)	Vitzenburg / – / **224 A1**
Schloßberg (B)	*Vogtsburg* / Burkheim / **170 C2**
Schloßberg (F)	*Volkach* / Hallburg / **213 E4, 217**
Schloßberg (P)	Wachenheim / – / **141 B4**
Schloßberg (P)	Weingarten / – / **142 BC6 (Nr. 44)**
Schloßberg (B)	Wertheim / – / **200 A1**
Schloßberg (M)	Wiltingen / – / **62 C2**
Schlossberg (W)	*Winnenden* / Baach / **178 B4**
	Winnenden / Bürg
Schloßberg (F)	Würzburg / – / **211 B1**
Schloßberg (M)	*Zeltingen-Rachtig* / Zeltingen / **51 B4**
Schloßberg (HB)	**Heppenheim** / – / **155 DF56**
	Heppenheim / Erbach
	Heppenheim / Unter-Hambach
Schloßberg (F)	**Großlangheim** / – / **214 AB14**
	Iphofen / –
	Kitzingen / Hoheim
	Kitzingen / Sickershausen
	Kleinlangheim / –
	Mainbernheim / –
	Rödelsee / –
	Wiesenbronn / –
Schloßberg Schwätzerchen (Rhh)	Bingen / *Büdesheim* / **120 C12 (Nr. 1)**
	Bingen / Kempten
Schloß Bübingen (M)	*Besch* / – / **46 EG1**
	Perl / –
	Perl / Oberperl
	Perl / Nennig
	Perl / Sehndorf
	Tettingen / –
	Wochern / –
Schloßgarten (N)	Bretzenheim / – / **104 C56 (Nr. 66)**
Schloßgarten (P)	Burrweiler / – / **142 BC3 (Nr. 52)**
Schloßgarten (P)	Friedelsheim / – / **138 A4**
Schlossgarten (Rhg)	Geisenheim / – / **86 E45**
Schloßgarten (Rhg)	*Hochheim* / Massenheim / **89 E4**
Schloßgarten (P)	Kirchheimbolanden / – / keine Karte
Schloßgarten (P)	Kleinniedesheim / – / **137 B5**
Schlossgarten (B)	*Müllheim* / Hügelheim / **172 F3**
Schloßgarten (Rhh)	Offstein / – / **125 E3**
Schloßgarten (N)	Schweppenhausen / – / **114 EF23**
Schloßgarten (B)	*Vogtsburg* / Burkheim / **170 BC2, 183**
Schloss Grohl (B)	Durbach / – / **168 C4, 178**
Schloß Gutenberg (N)	Gutenberg / – / **104 C4 (Nr. 28)**
Schloß Hammerstein (Rhh)	Albig / – / **120 FG4 (Nr. 280)**
	Alzey / –
Schloßhölle (Rhh)	Gumbsheim / – / **120 F23 (Nr. 116)**
	Wöllstein / –
Schloß Hohenrechen (Rhh)	Nierstein / – / **123 C5**
Schloß Hohneck (Mrh)	Niederheimbach / – / **80 EF5**
Schloss Johannisberg (Rhg)	*Geisenheim* / Johannisberg / **86 D5, 91**
Schloßkapelle (N)	*Bingen / Bingerbrück* / **104 AC46 + 114**
	Dorsheim / –
	Eckenroth / –
	Guldental / –
	Guldental / Heddesheim
	Guldental / Waldhilbersheim
	Langenlonsheim / –
	Laubenheim / –
	Münster-Sarmsheim / **Münster**
	Münster-Sarmsheim / Sarmsheim
	Rümmelsheim / –
	Rümmelsheim / **Burg Layen**
	Schweppenhausen / –
	Waldalgesheim / Genheim
	Waldlaubersheim / –
	Weiler / –
	Windesheim / –
Schloßleite (F)	Eltmann / – / keine Karte
Schloß Ludwigshöhe	**Edenkoben** / – / **142 AB34**
	St. Martin / –
Schloßpark (F)	*Volkach* / Gaibach / **213 C4**
Schloß Proschwitz (S)	*Winkwitz* / Proschwitz / **218 D3, 221**
Schloß Randeck (N)	*Mannweiler-Cölln* / Mannweiler / **104 F4 (Nr. 170)**
Schloß Reichenstein (Mrh)	*Niederheimbach* / – / **80 EG46 + 81 FG1**
	Oberheimbach / –
	Trechtingshausen / –
Schloß Reichartshausen (Rhg)	*Oestrich-Winkel* / Oestrich / **87 D1**
Schloß Rheinburg (B)	Gailingen / – / keine Karte, **183**
Schloss Rodeck (B)	*Achern / Mösbach* / **166 AD 36 + 167**
	Achern / Oberachern
	Achern / Onsbach
	Baden-Baden / –
	Baden-Baden / **Neuweier**
	Baden-Baden / **Steinbach**
	Baden-Baden / **Varnhalt**
	Bühl / –
	Bühl / Altschweier
	Bühl / Eisental
	Bühl / Neusatz
	Bühlertal / –
	Gernsbach / **Obertsrot**
	Gernsbach / Hilpertsau
	Gernsbach / Staufenberg
	Kappelrodeck / –
	Kappelrodeck / Furschenbach
	Kappelrodeck / Waldulm
	Lauf / –
	Ottersweier / –
	Renchen / –
	Sasbach / –
	Sasbach / **Obersasbach**
	Sasbachwalden / –
	Sinsheim / –
	Weisenbach / –
Schloß Saarfelser Schloßberg (M)	Serrig / – / **62 G3, 67**
Schloß Saarstein (M)	Serrig / – / **62 F3, 66**
Schloß Schönburg (Mrh)	*Damscheid* / – / **80 AD13**
	Niederburg / –
	Oberwesel / –
	Oberwesel / Dellhofen
	Oberwesel / Engehöll
	Oberwesel / Langscheid
	Oberwesel / Urbar
	Perscheid / –
Schloß Schwabsburg (Rhh)	Nierstein / – / **123 CD 45**
	Nierstein / Schwabsburg

Lage (Anbaugebiet)	Gemeinde / Ortsteil / Lageninfo
Schloß Stahlberg (Mrh)	Bacharach / *Breitscheid* / 80 D3
	Bacharach / Steeg
Schloß Stahlberg (Mrh)	**Bacharach** / – / **80 CF25**
	Bacharach / Breitscheid
	Bacharach / Steeg
	Manubach / –
	Oberdiebach / –
	Oberdiebach / Schloß Fürstenberg
Schloß Staufenberg (B)	Durbach / – / **168 BC4, 178**
Schloßsteige (W)	*Beuren* / – / keine Karte
	Frickenhausen / –
	Linsenhofen / –
	Kohlberg / –
	Metzingen / –
	Neuffen / –
	Neuffen / Käppishäusern
	Weilheim / –
Schloß Thorner Kupp (M)	*Palzem* / Kreuzweiler / **46 DE1 (Nr. 22)**
Schloß Vollrads (Rhg)	*Oestrich-Winkel* / Winkel / **86 C5, 99**
Schloßweinberg (S)	*Diera / Golk* / **218 AE24**
	Gröbern / –
	Merschwitz / –
	Niederau / **Oberau**
	Seußlitz / –
	Seußlitz / Diesbar
	Weinböhla / –
Schlosswengert (W)	*Beilstein* / Hohenbeilstein / **191 D5 (Nr. 8), 197**
Schloß Westerhaus (Rhh)	Ingelheim / – / **120 C3 (Nr. 141)**
	Ingelheim / Groß-Westernheim
Schlüsselberg (W)	*Schöntal* / Bieringen / keine Karte
Schmecker (W)	Weikersheim / – / **200 F56**
Schmitts-Kapellchen (Rhh)	Nackenheim / – / **121 D1 (Nr. 211)**
Schneckenberg (Rhh)	*Worms* / Heppenheim / **125 F34**
Schneckenhof (W)	*Bretzfeld* / Adolzfurt / **193 EF23**
	Bretzfeld / Geddelsbach
	Bretzfeld / Unterheimbach
	Wüstenrot / Maienfels
Schnepfenflug an der Weinstraße (P)	*Deidesheim* / – / **141 AB56**
	Bischheim / –
	Forst an der Weinstraße / –
	Friedelsheim / –
	Wachenheim / –
Schnepfenflug vom Zellertal (P)	*Albisheim* / – / keine Karte
	Bolanden / –
	Bubenheim / –
	Einselthum / –
	Gauersheim / –
	Immesheim / –
	Kerzenheim / –
	Kirchheimbolanden / –
	Morschheim / –
	Niefernheim / –
	Ottersheim/Zellertal / –
	Rittersheim / –
	Rüssingen / –
	Stetten / –
	Zellertal / Harxheim
	Zellertal / **Zell**
Schnepp (P)	Obersülzem / – / **137 C2**
Schnorbach-Brückstück (Mrh)	Koblenz / – / **76 A2**
Schön (W)	*Bad Friedrichshall* / Duttenberg / **192 C23**
	Bad Friedrichshall / Offenau
Schönberg (Rhh)	Lonsheim / – / **120 F34 (Nr. 105)**
Schöne Aussicht (SU)	Bad Kösen / – / **224 DE3**
Schönhell (Rhg)	*Oestrich-Winkel* / Hallgarten / **86 C6**
Schönhölle (Rhh)	Ockenheim / – / **120 C2 (Nr. 28)**
Schöntal (HB)	*Alsbach-Hähnlein* / Alsbach / **155 BC5**
Schollerbuckel (B)	Eberbach / – / keine Karte
Schozachtal (W)	**Abstatt** / – / **191 CD46**
	Ilsfeld / –
	Ilsfeld / **Auenstein**
	Löwenstein / –
	Untergruppenbach / **Unterheinriet**
Schubertslay (M)	Piesport / – / **49 A1, 57**
Schützenberg (B)	Berghaupten / – / **166 G2, 182**
Schützenhaus (Rhg)	*Elrville* / Hattenheim / **87 C1, 96**
Schützenhütte (Rhh)	Dolgesheim / – / **120 F6 (Nr. 256)**
Schützenhütte (Rhh)	Oppenheim / – / **123 DE6**
Schützenlay (M)	*Ediger-Eller* / Eller / **54 B3**
Schutterlindenberg (B)	*Ettenheim* / **Münchweier** / **171 AC12**
	Ettenheim / Wallburg
	Friesenheim / –
	Friesenheim / **Heiligenzell**
	Friesenheim / **Oberschopfheim**
	Friesenheim / Oberweier
	Kippenheim / –
	Kippenheim / **Schmieheim**
	Lahr / –
	Lahr / Hugsweier
	Lahr / Mietersheim
	Lahr / Sulz
	Mahlberg / –
Schwalben (Rhh)	Wackernheim / – / **120 B4 (Nr. 157)**
Schwalbennest (N)	Raumbach/Glan / – / **104 F3 (Nr. 137)**
Schwanleite (F)	Rödelsee / – / **214 F3**
Schwarze Katz (M)	**Zell** / – / **54 EG35**
	Zell / Kaimt
	Zell / Merl
Schwarzenberg (Rhh)	*Bingen* / Büdesheim / **120 C3 (Nr. 10)**
Schwarzenberg (M)	Valwig / – / **56 G4**
Schwarzenstein (Rhg)	*Geisenheim* / Johannisberg / **86 D5**
Schwarzerde (P)	*Bissersheim* / – / **137 BE15**
	Dirmstein / –
	Gerolsheim / –
	Großkarlbach / –
	Großniedesheim / –
	Heuchelheim bei Frankenthal / –
	Heßheim / –
	Kirchheim an der Weinstraße / –
	Kleinniedesheim / –
	Laumersheim / –
	Obersülzen / –
Schwarzer Herrgott (P)	*Zellertal* / Zell / keine Karte
Schwarzer Letten (P)	Edenkoben / – / **142 B4 (Nr. 17)**
Schwarzes Kreuz (P)	Freinsheim / – / **137 F 23**
Schwarzlay (M)	*Bausendorf / Olkenbach* / **51 BC12 + 52 E6 + 53 CG15**
	Bengel / –
	Burg / –
	Dreis / –
	Enkirch / –
	Erden / –
	Flußbach / –
	Hupperath / –
	Kinderbeuren / –
	Kinheim / –
	Lösnich / –
	Platten / –
	Starkenburg / –
	Traben-Trarbach / Traben
	Traben-Trarbach / Trarbach
	Traben-Trarbach / Wolf
	Ürzig / –
	Wittlich / –
	Wittlich / Lüxem
	Zeltingen-Rachtig
Schweigenberge (SU)	*Brandroda* / – / **224 AC15**
	Burgscheidungen / –
	Freyburg / –
	Gleina / Müncherode
	Gleina / Zscheiplitz
	Grockstädt / Spielberg
	Gröst / –
	Hirschroda / –
	Karsdorf / –
	Laucha / Dorndorf
	Nebra / –
	Reinsdorf / –
	Schleberoda / –

Registererklärung: Fett gesetzte Namen stehen für Großlagen. Wein darf sowohl unter dem Namen der Gemeinde als auch ihrer Ortsteile vermarktet werden. Kommen mehrere Gemeinden oder Ortsteile infrage, wurden per Landesverordnung Leitgemeinden ernannt, die als Namensträger dienen. Für die Namensgebung der Weine nicht relevante Angaben wurden *kursiv* gedruckt.

Die Schreibweisen der Lagen und Orte entsprechen den jeweiligen Weinbergrollen.

A = Ahr, B = Baden, F = Franken, HB = Hessische Bergstraße, Mrh = Mittelrhein, M = Mosel (mit Saar und Ruwer), N = Nahe, P = Pfalz, Rhg = Rheingau, Rhh = Rheinhessen, S = Sachsen, SU = Saale-Unstrut, W = Württemberg

Lage (Anbaugebiet)	Gemeinde / Ortsteil / Lageninfo
	Steigra / –
	Vitzenburg / –
	Weischütz / –
	Zeuchfeld / –
Schwobajörgle (W)	*Neuenstein* / Eschelbach / **193 DE45**
	Neuenstein / Kesselfeld
Seehalde (W)	Nonnenhorn / – / **180 F4**
Seidenberg (N)	*Mannweiler-Cölln* / Cölln / **104 G4 (Nr. 171)**
Seilgarten (Rhh)	Bermersheim / – / **125 C23**
Seligmacher (P)	*Landau in der Pfalz* / Arzheim / **142 CD23 (Nr. 75)**
	Ranschbach / –
Seligmacher (Rhg)	*Lorch* / Lorchhausen / **85 E4, 99**
Senn (P)	Kleinkarlbach / – / **137 D1**
Servatiusberg (M)	Briedern / – / **54 B5**
Sieben Jungfrauen (Mrh)	Oberwesel / – / **80 A3**
Siegelsberg (Rhg)	*Eltville* / Erbach / **87 C2, 94**
Silberberg (A)	*Bad Neuenahr-Ahrweiler* / Ahrweiler / **36 BC5, 39**
Silberberg (B)	Balingen / – / **170 B45**
Silberberg (M)	Beilstein / – / **54 B6**
	Ellenz-Poltersdorf
Silberberg (Rhh)	Bodenheim / – / **120 C6 (Nr. 178), 130**
Silberberg (B)	*Kraichtal* / *Menzingen* / **164 C4**
	Kraichtal / *Münzesheim*
	Kraichtal / Neuenbürg
Silberberg (Rhh)	Mölsheim / – / **124 DE2, 131**
	Monsheim / –
Silberberg (P)	Niederhorbach / – / **142 E23 (Nr. 97)**
Silberberg (N)	Niedermoschel / – / **104 F4 (Nr. 151), 113**
	Obermoschel / –
Silberberg (P)	Walsheim / – / **142 C4 (Nr. 61)**
Silbergrube (Rhh)	Mommenheim / – / **120 D6 (Nr. 235)**
Silberquell (B)	*Tauberbischofsheim* / Impfingen / **200 C3**
Siliusbrunnen (Rhh)	Dienheim / – / **123 F5**
Sioner Klosterberg (Rhh)	*Alzey* / *Weinheim* / **124 B5**
	Mauchenheim / –
Söhrenberg (W)	*Waiblingen* / Neustadt / **187 C2**
Sommerberg (W)	Abstatt / – / **191 C56 (Nr. 1)**
	Löwenstein / –
	Untergruppenbach / Unterheinriet
Sommerberg (B)	Ebringen / – / **172 B2**
Sommerhalde (W)	Eberstadt / – / **192 DE5**
Sommerhalde (B)	*Kenzingen* / Bombach / **171 E2, 183**
Sommerhalde (W)	Korb / – / **187 BC3**
Sommerhalde (W)	Reutlingen / – / keine Karte
Sommerleite (F)	*Elfershausen* / Machtilshausen / **208 B3**
Sommerstuhl (F)	Güntersleben / – / **209 D5**
Sommertal (F)	*Knetzgau* / Oberschwappach / keine Karte
Sommerwende (Rhh)	Hangen-Weisheim / – / **125 B2**
Sonnberg (B)	Laudenbach / – / **162 A2**
Sonne (Mrh)	Oberheimbach / – / **80 F5**
Sonneberg (F)	*Sugenheim* / Neundorf / keine Karte
Sonneck (M)	Bullay / – / **54 E3**
Sonneck (SU)	*Naumburg* / *Eulau* / **224 CD45, 225**
	Naumburg / Großjena
Sonneck (M)	*Zell* / Merl / **54 E3**
Sonnenberg (Rhh)	Alsheim/ – / **121 F1 (Nr. 289), 130**
Sonnenberg (Rhh)	*Alzey* / Heimersheim / **124 A56**
Sonnenberg (B)	*Angelbachtal* / Eichtersheim / **165 AB5**
	Angelbachtal / Michelfeld
	Sinsheim / Eschelbach
	Sinsheim / *Waldangelloch*
Sonnenberg (Rhh)	Aspisheim / – / **120 D2 (Nr. 26)**
Sonnenberg (B)	*Baden-Baden* / Varnhalt / **167 B45**
	Sinzheim / –
Sonnenberg (A)	*Bad Neuenahr-Ahrweiler* / Neuenahr / **37 B1, 39**
Sonnenberg (N)	*Bad Sobernheim* / – / **104 D2 (Nr. 112)**
	Nußbaum / –
Sonnenberg (SU)	*Bad Sulza* / – / **224 E2, 225**
	Großheringen / –
	Sonnendorf / –
Sonnenberg (Rhh)	Bechtolsheim / – / **120 F5 (Nr. 269)**
Sonnenberg (P)	Bockenheim an der Weinstraße / – / **136 AB6 + 137 AB12**
	Kindenheim / –
	Obrigheim / Mülheim
Sonnenberg (W)	Bönnigheim / – / **191 D2 (Nr. 65), 196**
Sonnenberg (M)	*Cochem* / Sehl / **56 G4**
Sonnenberg (N)	Dahlberg / – / **104 C3 (Nr. 7)**
Sonnenberg (P)	Ellerstadt / – / **137 G34**
Sonnenberg (Rhg)	Eltville / – / **87 BC4, 99**
Sonnenberg (P)	Essingen / – / **142 C4 (Nr. 37)**
Sonnenberg (W)	Flein / – / **191 C4 (Nr. 15)**
	Heilbronn / –
	Talheim / –
Sonnenberg (B)	*Freiburg* / Opfingen / **170 EF34**
Sonnenberg (W)	Gemmingen / – / **191 BC1 (Nr. 45)**
	Schwaigern / –
	Schwaigern / Stetten
Sonnenberg (P)	Gönnheim / – / **138 A5**
Sonnenberg (N)	Guldental / *Heddersheim* / **114 G4**
Sonnenberg (B)	Gundelfingen / – / **171 G3**
	Gundelfingen / Wildtal
Sonnenberg (Rhh)	Gundheim / – / **125 C3**
Sonnenberg (Rhh)	Guntersblum / – / **121 F1 (Nr. 245)**
Sonnenberg (Rhh)	Hackenheim / – / **120 E1 (Nr. 66)**
Sonnenberg (N)	Hergenfeld / – / **104 B4 (Nr. 13)**
Sonnenberg (Rhh)	Hohen-Sülzen / – / **125 E23**
Sonnenberg (P)	Ilbesweiler / – / **142 D23 (Nr. 76), 151**
	Leinsweiler / –
Sonnenberg (Rhh)	Ingelheim / – / **120 C3 (Nr. 145), 131**
Sonnenberg (M)	Irsch / – / **62 EF34**
Sonnenberg (M)	Kanzem / – / **62 C23**
Sonnenberg (M)	*Konz* / Niedermennig / **62 A45**
Sonnenberg (W)	*Korb* / Kleinheppach / **187 C3**
Sonnenberg (F)	Marktbreit / – / **211 EF5**
Sonnenberg (F)	*Markt Eisenheim* / Untereisenheim / **213 CD3**
Sonnenberg (P)	Neuleiningen / – / **136 D6**
Sonnenberg (Rhh)	Nieder-Olm / – / **120 D5 (Nr. 214)**
Sonnenberg (P)	Oberotterbach / – / **142 F2 (Nr. 104a), 149**
	Schweigen-Rechtenbach / Schweigen
	Schweighofen / –
Sonnenberg (B)	*Pfinztal* / Berghausen / **164 EF2**
Sonnenberg (W)	*Remshalden* / Geradstetten / **187 DE34**
	Weinstadt / Beutelsbach
	Weinstadt / Schnait
Sonnenberg (N)	Roxheim / – / **104 C4 (Nr. 81)**
Sonnenberg (M)	Schleich / – / **48 DE4**
Sonnenberg (N)	Schöneberg / – / **104 B4 (Nr. 11)**
Sonnenberg (Rhh)	Schwabenheim / – / **120 C4 (Nr. 134)**
Sonnenberg »Kammerberg« (P)	Schweigen / – / **142 F1 (Nr. 104c), 146**
Sonnenberg »Rädling« (P)	Schweigen / – / **142 F1 (Nr. 104b), 150**
Sonnenberg (N)	Sommerloch / – / **104 C4 (Nr. 23)**
Sonnenberg (Rhh)	Sprendlingen / – / **120 E2 (Nr. 52)**
Sonnenberg (Rhh)	Stein-Bockenheim / – / **120 FG2 (Nr. 76)**
	Wonsheim / –
Sonnenberg (M)	*Trier* / Ruwer / **71 B4**
Sonnenberg (Rhh)	Udenheim / – / **120 D5 (Nr. 205)**
Sonnenberg (Mrh)	Unkel / – / keine Karte
	Unkel / *Scheuren*
Sonnenberg (Rhh)	Vendersheim / – / **120 E34 (Nr. 115)**
Sonnenberg (M)	Waldrach / – / **71 DE56**
Sonnenberg (P)	Weisenheim am Berg / – / **137 E1**
Sonnenberg (B)	*Wertheim* / Dertingen / **200 A2**
	Wertheim / Kembach

Lage (Anbaugebiet)	Gemeinde / Ortsteil / Lageninfo
Sonnenbichl (W)	*Kressbronn* / – / **180 F4**
	Nonnenhorn / –
Sonnenbrunnen (B)	Lörrach/ – / **175 F4**
Sonnenbühl (W)	*Kernen* / **Rommelshausen** / **187 DE24**
	Kernen / **Stetten**
	Weinstadt / **Beutelsbach**
	Weinstadt / **Endersbach**
	Weinstadt / **Schnait**
	Weinstadt / **Strümpfelbach**
Sonnenhain (F)	Remlingen / – / **207 FG2**
Sonnenhalde (B)	Konstanz / – / **180 D4**
Sonnenhalden (W)	Tübingen / – / keine Karte
	Tübingen / Hirschau
	Tübingen / Unterjesingen
Sonnenhang (Rhh)	Eimsheim / – / **120 F6 (Nr. 258)**
Sonnenhang (Rhh)	Guntersblum / – / **121 F12 (Nr. 244)**
Sonnenhang (Rhh)	Ingelheim / – / **120 C34 (Nr. 143), 131**
Sonnenhang (Rhh)	Schornsheim / – / **120 E45 (Nr. 209)**
Sonnenköpfchen (Rhh)	Eckelsheim / – / **120 F23 (Nr. 61)**
Sonnenlay (M)	Mülheim / – / **51 DE34**
Sonnenlay (Mrh)	Rhens / – / **76 C2**
Sonnenlay (M)	*Traben-Trarbach* / Wolf / **53 EF3**
Sonnenleite (F)	Dettelbach / – / **211 A5**
	Dettelbach / Brück
	Dettelbach / Schnepfenbach
	Mainstockheim / –
Sonnenleite (F)	Volkach / Krautheim / **213 D5**
Sonnenmorgen (N)	Windesheim / – / **114 F3**
Sonnenplätzchen (N)	Obermoschel / – / **104 F4 (Nr. 147)**
Sonnenring (M)	Löf / – / **57 DE3**
Sonnenschein (A)	*Bad Neuenahr-Ahrweiler* / Bachem / **36 C6**
Sonnenschein (F)	Veitshöchheim / – / **209 E5**
Sonnenseite ob der Bruck (B)	Heidelberg / – / **162 E2, 182**
Sonnenstock (Mrh)	Damscheid / – / **80 B2**
Sonnenstück (P)	Immesheim / – / keine Karte
Sonnenstück (B)	Bad Bellingen / – / **175 AB25**
	Neuenburg / Steinenstadt
	Schliengen / –
	Schliengen / Liel
	Schliengen / Mauchen
	Schliengen / Niedereggenen
	Schliengen / Obereggenen
Sonnenstuhl (F)	Randersacker / – / **211 C2, 214**
Sonnenufer (B)	*Bermatingen* / – / **180 AD16 + 181 BD12**
	Bodman / –
	Hagnau / –
	Hilzingen / –
	Immenstaad / –
	Immenstaad / Kippenhausen
	Konstanz / –
	Markdorf / –
	Meersburg / –
	Reichenau / –
	Salem / Kirchberg
	Singen / –
	Singen / Hohentwiel
	Stetten / –
	Überlingen / –
	Uhldingen-Mühlhofen / Oberuhldingen
Sonnenuhr (M)	*Bernkastel-Kues* / Wehlen / **51 C45, 52**
Sonnenuhr (M)	Maring-Noviand / – / **51 CD3, 52**
Sonnenuhr (M)	*Neumagen-Dhron* / Neumagen / **49 D1**
Sonnenuhr (M)	Pommern / – / **56 F5, 59**
Sonnenuhr (M)	*Zeltingen-Rachtig* / Zeltingen / **51 B4, 58**
Sonnenweg (Rhh)	Gimbsheim / – / **121 F1 (Nr. 248)**
Sonnenwinkel (F)	*Michelau* / Altmannsdorf / keine Karte
	Michelau / Hundelshausen
Sonnhalde (B)	Denzlingen / – / **171 FG3**
	Sexau /-
	Waldkirch / Buchholz
Sonnhalde (B)	Müllheim / – / **172 FG3**
	Müllheim / Vögisheim
Sonnheil (Rhh)	Hillesheim / – / **120 F56 (Nr. 253)**
Sonnhohle (B)	*Bad Bellingen* / Hertingen / **175 BE34**
	Binzen / –
	Efringen-Kirchen / –
	Efringen-Kirchen / Egringen
	Eimeldingen / –
	Rümmingen / –
	Schallbach / –
	Weil / Ötlingen
Sonnhohle (B)	Heitersheim / – / **172 DE4**
Sonnhole (B)	*Müllheim* / Britzingen / **172 EF4**
	Müllheim / Dattingen
Sonnleite (F)	Zellingen / – / **209 D4**
Sonntagsberg (W)	*Heilbronn* / Böckingen / **191 BC23 (Nr. 32)**
	Heilbronn / Klingenberg
	Nordheim / –
	Nordheim / Nordhausen
Soonecker Schloßberg (Mrh)	Niederheimbach / – / **80 F6**
Sorentberg (M)	Reil / – / **53 B3**
Spaargebirge (S)	*Diera / Karpfenschänke* / **218 CE24**
	Diera / Zadel
	Gauernitz / –
	Mauna / –
	Meißen / –
	Sörnewitz / –
	Winkwitz / –
	Winkwitz / Proschwitz
Spiegel (P)	*Neustadt an der Weinstraße* / Mußbach an der Weinstraße / **141 F4**
Spiegelberg (B)	*Eppingen* / Elsenz / **164 BC56**
	Kraichtal / Landshausen
	Kraichtal / Menzingen
	Östringen / Odenheim
	Östringen / Tiefenbach
Spiegelberg (Rhh)	**Nackenheim** / – **123 AD46**
	Nierstein / –
	Nierstein / Schwabsburg
Spielberg (P)	Bad Dürkheim / – / **136 G6, 150**
Spielberg (P)	Meckenheim / – / **138 CD5**
Spieß (P)	Ruppertsberg / – / **141 D4, 149**
Spitalhalde (W)	Lindau / – / **180 F45**
	Wasserburg / –
Spitzberg (Rhh)	*Stadecken-Elsheim* / Stadecken / **120 D4 (Nr. 197)**
Spitzenberg (B)	Wiesloch / – / **162 G2**
Spitzelberg (F)	*Oberhaid* / Staffelbach / keine Karte
St. siehe Sankt	
Stachelberg (HB)	*Groß-Umstadt* / Kleestadt / keine Karte
	Groß-Umstadt (Umstadt) / *Klein-Umstadt*
Stahlberg (B)	*Külsheim* / Uissigheim / **200 B12**
Stahlbühl (W)	Heilbronn / – / **192 F34**
Staudenberg (B)	*Hirschberg* / Leutershausen / **162 C2**
	Schriesheim / –
Staufenberg (W)	*Bad Friedrichshall / Duttenberg* / **192 BG16**
	Bad Friedrichshall / Offenau
	Eberstadt / –
	Ellhofen / –
	Erlenbach / –
	Erlenbach / Biswangen
	Gundelsheim / –
	Heilbronn / –
	Heilbronn / Horkheim
	Langenbrettach / Brettach
	Neckarsulm / –
	Neckarzimmern / –
	Oedheim / –
	Talheim / –
	Untereisesheim / –
	Weinsberg / –
	Weinsberg / **Gellmersbach**
Stefanslay (M)	Wintrich / – / **51 E1**
Steffensberg (M)	Enkirch / – / **53 E45**
Steffensberg (M)	Kröv / – / **53 E3**
Stehlerberg (Mrh)	*Kasbach-Ohlenberg* / Kasbach / keine Karte
Steig (P)	Bissersheim / – / **137 D2**
Steig (B)	Eisingen / – / **164 F4**
Steig (Rhh)	*Flörsheim-Dalsheim* / Dalsheim / **125 CD23**
	Flörsheim-Dalsheim / Nieder-Flörsheim
Steige (Rhh)	Fürfeld / – / **120 F1 (Nr. 75)**

Registererklärung: Fett gesetzte Namen stehen für Großlagen. Wein darf sowohl unter dem Namen der Gemeinde als auch ihrer Ortsteile vermarktet werden. Kommen mehrere Gemeinden oder Ortsteile infrage, wurden per Landesverordnung Leitgemeinden ernannt, die als Namensträger dienen. Für die Namensgebung der Weine nicht relevante Angaben wurden *kursiv* gedruckt.

Die Schreibweisen der Lagen und Orte entsprechen den jeweiligen Weinbergrollen.

A = Ahr, B = Baden, F = Franken, HB = Hessische Bergstraße, Mrh = Mittelrhein, M = Mosel (mit Saar und Ruwer), N = Nahe, P = Pfalz, Rhg = Rheingau, Rhh = Rheinhessen, S = Sachsen, SU = Saale-Unstrut, W = Württemberg

Lage (Anbaugebiet)	Gemeinde / Ortsteil / Lageninfo
Steige (F)	**Oberschwarzach** / – / keine Karte
	Oberschwarzach / Düttingsfeld
	Oberschwarzach / Handthal
	Oberschwarzach / Kammerforst
	Oberschwarzach / Mutzenroth
	Oberschwarzach / Wiebelsberg
Steiger (SU)	Höhnstedt / – / keine Karte
Steigerberg (Rhh)	Wendelsheim / – / **120 F23 (Nr. 95)**
Steigerdell (N)	*Bad Münster am Stein-Ebernburg* / Bad Münster am Stein / **107 A5**
Steig-Terrassen (Rhh)	Guntersblum / – / **121 F1 (Nr. 264)**
Steil (Rhg)	*Rüdesheim* / **Assmannshausen** / 86 DE12
	Rüdesheim / Aulhausen
Stein (Rhh)	Bechtheim / – / **125 B4**
Stein (Rhg)	*Flörsheim* / Wicker / **89 F5**
Stein (Rhg)	Hochheim / – / **89 G4**
Stein (F)	*Karlstadt* / Stetten / **209 C4, 215**
Stein (F)	Würzburg / – / **210 A6 + 211 A1, 212**
Stein-Harfe (F)	Würzburg / – / **211 A1, 212**
Steinacker (W)	Ellhofen / – / **192 F5**
	Lehrensteinsfeld / –
Steinacker (Rhh)	Heidesheim / – / **120 C4 (Nr. 124)**
Steinacker (Rhh)	Ingelheim / – / **120 C34 (Nr. 151)**
Steinacker (P)	Kallstadt / – / **137 F12**
Steinacker (P)	Kirchheim an der Weinstraße / – / **137 DE2**
Steinacker (Rhh)	Nieder-Hilbersheim / – / **120 D3 (Nr. 47)**
Steinacker (B)	*Rheinfelden* / Herten / **175 G6**
Steinbach (F)	*Eibelstadt* / – / **211 DE3, 215**
	Sommerhausen / –
Steinbachhof (W)	*Vaihingen* / Gündelbach / **190 E6 (Nr. 60)**
Steinberg (F)	*Alzenau* / Michelbach / keine Karte
Steinberg (P)	Bad Dürkheim / – / **136 G6 + 137 G1**
Steinberg (N)	Bad Kreuznach / – / **104 C5 (Nr. 48)**
Steinberg (W)	Beilstein / – / **191 D5 (Nr. 7)**
Steinberg (B)	Bollschweil / – / **172 C6**
Steinberg (B)	Durbach / – / **168 C4, 182**
Steinberg (Rhg)	*Eltville* / Hattenheim / **87 BC1, 90**
Steinberg (SU)	Gröst / – / **224 B5**
Steinberg (Rhh)	Guntersblum / – / **121 F1 (Nr. 243)**
Steinberg (N)	Niederhausen an der Nahe / – / **107 BC2**
Steinberg (Rhh)	Partenheim / – / **120 D4 (Nr. 36)**
Steinberg (Rhh)	Sankt Johann / – / **120 D3 (Nr. 55)**
Steinberg (Rhh)	Wackernheim / – / **120 B4 (Nr. 158)**
Steinberger (M)	*Konz* / Filzen / **62 B2**
Steinböhl (Rhh)	Monzernheim / – / **125 B3**
Steinbuck (B)	*Vogtsburg* / Bischoffingen / **170 C2, 183**
Steinchen (M)	*Löf* / Kattenes / **57 D3**
Steinchen (N)	Langenlonsheim / – / **114 FG45**
Steineck (SU)	Höhnstedt / – / keine Karte
Steinert (Rhh)	Gau-Algesheim / – / **120 C23 (Nr. 37)**
Steinfelsen (B)	Ihringen / – / **170 CD23**
	Vogtsburg / Bickensohl
Steingässle (B)	Efringen-Kirchen / – / **175 AD24**
	Efringen-Kirchen / Welmlingen
	Efringen-Kirchen / Wintersweiler
	Kandern / Feuerbach
	Kandern / Holzen
	Kandern / Riedlingen
	Kandern / Tannenkirch
	Kandern / Wollbach
	Wittlingen
Steingebiß (P)	*Billigheim-Ingenheim* / Appenhofen / **142 D3 (Nr. 91)**
Steingeröll (HB)	Zwingenberg / – / **155 C5, 157**
Steingerück (HB)	Groß-Umstadt (Umstadt) / – / keine Karte
Steingrube (W)	*Brackenheim* / Neipperg / **191 C12 (Nr. 34)**
Steingrube (B)	Endingen / – / **170 B4**
Steingrube (B)	*March* / Neuershausen / **170 C2**
	Teningen / Nimburg (auch Nimburg-Bottingen)
Steingrube (B)	*Sasbach* / Jechtingen / **170 B12**
Steingrube (Rhh)	Westhofen / – / **125 B3, 131**
Steingrüble (B)	Bad Krozingen / – / **172 C4**
	Bad Krozingen / Schlatt
Steingrüble (B)	*Endingen* / Königschaffhausen / **170 AB2**
Steingrüble (W)	Korb / – / **187 BC34**
	Korb / Kleinheppach
	Waiblingen / –
	Weinstadt / Großheppach
Steingrübler (B)	*Baden-Baden* / Varnhalt / **167 BC5**
Steingrübler (F)	Miltenberg / – / **206 FG4**
Steinhalde (B)	*Endingen* / Amoltern / **170 B3**
Steinhalde (W)	*Stuttgart* / Bad Cannstatt / **186 AB6**
	Stuttgart / Mühlhausen
	Stuttgart / Münster
Steinkaul (A)	*Bad Neuenahr-Ahrweiler* / Bachem / **36 C6**
Steinkaut (N)	Weinsheim / – / **104 D4 (Nr. 89)**
Steinklinge (B)	*Lauda-Königshofen* / Oberlauda / **200 D3**
Steinköpfchen (N)	Rümmelsheim / – / **114 E4**
Steinkopf (HB)	Heppenheim / – / **155 E5, 157**
	Heppenheim / Unter-Hambach
Steinkopf (P)	Heuchelheim / – / **137 BD45**
Steinkreuz (N)	St. Katharinen / – / **104 C4 (Nr. 74)**
Steinler (B)	*Freiburg* / St. Georgen / **173 A1**
Steinler (B)	*Lottstetten* / Nack / keine Karte
Steinmauer (B)	*Freiburg* / Waltershofen / **170 E4**
Steinmächer (Rhg)	*Eltville* / – / **87 AC36**
	Eltville / Martinsthal
	Eltville / **Rauenthal**
	Walluf / Niederwalluf
	Walluf / Oberwalluf
	Wiesbaden / Dotzheim
	Wiesbaden / Frauenstein
	Wiesbaden / Schierstein
Steinmeister (SU)	*Naumburg* / Almrich / **224 D34, 225**
	Naumburg / Rossbach
	Naumburg / Kleinjena
Steinmorgen (Rhg)	*Eltville* / – / **87 C23, 95**
	Eltville / Erbach
Steinrossel (N)	Sommerloch / – / **104 C4 (Nr. 22)**
Steinrücken (S)	Radebeul / – / **218 E3, 221**
Steinsberg (B)	*Sinsheim / Steinsfurt* / **164 B6**
	Sinsheim / Weiler
Steinschmetzer (B)	*Tauberbischofsheim* / Dittigheim / **200 D3**
Steinwengert (B)	*Pfinztal* / Wöschbach / **164 E2**
Steinwingert (N)	Niederhausen an der Nahe / – / **107 B23**
Stemmler (HB)	Heppenheim / – / **155 E5**
	Heppenheim / Unter-Hambach
Stephansberg (N)	*Bad Münster am Stein-Ebernburg* / Ebernburg / **107 B4**
Stephansberg (B)	Weinheim / Hohensachen / **162 C2**
	Weinheim / Lützelsachsen
Stephansberg (M)	*Zell* / Merl / **54 E3**
Stephanus-Rosengärtchen (M)	*Bernkastel-Kues* / Bernkastel / **51 E5**
Sternberg (Rhh)	Pleitersheim / – / **120 E2 (Nr. 62)**
Sternenberg (B)	Bühl / – / **167 D45, 182**
	Bühl / Neusatz
	Bühl / Altschweier
Steyer (N)	Hüffelsheim / – / **104 D4 (Nr. 99)**
Steyerberg (N)	Schweppenhausen/ – / **104 B4 (Nr. 3)**
Stich den Buben (B)	*Baden-Baden* / Steinbach / **167 BC45, 182**
	Baden-Baden / Umweg
Stiefel (F)	*Seinsheim* / Tiefenstockheim / keine Karte
Stiege (B)	Weil / – / **175 E4**
	Weil / Haltingen
	Weil / Ötlingen
Stielweg (Rhg)	Hochheim / – / **89 G3**

Lage (Anbaugebiet)	Gemeinde / Ortsteil / Lageninfo
Stift (P)	Forst an der Weinstraße / **141 BC5**
Stiftsberg (A)	*Bad Neuenahr-Ahrweiler* / Marienthal / **36 B4**
	Grafschaft / *Ringen*
Stiftsberg (W)	Heilbronn / – / **192 EG24, 197**
	Heilbronn / Horkheim
	Talheim / –
Stiftsberg (B)	**Angelbachtal** / *Eichtersheim* / **164 AD46 + 165 A1**
	Angelbachtal / **Michelfeld**
	Angelbachtal / **Heinsheim**
	Binau / –
	Bretten / *Bauerbach*
	Eberbach / –
	Eppingen / –
	Eppingen / *Elsenz*
	Eppingen / *Mühlbach*
	Eppingen / *Rohrbach a. G.*
	Haßmersheim / –
	Haßmersheim / **Neckarmühlbach**
	Kirchardt / *Berwangen*
	Kraichtal / *Bahnbrücken*
	Kraichtal / *Gochsheim*
	Kraichtal / *Landshausen*
	Kraichtal / *Menzingen*
	Kraichtal / *Münzesheim*
	Kraichtal / **Neuenbürg**
	Kraichtal / *Oberacker*
	Kürnbach / –
	Mosbach / *Diedesheim*
	Oberderdingen / *Flehingen*
	Östringen / **Eichelberg**
	Östringen / **Odenheim**
	Östringen / **Tiefenbach**
	Sinsheim / *Eschelbach*
	Sinsheim / *Hilsbach*
	Sinsheim / *Steinfurt*
	Sinsheim / *Waldangelloch*
	Sinsheim / **Weiler**
	Sulzfeld / –
	Zaisenhausen / –
Stirn (M)	Saarburg / *Niederleuken* / **62 E2**
Stollenberg (N)	Niederhausen an der Nahe / – / **107 C3**
Stolzenberg (M)	Hatzenport / – / **57 E2, 56**
Storchenbrünnle (F)	*Kitzingen* / Sickershausen / **214 F2**
Straußberg (N)	Hargesheim / – / **104 C5 (Nr. 67)**
Streichling (HB)	Bensheim / – / **155 D5, 157**
	Bensheim / *Zell*
Stromberg (N)	Bockenau / – / **104 D3 (Nr. 96)**
Stromberg (W)	**Bönnigheim** / – / **190 CG46**
	Bönnigheim / *Hofen*
	Bönnigheim / *Hohenstein*
	Erligheim / –
	Freudental / –
	Illingen / –
	Illingen / **Schützingen**
	Kirchheim / –
	Knittlingen / –
	Knittlingen / **Freudenstein**
	Maulbronn / –
	Mühlacker / *Lienzingen*
	Mühlacker / *Lomersheim*
	Mühlacker / *Mühlhausen*
	Oberderdingen / –
	Oberderdingen / **Großvillars**
	Ölbronn-Dürrn / *Dürrn*
	Ölbronn-Dürrn / *Ölbronn*
	Ölbronn / –
	Sachsenheim / **Häfnerhaslach**
	Sachsenheim / **Hohenhaslach**
	Sachsenheim / *Kleinsachsenheim*
	Sachsenheim / **Ochsenbach**
	Sachsenheim / *Spielberg*
	Sternenfels / –
	Sternenfels / **Diefenbach**
	Vaihingen / –
	Vaihingen / **Ensingen**
	Vaihingen / **Gündelbach**
	Vaihingen / **Horrheim**
	Vaihingen / *Riet*
	Vaihingen / **Roßwag**
Stubener Klostersegen (M)	*Ediger-Eller* / Eller / **54 B23**
Sülzenberg (Mrh)	*Königswinter* / Oberdollendorf / keine Karte
Süßmund (W)	Steinheim / Kleinbottwar / **191 E5 (Nr. 13), 194**
Sybillenstein (Rhh)	**Alzey** / – / **124 + 125 AB12**
	Alzey / *Dautenheim*
	Alzey / *Heimersheim*
	Alzey / **Weinheim**
	Bechenheim / –
	Freimersheim / –
	Kettenheim / –
	Mauchenheim / –
	Offenheim / –
	Walheim / –

T

Täuscherspfad (Rhh)	Ingelheim / – / **120 C3 (Nr. 148)**
Tafelstein (Rhh)	Dienheim / – / **123 EF6, 130**
	Uelversheim / –
Tamsel (SU)	Auerstedt / – / **224 E2**
Tannacker (B)	Endingen / – / **170 B4**
Tannenberg (F)	*Willanzheim* / Hüttenheim / keine Karte
Taubenberg (Rhg)	Eltville / – / **87 B3**
Taubenhaus (M)	*Traben-Trarbach* / Trarbach / **53 FG3**
Tauberberg (W)	*Bad Mergentheim* / **Markelsheim** / **200 EG46**
	Creglingen / *Reinsbronn*
	Niederstetten / –
	Niederstetten / *Oberstetten*
	Niederstetten / *Vorbachzimmern*
	Niederstetten / *Wermutshausen*
	Weikersheim / –
	Weikersheim / *Elpersheim*
	Weikersheim / **Haagen**
	Weikersheim / **Laudenbach**
	Weikersheim / *Schäftersheim*
Tauberklinge (B)	*Bad Mergentheim* / *Dainbach* / **200 AF14**
	Boxberg / *Oberschüpf*
	Boxberg / *Unterschüpf*
	Großrinderfeld / –
	Königsheim / –
	Königsheim / *Gissigheim*
	Krautheim / –
	Krautheim / *Klepsau*
	Külsheim / –
	Külsheim / *Uissigheim*
	Lauda-Königshofen / **Beckstein**
	Lauda-Königshofen / **Gerlachsheim**
	Lauda-Konigshofen / **Königshofen**
	Lauda-Königshofen / **Lauda**
	Lauda-Königshofen / **Marbach**
	Lauda-Königshofen / *Oberlauda*
	Lausa-Königshofen / *Oberbalbach*
	Lauda-Königshofen / *Sachsenflur*
	Lauda-Königshofen / *Unterbalbach*
	Tauberbischofsheim / –
	Tauberbischofsheim / *Distelhausen*
	Tauberbischofsheim / *Dittigheim*
	Tauberbischofsheim / *Dittwar*
	Tauberbischofsheim / **Impfingen**
	Werbach / –
	Wertheim / –
	Wertheim / *Bronnbach*
	Wertheim / **Dertingen**
	Wertheim / *Höhefeld*
	Wertheim / **Kembach**
	Wertheim / *Lindelbach*
	Wertheim / *Reicholzheim*
Tempelchen (Rhh)	*Stadecken-Elsheim* / Elsheim / **120 C4 (Nr. 194)**
Teufel (F)	*Oberschwarzach* / Kammerforst / keine Karte

Registererklärung: Fett gesetzte Namen stehen für Großlagen. Wein darf sowohl unter dem Namen der Gemeinde als auch ihrer Ortsteile vermarktet werden. Kommen mehrere Gemeinden oder Ortsteile infrage, wurden per Landesverordnung Leitgemeinden ernannt, die als Namensträger dienen. Für die Namensgebung der Weine nicht relevante Angaben wurden *kursiv* gedruckt.

Die Schreibweisen der Lagen und Orte entsprechen den jeweiligen Weinbergrollen.

A = Ahr, B = Baden, F = Franken, HB = Hessische Bergstraße, Mrh = Mittelrhein, M = Mosel (mit Saar und Ruwer), N = Nahe, P = Pfalz, Rhg = Rheingau, Rhh = Rheinhessen, S = Sachsen, SU = Saale-Unstrut, W = Württemberg

Lage (Anbaugebiet)	Gemeinde / Ortsteil / Lageninfo
Teufelsburg (B)	*Endingen* / Kiechlinsbergen / **170 B3**
Teufelskeller (F)	Randersacker / – / **211 C2, 217**
Teufelskopf (B)	Dielheim / – / **164 A4**
Teufelskopf (Rhh)	Ludwigshöhe / – / **121 F1 (Nr. 268), 131**
Teufelsküche (N)	Guldental / Heddesheim / **114 FG4**
Teufelspfad (Rhh)	Essenheim / – / **120 CD45 (Nr. 191)**
Teufelstein (Mrh)	Patersberg / – / **76 G4**
Teufelstor (F)	**Eibelstadt** / – / **211 CD23**
	Randersacker / –
	Randersacker / Lindelbach
Thiergarten Felsköpfchen (M)	Trier / *Olewig* / **71 E2**
Thiergarten Unterm Kreuz (M)	Trier / *Olewig* / **71 D2**
Thomasberg (M)	Burg / – / **53 C4**
Tilgesbrunnen (N)	Bad Kreuznach / – / **104 D6 (Nr. 31)**
Timpert (M)	Kasel / – / **71 C4**
Trappenberg (P)	**Altdorf** / – / **142 BD46 + 143**
	Bellheim / –
	Böbingen / –
	Bornheim / –
	Essingen / –
	Freimersheim / –
	Groß- und Kleinfischlingen / –
	Hochstadt / –
	Knittelsbach / –
	Lingenfeld / –
	Lustadt / –
	Ottersheim bei Landau / –
	Offenbach / –
	Römerberg bei Speyer / Berghausen
	Römerberg bei Speyer / Mechtersheim
	Römerberg bei Speyer / Heiligenstein
	Schwegenstein / –
	Venningen / –
	Weingarten / –
	Westheim / –
	Zeiskam / –
Trautberg (F)	Castell / – / **214 E4, 217**
Trautlestal (F)	Hammelburg / – / **208 AB2, 217**
	Hammelburg / Untererthal
Treppchen (M)	Erden / – / **53 E1, 52**
Treppchen (M)	Piesport / – / **49 B12**
	Piesport / Niederemmel
Treppchen (M)	*Treis-Karden* / Treis / **56 FG56**
Treuenfels (N)	Altenbamberg / – / **107 C5**
Trollberg (N)	Dorsheim / – / **114 E5**
	Münster-Sarmsheim / Münster
Trotzenberg (A)	*Bad Neuenahr-Ahrweiler* / Marienthal / **36 C4, 40**
Turmberg (B)	*Karlsruhe* / Durlach / **164 E12**
	Karlsruhe / Grötzingen
Turmberg (Rhg)	Kiedrich / – / **87 B2, 91**
Turmberg (B)	*Lauda-Königshofen* / Königshofen / **200 DE34**

U

Übereltzer (M)	Moselkern / – / **57 F1**
Übigberg (A)	*Ahrbrück / Pützfeld* / **36 DE2**
	Altenahr / –
	Altenahr / Kreuzberg
Uhlen (M)	*Kobern-Gondorf* / Kobern / **57 B34, 55**
	Winningen / –
Ulrichsberg (B)	Östringen / – / **164 B4**
Ungeheuer (P)	Forst an der Weinstraße / – / **141 BC4, 145**
Ungsberg (M)	*Traben-Trarbach* / Trarbach / **53 B4**
Unterberg (M)	*Konz* / Filzen / **62 B2**
Urbelt (M)	*Konz* / Filzen / **62 B2**
Ursulinengarten (A)	*Bad Neuenahr-Ahrweiler* / Ahrweiler / **36 C5**

V

Veitsgrube (SU)	Burgscheidungen / – / **224 B2**
Venusbuckel (P)	*Billigheim-Ingenheim* / Billigheim / **142 DE34 (Nr. 89)**
Verrenberg (W)	*Öhringen* / Verrenberg / **193 DE2, 196**
Vitusberg (Rhg)	*Walluf* / Oberwalluf / **87 B4, 99**
Vögelein (F)	Nordheim / – / **213 E34**
Vögelsgärten (Rhh)	**Guntersblum** / – / **121 F1**
	Ludwigshöhe / –
Vogelsang (N)	Bad Kreuznach / – / **104 C5 (Nr. 40)**
Vogelsang (P)	Bockenheim an der Weinstraße / – / **137 A12**
	Kindenheim / –
Vogelsang (N)	Bretzenheim / – / **104 C5 (Nr. 63)**
Vogelsang (Rhh)	Erbes-Büdesheim / – / **120 FG3 (Nr. 102)**
Vogelsang (Rhh)	Gau-Odernheim / – / **120 F5 (N. 275)**
	Gau-Odernheim / Gau-Köngernheim /
Vogelsang (Rhg)	*Geisenheim* / Johannisberg / **86 D5**
Vogelsang (B)	Kirchardt / Berwangen / **165 B1**
Vogelsang (F)	Markt Einersheim / – / **214 G34**
Vogelsang (N)	Laubenheim / – / **114 E5**
Vogelsang (N)	Merxheim / – / **104 E1 (Nr. 106)**
Vogelsang (M)	Serrig / – / **62 FG3**
Vogelsang (W)	Untereisesheim / – / **192 D23**
Vogelsang (Rhh)	Wallertheim / – / **120 EF3 (Nr. 120)**
Vogelsang (P)	Weisenheim am Berg / – / **137 EF1**
Vogelsang (Rhh)	Zornheim / – / **120 D5 (Nr. 229)**
Vogelsberg (B)	*Lauda-Königshofen* / Unterbalbach / **200 E4**
Vogelschlag (N)	Duchroth / – / **107 C1**
Vogelsprung (P)	Flemlingen / – / **142 BC4 (Nr. 55)**
Vogteiberg (M)	Senheim / – / **54 C5**
Vogtei Rötteln (B)	*Bad Bellingen* / **Bamlach** / **175 AG26**
	Bad Bellingen / **Hertingen**
	Bad Bellingen / **Rheinweiler**
	Binzen / –
	Efringen-Kirchen / –
	Efringen-Kirchen / **Blansingen**
	Efringen-Kirchen / **Egringen**
	Efringen-Kirchen / Huttingen
	Efringen-Kirchen / **Istein**
	Efringen-Kirchen / **Kleinkems**
	Efringen-Kirchen / Weimlingen
	Efringen-Kirchen / Wintersweiler
	Eimeldingen / –
	Fischingen / –
	Grenzach-Whylen / **Grenzach**
	Kandern / **Feuerbach**
	Kandern / Holzen
	Kandern / Riedlingen
	Kandern / **Tannenkirch**
	Kandern / Wollbach
	Lörrach / –
	Rheinfelden / **Herten**
	Rümmingen / –
	Schallbach / –
	Weil / –
	Weil / **Haltingen**
	Weil / **Ötlingen**
	Wittlingen / –
Vollburg (F)	Michelau / – / keine Karte
	Michelau / Prüßberg
Vom heißen Stein (M)	*Briedel* / – / **53 BD35**
	Pünderich / –
	Reil / –

Lage (Anbaugebiet)	Gemeinde / Ortsteil / Lageninfo
Vorderberg (P)	Kleinniedesheim / – / **137 B5**
Vor der Hölle (N)	Desloch / – / **104 F2 (Nr. 140)**
Vulkanfelsen (B)	**Bahlingen** / – / **170 AE16**
	Bötzingen / –
	Breisach / –
	Eichstetten / –
	Endingen / –
	Endingen / **Amoltern**
	Endingen / **Kiechlinsbergen**
	Endingen / **Königschaffhausen**
	Ihringen / –
	Ihringen / Blankenhornsberg
	Ihringen / **Wasenweiler**
	March / Buchheim
	March / Neuershausen
	Riegel / –
	Sasbach / –
	Sasbach / **Jechtingen**
	Sasbach / **Leiselheim**
	Teningen / **Nimburg**
	Vogtsburg / **Achkarren**
	Vogtsburg / **Bickensohl**
	Vogtsburg / **Bischoffingen**
	Vogtsburg / **Burkheim**
	Vogtsburg / **Oberbergen**
	Vogtsburg / **Oberrotweil**
	Vogtsburg / **Schelingen**

W

Lage (Anbaugebiet)	Gemeinde / Ortsteil / Lageninfo
Wachhügel (F)	Wiesenbronn / – / **214 F34**
Wachtelberg (SU)	Werder/Havel / – / keine Karte
Wachtkopf (W)	*Vaihingen* / Gündelbach / **190 E6 (Nr. 59)**
Wahrheit (Mrh)	Oberheimbach / – / **80 F45**
Wahrsager (M)	*Mesenich* / – / **54 C5**
	Senheim / –
Walkenberg (Rhg)	Walluf / *Niederwalluf* / **87 B4, 98**
Wallmauer (W)	Neckarzimmern / – / keine Karte, **197**
Wanne (W)	*Weinstadt* / Großheppach / **187 C34**
Wartberg (Rhh)	Alzey / – / **124 B6 + 125 B1**
	Kettenheim / –
Wartberg (W)	Beilstein / – / **191 CD56 (Nr. 6)**
Wartberg (W)	Heilbronn / – / **192 EF54, 197**
Wartbühl (W)	*Aichwald* / **Aichelberg** / **187 AE25**
	Kernen / **Rommelshausen**
	Kernen / **Stetten**
	Korb / –
	Korb / **Kleinheppach**
	Remshalden /Geradstetten
	Remshalden / **Grunbach**
	Remshalden / **Hebsack**
	Waiblingen / –
	Weinstadt / **Beutelsbach**
	Weinstadt / **Endersbach**
	Weinstadt / **Großheppach**
	Weinstadt / **Schnaidt**
	Weinstadt / **Strümpfelbach**
	Winnenden / –
	Winnenden / Baach
	Winnenden / **Breuningsweiler**
	Winnenden / **Hanweiler**
	Winnenden / **Hertmannsweiler**
Wasseros (Rhg)	Kiedrich / – / **87 B2**
Weilberg (P)	*Bad Dürkheim* / Ungstein / **137 FG1, 150**
Weinberge (F)	*Viereth* / Weiher / keine Karte
Weingarten (B)	Fischingen / – / **175 D3**
Weingarten (F)	*Großostheim* / Pflaumheim / keine Karte
Weingrube (Mrh)	Boppard / – / **76 D2**
Weinhalde (W)	Wasserburg / Hattnau / **180 F4**
Weinhecke (B)	Bruchsal / – / **164 CD3**
	Ubstadt-Weiher / Ubstadt
Weinhex (M)	*Alken* / – / **57 AE26**
	Brodenbach / –
	Burgen / –
	Dieblich / –
	Hatzenport / –
	Kobern-Gondorf / Gondorf
	Kobern-Gondorf / Kobern
	Koblenz / Güls
	Koblenz / Kondertal
	Koblenz / Lay
	Koblenz / Metternich
	Koblenz / Moselweiß
	Lehmen / –
	Lehmen / Moselsürsch
	Löf / –
	Lof / Kattenes
	Niederfell / –
	Oberfell / –
	Winningen / –
Weinkammer (M)	Enkirch / – / **53 E5**
Weinkeller (Rhh)	*Mainz* / Ebersheim / **120 D56 (Nr. 168)**
Weinsack (N)	Odernheim am Glan / – / **104 E3 (Nr. 131)**
Weinsteige (W)	**Esslingen** / – / **186 + 187 DF14**
	Esslingen / Mettingen
	Fellbach / –
	Gerlingen / –
	Kernen / Rommelshausen
	Leonberg / –
	Plochingen / –
	Stuttgart / –
	Stuttgart / **Bad Cannstatt**
	Stuttgart / Degerloch
	Stuttgart / Feuerbach
	Stuttgart / Gaisburg
	Stuttgart / **Hedelfingen**
	Stuttgart / Hofen
	Stuttgart / Hohenheim
	Stuttgart / Mühlhausen
	Stuttgart / Münster
	Stuttgart / **Obertürkheim**
	Stuttgart / **Rohracker**
	Stuttgart / **Rotenberg**
	Stuttgart / **Uhlbach**
	Stuttgart / **Untertürkheim**
	Stuttgart / **Wangen**
	Stuttgart / Zuffenhausen
Weinstieg (F)	Erlabrunn / – / **209 DE4**
	Leinach / Oberleinach /
Weisenstein (M)	*Bernkastel-Kues* / Kues / **51 D4**
Weißenberg (M)	*Kobern-Gondorf* / Kobern / **57 B3**
Weißenstein (N)	*Mannweiler-Cölln* / Mannweiler / **104 F4 (Nr. 169)**
Weißenstein (N)	Oberndorf / – / **104 F4 (Nr. 165)**
Weißerberg (M)	Briedel / – / **53 C5**
Weiß Erd (Rhg)	*Wiesbaden* / Kostheim / **89 G2**
Weißes Kreuz (Mrh)	Leubsdorf / – / keine Karte
Wendelstück (M)	Burg / – / **53 C4**
Wernleite (F)	*Gemünden* / Adelsberg / **208 A3**
Westrum (Rhh)	Bodenheim / – / **120 C6 (Nr. 174)**
Wetterkreuz (N)	Braunweiler / – / **104 C4 (Nr. 70)**
Wetzstein (W)	Weinstadt / Endersbach / **187 CD3**
Wiesberg (N)	Rüdesheim / – / **104 C5 (Nr. 85)**
Wildenberg (W)	Ellhofen / – / **192 EF56**
	Weinsberg / Grantschen
Wildgrafenberg (N)	Kirschroth / – / **104 E12 (Nr. 115)**
Wildsau (Rhg)	*Eltville* / Martinstal / **87 B4, 99**
Wilhelmsberg (F)	Kitzingen / – / **211 C5**
Wilhelmsberg (B)	Nußloch / – / **162 FG2**
Wingertsberg (HB)	Dietzenbach / – / keine Karte
Wingertsberg (Rhh)	Nieder-Wiesen / – / **120 G2 (Nr. 92)**
Wingertstor (Rhh)	Bechtolsheim / – / **121 EF5 (Nr. 286)**
Winklerberg (B)	Ihringen / – / **170 D2, 179**
Wissberg (Rhh)	Gau-Weinheim / – / **120 E3 (Nr. 122)**
	Wallertheim / –
Wissberg (Rhh)	Sprendlingen / – / **120 E23 (Nr. 53)**
Wisselbrunnen (Rhg)	*Eltville* / Hattenheim / **87 C2, 96**
Wölflein (F)	Veitshöchheim / – / **209 E5**
Wohlfahrtsberg (W)	Löwenstein / – / **192 G6 + 193 G1**
Wolfer (B)	*Efringen-Kirchen* / Blansingen / **175 C2**
	Efringen-Kirchen / Kleinkems

Registererklärung: Fett gesetzte Namen stehen für Großlagen. Wein darf sowohl unter dem Namen der Gemeinde als auch ihrer Ortsteile vermarktet werden. Kommen mehrere Gemeinden oder Ortsteile infrage, wurden per Landesverordnung Leitgemeinden ernannt, die als Namensträger dienen. Für die Namensgebung der Weine nicht relevante Angaben wurden *kursiv* gedruckt.

Die Schreibweisen der Lagen und Orte entsprechen den jeweiligen Weinbergrollen.

A = Ahr, B = Baden, F = Franken, HB = Hessische Bergstraße, Mrh = Mittelrhein, M = Mosel (mit Saar und Ruwer), N = Nahe, P = Pfalz, Rhg = Rheingau, Rhh = Rheinhessen, S = Sachsen, SU = Saale-Unstrut, W = Württemberg

Lage (Anbaugebiet)	Gemeinde / Ortsteil / Lageninfo
Wolfhag (B)	Bühl / – / **166 BC45**
	Bühl / Neusatz
Wolfsaugen (W)	Brackenheim / – / **191 C2 (Nr. 37)**
Wolfsberg (P)	Schweighofen / – / **142 F2 (Nr. 105)**
Wolfshöhle (Mrh)	Bacharach / – / **80 D4, 79**
Wolfsmagen (HB)	**Bensheim** / – / **155 DE56**
	Bensheim / Gronau
	Bensheim / Zell
Wolfsnack (Mrh)	Dörscheid / – / **80 B3**
	Kaub / –
Wonne (F)	*Neundorf* / Sugenheim / keine Karte
Wonneberg (P)	Bad Bergzabern / – / **142 EF2 (Nr. 103)**
	Dörrenbach / –
Woogberg (M)	Ellenz-Poltersdorf / – / **54 B6**
Wülfen (Rhg)	*Eltville* / Rauenthal / **87 B3, 99**
Würtzberg (M)	Serrig / – / **62 G3, 67**
Würzgarten (M)	Detzem / – / **48 DE5**
Würzgarten (Rhg)	*Oestrich-Winkel* / Hallgarten / **86 BC6**
Würzgarten (M)	*Traben-Trarbach* / Traben / **53 EF3**
Würzgarten (M)	Ürzig / – / **52 E6, 52**
Würzhölle (N)	Unkenbach / – / **104 F4 (Nr. 145)**
Würzlay (M)	Lehmen / – / **57 C3**
Wüstberg (B)	Weinheim / – / **162 B2**
Wunnenstein (W)	**Beilstein** / – / **191 CE46**
	Beilstein / Hohenbeilstein
	Großbottwar / –
	Großbottwar / **Hof und Lembach**
	Großbottwar / **Winzerhausen**
	Ilsfeld / –
	Ludwigsburg / Hoheneck
	Oberstenfeld / –
	Oberstenfeld / Gronau
	Steinheim / –
	Steinheim / **Kleinbottwar**
Wurmberg (W)	Besigheim / – / **191 DF23 (Nr. 67), 196**
	Bietigheim-Bissingen / Bietigheim
	Gemmrigheim / –
	Hessigheim / –
	Walheim / –
Wurmberg (F)	*Neubrunn* / Böttigheim / keine Karte
Wurmberg (SU)	Neuengönna / – / **224 G2**
Wutschenberg (F)	Kleinlangheim / – / **214 E4**

Z

Zabelstein (F)	*Dingolshausen* / – / keine Karte
	Dingolshausen / Bischwind
	Donnersdorf / –
	Gerolzhofen / –
	Michelau / –
	Michelau / Altmannsdorf
	Mönchstockheim / Sulzheim
Zechberg (Rhh)	Framersheim / – / **120 G5 (Nr. 276)**
Zechpeter (P)	Flemlingen / – / **142 C3 (Nr. 56)**
Zehnmorgen (Rhh)	Nierstein / – / **123 C56**
Zehntgraf (F)	Wipfeld / – / **213 B3**
Zeisel (M)	Pommern / – / **56 F56, 59**
Zellerberg (M)	*Longen* / – / **48 EF34**
	Mehring / – /
	Mehring / Lörsch
Zellerweg am schwarzen Herrgott (Rhh)	Mölsheim / – / **125 D2**
Zeppwingert (M)	Enkirch / – / **53 E4**
Zobelsberg (F)	Segnitz / – / **211 E5**
Zollturm (M)	*Traben-Trarbach* / Traben / **53 F4**
Zuckerberg (Rhh)	Oppenheim / – / **123 D6**
Zuckerle (W)	*Stuttgart* / Bad Cannstatt / **186 C6, 194**
	Stuttgart / Hofen
	Stuttgart / Mühlhausen
	Stuttgart / Münster
Zügernberg (W)	*Weinstadt* / Großheppach / **187 C3**
Zweifelberg (W)	Brackenheim / – / **191 C12 (Nr. 36)**

Registererklärung: Das Register verzeichnet alle in den Karten enthaltenen Orte mit Weinbauflächen.

Die Schreibweisen der Lagen und Orte entsprechen den jeweiligen Weinbergrollen.

A = Ahr, B = Baden, F = Franken, HB = Hessische Bergstraße, Mrh = Mittelrhein, M = Mosel (mit Saar und Ruwer), N = Nahe, P = Pfalz, Rhg = Rheingau, Rhh = Rheinhessen, S = Sachsen, SU = Saale-Unstrut, W = Württemberg

Ort (Anbaugebiet) Koordinate

A

Abenheim (Rhh) 125 C4
Abstatt (W) 191 CD5
Abtswind (F) 214 E5
Achern (B) 166 C3
Achkarren (B) 170 D2
Adelsberg (F) 209 A3
Adolzfurt (W) 193 E12
Affalterbach (W) 191 FG5
Affaltrach (W) 192 F6
Ahrbrück (A) 36 E1
Aichwald (W) 187 E3
Albersweiler (P) 142 C3
Albertshofen (F) 211 B5
Albig (Rhh) 120 F4
Albsheim (P) 137 B12
Alf (M) 53 A4, 54 DE2
Alken (M) 57 D3
Allmersbach (W) 191 E6
Alsbach (HB) 155 BC5
Alsenz (N) 104 F5
Alsheim (Rhh) 121 G1
Alsterweiler (P) 142 A4
Altdorf (P) 142 B5
Altdorf (B) 171 C2
Altenahr (A) 36 C2
Altenbamberg (N) 104 DE5, 107 C4
Altschweier (B) 166 B5, 167 D4
Alzey (Rhh) 125 A1
Amoltern (B) 170 B3
Andel (M) 51 E4
Angelbachtal (B) 164 B5
Annweiler (P) 142 C2
Appenheim (Rhh) 120 CD3
Appenhofen (P) 142 E3
Appenweiler (B) 166 E2
Armsheim (Rhh) 120 F3
Arnstein (F) 209 B6
Arzheim (P) 142 CD3
Aspach (W) 191 E6
Asperg (W) 191 G3
Aspisheim (Rhh) 120 D2
Asselheim (P) 137 B1
Assmanshausen (Rhg) 86 E1
Astheim (F) 213 D4
Au (B) 173 B2
Aub (F) 201 D12
Auen (N) 104 D2
Auenstein (W) 191 D45
Auerbach (HB) 155 C45
Auerstedt (SU) 224 E12
Auggen (B) 172 G23
Aulhausen (Rhg) 86 E2
Avelsbach (M) 71 CD3
Ayl (M) 62 D2

B

Baach (W) 187 B4
Babelsroth (P) 142 E3
Bacharach (Mrh) 80 D4
Bachem (A) 36 B6
Bad Bellingen (B) 175 B2
Bad Bergzabern (P) 142 E23
Bad Cannstatt (W) 186 D6
Bad Dürkheim (P) 137 G1, 138 A3
Bad Friedrichshall (W) 192 CD3
Bad Kösen (SU) 224 ED3
Bad Kreuznach (N) 104 D56
Bad Krozingen (B) 172 C45
Bad Mergentheim (B) 200 EF4
Bad Münster am Stein-Ebernburg (N) 104 D5, 107 B45
Bad Neuenahr-Ahrweiler (A) 37 BC1
Bad Schönborn (B) 164 B3
Bad Sobernheim (N) 104 E3
Bad Sulza (SU) 224 E2
Baden-Baden (B) 166 A56
Badenheim (Rhh) 120 E2
Badenweiler (B) 172 F4
Bahlingen (B) 170 B5
Bahnbrücken (B) 164 CD5
Balgstädt (SU) 224 C3
Ballrechten-Dottingen (B) 172 E45
Bamlach (B) 175 B2
Battenberg (P) 136 D6
Bauerbach (B) 164 D4
Bayerfeld-Steckweiler (N) 104 G45
Bechenheim (Rhh) 124 B4
Bechtheim (Rhh) 125 B4
Bechtolsheim (Rhh) 120 F5
Beckstein (B) 200 D3
Beihingen (W) 191 F34
Beilstein (M) 54 B6
Beilstein (W) 191 D5
Beinstein (W) 187 C3
Bekond (M) 48 C34
Bellheim (P) 142 CD6
Bengel (M) 53 C2
Benningen (W) 191 F4
Bensheim (HB) 155 D45
Berghaupten (B) 166 G23
Berghausen (P) 143 B2
Berghausen (B) 164 E2
Bergtheim (F) 213 C1
Bermatingen (B) 181 B1
Bermersbach (B) 166 G23
Bermersheim (Rhh) 120 F4
Bermersheim (Rhh) 125 C23
Bernkastel (M) 51 DE5
Berwangen (B) 165 B1
Besch (M) 46 F1
Besigheim (W) 191 E3
Beutelsbach (W) 187 D3
Bibergau (F) 211 B4
Bickensohl (B) 170 C3
Biebelnhausen (M) 62 D2
Biebelnheim (Rhh) 120 F45
Biebelried (F) 211 BC4
Biebelsheim (Rhh) 120 DE2
Biengen (B) 172 B45
Bietigheim-Bissingen (W) 191 F23
Bilfingen (B) 164 F3
Billigheim-Ingenheim (P) 142 E34
Bingen (Rhh) 120 C1
Bingerbrück (N) 104 A56
Binzen (B) 175 E34
Birkweiler (P) 142 C3
Birnau (B) 180 B4
Bischoffingen (B) 170 B2
Bissersheim (P) 137 D2
Blankenhornsberg (B) 170 D2
Blansingen (B) 175 C2
Bobenheim am Berg (P) 136 E6
Bockenau (N) 104 D3
Bockenheim (Rhh) 125 E2
Bockenheim (P) 137 A12
Bodenheim (Rhh) 121 C1
Bodolz (B) 180 F5
Böbingen (P) 142 B5
Böchingen (P) 142 C3
Böckingen (W) 191 B3
Bönnigheim (W) 191 D2
Bötzingen (B) 170 C4
Bolschweil (B) 172 C6
Bombach (B) 171 E2
Boppard (Mrh) 76 E12
Bopparder Hamm (Mrh) 76 D12
Borndorf (P) 142 C4
Bornheim (Rhh) 120 F3
Bornich (Mrh) 76 G5, 80 A4
Bosenheim (N) 104 C6
Botenheim (W) 191 C2
Bottenau (B) 166 E3, 168 B45
Bottingen (B) 170 C56
Boxberg (B) 200 F2
Brackenheim (W) 191 C2
Branderoda (SU) 224 B4
Braubach (Mrh) 76 C3
Brauneberg (M) 51 E23
Braunweiler (N) 104 C4
Breisach (B) 170 DE1
Breitscheid (Mrh) 80 D2
Bremm (M) 54 B2
Brettach (W) 192 CD6
Bretten (B) 164 E4
Bretzenheim (N) 104 C6
Bretzfeld (W) 193 E1
Breuningsweiler (W) 187 BC4
Brey (Mrh) 76 C2
Briedel (M) 53 C3
Briedern (M) 54 B5
Britzingen (B) 172 EF4
Brockwitz (S) 218 D4
Brodenbach (M) 57 E3
Broggingen (B) 171 D2
Bronnbach (B) 200 B1
Bruchsal (B) 164 C23
Brück (F) 211 A5, 213 F3
Bruttig (M) 54 A6, G5
Bubenheim (Rhh) 120 D34
Buchbrunn (F) 211 C5
Buchheim (B) 170 D5
Buchholz (B) 171 G3
Büdesheim (Rhh) 120 C1
Bühl (B) 166 B4, 167 D3
Bühlertal (B) 166 B5, 167 E5
Bürg (W) 187 B4
Bürgstadt (F) 206 F4
Buggingen (B) 172 E3
Bullay (M) 53 A56, 54 DE3
Burg (M) 53 D4
Burg Layen (N) 104 B56, 114 E45
Burgen (M) 51 F3
Burgen (M) 57 E2
Burgheßler (SU) 224 D2
Burgscheidungen (SU) 224 B2
Burgsponheim (N) 104 D4
Burgwerben (SU) 224 C6
Burkheim (B) 170 C2
Burrweiler (P) 142 B3

C

Castell (F) 214 F45
Cleebronn (W) 191 D1
Cleversulzbach (W) 192 D6
Cochem (M) 56 G3
Colgenstein (P) 137 B2

Registererklärung: Das Register verzeichnet alle in den Karten enthaltenen Orte mit Weinbauflächen.

Die Schreibweisen der Lagen und Orte entsprechen den jeweiligen Weinbergrollen.

A = Ahr, B = Baden, F = Franken, HB = Hessische Bergstraße, Mrh = Mittelrhein, M = Mosel (mit Saar und Ruwer), N = Nahe, P = Pfalz, Rhg = Rheingau, Rhh = Rheinhessen, S = Sachsen, SU = Saale-Unstrut, W = Württemberg

Ort (Anbaugebiet) Koordinate

Cond (M) 56 G3
Cossebaude (S) 218 E5

D

Dahenfeld (W) 192 D5
Dainbach (B) 200 E3
Dalberg (N) 104 B4
Dalheim (Rhh) 120 E6
Dalsheim (Rhh) 125 D23
Dammheim (P) 142 C4
Damscheid (Mrh) 80 B1
Dattingen (B) 172 E4
Dausenau (Mrh) 76 A5
Dautenheim (Rhh) 125 A1
Degerloch (W) 186 F5
Deidesheim (P) 138 C34, 141 CD5
Delkenheim (Rhg) 89 E4
Dellhofen (Mrh) 80 C23
Denzlingen (B) 171 G3
Dernau (A) 36 C34
Dertingen (B) 200 A2
Desloch (N) 104 F23
Dettelbach (F) 211 A5, 123 F3
Detzem (M) 48 D5
Dexheim (Rhh) 120 E6
Dieblich (M) 57 B3
Diedesfeld (P) 138 G12
Diefenbach (W) 190 D5
Dielheim (B) 164 A45
Dienheim (Rhh) 121 E1, 123 E6
Dierbach (P) 142 F3
Diersburg (B) 166 G2
Diesbar-Seußlitz (S) 218 B2
Dietersheim (Rhh) 120 C1
Dietlingen (B) 164 G3
Dintesheim (Rhh) 125 B1
Dirmstein (P) 137 C34
Distelhausen (B) 200 CD3
Dittelsheim (Rhh) 125 A3
Dittigheim (B) 200 D2
Dittwar (B) 200 D2
Dörrenbach (P) 142 F2
Dörscheid (Mrh) 80 B4
Dolgesheim (Rhh) 120 F6
Dornburg (SU) 224 G2
Dorndorf (SU) 224 BC3
Dorndorf-Steudnitz (SU) 224 G3
Dorn-Dürkheim (Rhh) 120 F6
Dorsheim (N) 104 B6, 114 E5
Dossenheim (B) 162 D2
Dotzheim (Rhg) 87 A56
Dresden (S) 218 F1
Dromersheim (Rhh) 120 CD2
Duchroth (N) 104 E4, 107 C1
Dürren-zimmern (W) 191 C2
Durbach (B) 166 E3, 168 C3
Duttenberg (W) 192 C3
Duttweiler (P) 138 G4

E

Eberbach (Rhg) 87 B1
Ebernach (M) 56 G34
Ebersheim (Rhh) 120 D56
Eberstadt (W) 192 E5
Eckelsheim (Rhh) 120 F2
Eckenroth (N) 104 B4
Edenkoben (P) 142 B4
Edesheim (P) 142 B4
Ediger-Eller (M) 54 B3
Efringen-Kirchen (B) 175 D23
Egringen (B) 175 D3
Eherieder Mühle (F) 211 CD5
Ehrenbreit-stein (Mrh) 76 A2
Ehrenkirchen (B) 172 C5
Ehrenstetten (B) 172 C6
Ehrental (Mrh) 76 F34
Ehrigen (B) 173 B2
Eibelstadt (F) 211 D2
Eibesbach (W) 191 D1
Eibingen (Rhg) 86 E3
Eich (Rhh) 121 G2
Eichelberg (B) 164 B5
Eichelberg (W) 193 G1
Eichenbühl (F) 206 G5
Eichtersheim (B) 164 A5
Eilau (SU) 224 D5
Eimeldingen (B) 175 E3
Eimsheim (Rhh) 120 F6
Eisenfeldt (F) 206 C2
Eisental (B) 166 B45, 167 D4
Eisingen (B) 164 F3
Eitelsbach (M) 71 BC4
Elfershausen (F) 208 A3
Ellenz (M) 54 B6
Ellerstadt (P) 138 A6
Ellhofen (W) 192 F5
Ellmendigen (B) 164 G2
Elpersheim (W) 200 F5
Eltville (Rhg) 87 C3
Emmendingen (B) 171 F2
Endersbach (W) 187 D3
Endingen (B) 170 A4
Engehöll (Mrh) 80 B2
Engelberg (F) 206 F3
Engelstadt (Rhh) 120 D34
Engenthal (F) 208 B34
Enkirch (M) 53 E4
Ensch (M) 48 D45
Ensheim (Rhh) 120 F4
Ensingen (W) 190 EF6
Enzweihingen (W) 191 G1
Eppelsheim (Rhh) 125 B12
Eppingen (B) 164 C6
Eppingen (W) 190 B6
Erbach (Rhg) 87 C23
Erbach (HB) 155 E56
Erbes-Büdesheim (Rhh) 120 G3
Erden (M) 53 E1
Erdmanns-hausen (W) 191 F5
Erlabrunn (F) 209 E45
Erlach (B) 166 D3
Erlenbach (W) 192 E4
Erlenbach (F) 207 F3
Erlenbach am Main (F) 206 D2
Erligheim (W) 191 E2
Ernst (M) 56 G4
Erpolzheim (P) 137 F3
Ersingen (B) 164 G3
Eschbach (P) 142 D3
Eschbach (B) 172 CD3
Eschelbach (B) 164 A5
Eschelbach (W) 193 D4
Eschenau (W) 193 F1
Escherndorf (F) 213 D3
Esselborn (Rhh) 125 B1
Essenheim (Rhh) 120 C4
Essingen (P) 142 C45
Esslingen (W) 187 F2
Euerdorf (F) 208 A45
Eußenheim (F) 209 B4

F

Fahr (F) 213 D3
Falkenstein (M) 62 A3
Fankel (M) 54 A6, 56 G45
Fastrau (M) 48 F23
Feilbingert (N) 104 E5
Feldberg (B) 172 G4, 175 A4
Fell (M) 48 FG3
Fellbach (W) 187 D1
Fellerich (M) 46 B23
Fessenbach (B) 166 F2, 168 D2
Feuerbach (B) 175 B4
Feuerbach (W) 186 D4
Feuerthal (F) 208 A3
Filsch (M) 71 DE4
Filsen (Mrh) 76 D2
Filzen (M) 51 E2
Filzen (M) 62 BC2
Flehingen (B) 164 D5
Flein (W) 191 C4
Flemlingen (P) 142 C3
Flörsheim (Rhg) 89 F6
Flomborn (Rhh) 125 C1
Flonheim (Rhh) 120 F3
Forst (P) 138 B4, 141 BC5
Framersheim (Rhh) 120 G5
Franken-winheim (F) 213 D6
Frankweiler (P) 142 C3
Franzenheim (M) 71 G3
Frauenstein (Rhg) 87 A5
Frauen-zimmern (W) 191 D1
Freckenfeld (P) 142 F4
Freiberg am Neckar (W) 191 F4
Freiburg (B) 173 A2
Freilaubers-heim (Rhh) 120 F1
Freimersheim (Rhh) 124 B6
Freimersheim (P) 142 B5
Freinsheim (P) 137 EF2
Frettenheim (Rhh) 125 A3
Freudenstein (W) 190 D4
Freudental (W) 191 E2
Frickenhausen (F) 211 E4
Friedelsheim (P) 138 A45, 141 A6
Friesenheim (Rhh) 120 E6
Friesenheim (B) 171 A23
Fuchsstadt (F) 208 BC23
Fürfeld (Rhh) 120 F1
Fußbach (B) 166 G23

G

Gabsheim (Rhh) 120 E5
Gaibach (F) 213 CD4
Gaisburg (W) 186 E6
Gallenweiler (B) 172 D4
Gambach (F) 209 B3
Gau-Alges-heim (Rhh) 120 C3
Gau-Bickel-heim (Rhh) 120 E3
Gau-Bischofs-heim (Rhh) 120 D6
Gauernitz (S) 218 E4
Gau-Heppen-heim (Rhh) 120 G5
Gau-Köngern-heim (Rhh) 120 F5
Gaulsheim (Rhh) 120 C2
Gau-Odern-heim (Rhh) 120 F5
Gau-Wein-heim (Rhh) 120 E3
Geddelsbach (W) 193 F23
Geinsheim (P) 138 G56

Ort (Anbaugebiet) Koordinate

Geisenheim (Rhg) 86 E4
Gellmersbach (W) 192 E45
Gemmingen (W) 191 B1
Gemmrigheim (W) 191 DE3
Gemünden (F) 209 A3
Genheim (N) 104 B5, 114 E3
Gensingen (Rhh) 120 D12
Geradstetten (W) 187 D45
Gerbrunn (F) 211 B2
Gerlachsheim (B) 200 D3
Gernsbach (B) 167 A1
Gerolsheim (P) 137 D4
Gimmeldingen (P) 138 D23, 141 EF3
Gleisweiler (P) 142 C3
Gleiszellen-Gleishorbach (P) 142 E2
Glottertal (B) 171 G4
Gochsheim (B) 164 D4
Godramstein (P) 142 C3
Göcklingen (P) 142 D3
Gönnheim (P) 138 A5
Gössenheim (F) 209 B4
Götzingen (B) 164 E12
Golk (S) 218 C2
Gommersheim (P) 142 B6
Gondorf (M) 57 C3
Gottenheim (B) 170 D4
Graach (M) 51 C5
Gräfenhain (P) 142 C2
Grantschen (W) 192 E5
Grenzach (B) 175 G45
Greußenheim (F) 207 F5
Greuth (F) 214 E5
Grewenich (M) 46 A3
Grockstädt (SU) 224 A2
Gröbern (S) 218 C4
Gröst (SU) 224 B5
Grolsheim (Rhh) 120 D12
Gronau (HB) 155 D56
Gronau (W) 191 D5
Großbottwar (W) 191 E5
Großfischlingen (P) 142 B45
Großgartach (W) 191 B23
Großheppach (W) 187 C3
Großheringen (SU) 224 E2
Großheubach (F) 206 F3
Großingersheim (W) 191 F3
Großjena (SU) 224 CD4
Großkarlbach (P) 137 D3
Großlangheim (F) 214 E3
Großniedesheim (P) 137 C5
Großsachsen (B) 162 C2
Großvillars (W) 190 D4
Groß-Winternheim (Rhh) 120 C4
Grünhaus (M) 71 C4
Grünstadt (P) 137 C1
Grunbach (W) 187 D4
Grunern (B) 172 D5
Güglingen (W) 191 D1
Güls (M) 57 A45
Gündelbach (W) 190 E6
Güntersleben (F) 209 DE5
Guldental (N) 104 BC5
Gumbsheim (Rhh) 120 F2
Gundelfingen (B) 171 G3
Gundersheim (Rhh) 125 C2
Gundheim (Rhh) 125 C3
Guntersblum (Rhh) 121 F1
Gutenberg (N) 104 C5

H

Haagen (W) 200 F5
Haardt (P) 138 DE2, 141 F3
Haberschlacht (W) 191 C1
Hackenheim (Rhh) 120 E1
Häfnerhaslach (W) 190 D6
Hagnau (B) 180 D6
Hahnheim (Rhh) 120 E56
Hallburg (F) 213 E4
Hallgarten (Rhg) 86 C6
Halsheim (F) 209 C5
Haltingen (B) 175 E3
Hambach (P) 138 F12
Hambach (HB) 155 E5
Hammelburg (F) 208 B2
Hangen-Weisheim (Rhh) 125 B2
Hanweiler (W) 187 C34
Hargesheim (N) 104 C5
Harsberg (W) 193 EF3
Harxheim (Rhh) 120 D6
Haslach (B) 166 D3
Haßloch (P) 138 E56
Hattenheim (Rhg) 87 CD1
Hattnau (B) 180 F4
Hatzenport (M) 57 E2
Hausen (W) 191 C2
Hebsack (W) 187 D5
Hechtsheim (Rhh) 120 C6
Hecklingen (B) 171 E2
Heddesheim (N) 104 C5, 114 G4
Hedelfingen (W) 186 EF6
Heidelberg (B) 162 E2
Heidesheim (Rhh) 120 B4
Heidingsfeld (F) 210 B6
Heilbronn (W) 191 B3, 192 F3
Heiligenstein (P) 143 B2
Heiligenzell (B) 171 A3
Heimbach (B) 171 E2
Heimersheim (Rhh) 124 A6
Heimersheim (A) 37 B2
Heitersheim (B) 172 D4
Helfant-Esingen (M) 46 D1
Helmsheim (B) 164 D3
Hemsbach (B) 162 A12
Heppenheim (Rhh) 125 E34
Heppenheim (HB) 155 E5
Heppingen (A) 37 A1
Herbolzheim (B) 171 D1
Hergenfeld (N) 104 B4
Hergolshausen (F) 206 A3
Herrnsheim (Rhh) 125 D5
Herten (B) 175 G6
Hertingen (B) 175 B3
Hertmannsweiler (W) 187 A4
Herxheim (P) 142 DE5
Herxheim am Berg (P) 137 E12
Herxheimweyher (P) 142 D56
Heßheim (P) 137 D5
Hessigheim (W) 191 E3
Heßloch (Rhh) 125 A3
Heuchelheim bei Frankenthal (P) 137 C45
Heuchelheim-Klingen (P) 142 DE3
Heugrumbach (F) 209 B6
Heuholz (W) 193 EF4
Heuweiler (B) 171 G3
Hilpertsau (B) 167 A1
Hilsbach (B) 164 B6
Himmelstadt (F) 209 C4
Hirschberg (B) 162 C2
Hirschroda (SU) 224 C3
Hirzenach (Mrh) 76 F3
Hochburg (B) 171 F3
Hochdorf-Assenheim (P) 138 B6
Hochheim (Rhg) 89 F34
Hochstadt (P) 142 C5
Hochstätten (N) 104 E5
Hockweiler (M) 71 F3
Höpfigheim (W) 191 E4
Hößlinsülz (W) 192 G6
Hof und Lembach (W) 191 E5
Hofen (W) 186 C6
Hofweier (B) 166 G12
Hohberg (B) 166 G1
Hoheim (F) 214 F2
Hohenbeilstein (W) 191 D5
Hoheneck (W) 191 G34
Hohenhaslach (W) 191 E1
Hohenknittlingen (W) 190 DE4
Hohensachsen (B) 162 C2
Hohenstein (W) 191 D23
Hohen-Sülzen (Rhh) 125 E3
Holzen (B) 175 C4
Homburg (F) 207 G3
Horchheim (Rhh) 125 E45
Horkheim (W) 192 FG23
Horrenberg (B) 164 A5
Horrheim (W) 191 E1
Horrweiler (Rhh) 120 D2
Hüffelsheim (N) 104 D45
Hügelheim (B) 172 EF3
Hugsweier (B) 171 A2
Huttingen (B) 175 C2

I

Igel (M) 46 B3
Ihringen (B) 170 D3
Ilbesheim (P) 142 D3
Illingen (W) 190 F6
Ilsfeld (W) 191 D4
Immenstaad (B) 181 D12
Impfingen (B) 200 C23
Impflingen (P) 142 D4
Ingelheim (Rhh) 120 BC3
Ingersheim (W) 191 EF3
Insheim (P) 142 D4
Iphofen (F) 214 G3
Ippesheim (N) 104 C6
Irsch (M) 62 EF3
Irsch (M) 71 E34
Irsch (M) 62 EF3
Istein (B) 175 D2

J

Jechtingen (B) 170 B2
Jöhlingen (B) 164 E2
Johannisberg (Rhg) 86 D5
Jugenheim (Rhh) 120 D34

K

Kaatschen (SU) 224 E3
Kämpfelbach (B) 164 FG3
Kalkofen (N) 104 EF5
Kallstadt (P) 137 F12
Kaltensondheim (F) 211 D4
Kamp-Bornhofen (Mrh) 76 E2
Kandel (P) 142 F5
Kandern (B) 175 B45
Kanzem (M) 62 BC3
Kapellen-Drusweiler (P) 142 E3
Kappelrodeck (B) 166 D4
Kapsweyer (P) 142 F2
Karlburg (F) 209 B3
Karlsruhe-Durlach (B) 164 EF1
Karlstadt (F) 209 C34
Karpfenschänke (S) 218 C3
Karsbach (F) 209 A4
Karsdorf (SU) 224 B23
Karweiler (A) 36 A6
Kasel (M) 71 C5
Kasel-Staadt (M) 62 G2
Kattenes (M) 57 D3
Kaub (Mrh) 80 C4
Keltern (B) 164 G3
Kembach (B) 200 A2
Kempten (Rhh) 120 C2
Kenn (M) 48 E1
Kenzingen (B) 171 DE1
Kernen (W) 187 D2
Kernscheid (M) 71 E3
Kesselfeld (W) 193 D5
Kesten (M) 51 E1
Kestert (Mrh) 76 F3
Kettenheim (Rhh) 125 B1
Kiechlingsbergen (B) 170 B3
Kiedrich (Rhg) 87 B2
Kindenheim (P) 137 A1
Kinderbeuern (M) 53 C1
Kinheim (M) 53 E2
Kippenhausen (B) 181 D2
Kippenheim (B) 171 B2
Kirchberg (B) 181 D1
Kirchberg (W) 191 F5
Kirchhardt (B) 165 B1
Kirchheim (P) 137 D12
Kirchheim (W) 191 D3
Kirchhofen (B) 172 C56
Kirrweiler (P) 142 A4
Kirschroth (N) 104 E2
Kitzingen (F) 211 CD5, 214 F1
Kleinaspach (W) 191 E56
Kleinbottwar (W) 191 E45
Kleinfischlingen (P) 142 B5
Kleingartach (W) 190 C6
Kleinheppach (W) 187 C3

Registererklärung: Das Register verzeichnet alle in den Karten enthaltenen Orte mit Weinbauflächen.

Die Schreibweisen der Lagen und Orte entsprechen den jeweiligen Weinbergrollen.

A = Ahr, B = Baden, F = Franken, HB = Hessische Bergstraße, Mrh = Mittelrhein, M = Mosel (mit Saar und Ruwer), N = Nahe, P = Pfalz, Rhg = Rheingau, Rhh = Rheinhessen, S = Sachsen, SU = Saale-Unstrut, W = Württemberg

Ort (Anbaugebiet) Koordinate

Kleiningersheim (W) 191 EF4
Kleinjena (SU) 224 CD4
Kleinkarlbach (P) 137 D1
Kleinkems (B) 175 C2
Kleinlangheim (F) 214 E34
Kleinniedesheim (P) 137 B5
Kleinochsenfurt (F) 211 E34
Kleinsachsenheim (W) 191 EF2
Klein-Winternheim (Rhh) 120 C5
Klingenberg (W) 191 BC3
Klingenberg (F) 206 E23
Klosterhäseler (SU) 224 D2
Klotten (M) 56 F4
Klüsserath (M) 48 C5
Knittersheim (P) 142 D5
Knittlingen (W) 190 DE4
Knöringen (P) 142 C4
Knobert (P) 137 EF2
Kobern (M) 57 B3
Koblenz (MSR/Mrh) 57 A5, 76 A2
Köhler (F) 213 E3
Köllig (M) 46 C2
Köndringen (B) 171 EF2
Köngernheim (Rhh) 120 E56
Königheim (B) 200 C2
Königsbach (P) 138 D3, 141 E34
Königschaffhausen (B) 170 AB3
Königshofen (B) 200 D3
Können (M) 62 B2
Kolitzheim (F) 213 C4
Kommlingen (M) 62 B4
Kommlingen (M) 62 B4
Kondertal (M) 57 BC4
Konstanz (B) 180 D4
Konz (M) 62 A3, 70 F6
Korb (W) 187 C3
Korlingen (M) 71 E4
Kostheim (Rhg) 89 G2
Kraichtal (B) 164 C4
Krautheim (F) 213 D5
Kreßbronn (B) 180 F4
Krettnach (M) 62 B5
Kreuzberg (A) 36 D1
Kreuzweiler (M) 46 E1
Kriechau (SU) 225 C1
Kriegsheim (Rhh) 125 D2
Kröv (M) 53 E3
Krutweiler (M) 62 F2
Kues (M) 51 D5
Külsheim (B) 200 B1
Kürenz (M) 71 C2
Kürnbach (B) 164 D56

L

Lachen (P) 138 FG4
Lahnstein (Mrh) 76 B2
Lahr (B) 171 AB23
Lambsheim (P) 137 E4
Landau in der Pfalz (P) 142 CD4
Landshausen (B) 164 C4
Langenbeutingen (W) 193 D1
Langenbrettach (W) 193 D1
Langenbrücken (B) 164 B3
Langenlonsheim (N) 104 B6, 114 FG6
Langscheid (Mrh) 80 C3
Langsur (M) 46 A3
Laubenheim (N) 104 B6, 114 F546
Laubenheim (Rhh) 121 C1
Laucha (SU) 224 C23
Lauda (B) 200 D3
Lauda-Königshofen (B) 200 D3
Laudenbach (B) 162 A2
Laudenbach (W) 200 F5
Laudenbach (F) 209 C34
Lauf (B) 166 C4
Laufen (B) 172 E4
Lauffen (W) 191 CD3
Laumersheim (P) 137 CD3
Lauschied (N) 104 EF2
Lautenbach (B) 166 E4, 169 AB1
Lay (M) 57 B4
Lehen (B) 171 G2
Lehmen (M) 57 C3
Lehrensteinsfeld (W) 192 F5
Leimen (B) 162 F2
Leingarten (W) 191 B23
Leinsweiler (P) 142 D2
Leiselheim (Rhh) 125 D4
Leiselheim (B) 170 B23
Leistadt (P) 137 F1
Leiwen (M) 48 D6
Lengfurt (F) 207 G3
Leonbronn (W) 190 D5
Lettweiler (N) 104 F4
Leutershausen (B) 162 C12
Lienzingen (W) 190 E5
Liersberg (M) 46 A3
Lieser (M) 51 D4
Lindach (F) 213 B4
Lindau (B) 180 G56
Lindelbach (B) 200 B2
Lindelbach (F) 211 CD3
Lingenfeld (P) 143 BC1
Lipburg (B) 172 G4
Löchgau (W) 191 E2
Löf (M) 57 D3
Lörrach (B) 175 E5
Lörsch (M) 48 E3
Lörzweiler (Rhh) 120 D6
Lösnich (M) 53 E1
Löwenstein (W) 192 G6
Lohrsdorf (A) 37 B3
Lomersheim (W) 190 F5
Longen (M) 48 E3
Longuich (M) 48 E2
Lonsheim (Rhh) 120 F34
Lorch (Rhg) 85 E4
Lorchhausen (Rhg) 85 E3
Lorenzhof (M) 71 C4
Loschwitz (S) 218 F1
Ludwigsburg (W) 191 G34
Ludwigshöhe (Rhh) 121 EF1
Lützelsachsen (B) 162 BC2
Lustadt (P) 142 C6

M

Mahlberg (B) 171 C12
Maienfels (W) 193 F23
Maikammer (P) 142 A4
Mainbernheim (F) 214 G2
Mainstockheim (F) 211 B5
Mainz (Rhh) 120 B5
Malsch (B) 164 A4
Malschberg (B) 164 A4
Malterdingen (B) 171 E2
Mandel (N) 104 C4
Mannweiler-Cölln (N) 104 F5
Manubach (Mrh) 80 F4
Marbach (B) 200 D3
Marbach am Neckar (W) 191 F4
March (B) 170 D56
Margetshöchheim (F) 209 E45
Marienthal (A) 36 C4
Maring-Noviand (M) 51 D23
Markdorf (B) 181 C2
Markelsheim (W) 200 F45
Markgröningen (W) 191 G2
Marktbreit (F) 211 EF5
Markt Eimersheim (F) 214 G34
Markt Eisenheim (F) 213 D3
Marktheidenfeld (F) 207 F2
Martinstein (N) 104 D1
Martinsthal (Rhg) 87 B3
Massenbach (W) 191 B2
Massenbachhausen (W) 191 A12
Massenheim (Rhg) 89 E45
Mattheis (M) 71 E1
Mauchen (B) 175 A3
Mauchenheim (Rhh) 124 B5
Mauna (S) 218 D2
Mayschoß (A) 36 C3
Mechtersheim (P) 143 B2
Meckenheim (P) 138 C5
Meddersheim (N) 104 E2
Medenscheid (Mrh) 80 E4
Meersburg (B) 180 CD56
Mehrigen (M) 48 F4
Meimsheim (W) 191 D2
Meisenheim (N) 104 F3
Meißen (S) 218 D3
Mengen (B) 172 B5
Menzingen (B) 164 C5
Merbitz (S) 218 F5
Merdingen (B) 170 E34
Merschwitz (S) 218 B2
Mertesdorf (M) 71 C5
Mertesheim (P) 136 C6
Merxheim (N) 104 D2
Merzhausen (B) 173 A1
Mesenich (M) 46 A3
Mesenich (M) 54 BC 45
Mettenheim (Rhh) 121 G1
Metternich (M) 57 A5
Mettingen (W) 187 F1
Metzdorf (M) 46 A3
Michelbach (W) 190 CD6
Michelbach (W) 193 E4
Michelfeld (B) 164 B5
Mietersheim (B) 171 B2
Miltenberg (F) 206 G4
Minfeld (P) 142 F4
Mingolsheim (B) 164 B34
Minheim (M) 49 B2, 51 G1
Mittelhaslach (W) 191 E1
Mittelheim (Rhg) 86 D6
Mölsheim (Rhh) 125 D12
Mommenheim (Rhh) 120 D6
Monsheim (Rhh) 125 DE23
Monzernheim (Rhh) 125 B3
Monzingen (N) 104 D2
Mörlheim (P) 142 D4
Morscheid (M) 71 E5
Mörstadt (Rhh) 125 D3
Mörzheim (P) 142 D3
Moselkern (M) 57 F1
Moselsürsch (M) 57 D2
Moselweiß (M) 57 A5
Müden (M) 57 F1
Mühlacker (W) 190 F5
Mühlbach (B) 164 D6, 165 B5
Mühlbach (F) 209 C3

Ort (Anbaugebiet) Koordinate

Mühlhausen (W) 190 F5
Mülheim (M) 51 D3
Müllheim (B) 172 F3
Müncheroda (SU) 224 C34
Mündesheim (F) 209 C5
Münster (W) 186 CD5
Münsterappel (N) 104 EF6
Münster-Sarmsheim (N) 104 AB6, 114 E56
Mundelsheim (W) 191 E4
Mundingen (B) 171 E2
Munzingen (B) 170 FG4
Murr (W) 191 F4
Mußbach (P) 138 E3, 141 F4

N

Nack (Rhh) 120 G23
Nackenheim (Rhh) 121 D1, 123 A56
Nassau (Mrh) 76 B6
Naumburg (SU) 224 D4
Nebra (SU) 224 AB1
Neckarsulm (W) 192 D34
Neckarweihingen (W) 191 G4
Neef (M) 54 C3
Nehren (M) 54 C4
Neibsheim (B) 164 D4
Neipperg (W) 191 C2
Nenning (M) 46 E1
Nesselried (B) 166 E3, 168 B3
Neu-Bamberg (Rhh) 120 F12
Neuenbürg (B) 164 C4
Neuenburg am Rhein (B) 172 F2
Neuengönna (SU) 224 G2
Neuenstadt (W) 192 C5
Neuenstein (W) 193 D4
Neuershausen (B) 170 C5
Neuhausen (Rhh) 125 D5
Neuleiningen (P) 136 D6
Neumagen-Dhron (M) 49 BC1
Neurath (Mrh) 80 E4
Neusatz (B) 166 C45
Neusetz (F) 213 E3
Neustadt (W) 187 C2
Neustadt an der Weinstraße (P) 138 EF2, 141 G3
Neuweier (B) 166 AB5, 167 C5
Niederburg (Mrh) 80 A2
Niedereggenen (B) 175 A4
Niederemmel (M) 49 AB12
Niederfell (M) 57 C3
Nieder-Flörsheim (Rhh) 125 D23
Niederhausen (N) 104 D45, 107 B3
Niederhausen (N) 104 E6
Nieder-Hilbersheim (Rhh) 120 D3
Niederhofen (W) 191 C1
Niederhorbach (P) 142 E3
Niederkirchen (P) 138 C4, 141 C6
Niederleuken (M) 62 E2
Niederleuken (M) 62 E2
Niedermennig (M) 62 AB4
Niedermoschel (N) 104 F5
Nieder-Olm (Rhh) 120 D5
Niederotterbach (P) 142 F3
Niederrimsingen (B) 170 F3
Niederschopfheim (B) 166 G12
Niederstetten (W) 200 G56
Niederwalluf (Rhg) 87 BC5
Niederweiler (B) 172 F4
Nieder-Wiesen (Rhh) 120 G2
Nierstein (Rhh) 121 DE1, 123 CD5
Nimburg (B) 170 B5
Nißmitz (SU) 224 C4
Nittel (M) 46 C2
Nochern (Mrh) 76 F4
Nonnenhorn (B) 180 F34
Nordheim (W) 191 C3
Nordheim (F) 213 DE3
Nordweil (B) 171 D2
Norheim (N) 104 D5, 107 B34
Nußbach (B) 166 E3, 168 A4
Nußbaum (N) 104 D2
Nußdorf (P) 142 C4
Nußloch (B) 162 FG2

O

Oberachern (B) 166 C34
Oberacker (B) 164 D4
Oberau (S) 218 C4
Oberbalbach (B) 200 E4
Oberbergen (B) 170 C3
Oberbillig (M) 46 B3
Oberbreit (F) 211 F5
Oberdiebach (Mrh) 80 E4
Obereggenen (B) 175 A4
Obereisenheim (F) 213 C3
Oberemmel (M) 62 C4
Obererdingen (W) 190 D4
Obereschenbach (F) 208 C1
Oberfell (M) 57 D3
Ober-Flörsheim (Rhh) 125 C1
Obergrommbach (B) 164 D23
Oberhausen (N) 104 E4, 107 C2
Oberhausen (N) 104 F6
Oberheimbach (Mrh) 80 F45
Ober-Hilbersheim (Rhh) 120 D3
Oberkirch (B) 166 E34, 168 A6
Oberlahnstein (Mrh) 76 B2
Oberlauda (B) 200 D3
Oberleinach (F) 209 E4
Obermoschel (N) 104 F4
Oberndorf (Mrh) 77 B1
Oberndorf (N) 104 F5
Oberohrn (W) 193 E3
Ober-Olm (Rhh) 120 C5
Oberotterbach (P) 142 F2
Oberöwisheim (B) 164 C4
Oberperl (M) 46 F1
Oberrimsingen (B) 170 F3
Oberrotweil (B) 170 C2
Obersasbach (B) 166 C4
Oberschopfheim (B) 171 A3
Oberschüpf (B) 200 E23
Obersöllbach (W) 193 DE4
Oberstenfeld (W) 191 DE5
Oberstetten (W) 200 G6
Oberstreit (N) 104 D3
Obersulm (W) 192 FG6
Obersülzen (P) 137 C2
Obertsrot (B) 166 A6
Obertürkheim (W) 187 E1
Oberuldingen (B) 180 B5
Obervolkach (F) 213 D5
Oberwalluf (Rhg) 87 B4
Oberwartha (S) 218 E45
Oberweier (B) 171 A3
Oberwesel (Mrh) 80 B2
Obrigheim (P) 137 B2
Ochsenbach (W) 191 DE1
Ochsenburg (W) 190 C5
Ochsenfurt (F) 211 F34
Ockenheim (Rhh) 120 C2
Ockfen (M) 62 E3
Ockfen (M) 62 E3
Odenheim (B) 164 BC4
Odernheim (N) 104 E3
Oedheim (W) 192 C4
Ödsbach (B) 166 E4, 168 C6
Öhringen (W) 193 D23
Ölbronn-Dürrn (W) 190 EF4
Önsbach (B) 166 CD3
Oestrich-Winkel (Rhg) 86 D56
Östringen (B) 164 B4
Ötisheim (W) 190 EF4
Ötlingen (B) 175 E4
Offenau (W) 192 C2
Offenbach a. d. Q. (P) 142 CD5
Offenburg (B) 166 F2, 168 D12
Offenheim (Rhh) 124 B5
Offstein (Rhh) 125 EF3
Ohlsbach (B) 166 FG23
Olewig (M) 71 D2
Onsdorf (M) 46 C3
Opfingen (B) 170 F4
Oppenheim (Rhh) 121 E1, 123 D6
Ortenberg (B) 166 F2, 168 E2
Osann-Monzel (M) 51 D1
Osterspay (Mrh) 76 D2
Osthofen (Rhh) 125 BC45
Ottersheim (P) 142 D5
Ottersweier (B) 166 B4

P

Palzem (M) 46 D1
Partenheim (Rhh) 120 D4
Patersberg (Mrh) 76 G4
Pellingen (M) 62 B6
Perl (M) 46 F1
Perscheid (Mrh) 80 C2
Pesterwitz (S) 218 F5
Pfaffenhofen (W) 190 D6
Pfaffen-Schwabenheim (Rhh) 120 E2
Pfaffenweiler (B) 172 B6
Pfeddersheim (Rhh) 125 E4
Pfedelbach (W) 193 E23
Pfinztal (B) 164 D4
Pforzheim (B) 164 G34
Piesport (M) 49 A1
Pillnitz (S) 218 G2
Planig (N) 104 C6
Platten (M) 51 BC1
Pleisweiler-Oberhofen (P) 142 E2
Pleitersheim (Rhh) 120 E2
Plieningen (W) 186 F6
Plochingen (W) 187 F4
Pölich (M) 48 F5
Poltersdorf (M) 54 B5
Pommern (M) 56 F5
Poppenweiler (W) 191 G4
Possenheim (F) 214 G4
Proschwitz (S) 218 C3
Pünderich (M) 53 B4
Pützfeld (A) 36 E2

Q

Queichhambach (P) 142 C2
Queichheim (P) 142 D4

R

Rachtig-Zeltingen (M) 51 B3
Radebeul (S) 218 E5
Rammersweier (B) 166 F2, 168 C2
Ramsthal (F) 208 AB5
Randersacker (F) 211 C2
Ranschbach (P) 142 CD23
Rappach (W) 193 E1
Rauenberg (B) 164 A4
Rauenthal (Rhg) 87 AB3
Raumbach (N) 104 F3
Rech (A) 36 D34
Rehborn (N) 104 F3
Rehlingen (M) 46 C2
Reichenau (B) 180 C12
Reichenbach (B) 166 G3
Reichholzheim (B) 200 A1
Reil (M) 53 C4
Reimerzhoven (A) 36 D2
Reinsdorf (SU) 224 A2
Remlingen (F) 207 FG4
Remshalden (W) 187 CD45
Renchen (B) 166 D3
Repperndorf (F) 211 C45
Retzbach (F) 209 D4
Retzstadt (F) 209 D5
Reuchelheim (F) 209 C3
Rheindiebach (Mrh) 80 E5
Rheinweiler (B) 175 B2
Rhens (Mrh) 76 C2
Rhodt (P) 142 B34
Riedlingen (B) 175 B4

Registererklärung: Das Register verzeichnet alle in den Karten enthaltenen Orte mit Weinbauflächen.

Die Schreibweisen der Lagen und Orte entsprechen den jeweiligen Weinbergrollen.

A = Ahr, B = Baden, F = Franken, HB = Hessische Bergstraße, Mrh = Mittelrhein, M = Mosel (mit Saar und Ruwer), N = Nahe, P = Pfalz, Rhg = Rheingau, Rhh = Rheinhessen, S = Sachsen, SU = Saale-Unstrut, W = Württemberg

Ort (Anbaugebiet) Koordinate

Riegel (B) 170 A5
Rielingshausen (W) 191 F5
Riet (W) 191 G1
Rietenau (W) 191 E6
Rimbach (F) 213 D56
Rimpar (F) 209 E6
Ringelbach (B) 166 D4
Ringen (A) 36 A5
Ringsheim (B) 171 C1
Riol (M) 48 F3
Rivenich (M) 48 AB5
Riveris (M) 71 E5
Rödelsee (F) 214 F23
Rödersheim-Gronau (P) 138 B56
Römerberg (P) 143 B2
Röttingen (F) 200 E6
Rohracker (W) 186 G6
Rohrbach (P) 142 E4
Rohrbach (B) 162 EF2
Rohrbach a. G. (B) 164 C6
Rommelshausen (W) 187 D2
Rommersheim (Rhh) 120 E4
Roschbach (P) 142 BC4
Roßbach (SU) 224 D4
Roßwag (W) 190 F6
Rotenberg (B) 164 A4
Rotenberg (W) 187 D1
Rothenburg o. d. T. (F) 201 G23
Rottendorf (F) 211 B3
Roxheim (N) 104 C5
Rück (F) 206 C3
Rüdesheim (Rhg) 86 E3
Rüdesheim (N) 104 C5
Rümmelsheim (N) 104 B5, 114 E4
Rümmingen (B) 175 D4
Ruppertsberg (P) 138 C4, 141 D5
Ruwer (M) 71 B3

S

Saaleck (F) 208 B1
Saarburg (M) 62 EF2
Saarburg (M) 62 EF2
Sachsenflur (B) 200 E3
Sachsenheim (W) 191 F2
Sankt Aldegund (M) 54 C2
Sankt Georgen (B) 173 A1
Sankt Goar (Mrh) 76 G4
Sankt Goarshausen (Mrh) 76 G4
Sankt Johann (Rhh) 120 E3
Sankt Johann (P) 142 C3
Sankt Katharinen (N) 104 C4
Sasbach (B) 170 A2
Sasbachwalden (B) 166 C4
Saulheim (Rhh) 120 E4
Sausenheim (P) 137 CD1
Schäftersheim (W) 200 E5
Schallbach (B) 175 D4
Schallstadt (B) 172 AB6
Scharzhofberg (M) 62 C4
Schelingen (B) 170 B3
Scherzingen (B) 172 B5
Schierstein (Rhg) 87 B6
Schimsheim (Rhh) 120 F3
Schkortleben (SU) 225 BC1
Schlatt (B) 172 C4
Schleberoda (SU) 224 B4
Schliengen (B) 175 A3
Schloßböckelheim (N) 104 D4, 107 B12
Schluchtern (W) 191 B2
Schmidhofen (B) 172 D45
Schmieheim (B) 171 C2
Schnait (W) 187 D4
Schnepfenbach (F) 213 E3
Schoden (M) 62 D3
Schönberg (HB) 155 D5
Schönburg (SU) 224 D5
Schöneberg (N) 104 B4
Schorndorf (W) 187 D6
Schornsheim (Rhh) 120 E5
Schozach (W) 191 D4
Schriesheim (B) 162 D2
Schützingen (W) 190 E5
Schulpforte (SU) 224 D34
Schwabenheim (Rhh) 120 C4
Schwabsburg (Rhh) 120 E6, 123 D45
Schwaigern (W) 191 B12
Schwanfeld (F) 213 BC2
Schwegenheim (P) 142 B6
Schweich (M) 48 D2
Schweighofen (P) 142 FG2
Schweigen-Rechtenbach (P) 142 F2
Schweppenhausen (N) 104 B5, 114 EF2
Seefelden (B) 172 E3
Seeheim (HB) 155 A5
Segnitz (F) 211 E4
Sehl (M) 56 G34
Sehndorf (M) 46 F1
Senhals (M) 54 C5
Senheim (M) 54 C5
Serrig (M) 62 G23
Sexau (B) 171 F3
Sickershausen (F) 214 F12
Siebeldingen (P) 142 C3
Siebeneich (W) 193 D1
Siefersheim (Rhh) 120 F2
Sinsheim (B) 164 A6
Sinzheim (B) 166 A5, 167 A45
Sörgenloch (Rhh) 120 D5
Sörnewitz (S) 218 D4
Sommerhausen (F) 211 D3
Sommerloch (N) 104 C4
Spabrücken (N) 104 B34
Spay (Mrh) 76 CD3
Speyerdorf (P) 138 F4
Spielberg (W) 191 E1
Spielberg (SU) 224 A2
Spiesheim (Rhh) 120 F4
Sponheim (N) 104 C4
Sponsheim (Rhh) 120 CD1
Spredlingen (Rhh) 120 E2
St. siehe Sankt
Stadecken-Elsheim (Rhh) 120 D4
Stadelhofen (B) 166 D3
Stammheim (F) 213 C4
Starkenburg (M) 53 F4
Staudernheim (N) 104 E3
Staufen (B) 172 D56
Staufenberg (B) 166 A6
Steeg (Mrh) 80 D3
Steinbach (B) 166 A45, C4
Stein-Bockenheim (Rhh) 120 F2
Steinenstadt (B) 175 A2
Steinfeld (P) 142 F3
Steinhardt (N) 104 D3
Steinheim (W) 191 EF45
Steinsfurt (B) 164 A6
Steinweiler (P) 142 E4
Sternenfels (W) 190 D5
Stetten (B) 180 D6
Stetten (W) 187 D2
Stetten (W) 191 B1
Stetten (F) 209 C4
Stettfeld (B) 164 B3
Stockheim (W) 191 C1
Strümpfelbach (W) 187 E3
Stuttgart (W) 186 D4
Sulz (B) 171 B2
Sulzbach (B) 162 A2
Sülzbach (W) 192 F5
Sulzburg (B) 172 E5
Sulzfeld (B) 164 D56, 165 AB3
Sulzfeld (F) 211 D5
Sulzheim (Rhh) 120 E4
Sulzthal (F) 208 B45

T

Tairnbach (B) 164 A45
Talheim (W) 191 C3
Tannenkirch (B) 175 B3
Tauberbischofsheim (B) 200 C23
Tauberrettersheim (F) 200 EF6
Tauberzell (F) 201 F2
Tawern (M) 46 B3
Temmels (M) 46 B2
Teningen (B) 171 F2
Tettingen (M) 46 E1
Theilheim (F) 211 C3
Theilheim (F) 213 B3
Thörnich (M) 48 D5
Thüngersheim (F) 209 D45
Tiefenbach (B) 164 BC5
Tiefenthal (Rhh) 120 G1
Tiefenthal (F) 207 FG3
Tiengen (B) 170 F4
Tiergarten (B) 166 D3
Traben-Trarbach (M) 53 F23
Traisen (N) 104 D5, 107 A4
Trechtingshausen (Mrh) 80 G6
Treis-Karden (M) 56 F6
Triefenstein (F) 207 F2
Trier (M) 71 CD2
Trimberg (F) 208 AB3
Trittenheim (M) 49 E1
Tunsel (B) 172 C4
Tutschfelden (B) 171 D2

U

Ubstadt (B) 164 C3
Udenheim (Rhh) 120 E5
Überlingen (B) 180 A3
Uelversheim (Rhh) 120 F6
Ürzig (M) 51 A3, 52 E6
Uettingen (F) 207 G5
Uffhofen (Rhh) 120 F3
Uhlbach (W) 187 E1
Uhldingen-Mühldorf (B) 180 B5
Uissigheim (B) 200 B2
Ulm (B) 166 D3
Umweg (B) 167 BC45
Undenheim (Rhh) 120 E5
Ungstein (P) 137 G12
Unkenbach (N) 104 F4
Unterbalbach (B) 200 E4

Ort (Anbaugebiet) Koordinate

Unterdürrbach (F) 209 F5, 211 A1
Untereisenheim (F) 213 D3
Untereisesheim (W) 192 D3
Untereschenbach (F) 208 B1
Untergrombach (B) 164 D2
Untergruppenbach (W) 191 C5
Unterheimbach (W) 193 F2
Unterheinriet (W) 191 C5
Unterleinach (F) 209 DE4
Unteröwisheim (B) 164 C34
Unterschüpf (B) 200 E3
Untersteinbach (W) 193 F4
Unterthal (F) 208 A12
Untertürkheim (W) 186 DE6
Urbar (Mrh) 76 G4, 80 A23

V

Vaihingen (W) 190 F6
Varnhalt (B) 166 A5, B5
Veitshöchheim (F) 209 E5
Veldenz (M) 51 F4
Vendersheim (Rhh) 120 E3
Venningen (P) 142 B45
Verrenberg (W) 193 DE2
Vitzenburg (SU) 224 A1
Vlawig (M) 56 G4
Vögisheim (B) 172 G3
Vogelsburg (F) 213 D34
Vogtsburg (B) 170 D3
Volkach (F) 213 D4
Vollmersweiler (P) 142 F3
Volxheim (Rhh) 120 EF2
Vorbachzimmern (W) 200 G56

W

Wachenheim (Rhh) 125 D12
Wachenheim (P) 138 AB3, 141 AB5
Wachwitz (S) 218 F2
Wackernheim (Rhh) 120 BC4
Wagenstadt (B) 171 D1
Wahlheim (Rhh) 124 B6
Waiblingen (W) 187 C2
Waldalgesheim (N) 104 A5
Waldangelloch (B) 164 B5
Waldbach (W) 193 E1
Waldböckelheim (N) 104 D3, 106 B6
Waldhilbersheim (N) 104 B5, 114 G3
Waldkirch (B) 171 G4
Waldlaubersheim (N) 104 B5, 114 E3
Waldrach (M) 71 D5
Waldulm (B) 166 D4
Walheim (W) 191 E3
Wallburg (B) 171 C2
Wallertheim (Rhh) 120 E3
Wallhausen (N) 104 C4
Walluf (Rhg) 87 B5
Walporzheim (A) 36 C5
Walsheim (P) 142 C4
Waltershofen (B) 170 E4
Walzbachtal (B) 164 E23
Wasenweiler (B) 170 D34
Wasserburg (B) 180 G4
Wasserliesch (M) 46 B3
Wawern (M) 62 C2
Wawern (M) 62 C2
Wehlen (M) 51 C4
Wehr (M) 46 D1
Weichau (SU) 224 E23
Weikersheim (W) 200 F5
Weil am Rhein (B) 175 F34
Weiler (N) 104 D2
Weiler (N) 104 A5
Weiler (B) 164 B6
Weiler (W) 190 D6
Weinähr (Mrh) 76 B6
Weinböhla (S) 218 D4
Weingarten (P) 142 B6
Weingarten (B) 164 DE2
Weinheim (Rhh) 124 A56
Weinheim (B) 162 B2
Weinolsheim (Rhh) 120 F6
Weinsberg (W) 192 F4
Weinsheim (N) 104 D4
Weinsheim (Rhh) 125 E5
Weischütz (SU) 224 C3
Weisenbach (B) 167 A1
Weisenheim am Berg (P) 136 E6
Weisenheim am Sand (P) 137 E34
Welgesheim (Rhh) 120 D2
Wellen (M) 46 BC2
Wellmich (Mrh) 76 F4
Welmlingen (B) 175 C23
Wendelsheim (Rhh) 120 G2
Werbach (B) 200 B2
Werlau (Mrh) 76 G3
Wermutshausen (W) 200 G6
Wertheim (B) 200 A1
Westheim (P) 142 C6
Westheim (F) 208 B23
Westhofen (Rhh) 125 BC3
Wettelbrunn (B) 172 D45
Weyher (P) 142 B3
Whylen (B) 175 G5
Wicker (Rhg) 89 EF5
Wiesenbronn (F) 214 EF4
Wiesenfeld (F) 209 B23
Wiesloch (B) 162 G2
Wies-Oppenheim (Rhh) 125 E4
Wildtal (B) 171 G3
Wilsbach (W) 192 F6
Wiltingen (M) 62 C3
Wimmental (W) 192 E56
Wincheringen (M) 46 D2
Winden (P) 142 E4
Windesheim (N) 104 B5, 114 F3
Windischenbach (W) 193 E2
Winkel (Rhg) 86 D56
Winkewitz (S) 218 C3
Winnenden (W) 187 B3
Winningen (M) 57 B4
Winterbach (W) 187 D5
Winterborn (N) 104 E5
Winterhausen (F) 211 D23
Wintersheim (Rhh) 120 F6
Wintrich (M) 51 F1
Winzenheim (N) 104 C56
Winzerhausen (W) 191 DE4
Wipfeld (F) 213 C3
Wirmsthal (F) 208 A5
Wittlingen (B) 175 D4
Wittnau (B) 173 B1
Wochern (M) 46 F1
Wöllstein (Rhh) 120 F2
Wörrstadt (Rhh) 120 E4
Wöschbach (B) 164 E2
Wolf (M) 53 E3
Wolfenweiler (B) 172 B6
Wolfsheim (Rhh) 120 D3
Wollbach (B) 175 D4
Wollmesheim (P) 142 D3
Wonsheim (Rhh) 120 F2
Worms (Rhh) 125 E5
Würzburg (F) 211 B1
Wüstenrot (W) 193 G2

Z

Zaberfeld (W) 190 D6
Zadel (S) 218 C2
Zaisenhausen (B) 164 D5
Zeiskam (P) 142 C56
Zell (M) 53 C6, 54 F4
Zell (HB) 155 D5
Zellingen (F) 209 D4
Zell-Weierbach (B) 166 F2, 168 D23
Zeltingen (M) 51 B3
Zeuchfeld (SU) 224 BC45
Zeutern (B) 164 BC4
Zscheiplitz (SU) 224 C3
Zuffenhausen (W) 186 C5
Zunzingen (B) 172 F4
Zwingenberg (HB) 155 C45

Ahr

Name	Straße/Ort/Telefon/Web/Seiten
J. J. Adeneuer	Max-Planck-Str. 8 / 53474 Bad Neuenahr-Ahrweiler / 0 26 41-3 44 73 / www.adeneuer.de / **38, 39, 40, 41**
Brogsitter	Max-Planck-Str. 1 / 53501 Grafschaft / 0 22 25-91 81 11 / www.brogsitter.de / **39**
Burggarten – Schäfer	Landskroner Str. 61 / 53474 Bad Neuenahr-Ahrweiler / 0 26 41-2 12 80 / www.weingut-burggarten.de / **39, 40**
Dagernova – Weinmanufaktur Dernau	Heerstr. 91–93 / 53474 Bad Neuenahr-Ahrweiler / 0 26 41-947 20 / www.dagernova.de / **39**
Deutzerhof – Cossmann-Hehle	Deutzerwiese 2 / 53508 Mayschoß / 0 26 43-72 64 / www.deutzerhof.de / **38, 39, 40, 41**
Klosterhof	Rotweinstr. 7 / 53507 Marienthal / 0 26 41-3 62 80
H. J. Kreuzberg	Schmittmannstr. 30 / 53507 Dernau / 0 26 43-16 91 / www.weingut-kreuzberg.de / **38, 39, 40, 41**
Peter Kriechel	Walporzheimer Str. 83 / 53474 Bad Neuenahr-Ahrweiler / 0 26 41-3 61 93 / www.weingut-kriechel.de
Peter Lingen	Teichstr. 3 / 53474 Bad Neuenahr-Ahrweiler / 0 26 41-2 95 45 / www.weingut-lingen.de / **39**
Maibachfarm	Im Maibachtal 100 / 53474 Bad Neuenahr-Ahrweiler / 0 26 41-3 66 79 / www.weingut-maibachfarm.de / **39, 41**
Kloster Marienthal	Klosterstr. 3–5 / 53507 Marienthal / 0 26 41-9 80 60 www.weingut-kloster-marienthal.de
WG Mayschoß-Altenahr	Ahrrotweinstr. 42 / 53508 Mayschoß / 0 26 43-9 36 00 / www.winzergenossenschaft-mayschoss.de / **38, 39, 40**
Meyer-Näkel	Friedensstr. 15 / 53507 Dernau / 0 26 43-16 28 / www.meyer-naekel.de / **38, 39, 40**
Toni Nelles	Göppinger Str. 13a / 53474 Bad Neuenahr-Ahrweiler / 0 26 41-2 43 49 / www.weingut-nelles.de / **39, 40, 41**
Erwin Riske	Wingertstr. 26–28 / 53507 Dernau / 0 26 43-84 06 / www.weingut-riske.de / **38**
Reinhold Riske	Wingertstr. 32 / 53507 Dernau / 0 26 43-70 20 / **38**
Sonnenberg	Heerstr. 98 / 53474 Bad Neuenahr-Ahrweiler / 0 26 41-67 13 / www.weingut-sonnenberg.de / **39, 41**
Sermann-Kreuzberg	Seilbahnstr. 22 / 53505 Altenahr / 0 26 43-71 05 / www.sermann.de / **38**
Jean Stodden	Rotweinstr. 7–9 / 53506 Rech / 0 26 43-30 01 / www.stodden.de / **38, 39, 40, 41**

Mosel

Name	Straße/Ort/Telefon/Web/Seiten
Bischöfliche Weingüter Trier	Gervasiusstr. 1 / 54290 Trier / 06 51-14 57 60 / www.bwgtrier.de / **65**
Clemens Busch	Kirchstr. 37 / 56862 Pünderich / 0 65 42-2 21 80 / www.clemens-busch.de / **58**
Ansgar Clüsserath	Spielestr. 4 / 54349 Trittenheim / 0 65 07-22 90 / www.ansgar-cluesserath.de / **58**
Stiftung Friedrich-Wilhelm-Gymnasium	Weberbach 75 / 54290 Trier / 06 51-97 83 00 / www.fwgtrier.de
Grans-Fassian	Römerstr. 28 / 54340 Leiwen / 0 65 07-31 70 / www.grans-fassian.de / **56, 58**
Fritz Haag	Dusemonder Str. 44 / 54472 Brauneberg / 0 65 34-4 10 / www.weingut-fritz-haag.de / **52**
Reinhold Haart	Ausoniusufer 18 / 54498 Piesport / 0 65 07-20 15 / www.haart.de / **56, 57, 58**
Heymann-Löwenstein	Bahnhofstr. 10 / 56333 Winningen / 0 26 06-19 19 / www.heymann-loewenstein.com / **55, 56, 58**
Reichsgraf von Kesselstatt	siehe Ruwer / **52, 55, 65, 72**
Bernhard Kirsten	Krainstr. 5 / 54340 Klüsserath / 0 65 07-99 115 / www.weingut-kirsten.de
Reinhard und Beate Knebel	August-Horch-Str. 24 / 56333 Winningen / 0 26 06-26 31 / www.weingut-knebel.de / **55**
Schloss Lieser	Am Markt 1 / 54470 Lieser / 0 65 31-64 31 / www.weingut-schloss-lieser.de / **52, 56**
Dr. Loosen	St. Johannishof / 54470 Bernkastel-Kues / 0 65 31-34 26 / www.drloosen.de / **52, 55**
Markus Molitor	Haus Klosterberg / 54470 Bernkastel-Kues / 0 65 32-39 39 / www.markusmolitor.com / **52, 55, 58**
Joh. Jos. Prüm	Uferallee 19 / 54470 Bernkastel-Kues / 0 65 31-30 91 / **52, 55, 58**
S. A. Prüm	Uferallee 25 / 54470 Bernkastel-Kues / 0 65 31-31 10 / www.sapruem.com / **52, 55**
Max Ferd. Richter	Hauptstr. 37/85 / 54486 Mülheim (Mosel) / 065 34-93 30 03 / www.maxferdrichter.com / **52**
Sankt Urbans-Hof	Urbanusstr. 16 / 54340 Leiwen / 0 65 07-9 37 70 / www.urbans-hof.de / **56, 66**
Selbach-Oster	Uferallee 23 / 54492 Zeltingen-Rachtig / 0 65 32-20 81 / www.selbach-oster.de / **55, 58**
Studert-Prüm	Hauptstr. 150 / 54470 Bernkastel-Kues / 0 65 31-24 87 / www.studert-pruem.com / **52, 55**
Witwe. Dr. H. Thanisch – Erben Thanisch	Saarallee 31 / 54470 Bernkastel-Kues / 0 65 31-22 82 / www.thanisch.com / **52, 55**
Vereinigte Hospitien	Krahnenufer 19 / 54290 Trier / 06 51-9 45 12 10 / www.weingut.vereinigtehospitien.de / **57**
Weingüter Geheimrat »J« Wegeler – Gutshaus Bernkastel	Martertal 2 / 54470 Bernkastel-Kues / 0 65 31-24 93 / www.wegeler.com / **52, 55**
Dr. F. Weins-Prüm	Uferallee 20 / 54470 Bernkastel-Kues / 0 65 31-22 70 / **52**

Saar

Name	Straße/Ort/Telefon/Web/Seiten
Bischöfliche Weingüter Trier	siehe Mosel / **65**
Dr. Fischer	Hauptstr. 76 / 54441 Ockfen / 0 65 81-21 50 / www.weingut-dr-fischer.de / **66**

Name	Straße/Ort/Telefon/Web/Seiten
Forstmeister Geltz-Zilliken	Heckingstr. 20 / 54439 Saarburg / 0 65 81-24 56 / www.zilliken-vdp.de / **66**
Herrenberg	Hauptstr. 80–82 / 54441 Schoden / 0 65 81-12 58 / www.lochriesling.de
von Hövel	Agritiusstr. 5 / 54329 Konz / 0 65 01-1 53 84 / www.weingut-vonhoevel.de / **65, 66**
Reichsgraf von Kesselstatt	siehe Ruwer / **52, 55, 65, 72**
Peter Lauer – Weinhaus Ayler Kupp	Trierer Str. 49 / 54441 Ayl / 0 65 81-30 31 / www.saar-riesling.de
Egon Müller zu Scharzhof	Scharzhof / 54459 Wiltingen / 0 65 01-1 72 32 / www.scharzhof.de / **65, 67**
Von Othegraven	Weinstr. 1 / 54441 Kanzem / 0 65 01-15 00 42 / www.von-othegraven.de / **65, 66**
Schloss Saarstein	Schloß Saarstein / 54455 Serrig / 0 65 81-23 24 / www.saarstein.de / **67**
Van Volxem	Dehenstr. 2 / 54459 Wiltingen / 0 65 01-1 65 10 / www.vanvolxem.de / **65**
Dr. Wagner	Bahnhofstr. 3 / 54439 Saarburg / 0 65 81-24 57 / www.weingutdrwagner.de / **66**
Sankt Urbans-Hof	siehe Mosel / **56, 66**

Ruwer

Erben von Beulwitz	Eitelsbacher Weg 4 / 54318 Mertesdorf / 06 51-9 56 10 / www.von-beulwitz.de / **72, 73**
Karlsmühle	Im Mühlengrund 1 / 54318 Mertesdorf / 0 51-51 24 / www.weingut-karlsmuehle.de / **72, 73**
Karthäuserhof	Karthäuserhof / 54292 Trier / 06 51-51 21 / www.karthaeuserhof.com / **72**
Reichsgraf von Kesselstatt	Schloß Marienlay / 54317 Morscheid / 0 65 00-9 16 90 / www.kesselstatt.com / **52, 55, 65, 72, 73**
C. von Schubert'sche Schloßkellerei – Maximin Grünhaus	Hauptstr. 1 / 54318 Mertesdorf / 06 51-99 47 50 / www.vonschubert.de / **72, 73**

Mittelrhein

Friedrich Bastian	Oberstr. 63 / 55422 Bacharach / 0 67 43-12 08 **79, 81**
Didinger	Rheinuferstr. 13 / 56340 Osterspai / 0 26 27-5 12 / www.weingut-didinger.de / **79**
Toni Jost – Hahnenhof	Oberstr. 14 / 55422 Bacharach / 0 67 43-12 16 / www.tonijost.de / **79, 98**
Dr. Randolf Kauer	Mainzer Str. 21 / 55422 Bacharach / 0 67 43-22 72 / www.weingut-dr-kauer.de / **81**
Lanius-Knab	Mainzer Str. 38 / 55430 Oberwesel / 0 67 44-81 04 / www.lanius-knab.de / **81**
Helmut Mades	Borbachstr. 35–36 / 55422 Bacharach / 0 67 43-14 49 / **81**
Matthias Müller	Mainzer Str. 45 / 56322 Spay / 0 26 28-87 41 / **79**
August und Thomas Perll	Oberstr. 77–81 / 56154 Boppard / 0 67 42-39 06 / www.perll.de / **79**
Ratzenberger	Blücherstr. 167 / 55422 Bacharach / 06 43-13 37 / www.weingut-ratzenberger.de / **79, 81**
Florian Weingart	Mainzer Str. 32 / 56322 Spay / 0 26 28-87 35 / www.weingart-wein.de / **79**

Rheingau

Fritz Allendorf	Kirchstr. 69 / 65375 Oestrich-Winkel / 0 67 23-9 18 50 / www.allendorf.de / **90, 93**
Friedrich Altenkirch	Binger Weg 2 / 65391 Lorch / 0 67 26-83 00 12 / www.weingut-altenkirch.de / **97**
Staatsweingüter Domaine Assmannshausen	Höllenbergstr. 10 / 65385 Rüdesheim am Rhein / 0 67 22-22 73 / www.weingut-kloster-eberbach.de **90**
Wein- und Sektgut Barth	Bergweg 20 / 65347 Eltville am Rhein / 0 67 23-25 14 / www.weingut-barth.de / **96**
J. B. Becker	Rheinstr. 6 / 65396 Walluf / 0 61 23-7 25 23 / **98**
Georg Breuer	Grabenstr. 8 / 65385 Rüdesheim am Rhein / 0 67 22-10 27 / www.georg-breuer.com / **92, 93**
August Eser	Friedensplatz 19 / 65375 Oestrich-Winkel / 0 67 23-50 32 / www.eser-wein.de / **93, 94, 98**
Joachim Flick	Straßenmühle / 65439 Flörsheim am Main / 0 61 45-76 86 / www.flick-wein.de / **90, 99**
Alexander Freimuth	Am Rosengärtchen 25 / 65366 Geisenheim / 0 67 22-98 0 70 / www.weingut-alexander-freimuth.de / **95**
Hessische Staatsweingüter Kloster Eberbach	Schwalbacher Str. 56–62 / 65343 Eltville am Rhein / 0 61 23-9 23 00 / www.weingut-kloster-eberbach.de / **90, 92, 93, 94, 95, 96**
Prinz von Hessen	Grund 1 / 65366 Geisenheim / 0 67 22-40 91 80 / www.prinz-von-hessen.de / **93, 95, 96, 99**
Johannishof – Johannes Eser	Grund 63 / 65366 Geisenheim / 0 67 22-82 16 / www.weingut-johannishof.de / **91, 92, 93**
Toni Jost – Hahnhof	siehe Mittelrhein / **79, 98**
Weinbaudomaine Schloss Johannisberg	Schloss Johannisberg / 65366 Geisenheim / 0 67 22-7 00 90 / www.schloss-johannisberg.de / **91**
Jakob Jung	Eberbacher Str. 22 / 65346 Eltville am Rhein / 0 61 23-90 06 20 / www.weingut-jakob-jung.de / **94, 95**
Graf von Kanitz	Rheinstr. 49 / 65391 Lorch / 0 67 26-3 46 / www.weingut-graf-von-kanitz.de / **96, 97**
August Kesseler	Lorcher Str. 16 / 65385 Rüdesheim am Rhein / 0 67 22-25 13 / www.august-kesseler.de / **90, 92, 93, 97**
Baron zu Knyphausen	Draiser Hof, Erbacher Str. 28 / 65346 Eltville am Rhein / 0 61 23-6 21 77 / www.knyphausen.de / **94, 96**
Robert König	Landhaus Kenner / 65385 Rüdesheim am Rhein / 0 67 22-10 64 / www.weingut-robert-koenig.de / **90, 93**

Name	Straße/Ort/Telefon/Web/Seiten
Krone	Niederwaldstr. 2 / 65385 Rüdesheim am Rhein / 0 67 22-25 25 / **90, 93**
Peter Jakob Kühn	Mühlstr. 70 / 65375 Oestrich-Winkel / 0 67 23-22 99 / www.weingutpjkuehn.de / **98**
Franz Künstler	Geheimrat-Hummel-Platz 1 a / 65239 Hochheim am Main / 0 61 46-8 38 60 / www.weingut-kuenstler.de / **90, 96**
Hans Lang	Rheinallee 6 / 65347 Eltville am Rhein / 0 67 23-24 75 / www.weingut-hans-lang.de / **95, 96**
Freiherr Langwerth von Simmern	Kirchgasse 6 / 65343 Eltville am Rhein / 0 61 23-921 10 / www.langwerth-von-simmern.de / **95**
Josef Leitz	Theodor-Heuss-Str. 5 / 65385 Rüdesheim am Rhein / 0 67 22-487 11 / www.leitz-wein.de / **92, 93**
Fürst Löwenstein	Niederwaldstr. 8 / 65375 Oestrich-Winkel / 0 67 23-99 97 70 / www.loewenstein.de / siehe auch Franken / **90, 210**
Heinz Nikolai	Ringstr. 16 / 65346 Eltville am Rhein / 0 61 23-6 27 08 / www.heinz-nikolai.de / **90**
Fred Prinz	Im Flachsgarten 5 / 65375 Oestrich-Winkel / 0 67 23-99 98 47 / **90**
Querbach	Lenchenstr. 19 / 65375 Oestrich-Winkel / 06 23-3 87 / www.querbach.com / **98**
Schloss Reinhartshausen	Hauptstr. 41 / 65346 Eltville am Rhein / 0 61 23-67 63 33 / www.schloss-reinhartshausen.de / **94, 95**
Balthasar Ress	Rheinallee 7 / 65347 Eltville am Rhein / 0 67 23-9 19 50 / www.balthasar-ress.de / **92, 93, 95**
Schloss Schönborn	Hauptstr. 53 / 65347 Eltville am Rhein / 0 67 23-9 18 10 / www.schoenborn.de / **90, 92, 93, 94, 95, 96, 97, 98, 99**
Josef Spreitzer	Rheingaustr. 86 / 65375 Oestrich-Winkel / 0 67 23-26 25 / www.weingut-spreitzer.de / **93, 96, 98**
Schloss Vollrads	Vollradser Allee / 65375 Oestrich-Winkel / 0 67 23-66 20 / www.schlossvollrads.com / **99**
Geheimrat »J« Wegeler – Gutshaus Oestrich	Friedensplatz 9–11 / 65375 Oestrich-Winkel / 0 67 23-9 90 90 / www.wegeler.com / **91, 93, 95, 99**
Robert Weil	Mühlberg 5 / 65399 Kiedrich / 0 61 23-23 08 / www.weingut-robert-weil.com / **91**
Domdechant Werner'sches Weingut	Rathausstr. 30 / 65234 Hochheim am Main / 0 61 46-83 50 37 / www.domdechantwerner.com / **96**

Nahe

Name	Straße/Ort/Telefon/Web/Seiten
Staatsweingut Bad Kreuznach	Rüdesheimer Str. 68 / 55545 Bad Kreuznach / 06 71-82 03 30 / www.staatsweingut.de / **108, 110**
Bamberger und Sohn	Römerstr. 10 / 55566 Meddersheim / 0 67 51-26 24 / www.weingut-bamberger.de / **113**
Dr. Crusius	Hauptstr. 2 / 55595 Traisen / 06 71-3 39 53 / www.weingut-crusius.de / **110, 111, 112, 114**
Schlossgut Diel	Schlossgut Diel / 55452 Rümmelsheim / 0 67 21-9 69 50 / www.schlossgut-diel.com / **108, 109**
Helmut Dönnhoff	Bahnhofstr. 11 / 55585 Oberhausen an der Nahe / 0 67 55-2 63 / **108, 110, 111**
Emrich-Schönleber	Soonwaldstr. 10 a / 55569 Monzingen / 0 67 51-27 33 / www.emrich-schoenleber.com / **109, 113**
Göttelmann	Rheinstr. 77 / 55424 Münster-Sarmsheim / 0 67 21-4 37 75 / **109, 113**
Hahnmühle	Alsenzstr. 25 / 67822 Mannweiler-Cölln / 0 63 62-99 30 99 / www.weingut-hahnmuehle.de
Hehner-Kiltz	Hauptstr. 4 / 55596 Waldböckelheim / 0 67 58-79 18 / www.hehner-kiltz.de
H. Hexamer	Sobernheimer Str. 3 / 55566 Meddersheim / 0 67 51-22 69 / www.weingut-hexamer.de / **114**
Jung	Burgstr. 15 / 55583 Bad Münster am Stein-Ebernburg / 0 67 08-66 04 40 / www.weingutjung.com / **112**
Königswingert	Naheweinstr. 44 / 55452 Guldental / 0 67 07-87 65 / www.koenigswingert.de
Korrell – Johanneshof	Parkstr. 4 / 55545 Bad Kreuznach / 06 71-6 36 30 / www.weingut-korrell.de / **114**
Kruger-Rumpf	Rheinstr. 47 / 55424 Münster-Sarmsheim / 0 67 21-4 38 59 / www.kruger-rumpf.de / **108, 109, 113, 124**
Mathern	Winzerstr. 7 / 55585 Niederhausen / 0 67 58-67 14 / www.weingut-mathern.de / **110**
Montigny	Weidenpfad 46 / 55452 Laubenheim / 0 67 04-14 68 / www.montigny.de / **113**
Gutsverwaltung Niederhausen-Schloßböckelheim	Ehemalige Weinbaudomäne / 55585 Niederhausen / 0 67 58-9 25 00 / www.riesling-domaene.de / **110, 111, 112, 113**
Reichsgraf von Plettenberg	Winzenheimer Str. xx / 55545 Bad Kreuznach / 06 71-22 51 / www.reichsgraf-von-plettenberg.de / **115**
von Racknitz	Disibodenberger Hof 3 / 55571 Odernheim am Glan / 0 67 55-2 85 / www.von-racknitz.com / **110, 113, 114**
Prinz zu Salm-Dalberg'sches Weingut	Schloßstr. 3 / 55595 Wallhausen / 0 67 06-9 44 40 / www.schloss-wallhausen.de / **115**
Schäfer-Fröhlich	Schulstr. 6 / 55595 Bockenau / 0 67 58-65 21 / **109, 111, 112, 113**
Joh. Bapt. Schäfer	Burg Layen 8 / 55452 Rümmelsheim / 0 67 21-4 35 52 / www.jbs-wein.de / **109**
Michael Schäfer	Hauptstr. 15 / 55452 Rümmelsheim / 0 67 21-4 30 97
Schmidt	Luitpoldstr. 24 / 67823 Obermoschel / 0 63 62-12 65 / www.weingut-schmidt.net / **113**
Jakob Schneider	Winzerstr. 15 / 55585 Niederhausen / 0 67 58-9 35 33 / www.schneider-wein.de / **113**
Bürgermeister Schweinhardt	Heddesheimer Str. 1 / 55450 Langenlonsheim / 0 67 04-9 31 00 / www.schweinhardt.de / **109**
Wilhelm Sitzius	Naheweinstr. 87 / 55450 Langenlonsheim / 0 67 04-13 09 / www.sitzius.de

Name	Straße/Ort/Telefon/Web/Seiten
Tesch	Naheweinstr. 99 / 55450 Langenlonsheim / 0 67 04-9 30 40 / www.weingut-tesch.de / **109, 113**

Rheinhessen

Brüder Dr. Becker	Mainzer Str. 3–7 / 55278 Ludwigshöhe / 0 62 49-84 30 / www.brueder-dr-becker.de / **128**
Heinrich Braun	Glockengasse 5+9 / 55283 Nierstein / 0 61 33-51 39 / www.weingut-heinrich-braun.de / **126**
Posthof Doll & Göth	Kreuznacher Str. 2 / 55271 Stadecken-Elsheim / 0 61 36-30 00 / www.doll-goeth.de
Gehring	Ausserhalb 17 / 55283 Nierstein / 0 61 33-54 70 / www.weingut-gehring.com / **126**
K. F. Groebe	Bahnhofstr. 68–70 / 64584 Biebesheim am Rhein / 0 62 58-67 21 / www.weingut-k-f-groebe.de / **127, 130**
Gunderloch	Carl-Gunderloch-Platz 1 / 55299 Nackenheim / 0 61 35-23 41 / www.gunderloch.de / **126, 129**
Gerhard Gutzler	Roßgasse 19 / 67599 Gundheim / 0 62 44-90 52 21 / www.gutzler.de / **126, 127, 130**
Freiherr Heyl zu Herrnsheim	Langgasse 3 / 55283 Nierstein / 0 61 33-5 70 80 / www.heyl-zu-herrnsheim.de / **126, 129**
Hirschhof	Seegasse 29 / 67593 Westhofen / 0 62 44-3 49 / www.weingut-hirschhof.de
Keller	Bahnhofstr. 1 / 67592 Flörsheim-Dalsheim / 0 62 43-4 56 / www.keller-wein.de / **124, 127, 130**
Kissinger	Ausserhalb 13 / 55278 Uelversheim / 0 62 49-79 69 / www.weingutkissinger.de / **129**
Kruger-Rumpf	siehe Nahe / **108, 109, 113, 124**
Kühling-Gillot	Ölmühlstr. 25 / 55294 Bodenheim / 0 61 35-23 33 / www.kuehling-gillot.de / **126, 127, 128, 129**
Oberstleutnant Liebrecht	Rheinstr. 30 / 55294 Bodenheim / 0 61 35-23 01 / www.weingut-liebrecht.de / **127**
Manz	Lettengasse 6 / 55278 Weinolsheim / 0 62 49-79 81 / www.manz-weinolsheim.de / **128, 129**
J. Mett	Mainzer Str. 31 / 55218 Ingelheim am Rhein / 0 61 32-26 82 / www.weingut-mett.de
Michel-Pfannebecker	Langgasse 18/19 / 55234 Flomborn / 0 67 35-3 55 / www.michel-pfannebecker.de / **130**
Milch	Rüstermühle / 67590 Monsheim / 0 62 43-3 37 / www.weingut-milch.de
J. Neus	Bahnhofstr. 96 / 55218 Ingelheim am Rhein / 0 61 32-7 30 03 / www.weingut-neus.de / **128**
Staatliche Weinbaudomäne Oppenheim	Wormser Str. 162 / 55276 Oppenheim / 0 61 33-93 03 05 / www.domaene-oppenheim.de / **126, 128, 129**
Peth-Wetz	Alzeyer Str. 16 / 67593 Bermersheim / 0 62 44-44 24 / www.peth-wetz.com / **124**
Rappenhof	Bachstr. 47 / 67577 Alsheim / 0 62 49-40 15 / www.weingut-rappenhof.de / **126, 127, 129**
Riffel	Mühlweg 14 a / 55411 Bingen am Rhein / 0 67 21-99 46 90 / www.weingut-riffel.de / **124**
Sander	In den Weingärten 11 / 67582 Mettenheim / 0 62 42-15 83 / www.weingut-sander.de
Schales	Alzeyer Str. 160 / 67592 Flörsheim-Dalsheim / 0 62 43-70 03 / www.schales.de / **124**
Adolf Schembs Erben	Schmiedgasse 23 / 67550 Worms / 0 62 41-5 20 56 / www.schembs-worms.de / **127**
Scherner-Kleinhanß	Alzeyer Str. 10 / 67592 Flörsheim-Dalsheim / 0 62 43-4 35 / www.scherner-kleinhanss.de / **124**
Georg Albrecht Schneider	Wilhelmstr. 6 / 55283 Nierstein / 0 61 33-56 55 / www.schneider-nierstein.de / **126, 129**
Geschwister Schuch	Oberdorfstr. 22 / 55283 Nierstein / 0 61 33-56 52 / www.weingut-geschwister-schuch.de / **126, 129**
Oberst Schultz-Werner	Bahnhofstr. 10 / 55296 Gau-Bischofsheim / 0 61 35-22 22 / www.schultz-werner-weingut.de / **128**
Seebrich	Schmiedgasse 3–5 / 55283 Nierstein / 0 61 33-6 01 50 / www.weingut-seebrich.de / **126, 129**
Seehof – Ernst Fauth	Seegasse 20 / 67593 Westhofen / 0 62 44-49 35 / **127, 130**
St. Antony	Wörrstädter Str. 22 / 55283 Nierstein / 0 61 33-54 82 / www.st-antony.de / **126, 129**
Strub	Rheinstr. 42 / 55283 Nierstein / 0 61 33-56 49 / www.strub-nierstein.de / **126, 129**
Villa Sachsen	Mainzer Str. 184 / 55411 Bingen am Rhein / 0 67 06-9 44 40 / xww.schloss-wallhausen.de / **124**
Wagner-Stempel	Wöllsteiner Str. 10 / 55599 Siefersheim / 0 67 03-96 03 30 / www.wagner-stempel.de / **129**
Arndt F. Werner	Mainzer Str. 97 / 55218 Ingelheim am Rhein / 0 61 32-10 90 / www.oekoweingut-werner.de / **128**
Schloss Westerhaus	55218 Ingelheim am Rhein / 0 61 30-66 08 / www.schloss-westerhaus.de
Wittmann	Mainzer Str. 19 / 67593 Westhofen / 0 62 44-90 50 36 / www.wittmannweingut.com / **127, 130**

Pfalz

Acham-Magin	Weinstr. 67 / 67147 Forst an der Weinstraße / 0 63 26-3 15 / www.acham-magin.de / **145, 149**
Geheimer Rat Dr. von Bassermann-Jordan	Kirchgasse 10 / 67146 Deidesheim / 0 63 26-60 06 / www.bassermann-jordan.de / **144, 145, 146, 148, 149**
Friedrich Becker	Hauptstr. 29 / 76889 Schweigen-Rechtenbach / 0 63 42-2 90 / www.weingut-friedrich-becker.de / **146, 150**
Bergdolt	Dudostr. 17 / 67435 Neustadt an der Weinstraße / 0 63 27-50 27 / www.weingut-bergdolt.de / **147, 148, 149**
Bernhart	Hauptstr. 8 / 76889 Schweigen-Rechtenbach / 0 63 42-72 02 / www.weingut-bernhart.de / **150**

Name	Straße/Ort/Telefon/Web/Seiten
Josef Biffar	Niederkirchener Str. 13–15 / 67146 Deidesheim / 0 63 26-96 76 29 / www.josef-biffar.de / **146**
Reichsrat von Buhl	Weinstr. 16–24 / 67146 Deidesheim / 0 63 26-96 50 11 / www.reichsrat-von-buhl.de / **145, 147, 148, 149**
Dr. Bürklin-Wolf	Weinstr. 65 / 67157 Wachenheim / 0 63 22-9 5330 / www.buerklin-wolf.de / **144, 145, 146, 148, 149, 150**
A. Christmann	Peter-Koch-Str. 43 / 67435 Gimmeldingen / 0 63 21-6 60 39 / www.weingut-christmann.de / **144, 145, 147, 148, 149**
Dr. Deinhard	Weinstr. 10 / 67146 Deidesheim / 0 63 26-2 21 / www.dr-deinhard.de / **145, 146, 147, 149**
Fitz-Ritter	St. Michaels Allee 10 / 67098 Bad Dürkheim / 0 63 22-53 89 / www.fitz-ritter.de / **147, 150**
Gies-Düppel	Am Rosenberg 5 / 76831 Birkweiler / 0 63 45-91 91 56 / www.suedpfalz-connexion.de / **144**
Knipser	Hauptstr. 47–49 / 67229 Laumersheim / 0 62 38-7 42 / www.weingut-knipser.de / **149**
Koehler-Ruprecht	Weinstr. 84 / 67169 Kallstadt / 0 63 22-18 29 / **148**
Georg Mosbacher	Weinstr. 27 / 67147 Forst an der Weinstraße / 0 63 26-3 29 / www.georg-mosbacher.de / **145, 146, 147, 148**
Müller-Catoir	Mandelring 25 / 67433 Neustadt an der Weinstraße / 0 63 21-28 15 / www.mueller-catoir.de / **145**
Pfeffingen – Fuhrmann-Eymael	Deutsche Weinstr./Pfeffingen 2 / 67098 Bad Dürkheim / 0 63 22-86 07 / www.pfeffingen.de / **150**
Ökonomierat Rebholz	Weinstr. 54 / 76833 Siebeldingen / 0 63 45-34 39 / www.oekonomierat-rebholz.de / **144, 145**
Karl Schaefer	Weinstraße Süd 30 / 67098 Bad Dürkheim / 0 63 22-21 38 / www.weingutschaefer.de / **146, 150**
Egon Schmitt	Am Neuberg 6 / 67098 Bad Dürkheim / 0 63 22-58 30 / www.weingut-egon-schmitt.com / **150**
Georg Siben Erben	Weinstr. 10 / 67146 Deidesheim / 0 63 26-98 93 63 / www.siben-weingut.de / **146**
Dr. Wehrheim	Weinstr. 8 / 76831 Birkweiler / 0 63 45-35 42 / www.weingut-wehrheim.de / **144**
J. L. Wolf	Weinstr. 1 / 67157 Wachenheim / 0 63 22-98 97 95 / www.jlwolf.de / **145**

Hessische Bergstraße

Weingut der Stadt Bensheim	Darmstädter Str. 6 / 64625 Bensheim / 0 62 51-58 00 17 / www.weingut-der-stadt-bensheim.de / **157**
Domaine Bergstraße – Hessische Staatsweingüter Kloster Eberbach	Grieselstr. 34 / 64625 Bensheim / 0 62 51-31 07 / www.weingut-kloster-eberbach.de / **157**
Bergsträsser Winzer eG	Darmstädter Str. 56 / 64646 Heppenheim (Bergstraße) / 06252-799 40 / www.bergstraesserwinzer.de / **157**
Volker Dingeldey	Hintergasse 28 / 64625 Bensheim / 0 62 51-3 98 16
Rothweiler	Ludwigstr. 55 / 64625 Bensheim / 0 62 51-7 65 69 / www.weingut-rothweiler.de / **157**
Simon-Bürkle	Wiesenpromenade 13 / 64673 Zwingenberg / 0 62 51-7 64 46 / www.simon-buerkle.de / **157**

Baden

WG Achkarren	Schloßbergstr. 2 / 79235 Vogtsburg im Kaiserstuhl / 0 76 62-9 30 40 / www.achkarrer-wein.com / **176**
Markgraf von Baden	Schloß Staufenberg 1 / 77770 Durbach / 07 81-4 27 78 Schloss Salem / 88682 Salem / 0 75 53-8 12 84 / www.markgraf-von-baden.de / **177**
Bercher-Schmidt	Herrenstr. 28 / 79235 Vogtsburg im Kaiserstuhl / 0 76 62-3 72 / www.weingut-bercher-schmidt.de / **181**
Bercher	Mittelstadt 13 / 79235 Vogtsburg im Kaiserstuhl / 0 76 62-2 12 / www.weingutbercher.de / **179, 181**
Staatsweingut Blankenhornsberg	Merzhauserstr. 119 / 79100 Freiburg im Breisgau / 07 61-4 01 65 44 / www.wbi-freiburg.de / **179**
Blankenhorn	Basler Str. 2 / 79418 Schliengen / 0 76 35-8 20 00 / www.gutedel.de
Christian Disch	Talstrasse 52 / 79286 Glottertal / 0 76 84-16 32 / www.weingut-disch.de
Hermann Dörflinger	Mühlenstr. 7 / 79379 Müllheim / 0 76 31-22 07 / www.weingut-doerflinger.de
Jacob Duijn	Hohbaumweg 16 / 77815 Bühl / 0 72 23-2 14 97 / www.weingut-duijn.com / **179**
Durbacher WG	Nachtweide 2 / 77770 Durbach / 07 81-9 36 60 / www.durbacher.de / **177**
Weinkeller Ehrenkirchen	Kirchbergstr. 9 / 79238 Ehrenkirchen / 0 76 33-9 50 90 / www.weinkeller-ehrenkirchen.de
Herbert Daniel Engist	Winzerweg 6 / 79235 Vogtsburg im Kaiserstuhl / 0 76 62-3 73 / www.weingut-engist.de / **176**
Freiherr von und zu Franckenstein	Weingartenstr. 66 / 77654 Offenburg / 07 81-3 49 73 / www.germanwine.de/weingut/Franckenstein/
von Gleichenstein	Bahnhofstr. 12 / 79235 Vogtsburg im Kaiserstuhl / 0 76 62-2 88 / www.gleichenstein.de / **176, 181**
Winzerverein Hagnau	Strandbadstr. 7 / 88709 Hagnau am Bodensee / 0 75 32-10 30 / www.wv-hagnau.de
Dr. Heger	Bachenstr. 19–21 / 79241 Ihringen / 0 76 68-78 33 / www.heger-weine.de / **176, 179**
Helde	Emil-Gött-Str. 1 / 79361 Sasbach-Jechtingen am Kaiserstuhl / 0 76 62-61 16 / www.wein-helde.de / **181**
Reichsgraf und Marquis zu Hoensbroech	Hermannstr. 12 / 74918 Angelbachtal / 0 72 65-91 10 34 / www.weingut-graf-hoensbroech.com / **177**
Bernhard Huber	Heimbacher Weg 19 / 79364 Malterdingen / 0 76 44-12 00 / www.weingut-huber.com

Name	Straße/Ort/Telefon/Web/Seiten
Bernd Hummel	Oberer Mühlweg 5 / 69254 Malsch / 072 53-271 48 / www.weingut-hummel.de
Schlossgut Istein	Im Innerdorf 23 / 79588 Efringen-Kirchen / 0 76 28-12 84 / www.soder-schlossgut.de / **181**
Achim Jähnisch	Hofmattenweg 19 / 79238 Ehrenkirchen / 0 76 33-80 11 61 / www.weingut-jaehnisch.de
WG Jechtingen	Winzerstr. 1 / 79361 Sasbach am Kaiserstuhl / 0 76 62-9 32 30 / www.jechtinger-wein.de / **181**
Karl H. Johner	Gartenstr. 20 / 79235 Vogtsburg im Kaiserstuhl / 0 76 62-60 41 / www.johner.de
Kalkbödele – Gebrüder Mathis	Enggasse 21 / 79291 Merdingen / 0 76 68-90 26 72 / www.kalkboedele.de
Karl Kerber	Hauptstraße 19 / 79219 Staufen / 0 76 33-52 97
Konstanzer	Quellenstr. 22 / 79241 Ihringen / 0 76 68-55 37 / www.weingut-konstanzer.de / **179**
WG Königschaffhausen	Kiechlinsbergerstr. 2–6 / 79346 Endingen am Kaiserstuhl / 0 76 42-9 08 46 / www.koenigschaffhauser-wein.de
Weingut der Stadt Lahr	Weinbergstr. 3 / 77933 Lahr / 0 78 21-2 53 32 / www.weingut-stadt-lahr.de
Andreas Laible	Am Bühl 6 / 77770 Durbach / 07 81-4 12 38 / www.weingut-laible.de / **177**
Lämmlin-Schindler	Müllheimer Str. 4 / 79418 Schliengen / 0 76 35-4 40 / www.laemmlin-schindler.de
Andreas Männle	Heimbach 12 / 77770 Durbach / 07 81-4 14 86 / www.weingut-maennle.de
Heinrich Männle	Sendelbach 16 / 77770 Durbach / 07 81-4 11 01 / www.weingutmaennle.de / **177**
Staatsweingut Meersburg	Seminarstr. 6 / 88709 Meersburg / 0 75 32-44 67 44 / www.staatsweingut-meersburg.de / **181**
Graf Wolff Metternich	Grol 4 / 77770 Durbach / 07 81-4 27 79 / www.weingut-metternich.de / **178, 179**
Michel	Winzerweg 24 / 79235 Vogtsburg im Kaiserstuhl / 0 76 62-4 29 / www.weingut-michel.de / **176**
Gebrüder Müller	Richard-Müller-Str. 5 / 79206 Breisach am Rhein / 0 76 67-5 11 / www.weingut-gebr-mueller.de / **179**
Gut Nägelsförst	Nägelsförst 1 / 76534 Baden-Baden / 0 72 21-3 55 50 / www.naegelsfoerst.de / **176**
Schloss Neuweier	Mauerbergstr. 21 / 76534 Baden-Baden / 0 72 23-9 66 70 / www.weingut-schloss-neuweier.de / **176, 179**
Schloss Ortenberg	Am St. Andreas 1 / 77799 Ortenberg / 07 81-9 34 30 / www.weingut-schloss-ortenberg.de
Pix	Eisenbahnstr. 19 / 79241 Ihringen / 0 76 68-8 79 / www.weingut-pix.de / **179**
Reiner Probst	Castellbergstr. 21 / 79235 Vogtsburg im Kaiserstuhl / 0 76 62-3 29 / www.weingut-reiner-probst.de / **176**
Burg Ravensburg	Hauptstr. 44 / 75056 Sulzfeld / 0 72 69-9 14 10 / www.burg-ravensburg.de
Gasthof Rebstock	Kutzendorf 1 / 77876 Kappelrodeck/Waldulm / 0 78 42-94 80 / www.rebstock-waldulm.de / **179**
Freiherr Roeder von Diersburg	Kreisstr. 20 / 77749 Hohberg / 0 78 08-22 21 / www.von-roeder.de
Salwey	Hauptstr. 2 / 79235 Vogtsburg im Kaiserstuhl / 0 76 62-3 84 / www.salwey.de / **176, 177, 181**
Hartmut Schlumberger	Weinstr. 19 / 79295 Sulzburg / 0 76 34-89 92 / www.schlumbergerwein.de
Reinhold und Cornelia Schneider	Königschaffhauser Str. 2 / 79346 Endingen am Kaiserstuhl / 0 76 42-52 78 / www.weingutschneider.com
Schwarzer Adler – Franz Keller	Badbergstr. 23 / 79235 Vogtsburg im Kaiserstuhl / 0 76 62-9 33 00 / www.franz-keller.de / **176, 177**
Lothar Schwörer	Waldstr. 6 / 77971 Kippenheim / 0 78 25-74 11
Thomas Seeger	Rohrbacher Strasse 101 / 69181 Leimen / 0 62 24-7 21 78 / www.seegerweingut.de
Stigler	Bachenstr. 29 / 79241 Ihringen / 0 76 68-2 97 / www.weingut-stigler.de / **176, 179**
WG Waldulm	Weinstr. 37 / 77876 Waldulm / 0 78 42-94 89 0 / www.waldulmer.de / **179**
Ziereisen	Markgrafenstr. 17 / 79588 Efringen-Kirchen / 0 76 28-28 48 / **181**

Württemberg

Graf Adelmann	Burg Schaubeck / 71711 Steinheim an der Murr / 0 71 48-92 12 20 / www.graf-adelmann.com / **194**
Aldinger	Schmerstr. 25 / 70734 Fellbach / 07 11-58 14 17 / www.weingut-aldinger.de / **195**
Weingärtner Bad Cannstatt	Rommelstr. 20 / 70376 Stuttgart / 07 11-54 22 66 / www.badcannstatt-weine.de / **194**
Beurer	Lange Str. 67 / 71394 Kernen im Remstal / 0 71 51-4 21 90 / www.weingut-beurer.de
Ernst Dautel	Lauerweg 55 / 74357 Bönnigheim / 0 71 43-87 03 26 / www.weingut-dautel.de
Drautz-Able	Faißtstr. 23 / 74076 Heilbronn / 0 71 31-17 79 08 / www.drautz-able.de
Jürgen Ellwanger	Bachstr. 27 / 73650 Winterbach / 0 71 81-4 45 25 / www.weingut-ellwanger.de
WG Grantschen	Wimmentaler Str. 36 / 74189 Weinsberg / 0 71 34-9 80 20 / www.grantschen.de
Karl Haidle	Hindenburgstr. 21 / 71394 Kernen im Remstal / 0 71 51-94 91 10 / www.weingut-karl-haidle.de
Hohenbeilstein	Schloßstr. 40 / 71717 Beilstein / 0 70 62-93 71 10 / www.schlossgut-hohenbeilstein.de
Fürst zu Hohenlohe-Oehringen	Im Schloß / 74613 Öhringen / 0 79 41-9 49 10 / www.verrenberg.de / **196**
Kistenmacher-Hengerer	Eugen-Nägele-Str. 25 / 74074 Heilbronn / 0 71 31-17 23 54
Kusterer	Untere Beutau 44 / 73728 Esslingen am Neckar / 07 11-35 79 09 / www.weingut-kusterer.de / **194**
Graf Neipperg	Schloßstr. 12 / 74193 Schwaigern / 0 71 38-94 14 00 / **194, 195**

Name	Straße/Ort/Telefon/Web/Seiten
WG Rotenberg	Württembergstr. 230 / 70327 Stuttgart / 07 11-33 76 10 / www.wg-rotenberg.de
Albrecht Schwegler	Steinstr. 35 / 71404 Korb / 0 71 51-3 48 95 / www.albrecht-schwegler.de
Schnaitmann	Untertürkheimer Str. 4 / 70734 Fellbach / 07 11-57 46 16 / www.weingut-schnaitmann.de
Steinbachhof	Steinbachhof 1 / 71665 Vaihingen an der Enz / 0 70 42-2 14 52 / www.weingut-steinbachhof.de
Weingut der Stadt Stuttgart	Dorotheenstr. 2 / 70173 Stuttgart / 07 11-2 16 36 82 / www.stuttgart.de/weingut / **194**
Weinmanufaktur Untertürkheim	Strümpfelbacher Str. 47 / 70327 Stuttgart / 07 11-3 36 38 10 / www.weinmanufaktur.de
Staatsweingut Weinsberg	Traubenplatz 5 / 74189 Weinsberg / 0 71 34-50 41 67 / www.lvwo.bwl.de
Wöhrwag	Grunbacher Str. 5 / 70327 Stuttgart / 07 11-33 16 62 / www.woehrwag.de / **196**
Herzog von Württemberg	Schloss Monrepos / 71634 Ludwigsburg / 0 71 41-22 10 60 / www.weingut-wuerttemberg.de / **194**

Taubertal

Poth	Würzburger Str. 3 / 97285 Röttingen / 0 93 38-3 32 / www.weingut-poth.de / **201**
Schlör	Martin-Schlör-Str. 22 / 97877 Wertheim / 0 93 42-49 76 / www.weingut-schloer.de / **201**
Hotel Victoria	Poststr. 2–4 / 97980 Bad Mergentheim / 0 79 31-59 30 / www.victoria-hotel.de / **201**
Hofmann	Strüther Str. 7 / 97285 Röttingen / 0 93 38-15 77 / **201**

Franken

Baldauf	Hauptstr. 42 / 97729 Ramsthal / 0 97 04-15 95 / www.weingutbaldauf.de
Bickel-Stumpf	Kirchgasse 5 / 97252 Frickenhausen a. Main / 0 93 31-28 47 / www.bickel-stumpf.de / **214**
Brennfleck	Papiusgasse 7 / 97320 Sulzfeld a. Main / 0 93 21-43 47 / www.weingut-brennfleck.de / **216**
Bürgerspital	Theaterstr. 19 / 97070 Würzburg / 09 31-3 50 34 41 / www.buergerspital.de / **210, 212, 214, 215, 216**
Josef Deppisch	An der Röthe 2 / 97837 Erlenbach b. Marktheidenfeld / 0 93 91-9 82 70 / www.deppisch.com
Werner Emmerich	Einerheimer Str. 47 / 97343 Iphofen / 0 93 23-87 59 30 / www.weingut-emmerich.de / **216**
Walter Erhard	Weinstr. 21 / 97332 Volkach / 0 93 81-26 23 / www.weingut-erhard.de / **210**
Michael Fröhlich	Bocksbeutelstr. 41 / 97332 Volkach / 0 93 81-28 47 / www.weingut-michael-froehlich.de / **210**
Rudolf Fürst	Hohenlindenweg 46 / 63927 Bürgstadt / 0 93 71-86 42 / www.weingut-rudolf-fuerst.de / **210, 215**
Fürstlich Castell'sches Domänenamt	Schloßplatz 5 / 97355 Castell / 0 93 25-6 01 60 / www.castell.de / **212, 216**
Glaser-Himmelstoss	Langgasse 7 / 97334 Nordheim a. Main / 0 93 81-46 02 / www.weingut-glaser-himmelstoss.de / **210**
Martin Göbel	Friedhofstr. 9 / 97236 Randersacker / 09 31-70 93 80 / www.weingut-martin-goebel.de / **210, 215**
Staatlicher Hofkeller Würzburg	Residenzplatz 3 / 97070 Würzburg / 0 931-3 05 09 23 / www.hofkeller.de / **210, 212, 214, 215, 216**
Juliusspital	Klinikstr. 1 / 97070 Würzburg / 09 31-3 93 14 00 / www.juliusspital.de / **210, 212, 215, 216**
Stadt Klingenberg	Wilhelmstraße 107 / 63911 Klingenberg a.Main / 0 93 72-24 38 / www.weingut-klingenberg.de / **210**
Ludwig Knoll	Mittlerer Steinbergweg 5 / 97080 Würzburg / 09 31-2 58 08 / www.weingut-am-stein.de / **215**
Wolfgang Kühn	Ludwigstr. 29 / 63911 Klingenberg a.Main / 0 93 72-31 69 / **210**
Fürst Löwenstein	Rathausgasse 5 / 97892 Kreuzwertheim / 0 93 42-9 23 50 / www.loewenstein.de / siehe auch Rheingau / **90, 210**
Max Müller I	Hauptstr. 46 / 97332 Volkach / 0 93 81-12 18 / www.max-mueller.de / **215**
Ernst Popp	Rödelseer Str. 14–15 / 97346 Iphofen / 0 93 23-33 71 / www.weingut-popp.de / **212, 216**
Johann Ruck	Marktplatz 19 / 97346 Iphofen / 0 93 23-80 08 80 / www.ruckwein.de / **212, 216**
Horst Sauer	Bocksbeutelstr. 14 / 97332 Volkach / 0 93 81-43 64 / www.weingut-horst-sauer.de / **210**
Rainer Sauer	Bocksbeutelstr. 15 / 97332 Volkach / 0 93 81-25 27 / www.weingut-rainer-sauer.de / **210**
Egon Schäffer	Astheimer Str. 17 / 97332 Volkach / 0 93 81-93 50 / www.weingut-schaeffer.de / **210**
Schmitt's Kinder	Am Sonnenstuhl 45 / 97236 Randersacker / 09 31-7 05 91 97 / www.schmitts-kinder.de / **210, 214, 215**
Zur Schwane	Erlachhof 7 / 97332 Volkach / 0 93 81-7 17 60 / www.schwane.de / **210**
Schloss Sommerhausen	Ochsenfurter Str. 17–19 / 97286 Sommerhausen / 0 93 33-2 60 / www.sommerhausen.com / **215**
Artur Steinmann	Plan 4 / 97286 Sommerhausen / 0 93 33-94 60 / www.pastoriushaus.de / **215**
Josef Störrlein	Schulstr. 14 / 97236 Randersacker / 09 31-70 82 81 / www.stoerrlein.de / **215**
Trockene Schmitts	Maingasse 14a / 97236 Randersacker / 09 31-70 04 90 / www.durchgegorene-weine.de / **210, 214, 215**
Josef Walter	Beethovenring 20 / 63927 Bürgstadt / 0 93 71-94 87 66 / www.weingut-josef-walter.de / **210**
Wolfgang Weltner	Wiesenbronner Str. 17 / 97348 Rödelsee / 0 93 23-36 46 / **212, 216**

Name	Straße/Ort/Telefon/Web/Seiten
Hans Wirsching	Ludwigstr. 16 / 97346 Iphofen / 0 93 23-8 73 30 / www.wirsching.de / **212, 216**
Zehnthof – Theo Luckert	Kettengasse 3–5 / 97320 Sulzfeld a. Main / 0 93 21-2 37 78 / www.weingut-zehnthof.de
Zehntkeller	Bahnhofstr. 12 / 97343 Iphofen / 0 93 23-84 40 / www.zehntkeller.de / **212, 216**

Sachsen

Schloss Proschwitz Prinz zur Lippe	Dorfanger 19 / 1665 Meißen / 0 35 21-7 67 60 / www.schloss-proschwitz.de / **221**

Saale-Unstrut

Bernard Pawis	Lauchaer Str. 31c / 6632 Freyburg (Unstrut) / 03 44 64-2 83 15 / www.weingut-pawis.de / **225**
U. Lützkendorf	Saalberge 31 / 6628 Bad Kösen / 03 44 63-6 10 00 / www.weingut-luetzkendorf.de / **225**

Dank

Die Autoren danken

Andreas Göpfert, Haus des Frankenweins, Würzburg,

Josef Herrmann, Bayerische Landesanstalt für Wein- und Gartenbau, Veitshöchheim,

Thomas Honold, Weinbaukartei, Weinsberg,

Dr. Jurik Müller, Deutschen Wetterdienst, Aussenstelle Leipzig,

Dieter Ofenhitzer, Bayerische Landesanstalt für Wein- und Gartenbau, Veitshöchheim,

Frank Weigel, Amt für Landwirtschaft, Flurneuordnung und Forsten, Weißenfels,

dem Weinbauverband Sachsen e.V.,

Silke Wolf, Staatliches Weinbauinstitut, Freiburg,

Paul Zang, Bayerische Landesanstalt für Wein- und Gartenbau, Veitshöchheim,

den Mitarbeitern der Landwirtschaftskammer Rheinland Pfalz

sowie allen Winzern, die uns bei Schnee und Regen, unter glühender Sonne, frühmorgens um sieben und am Wochenende durch ihre Weinberge geführt haben.

Für die tatkräftige Unterstützung bei der Realisierung dieses Buches dankt der Verlag besonders Eva Raps. Ein besonderer Dank geht ebenfalls an:

SCHOTT ZWIESEL
www.schott-zwiesel.com

VDP. Die Prädikatsweingüter
www.vdp.de

Impressum

Alle Angaben in diesem HALLWAG-Weinbuch sind gewissenhaft geprüft. Für eventuelle Fehler übernimmt der Verlag keine Haftung.

Verlags- und Programmleitung: Dorothee Seeliger
Projektleitung und Redaktion: Marc Strittmatter
Bildredaktion und redaktionelle Mitarbeit: Helene Aigner
Lektorat: Eva Meyer, Herzogenbuchsee, Schweiz
Korrektorat: Renate Haen, München
Layout- und Umschlaggestaltung: independent Medien-Design, Janine Polte, München
Herstellung: Markus Plötz
Satz: Filmsatz Schröter, München
Druck: Firmengruppe APPL, apprinta druck, Wemding
Bindung: Firmengruppe APPL, m. appl, Wemding

Kartographie: Ingenieurbüro für Kartographie Dipl.-Ing. Joachim Zwick, Gießen
Kartenredaktion: Rolf L. Temming Verlags-Service, Bad Rothenfelde
Karten © Bundesamt für Kartographie und Geodäsie

Bildnachweis:
Alle Fotografien: © Hendrik Holler, Berlin;
Außer: S. 20 © mauritius images / Jeff O'Brien;
S. 21 © StockFood.com / Hendrik Holler;
S. 23 Stadt Oestrich-Winkel;
S. 226 Hans Döring, München; Riesling-Gläser aus der Collection »Pure« von Schott-Zwiesel

HALLWAG ist ein Unternehmen der GRÄFE UND UNZER VERLAG GmbH, München, GANSKE VERLAGSGRUPPE.

leserservice@graefe-und-unzer.de
www.hallwag.de

ISBN 978-3-8338-0638-4

Hallwag

GRÄFE UND UNZER
100 JAHRE GANSKE VERLAGSGRUPPE

Ein Unternehmen der
GANSKE VERLAGSGRUPPE